MICHELIN

Île-de-France

Rocher du Bilboquet im Wald von Fontainebleau; Jacass / MICHELIN

Der Grüne Reiseführer

ÎLE-DE-FRANCE

LAND & LEUTEN BEGEGNEN

Jacass/MICHELIN

INTERESSANTES RUND UM IHR REISEZIEL

DIE REGION ENTDECKEN

DIE SCHÖNSTEN ORTE VON A-Z

Park „Vallée aux loups"

PRAKTISCHE HINWEISE

S. Sauvignier / MICHELIN

WISSENSWERTES AUF EINEN BLICK

KARTEN UND PLÄNE

THEMATISCHE KARTEN

STADTPLÄNE

GRUNDRISSE UND LAGEPLÄNE

STRECKENPLÄNE UND UMGEBUNGSKARTEN

MICHELIN-BEWERTUNG

	Unbedingt besichtigen	Nicht verpassen	Interessant
Sehenswürdigkeiten	★★★	★★	★

ZEICHENERKLÄRUNG

Symbole im Text

	Wegweiser
	Parken
	Unbedingt sehenswert
	Mit Kindern
	Orte in der Nähe
	Wanderweg
	Fahrradausflug
	Behindertengerecht
A2 B	Lage auf dem Plan

Tipps und Adressen

Informationen zu den Preisklassen s. S. 381

	Untere Preisklasse
	Mittlere Preisklasse
	Obere Preisklasse
	Spitzenkategorie
9 Zi: 38/45 €	Anzahl der Zimmer: günstigstes/ teuerstes Doppelzimmer
8 €	Preis des Frühstücks
50 €	Preis pro Übernachtung, Frühstück inklusive
	Für Gäste reservierter Parkplatz
	Keine Kreditkarten

Karten und Pläne

KUNST- UND NATURDENKMÄLER

	Beschriebene Strecke, Ausgangspunkt d. Besichtigung
	Kirche: kath. – protestant.
	Synagoge
	Moschee
	Bildstock – Brunnen
	Befestigungsmauer – Turm, Tor
	Schloss, Burg – Ruine(n)
	Fabrik – Staudamm
	Aussichtspunkt
	Orientierungstafel
	Festung – Grotte, Höhle
	Steinbruch – Bergwerk

PRAKTISCHE INFORMATIONEN

	Informationsstelle
	Parkplatz – Park-and-Ride
	Straßenbahn – Metrostation
	Bahnhof – Busbahnhof
	Seilbahn, Kabinenbahn
	Standseilbahn, Zahnradbahn
	Museumseisenbahn, touristisch interessante Strecke
	Hauptpostamt – Markthalle
	Auto- und Personenfähre
	Personenfähre

VERKEHRSNETZ

	Autobahn – Schnellstraße
0 0	Autobahnein-/ausfahrt
	Fußgängerzone
	(Zeitweise) gesperrte Straße
	Treppen
	Weg
③	Ausfallstraße
B F	Fähre
	Bewegliche Brücke

SPORT UND FREIZEIT

	Freibad – Hallenbad
	Stadion – Pferderennbahn
	Jachthafen
	Schutzhütte – Wanderweg
	Freizeiteinrichtungen
	Vergnügungspark
	Tierpark, Zoo
	Blumenpark, Arboretum
	Vogelpark – Vogelschutzgebiet

ABKÜRZUNGEN

A	Landwirtschaftskammer	P	Präfektur
C	Handelskammer	POL.	Polizei
H	Rathaus		Gendarmerie
J	Justizgebäude	T	Theater
M	Museum	U	Universität

Rapslandschaft in der Beauce.
Jacass/MICHELIN

LAND & LEUTEN BEGEGNEN

Leben in der Île-de-France

Die Region Île-de-France ist das bevölkerungsreichste Gebiet Frankreichs und hat ein reiches architektonisches und kulturelles Erbe aufzuweisen. Darüber hinaus bilden wunderschöne Wälder, üppig bewachsene Täler und weite Felder, Naturschutzgebiete und Flüsse einen grünen Gürtel rund um den Ballungsraum Paris. Um diese einzigartigen Landschaften vor der Bedrohung, die durch die Nähe zur Metropole besteht, zu schützen, wurden vier regionale Naturparks (Vexin, Haute Vallée de Chevreuse, Gâtinais und Oise-Pays de France) in der Île-de-France geschaffen. So können gesunde Lebensräume für Flora und Fauna bewahrt werden.

Jacass/MICHELIN

Malerische Felder nahe Barbizon im Département Seine-et-Marne inspirierten bereits im 19. Jh. zahlreiche Künstler.

Natur und Landschaft

DAS PARISER BECKEN

Die Île-de-France ist die kleinste der französischen Regionen (12 000 qkm) und liegt im Zentrum des Pariser Beckens, einer riesigen Mulde, die mehr als ein Viertel der Fläche Frankreichs bedeckt. Sie besteht aus zehn Prinzipaten, die früher die Krondomäne um Paris herum bildeten, und trägt ganz unterschiedliche geografische Züge.

Das Pariser Becken ist durch die burgundische Schwelle mit dem Rhônebecken und jenseits des Loiretals durch die Schwelle des Poitou mit dem Becken von Aquitanien verbunden. Der flachste Bereich befindet sich im Seine-Tal, flussabwärts von Mantes (14 m ü. M. in La Roche-Guyon); am höchsten liegen das französische Vexin und die Anhöhen des Pays de Bray (im Nordwesten von Paris) mit 200 m oder mehr, der Wald von Carnelle und die Anhöhen des Pays de Goële (nord- bzw. nordöstl. von der Hauptstadt).

Das flache Kalkplateau mit seinen fruchtbaren Tälern und hier und da sandigen Arealen ist im Winter sehr niederschlagsreich, im Sommer oft gewittrig. Es untergliedert sich in vier Landschaftstypen: die städtische Zone, die landwirtschaftlichen Ebenen, die grünen Täler und den Wald.

Die städtische und industrielle Île-de-France entwickelt sich bevorzugt um Paris herum weiter, im Seine-Tal und flussauf- und abwärts von Paris, im Marne-Tal, der Oise-Achse sowie auf den südlich gelegenen Ebenen, die die Bièvre und die Yvette umfassen, und schließlich um größere Städte herum wie Chartres.

Die Täler mit ihren Obst- und Gemüseplantagen und den kleinen Dörfern sind meist äußerst malerisch. Die Waldmassive erstrecken sich auf den Hügeln, die sich über die Talsohlen erheben.

DIE LANDSCHAFTEN DER ÎLE-DE-FRANCE

Die einstigen Ländereien und Provinzen der Île-de-France, die noch heute ihre alten Namen tragen, zeigen jeweils eine eigene Prägung. Über die „Grande Couronne" hinaus, wie die vier Départements der Île-de-France genannt werden, die nicht direkt an Paris grenzen, fungierten die Wälder als „grüne Lungen" der Region. Der Wechsel von fruchtbaren Tälern und großen Weiten der Felder macht den Charme der Landschaft aus. Die kleinen hübschen Dörfer haben sich ihren ländlichen Charakter bewahrt (Auvers-sur-Oise, Vétheuil, Montfort-l'Amaury, Moret-sur-Loing, etc.), und die bedeutenderen Städte wie Rambouillet, Senlis oder Fontainebleau versprühen bereits einen gewissen „provinziellen" Charme.

Im Nordosten erstreckt sich das **Vexin français**, ein Kalksteinplateau mit einem Boden, der hervorragend für den Anbau von Weizen und Gemüse geeignet ist. Das sogenannte **Parisis** liegt östlich davon zwischen Oise, Seine und der Plaine de France und ist eine regenreiche Ebene, aus der einige Kalksteinhügel herausragen. Jenseits der Pariser Vororte werden die kalkhaltigen Böden für Gemüse- und Obstanbau wie rund um Groslay benutzt, die Sandböden sind mit Wald bedeckt. Etwas weiter östlich findet man die **Plaine de France**, ein Plateau, das bis zu den nahen Pariser Vororten reicht, zwischen St-Denis, Luzarches und Dammartin-en-Goële. Wegen seiner Fruchtbarkeit wird es von jeher landwirtschaftlich genutzt, allerdings verschlechtert sich die Bodenqualität durch den Flughafen von Roissy zunehmend.

Das **Valois** im Nordosten begrenzen Oise, Ourcq und Automne. Zusammen mit dem dazugehörigen **Senlisis** bietet es waldreiche Gebiete (Ermenonville, Chantilly, Halatte) und ideale Anbauflächen. Auf den reichen Böden wird Landwirtschaft mit großem maschinellem Einsatz betrieben, ebenso im benachbarten **Multien**, einer Gegend mit welligen Landschaften. Weiter südlich in der zwischen dem Grand Morin und der Seine gelegenen **Brie française** schlängeln sich die Marne, die beiden Morins sowie die Seine dahin. Der Rück-

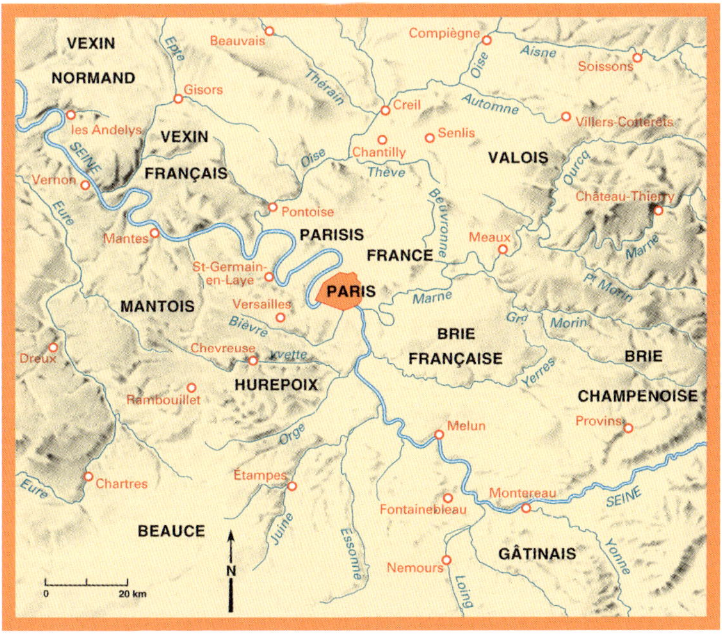

gang des Schlicks hat im Westen die Entstehung von Wäldern (Sénart und Ferrières) ermöglicht, die jedoch durch ihre Nähe zum Pariser Großraum in ihrem Bestand stark gefährdet sind.
Das **Gâtinais**, oder genauer gesagt das Gâtinais „français", ist in diesem Reiseführer durch seine nördlichen Gebiete vertreten, dem lehmhaltigen Teil östlich des üppigen Loing-Tals und einer im Westen gelegenen sandigen Region, die der Wald von Fontainebleau und sein berühmtes Felsenmeer aus Sandstein bedecken.
Die **Beauce** und ihre unendlichen Horizonte am Saum der Region Île-de-France, zwischen dem Eure-Tal im Norden, den Senken des Hurepoix und des Gâtinais im Osten, dem Loire-Tal im Süden und den Hügeln des Perche im Westen ist eine weite Ebene, deren riesige Getreidefelder ihr den Spitznamen „Kornkammer Frankreichs" beschert haben.
Die Vielseitigkeit und Geologie (Fragmente des Kalkplateaus der Beauce, sandige bebaute Täler und bewaldete Hügel) des **Hurepoix**, eine von der Beauce, der Seine und dem Mantois begrenzte Region, erklärt die verschiedenartigen Landschaftsbilde. In letzter Zeit sind diese stärker der Urbanisierung ausgesetzt worden, ein Sachverhalt, dem man durch die Erschaffung eines Naturparks entgegen zu wirken versucht.
Schließlich findet man ganz im Westen, zwischen Eure und Seine, das **Mantois**, ein weites Plateau, das im Westen mit Obst und Gemüse bebaut wird und im Osten von Wäldern bedeckt ist (Rambouillet, St-Arnoult). Durch die zahlreichen Bäche und Flüsse, die es durchziehen, wirkt das Gebiet wohltuend frisch.

Stadtplanung und Architektur

DER INNERE RING UND DIE GROSSEN WOHNBLÖCKE

Zu Beginn des letzten Jahrhunderts lag Boulogne-Billancourt noch mitten auf dem Land, heute ist diese Stadt fast mit Paris zusammengewachsen. Wenn das Wachstum der Vororte im entsprechenden Tempo fortschreitet, könnte die Pariser Agglomeration 2015 13 Mio. Einwohner zählen. Die starke Landflucht nach dem Zweiten Weltkrieg und das Wachstum der sog. *Villes nouvelles*, künstlich angelegter Städte, haben die Einwohnerzahlen rapide nach oben schnellen lassen.
Nach und nach mussten die kleinen Mühlsandsteinhäuschen mit ihren hübschen Vorgärten, die die ersten Wanderarbeiter des 19. Jh. erbauten, dem demographischen Druck nachgeben und Platz machen für die riesigen Wohnblöcke und die **ZUP** *(zones à urbaniser en priorité)*. Die Dringlichkeit dieser riesigen Bauunternehmen unmittelbar nach dem Zweiten Weltkrieg erklärt die Konstruktionsbauweise, die zum damaligen Zeitpunkt nur als Übergangslösung gedacht war. Die meisten dieser Bauten haben jedoch die Jahre überdauert und sind heute fester Bestandteil des Landschaftsbildes, wobei sie als „Kaninchenställe" bezeichnet und als Ursache für die sozialen Probleme in den Vororten angesehen werden. Eine kürzlich durchgeführte Studie führt diese Schwierigkeiten jedoch eher darauf zurück, dass die Bewohner weder sozial noch kulturell integriert sind und diese Viertel sehr isoliert sind. Die Politik versucht heute, die Viertel mit den großen Wohnkomplexen aus der Nachkriegszeit wieder in die Stadt zu integrieren.
Die Vororte sind aus Gegensätzen entstanden, sind zugleich landwirtschaftlich als auch industriell geprägt und werden von Durchschnittsbürgern und Fabrikarbeitern bewohnt. Diese riesigen Komplexe, die immer dichter besiedelt werden, neigen zu einer Tertiärisierung der Arbeitsplätze und einer gewissen „Verbürgerlichung" der Bevölkerung, doch geht diese Entwicklung hier sehr viel langsamer vonstatten als in der Hauptstadt direkt. Nach dem Ende der Industralisierung gibt es Tausende Hektar brachliegender Gewerbeflächen vor den Toren von Paris oder weiter entfernt in Ivry, Vitry, Gennevilliers oder La Plaine-St-Denis. Nun gilt es, diese Flächen zurückzugewinnen und in die aktuellen nahen Satellitenstädte (die Rehabilitierung der Île Seguin, ehemaliger Firmensitz von Renault in Boulogne-Billancourt ist beispielhaft hierfür) einzugliedern. Diese neuen Projekte der **Reurbanisierung** bemühen sich um Lebensqualität und soziale Vielfalt.
Die nahen Vorstädte sind auch bei **Forschungszentren** und **Büros** begehrt, die in einem möglichst gesunden und

Der Palacio Abraxas von Ricardo Bofill in Marne-la-Vallée.

angenehmen Umfeld tätig sein wollen. Die Verbreitung dieses Modells der Entwicklung des Tertiär- und Hightech-Sektors, wie in den westlichen Vororten bereits geschehen, ist eine der größten Herausforderungen der Umgestaltung der Île-de-France : Montreuil und St-Denis haben bereits damit angefangen.

DER ÄUSSERE RING UND DIE VILLES NOUVELLES

10 oder 20 km vor Paris verändert sich die Landschaft: Die nicht bebauten, manchmal noch landwirtschaftlich genutzten Flächen nehmen einen größeren Platz ein, es gibt weniger Gewerbegebiete, und diese sind zumeist erst kürzlich entstanden. Das Wachstum der Vororte hat alte Städte wie Versailles, St-Germain-en-Laye, Pontoise und Melun erreicht. Aber die bedeutendste Veränderung der letzten Jahre bleibt die Einführung der *Villes nouvelles*.

Um das schnelle ungleichmäßige Wachsen der Hauptstadt zu regulieren und gegen die städtische Monotonie anzukämpfen, wurden gegen Ende der 1960er-Jahre fünf **Villes nouvelles** geschaffen, nicht allerorten wie die Städte der 1950er-Jahre, sondern mit dem Ziel, miteinander verbundene ländliche Gemeinden zu gestalten: Cergy-Pontoise, Évry, Marne-la-Vallée, St-Quentin-en-Yvelines, Sénart, zu dem man Créteil nennen sollte, eine neue Stadt, die jedoch nicht den Status einer *Ville nouvelle* hat. Ihre Stadtkerne sind ganz individuell und großzügig angelegt (Einfamilienhäuser, kleine Mehrfamilienhäuser etc.) und integrieren kleine Dörfer mit schönen Grünflächen und Seen.

Wenn es diesen Städten auch zunächst, wie Präsident Pompidou es formulierte, „an Bistrots mangelte", so hat sich ihre Geselligkeit mit der Anlage kleiner Plätze und Geschäftsstraßen (Quartier St-Christophe in Cergy) sehr verbessert, und sie verfügen über eine sehr gute Infrastruktur (RER, Universitäten, Schwimmbäder, Büchereien, Musikschulen, Theater ...). Diese *Villes nouvelles* haben die Mission erfüllt, die ihnen demographisch aufgetragen war: Sie haben einen Teil der neuen Bewohner des Pariser Großraums absorbiert und erfolgreich individuelle und originelle Stadtbilder hervorgebracht.

Seit 1975 aber werden keine derartigen *Villes nouvelles* mehr angelegt. Man begeht neue Wege: Neue Ballungsräume haben sich auf bestimmte Industriesektoren spezialisiert (Massy, Roissy, Seine Amont ...), ältere, mittelgroße Städte (Fontainebleau, Champs, Melun, Rambouillet ...) mit neuen Anziehungspunkten sowie kleine Satellitenstädte sollen die Bevölkerung für die Randbereiche des Großraums interessieren. Letztere waren zwar autonome Städte, fungierten jedoch zunehmend als **Schlafstädte** (besonders im Norden und Osten von Paris) für die Bewohner der Île-de-France, die in Paris arbeiteten, und sind heute Investitionsobjekte für Firmen.

Diese Bewegung hält die Verstädterung der weiter entfernt liegenden Gegenden nicht auf. Aufgrund der guten Verkehrsanbindung durch öffentliche Transportmittel, der hohen Grundstückspreise rund um Paris und dem Wunsch nach einem angenehmen Lebensumfeld vergrößert sich der Pendlerradius und reicht bis in Gebiete, die bisher ländlich geprägt waren: Dies stellt den dritten Ring dar, der etwa 50 km von Paris entfernt beginnt und die Départements Seine-et-Marne, Yvelines, Essonne und Val-d'Oise umfasst.

DIE ZUKUNFT DES ÖFFENTLICHEN NAHVERKEHRS

Die ewigen Staus und der enorme Anstieg des Ausstoßes von Treibhausgasen machen einen Ausbau der öffentlichen Transportmittel in der Region dringend notwendig. Die Konstruktion eines neuen Nahverkehrsnetzes soll die Vororte insbesondere im äußeren Ring entlasten, wo die Bewohner sehr stark vom Auto abhängig sind.

Die Île-de-France engagiert sich heute in einer ehrgeizigen Politik, die bis zum Jahr 2030 massive Bauarbeiten vorsieht, um den Verkehr zu verringern und die Verbindungen rund um Paris und die Mobilität ihrer Bewohner und der umliegenden Regionen zu verbessern .

– Die Entwicklung eines **öffentlichen Verkehrsnetzes** außerhalb von Paris zählt zu den Prioritäten dieses Vorhabens. Dieses sieht einen *Métrophérique* oder *Arc Express* vor, welcher die voll ausgelasteten Metro- und RER-Linien durch die Départements des äußeren Rings unterstützen soll; eine große Tramlinie, die die Linien T1 (St-Denis-La Courneuve) und T2 (La Défense-Issy-Val de Seine) verbinden soll; Zug- oder Trambahnverbindungen zur Anbindung der weiter entfernten Gebiete der Île-de-France; die Verstärkung der Linien des Bus *Mobilien*, der 2006 eingeweiht wurde und Paris und den inneren Ring abdeckt; Busnetze zwischen den Gemeinden und neue Zugverbindungen mit den am weitesten entfernten Städten mit den RER-Stationen; die Verlängerung einiger Metro-Linien (Linien Nr. 4, 8, 14).

– Auch die **Fahrgastzahl zwischen Paris und seinen Vororten** (geschätzte 4 Mio. Fahrgäste pro Tag) stellt eine Herausforderung dar. Die Stadt Paris möchte den Straßenverkehr in Paris bis 2020 um 25 % verringern (mehr öffentliche Transportmittel usw.), aber einige Maßnahmen müssen erst mit den Vorortsgemeinden und der Regierung abgestimmt werden. Die Idee einer Mautgebühr für die Zufahrt in die Stadt, wie sie in London, Oslo oder Stockholm bereits gängig ist, nimmt konkretere Formen an.

– Für die Umgestaltung des **Straßennetzes**, wurden bereits Baumaßnahmen unternommen, um die Autobahnen, die alle sehr nah an Paris vorbeiführten, zu

Didier Pazery / MICHELIN

Kahn auf der Seine, bei Conflans-Ste-Honorine.

Kresseanbau in Méréville (Département Essonne).

verbessern. So wurden zwei neue Umgehungsstraßen gebaut: die A 86 und, in größerer Entfernung zur Hauptstadt, die *Francilienne*. Auf der A 26 erreicht man den Osten und Südosten Frankreichs über Reims, ohne die Île-de-France zu durchqueren. Neue Straßen sollen bald den Verkehr bei Saclay-Massy-Orly reduzieren.

– Ein weiteres Thema ist die Entwicklung von Alternativen für den **Güterverkehr auf den Straßen**. 40 % des transeuropäischen Transports verlaufen durch Frankreich, mit der Île-de-France im Mittelpunkt des Verkehrsnetzes. Um dem systematischen LKW-Transport entgegenzuwirken, bemühen sich die Gemeinden, saubere Transportmöglichkeiten auf Schienen oder auf dem Wasserweg zu entwickeln. Das Großprojekt des Seine-Nord Europe-Schiffahrtskanals (106 km) soll die Häfen von Le Havre, Rouen, der Île-de-France sowie des gesamten Pariser Beckens an das große nordeuropäische Binnenschifffahrtsnetz anbinden. Die Wasserfrachten könnten durch ein Netz logistischer Plattformen für die Abstimmung zwischen Fluss, Schiene und Straße erhöht werden, mit dem Ziel, die Straßentransporte auf ein vorgegebenes Minimum zu begrenzen.

All diese Projekte zur Verbindung der verschiedenen öffentlichen Transportmittel, die das interne Pariser Verkehrsnetz zu einem regionalen und nationalen Netz vergrößern sollen, müssen mit einer Veränderung in den Gewohnheiten und Mentaliäten der Verbraucher und einer besseren Informationspolitik einher gehen.

Wirtschaft

Die Landwirtschaft war in der Île-de-France von jeher sehr präsent und bedeckt noch heute 50 % des Gebiets. Die wirtschaftliche Aktivität der Region wird vom Dienstleistungssektor dominiert, der dafür verantwortlich ist, dass der Großraum zu den wichtigsten Wirtschaftsmetropolen der Welt zählt.

DIE VERÄNDERUNG DER LÄNDLICHEN GEBIETE

Zwar beschäftigt die Landwirtschaft heute nur noch 0,3 % der arbeitenden Bevölkerung, doch ihre Zukunft, die zunehmend in den Händen **großer Betriebe** der Brie française, des Mantois, des Hurepoix und der Ausläufer der Beauce liegt, ist gesichert. Ihre Trümpfe sind: der internationale Markt von **Rungis**, der seit mehr als 35 Jahren hier abgehalten wird und den größten Markt für den landwirtschaftlichen Großhandel sowie das größte Vertriebszentrum für frische Waren weltweit darstellt; die **Fruchtbarkeit** der Böden; die landwirtschaftliche **Fachwissen**; die stetige **Qualitätsverbesserung**. So bleibt die Île-de-France eine große landwirtschaftlich geprägte Region, mit den besten Erträgen des Landes im Getreide-, Öl- und Futterpflanzenanbau

und einer hervorragenden Gemüse- und Gartenbaukultur.
Getreide werden oft zusammen mit **Zuckerrüben** angebaut. Weizen bleibt das Hauptanbauprodukt, besonders im Norden der Seine, wo die anderen Getreidesorten wie **Mais** und **Roggen** vor dem zunehmenden Anbau der Feldgemüse zurückweichen. Hier hat sich die Anbaufläche der Erbse um das Sechsfache erhöht (Valois, Vexin). In den Départements Seine-et-Marne und Val-de-Marne ist die Blumenzucht sehr stark. Die **Tierzucht** hingegen macht nur 9 % der regionalen landwirtschaftlichen Produktion aus.
Jahr für Jahr verlieren die Felder mehrere hundert Hektar an die **städtische Nutzung**, weil die Grundstückspreise für Wohnhäuser in guter Lage um so viel höher sind als die Preise für Ackerland. So verschwinden allmählich auch die letzten landwirtschaftlichen Enklaven, die in städtischen Räumen erhalten geblieben waren. Man findet ein wenig Gemüse- und Getreideanbau nah bei Paris, auf den Ebenen von Orly und Saclay. Im Nordosten schreitet die Verstädterung am langsamsten voran: Hier trifft man auf noch ländliche Gebiete nur etwa 25 km von Paris enfernt (die Ausdehnung des Flughafens Roissy ist jedoch eine wachsende Bedrohung für die Landwirtschaft), wohingegen die Auswirkungen der Urbanisierung im Westen und Südosten noch etwa 60 km von Paris im Seine-Tal spürbar sind. Die Region Seine-et-Marne fungiert als eine Art Übergangsregion zwischen Paris und der Provinz, hier hat der ländliche Charakter noch Gewicht. Aber auch hier ist die Entwicklung seit der Gründung von Marne-la-Vallée und Disneyland in den 1990er-Jahren nicht aufzuhalten, die sich auch die östlich und nordöstlich der Hauptstadt gelegenen Gebiete einverleibt.

DIE NEUE WIRTSCHAFTSWELT

Mit 29 % des Bruttoinlandsprodukts und 5 % des europäischen Bruttoinlandsprodukts, einer großen Vielfalt an Gewerbe und 5,7 Mio. Arbeitsplätzen nimmt die Île-de-France den ungeteilten ersten Rang als nationalen Wirtschaftsstandort und auch außerhalb der nationalen Grenzen einen bedeutenden Platz ein.
Heute arbeiten 15,9 % der Beschäftigten in der **Industrie**. Die l'Île-de-France bleibt die wichtigste Industrieregion Frankreichs, vor der Region Rhône-Alpes, auch wenn ihre **Desindustrialisierung** (meist traditionelle Industrie) seit etwa 20 Jahren eineinhalb mal so schnell vorangeht wie im restlichen Frankreich. Schwerpunkte sind die Metallindustrie, Elektrik- und Elektrotechnk, Druck- und Verlagswesen, Automobilindustrie, Luft- und Raumfahrt und die Pharma-Industrie. Sie behauptet ihre Spitzenposition auch in anderen Bereichen wie der Luxus- und der Filmindustrie (Film- und Fernsehproduktion).
Der Rückgang der Industrie erklärt sich teilweise durch die hohen Grundstückspreise in diesen stadtnahen Vororten sowie die Übersättigung des Straßenverkehrs, der den Betrieb der Fabriken im Vorstadtbereich erschwert. Die Fabrikation verlagert sich mehr und mehr in den äußeren Ring, das Seine-Tal, besonders flussabwärts von Paris. Der Logistiksektor (Transport, Lagerung, Verladung) beschreibt einen westlichen Bogen von Roissy im Norden bis Orly-Rungis im Süden.
Der **Tertiärsektor** (mehr als 81 % der Arbeitnehmer) konzentriert hier drei Viertel der Hauptsitze von Banken, Versicherungen und 500 größeren Firmen des Landes, wobei die Region den 3. Platz unter den 13 europäischen Metropolen einnimmt, was die Niederlassung internationaler Firmen angeht. Entscheidungs-, Forschungs- und Entwicklungszentren sind vor allem in den südwestlichen Vororten Hauts-de-Seine, Yvelines und Essonne zu finden; Hochschulen und Forschung in Hauts-de-Seine, Cergy-Pontoise, dem Saclay-Plateau oder im Nordwesten von Val-de-Marne. Verwaltungsinstanzen sind nach wie vor in Paris oder den unmittelbaren westlichen Vororten (Neuilly-La Défense) ansässig.
Die Zukunft dieser Region, einer der attraktivsten in Europa, hängt hauptsächlich von ihrer Fähigkeit ab, qualifizierte Arbeitskräfte zu finden, sowie von der Dynamik kleiner Firmen, die ihre Wettbewerbsfähigkeit stärken und sich neue Märkte öffnen müssen. Die **Innovation** (Forschung und Entwicklung) sollte durch die Stärkung der **Wettbewerbsfähigkeit** begünstigt werden. Hierzu kann die Kombination

Im Unterholz im Wald von Chantilly.

von Bildungszentren, Forschungseinheiten und Firmen auf einem festgelegten Gebiet dienen. Diese engagieren sich in gemeinsamen Projekten mit dem Ziel, die Forschungsergebnisse aus dem Labor unmittelbar in kleineren und mittelständischen technologischen Firmen zur Anwendung zu bringen.

Der Conseil régional der Île-de-France unterstützt zahlreiche Projekte zur Steigerung von Synergien in allen möglichen Wirtschaftsbereichen, von der Medizin zur Mikro-Elektronik über die Nanowissenschaften und andere vielversprechende Sektoren. Fünf solcher Projekte aus den Bereichen Software, Medizin, Multimediatechnik, Automobil oder nachhaltige Entwicklung haben bereits weltweite oder nationale Auszeichnungen erhalten.

TOURISMUS UND FREIZEIT

Die Region ist die bedeutendste Reisedestination weltweit (45 Mio. Touristen pro Jahr, davon 60 % aus dem Ausland), sie will den Besuchern in Zukunft einen noch besseren **Empfang** bereiten und neue Formen des **Thementourismus** entwickeln: Shopping-, Kultur-, Wasserreisen ... Hierfür werden Vorführungssäle, Theater, Kunstzentren, Museen etc. mit Internetzugängen (wi-fi) ausgestattet, um möglichst vielen Menschen freien Zugang zur Information zu geben.

Ein anderer wichtiger Punkt: Die **Kinoindustrie** ist zu 80 % in der Île-de-France beheimatet. Der Conseil régional erleichtert die Auswahl der Drehorte und unterstützt die Renovierung der staatlich subventionierten unabhängigen Kinos.

Den Erhalt des **Kulturerbes** unterstützt die Region durch Zuschüsse für Renovierungen und Digitalisierungen der historischen Gemeindearchive sowie für die Materialien für historische Grabungen, die Restaurierung der Häuser von Schriftstellern und die Erschließung von Orten wie Auvers-sur-Oise, das wie seine Umgebung mit der Geschichte Van Goghs und der Impressionisten zusammenhängt: Fontainebleau, Seine et Loing (südlich von Seine-et-Marne); Marne, Ourcq und Morins (nördlich von Seine-et-Marne); das südliche Essonne-Beauce-Gâtinais (Essonne); das Seine-Tal; der Pariser Nordosten (Seine-St-Denis) und die Marne-Schleifen (Val-de-Marne).

Auch die **Sport- und Freizeitaktivitäten unter freiem Himmel** stehen im Fokus der staatlichen Förderung: Ausbau von Freizeitparks (Jablines-Annet in Seine-et-Marne, Vaires-Torcy oder Cergy-Neuvile im Val-d'Oise) und Neueröffnungen (La Corniche des forts in Seine-St-Denis). Zudem richtet die Region Großveranstaltungen wie die Rugby-Weltmeisterschaft und die Weltmeisterschaft im Damenhandball 2007 aus und baut zudem Ausbildungszentren für Sportler, wie das Rugby-Zentrum von Marcoussis und das Zentrum für Tischtennis in St-Denis.

Die Île-de-France für Genießer

Die Bewohner der Île-de-France sind wahre Bonvivants, die gerne die Freuden der Tafel genießen und auch einem guten Tropfen, idealerweise in ihrer Heimat hergestellt, nicht abgeneigt sind. Es gibt mittlerweile wieder einige Weinbaugebiete in der Region, die sich sehen lassen können.

So Lebanc / wikipedia

Der Brie de Meaux ist auch hierzulande eine bekannte Delikatesse.

Regionale Spezialitäten

DER BRIE

Der Brie ist bereits im Mittelalter entstanden und seither ein überaus renommierter Käse. Sowohl vom Pariser Volk als auch an den Tischen des Hochadels wurde dieser Käse gepriesen. Er wurde 1815 während des Wiener Kongresses zum „König aller Käse“ in Europa gekürt.
Nach und nach haben sich unabhängig von den gemeinsamen Eigenschaften (Herstellung aus teilweise entrahmter Rohmilch, weiße Kruste mit rötlichen Flecken, zarte hellgelbe Füllung, Fettanteil um die 45 %, schnelle Reifung innerhalb von sieben Wochen, usw.) mehrere Brie-Sorten herausgebildet, deren Herstellprozesse variieren.

Der Brie de Meaux

Der Brie de Meaux ist der bekannteste und der umfangreichste (Durchmesser an die 40 cm, fast 3 kg schwer) unter den Brie-Sorten und wurde 1980 mit dem Qualitätssiegel AOC (Appellation d’origine contrôlée) ausgezeichnet. Er muss „mit Liebe“ hergestellt werden. Aus dem Dorf Villeroy bei Meaux kam der Sieger beim Wiener Kongress.

Der Brie de Melun

Dieser AOC-Träger seit 1987, ist kleiner (Durchmesser unter 30 cm), dafür höher, hat ein würzigeres und etwas salzigeres Aroma und wird in deutlich kleineren Mengen hergestellt.

Weitere Bries

Der Brie de Montereau und der Brie de Nangis haben ihre kleine Größe gemeinsam (20 cm Durchmesser) und werden ausschließlich von Hand hergestellt, was ihre geringe Verbreitung erklärt.

Weitere Käsesorten der Region

Der Coulommiers, der ursprünglich in der gleichnamigen Gegend hergestellt wurde, bezeichnet heute mehrere Sorten, die im ganzen Land vertrieben werden. Er ist der kleinste Brie, mit einem Durchmesser um die 14 cm.
Die französische Brie-Region ist auch

für ihre Käse in Doppel- oder Dreifachrahmstufe bekannt, die oft mit dem überschüssigen Fett aus der Brie-Herstellung produziert werden: Lucullus, Grand Vatel, Gratte-paille, etc.

GEWÜRZKRÄUTER

In der Île-de-France gibt es ein wahres Mekka für Kräuterfans, das seit den 1950er-Jahren in großem Stil Küchen- und Heilkräuter anbaut: Milly-la-Forêt (s. S. 196) heißt der kleine Ort, in dem es ein eigenes Konservatorium für diese Nutzpflanzen gibt. Hier kann man wie in einem lebenden Museum an den Kräutern schnuppern und entspannt durch die großen Kräutergarten flanieren.

Getränke

WEIN

Die Weine der Île-de-France erlebten ihre Glanzzeit im 18. Jh. Man schätzt, dass die Weinberge 42 000 ha Fläche bedeckten und zur damaligen Zeit das bedeutendste Weinbaugebiet Frankreichs darstellten. Nach dem Zweiten Weltkrieg war davon kaum mehr etwas übrig, und so erlosch die Tradition der Winzer. In jüngster Zeit wurden einige Initiativen zur Wiederbelebung der Weinkultur rund um Paris gegründet, darunter im Jahr 2000 die Gesellschaft der wiedervereinten Winzer der Île-de-France. Sie alle haben es sich zur Aufgabe gemacht, die Region als Weinbaugebiet bekannt zu machen und ihre Weiterentwicklung zu fördern. Oft sind es die Gemeinden, die sich zusammenschließen und kleine Anbauflächen zur Weinherstellung nutzen. Recht erfolgreich präsentiert sich der Weinberg von St-Germain-en-Laye.

HOCHPROZENTIGES

Noyau de Poissy

Wer genau diesen Likör auf Basis von Mandeln und Aprikosenkernen wann erfunden hat, ist nicht bekannt. Erstmals erwähnt wird er 1698, als die Wirtin Madame Suzanne ihren Kunden den Noyau de Poissy servierte. Im 18. Jh. wurde servierte man diesen in Poissy destillierten Likör in Wirtschaften und Unterkünften, die donnerstags die zahlreichen Händler der Viehmärkte beherbergten. Ausstellung, Verkostung und Verkauf *s. Poissy, Tipps und Adressen, in „Die Region entdecken“.*

Grand Marnier

Der Grand Marnier wurde 1880 in Neauphle-le-Château (Département Yvelines) von Louis-Alexandre Marnier-Lapostolle erfunden. Dieser 40%-ige Likör wird aus verschiedenen Cognacsorten gemischt und mit Essenzen der Bitterorange von den Antillen und anderen Zutaten destilliert. Er wird pur, ohne Eis oder Wasser, getrunken, und auch für die Herstellung der berühmten Crêpes Suzette verwendet. Es gibt ihn in verschiedenen Variationen, darunter der Cherry Marnier, der 1827 entstand und mit Weichselkirschen hergestellt wird. Sie werden lange in einem Schnaps eingeweicht, dann werden der alkoholhaltige Saft sowie das Fruchfleisch und die Kerne getrennt. Letztere werden destilliert und ergeben ein sehr aromatisches Mark. Dann mischt man den Einweichsud mit dem Mark und Zuckersirup und lässt ihn mehrere Monate ruhen, bevor er abgefüllt wird. Der so entstandene Likör ist dunkelrot gefärbt, was ausschließlich durch die Frucht zustande kommt. Neben dem intensiven Geschmack der Weichselkirsche schmeckt man auch das Mandelaroma aus den Kernen sowie dunkle Johannisbeere und Himbeere heraus. Der Grand Marnier 150, ist der feinste der Grand Marniers. Der aus exotischen Orangen und Grande Champagne-Cognacs destillierte Likör reift mindestens drei Jahre in Eichenfässern und wird in einer satinierten, handbemalten Flasche verkauft.

AlMare / wikipedia

Alkohol in exquisiter Form.

Kulinarischer Sprachführer

A

à la Zubereitungsart

à point „auf den Punkt“: bei Fleisch: rosa, fast durch; bei Wein: trinkreif

A.O.C. (Appellation d'Origine Contrôlée) kontrollierte Herkunftsbezeichnung, üblich bei Wein

acide sauer

addition *f* Rechnung

agneau *m* Lamm

agrumes *m, pl* Zitrusfrüchte

aiglefin (églefin) *m* Schellfisch

aigre-doux (aigre-douce) süß-sauer

ail *m* Knoblauch

aile *f* Flügel

aïoli *m* Knoblauchmayonnaise (Provence)

airelle *f* Blaubeere
 – **rouge** *f* Preiselbeere

alsacienne, à l' nach Elsässer Art: mit Sauerkraut; bei Fisch in Weißwein gekocht

amande *f* Mandel; auch Sandmuschel

amer (amère) bitter, herb

anchois *m* Anchovis, Sardellen

andouille *f* deftige Wurst, meist aus Kutteln, Schweinebauch und -magen

anguille *f* Aal

arête *f* Gräte

artichaut *m* Artischocke

asperge *f* Spargel

assiette *f* Teller

au four im Ofen gegart

Avèze Enzianlikör aus der Auvergne

avocat *m* Avocado

avoine *f* Hafer

axoa (hachua) Eintopf mit Hackfleisch, Paprika, Knoblauch, Zwiebeln und Rotwein (Baskenland)

B

baba *m* Hefekuchen, meist mit Alkohol getränkt

bachique, crème *f* Weincreme

baeckeoffa *m* **(beckeofe)** Eintopf mit Kartoffeln, Fleisch, Geflügel und Gemüse (Elsass)

bambou *m* Bambus

banon chèvre *m* runder Ziegenkäse, in Weinlaub oder Kastanienblätter gewickelt (Provence)

bar *m* Seebarsch, Wolfsbarsch (Atlantikfisch)

baron *m* gebratener Rücken eines Tieres, z. B. „baron de bœuf“ (Rinderrücken mit Lende und Filet)

basilic *m* Basilikum

baudroie *f* Seeteufel, Lotte de mer

bavette *f* Lendenstück vom Rind

bayonnaise, à la nach Bayonner Art: meist mit rohem Schinken und Steinpilzen

Beaufort *m* mild-aromatischer Hartkäse (Rhône, Savoyen)

bécasse *f* **(bécasseau** *m*, **bécassine** *f* **)** Waldschnepfe

béchamelle *f* Sauce aus Butter, Mehl und Milch

beignet *m* Krapfen mit süßer oder salziger Füllung

belon *f* flache Auster (Bretagne)

bette *f* Mangold

betterave *f* rote Bete

beurre *m* Butter
 – **blanc** Buttersauce mit Weißwein und Schalotten

biche *f* Hirschkuh

bien cuit(-e) durchgebraten, gar

bière *f* Bier

bifteck *m* Beefsteak

blanc *m* **de poisson** Fischfilet

blanc *m* **de volaille** Geflügelbrust

blanc(-he) weiß, hell

blanchi(-e) blanchiert

blanquette de veau *f* Kalbsragout

blé *m* Weizen, Korn

blé noir (blé rouge) *m* Buchweizen

bleu blau; bei Fleisch: innen noch blutig; bei Fisch: in Sud gegart; bei Käse: Blauschimmel- oder Edelpilzkäse

bœuf *m* Rind, Ochse; auch Rindfleisch
 – **bourguignon** Rindfleisch nach Burgunder Art: meist in Burgundersauce geschmort, mit Champignons und Schalotten
 – **vinaigrette** Rindfleischsalat mit Essig-Öl-Marinade

boisson *f* Getränk

bon(-ne) *m* gut

bonite Bonito, kleiner Tunfisch

boucané(-e) geräuchert

bouchée *f* **à la reine** „Königinpastete“ mit Ragout und Pilzen

boudin *m* **noir** Blutwurst

bouillabaisse *f* Fischtopf aus Mittelmeerfischen, serviert mit scharfer, roter Mayonnaise („rouille") und geröstetem Weißbrot („croûtons") (Provence)

bouillinade *f* Fischeintopf mit Kartoffeln (Languedoc-Roussillon)

bouilli(-e) gekocht, Suppenfleisch

bourdelot Apfeltasche (Normandie)

bourguignonne, à la auf Burgunder Art: bei Fleisch mit Burgundersauce; bei Weinbergschnecken mit Kräuterbutter

bourrache *f* Borretsch

bourride *f* weiße Fischsuppe, meist mit Kartoffeln, Zwiebeln, Fenchel und/oder Orangenschale, gebunden mit Eigelb (Provence)

braisé(-e) geschmort

brandade *f* **de morue** Stockfischpüree mit Olivenöl, Knoblauch und Sahne (Südfrankreich)

brebis *f* Mutterschaf, Schafkäse (Pyrenäen)

brème *f* Brasse (Süßwasserfisch)

brioche *f* süßer Hefekuchen

brochet *m* Hecht

brochette *f* Bratspieß

brosme Lumb (Atlantikfisch)

brûlé(-e) gebrannt

brun(-e) braun

bûche *f* **de Noël** Weihnachtstorte aus Biskuitteig in Form eines Holzscheites, mit Schokoladen- oder Mokkacreme

M.-H. Carcanague/MICHELIN

Die Cèpes, Steinpilze, sind vielseitig verwendbar.

C

cabillaud *m* Kabeljau

cacahouète *f* Erdnuss

café *m* Kaffee
– **calva** Kaffee mit Calvados
– **liégeois** Eiskaffee

caille *f* Wachtel

caillettes *f, pl* **de Madame** Farce aus Schweinefleisch, -innereien und Kräutern im Netzmantel in Wachtelgröße (Provence)

calamar *m* Tintenfisch

Calvados *m* Apfelschnaps

camomille *f* Kamille

campagne *f* Land

canard *m* Ente
– **gavé** Stopfente
– **sauvage** Wildente

cancre *m* Taschenkrebs

cannelle *f* Zimt

Cantal *m* halbharter Käse, würzig-aromatisch (Auvergne)

câpre *f* Kaper

cari *m* Curry

carpe *f* Karpfen

carré *m* Rückenstück

carrelet *m* Glattbutt, auch große Scholle

carte *f* Speisekarte

casse-croûte *m* Imbiss

cassis *m* schwarze Johannisbeere, auch Johannisbeerlikör

caviar *m* Kaviar

céleri *m* **en branches** Stauden-, Stangensellerie

cèpe *m* Steinpilz

céréales *f, pl* Getreide

cerf *m* Hirsch

cerise *f* Kirsche

cervelle *f* Hirn

champignon *m* Pilz (alle Sorten)
– **de couche** Champignon

chanterelle *f* Pfifferling

chantilly, crème *f* Schlagsahne

chapon *m* Kapaun (kastrierter Masthahn)

charbon *m* **de bois** Holzkohle, Holzkohlengrill

chasseur, à la nach Jägerart: meist mit Sauce aus Weißwein, Pilzen und Schalotten

châtaigne *f* Esskastanie

châtaigne de mer *f* Seeigel

châteaubriand *m* dickes Rinderfilet-Steak für zwei Personen

chaud(-e) warm

chausson *m* „Hausschuh", Blätterteiggebäck, oft gefüllt mit Apfel- oder anderen Fruchtstücken oder Kompott

cheval *m* Pferd, Pferdefleisch

chèvre *f* Ziege, auch kurz für Ziegenkäse

chevreuil *m* Reh, Rehfleisch

chevrotin *m* junges Rehwild, auch Ziegenkäse

chipiron *m* Tintenfisch

chocolat *m* Schokolade
– **chaud** heiße Trinkschokolade
– **liégeois** Eisschokolade

choisi(-e) ausgewählt

choix, au nach Wahl

choix, de von erlesener Qualität

chou *m* **de Bruxelles** Rosenkohl
– **farci** Kohlroulade
– **frisé** Wirsing
– **vert** Grünkohl

choucroute *f* Sauerkraut

chou-fleur *m* Blumenkohl

chou-rave *m* Kohlrabi

ciboulette *f* Schnittlauch

cidre *m* Apfelwein

citron *m* Zitrone

citrouille *f* Kürbis

civet *m* Wildragout, meist mit Rotwein und Zwiebeln

clafoutis *m* Auflauf mit Früchten, meist Kirschen, auch salzig mit Kirschtomaten o. Ä.

clouté(-e) gespickt

cochon *m* Schweinefleisch

cochon de lait *m* Spanferkel

cocotte *f* Schmortopf

commande, sur auf Bestellung

compris(-e) inbegriffen

Comté *m* Hartkäse (Franche-Comté)

concentré *m* **de tomates** Tomatenmark

concombre *m* Gurke

confit(-e) eingemacht

congre *m* Meeraal, Conger

contre-filet *m* Lendenstück vom Rind

coq *m* Hahn, Hähnchen

coq *m* **au vin** Hähnchen, in Rotwein (Burgund) oder Riesling (Elsass) geschmort

coquillages *m, pl* Schalentiere (Schnecken, Muscheln und Austern)

coquilles *f, pl* **Saint-Jacques** Jakobsmuscheln

corail *m* Rogen von Krustentieren

cornet *m* Tüte, Blätterteighörnchen, auch Eiswaffel

cornichon *m* Gewürzgürkchen

corps *m* **gras** Fett, Butter, Schmalz oder Margarine

corsé(-e) kräftig; beim Essen: pikant, scharf; beim Wein: körperreich, stark

côte *f* Rippe, auch Rippenstück, Kotelett

cotriade *f* Fischeintopf mit Kartoffeln und Gemüse (Bretagne)

cou *m* Hals

coupe *m* Becher, Trinkschale

courgettes *f* Zucchini

couronne *f* Krone, Kranz

couvert *m* Gedeck, Besteck

crème *f* Sahne, Creme; auch Cremesuppe
– **brûlée** Vanillecreme mit gebrannter Zuckerkruste
– **chantilly** Schlagsahne
– **Sabayon** Zabaione

crêpe *f* dünner Eierpfannkuchen (Bretagne)
– **dentelle** Waffelröllchen
– **Suzette** dünner Eierpfannkuchen, flambiert mit Orangenlikör

crevette *f* Garnele, Krabbe

Crottin *m* **de Chavignol** kleiner, fester Ziegenkäse (Loiretal)

croustillant(-e) knusprig, kross

croûte *f* Rinde, Kruste

croûtons *m, pl* geröstete Weißbrotwürfel oder -scheiben

cru(-e) roh

crudités *f, pl* Rohkost; als Vorspeise: diverse Gemüse, roh oder blanchiert serviert

crustacés *m, pl* Krustentiere (Hummer, Krabben, Langusten u. a.)

S. Sauvignier/MICHELIN

Das Loiretal ist nicht nur bekannt für seinen Sancerre-Wein, sondern auch für den Ziegenkäse Crottin de Chavignol.

cuillère *f* **(cuiller)** Löffel

cuire kochen

cuisine *f* Küche

cuisse *f* Keule, Schlegel, Schenkel
– **de grenouilles** Froschschenkel

cuisseau *m* Kalbskeule

cuissot *m* Wild- oder Geflügelkeule, Schlegel

cuit(-e) gekocht

cumin *m* Kümmel

cure-dents *m, pl* Zahnstocher

D

daim *m* **(daine** *f* **)** Damwild

darne *f* Fischkotelett

datte *f* Dattel

daurade *f* **(dorade)** Goldbrasse, Dorade

dégustation *f* Weinprobe

déjeuner *m* Mittagessen

délice *m* Köstlichkeit, Spezialität

demi halb, auch kleines Bier (0,25 l)

demi-glace dunkle Bratensauce

dés, en in Würfel geschnitten

diable, à la „nach Art des Teufels": scharf gewürzt

dieppoise, à la nach Diepper Art: bei Fisch in Weißweinsauce mit Muscheln, Austern und/oder Krebsen (Normandie)

diététique diätetisch

dinde *f* Pute

dîner *m* Abendessen

discrétion, à nach Belieben

doré(-e) goldbraun gebraten

dos *m* Rücken

double doppelt

doux (douce) süß, mild

douzaine *f* ein Dutzend

dragon *m* **de mer** Drachenfisch, Petermännchen

Dubarry, crème *f* Blumenkohlsuppe

dur(-e) hart

E

eau *f* **gazeuse** Mineralwasser mit Kohlensäure

eau-de-vie *f* „Lebenswasser", Branntwein

écrasé(e) zerdrückt, zerrieben

effilé(e) in Streifen geschnitten

églefin *m* **(morue noir)** Schellfisch

elzekaria *f* Gemüseeintopf mit Bohnen, Zwiebeln und Kohl (Baskenland)

enchaud *m* Schweinerollbraten (Périgord)

entier (entière) ganz, vollständig; bei Milchprodukten: vollfett

entrecôte *m* Zwischenrippenstück vom Rind

entrée *f* Vorspeise

épaule *f* Schulter, Nacken

épices *f, pl* Gewürze

épinards *m, pl* Spinat

escargot *m* Weinbergschnecke

espadon *m* Schwertfisch

estouffat *m* **de haricots** Ragout aus weißen Bohnen, Zwiebeln, Speck und/oder Tomaten (Languedoc-Roussillon)

estragon *m* Estragon

esturgeon Stör

extrait *m* Extrakt

F

façon *f* Art, Weise

faisan *m* Fasan

falette *f* **d'Auvergne** gefüllte Brust von Kalb, Hammel oder Lamm

far *m* **(fas, faz) breton** Rum-Rosinen-Kuchen (Bretagne)

farce *f* Füllung

farée Kohlroulade

farine *f* Mehl

faux-filet *m* Lendenstück vom Rind

fenouil *m* Fenchel

ferme *f* Bauernhof

feu *m* **de bois** Holzkohlenfeuer

feuille *f* Blatt
– **de chêne** Eichblatt-Salat
– **de vigne** Weinblatt

feuilleté *m* Blätterteigpastete

fèves *f* dicke Bohnen

fiélas Seeaal, Dornhai (Provence)

figue *f* Feige

fin (-e) fein, zart

fines *f, pl* **de claire** Claire-Zuchtaustern

flet *m* Flunder

flétan *m* Heilbutt

fleurs *f, pl* **pralinées** kandierte Blüten (Provence)

floutes Kartoffelknödelchen (Elsass)

flûte *f* dünne Weißbrotstange

foie *m* Leber
– **de volaille** Geflügelleber
– **gras** Gänse- oder Entenstopfleber

fondant(-e) schmelzend

fondu(-e) geschmolzen

fort(-e) stark, kräftig, deftig, scharf

Hier ruhen die Munster-Käselaibe aufgereiht zur Veredelung.

fougasse *f* **(fouace)** süßer Hefekranz, auch salzig mit Oliven (Südfrankreich)

four *m* Ofen

fourchette *f* Gabel

Fourme *f* **d'Ambert** blaugrün-geäderter Edelpilzkäse (Zentralmassiv, Auvergne)

fourré(-e) gefüllt

frais *f* **(fraîche)** frisch

fraise *f* Erdbeere

framboise *f* Himbeere

frangipane Gebäck, mit Mandelmasse gefüllt

fressure *f* Innereien

frisée *f* krauser, leicht bitterer Salat

frit(-e) frittiert

froid(-e) kalt

fromage *m* Käse
– **blanc** Quark, oft als Dessert mit Zucker

fruits *m, pl* Früchte, Obst
– **de mer** Meeresfrüchte

fumé(-e) geräuchert

G

galette *f* dünner Pfannkuchen aus Buchweizenmehl (Bretagne)

gâteau *m* Kuchen, Torte, Gebäck

genièvre *m* Wacholderbeere

germe *m* Sprosse, Keim

gésier *m* **d'oie** Gänsekropf

gibelotte *f* **de lapin** Kaninchenfrikassee, in Weißwein geschmort

gibier *m* Wild, Wildbret

gigot *m*, **(gigue** *f***)** Keule, Schlegel von Lamm oder Reh

gingembre *m* Ingwer

girofle *m* Gewürznelke

girolle *f* Pfifferling

gîte *m* **à la noix** Nuss, bestes Stück der Rinderkeule, des Rinderschlegels

glace *f* Eis, Eiscreme
– **de viande** Fond, Fleischextrakt

goulache *f, pl* Gulasch

gourmand *m* Schlemmer

gourmet *m* Feinschmecker

goût *m* Geschmack

graisse *f* Fett, Schmalz

grand(-e) groß

gras(-se) fett, speckig

gratiné(-e) gratiniert, überbacken

gratuit (-e) kostenlos

gravenche forellenähnlicher Fisch aus dem Genfer See

grenade *f* Granatapfel

grenadin *m* Kalbsmedaillon

grenouille *f* Frosch

grillé(-e) gegrillt

gros(-se) dick, stark, groß

groseille *f* Johannisbeere
– **à maquereau** Stachelbeere

gruyère *f* **de Comté** Greyerzer, würziger, fester Käse (Franche-Comté)

H

haché(-e) gehackt

hachis *m* **de bœuf** Rinderhackbraten

haddock *m* geräucherter Schellfisch

hareng *m* Hering

haricot *m* Bohne

herbes *f, pl* Kräuter
– **de Provence** Kräuter der Provence: Thymian, Salbei, Rosmarin, Basilikum

hochepot *m* Eintopf

homard *m* Hummer

hors-d'œuvre Vorspeise

huile *f* Öl

huître *f* Auster
– **de claire** Zuchtauster

I

infusion *f* Aufguss, Kräutertee

J

jambon *m* **braisé (cuit, de Paris)** gekochter Schinken
– **cru** roher Schinken

jets *m* Sprossen

julienne *f* Gemüsestreifen als Beilage oder Suppeneinlage

Jurassic Hartkäse (Jura)

jus *m* Saft, auch Bratensaft

K

kir *m* **royal** Aperitif, Champagner mit Cassis

kugelhopf (kouglof) *m* Guglhupf(Elsass)

kuign-aman *m* flacher Hefekuchen mit reichlich Butter und Zucker (Bretagne)

L

Laguiole *m* Hartkäse (Auvergne)

lait *m* Milch

laitue *f* Kopfsalat

lamproie *f* Neunauge (aalähnlicher Fisch)

langouste Languste

langue *f* Zunge

lapin *m* Kaninchen

lard *m* Speck

laurier *m* Lorbeer

lavande *f* Lavendel

lavaret *m* Renke (Süßwasserfisch)

léger (légère) leicht

légumes *m* Gemüse

lentilles *f* Linsen

Levroux Ziegenkäse (Loire)

levure *f* Hefe

lièvre *m* Hase

lotte *f* **de mer (baudroie)** Seeteufel

loup *m* **de mer** Wolfsbarsch, Seebarsch (Mittelmeer)

lourd(-e) schwer, fett

M

macaron *m* Makronenplätzchen

macédoine *f* **de fruits** Obstsalat

mâche *f* Feldsalat

magrets *m, pl* **de canard** Entenbrustfilet

maigre mager; auch Adlerfisch

maïs *m* Mais

maison (à la maison) nach Art des Hauses

mangue Mango

maquereau *m* Makrele

marc *m* Tresterbrand (Auvergne, Burgund)

mariner einlegen, marinieren

marjolaine *f* Majoran

marmite *f* Topf, Eintopf

marron *m* Esskastanie, Marone

marseillaise, à la nach Art von Marseille: meist mit Tomaten, Oliven, Knoblauch und/oder Sardellen

massepain *m* Marzipan; auch Mandelgebäck

mélange *m* Mischung

ménagère, à la auf Hausfrauenart: einfach und traditionell zubereitet, z. B. mit Möhren, Zwiebeln und/oder Erbsen

menthe *f* Minze, Pfefferminz

menu *m* Menü; auch Speisekarte
– **du terroir** Menü mit regionalen Spezialitäten
– **gastronomique** großes Menü mit mindestens vier Gängen

merguez *f* scharfe Würstchen aus Hammelfleisch

merlu *m* Seehecht

mesclun *m* Mischung aus verschiedenen Blattsalaten (Provence)

meunière, à la nach Müllerinnenart: meist in Mehl gewendet und in Butter gebraten

meurette *f* **de Bourgogne** Ragout aus Süßwasserfischen, in Rotwein gegart (Burgund)

mi-... Halb...

miel *m* Honig

Millassou Kürbiskuchen (Périgord)

millefeuille *f* Blätterteig

millet *m* Hirse

minute, à la kurzgebraten; auch schnell, frisch zubereitet

mirabelles *f* Mirabellen

moelle *f* Rindermark

mollusques *m, pl* Weichtiere (Muscheln, Schnecken)

Monaco Bier mit Grenadine

morille *f* Morchel

morue *f* Stockfisch, luftgetrockneter Kabeljau

moule *f* Miesmuschel

mousse *f* **au chocolat** Schokoladenschaumcreme

moutarde *f* Senf

mouton *m* Hammel; Hammelfleisch

mulet *m* Meeräsche (Meeresfisch)

Munster *m* Käse mit starkem Aroma (Elsass)

mûr(-e) reif

mûre *f* Brombeere

murène *f* Muräne (Mittelmeerfisch)

muscade *f* Muskat

museau *m* **de bœuf** Ochsenmaul

myrtille *f* Heidelbeere

N

nage, à la im (eigenen) Sud

nantais *m* kleiner Mandelkuchen

nappé(-e) übergossen, überzogen

neige *f* Schnee; Eischnee

niçoise, à la nach Art von Nizza: meist mit Tomaten, Sardellen, Knoblauch und Oliven; bei Fisch: mit Tomaten-Sardellen-Sauce

nids *m* Nester

Noilly Prat Wermut, der in Eichenfässern reift

noir(-e) schwarz, dunkel

noisette *f* Haselnuss; bei Fleisch: Nüsschen, kleine Scheibe vom Rücken

noix *f* Walnuss, bei Fleisch: Rückenstück
– **de coco** Kokosnuss
– **de muscade** Muskatnuss

nonnette voilée Butterröhrling (Pilz)

nougatine *f* Krokant

nouilles *f, pl* Nudeln

nouveau (nouvelle) neu, jung, aus diesem Jahr

O

œuf *m* Ei
– **à la coque** weiches Drei-Minuten-Ei
– **au plat (sur le plat)** Spiegelei

œufs *m, pl* **brouillés** Rühreier
– **durs** hart gekochte Eier

Ofenkiechlas Vanilleplätzchen (Elsass-Lothringen)

oie *f* Gans

oignon *m* Zwiebel

Oloron cremiger Schafskäse (Béarn)

omble *m* Saibling (Süßwasserfisch)

omelette *f* **surprise** Eis in Biskuitteig, flambiert

onctueux (oncteuse) ölig, cremig, sahnig

onglet *m* **de boeuf** Ochsenfleischscheibe

orange *f* **pressée** frisch gepresster Orangensaft

origan *m* Oregano

ortie *f* Brennnessel

os *m* Knochen

oseille *f* Sauerampfer

Ossau-Iraty *m* fester Schafskäse, mild-aromatisch (Baskenland und Béarn)

oursin *m* Seeigel

P

pa(i)n-bagna(t) *m* Brötchen, in Olivenöl „gebadet“ und mit Tomaten, Oliven und Sardellen gefüllt (Provence)

pain *m* Brot
– **complet** Vollkornbrot
– **d'épices** Honigkuchen (Burgund)
– **de poisson** leichter Fischpudding

paire *f* Paar

palette *f* **de porc** Schweineschulter

palourde *f* Venusmuschel

pamplemousse *m* Pampelmuse, Grapefruit

panaché gemischt; auch kurz für Bier mit Zitronenlimonade

panade *f* Brotsuppe

panais *m* Pastinake

pané(-e) paniert

pannequets *m, pl* gefüllte Pfannkuchen

parfait *m* mit Sahne und Eiern zubereitete Eiscreme

parfums *m, pl* Eiscremesorten

Parmentier, à la mit Kartoffeln zubereitet oder garniert

Pasten de Châteaulin Ostergebäck (Bretagne)

pastèque *f* Wassermelone

patate *f* Süßkartoffel

pâte *f* Teig
– **levée** Hefeteig
– **brisée** Mürbeteig
– **feuilletée** Blätterteig

pâtes *f* Nudeln

pâté *m* Pastete
– **creusois aux pommes de terre** Kartoffelpastete (Limousin)
– **de campagne** kräftige Bauernpastete aus Fleisch und Leber
– **vendéen** Kaninchenterrine (Vendée)

pâtisserie *f* Gebäck

patron (patronne) Wirt (Wirtin)

paupiette *f* Roulade

pays *m* Land, Region

pays, du regional, aus der Gegend, typisch für die Region

paysan(-ne) bäuerlich, rustikal

peau *f* Haut, Schale

pêche *f* Pfirsich

pêcheur, à la „nach Fischerart“: meistens mit Fisch und Meeresfrüchten

perche *f* Flussbarsch

perdrix *f* Rebhuhn

persil *m* Petersilie

petit(-e) klein

petit-déjeuner *m* Frühstück

petit noir *m* kleiner, schwarzer Kaffee

petit pain *m* Brötchen

petits fours *m, pl* kleine, gefüllte Kuchen, Teekonfekt

petits-pois *m, pl* grüne Erbsen

picodon *m* kleiner, weicher Ziegenkäse

pièce *f* Stück

pied *m* Fuß

pieds *m, pl* **de cochon** Schweinsfüße

pieds *m, pl* **de mouton** Hammelfüße

pigeon *m* **(ramier** *m***)** Taube

pignon *m* Pinienkern

piment *m* Gewürz allgemein; auch kleine, scharfe Paprikaschote (Baskenland)

pintade *f* Perlhuhn

piperade *f* Omelette mit Tomaten, scharfen Paprikaschoten, Knoblauch und Bayonner Schinken oder Speck (Baskenland)

pissaladière *f* Quiche mit Tomaten, schwarzen Oliven, Sardellen (Provence)

pistache *f* Pistazie

pistou *m* Paste aus Basilikum, Knoblauch, Käse und Olivenöl (Provence)

plat *m* Teller, Platte, Gericht
– **du jour** Tagesgericht
– **principal** Hauptgericht

plein(-e) voll

poché(-e) pochiert

pochouse Fischeintopf aus Süßwasserfischen, in Weißwein gegart (Burgund)

poêle *f* Pfanne

poids *m* Gewicht

poire *f* Birne

poireau *m* Lauch, Porree

pois *m* Erbsen
– **chiches** Kichererbsen

poisson *m* Fisch

poitrine *f* Brust

poivre *m* Pfeffer

poivron *m* Gemüsepaprika

pomme *f* Apfel

pommes *f, pl* **de terre** Kartoffeln
– **nature** Salzkartoffeln
– **sautées** Bratkartoffeln
– **en chemise (– en robe des champs)** Pellkartoffeln

pompe *f* festlicher Kuchen, süß oder salzig (Südfrankreich)

Pont l'Évêque *m* würziger Weichkäse mit Rotschmiere (Normandie)

porc *m* Schwein, Schweinefleisch

porto *m* Portwein

Port-Salut klassischer Trappistenkäse

pot *m* Topf, Krug

potable trinkbar

potage *m* Suppe

pot-au-feu *m* Suppentopf mit Rindfleisch, Markknochen und Gemüse, auch mit Huhn

poularde *f* junges Masthuhn, Poularde

poule *f* Huhn, Henne

poulet *m* **rôti** Brathähnchen, Brathendl

Pouligny-Saint-Pierre *m* Ziegenkäse in Form einer Pyramide (Centre)

poulpe *m* Krake, Tintenfisch

pourboire *m* Trinkgeld

pousse *f* Sprosse, Schössling

pousses *m* **de bambou** Bambussprossen

pré *m* Wiese

pré-salé *m* Fleisch von Schafen, die auf salzhaltigen Wiesen an der Atlantikküste geweidet haben

pressé gepresst

pression, une *f* Kurzform für Bier vom Fass

prêt(-e) fertig

primeurs *f* Frühlingsgemüse, Frühobst

prix *m* Preis
– **tout compris** Preis inkl. Bedienung und Mehrwertsteuer

profiterole *f* kleiner, gefüllter Windbeutel

provençale, à la auf provenzalische Art, meist mit Tomaten, Knoblauch, Kräutern, Oliven und Wein

prune *f* Pflaume

pruneau *m* Backpflaume

pulpe *f* Fruchtfleisch

pur(-e) rein, echt

purée *f* Püree

pyrénées *f* **pur brebis** würziger Schafkäse aus den Pyrenäen

Q

quatre-quarts *m, pl* „Vierviertel"; Kuchen aus den vier Grundzutaten Mehl, Butter, Eier und Zucker

quenelles *f* **de brochet** Hechtklößchen (Burgund)

quetsche *f* Zwetschge

queue *f* **de bœuf** Ochsenschwanz

quiche *f* herzhafter Mürbeteigkuchen mit Ei, Gemüse, Fleisch und Käse

quiche *f* **lorraine** Speckkuchen mit Ei und Käse (Lothringen)

R

râble *m* **de lapin** Kaninchenrücken

radis *m* Rettich

raie *f* Rochen

raisin *m* Weintraube, Weinbeere

raisins *m, pl* **secs** Rosinen, Sultaninen

raïto würzige Sauce mit Tomaten, Olivenöl, Rotwein, Knoblauch,

Zwiebeln und Kräutern, meist zu Fisch

râpé(-e) gerieben, geschabt

rascasse *f* Drachenkopf (Mittelmeerfisch)

rave *f* Rübe

Reblochon *m* **de Savoie** cremiger, milder Käse, leicht nussig (Savoyen)

recette *f* Rezept

réchaud *m* Warmhalteplatte

régime *m* Diät, Schonkost

reine-claude *f* Reneklode, gelbe Pflaume

renversé(e) gestürzt

requin *f* Hai

rhubarbe *f* Rhabarber

rhum *m* Rum

rich(-e) reich, ergiebig

rigodon *m* Schinkenfladen (Burgund)

rillettes *f, pl* Rillette, Schmalzfleisch: meist Schwein oder Geflügel, im eigenen Schmalz eingemacht und püriert (Loiretal)

rillons *m, pl* Grieben, Griebenschmalz

ris *m* Bries

rissole *f* Blätterteiggebäck, salzig oder süß gefüllt

rissolé(-e) goldbraun gebraten, knusprig gebacken

riz *m* Reis
– **au lait** Milchreis
– **brun** ungeschälter Naturreis

rognon *m* Niere

rognonnade *f* Nierenbraten

romaine *f* Romanasalat (Blattsalat)

romarin *m* Rosmarin

rond(-e) rund

Roquefort *m* pikanter Blauschimmelkäse aus Schafmilch

rosbif *m* Roastbeef

rosé *m* **des forêts** Waldchampignon

rôti *m* gebraten, Braten

rouget-barbet *m* Rotbarbe

rouille *f* scharfe, rote Mayonnaise mit Knoblauch und Pfefferschoten, zu Fischsuppen und -gerichten (Provence)

roux *m* Mehlschwitze

rustique ländlich, rustikal

S

sablé *m* Sandkuchenteig

sachet *m* kleiner Beutel, Sack
– **de thé** Teebeutel

saignant(-e) blutig

Saint-Albray *m* Weichkäse aus Kuhmilch

Saint-Nectaire *m* mild-würziger Käse mit feiner Weißschimmelflora (Zentralmassiv)

saint-pierre *m* Petersfisch

salade *f* Salat
– **cuite** Gemüsesalat
– **niçoise** „Nizza-Salat“, meist grüner Salat mit Paprika, weißen Bohnen, Zwiebeln, Sardellen, Oliven, Ei und Tunfisch

salé *m* gepökeltes Schweinefleisch

Salers *m würziger* Käse (Auvergne)

salmis *m* Ragout von Wild oder Geflügel, meist mit Rotwein

salpicon *m* Ragout aus Fleisch und Gemüse

salsifis *m* **noir** Schwarzwurzel

sandre *f* Zander

sang *m* Blut

sanglier *m* Wildschwein

sans ohne

sar *m* Weißbrasse (Meeresfisch)

sarrasin *m* Buchweizen

sauce *f* **antiboise** Mayonnaise mit Tomatenmark, Sardellenpaste und Estragon, zu Krustentieren

sauce *f* **béarnaise** helle Buttersauce mit Eigelb, Essig oder Weißwein, Schalotten, Estragon und anderen Kräutern

sauce *f* **bourguignonne** Burgundersauce: dunkle Rotweinsauce mit Thymian, Lorbeer, Champignons und Petersilie

sauce *f* **diable** Teufelssauce mit Weißwein und Tomaten

sauce *f* **gribiche** Kräutermayonnaise mit hart gekochten Eiern, Kapern und Gewürzgurken

sauce *f* **hollandaise** helle Eigelb-Butter-Sauce

sauce *f* **royale** Geflügelrahmsauce mit Trüffeln und Sherry

saucisse *f* Wurst (zum Kochen oder Braten)

saucisson *m* Wurst (für Aufschnitt)

sauge *f* Salbei

saumon *m* Lachs

sauté(-e) geschmort; auch Ragout

sauvage wild

sauvage, à la naturbelassen

savoyarde, à la nach Art von Savoyen: meist mit Sahne, Käse und Kartoffeln

sec (sèche) trocken

seiche *f* Sepia, Tintenfisch

seigle *m* Roggen

sel *m* Salz

selle *f* **de chevreuil** (Reh-)Rücken

semoule *f* Grieß

service *m* Bedienung

sésame Sesam

silure glane Wels

sirop *m* Sirup

sole *f* Seezunge

soupe *f* Suppe
– **du berger** „Schäfersuppe", Zwiebelsuppe mit Gemüse und Käse (Béarn)
– **bourbonnaise** süßer Quarkkuchen (Burgund)

souper *m* spätes Abendessen, in manchen Gegenden auch Abendessen

steak de cheval Pferdesteak

sucre *m* Zucker

supion *m* Tintenfisch

supplément *m* Aufpreis

suprême *m* bestes Stück Fleisch; bei Dessert feines Sahnedessert

sur commande auf Bestellung

surgelé(-e) tiefgefroren

surprise *f* Überraschung

Suze Kräuter-Aperitif

T

taboulé (tabbouleh) Couscous-Salat mit Minze, Zwiebeln, Tomaten u. a.

tanche *f* Schleie (Süßwasserfisch)

tapenade *f* Olivenpaste mit Sardellen, Kapern und Olivenöl (Provence)

tarte *f* flacher Kuchen aus Mürb- oder Blätterteig, süß oder salzig
– **à l'oignon** Zwiebelkuchen (Elsass)

tartine *f* Butterbrot

tendre zart, weich

tête *f* Kopf, Kopfstück; auch kurz für Sülze

thé *m* Tee

thon *m* Tunfisch

thym *m* Thymian

tiède lauwarm

tilleul *m* Lindenblüte

tisane *f* Kräutertee

Tomme de Savoie *f* weicher Kuhmilchkäse (Savoyen)

tortue *f* Schildkröte

tourain *m* Tomatensuppe mit Käse (Périgord)

tournesol *m* Sonnenblume

tourte *f* rundes Brot; auch gefüllte Torte oder Pastete

tout compris alles im Preis inbegriffen

tranche *f* Scheibe, Stück

trancher ab- oder zerschneiden

trempé(-e) eingeweicht, getränkt

tripeaux *m, pl* gefüllte Hammelfüße (Auvergne)

tripes *f, pl* Eingeweide, Kutteln, Kaldaunen

tripous (tripoux) Lamm- oder Hammelkutteln (Auvergne)

Trouville Weichkäse

truffade *f* Kartoffel-Speck-Pfanne (Auvergne), auch Kartoffel-Tomaten-Pfanne (Dauphiné)

truffes *f, pl* Trüffelpilz

truite *f* Forelle

ttorro Fischragout mit Atlantikfischen (Baskenland)

turbot *m* Steinbutt

Marché de Gras mit Spezialitäten der Region in Brive-la-Gaillarde.

V

vache *f* Kuh

vapeur *m* Dampf

varié(-e) verschieden

veau *m* Kalb, Kalbfleisch

velouté *m* gebundene Suppe, Cremesuppe

venaison *f* Wildfleisch

ventre *m* Bauch

verdure *f* Salat, Gemüse

véritable echt

verre *m* Glas

vert(-e) grün

verveine *f* Eisenkrauttee

viande *f* Fleisch

vieux (vieille) alt

vigneronne, à la nach Winzerart: meist Weinsauce

vinaigre *m* Essig

vinaigrette *f* Salatsauce aus Essig, Öl und Kräutern

volaille *f* Geflügel

volonté, à nach Belieben

Y

yaourt *m* Joghurt

Z

zeste *m* Streifen von Zitrusfruchtschalen

Ziwelwai Zwiebelkuchen mit Speck (Elsass)

Kunst und Kultur

Illustrationen zur Baukunst

Die folgenden Abbildungen bieten Ihnen einen Überblick über die Geschichte und Architektur der in diesem Reiseführer beschriebenen Region und ihre Besonderheiten. Das kunsthistorische Vokabular wird Ihnen vor Ort beim Besuch der Sakral-, Militär- und Profanbauten eine große Hilfe sein.

SAKRALBAUTEN

MANTES-LA-JOLIE – Grundriss der Stiftskirche Notre-Dame (12.-14. Jh.)

Basilikaler Grundriss ohne Querhaus: Die Sakristei wurde im 13. Jh. angebaut, die Chorkapelle und die Seitenkapelle (Chapelle de Navarre) im 14. Jh.

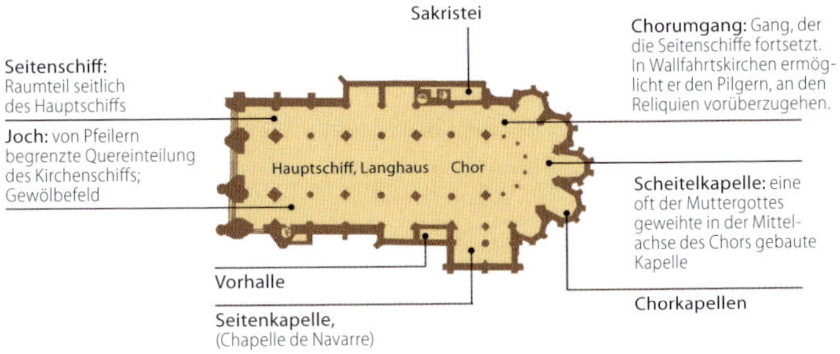

CHARTRES – Kathedrale Notre-Dame

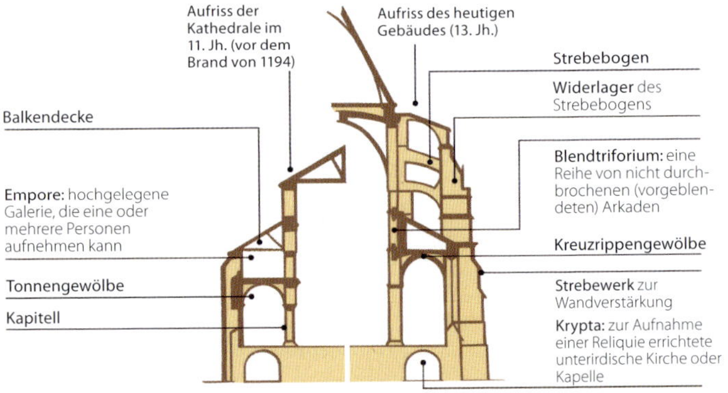

RAMPILLON – Hauptportal der Kirche (13. Jh.)

Rodolphe Corbel / MICHELIN

JOUARRE – Krypta St-Paul (7. Jh.)

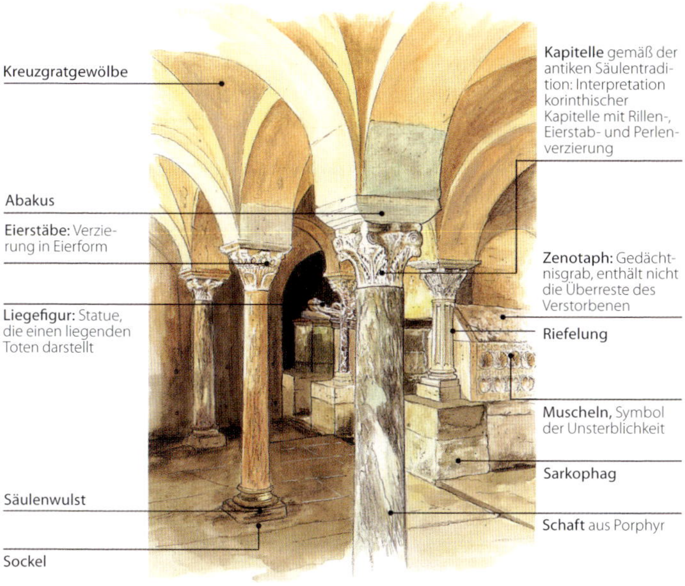

SENLIS – Kathedrale Notre-Dame (12. und 13. Jh.)

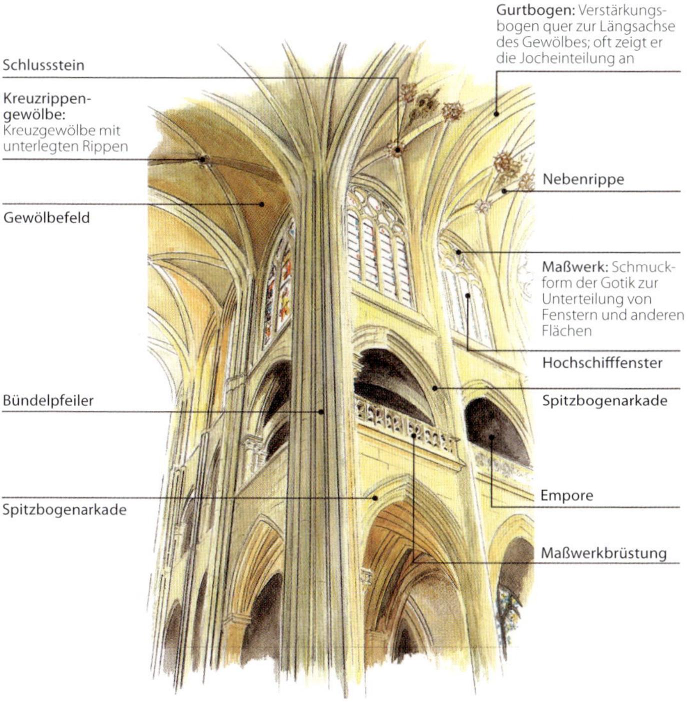

Rodolphe Corbel / MICHELIN

CHARTRES – Hauptfassade der Kathedrale Notre-Dame (12. und 13. Jh.)

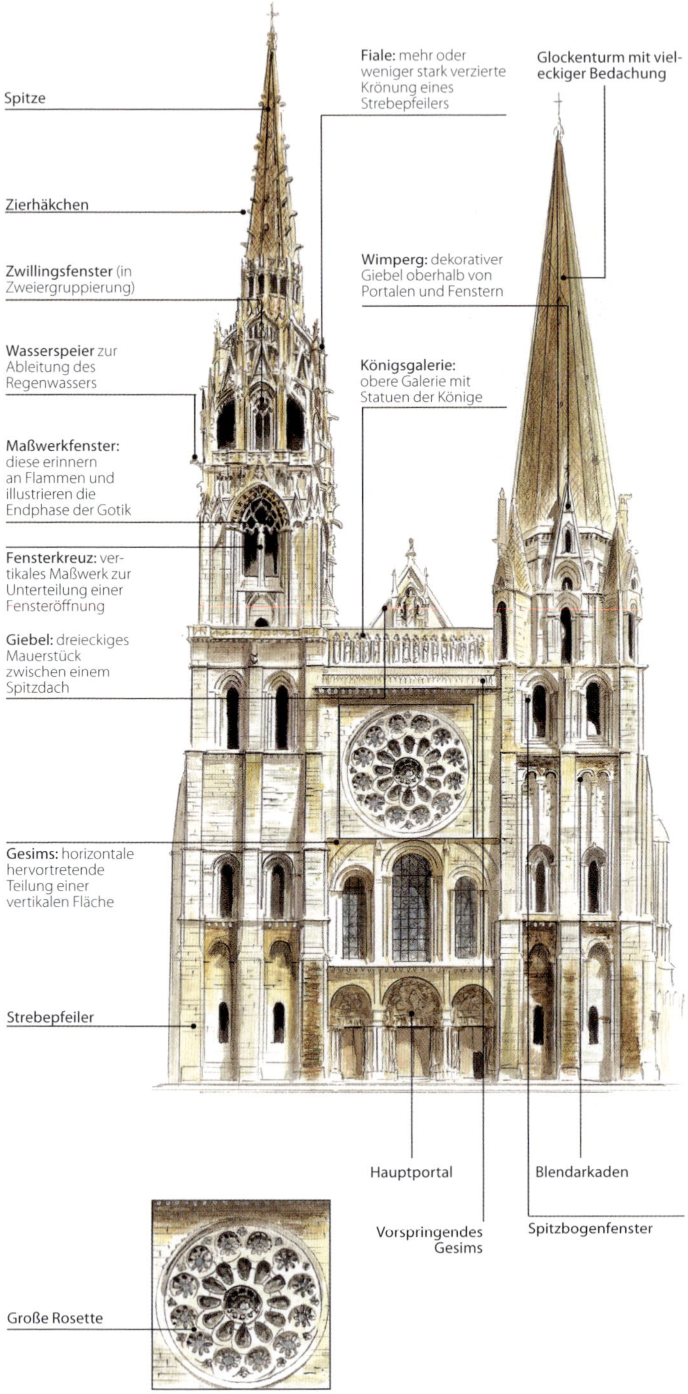

BEFESTIGTE WOHNHÄUSER UND SCHLÖSSER

BOMBON – Fief des Epoisses (12. und 13. Jh.)

Befestigte Höfe sind in der Brie recht verbreitet und weisen manchmal eine fast schlossartige Bauweise auf.

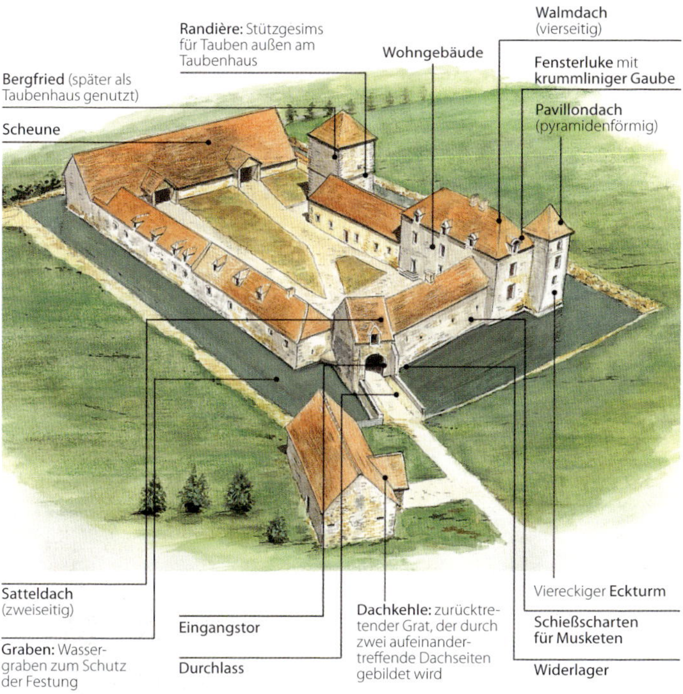

Château de COURANCES (16. und 17. Jh.)

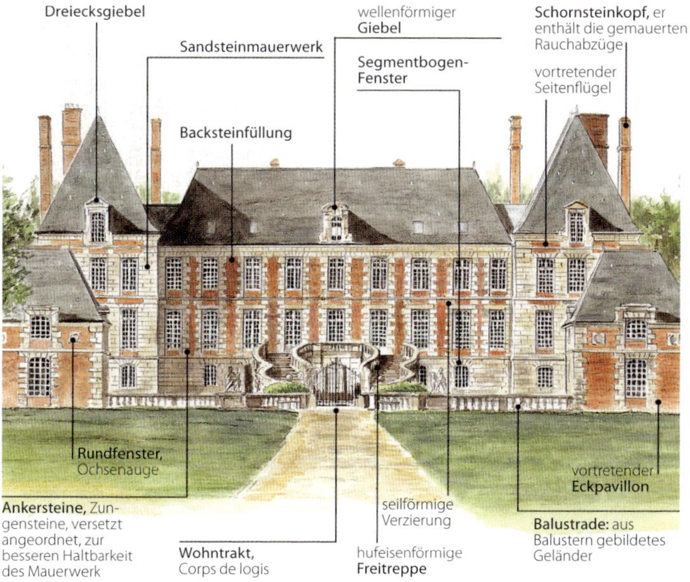

Großer Marstall von CHANTILLY – Mittelpavillon (auch Le Dôme) (1721-1740)

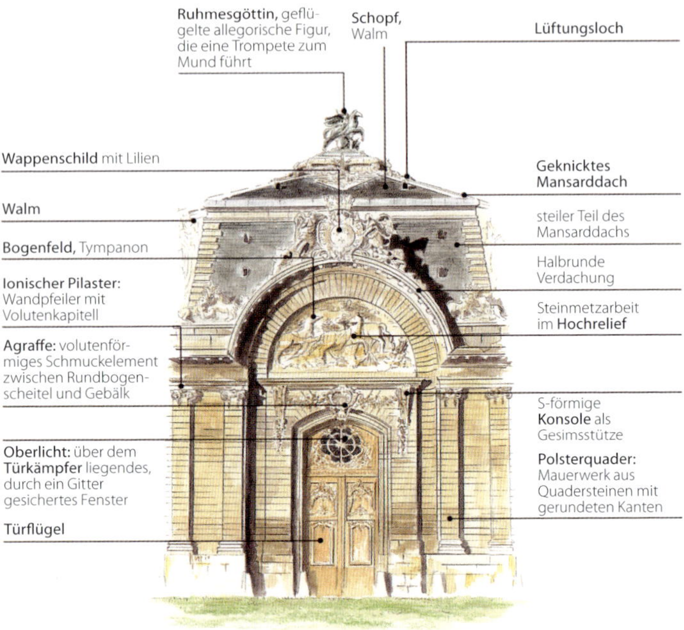

VERSAILLES – Opéra Royal (1765-1170)

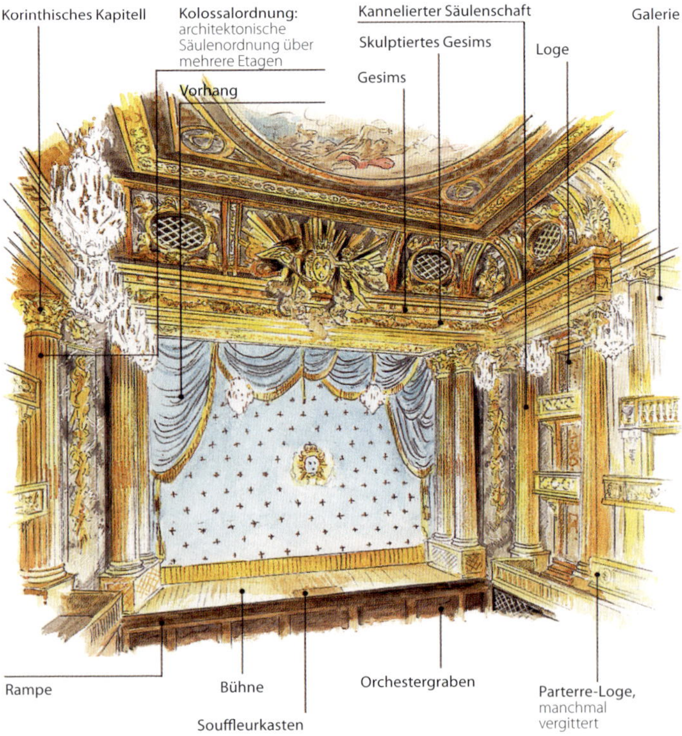

Rodolphe Corbel / MICHELIN

WOHNHÄUSER UND VILLEN

CHATOU – Einfamilienhaus aus dem 19. Jh.

Diese aus der *meulière*, einem silikatreichen harten Kalkstein, errichteten Häuser, deren Ecken, Gesimse sowie Tür- und Fensteröffnungen durch weicheren weißen Kalkstein betont sind, findet man in den Pariser Vororten häufig.

POISSY – Villa Savoye (1929-1931)

Die Konzeption dieser von Le Corbusier erbauten Villa beruht auf seiner Definition der „fünf Punkte für eine neue Architektur".

Fachbegriffe aus Kunst und Architektur

Abhängling, herabhängender Schlussstein.

Archivolte, vom Mauerwerk abgesetzte, bandartige Einfassung eines Rund- oder Spitzbogens.

Balustrade, Säulenreihe, die als Brüstung oder Geländer an Treppen, Terrassen oder Balkonen fungiert.

Belvedere, hochgelegener Gebäudeteil, Aussichtspunkt in Parkanlagen, oder Lustschloss mit schöner Aussicht

Blendbogen, Bogen, der keine Maueröffnung überbrückt, sondern der Wand vorgeblendet ist.

Bossenwerk, Mauerwerk aus Steinen, deren Vorderseite nur sehr grob behauen ist.

Chorschranken, Steinbrüstungen oder Gitter, die den Chor einer Kirche vom Gemeinderaum trennen; in Kirchen mit Chorumgang führen sie oft um den ganzen Chor herum.

Donjon, Wachtturm französischer Burgen, der zugleich als Wohnturm diente; Bergfried.

Drôlerie, amüsante, oft derbe Darstellung von Menschen oder Tieren.

Feston, Dekorationsmotiv in Form eines bogenförmigen Blumengewindes.

Fiale, schlankes, spitzes Türmchen an gotischen Bauwerken, das als Bekrönung von Strebepfeilern dient; auch Pinakel genannt.

Gewände, seitliche Umgrenzung von Fenstern und Türen, vergleichbar einem Rahmen.

Gewölbekappe, Bezeichnung der gewölbten, annähernd dreieckigen Felder bei Kreuzgewölben, die von den Graten begrenzt werden.

Grisaille, illusionistische Dekorationsmalerei, meist in Grauschattierungen, die den Anschein erweckt, sie zeige plastisch hervortretende Details.

Joch, durch vier Stützen gebildete räumliche Einheit.

Kapitell, oberer Abschluss von Säulen und Pfeilern in ornamentaler, pflanzlicher oder figürlicher Ausbildung.

Ph. Gajic / MICHELIN

Ein Fensterdetail der Kathedrale in Chartres.

Kartusche, zumeist barocker Zierrahmen für Wappen, Inschriften, Medaillons.

Kassette, vertieftes Feld einer Decke oder eines Gewölbes.

Konche bzw. Halbkuppel, Kuppel mit viertelkreisförmigem Querschnitt über halbkreisförmigem Grundriss.

Konsole, vorspringendes tragendes Element, auf dem Bögen, Gesimse, Balken etc. ruhen.

Krabbe bzw. Kriechblume, blumenartiges Ornament der Gotik an den Kanten von Fialen, Wimpergen, Turmhelmen etc.

Kreuzarme, Bezeichnung der Querhausarme zu beiden Seiten der Vierung.

Kreuzgewölbe, Kreuzgratgewölbe, aus der Durchdringung zweier gleich hoher Tonnengewölbe entstehendes Gewölbe, dessen Schnittkanten Grate heißen.

Kreuzrippengewölbe, Kreuzgewölbe, unterlegt mit Verstärkungsrippen.

Krypta, meist unter dem Chor liegender Raum für die Aufbewahrung von Reliquien oder zur Bestattung von Märtyrern und Heiligen.

Langhaus, Kirchenraum zwischen Fassade und Querhaus bzw. Chor.

Laterne, lichteinlassender Aufsatz über Decken- bzw. Gewölbeöffnungen.

Lettner, Trennwand zwischen dem Mittelschiff und dem Chor, der den Geistlichen vorbehalten ist; diente auch zur Lesung des Evangeliums (später oft durch die Kanzel ersetzt).

Lisene, schwach vortretende vertikale Mauerverstärkung ohne Basis und

Kapitell; untereinander sind die Lisenen zumeist oben durch Rundbogenfriese verbunden.

Lukarne, Dacherker, meist mit reicher Fensterrahmung und Giebelkontur.

Maßwerk, geometrisches Bauornament der Gotik zur Gliederung von Fenstern, Giebeln und Wänden.

Miserikordie, Bezeichnung für die Verbreiterung unter dem Klappsitz von Chorgestühlen, die aus „Barmherzigkeit" (lat. *misericordia*) als Gesäßstütze beim Stehen dient.

Maschikulis, Pechnasenkranz.

Medaillon, rundes oder ovales (gerahmtes) Bild oder Relief.

Narthex, westliche Vorhalle frühchristlicher, byzantinischer oder mittelalterlicher Kirchen.

Obergaden, über den Seitenschiffdächern liegender oberer Teil des Mittelschiffs, in dem sich die Hochschiff- bzw. Obergadenfenster befinden.

Ochsenauge, **Œil-de-bœuf**, rundes oder ovales Fenster.

Pechnase, erkerartiger Ausguss für heißes Pech oder Öl, zumeist zwischen den Konsolen eines Wehrgangs.

Pendentifkuppel, Kuppel, bei der der Übergang vom polygonalen Unterbau zum (kleineren) Fußkreis der Kuppel durch Hängezwickel, so genannte Pendentifs (sphärische Dreiecke), hergestellt wird.

Pietà, Andachtsbild, das die trauernde Maria mit dem toten Christus auf dem Schoß darstellt; auch **Vesperbild** genannt.

Pilaster, der Wand vorgelagerter flacher Pfeiler mit Basis und Kapitell.

Querhaus oder -schiff, Querbau zwischen Langhaus und Chor, der dem Grundriss der Kirche die Form eines lateinischen Kreuzes verleiht. Bei der Durchdringung von Lang- und Querhaus entsteht die Vierung.

Retabel, Altaraufsatz; besteht zumeist aus mehreren aufklappbaren Flügeln (ein **Triptychon** ist ein Retabel mit drei Flügeln).

Rollenfries, romanisches Schmuckelement, bei dem sich waagerechte Zylinder schachbrettartig mit Hohlräumen abwechseln.

Rundstab, stabförmiger zylindrischer Bauteil, v. a. zur Verzierung von Fenstern und Portalen.

Schallarkaden, Maueröffnungen in Türmen in Höhe des Glockenstuhls.

Schlussstein, Scheitelstein eines Bogens oder Stein im Schnittpunkt der Hauptrippen eines Gewölbes.

Sparrenkopf, kleines Tragelement von Kranzgesims oder Dachstuhl.

Sturz, oberer waagerechter Abschluss von Tür oder Fenster.

Stützenwechsel, wiederkehrender Wechsel von Pfeilern und Säulen.

Tonnengewölbe, Gewölbeform mit halbkreis-, viertelkreis- oder spitzbogenförmigem Querschnitt.

Triforium, ein aus aneinandergereihten Triforen (Dreifachbögen) gebildeter Gang in der Hochwand einer gotischen Basilika, der nur zum Mittelschiff hin geöffnet ist; liegt unmittelbar unterhalb des Obergadens.

Trompe-l'œil-Malerei, Darstellungsweise, bei der durch naturalistische Genauigkeit mithilfe perspektivischer Mittel ein Gegenstand so wiedergegeben wird, dass der Betrachter nicht zwischen Wirklichkeit und Gemaltem unterscheiden kann.

Trompenkuppel, Kuppel, bei der die oberen Ecken eines vieleckigen Unterbaus durch halbe Hohlkegel (Trompen) überbrückt und in ein Achteck überführt werden, auf dem sich der Fußkreis der Kuppel erhebt.

Tympanon, Bogenfeld oberhalb eines Portals.

Vierung, Raumteil einer Kirche, der sich aus der Durchdringung von Lang- und Querhaus ergibt; die zumeist quadratische Vierung dient oft als Grundeinheit für die Raumaufteilung des Bauwerks.

Volute, schneckenförmig geschwungene Verzierung.

Wimperg, giebelartige, mit Maßwerk verzierte Bekrönung gotischer Portale und Fenster.

Die Architektur in der Île-de-France

Schlösser, Museen, Kirchen, alte Städte ... die Île-de-France besitzt zahlreiche kulturelle Reichtümer und ein beachtliches künstlerisches und architektonisches Erbe, das von der langen und ereignisreichen Geschichte der Region und des ganzen Landes erzählt. Dazu zählen insbesondere königliche Residenzen wie Versailles, Fontainebleau, Vaux-le-Vicomte oder Écouen.

DIE WIEGE DER GOTIK

Die romanischen Baumeister wussten bereits große hohe Kirchen zu bauen. Jedoch neigten deren schwere Steingewölbe leicht dazu einzustürzen und die Wände mitzureißen. So mussten also die Fenster sehr klein gehalten und von Emporen überragte Seitenschiffe gebaut werden, um so das sehr dunkle Hauptschiff zu stützen und im Gleichgewicht zu halten. Es gab keinen abrupten Bruch zwischen der Romanik und der Gotik, vielmehr einen natürlichen Übergang vom einen zum andern. Die Gotik entstand aus dem Wunsch nach großen, hohen und lichtdurchfluteten Kirchen. Zuerst erschien sie in der Île-de-France und entwickelte sich parallel im Norden, in der Champagne und der Normandie. Kirchen und Kathedralen veränderten nach und nach ihr Äußeres.

Die langen Bauphasen

Es gibt wenige Kirchen, die absolut homogen und charakteristisch für eine bestimmte Epoche sind: Der Bau einer Kirche war ein kostspieliges und langwieriges Unterfangen, in dessen Verlauf sich Techniken und Geschmäcker veränderten. Die Baumeister ließen sich ständig über die Fortschritte ihrer Kollegen unterrichten und nutzten dieses Wissen für ihre eigenen Bauprojekte. Die Anzahl der Arbeiter auf einer Baustelle variierte stark. Jeder qualifizierte Arbeiter, ob Steinbrucharbeiter, Steinmetz, Maurer – der wegen der Kälte im Winter nicht arbeitete – oder Zimmermann, führte sehr präzise Arbeiten aus und wechselte, anders als die einfachen Arbeitskräfte aus der Region, von einer Baustelle zur anderen, wobei diese durchau weit voneinander entfernt liegen konnten. Unter der Verantwortung des Architekten war eine solche Baustelle ein sehr langatmiges Werk.

Ab dem 13. Jh. erhielten bedeutende Persönlichkeiten oder Zünfte das Privileg, im Gegenzug für eine großzügige finanzielle Unterstützung der Konstruktion oder des Unterhalts der Kirche, dort eine Kapelle im Seitenschiff einzurichten.

Ein geniales System: Spitzbogen und Strebepfeiler

Am Anfang der Gotik stand der Versuch der Baumeister, das Gewölbe der Kirchen leichter zu bauen. Das Ziel war dabei, noch größere, höhere und vor allem hellere Bauten zu realisieren. So entstand die Idee, das Gewicht des Gewölbes auf spitze Bögen zu verteilen, die die enorme Belastung tragen könnten. Da die Wände nur an den Auflagepunkten der Bögen beansprucht würden, könnten die Zwischenstücke gefahrlos entfernt werden und das Tageslicht hereinlassen.

Der Spitzbogen – Gegen Ende des 11. Jh. war das Kreuzgratgewölbe überaus weit verbreitet. Da es schwierig zu bauen war und mit der Zeit Risse bekam, begannen Architekten aus England, Mailand und der Île-de-France damit, die Grate zu verstärken. Sie fanden bald heraus, dass, wenn zuerst diese Grate bzw. Spitzbögen gemauert wurden, eine leichte Verstärkung genügte, um ein zugleich solides und leichtes Gewölbe zu erhalten. Die gotische Baukunst war geboren.

Der Strebepfeiler – Die ersten gotischen Architekten stützten die Pfeiler im Kirchenschiff mit in den Galerien verborgenem Mauerwerk. Im Lauf des 12. Jh. reduzierten sie diese Mauern zu einfachen Bögen, die auf Widerlagern ruhten. Nach und nach wurden diese Galerien durch eine Reihe von nach außen verlagerten Strebepfeilern ersetzt, und das Kirchenschiff konnte durch sehr hohe Fensteröffnungen erhellt werden. Das Gerüst einer hohen Kirche ist seither ein Baukörper aus Säulen, die Spitzbögen tragen und von zwei oder drei Reihen leichter Strebebögen gestützt werden. Diese wiederum sind

Didier Pazery / MICHELIN

Gewölbe der südlichen Kapelle der Kathedrale von Senlis.

mit hohen, mit Fialen gekrönten Pfeilern verbunden.

Die Gewölbe – Das Kreuzrippengewölbe, dessen Gewicht auf vier Pfeilern ruht, konnte problemlos auf ein quadratisches Joch aufgesetzt werden. Im 12. Jh. wurde jedoch durch die Verbreiterung der Kirchenschiffe der Bau quadratischer Joche unmöglich: Die Pfeiler zur Stützung der Wände hätten bei diesem Verfahren zu weit auseinander gestanden. Zunächst lösten die Baumeister das Problem dadurch, zwei rechteckige Joche zu überwölben, wodurch wieder ein Quadrat entstand, und einen zusätzlichen Gurtbogen zu bauen, der abwechselnd auf schmalen und breiteren Pfeilern ruhte. Diese von drei Spitzbögen getragenen Gewölbe werden aufgrund der Anzahl ihrer Felder sechsteilig genannt.

Als der perfektionierte Spitzbogen ein Gewölbe über rechteckigen Jochen tragen konnte, vereinfachte man ihn, indem man auf die Zwischenstützen verzichtete.

Ab dem 15. Jh. jedoch führte die Dekorationswut der spätgotischen Baumeister zu einer Vervielfachung der Rippen, die sich zunächst in Neben- und Zwischenrippen, dann in Stern- und Netzmuster verzweigten. Schmuckbögen ohne praktischen Nutzen gesellten sich zu den tragenden Bögen. Die oft hängenden Schlusssteine wurden zu regelrechten Stalaktiten.

Das Unmögliche möglich machen

Die gotischen Hochschiffwände spiegeln die kontinuierliche Weiterentwicklung dieses Stils hin zu mehr Höhe und Helligkeit wider.

Der Übergangsstil – Dieser Übergang dauerte etwa 60 Jahre, von 1125 bis etwa 1190. In dieser Periode fanden zahlreiche Veränderungen statt: Man verwendete den Spitzbogen, die Empore und das Triforium stützten die Wände so hoch wie möglich; das Kirchenschiff wurde direkt von schmalen hohen Fenstern erhellt.

Die Frühgotik – Dies war die Periode der bedeutendsten gotischen Meisterwerke: Chartres, Reims, Amiens. Die Strebepfeiler übernahmen die Funktion der Galerie, die damit überflüssig wurde. Die Arkaden und Fensterbögen liefen lanzettförmig zu. Diese Phase begann etwa um 1180 und endete gegen 1250.

Die Hochgotik (gothique rayonnant) – Das goldene Zeitalter der Gotik dauerte von 1250 (Regierungszeit von Ludwig dem Heiligen) bis 1375, als der Hundertjährige Krieg den Aufschwung der mittelalterlichen Baukunst fast vollständig zum Erliegen brachte. Das Mauerwerk der Wände reduzierte sich auf ein Minimum, die Bauten wurden immer höher. In Kirchen ohne Chorumgang schien es, als bildeten die hohen Fenster, das Triforium und die unten liegenden Fenster eine einzige riesige Glaswand. Sehr häufig begannen die kleinen Säulen der oberen Geschosse bereits am Sockel des Arkadenpfeilers, den sie einrahmten.

Die Spätgotik (gothique flamboyant) – Die Weiterentwicklung dieser Bauweise neigte sich einem Ende zu. Der Stil orientierte sich nun hin zu dekorativer Virtuosität. Die Gewölbe zeigten unzählige Zierrippen, die Maßwerkfüllungen der Fenster und Fensterrosen waren flammenförmig. Das Triforium wurde zugunsten hoher Fenster abgeschafft. Dies gilt als die letzte Neuerung der Gotik, die das 15. Jh. charakterisierte und noch bis ins 16. Jh. hinein wirkte. Die Fassade der Kathedrale von Meaux ist ein sehr schönes Beispiel für diesen Stil.

Das Ende der Gotik – Unter italienischem Einfluss wurde die Gotik im 16. Jh. aufgegeben. Nun ist die Nachahmung der Antike modern. Die klassische Sakralarchitektur des 17. und 18. Jh. bemühte sich um Geradlinigkeit und Zurückhaltung: griechische Säulen (dorische, ionische und korinthische Ordnung), übergiebelte Portale, volutenförmig endende Kuppeln und Architrave. Oft wurde dem Hauptschiff ein Säulenperistyl vorgelagert. Beispiele hierfür bieten die Cathédrale St-Louis oder die Kapelle des Lycée Hoche in Versailles.

BUNTGLASFENSTER UND LICHTSPIELE

Die subtil schillernden Farben dringen als flüchtiges Licht in die Kirche ein. Die Gotik favorisierte in ihrer Glanzzeit Glasermeister, deren Fenster nicht nur einen dekorativen Zweck erfüllten, sondern den Gläubigen auch Lehren vermittelte. Diese Glaskunst mit ihrer bebilderten Darstellung des Katechismus, der Bibel oder der Heiligenlegenden entfaltete sich im 13. Jh. in der Île-de-France.

Ein Glasmosaik

Die Buntglaskunst zeigt sich besonders prächtig in Chartres, aber auch in St-Sulpice-de-Favières und Montmorency. Diese Kunst der Zusammensetzung bunter Glasteilchen, die mittels Bleiruten miteinander verbunden wurden, erreichte ihren Höhepunkt im 13. Jh., als zunehmend Spendengelder zum Bau herrlicher Kirchen zu fließen begannen.

Philippe Gajic / MICHELIN

Medaillon eines der Buntglasfenster der Kirche von St-Sulpice-de-Favières.

War das Mosaik der Buntglasteile einmal zusammengestellt, zeichnete der Glasmaler darauf in Schwarzlot, einer braunen Farbe mit Kieselerde, die beim Brennen mit dem Glas verschmolz, die Details der Figuren und die Schatten. Die Zukunft der Buntglasmalerei blieb jedoch insgesamt ungewiss: Moose greifen das Glas an und können es nach 300 bis 400 Jahren sogar durchdringen, zudem gab es einen Rückgang als man ab dem 18. Jh. farblosen Fenstern den Vorzug gab, um im Kirchenschiff lesen zu können. Die Weiterentwicklung der Buntglaskunst war also von dem Bestreben nach einer Kosten- und Materialersparnis sowie dem Wunsch nach helleren Kirchenfenster beeinflusst.

Immer hellere Fenster

Die ersten Glasfenster des 12. Jh. waren recht klein, deren Einfassungen recht breit, und die Figuren umgab wenig Schmuck. Ein Jahrhundert später tauchte zum ersten Mal das berühmte **Blau von Chartres** auf. Diese Farbe wurde am häufigsten verwendet bis die Glaskünstler in der zweiten Hälfte des 14. Jh. das Silbergelb entdeckten, mit dem helle Flecken aufgetragen werden können: gelb auf weißem Grund, hellgrün auf blau, orange auf rot. Aus wirtschaftlichen Gründen wurden jedoch immer häufiger weniger bunte Grisaillefenster hergestellt.
Im 15. Jh. verwendeten die Glasmaler oft hellere Fenster. Die Farben waren weniger lebhaft als früher und etwa zwei Drittel des Fensters bedecken Grautöne, finanzielle und religiöse Schwierigkeiten in der zweiten Hälfte des 17. Jh. trugen

zum Niedergang der Buntglaskunst bei. Das Streben nach mehr Helligkeit im Raum führte zum Verschwinden der bunten Fenster, die den Innenraum zu sehr abdunkelten. Die Fenster wurden von da an zunehmend in Emailtechnik verziert und bemalt.

Die Kunst der Verzierung

Der Figurenschmuck war zunächst recht schlicht. Erst im 13. Jh. zierten große einzelne Personen die Hochfenster, während die niedrigeren Fenster in Augenhöhe mit Medaillons Szenen aus dem Leben und den Legenden der Heiligen darstellten. Die Kompositionen wurden durch architektonische und dekorative Elemente sowie realistischere Darstellungen aufgewertet. Grisaillen, durch leuchtend bunte Fensterrosen verschönert, rahmten szenisch gestaltete Medaillons, die zum Beispiel vom Alltag der Handwerker erzählten.
Ein Jahrhundert später wurden bereits riesige Glasflächen eingesetzt. Feine Nuancierungen und raffiniert komponiertes Blattwerk milderten die Schlichtheit der zumeist verwendeten Grisaillefenster. Engel und Putten zierten die kahlen Bereiche und es wurde üblich, Inschriften einzuarbeiten. Eine große Neuerung im 15. Jh.: Die besonders begabten Glasmaler kennzeichneten ihre Werke und stellten individuelle Themen dar. Im 16. Jh. wurden die Fenster von den Gemälden großer Künstler oder Bleidrucken inspiriert. Das Fenster sollte zu einer Art transparentem Bild werden, mit aufwendigen Details, Bildkompositionen und perspektivischer Darstellung. Der religiöse Charakter der Themen wurde manchmal für die Darstellung antiker Szenen in den Kirchen aufgegeben. Die Stiftskirche St-Martin in Montmorency und die St-Martins-Kirche in Groslay besaßen eine Serie sehr schöner Renaissance-Fenster.

Wieder im Trend

Zu Beginn des 19. Jh. war die Glasmalkunst so gut wie ausgestorben, lediglich die Gläser der Stiftskirche St-Martin in Montmorency stammten aus dieser Zeit und bildeten mit den Fenstern aus der Renaissance ein harmonisches Ensemble. Gustave Bontemps in Choisy-le-Roi und Brongniart in Sèvres entdeckten einige Verfahren aus dem 13. Jh. neu. Für die Restaurierung der Fenster war eine hochwertige industrielle Fertigungsmethode notwendig. Zu Beginn des 20. Jh. kam kurzzeitig das Buntglasfenster in zivilen Gebäuden wieder in Mode: Neue Techniken wie die Glasplättchenmethode ermöglichten, Buntglasfenster in zeitgenössische Bauten zu integrieren. Einige Künstler ließen sich außerdem von traditionellen Werken inspirieren: Die Buntglasfenster der Kapelle in Milly-la-Forêt von Jean Cocteau sind hierfür ein gutes Beispiel.

KÖNIGLICHE SPUREN

Jahrhundertelang Regierungssitz der Könige, hat die Île-de-France viele Prinzen und Könige erlebt. Ihre prächtigen Anwesen aus der Renaissance und der Klassik stellen die reichsten Zeugnisse dieser vergangenen Jahrhunderte dar.

Das architektonische Erbe

Vom „Kartenschloss" zum Palast – Ein „Kartenschloss" … so beschrieb der Schrifsteller St-Simon das Backstein- und Ziegelschloss, das Ludwig XIII. im Sumpfgebiet von Versailles errichten ließ. Der dann unternommene Umbau von **Louis Le Vau** – der große Architekt, der seine Fähigkeiten bereits in Vaux-le-Vicomte unter Beweis gestellt hatte – verliehen dem Ganzen schnell ein völlig anderes Aussehen. Das Goldene Zeitalter des Klassizismus, dieser „französischen Baukunst", die im Gegensatz zu den zur selben Zeit von Bernini in Rom entwickelten Regeln stand, erreichte in Versailles seinen Höhepunkt.

Der Höhepunkt der klassischen Architektur – Mit seinem prächtigen Sitz in Versailles macht Ludwig XIV. die Île-de-France zum neuen politischen Machtpol: Nach einigen Umzügen (Louvre, Fontainebleau, St-Germain) fand der Hof 1682 ein Stück von Paris entfernt seinen endgültigen Sitz. Der Palast von Versailles, strahlendes Zeichen einer Monarchie auf dem Höhepunkt ihres Ruhms, gereichte dem Prestige des Herrschers zur Ehre.
François Mansart entfernte sich von den eher freundlichen Elementen der Renaissance, die sich auch noch im Stil Ludwigs XIII. behaupteten, und strebte nach Größe: Weite Proportionen, Säulen

und Pilaster waren nun gewünscht. Von 1660 bis 1710 brachen dann die vielen hohen Fenster mit der Monotonie der horizontalen Linien, der Stil der Statuen war von der Antike inspiriert. Parallel dazu begünstigten der Wohlstand des Landes und das königliche Interesse die Entwicklung der Künste, die mit der Schaffung der königlichen Akademien (Architektur, Malerei, Skulptur) durch Colbert zu einer gewissen Einheit finden.

Stilvolle Anwesen – Neben Versailles, das den Klassizismus hervorragend veranschaulicht, verfügt die Île-de-France über viele andere architektonische Zeugnisse, allen voran das Château de Courances, die typisch für den unter Ludwig XIII. (1580-1640) entwickelten Stil waren. Der anfangs unter der Herrschaft Heinrichs IV. noch sehr nüchterne Stil wies später vielfach italienische und flämische Einflüsse auf. Seine wahre Originalität liegt in der Komposition von Ziegelsteinen in dunklen Farbtönen und beigefarbenem oder weißem Stein, sowie in der strengen Symmetrie der Gebäudeteile. Der Skulpturenschmuck war minimalistisch, oft kaum vorhanden. Die Linienführung des Baus war sehr einfach gehalten.

Das Château de **St-Germain-en-Laye** war einer der ersten Bauten, die bei der französisch-italienischen Zusammenarbeit im 16. Jh. entstanden. Das Château d'Écouen hingegen veranschaulicht deutlich die Entwicklung des Renaissance-Stils zu einem gewissen Klassizismus sowie eine treue Auslegung der antiken Kunstvorstellung. Bereits im 15. Jh. gewann in Burgen, die ehemals Verteidigungszwecken dienten, der Wohlfühlcharakter an Bedeutung: Die Fenster wurden vergrößert, die Türen verziert und die Türme spielten nur noch eine dekorative Rolle, bevor sie schließlich ganz verschwanden (2. Hälfte des 16. Jh.). Säulen und Statuen schmückten die Fassade.

In **Chantilly** sind die Stallungen beispielhaft für den Régencestil (1710-1750), eine kurze aber produktive Periode. Nach und nach manifestierte sich das Streben nach neuen Linien, die Kurve war das Hauptelement und wurde verstärkt in den Ausschmückungen verwendet. Diese war stark von Muscheln inspiriert, was der Stilrichtung auch den Namen „Rocaille" verlieh. Die Verzierungen von Fenstern und Giebeln wurden raffinierter, die Dekoration der Fassaden blieb jedoch eher nüchtern. Auch die Proportionen wurden bescheidener.

Die meisten Monumente im Empire-Stil (1800-1830) befanden sich in Paris. Doch gerade der Palast von **Fontainebleau** sowie das Château de **Malmaison** bieten wunderschöne Beispiele des Empire-Dekors, der sehr homogen und einheitlich war. Er entfernte sich von den Vorbildern der Natur und versuchte die griechisch-römische Kunst so detailgetreu wie möglich zu imitieren. Durch diese Nachahmung galt die Stilrichtung nicht als sehr kreativ, lediglich in der Dekoration entstanden neue Formen. Die großen Architekten **Percier** und **Fontaine** reproduzierten exakt die Vorgaben der antiken Kunst.

Die Gartenbaukunst

Die zahlreichen Parks und Gärten der Île-de-France verleihen der Region eine besondere Note. Die französischen Gärten des 17. Jh. und die Landschafts- oder Englischen Gärten des ausgehenden 18. Jh. waren Kunstwerke, die vielen Landschaftsgärtnern zu Berühmtheit verhalfen. Vor dieser Mode, im 16. Jh., wurde die Gärten als nur zum Schloss gehörende Flächen vestanden, sie bildeten nicht seinen Rahmen. Die meisten dieser Naturkunstwerke in der Île-de-France gibt es heute jeoch nicht mehr.

Der französische Garten

Le Nôtre (1613-1700) wird zwar nicht als der eigentlicher Erfinder des französischen Gartens (17. Jh.-Anfang 18. Jh.) angesehen, hat aber diese Kunst zur Perfektion getrieben. Vaux-le-Vicomte, sein erstes bedeutendes Projekt, zog die Aufmerksamkeit Ludwigs XIV. auf sich, der ihm daraufhin die Anlage des Parks von Versailles anvertraute. Er konzipierte auch Chantilly, St-Germain-en-Laye, Dampierre, Sceaux, St-Cloud, Meudon, Courances u.a.

Der „französische Garten" nach Le Nôtre sollte gleichzeitig das Schloss, das er umgab, würdigen und von Innen aus einen majestätischen Ausblick bieten. Die wesentlichen Elemente waren Wasser, große Bäume, Blumen, Statuen, Terrassen und eine lange Perspektive.

Vor dem Schloss befand sich ein „türkischer Teppich“: Parterres, in denen Blumen und Buchsbäumchen Arabeskenmuster bilden. Symmetrische Becken mit flachem Rand, mit Wasserspielen belebt und oft von Statuen geschmückt, verschönerten die Schlossterrassen und waren Ausgangspunkt einer zur Gebäudeachse hin offenen Perspektive. Diese wurde von einer Reihe hoher Bäume umrahmt und bestand aus einem Grünstreifen oder einem Kanal.

Die Baumgruppen, die als Begrenzung der Hauptperspektive dienten, wurden so symmetrisch wie möglich gehalten. Alleen führten hindurch; an den Kreuzungen verlor sich der Blick in der Flucht dieser Durchbrüche. Diese Alleen wurden von Laubengängen gesäumt: Die Stämme der großen Bäume waren hinter Blattwerk versteckt und dienten als Hintergrund für marmorne Statuen. Die meisten dieser Laubengänge, die recht instabil und teuer im Unterhalt waren, sind verschwunden oder wurden niedriger gemacht (ursprüngliche Höhe 6-8 m).

Jede Baumgruppe wies eine Besonderheit auf: einen Brunnen mit komplizierten Wasserspielen, eine Kolonnade oder eine Skulpturengruppe. Durch die große Vielfalt der Verzierungen, die in den Parterres und den Baumgruppen möglich war, kam Monotonie in diesen sehr geometrisch angelegten Gärten nicht auf. Das Vergnügen, das man bei ihrer Betrachtung empfand, war intellektueller Natur. Diese Gärten dienten in der Klassik als Schauplatz prunkvoller Feste, bei denen der Hof den Wasserspielen, Feuerwerken oder Theateraufführungen zusah. Die üppigen Feste von Versailles waren weithin berühmt, und heutzutage führen Vorführungen, die Musik und Wasserspiele vereinen, den königlichen Prunk fort.

Landschaftsgarten

Gegen Ende des 18. Jh. zwang man die Natur nicht mehr, ein ihr auferlegtes geometrisches Muster anzunehmen: Man begann vielmehr ihre Landschaften zu imitieren. Der Landschaftsgarten war geboren, auch „Englischer Garten“ genannt, da diese Modewelle von jenseits des Ärmelkanals kam. Er bestand traditionell aus Baumgruppen, die hier und da auf große Rasenflächen gepflanzt waren, verschlungenen Alleen und Hügeln, die für die Betrachter angenehme Überraschungen bereithielten. Bäche, Teiche oder mit Seerosen bepflanzte und von Weiden gesäumte Wasserflächen findet man in Courson vor. Eine Mühle und eine Molkerei bilden ein landwirtschaftliches Idyll in Rambouillet. Wie in Ferrières und Villarceaux laden diese Landschaftsparks zu Träumereien ein. Sie entsprachen in ihrer Zeit dem Geschmack der Spaziergänger, der gleichzeitig von der Philosophie der Aufklärung und dem Geschmack der aufkommenden Romantik für exotische Reisen geprägt war.

Philippe Gajic / MICHELIN

Die Hauptfassade von Fontainebleau ist durch ihre Hufeisentreppe berühmt geworden.

Thronsaal von Napoleon I. im Schloss Fontainebleau.

Die Parks sind mit kleinen symbolischen Schmuckmonumenten zur Illusion anderer Landschaften übersät. So sieht man in Chambourcy im Désert de Retz (historischer Park), im Park von Ermenonville, im Parc de Jeurre oder dem von Méréville antike Tempel, feudale Ruinen, Grabstätten, ja sogar chinesische Bauten wie den Pavillon de Cassan in L'Isle-Adam, das besterhaltene seiner Art. Einige dieser Anlagen zeugen von einer Sensibilität, die zum Schmunzeln verlockt, zumindest, was die Namen angeht, die man ihnen einst gab: Grotte des „geheimen Rendez-vous", Bank der „müden Mutter", Grabstätte des „unglücklichen Liebenden" etc. Von vielen dieser oft fragilen Monumente ist nichts mehr übrig, man bemüht sich jedoch, diejenigen zu restaurieren, die die Zeit überdauert haben.
S. im Kapitel „Die Region entdecken" unter Château de Vaux-le-Vicomte den Absatz über La fête imprudente, sowie unter Château de Breteuil den über Les jardins selon les Duchêne.

Prestigeträchtige Appartements

Die Architektur ist nicht alles. In den prunkvollen Anwesen gibt es einige Juwelen der Innenausstattung zu entdecken. Eine wahre Galerie der unterscheidlichen Austattungsstile erwartet Sie in den verschiedenen Schlössern, in denen sich die individuellen Geschmäkker der Herrscher widerspiegeln.

Eine Strömung in Fontainebleau macht Schule

Franz I. führte die italienische Renaissance am Hofe ein. Der Florentiner Rosso, Schüler von Michelangelo, und der aus Bologna stammende **Primaticcio** standen am Anfang dessen, was als die „Erste Schule von Fontainebleau" bekannt werden sollte. Die Rechtfertigung des Königs geschah über Allegorien und mythologische Themen. Ein Dekor aus Fresken, Stuck und vielen Kunstwerken fügte sich zu einem extrem raffinierten Gesamtbild zusammen.
Ludwig XIII. war kein Anhänger des großtuerischen Luxus. Zu seiner Zeit war die diskrete Ausstattung in Mode. Besonders findet sich dies im Speisesaal des Schlosses von Gros-Bois umgesetzt: große Wandteppiche an den Wänden und Sichtbalken an der Decke.
Unter der Herrschaft Ludwigs XIV. brachten **Le Brun** und **Jules Hardouin-Mansart** vielfarbigen Marmor und Stein in Versailles aufs Eleganteste zur Geltung. Der notwendige Prunk, der mit der Demonstration der Macht einhergehen musste, fand während der langen Regierungszeit des Sonnenkönigs hier eine seiner schönsten Ausdrucksarten.
Krümmungen, Rankenornamente und Arabesken brachen mit der Strenge gerader Linien. Das war der Stil Ludwigs XV., den das Schlafzimmer von Mme de Pompadour im Château de Champs veranschaulicht: Helle Täfelun-

gen ersetzen den Marmor, pflanzliche und florale Motive, Voluten und Muscheln sind die wesentlichen Bestandteile der Zierleisten.
Während der Regentschaft Ludwigs XVI. entwickelte sich eine elegante und helle Inneneinrichtung. Im Spielsalon von Versailles mildern Schilfbündel, Bandornamente und Girlanden die Strenge der rechteckigen Tafeln an den Wänden ab.

Die Tischkunst

Feste und Empfänge waren die Glanzlichter des höfischen Lebens. Mehr und mehr prunkvoll verzierte Tische wurden hergerichtet, mit denen die Keramikkünstler ein Vermögen verdienen sollten. Zahlreiche Porzellanmanufakturen wurden so in der Île-de-France gegründet. Unter Ludwig XIV. entstand ein besonderes Zeremoniell. Auf einfachen Gestellen, in einem der Säle des Schlosses aufgebaut, wurden sämtliche Gänge der raffinierten Menüs auf einmal serviert, um den bestmöglichen Eindruck der kulinarischen Köstlichkeiten zu garantieren. Der „service à la française" – die Teller der einzelnen Gerichte werden nicht nach und nach, sondern auf einmal serviert – eroberte Europa.
Die Fayenceherstellung setzte sich allmählich gegen die Goldschmiede- und Edelmetallkunst durch. Die Einführung des Manufaktursystems durch Colbert ermutigte zur Gründung neuer Herstellungsstätten und die Fertigung von Gebrauchs- und Dekorationsgegenständen wurde ein eigenständiger Industriezweig. Zur Aufbesserung der maroden Staatsfinanzen kam es den Manufakturen entgegen, dass Ludwig XIV. das Geschirr aus Gold und Silber einschmelzen ließ (Edikte von 1689, 1699 und 1709), da es der Rolle der Fayence als geeignetem Ersatz sehr zuträglich war.

DIE FAYENCE

Diese Keramik aus porösem, mit undurchlässiger Glasur überzogenem Ton wurde von den Arabern entdeckt und war in Südeuropa bereits sehr in Mode, bevor es 1617 in Rouen auftauchte und gegen Ende des 17. und vor allem im 18. Jh. einen starken Aufschwung in der Île-de-France erlebte. Nach **Pierre Chicaneau**, einem der ersten Fayence-Hersteller, der sich 1674 in St-Cloud niederließ, gründete der berühmte **Jacques Chapelle** 1748 die Manufaktur von Sceaux. Bis zum Ende des 18. Jh. war seine Fayence nach „japanischer Art" (Rocaille-Stil, lebhafte Farben, Reliefdekors) sehr erfolgreich. Auch die Manufakturen von Montereau Creil oder Choisy-le-Roi kreierten hübsche Kollektionen.

DAS PORZELLAN, EIN GEHEIMNIS AUS CHINA

Wie haben die Chinesen es nur geschafft, ihr berühmtes Porzellan herzustellen? Darüber zerbrachen sich Keramik- und Fayencehersteller die Köpfe, unruhig geworden durch das wachsende Gefallen ihrer Kundschaft an dieser exotischen weißen und feinen Keramik mit ihrer leichten Transparenz. Durch Versuche konnte das chinesische Geheimnis schließlich gelüftet werden und die Herstellung von zartem Porzellan lief an. Trotz des Erfolgs der Manufaktur von **Vincennes-Sèvres** (ab 1740), die bereits mit recht großer Perfektion produzierte, wollte man die Herstellungsverfahren weitere optimieren.
Die Handwerker der Île-de-France bemühten sich, in ihren Werkstätten ein in Deutschland streng gehütetes Geheimnis zu lüften: die Herstellung des Hartporzellans. Erst 1766 konnte man dank der Entdeckung eines Kaolinvorkommens, des fraglichen Hauptbestandteils, diese neue Herstellungstechnik ausweiten. Nach langen Jahren der Zweifel und des immensen Drucks machten sich nun die Hersteller mit Feuereifer an eine groß angelegte Fertigung. Vor allem in Sèvres stieg die Produktion, und ab dem Ersten Kaiserreich sollte man sich hier ausschließlich der Herstellung des Hartporzellans widmen.

DIE GROSSEN MANUFAKTUREN

Die Manufaktur von **St-Cloud** (1697-1766) beherrschte als erste die Herstellungstechnik des Weichporzellans. Sie ist für ihr typisches Weiß und die Goldapplikationen berühmt, die sich stark von den Arbeiten aus Sèvres unterschieden. Die Entwicklung der Manufakturen wurde im 18. Jh. vom Adel und der Königsfamilie gefördert. So gründete Cirquaire Cirou

mit Unterstützung von Louis Henri de Bourbon, dem Condé-Prinzen, die Fabrik von **Chantilly** (1725-1800). In **Mennecy** waren die finanziellen Hilfen des Herzogs von Villeroy für das Gedeihen der Manufakturen unverzichtbar. Besondere Unterstützung erhielt die Manufaktur von **Vincennes**; Mme de Pompadour und Ludwig XV. interessierten sich in höchstem Maße für das Unternehmen, das sich 1756 in **Sèvres** niederließ. Die Produkte waren zunächst mit „natürlichem" Blumendekor geschmückt, im Lauf der Zeit spezialisierte sich die Produktion auf Tafelservices, kleine Porzellanfiguren und Gemälde aus Porzellan. Zu ihren Anfängen hatte die Manufaktur von Sèvres das Exklusivrecht, Gold für das Dekor zu verwenden. Heutzutage müssen alle Erzeugnisse eine goldene Verzierung aufweisen, es sei denn, es ist aufgrund technischer Schwierigkeiten nicht möglich.
S. St-Cloud, Kasten über das Weichporzellan

Die Impressionen der Maler

Die Schlösser und Abteien der Region haben schon früh verschiedene Künstler angezogen. Im Dienste von Herrschern und begüterten Mäzenen versuchten sie sich in der Île-de-France. Doch erst im 19. Jh. sollten die schönen Landschaften der Gegend das Interesse der Künstler wecken, die die Île-de-France in der Geschichte der Malerei fest verankern sollten.

RÜCKKEHR ZUR NATUR

Die ländliche Umgebung, die Wälder oder die kleinen Dörfer, die sich in dieser Gegend in Talsohlen schmiegen, haben viele Künstler fasziniert, allen voran **Camille Corot** (1796-1875), der sich 1830 in Barbizon niederließ. Die Landschaft entwickelt sich allmählich zum eigenständigen Sujet. Bis dahin diente sie lediglich als Kulisse für Gemälde, Porträts oder Genre-Szenen, deren Ausgestaltung man einem einfachen Maler überließ. Corot hingegen wählte den Wald von Fontainebleau, die Lichtspiele im Unterholz, die Alleen oder den Rand der Felder zu seinem Motiv. Er begeistert sich für die Malerei von Gewässern, darunter die Teiche von Ville-d'Avray, deren in vielen Nuancen schimmerndes Licht ihm besonders gefiel, die von Mortefontaine oder die Seine in Mantes.

Barbizon, Mekka der ersten Landschaftsmaler

In Barbizon kann man am Musée de l'ancienne auberge Ganne (nur Sisley wohnte hier 1861) oder am Atelier von **Théodore Rousseau** (1812-1867) Halt machen, der sich 1847 in einer Strohhütte niederließ und dort von anderen Künstlern wie **Narciso Diaz** oder **Charles Jacque** besucht wurde. Ihre Themen: die Landschaften des Waldes von Fontainebleau und der Bière-Ebene. Dunkle Farbtöne für Baumrinden und Unterholz, von Blättern oder der Abenddämmerung gedämpftes Licht und spektakuläre Gewitterhimmel charakterisieren die Werke, auf denen **Troyon** (1810-1865) gern Tiere darstellte. **Millet**, der 1849 nach Barbizon zog, bildete hingegen ein eher idealisiertes Landleben ab. Deren Kritiker spotteten der dunklen Farben, behaupteten, die Gruppe (deren Werke erst gegen Ende des Zweiten Kaiserreichs Erfolg hatten) male mit Pflaumensaft.
Zu diesen Vorläufern des Impressionismus gesellte sich 1865 eine Gruppe junger Maler – darunter Bazille, Renoir, Sisley und Monet – die sich, ohne sich mit dem Kreis der Barbizon-Maler zu verbünden, unweit von ihnen in Chailly niederließen.

AN DEN UFERN DER OISE

Auvers, L'Isle-Adam, Pontoise ... Die Oise hat einige Künstler auf der Suche nach Inspiration angelockt.

In der Region von L'Isle-Adam

Im Umfeld von Corot ließen sich dessen Schüler, die **Maler der Oise**, ab 1845 in der Region von L'Isle-Adam nieder. **Charles François Daubigny** (1817-1878) liebte es, die Spiegelungen des Flusses darzustellen und arbeitete auf der Île de Vaux vor Auvers oder auf einem zum Atelier umfunktionierten Kahn. Seine weiche und eher gefällige Malerei war dabei sehr erfolgreich. Der

Hervé Lewandowski / © Photo RMN

„Die Brücke von Moret" von Alfred Sisley (1893, Musée d'Orsay, Paris).

mit dunkleren Farben arbeitende **Jules Dupré** (1811-1889) lebte und malte in L'Isle-Adam und zog im Jahr 1865 den Karikaturisten **Honoré Daumier** nach Valmondois, mit dem er befreundet und der durch finanzielle Schwierigkeiten bei seinen Gläubigern in Paris in Ungnade gefallen war.

Auvers

Das Dorf Auvers wurde insbesondere durch den Aufenthalt von **Vincent Van Gogh** berühmt. Unter der wohlwollenden Beobachtung des Dr. Gachet hielt sich der Künstler zwischen Mai und Juli 1890 hier auf. Der Ort, seine Bewohner und die Umgebung inspirierten den Maler, wie es seine lichtdurchfluteten Werke bezeugen, die sich aus den kraftvollen Schraffierungen reiner Farben zusammensetzen. Schnell jedoch kehrten seine Angstgefühle zurück und Van Gogh nahm sich nach wenigen Monaten das Leben. Das Haus des Dr Gachet, die Auberge Ravoux und die Kirche von Auvers, die dank dieses Malers so berühmt geworden ist, erinnern zusammen mit den umliegenden Weizenfeldern an dieses Dorf an den Ufern der Oise.

Eine Vaterfigur des Impressionismus

1866 kam **Camille Pissarro** (1830-1903) an die Oise. Der Maler zog zunächst für zwei Jahre nach Pontoise, von einem Haus zum anderen, von der Rue de l'Hermitage zum Quai de Pothuis, sodass es heute schwierig ist, seinen tatsächlichen Spuren hier zu folgen. Im Musée Pissarro sind heute einige seiner Werke zu sehen. Mehr noch als der Fluss lockten ihn die Felder, Hänge, Straßen und Weiler mit den Bäuerinnen, die er in poetischen Porträts verewigte. Sein Talent, das Licht in all seinen besonderen Facetten wiederzugeben, sein freundliches Wesen und seine pädagogischen Fähigkeiten machten ihn zu einer der Vaterfiguren der impressionistischen Bewegung.

AN DEN SEINEUFERN

Die Île-de-France mit ihren Flüssen, Teichen, Gärten und Obstbäumen, ihrem Regen und dem Nebel, auf den klare Frühlingsmorgen folgen, bot bereits den Impressionisten unzählige Inspirationsquellen.

Bei Vétheuil

Die Familie Manet besaß mehrere Anwesen in Gennevilliers, vor allem in der heutigen Rue Jean-Jaurès. Was jedoch von einem Spross dieser Familie **Édouard Manet** (1832-1883) besonders in Erinnerung bleiben sollte, ist seine einzigartige Darstellung dieses denkwürdigen Picknicks. Er warf dabei jegliche Konventionen über Bord und ebnete den jungen Malern, die vereint waren in ihrer Suche nach einer neuen Form der Malerei, den Weg. Der junge

Claude Monet (1840-1926) aus Le Havre zog, nachdem er in Honfleur Ratschläge von Eugène Boudin erhalten hatte und mit Jongkind die Lichtverhältnisse an der Seine-Mündung dargestellt hatte, mit Bazille und Sisley in die Nähe des Waldes von Fontainebleau. Von 1878 bis 1881 ließ sich Monet in Vétheuil nieder, wo heute ein einfaches Schild an seinem Wohnhaus an seine Zeit in diesem friedlichen Dorf erinnert.

Pissarro, Cézanne und Guillaumin maßen sich mit den offiziellen Salons, bis Napoleon III. ihnen 1863 ermöglichte, einen **Salon des refusés** (Salon der Abgelehnten) zu organisieren. Den zu dieser Zeit modernen Genreszenen und Porträts zogen diese Künstler Farbschattierungen und alles vor was das Licht zum Ausdruck bringt: Wasser, Schnee, Blätter und Blumen. Hieraus entwickelte sich eine neue Technik, bei der die Farben als Punkte in schnellen Bewegungen aufgetragen wurden, ohne dabei wie ihre Vorgänger der Formgebung zu folgen. Der Skandal war perfekt und die Impressionisten (wie ein Journalist sie 1874 ironisch betitelte) sollten noch 20 Jahre brauchen, um ihrer neuartigen Kunst die Anerkennung des Publikums zu sichern, das sich damals mehr für die konventionelle Malerei begeisterte.

Verschiedene Orte kreativen Schaffens

Renoir, Monet, Sisley und Degas trafen sich in Argenteuil und Louveciennes. Monet wurde wegen seiner innovativen Technik zum Kopf einer Gruppe, der auch **Manet** und **Berthe Morisot** (deren Wohnhaus man in Bougival in der Rue de la Princesse sehen kann) angehörten. 1880 wählte **Renoir** die Île de Chatou mit der Maison Fournaise zu seinem Wohnort, wo bereits **Caillebotte** einquartiert war. Die berühmte Terrasse und die Kunstschmiedearbeiten des Restaurants Fournaise haben die Zeit überdauert. Nach 1880 zerschlug sich die Gruppe (Cézanne kehrte nach Aix zurück, Monet nach Giverny, während Renoir auf Reisen geht), die Maler blieben jedoch ihrem Malkonzept treu. **Sisley** hat auf dem Friedhof seine letzte Ruhe gefunden, nahe der gotischen Kirche von Moret-sur-Loing, die er so oft abgebildet hat.

MODERNE KÜNSTLER

Paul Sérusier kehrte verzaubert aus Pont-Aven zurück, wo er durch Gauguin die Magie kräftiger Farben auf großen Flächen entdeckt hatte, und vermittelte seinen Kameraden an der Akademie Julian seine Begeisterung für diesen neuen Stil. So entstand die Bewegung der **Nabis** (vom hebräischen Wort für Prophet). **Maurice Denis** (1870-1943), der sich in St-Germain-en-Laye niedergelassen hatte, war der Kopf dieser Gruppe um Bonnard, Roussel, Vuillard und Vallotton.

Das Musée départemental Maurice-Denis, in St-Germain-en-Laye, zeigt eine schöne Sammlung der Nabis.

P Charpiat / wikipedia

Die Kirche von Vétheuil.

Zu der Gruppe der **Fauvisten** zählen Künstler aus der Region wie **Georges Braque**, der in Argenteuil geboren wurde, sowie der aus Chatou stammende **André Derain**, und andere wie beispielsweise **Vlaminck**.
Auch zeitgenössische Künstler sollten sich in der Île-de-France niederlassen. So verfiel auch der Landschaftsmaler **Dunoyer de Segonzac** (1884-1943) dem Charme dieser überaus idyllischen Region. In Puteaux versammelte **Jacques Villon** eine Gruppe kubistischer Maler, die unter dem Namen **Section d'or** (Puteaux-Gruppe) bekannt wurde: Jeden Sonntagnachmittag trafen sich Duchamp, Villon, Léger, Gleizes, Picabia, Archipenko und de La Fresnaye im Atelier des Künstlers (zwischen 1906 und 1914).
Der in Châtenay-Malabry, wo er sich während der Okkupation versteckt hielt, gestorbene **Jean Fautrier** (1898-1964) machte als Meister der informellen Kunst von sich reden, wobei sein Hauptaugenmerk auf den Effekten der verschiedenen verwendeten Materialien lag.
In der zweiten Hälfte des 20. Jh. erwarben einige aus der Île-de-France gebürtige Maler internationales Ansehen. So lieferte der Mitgründer von Mec Art (Mechanical Art), **Alain Jacquet** (1962, Neuilly-sur-Seine) eine überraschende Neuinterpretation von Manets *Das Frühstück im Grünen*.
André Fougeron (1913-1998), der in Montrouge gelebt und gearbeitet hat, ließ sich für ein Werk, das er in den 1970er-Jahren realisierte *(Suite Courbet)*, von Courbet inspirieren.
Als Anhänger von Szenen aus dem Alltagsleben und städtischer Eindrücke ist **François Boisrond** (1959, Boulogne-Billancourt) ein Vorreiter der Bewegung der *Figuration libre*.
Bernard Frize (1954, St-Mandé) schließlich interessiert sich mehr für die gemalte Oberfläche, das Gemälde als Leinwand, und fertigte abstrakte und sehr bunte Bilder.

Eine königliche Demonstration!

Robert Millot, einer der ersten Arbeiter in Vincennes, der den strategischen Posten des Ofenaufsehers inne hatte und stets darum bemüht war, die Vorzüge des Hartporzellans anzupreisen, hielt in seinen Mémoiren diese kuriose Episode fest: Ludwig XV. kam in der Begleitung der Marquise de Pompadour in die Fabrik und versuchte, ein Ei in einem Teller von Sèvres (Weichporzellan) aufzuschlagen. Als dieser zerbrach, bewies das die unabdingbare Notwendigkeit, eine neue Fabrikationsmethode einzuführen.

Van Goghs „Porträt von Dr Gachet".

„Der vielseitige Doktor"

Dr Gachet (1828-1909) war mit zahlreichen Künstlern befreundet und sein Haus in Auvers-sur-Oise wurde zum festen Treffpunkt seiner Malerfreunde: Degas, Manet, Monet, Renoir, Pissarro, Van Gogh und schließlich Cézanne, dem er als Erster Bilder abkaufte. Die verschiedenen Facetten seiner Persönlichkeit trieben ihn sogar dazu, seine eigenen Werke 1872 im Salon der unabhängigen Künstler auszustellen.

Die naive Kunst abseits der großen künstlerischen Strömungen

Das Musée international d'Art naïf (MIDAN) in Vicq im Département Yvelines ist der Gunst von **Max Fourny** zu verdanken, einem ehemaligen Rennfahrer (1930er-Jahre), der später Kunstzeitschriften verlegte. Dieser leidenschaftliche Globetrotter zog durch die Welt, auf der Suche nach naiven Malern, und gründete im Jahr 1973 das erste französische Museum für naive Kunst. Dieses beinhaltet heute eine internationale Sammlung von etwa 1500 Werken, und hat es sich zur Aufgabe gemacht, diese verkannte, spontane Kunst voller Poesie und Fantasie weltweit bekannt zu machen.

Geschichte

Die Île-de-France war eine historisch bedeutsame Region, einst entstanden aus der Krondomäne, die die Kapetinger seit dem 10. Jh. inne hatten. Die Namensherkunft scheint bis heute nicht gänzlich geklärt, als eine mögliche Eklärung dient ihre Lage zwischen vier verschiedenen Flüssen, wodurch eine Art Insel gebildet wird. Ihre Grenzen veränderten sich im Lauf der Zeit, durch Kriege, strategische Hochzeiten oder Thronfolgen, bis sie im 15. Jh. Regierungssitz und 1789 in drei Départements aufgeteilt wurde. Zusammen mit Paris ist sie die Wiege und das Zentrum der Staatsmächte, bis zur administrativen Dezentralisierung 1964, bei der die Anzahl ihrer Départements auf insgesamt acht erhöht wurde, um den neuen wirtschaftlichen Anforderungen gerecht zu werden. Eine Reformpolitik im Jahr 1982 führte mit der Schaffung der Region zur Wiedererweckung der einstigen Provinz Île-de-France.

Die Familie Ludwigs XIV. mit den Zügen mythologischer Figuren dargestellt (Gemälde von Jean Nocret, 1670, Schloss Versailles).

Die Geburt einer Insel

Unter Chlodwig entwickelte sich das Reich der Franken, auch Francia genannt, zu einem großen Gebiet nördlich der Seine. In kurzer Zeit jedoch setzt sich der Begriff „France" für die Region durch, die im Süden von Marne und Seine begrenzt wird (mit dem Hurepoix), im Westen von der Oise, und im Norden und Osten von den kleinen Flussläufen Thève und Beuvronne. Die Thève durchquert den Wald von Chantilly und die Beuvronne mündet kurz nach Jablines in die Marne. Die „Île-de-France" (Insel von Frankreich) wird also auch durch ihre geografische Lage ihrem Namen durchaus gerecht.

CHRONOLOGIE

Die Kelten und die Römer

Vor Christus

4. Jh. – Die Belgae, Kelten von jenseits des Rheins, lassen sich an Oise und Aisne nieder.

52-51 – Cäsar erobert die Region des Pariser Beckens.

Von den Merowingern zu den Valois

Nach Christus

486 – **Chlodwig**, der erste große Merowingerkönig, schlägt die römische Armee in Soissons und besetzt das Land von der Somme bis zur Loire. Sein Königreich heißt auf lateinisch *Francia*.

751 – Die **Karolinger** gelangen mit Pippin dem Jüngeren, gewähltem König von Soissons, an die Macht.

843 – Frankreich geht gemäß dem Vertrag von Verdun an **Karl den Kahlen**.

911 – Der **Vertrag von St-Clair-sur-Epte** beendet die Einfälle der Normannen in die Île-de-France, indem er ihnen das Herzogtum Normandie zuspricht.

987 – **Hugues Capet**, Herzog und Lehnsherr des Landes zwischen Somme und Loire, wird in Senlis zum Köngi gewählt. Er wird Namensgeber für die dritte französische Königsdynastie, die **Kapetinger**, die in direkter Linie bis zu Karl IV. dem Schönen (1328) regiert.

1069 – Anschluss des Gâtinais an die Krone durch Philipp I.

Anfang 12. Jh. – **Suger**, Abt von St-Denis und Minister von Ludwig VI. und Ludwig VII., lässt die Abtei von St-Denis wieder aufbauen.

1307 – Der Rat von Philipp dem Schönen in der Abtei von Maubuisson, beschließt die Verhaftung der Templer. **Jacques de Molayle**, Großmeister des Ordens, wird 1309 bei lebendigem Leib verbrannt.

1328 – Die schwierige Thronfolge von Karl IV. dem Schönen ohne direkten Erben führt gleichzeitig zum Erstarken der **Valois** (mit der Wahl von Philipp VI.) und zum **Hundertjährigen Krieg** (1337-1453) zwischen Frankreich und England. Bei den Kämpfen wird die Île-de-France schwer verwüstet.

1419 – Ermordung des Herzogs von Burgund, **Johann Ohnefurcht**, in Montereau. Diese dramatische Episode der Rivalität zwischen Armagnaken und Burgundern hat die Unterzeichnung des **Vertrags von Troyes** zwischen den Engländern, Philipp dem Guten, dem Sohn von Johann Ohnefurcht, und Elisabeth von Bayern, Frau von Karl VI., zur Folge, durch den Frankreich und England nur noch einen gemeinsamen Herrscher hatten, den König von England.

1465 – Die **Schlacht von Montlhéry** mit ungewissem Ausgang (beide Seiten riefen den Sieg aus) zwischen

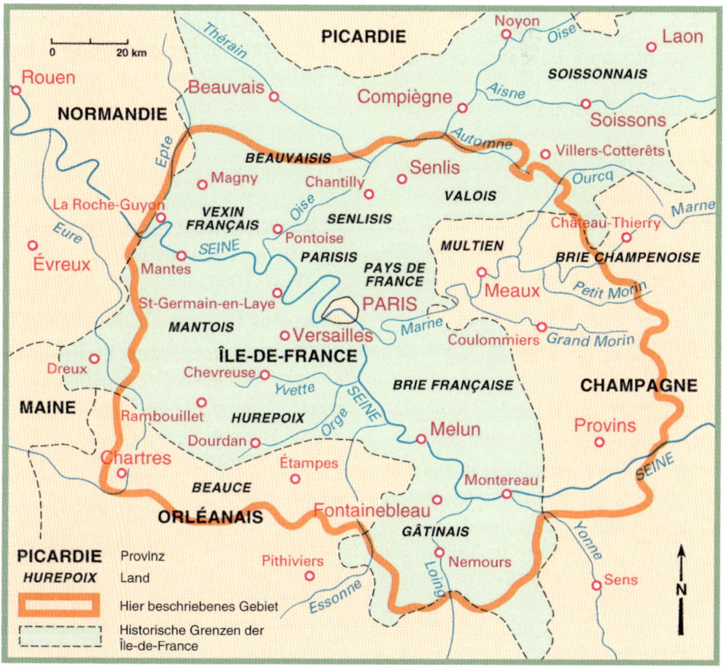

dem König von Frankreich Ludwig XI. und Karl dem Kühnen, dem zukünftigen Herzog von Burgund. Durch den Friedensvertrag von Conflans muss der König seinem Bruder die Normandie überlassen und Karl dem Kühnen die Städte an der Somme zurückgeben.

1484 – Die Île-de-France wird auf Anordnung des Königs zur eigenständigen Provinz.

1547 – Franz I. stirbt in Rambouillet. Sein Nachfolger wird Heinrich II.

1561 – Kolloquium von Poissy.

1589 – Heinrich III. wird in St-Cloud ermordet: Der König wird von einem jungen Jakobinermönch, **Jacques Clément**, erdolcht, der die Verbindung des Monarchen zu den Protestanten nicht akzeptierte.

Von den Bourbonen zur Revolution

1593 – **Heinrich IV.** konvertiert zum Katholizismus, nachdem er beinahe die gesamte Île-de-France erobert hat. Er wird als König von Frankreich anerkannt.

1640 – Tod des **Jansenius** (niederländischer Theologe). Sein nach seinem Tod veröffentlichtes Werk *Augustinus* offenbart seine Überlegungen zur Rückbesinnung auf einen ursprünglichen Katholizismus. Zentrum dieser Glaubensrichtung war das Kloster Port-Royal bei Versailles.

1661 – Verhaftung von **Fouquet**. Ludwig XIV. beschließt den Bau eines großen Palastes in Versailles.

1671 – Gründung der Stadt **Versailles**.

1682 – **Bossuet** wird Bischof von Meaux.

1715 – Tod **Luwigs XIV.** in Versailles. Luwig XV. wird König von Frankreich.

1774 – Tod **Ludwigs XV.** in Versailles. Ludwig XVI. besteigt den Thron.

1783 – Der **Vertrag von Versailles** beendet den Krieg mit Amerika.

5. Mai 1789 – Versammlung der **Generalstände** in Versailles. Die Abgeordneten des Dritten Standes versprechen sich viel von dieser Einladung. Aber die Reden des Königs und seines Ministers Necker sehen keine tiefgreifende Reform vor. Die enttäuschten Abgeordneten drängen zur Revolution.

Vom Ersten zum Zweiten Kaiserreich

1806-1814 –**Napoleon** hält sich in Malmaison auf.

1812 – Der Papst **Pius VII.**, Gefangener von Napoleon, kommt ins Exil nach Fontainebleau.

1814 – Invasion Frankreichs durch die Verbündeten (England, Österreich, Preußen und Russland). Napoleon versucht die Besetzung von Paris zu verhindern. Am 6. April wird er zur bedingungslosen Abdankung in **Fontainebleau** gezwungen.

1837 – Die Einweihung der ersten Eisenbahnlinie **Paris-Le Pecq** (19 km) hat Symbolwert: Sie kündigt den Bau der Strecke Paris-St-Germain 1846 an, es folgen Paris-Versailles, Paris-Juvisy, Paris-Pontoise und Paris-Épernay.

1870-1871 – Versailles wird anlässlich des **Deutsch-französischen Kriegs** von den Preußen besetzt, die am 18. Januar 1871 nach der Kapitulation von Paris das Deutsche Kaiserreich im Spiegelsaal ausrufen. Nach der Unterzeichnung des Waffenstillstandes von Thiers bleibt die französische Regierung sieben Jahre in Versailles. Das markiert den Beginn der **Pariser Kommune**, des revolutionären Pariser Stadtrats (ähnlich der später folgenden Räterepublik in Deutschland). Man will die Niederlage nicht akzeptieren, wird jedoch schließlich von den Soldaten Thiers niedergeschlagen.

Von der III. zur IV. Republik

1875 – Die Verfassung der **III. Republik** wird in Versailles verabschiedet.

1914 – Erster Weltkrieg: Über das Schicksal Frankreichs wird auf der **Hochebene von Multien** (bei Meaux) entschieden.

1918 – Zweiter Sieg an der Marne.

1919 – **Versailler Vertrag**, Ende des Krieges.

Juni 1940 – Deutsche Truppen überrennen Frankreich; die Niederlage zwingt die Regierung von Maréchal

Pétain, um einen Waffenstillstand zu bitten.
Seit De Gaulles Aufruf am 18. Juni 1940 und während der gesamten Besatzungszeit wächst die Résistance. Durch die Stärke ihrer Helden, den Märtyrertod ihrer 20 000 Erschossenen und 115 000 Deportierten sowie den Mut ihrer Kämpfer hat sie zur Befreiung des Landes beigetragen. Ab dem Sommer setzen die Freien Französischen Streitkräfte, die v. a. aus Truppen Norwegens und Freiwilligen des Französischen Kolonialreichs gebildet werden, den Krieg an der Seite der Alliierten fort und zeichnen sich beim Gewaltmarsch unter Leclerc durch die Sahara, in Libyen, Südtunesien und Syrien aus.

1942 – Ganz Frankreich ist besetzt, die Flotte wird bei Toulon versenkt.

August 1944 – Zweiter Weltkrieg: **Befreiung der Île-de-France**. Die 2. Division von General Leclerc marschiert auf Paris; die 3. amerikanische Armee unter General Patton befreit die Achse Chartres-Étampes-Fontainebleau.

1964 – Außerhalb von Paris entstehen sechs neue **Départements**: Hauts-de-Seine, Seine-St-Denis, Val-de-Marne („innerer Ring"), Essonne, Yvelines, Val-d'Oise („äußerer Ring") ersetzen die Départements Seine und Seine-et-Oise.

1965 – Entscheidung über die Gründung der ***Villes nouvelles*** von St-Quentin-en-Yvelines, Cergy-Pontoise, Évry, Marne-la-Vallée und Sénart.

1966 – Die ersten **Hochhausbauten** im Quartier de la Défense.

1969 – Transfer der Pariser Markthallen nach **Rungis**. Inbetriebnahme des **RER**.

1976 – Schaffung der **Verwaltungsregion Île-de-France**.

1996 – Einweihung der **Kathedrale von Évry**.

1985 – Der Schauspieler Coluche eröffnet das erste **Resto du cœur** in Gennevilliers: 35 000 Mahlzeiten werden an Bedürftige verteilt.

1989 – Einweihung der imposanten **Grande Arche** in La Défense anlässlich des G7-Gipfels.

Juli 1998 – Frankreich wird Fußball-Weltmeister im **Stade de France** in St-Denis.

2007 – Verabschiedung des Projekts zum Ausbau und zur Weiterentwicklung der Region Île-de-France 2030.

DAS HERZ DES KÖNIGREICHS FRANKREICH

Das Frankenreich Karls des Großen wird im Jahr 843 (Vertrag von Verdun) geteilt. Von nun an wird Frankreich vom Zusammenschluss der Länder im Westen des Reichs an den Ufern von Meuse, Saône und Rhône gebildet. Das alte Königreich ist nur noch Herzogtum mit den Grafschaften Orléans und Étampes.
Die Entstehung der Île-de-France geht mit der Entstehung Frankreichs einher. Die Chroniken von Froissart verwenden den Begriff Île-de-France ab 1387. Zu dieser Zeit wird die Île-de-France oft „France" (Frankreich) genannt; ihr Zentrum bildet die Plaine de France nördlich von Paris, da sie damals viel weiter in den Norden reicht. Auch wenn sich der Einfluss der Île-de-France auf die benachbarten Regionen vergrößert – Brie, Gâtinais, Beauvaisis oder Vermandois –, umfasst der Begriff Île-de-France bald die Gesamtheit der „Gebiete rund um Paris" und in neuerer Zeit etwas präziser den Pariser Großraum. Trotz der Wahl eines historischen Namens gibt der Zuschnitt der Île-de-France genau die heutige Gegend rund um die Hauptstadt wieder.
Die Pariser Region, deren Kern 175 Jahre lang das Département Seine sowie die Haupstadt mit ihrer außergewöhnlichen Verwaltungspolitik war, ist nach dem neuen Territorialzuschnitt von 1964 und dem Dezentralisierungsgesetz von 1982 zur **Region Île-de-France** geworden. Die Bezeichnung **Région Parisienne** (Pariser Region) wird übrigens in der Umgangssprache immer noch verwendet.

Die Blütezeit der Abteien

Während eines Aufenthalts in der Île-de-France werden Sie auf zahlreiche Ruinen von Abteien, Prioraten und Klöstern stoßen, ganz zu schweigen von den Orts- und Straßennamen, die an längst verschwundene Gemeinden erinnern. Zum Entstehungszeitpunkt dieser Gemeinden im Mittelalter hatte die Kirche mehr Macht als der König …

DIE „WUNDERBARE BLÜTEZEIT“

Der Aufschwung der Abteien in der Île-de-France steht in direktem Zusammenhang mit der königlichen Präsenz in dieser Region. In dieser besonders religiös geprägten Zeit enstanden zahlreiche Abteien, zumal auch der König entsprechende Dekrete zur Gründung religiöser Anlagen erlies. Die Île-de-France wird vom mächtigsten Herrscher Frankreichs regiert – dem König –, worin die Blütezeit der Klöster in dieser Gegend begründet liegt.
In den ersten Jahrhunderten nach Christus, gegen Ende des 4. Jh., zieht die waldbedeckte, aber fruchtbare Île-de-France Mönche an, die in Frieden und ohne Hunger zu leiden leben wollen. Kurz darauf kommen die Merowinger dank des Klerus an die Macht und fördern die Kirche mit ihren großzügigen Spenden (Château-Landon). Die Karolinger verstärken den Festigung des religiösen Einflusses noch, und die Kapetinger schließlich fungieren rund acht Jahrhunderte lang als großzügige Gönner der Kirche (Chaalis, Dammarie-les-Lys, Royaumont).
In diesen sehr frommen Jahrhunderten – 10. bis 17. Jh. – spendet der König einer Abtei beispielsweise zum Dank für einen Sieg, um Buße zu tun, aus persönlicher Ehrfurcht oder in Hoffnung auf eine königliche Braut.

DIE ZISTERZIENSER IN DER ÎLE-DE-FRANCE

Chaalis, Royaumont, Les Vaux-de-Cernay, Maubuisson, Cercanceaux: Die meisten Abteien der Île-de-France gehören dem Zisterzienserorden an. Im 11. Jh. reformiert der **hl. Bernhard von Clairvaux** aus Burgund die Benediktinerregeln, in dem er den Prunk religiöser Bauwerke und Zeremonien abschafft. Er verbietet den Einzug der Zehntsteuer und den Erwerb von Land; die Nahrung ist einfach, die Ruhezeit beträgt sieben Stunden: Die Mönche legen sich angezogen in einen Gemeinschaftsschlafraum. Der Tag ist aufgeteilt zwischen Gottesdiensten, die zwischen sechs und sieben Stunden ausmachen, körperlicher und intellektueller Arbeit sowie religiöser Lektüre.

ÄBTE UND ÄBTISSINNEN

Eine Abtei ist eine Klostergemeinschaft von Männern oder Frauen unter regulärer Leitung eines Abts oder einer Äbtissin, die nach vom Heiligen Stuhl gebilligten Regeln und bestimmten kirchenrechtlichen Voraussetzungen leben. Die Nonnen und Mönche verbrachten ihre Zeit mit Tätigkeiten zum Wohl der Gemeinschaft sowie mit spirituellen und liturgischen Aktivitäten,

Michel-Olivier Bernard / MICHELIN

Die Ruinen der Abtei von Chaalis.

um Gott so feierlich und fortwährend zu loben und zu preisen. Die Abteien Port-Royal-des-Champs und Maubuisson waren Zisterzienserabteien mit Nonnen unter der Autorität einer Äbtissin.
Abt oder Äbtissin hatten meist den Rang eines Bischofs und stellten das spirituelle, vom Konvent gewählte Oberhaupt der Abtei dar. Vom 16. Jh. an gestattete der Papst dem König von Frankreich, Äbte und Äbtissinnen direkt einzusetzen. Zahlreiche dieser Prälaten lebten am königlichen Hof.
Um weitere Gebiete zu erschließen gründeten die Äbte hin und wieder – auch auf Wunsch großzügiger Stifter – von der Abtei abhängige Priorate, kleine Glaubensgemeinschaften, in denen einige Mönche unter einem Prior leben. Die Zisterzienser gründeten ihrerseits kleine landwirtschaftliche Kolonien, die von Laienbrüdern geführt wurden.

DIE KLOSTERGEBÄUDE

Einige der Abteien in der Île-de-France wurden heute neuen Funktionen zugeführt, darunter die von Royaumont, die zu einem überaus aktiven Kulturzentrum geworden ist oder die Abtei von Les Vaux-de-Cernay, die zu einem Luxushotel umgebaut wurde. Die meisten jedoch sind mittlerweile mehr oder weniger restaurierte Ruinen. Meist isoliert und am Waldrand gelegen (Abtei von Chaalis bei Ermenonville), mit identischem Grundriss. In der Mitte befindet sich der **Kreuzgang**, dessen vier Galerien den Mönchen oder Gläubigen ermöglichten, vor der Witterung geschützt spazieren zu gehen. Eine Seite des Kreuzgangs ist an die **Abteikirche** angelehnt, ein anderer an den **Kapitelsaal**, in dem die Gläubigen sich zusammenfanden, um unter Leitung des Abts über die Interessen der Gemeinschaft zu diskutieren. Das **Refektorium** öffnete sich zur dritten Seite hin, der **Heizraum** zur vierten. Er war der einzige beheizte Raum der Abtei; die Gläubigen studierten dort oder machten Handarbeiten. Der **Schlafraum** befand sich zumeist oberhalb des Kapitelsaals und war über eine Treppe direkt mit der Kirche verbunden, damit die Mönche nachts oder bei Sonnenaufgang leicht zu den Gottesdiensten gelangen konnten.

Louis Braille, Erfinder der Blindenschrift.

Berühmte Persönlichkeiten

1798 erblickt in St-Maurice in der Nähe des Bois de Vincennes **Eugène Delacroix** das Licht der Welt. Der bedeutende Maler der Romantik verlässt seine Heimat und unternimmt große Reisen. Der 1805 in Versailles geborene **Ferdinand de Lesseps** zeichnet für den Durchbruch des Suezkanals verantwortlich.
Der Erfinder der Blindenschrift, **Louis Braille**, wurde im Jahr 1809 in Coupvray geboren, wo man sein Geburtshaus sehen kann. Das Haus, in dem der Musiker **Claude Debussy** 1862 geboren wurde, kann in St-Germain-en-Laye besichtigt werden.
Der Dichter **Paul Éluard** wurde in der zweiten Hälfte des 19. Jh. in St-Denis geboren.
Die Wissenschaftler **Pierre und Marie Curie** lebten in Sceaux, **Louis Pasteur** arbeitete auf dem Anwesen Villeneuve-l'Étang in Marnes-la-Coquette. Der Schriftsteller **Jean Cocteau** stammt aus dem Département Yvelines (geboren 1889 in Maisons-Laffitte), seine letzte Ruhestätte fand er 1964 in der Chapelle St-Blaise von Milly-la-Forêt, wo er sich 1947 niedergelassen hatte.
Zwei Vertreter des Fauvismus stammten aus den Vororten: **Georges Braque**, geboren 1882 in Argenteuil, und **André Derain**, 1880 in Chatou geboren. An der Schwelle zum 20. Jh. wählte **Jacques Tati** (1908 in Le Pecq geboren) die Kinodarstellung, um die entmenschlichte Arbeitswelt zu karikieren: Das Glas- und Betonuniversum, das er in *Playtime* zeigt, erinnert an das Geschäftsviertel La Défense.

Wasserparterre vor der Gartenfassade von Versailles.

S. Sauvignier / MICHELIN

DIE REGION ENTDECKEN

Parc Astérix★★

OISE (60) – UMSCHLAGKARTE B1-2 – MICHELIN LOCALKARTE 305 G6, ZOOMKARTE 106 FALTE 9

Asterix, der kleine Gallier, und seine Freunde, Helden der berühmten Comicreihe von Goscinny und Uderzo, die in viele Sprachen übersetzt wurde, sind die Hauptpersonen dieses 50 ha großen Parks, der 1989 n. Chr. eingeweiht wurde. Eine kleine, aber feine Fantasiewelt, in der die ganze Familie spannende und lustige Abenteuer erleben kann.

Philippe Gajic / MICHELIN

Der Menhir Express bietet bei einem hohen Nassfaktor viel Spaß und gleichzeitig Erfrischung.

Wegweiser – Mit dem Auto: 30 km von Paris auf der A 1 Paris-Lille, Ausfahrt „Parc Astérix“. Mit dem RER: Linie B3, Bahnhof Roissy-CDG 1, dann mit dem Bus Parc Astérix am Busbahnhof. Mit dem Bus: direkter Shuttlebus ab Paris vom Busparkplatz des Louvre aus *(Informationen auf der Internetseite des Parks)*.

Unbedingt sehenswert – Für Pariser Städter das Oxygénarium, sie finden hier „Natur“... für die Besucher vom Land die Avenue de Paris!

Gut geplant – Ein Tag genügt, um den ganzen Park zu sehen, vielleicht schafft man dann aber nicht alle Attraktionen: Man hat die Qual der Wahl oder muss einfach ein anderes mal wiederkommen!

Mit Kindern – Mit seinen historischen Stätten, die sorgfältig nachgebaut und ausgestattet wurden, seinen etwa 30 Attraktionen (darunter etwa zwölf für die unter 6-Jährigen) und seinen großen Events ist garantiert für jedes Kind etwas dabei.

Orte in der Nähe – CHANTILLY, SENLIS

Sehenswürdigkeiten

✆ 08 26 30 10 40 (0,15 €/Min.) – www.parcasterix.fr – April-Aug. ganztags; Sept.-Okt. und Allerheiligenferien Sa, So und Mi ganztags; April-Juni einige Tage pro Woche geschl.; die Öffnungszeiten können variieren, am besten erkundigen – 35 € (3-11 J. 25 €).

Via Antiqua

Die gleich am Eingang des Parks gelegene Straße wird von Häuschen gesäumt, die architektonisch die verschiedenen Reisen von Asterix in Europa symbolisieren (Germanien, Helvetia, Hispania ...). Sie führt zu einem gewaltigen Felsen, von dem aus der sympathische Held die Besucher begrüßt.

La Zone Romaine (Themenbereich der Römer)

Nach der Via Antiqua gelangt man ins Reich der Römer. In diesem Themenbereich gibt es die Vorführung **La légion recrute★★ (Die Legion rekrutiert)** zu sehen. Aus den Kandidaten wird ein charmantes junges Mädchen als beste Teilnehmerin ausgemacht – sie ist eine gallische Spionin. Von zahlreichen Spezialeffekten begleitet, muss sich die Heldin in der Schlacht beweisen. Um auszukundschaften, was in dem geheimnisvollen benachbarten gallischen Dorf vor sich geht, sollten Sie sich den **Espions des César★ (Spionen Cäsars)** anschließen, die ein ausgeklügeltes und sehr effizientes Schienennetz *(5 m über der Erde)* installiert haben.
Danach können Sie sich, wenn Sie Lust dazu haben, in die wilden Fluten von **Romus et Rapidus** stürzen.

Le Village Gaullois★ (Das gallische Dorf)

Inmtten des Parks liegen an einer hübschen Stelle die traditionellen Hütten des gallischen Dorfes. Hier trifft man die **bekannten Comicfiguren**, die mehrmals täglich Sketche *(45 Min.)* aufführen und damit die Welt des berühmten Comics zum Leben erwecken. Bei der Hütte des Barden in **Assurance Fou-Rire**, wird eine musikalische Komödie *(20 Min.)* zwischen Rap, Rock und Disco inszeniert. Deren Hauptfigur, der wenig geschätzte Troubadix (französisch: Assurancetourix) mit seiner unnachahmlichen – und bei den Dorfbewohnern nur wenig beliebten – Stimme, wird dabei von einem Seher mit schlechten Absichten hinters Licht geführt.
Versäumen Sie auch nicht den **Forêt des Druides (Wald der Druiden)**, in dem Rutschen zwischen Baumkronen, Riesen-Kletterpilze, eine Echo-Grotte und ein akrobatischer Parcours vor allem die kleineren Kinder begeistern werden.
Schließlich erwartet Sie ein Zauberer im Theater des Miraculix (französisch: Panoramix), um Ihnen ein **Spectacle d'Illusion★ (Illusionsshow)** vorzuführen *(20 Min., Sa/So)*.

La Zone d'Activités Gauloises/ZAG (Themenbereich der Gallier)

Im nahegelegenen Pfahldorf, das seinen Wohlstand der Produktion von Hinkelsteinen verdankt, nimmt ein einzigartiges Transportsystem, der **Menhir Express★★ (Hinkelstein-Express)**, die Wagemutigen auf eine Wildwasserfahrt mit überraschendem Fall ins Dunkle mit.
Besonders Kühne werden die **Trace du Hourra★★ („Hurra-Trasse")** bevorzugen, einen kleinen Zug, der mit 60 km/h in einer Art Bobpiste fährt.
Das Fahrgeschäft **Grand Splatch★** verspricht allen, die keine Spritzer scheuen, einen mit Wassereffekten gespickten Spaziergang.

La Zone Greque (Themenbereich der Griechen)

Der Eingang in diesen Bereich wird durch den Säulengang des Zeustempels markiert. Auf dem **Vol d'Icare (Flug des Ikarus)** gelingt eine Flucht aus dem Labyrinth des Dädalus, doch bevor man sein Seelenheil rettet, muss man sich noch der grauenerregenden **Hydra von Lerna (Hydre de Lerne)** und ihren Köpfen entgegenstellen.
Die Größeren können sich noch dem Zorn des Göttervaters Zeus aussetzen, indem sie in der Holzachterbahn **Tonnerre de Zeus★★ (Donner des Zeus)** ein paar Loopings drehen *(bis zu 84 km/h)*.
Die Besonnenen werden lieber auf der **Rivière d'Élis (Fluss von Élis)** schippern oder sich beim **Spectacle de Dauphins et d'Otaries★★ (Delphin- und Seelöwenshow)** im Poseidon-Theater entspannen.

La Zone Viking (Themenbereich der Wikinger)

Die Stahlachterbahn **Goudurix★★** entführt ihre Fahrgäste auf eine Reihe schwindelerregender Abfahrten mit Kurven, Spiralen und Loopings.
An Bord der **Galère**, einem riesigen Schaukelboot, erlebt man ein wildes und entfesseltes Meer.
Die Kleineren können spielerisch das Entern der **Petits Drakkars** erleben oder in dem Kettenkarussell **Petites Chaises Volantes** umherwirbeln.

Les Gaulois à Travers le Temps (Die Gallier im Lauf der Zeit)

Diese Zeitreise beginnt beispielsweise mit der Geisterbahn **Transdemonium★★**. Die Besucher begeben sich dabei auf die Suche nach dem Geheimnis der Verliese eines Spukschlosses *(Personen mit Klaustrophobie wird davon abgeraten)*.

PARC ASTÉRIX

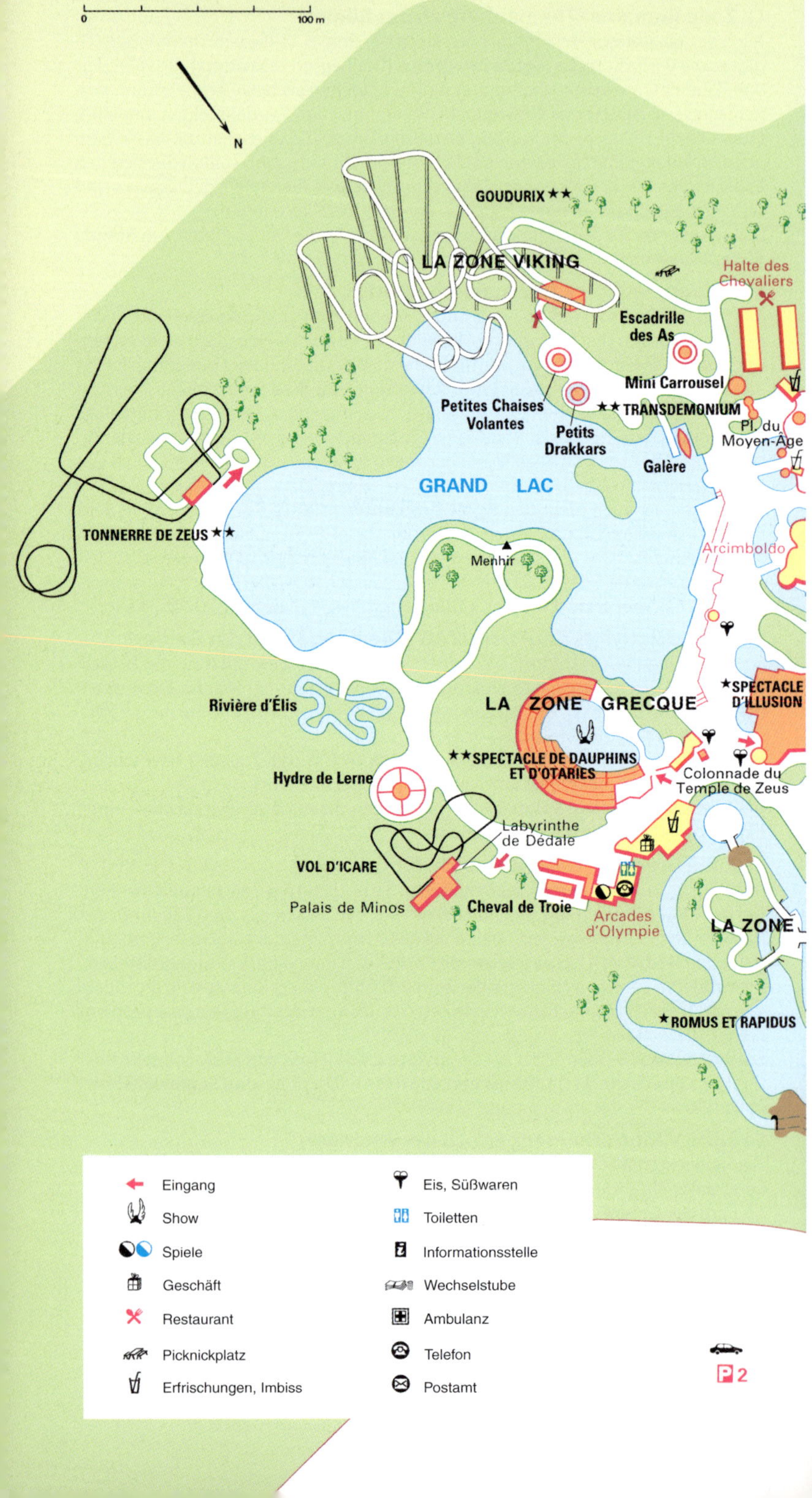

★★★ MAIN BASSE SUR LA JOCONDE
LES GAULOIS À TRAVERS LE TEMPS
★★ L'OXYGÉNARIUM
Le Restaurant du Cirque
Chevaux du Roy
Chaises Volantes
Périférix
Rue de Paris ★★
Nationale 7
Les Chaudrons
Relais Gaulois
Assurance Fou-Rire
Huttes Gauloises
Petite tempête
MENHIR EXPRESS ★★
Petits Capitaines
LE VILLAGE GAULOIS ★
LA ZONE D'ACTIVITÉS GAULOISES
Mini Village
Petits Chars Tamponneurs
FORÊT DES DRUIDES
Camp de Petibonum
BALADE D'ASTÉRIX
Petit Train
GRAND SPLATCH ★
LA TRACE DU HOURRA ★★
Espions de César ★
Arcades de Pompéi
Flotille de Néron
LA LÉGION RECRUTE ★★
ROMAINE
Aux Fastes de Rome
Carrousel de César
Bataille d'Alésia
Caius Cepaderefus
VIA ANTIQUA
Empfang
Maison de l'Oise
Kassen
P
P 1
HOTEL
P 3-4-5-6

Nach den Toren der **Rue de Paris★★** vergehen die Jahrhunderte so schnell, dass sie direkt ineinander übergehen. Vom Mittelalter bis zur Belle Époque wird jedes Jahrhundert mit den dazugehörigen Kostümen, charakteristischen Geschäften und seiner besonderen Atmosphäre repräsentiert. Das Mittelalter lebt z. B. dank seiner **Kunsthandwerksmeister★** (Glaser, Schmied, Töpfer, Holz- oder Steinbildhauer), die ihren Beruf auf traditionelle Weise ausüben, wieder auf.
Die Moderne empfängt Sie mit der **Nationale 7**, der wichtigsten französischen Urlaubsroute in Richtung Südfrankreich, an der man zahlreiche Abenteuer erlebt.
Das **Oxygénarium★★** wurde eigens dafür konzipiert, die Städter mit frischer Luft kombiniert mit den heilsamen Effekten von Wasser und Gebirge auszusetzen: Hier sind intensive Empfindungen garantiert.
Die Reise endet gegen 1930 mit der verblüffenden Kriminalgeschichte **Main basse sur la Joconde★★★** *(30 Min.)*, in der eine Bande von Gaunern versucht, die Mona Lisa zu überfallen und zu entführen.

Tipps und Adressen

Allgemeine Hinweise

Jeden Mittwoch gibt es neue Angebote für Tickets oder Aufenthalte unter *www.parcasterix.fr*

Der **Pass Paradiloisirs** gilt für ein Jahr und ermöglicht unbegrenzten Eintritt zu den Parcs Astérix, France Miniature, Mer de Sable und zum Musée Grévin sowie Ermäßigungen für das Hôtel des Trois Hiboux und für 17 andere Freizeitparks in Frankreich und Europa *www.paradiloisirs.com*

Übernachten

Hôtel des Trois Hiboux – *Parc Astérix – 60128 Plailly – 03 44 62 68 00 – hoteldestroishiboux@parcasterix.com – P – 96 Zi: 159 € – 13 € – Rest. 25 €.*
Der Legende nach lebte in jedem der drei Wälder rund um den Park ein Waldkauz *(hibou)*. Vielleicht wiegen sie diese ja in Ihrem gemütlichen Zimmer mit nächtlichen Gesängen in den Schlaf. Gleich hinter dem Hotel beginnt ein Lehrpfad *(2 km)* zur Erkundung der örtlichen Fauna und Flora.

Essen und Trinken

In drei Restaurants und vielen kleinen Tavernen, die im ganzen Park verstreut liegen, können Sie Ihren Hunger nach den aufregenden Erlebnissen im Park stillen und sich dazu das passende Ambiente aussuchen: lieber das antike Rom oder ein hübsches gallisches Dorf?

Auvers-sur-Oise★★

VAL-D'OISE (95) – 6938 EINWOHNER – UMSCHLAGKARTE B2 – MICHELIN LOCAL-KARTE 305 E6, ZOOMKARTE 101 FALTEN 3-4, 106 FALTE 6 – KARTE S. 334/335

Das hübsche Dorf erstreckt sich vom rechten Ufer der Oise bis zum Felsplateau des Vexin und liegt nicht weit von Paris entfernt. Da es im 19. Jh. zahlreiche Landschaftsmaler und Impressionisten inspirierte, werden Ihnen die Dorfkirche, das Rathaus, das Haus des Dr Gachet sowie die umliegenden Weizenfelder womöglich bekannt vorkommen. Sie sind für immer mit Daubigny, Van Gogh, Cézanne, Pissarro, Corot, Renoir und andere verbunden, die von der Authentizität dieser in wechselndes Licht gebadeten Landschaft angezogen wurden.

Didier Pazery / MICHELIN

Die Auberge Ravoux, auch Van-Gogh-Haus genannt.

Wegweiser – Mit dem Auto: 30 km von Paris auf der A 15 Ausfahrt Cergy-Pontoise, dann auf der N 184. Mit dem Zug: von der Gare St-Lazare aus in Pontoise umsteigen, von der Gare du Nord aus in Valmondois *(Informationen zur Direktverbindung Paris-Auvers s. Tipps und Adressen).*

Unbedingt sehenswert – Die Auberge Ravoux; das Wohnhaus und Atelier von Daubigny; das Haus des Dr Gachet; die Kirche Notre-Dame.

Gut geplant – Auf den Schritten von Van Gogh wird Ihr Vormittag wie im Flug vergehen. Nach einer Pause in der Auberge Ravoux können Sie am Nachmittag Daubignys Wirken erkunden. Im Château d'Auvers geht es dann noch auf eine unterhaltsame und lehrreiche „Reise in die Zeit der Impressionisten". Ein Tipp: Kommen Sie im Mai nach Auvers, wenn die Iris am Straßenrand in voller Blüte stehen.

Mit Kindern – Der Multimedia-Parcours im Château d'Auvers; der Park von Méry-sur-Oise.

Orte in der Nähe – Le VEXIN FRANÇAIS

Zu Fuß unterwegs

Van Gogh in Auvers

Kurz nach seiner Ankunft in Auvers im Mai 1890 malt **Vincent Van Gogh** (1853-1890) den Garten von Charles François Daubigny *(s. Kasten S. 62),* das letzte Gemälde, das er in der Korrespondenz mit seinem Bruder Theo erwähnt. Dr Gachet, ein passionierter Liebhaber moderner Malerei, hatte Van Gogh eingeladen und ihn damit beauftragt, sein Haus und seinen Garten zu malen. Am Ufer der Oise faszinieren den Maler die schlichten Bürgerhäuser an den Hängen und insbesondere die großen Weiten der Weizen- und Kleefelder auf dem Plateau. Er lässt sich in der bescheidenen Pension des Café Ravoux nieder. Der Aufenthalt in Auvers ist nach seiner Zeit in der geschlossenen Anstalt in der Provence eine ungeheuer produktive Periode: In diesen zwei Monaten fertigt er mehr als 70 Gemälde, Zeichnungen und Skizzen an, bevor er sich das Leben nimmt.

Maison du Dr Gachet

78 rue du Dr-Gachet, im Westen des Ortes – ✆ 01 30 36 81 27 – April-Okt. tgl. außer Mo, Di ganztags – 4 € (Kinder 3,50 €). Dieses hohe weiße Haus haben sowohl Van Gogh als auch Cézanne verewigt. Sein Besitzer, der exzentrische Doktor, der Vincent van Gogh betreute, hat hier viele große impressionistische Maler empfangen. Heute ist das Gebäude renoviert und die Besucher können dank einer Vorführung mit Projektionen und Licht- und Schattenspielen gewisse Stimmungen aus vergangener Zeit nachempfinden. Auch im hübschen Garten kann man der Magie des Orts nachspüren.

Kehren Sie zum Ortskern zurück.

Auberge Ravoux★

Place de la Mairie – ✆ 01 30 36 60 60 – Führung März-Okt. ganztags, Mo, Di geschl. – 3 € (unter 12 J. Eintritt frei). Diese Unterkunft wird auch **Van Gogh-Haus** genannt. Hier wohnte der Maler zwei Monate lang und empfing auch andere Künstler wie den Kubaner Martinez und den Holländer Hirschig. Tafeln an der Fassade erinnern an das bewegte Leben Van Goghs. Da es das einzige noch intakte Haus ist, in dem er gelebt hat, wurde es sorgfältig und originalgetreu restauriert, sogar der alte Ofen ist erhalten. Hierher kam er zurück, nachdem er sich am 27. Juli 1890 mit einem Revolver in den Bauch geschossen hatte. Zwei Tage später starb er im Alter von 37 Jahren in der kleinen **Mansarde**, die man noch besichtigen kann. Es wird ein Film gezeigt, der von seinen letzten Wochen in Auvers erzählt.

Nehmen Sie links die Rue Daubigny und gehen Sie am Museum und dem Wohnhaus und Atelier von Daubigny vorbei (s. „Sehenswürdigkeiten").

Rechts führt ein Weg zum Friedhof durch die Felder, die Van Gogh so gern malte.

Tombes de Vincent et Theo Van Gogh

Rue Émile-Bernard. Die beiden Zwillingsgräber von bewegender Schlichtheit sind an die linke Mauer gelehnt und mit Efeu bedeckt. Theo, der für seinen Bruder Vincent

Malertreffpunkt

Von 1857 an malt der Landschaftsmaler **Charles François Daubigny** in Auvers auf seinem Boot, *Le Botin*. Drei Jahre später baut er sich ein Atelier, in dem er gern seine Malerfreunde empfängt. 1872 kauft **Paul Gachet** dort ein Haus: Der Mediziner malt und graviert auch unter dem Pseudonym Paul Van Ryssel. Er ist ein leidenschaftlicher Gemäldesammler und öffnet sein Haus Künstlern wie **Paul Cézanne**, der hier 18 Monate lebte, und **Camille Pissarro** aus dem benachbarten Pontoise. Am 20 . Mai 1890 lässt sich **Vincent Van Gogh** auf Anraten Pissarros in Auvers nieder: Sein Bruder Theo hat ihm Dr Gachet empfohlen. Auch **Rousseau** und **Maurice De Vlaminck** halten sich neben vielen anderen Malern eine Zeitlang in Auvers auf.

immer eine Stütze war, starb kurz nach ihm. 1914 veranlasste seine Witwe Johanna, dass die Brüder Seite an Seite ruhen konnten. Auch andere Künstler wie Norbert Goeneutte, Eugène Mürer, Léonide Bourges, der venezolanische Maler Émile Boggio und andere sind hier begraben.
Von hier hat man einen **Blick** auf den Turm der Kirche von Auvers, zu der man über die Rue Émile-Bernard gelangt.

Église Notre-Dame

Rue Daubigny. Mit ihren drei Ebenen und ihrem viereckigen Glockenturm, wie er für das französische Vexin typisch ist, hat diese romanisch-gotische Dorfkirche (12. und 13. Jh.) Van Gogh zu einem seiner berühmtesten Gemälde inspiriert, das im Musée d'Orsay in Paris ausgestellt ist. Am Fuß der Kirche steht eine von Fagel gefertigte **Büste von Daubigny**.
Über die Rue du Général-de-Gaulle gelangt man zum **Parc Van Gogh**, wo ihn eine Statue von Zadkine ehrt.

Sehenswürdigkeiten

Musée Daubigny

Rue de la Sansonne – ✆ 01 30 36 80 20 – www.musee-daubigny.com – Sa/So 10.30-12.30 Uhr; April-Okt. Mi-So 14-18 Uhr; Nov.-März Mi-So 14-17 Uhr – 4 € (unter 18 J. Eintritt frei). Im Gutshaus Manoir des Colombières zeichnet eine Sammlung von Malereien, Aquarellen, Zeichnungen und Stichen aus dem 19. Jh. die Geburt des Impressionismus nach, darunter Werke von Daubigny und Goeneutte, einem Kupferstecher und Maler der Pariser Gesellschaft. Außerdem zeigt das Museum zeitgenössische Kunst.

Maison-Atelier de Daubigny★

61 rue Daubigny – ✆ 01 34 48 03 03 – Mitte April-Mitte Juli und Mitte Aug.-Ende Okt. Do-So und Fei nachmittags; 1. Jan., 11. Nov. geschl. –5 € (unter 12 J. Eintritt frei). Auf Empfehlung von Corot nach Auvers gekommen, ließ sich Charles François Daubigny 1861 die Villa des Vallées bauen. Die Wände zieren Malereien, die der Landschaftsmaler, ein Wegbereiter des Impressionismus, sein Sohn Karl und seine Freunde Daumier und Corot zwischen 1864 und 1874 schufen. Corots Entwürfe dienten dabei als Modell für das Dekor des Ateliers, das Italien zum Thema hatte. Im Zimmer seiner Tochter Cécile zeigen von Daubigny gemalte Tafeln die Märchen *Der kleine Däumling* und *Rotkäppchen* von Perrault.
Im Garten ist heute das Boot zu sehen, in dem Daubigny auf der Oise malte. Später sollte Monet seinem Beispiel folgen.

Musée de l'Absinthe

44 rue Callé – ✆ 01 30 36 83 26 – Mitte Juni-Mitte Sept. Sa/So ganztags, Mi-Fr nachmittags, Anf. März-Mitte Juni und Mitte Sept.-Anf. Dez. Sa/So/Fei ganztags – 4,50 € (unter 15 J. Eintritt frei). Seine Glanzzeit erlebte der grüne Likör in den Cafés des 19. Jh. Dokumente, Plakate und Gegenstände erläutern Geschichte und Mythos dieses umstrittenen Getränks, das vor seinem Verbot 1915 in Künstlerkreisen sehr beliebt war.

Château d'Auvers

Rue de Léry – ✆ 01 34 48 48 45 – www.chateau-auvers.fr – April-Sept. tgl. außer Mo ganztags; 20. Dez.-19. Jan. geschl. – 11 € (unter 18 J. 7 €). Dieses Schloss aus dem

17. Jh. wurde für die multimediale **Reise in die Zeit der Impressionisten★** adaptiert. 15 Säle werden aufwendig durch audiovisuelle Mittel animiert: Man fühlt sich in das 19. Jh. zurückversetzt und lernt das Paris Haussmanns, die Wohnungen und Zeitvertreibe der Bürger sowie das Konzertcafé, in dem Yvette Guilbert auftrat, kennen. Etwa 600 Gemälde werden über Audioguides kommentiert, sodass man Intention und Techniken der Impressionisten „direkt am Motiv" nachempfinden kann.
In einem Holzwaggon durchquert man die Landschaften der Île-de-France, wo die Maler ihre Staffeleien aufstellten, von Argenteuil oder Chatou bis Auvers. Stündlich wird der Film *Le Regard de Vincent* (Vincents Blick) gezeigt.

Ziel in der Umgebung

Méry-sur-Oise

1 km südöstl. von Auvers auf der D 928 (Avenue Marcel-Perrin). Zugverbindung von Paris-Gare du Nord zum Bahnhof von Méry-Val-d'Oise. Das Schloss von Méry am Rande von Auvers ist selbst leider nicht zu besichtigen. Es wurde im 14. Jh. an der Stelle eines alten Priorats errichtet, von seinen wechselnden Besitzern im 17. und 18. Jh. umgebaut und 1999 schließlich renoviert. Im öffentlichen Teil des **Schlossparks** bieten sich dem Besucher schöne Ausblicke, vor allem in der Nähe des Schlosses und beim Fluss, der sich gemächlich durch die Landschaft schlängelt. *✆ 01 30 36 23 00 – www.merysuroise.fr – ganztags – Eintritt frei.*

Tipps und Adressen

Allgemeine Hinweise

Fremdenverkehrsamt von Auvers-sur-Oise – *Manoir des Colombières – Rue de la Sansonne – ✆ 01 30 36 10 06*

Führungen – Das Fremdenverkehrsamt bietet kostenlose Filmvorführungen über Van Goghs Zeit in Auvers an. Geführte Spaziergänge finden sonn- und feiertags von April bis Oktober statt: „Auf den Spuren von Van Gogh" und „Auf den Spuren von Cézanne" *(1. So im Monat).*

Auf den Spuren von Van Gogh – Von Auvers aus kann man im eigenen Rhythmus einen ausgeschilderten Rundweg von 12 km und eine Variante von 10 km erwandern, der an den Orten vorbeiführt, die den großen Maler inspiriert haben. *Faltblatt im Fremdenverkehrsamt erhältlich.*

Der **Pass d'Auvers** ermöglicht es, nach Kauf einer Eintrittskarte zum vollen Preis, vergünstigte Tarife für weitere Sehenswürdigkeiten von Auvers zu erhalten. Gültig von Mai bis Oktober. Weitere Informationen gibt es beim Fremdenverkehrsamt. Die Maison de Van Gogh nimmt nicht an dieser Vergünstigung teil.

Verkehrsmittel

Sonderzug nach Auvers (direkt) – *Mai-Sept. So/Fei Direktzug nach Auvers ab Gare Paris-Nord um 9.59, Rückfahrt um 18.22 Uhr – 4,70 € einfache Fahrt (unter 10 J. 2,35 €).* Animierte und kommentierte Fahrt, Empfang in Auvers durch Hostessen.

Übernachten

Hostellerie du Nord – *6 rue du Gén.-de-Gaulle – ✆ 01 30 36 70 74 – www.hostelleriedunord.fr – So geschl. – P – 8 Zi: 128/188 € – 14 €.* In dieser alten Poststation stiegen einst renommierte Maler ab, wovon die vielen Kunstwerke zeugen. Traditionelle Gerichte, die bei schönem Wetter auf der Terrasse serviert werden.

Essen und Trinken

Auberge Ravoux (Maison de Van Gogh) – *Gegenüber vom Rathaus – ✆ 01 30 36 60 60 – info@vangoghfrance.com –10 .Nov.-10. März, Mo und abends außer Fr und Sa geschl. – Reserv. erforderl. – 35 €.* Das alte Künstlercafé mit seinem Originaldekor aus dem ausgehenden 19. Jh. war die letzte Unterkunft Van Goghs. Heute kann man in diesem geschichtsträchtigen Ambiente mit einem hübschem Empfangstresen und großen massiven Holztischen traditionelle Gerichte und Weine aus der Region genießen.

Feste und Events

Côté musique – Internationales Musikfestival *(Mitte Mai-Ende Juni) – ✆ 01 30 36 77 77 – www.festival-auvers.com*

Côté fleurs – Iristage *(3. Maiwochenende)*: Irismarkt mit Blumen und floralen Gegenständen, Blütenausstellung im Schloss von Auvers – *✆ 01 34 48 48 37 – www.chateau-auvers.fr*

Barbizon★★

SEINE-ET-MARNE (77) – 1569 EINWOHNER – UMSCHLAGKARTE B3 – MICHELIN LOCALKARTE 312 E5, ZOOMKARTE 106 FALTE 45 – KARTE S. 152/153

Das Dorf zwischen dem Wald von Fontainebleau und der Brière-Ebene war im 19. Jh., als die ersten Maler sich hier niederließen, lediglich ein Weiler mit Holzfällern, Steinbrucharbeitern und Landwirten. Für diese Landschaftsmaler schien jedoch, so behaupten die Brüder Goncourt, jeder Baum ein Modell zu sein, das von Farbtöpfen umgeben war. Heute besteht Barbizon hauptsächlich aus einer langen Straße von alten Ateliers, die zu Museen umgestaltet wurden, einer Unmenge Galerien, Hotels und Restaurants. Gedächtnisschilder bewahren die Erinnerung an die Maler.

Wegweiser – 50 km von Paris auf der A 6, Ausfahrt Fontainebleau auf der D 637, dann Barbizon.

Unbedingt sehenswert – Die Auberge Ganne und das Musée départemental der École de Barbizon; ein Spaziergang im Wald von Fontainebleau.

Gut geplant – Nehmen Sie sich einen halben Tag für den Besuch des Dorfs Zeit. Den restlichen Tag könnten Sie beispielsweise für einen Waldspaziergang nutzen. Verlassen Sie Barbizon zu Fuß auf der berühmten „Allée aux Vaches" der Maler (in der Verlängerung der Grande-Rue), einem wunderschönen Forstweg.

Philippe Gajic / MICHELIN

Künstlertreffpunkt: die Auberge Ganne.

Orte inder Nähe – FONTAINEBLEAU, MILLY-LA-FORÊT

Geschichte und Geschichten

Vorläufer des Impressionnismus – Die Liste der Maler, die im 19. Jh. nach Barbizon kamen, um die Natur der Gegend abzubilden, war lang. Sie kamen zahlreich aus ganz Frankreich und dem Ausland (Schweiz, Belgien, Italien, Deutschland, Ungarn, Holland, USA). Im Jahr 1890 setzte sich schließlich die Bezeichnung **„École de Barbizon"** durch, um die hier entstandene Landschaftskonzeption zu bezeichnen. Seit dem Ende des 18. Jh. hatten Maler wie **Georges Michel** eine neue, weniger akademische Art der Landschaftsmalerei entwickelt. Von 1822 an waren desweiteren **Huet**, **Corot**, Rousseau, **Courbet**, später Millet, der hier bis zu seinem Tode 1875 blieb, Gäste der künstlerfreundlichen Auberge Ganne. Die Maler machten es sich gegen 1850 zur Gewohnheit, sich jeden Samstag in der Scheune von Rousseau zu versammeln. Zu diesen Treffen kamen Anhänger, Kritiker, befreundete Maler wie **Daumier** und Schriftsteller wie Théophile Gautier.

Die Schule von Barbizon war wegbereitend für die weitere Entwicklung der Malerei, wie es die nachfolgende Generation der Impressionisten zeigt: **Sisley**, der 1860 nach Barbizon gekommen war, zog schon bald Renoir, Bazille und Monet an.

Die Maler von Barbizon, die vor dem beginnenden Gigantismus in den Städten und insbesondere Paris flohen, fanden in dieser üppig wuchernden und rustikalen Landschaft neue und sehr unterschiedliche Ausdrucksformen. **Rousseau** analysierte die Bäume und die Konsistenz der Felsen, während **Millet** die nüchternen Gesten der Feldarbeiter, Hausfrauen und Mütter ehrte. Diese Naturporträtisten, die viel mit Skizzen arbeiteten, entdeckten mit der Zeit, dass das Ergebnis viel lichtintensiver wurde, wenn sie unvermischte Farben schraffierten. Zwischen den beiden Malern, die heute nebeneinander fast unter demselben Felsen auf dem Friedhof von Chailly-en-Bière *(2 km nördl. auf der D 64)* ruhen, entwickelte sich eine innige Freundschaft.

Sehenswürdigkeiten

Folgen Sie dem ausgeschilderten **Weg der Maler von Barbizon (Sentier balisé des peintres de Barbizon)**, der Sie auf einem hübschen Weg durch das Dorf in den Wald führt und dabei auf die verschiedenen Lieblingsstellen der wichtigsten Künstler verweist, die in Barbizon tätig waren *(Tafel am Rathausplatz)*. Es gibt außerdem ein Programm mit dem Titel *L'école de Barbizon en famille* (Die Schule von Barbizon ganz privat), mit dem man die Wohnorte der Maler, die zu Beginn des 20. Jh. in Barbizon gelebt haben, nachverfolgen kann *(Mini-Führer-Verkauf in der Auberge Ganne – 2,50 €)*.

Auberge Ganne★

92 Grande-Rue – ✆ 01 60 66 22 27 – ♿ – vormittags und nachmittags; Di, 1. Jan., 1. Mai, 25. Dez. geschl. – 3 € (unter 25 J. 2 €). Diese alte Herberge wurde im Jahr 1822 von einem Feldhüter gegründet. Sie wurde schnell Treffpunkt der im Ort wohnhaften Künstler und beheimatet heute das **Musée départemental de l'École de Barbizon**. In dem Museum wird ein Film *(30 Min.)* gezeigt, der die Künstler präsentiert, die mit ihren vielen verschiedenen Facetten das Gasthaus belebt und ihre neue Art der Malerei auf den Weg gebracht haben. Im Erdgeschoss sind drei kürzlich restaurierte Räume noch mit Möbeln und Gegenständen bestückt, die die Maler eigenhändig als Dank für Unterkunft und Verpflegung verziert haben. Ihnen waren alle glatten Flächen zur Demonstration ihres Talents recht: Man findet hier Schränke, Türen, Kamin oder Anrichten, auf deren Türen wiederum ihr Inhalt in Trompe-l'œuil-Technik dargestellt ist. Besonders sehenwert sind die bemalten Wände des Offizierssaals. Im ersten Stock sind außerdem Gemälde von Camille Corot, Charles Jacque, Jules Dupré, Ferdinand Chaigneau, Georges Gassies, Eugène Lavieille und vielen anderen zu sehen.

Maison-Atelier de Théodore Rousseau

55 Grande-Rue – vormittags und nachmittags; Di, 1. Jan., 1. Mai, 25. Dez. geschl. – 3 € (unter 25 J. 2 €). In diesem kleinen Haus, das hinter dem Kriegerdenkmal liegt, lebte einst Rousseau (1812-1867), der mit zu den ersten Freilichtmalern zählte. Es gibt Überlegungen, in diesem Gebäude ein Museum einzurichten, das seinem einstigen Bewohner gewidmet sein soll.

Maison-Atelier de Jean-François Millet

27 Grande-Rue – ✆ 01 60 66 21 55 – www.atelier-millet.fr – tgl. außer Di vormittags und nachmittags; 1. Jan., 25. Dez. geschl. – 3 € (unter 12 J. Eintritt frei). Das eher bescheidene Haus des Malers, das ihm 25 Jahre sowohl als Atelier als auch als Wohnhaus diente, war wohl geräumiger, als er mit seiner großen Familie dort lebte: Immherin hatte Millet sechs Töchter und drei Söhne. Es hat im Wesentlichen jedoch seine Außenansicht aus dem vorletzten Jahrhundert bewahrt. Im ehemaligen Atelier sind heute Aquarelle ausgestellt, darunter *Das Angelusgebet, Die Ährenleserinnen* sowie *Mann mit Hacke*. Im einstigen Esszimmer sind Zeichnungen, Stiche sowie eine Kohlezeichnung zu sehen.

Im Gemeinschaftsraum finden wechselnde Ausstellungen zeitgenössischer Maler statt.

Monument de Rousseau et Millet

Das Bronzerelief, einzementiert in einen Felsen, ist das Werk des Bildhauers und Medailleurs Henri Michel Chapu. Hinter dem Monument erinnert eine Gedenktafel an einem weiteren Felsen an die Hundertjahrfeier des ersten Waldschutzgebietes *(réserve artistique)*, die auf die Initiative Rousseaus hin im Jahr 1853 eingerichtet wurde.

Der Maler François Millet.

Ziel in der Umgebung

Château de Fleury-en-Bière★

5 km westl. von Barbizon. Fahren Sie im Süden auf die D 64 bis Macherin, dann biegen Sie rechts ab auf die D 11. Wie Courances *(s. Milly-la-Forêt)* wurde das Schloss im 16. Jh. für Cosme Clausse, Finanzminister unter Heinrich II., erbaut. Richelieu war dort Gast von Nicolas Clausse, als der Hof in Fontainebleau residierte. Vom Eingangsportal *(nicht zu besichtigen)* aus kann man die majestätischen Hofanlagen bewundern, die seitlich der Straße von einer mächtigen Mauer umgeben sind. Zu beiden Seiten erheben sich große Bauten. Hinten rechts ist die grazile romanische Kapelle zu sehen, die zur Pfarrkirche wurde.

Tipps und Adressen

Allgemeiner Hinweis

Fremdenverkehrsamt von Barbizon – *55 Grande-Rue – ✆ 01 60 66 41 87 – www.barbizon-tourisme.com*

Übernachten

Chambre d'hôte La Ferme de Vosves – *155 rue de Boissise – 10 km nördl. von Barbizon auf der D 607, D 372, D 142, dann Vosves und Rue de la Gare – ✆ 01 64 39 22 28 – www.fermedevosves.com – um Neujahr geschl. – 2 Zi: 45/70 €* – . Entspannen Sie in den wunderschönen Gärten dieses alten Bauernhofs. Er liegt inmitten eines Dorfs oberhalb der Seine. Die gemütlichen Zimmer sind recht einfach eingerichtet, aber die Ruhe, der besonders freundliche Empfang und die moderaten Preise machen dieses kleine Manko wieder wett.

Chambre d'hôte La Bastide – *52 rue du 23-Août (Ausfahrt Nord auf der D 64) – ✆ 01 60 66 24 92 und 06 72 53 35 24 – camaranathalie@msn.com – 5 Zi: 60 € – Mahlzeit 15/30 €.* In diesem schönen Haus aus den 1930er-Jahren gibt es einen gemütlichen Salon, der mit einem Möbelmix aus alten und exotischen Stücken eingerichtet ist, dazu eine Bar und einen Bereich für die Mahlzeiten. Die Zimmer, die sich im 2. Stock befinden, tragen die Namen der Künstler der berühmten Schule von Barbizon. Jeden Freitagabend *Table d'hôte*, ein gemeinsames Essen mit festgesetztem Menü zu bestimmtem Preis.

Essen und Trinken

Le Relais de Barbizon – *2 av. du Gén.-de-Gaulle – ✆ 01 60 66 40 28 – 18.-29. Aug., 15. Dez.-8. Jan., Di abends und Mi geschl. – 22/40 €.* Ein schlichter Gasthof gleich am Ortseingang. In dem modernen Speisesaal gibt es einen Bereich, der extra für Familien reserviert ist. Tagesfrische Küche, wechselnde Menüs.

L'Angélus – *✆ 01 60 66 40 30 – angelusbarbizon.monsite.wanadoo.fr – 29/40 €.* Dieses adrette Lokal erinnert an das gleichnamige Gemälde von Millet, eins der berühmtesten, das dieser in Barbizon gemalt hat. Traditionelle Gerichte.

Am Abend

Bizon's club – *1 rue Grande-Rue – ✆ 01 60 66 40 01 – Fr und Sa 23 Uhr-Sonnenaufgang.* Die bekannteste Diskothek im Wald von Fontainebleau. Sie ist gleichzeitig modern, vornehm und gastfreundlich. Eine ideale Mischung also. Für die Jüngeren gibt es Techno im großen Saal, für die etwas Älteren einen kleinen Club im Souterrain mit Musik der 80er-Jahre.

Einkaufen

La Forêt des Arts – *16 Grande-Rue – ✆ 01 60 69 24 63 – Galerie und Teesalon: Sa/So/Fei 10-18.30 Uhr; Bücherei: Fr 14-18.30 Uhr.* Dieser Komplex nennt sich *Forêt des Arts* (Wald der Künste), und beheimatet eine Galerie mit dem Themenschwerpunkt Tier, einen Teesalon und eine Bücherei mit Postkartenverkauf. Regelmäßig finden Vorträge und Ausflüge zu den Themen Natur, Fauna und Flora statt. Ein schöner Ausgangspunkt zur Erkundung des hübschen Orts Barbizon und seiner Umgebung.

Verrerie d'art – *Le Moulin des Noues – 13 km nordwestl. von Barbizon auf der D 11 und D 83 – 91840 Soisy-sur-École – ✆ 01 64 98 00 03 – www.verrerie-soisy.fr – tgl. außer Mo 9-12.30, 14-18 Uhr; So 14.30-18 Uhr, Di 14-18 Uhr; Ende Juli-Mitte Aug., 1. Jan., 1. Mai, 25. Dez. und Fei vormittags geschl.* Die in einem hübschen Park gelegene Kunstglaserei lädt in ihre Werkstatt ein, wo man zuschauen kann, wie Glas geblasen wird. Ein kurzer Film, eine Ausstellung und eine Boutique runden den Besuch ab.

Blandy-les-Tours★

SEINE-ET-MARNE (77) – 721 EINWOHNER – UMSCHLAGKARTE C3 – MICHELIN LOCALKARTE 312 F4, ZOOMKARTE 106 FALTEN 34-46

Dieses Schloss mitten in der Brie hat in der Vergangenheit einiges mitgemacht. 1992 kam es in den Besitz des Generalrats des Départements Seine-et-Marne, wurde seither weitgehend restauriert und empfängt heute auch wieder Besucher. Aber Achtung! Es heißt, in dem Schloss würde es spuken! Die Geister zeigen sich allerdings nur zweimal im Jahr: Zur Mitternacht des 6. Januar (Heilige Drei Könige) sieht man den tapferen Herzog Dunois auf seinem weißen Pferd, wie er sich am Eingang des Schlosses mit seinem Gefolge postiert; in der Nacht zum 2. November, an Allerseelen, kehren die früheren Herren von Blandy zurück, um einige Rundgänge durch das Schloss zu machen. Aber Sie sollten sich auf keinen Fall davon abschrecken lassen, Blandy zu besichtigen!

Jacass / MICHELIN

Das von fünf Türmen flankierte Château de Blandy war einst eine richtige Festung.

Wegweiser – Blandy-les-Tours liegt 11 km östl. von Melun, nahe der A 5, Ausfahrt 15 oder 16.

Unbedingt sehenswert – Das schöne Panorama auf die Brie-Ebene vom Bergfried; die Stiftskirche von Champeaux und ihr schönes skulptiertes Chorgestühl.

Gut geplant – Eine Reise weit zurück in die Zeit des Mittelalters können Sie unternehmen, wenn Sie den Besuch von Blandy-les-Tours mit einem Abstecher nach Provins *(40 km östl. auf der D 408)*, zur Commanderie des Templiers (Kommende des Templerordens) in Coulommiers *(38 km nordöstl. auf der D 637 und D 402, (Vallée du Grand Morin)* sowie zur Abtei von Jouarre *(55 km nordöstl. auf der D 636 D 402)* kombinieren.

Ort in der Nähe – Château de VAUX-LE-VICOMTE

Sehenswürdigkeiten

Schloss★

Öffnungszeiten erfragen unter ✆ 01 60 59 17 80. Das im 12. Jh. erbaute Schloss wurde noch im selben Jahrhundert und nochmals im 14. Jh. auf Befehl Karls V. vergrößert und befestigt. Es galt mit seiner Schlossmauer mit den fünf Türmen, deren höchster als Bergfried diente, seinem Graben und seinem neuartigen Eingangstor mit

Hängebrücke als ideales Modell für den Festungsbau. Im 15. und 16. Jh. verlor es seine militärische Funktion und wurde als Wohngebäude zunehmend vernachlässigt. 1707 kaufte es schließlich der Eigentümer von Vaux-le-Vicomte, der **Maréchal de Villars** und wandelte es zu einem Gutsgehöft um. Seit 1992 wird Blandy-les-Tours unter Berücksichtigung seiner baugeschichtlichen Entwicklung restauriert. Die letzte Renovierungsphase des Gebäudeinneren geht langsam zu Ende, und so kann man bereits die Tour des Archives, ihre mittelalterliche Tür und das hölzerne Fallgatter aus dem 14. Jh. besichtigen. Vom 35 m hohen Bergfried *(140 Stufen)* ist die **Aussicht** auf die umliegende Brie fantastisch.

Kirche

Die dem **hl. Moritz** geweihte Kirche ist reich mit sakraler Kunst vom 12. bis zum 18. Jh. ausgestattet. Hauptschiff und Glockenturm stammen aus dem ausgehenden 14. Jh., der spätgotische Chor aus dem 16. Jh.

Ziel in der Umgebung

Collégiale de Champeaux★

4 km nordöstl. In dem befestigten Ort Champeaux erhebt sich eine alte Stiftskirche, die im 12. Jh. von Wilhelm von Champeaux gegründet wurde. Er war Theologe und zunächst Lehrer, dann Gegner Abélards im Universalienstreit. Neben Wihelm hat Champeaux der Kirche drei Bischöfe, einen Kardinal und einen Papst beschert. Das Kirchengebäude wurde von 1160 bis 1315 erbaut. Das elegante **Schiff** ist lichtdurchflutet und wird von sechsteiligen Gewölbebögen überspannt. Die äußeren Bögen jedes Doppeljochs ruhen auf einer großen Säule, die dazwischen auf einem kleinen Pfeiler, der aus zwei aneinandergefügten kleinen Säulen besteht. Diesen leichten und anmutig wirkenden Wechsel trifft man in der gotischen Kunst äußerst selten an. Das **Chorgestühl★** (1522) der Kirche zeigt humorvoll skulptierte Miserikordien. Ihre freizügigen Darstellungen hätten im 18. Jh. fast zu ihrer Zerstörung geführt. Der Chor mit flachem Chorhaupt birgt einige große gravierte Grabplatten aus dem 13. und 14. Jh. von außergewöhnlicher Beschaffenheit, beispielsweise die in der Apsis von Rose des Marets. Sie ist von ihrem Mann und ihrem Sohn im Rittergewand umgeben, zu ihren Füßen ruht ihre Tochter.

Musée de l'Air et de l'Espace du Bourget★★

SEINE-ST-DENIS (93) – UMSCHLAGKARTE D5 – MICHELIN LOCALKARTE 305 F7, ZOOMKARTE 101 FALTEN 7-17, 106 FALTE 20

Das 1914 zu militärischen Zwecken konzipierte Flugfeld von Bourget war bis zum Zweiten Weltkrieg der wichtigste Flughafen von Paris. Seit im Jahr 1973 jedoch Roissy-Charles-de-Gaulle eröffnet wurde, kommen auf dem Flughafen von Bourget nur noch Klein- und Firmenflugzeuge an. Im alten Terminal wurde ein Museum (125 000 qm) eingerichtet. Auf dem Parkplatz lassen sich die ruhmreichen Errungenschaften der französischen Technologie besichtigen: von der Mirage über die Caravelle bis zur Ariane-V-Rakete in Originalgröße.

- **Wegweiser** – Mit dem Auto: 10 km nördl. von Paris auf der A 1, Ausfahrt 5 „Aéroport du Bourget", dann der Beschilderung folgen. Mit dem Bus: Nr. 350 ab Bahnhof Paris-Est und Paris-Nord, Nr. 152 ab Porte de la Villette. Haltestelle ist das „Musée de l'Air et de l'Espace" von Bourget. Mit der Métro: Linie 7, Station La Courneuve, dann Bus Nr. 152. Mit RER: Linie B, Gare du Bourget, anschließend Bus Nr. 152.
- **Unbedingt sehenswert** – Die Halle der Concorde; die Boeing 747; die Grande Galerie und ihre alten Flugmaschinen; die Halle der französischen Prototypen.
- **Mit Kindern** – Die Ausstellung „Le temps des ballons" *(Die Ära der Heißluftballons)* und die Sammlung zu den russisch-amerikanischen Weltraumausflügen.

Pascal Grougon / MICHELIN

Ariane, Airbus und andere kleinere Flugzeuge auf der Ausstellungsfläche von Le Bourget.

Gut geplant – Kurz nach der Öffnung am Morgen ist am wenigsten los, da sollte man gleich mit der sehr beliebten Besichtigung der Boeing 747 beginnen.

Ort in der Nähe – ST-DENIS

Sehenswürdigkeiten

01 49 92 70 62 – www.mae.org – ♿ – tgl. außer Mo ganztags; 1. Jan., 25. Dez. geschl. – 6 € (unter 18 J. 4 €) Kombiticket mit Concorde und Boeing (11 € mit Planetarium).

Exposition „Le temps des ballons"★

Die Ausstellung ist der Eroberung der Lüfte gewidmet und beginnt mit dem Jahr 1783 und den Experimenten von Pilâtre de Rozier und d'Arlandes; es wird ein Modell ihres Heißluftballons gezeigt. Ein entscheidender Schritt zur Entwicklung des **Ballonbaus** war 1785 zudem die Überquerung des Ärmelkanals, die Pilâtre de Rozier und Romain tragischer Weise mit ihrem Leben bezahlen mussten. Im gleichen Jahr war der Versuch von Jean-Pierre Blanchard erfolgreich. Man feierte diesen Triumph und das Thema Ballon wurde zur Modewelle: Man dekorierte Ballons, und mit Blumengirlanden oder feiner „Chinoiserie" tauchten sie auf Fächern, Teetassen oder Nippsachen auf.

Später wird der Ballon auch für militärische Zwecke genutzt, um z. B. feindliche Truppen auszuspionieren, oder im Krieg von 1870 als Transportmittel (Postversand, Flucht von Léon Gambetta an Bord des *Géant*). Durch die technische Weiterentwicklung und mit einem Motor versehen, wurde der Ballon lenkbar. In einem Roman von Jules Verne kündigt sich bereits die Ära der Zeppeline an.

Große Galerie★★

In dem alten Flughafen von Bourget werden früheste Flugmaschinen gezeigt. Die ersten Typen waren Segelflugzeuge (z. B. Massat-Biot, 1879). Man sieht eine Replik des seltsamen Apparats mit den breiten Flügeln, den Lilienthal benutzt hatte. Außerdem kann man die *Voisin* von Farman sehen, die den ersten Rundflug von 1 km Länge schaffte (Issy-les-Moulineaux, 1908), die elegante *Levasseur Antoinette* (1909) und eine Nachbildung des *Blériot XI,* der 1909 den Ärmelkanal überquerte. Im Jahr 1915 beginnt der erste Luftkrieg. Diese Zeit ist vertreten durch den *Spad VII*, mit dem Lieutenant Guynemer 19 seiner 53 Siege errang und den *Spad XIII* in den Farben des Fliegerasses René Fonck mit 75 Siegen.

Das Museum zeigt auch eine der vier Gondeln eines Zeppelins, den die deutsche Armee lenkte und der 1920 im Rahmen der Kriegsentschädigungen an Frankreich ging. Dieser 198 m lange 6-motorige Koloss erreichte 100 km/h.

Salles Moteurs et Maquettes

In diesem Bereich werden Modelle aus den 1930er-Jahren bis heute gezeigt, darüber hinaus Flugzeug- und Raketenmotoren, von denen die ältesten 100 Jahre alt sind.

Gehen Sie zurück zur Großen Galerie. Wenn Sie die Chronologie der Besichtigung einhalten wollen, gehen Sie an der Hall de l'Espace vorbei (hier endet der Besuch), um zur Halle der Leichtflugzeuge zu gelangen.

Hall de l'Aviation légère et de l'Entre-Deux-Guerres (Halle der Leichtflugzeuge und der Zeit zwischen den Weltkriegen)

Zwischen den beiden Weltkriegen wurden zahlreiche Rekorde aufgestellt: 1919 war die *Farman F60 Goliath* das erste französische Transportflugzeug. 1933 erreichte die berühmte *Potez 53* eine Durchschnittsgeschwindigkeit von 322 km/h auf 2000 km. Zwei legendäre Maschinen sind stellvertretend für die Langstreckenflüge ausgestellt: die *Oiseau Canari* aus der Lotti-Flotte, die zum ersten Mal den Atlantik überquerte und die Breguet XIX *Point d'Interrogation* von Costes und Bellonte, die im September 1930 zum ersten Mal die Strecke Paris-New York flog.

Hall de la Seconde Guerre mondiale (Halle des Zweiten Weltkriegs)

Hier werden die eindrucksvollsten Flugzeuge aus der Zeit um den Zweiten Weltkrieg ausgestellt: Die *Polikarpov I-153*, ein sowjetisches Doppeldecker-Jagdflugzeug mit einem Tragwerk aus bespannten Holzrahmen, wurde von der Sowjetunion erstmals 1939 gegen Japan eingesetzt. Auch China und Finnland wurden mit dem Typ ausgestattet. Zum letzten Mal flog sie 1943 und wurde dann durch weiter entwickelte Modelle ersetzt. Außerdem gezeigt sind ausgestellt: die *Dewoitine D-520*, die legendäre *Spitfire*, die während der Schlacht von England zum Einsatz kam, die *Marauder*, ein amerikanischer Leichtbomber, der an der Wiedereroberung des besetzten Europas teilnahm, die *Dakota*, die zum Transport und Fallschirmspringen diente, sowie die starken *P-47* und *P-51*, die mitunter zum Sieg der Alliierten beitrugen.
Andere berühmte ausgestellte Maschinen sind die *Yak 3*, die von den russischen und französischen Piloten an der Ostfront geflogen wurde oder die *FW 190*, die als eines der besten Jagdflugzeuge seiner Zeit galt, sowie die *V-1*, die zu den ersten Marschflugkörpern zählte, die in einem Krieg zum Einsatz kam: als unbemannter, sprengstoffbeladener Flugkörper steuerte sie sich selbst ins Ziel.

Hall de la Cocarde

Diese Halle ist den Kampfflugzeugen der Luftwaffe ab 1950 gewidmet. Zu sehen sind der britische *Vampire*, die amerikanischen *Sabre* und *Thunderstreak* sowie die in Serie gebauten französischen Jagdflieger MD 450 *Ouragan*, *Mystère IV* bis *Mirage 2000*.
Außerdem ist ein Modell der *Mirage F1* (1966) in Originalgröße zu sehen. Manchmal durchbricht dieser Jagdflieger über den Köpfen der Besucher die Schallmauer.

Hall des Prototypes français★

Hier stehen 20 nach dem Zweiten Weltkrieg konstruierte Prototypen: die *Triton SO 6000*, erstes Düsenflugzeug (1946), die *Leduc 016*, die 1946 mit einer strahlbetriebenen Düse ausgestattet wurde, die *Trident* von 1949, eine Maschine mit Raketen- und Rückstoßantrieb und die mit einem Staustrahltriebwerk ausgestattete *Griffon* (1958). Andere Modelle zeigen außergewöhnliche Neuerungen wie den Senkrechtstarter *Mirage*, der keine Startbahn benötigt, oder die *Mirage G-8*.

Pioniere der Lüfte

Von Le Bourget aus starteten am 8. Mai 1927 **Charles Nungesser** und **François Coli** zu einer Atlantiküberquerung, verschollen aber mit der *Oiseau blanc*, bevor sie wie geplant die amerikanische Küste erreichen konnten. 13 Tage später, in der Nacht vom 21. zum 22. landete **Charles Lindbergh** triumphal mit der *Spirit of St. Louis*, nachdem er als Erster die Strecke New York-Paris überquert hatte. In die andere Richtung wurde der Atlantik zum ersten Mal am 1. September 1930 von den Pionieren **Costes** und **Bellonte** mit der *Point d'Interrogation* überflogen.

Hall Concorde★★
Wie der Name dieser Halle schon ankündigt, sind die Hauptattraktionen hier ganz offensichtlich die beiden Concordes: das Modell *Concorde 001* aus dem Jahr 1969 und die *Sierra Delta* (1980), die für ihre Geschwindigkeitsrekorde auf der ganzen Welt bekannt ist. *Diese beiden legendären Flugzeuge können hier komplett besichtigt werden.*

Parking Avions
Die **Boeing 747**★, die hier auf dem Parkplatz steht, flog am 25. Februar 2000 ihren letzten Flug. Seither zeigt sie der Öffentlichkeit ihr Innerstes inklusive Laderäume, Pilotenkabine und Treibstofftanks. Außerdem wird die Atmosphäre eines echten Flugs simuliert mit Düsenlärm, Dialogen zwischen den Piloten und Fluglotsen sowie den Ansagen der Stewardessen.
Daneben stehen die *Ariane-Trägerraketen 1* und *5* sowie Zivil- und Militärflugzeuge aus verschiedenen Ländern: die russische *Mig 23*, die deutsche *F-104* und die amerikanische *F-105*. Auf dem Parkplatz sind auch die Flugmaschinen der französischen Marine, darunter die Jagdflieger *Étendard* und *Crusader* und die Spähmaschinen *Neptune* und *Atlantic* ausgestellt.

Hall de l'Espace★
Die Eroberung des Weltalls ist mit Modellen von Trägerraketen und maßstabsgetreuen Satelliten, wie der *Sputnik*, dem ersten künstlichen Satelliten auf der Erdumlaufbahn von 1957, vertreten. 1965 wurde Frankreich durch die Trägerrakete *Diamant* zur dritten Weltraumnation nach den USA und der UDSSR. Interessant ist auch die Landekapsel Sojus T6, mit der 1982 Jean-Loup Chrétien zur Erde zurückkehrte, sowie die gezeigten russisch-amerikanischen Koproduktionen. Im Militärbereich sind die französischen Strategieraketen SSBS ausgestellt und eine Feuerstellung des Plateau d'Albion nachgestellt.
Im **Planétarium**, in dem 3500 Sterne die Hemisphäre erleuchten, werden verschiedene Themen behandelt: der Himmel, die Reise ins Sonnensystem, der Planet allgemein mit all seinen Facetten. *✆ 01 49 92 70 00 – ♿ – Führung Mi nachmittags, Sa/So/Fei vormittags und nachmittags; Anf. Juli-Mitte Sept. geschl. – 11,50 € Kombiticket mit Museum.*

L'Espace Saint-Exupéry
In einem chronologischen Fresko werden die Lebensabschnitte von Antoine de **Saint-Exupéry** (1900-1944) als Pilot, Pionier der Luft- und Raumfahrt und Künstler nachgezeichnet, dazu gibt es Motorenlärm und die Originalstimme des Autors von *Der kleine Prinz* aus dem Off. 1944 verschwand er über dem Meer. Sein Leben wird hier präsent, in schwebenden Vitrinen sind Gegenstände aus seinem Leben ausgestellt, die 2002 wiedergefunden wurden: das Fahrwerk der *P 38*, sein Armband, seine Mappe ... Originalzeichnungen, Fotos, Post, Notizblöcke und Filme sowie zwei Modelle der *P 38* und der *Latécoère 28* vervollständigen die Ausstellung.

Ziel in der Umgebung

Mémorial de la Déportation in Drancy
RER B, Station Le Bourget, dann Bus 143, Haltestelle Les Quatre-Routes. Mo Linie 5, Endstation Bobigny, dann Bus 251, Haltestelle Les Quatre-Routes. Die **Cité de la Muette** ist das erste große Bauwerk seiner Art. Mit seiner Errichtung wurde 1930 begonnen. Heute ist es Eigentum des sozialen Wohnungsbaus. 2001 wurde es wegen seiner architektonischen Bedeutung unter Denkmalschutz gestellt. Im Zweiten Weltkrieg war das Gebäude, das seither wieder seiner ursprünglichen Bestimmung als Wohnstätte für sozial schlecht gestellte Mieter nachkommt, Schauplatz einer tragischen Episode. 1940 waren die Gebäude in U-Form noch nicht fertiggestellt, als die Nationalsozialisten sich entschlossen, den Bau mit Stacheldraht und Wachtürmen zu versehen und dort Juden unterzubringen, die bei der Massenverhaftung in Paris vom 20. bis 24. August festgenommen worden und zur Überführung nach Deutschland vorgesehen waren.

Vor der Cité erinnert ein Granitmonument von Shélomo Selinger (1976) an die 76 000 Juden, die von 1941 bis 1944 im **Camp de Drancy** interniert waren. Eisenbahngleise verbinden es mit einem alten Waggon, der sinnbildlich für die 67 Konvois mit Deportierten steht, die von hier nach Auschwitz-Birkenau gebracht wurden. An Hausnummer 8 hängt eine Gedenktafel für den Dichter Max Jacob, der in Drancy als Häftling verstarb.

In der Cité de la Muette unterhalten heute zwei Vereinigungen *(le Conservatoire historique du Camp de Drancy – 15 rue Arthur-Fontaine – ✆ 01 48 95 35 05 und die Association Fonds mémoire d'Auschwitz – 4 rue Arthur Fontaine – ✆ 01 48 30 56 89)* Ausstellungen, die die Erinnerung hochhalten *(Besichtigung nur mit Reservierung)*: Anhand von Fotografien kann man die Geschichte des Lagers und der jüdischen Gemeinschaft in Frankreich von den Anfängen bis zu den Vernichtungslagern zurückverfolgen.

Tipps und Adressen

Essen und Trinken

Verpflegung im Museum – Direkt im Museum gibt es eine Cafeteria mit einigen Tischen, an denen man Sandwiches, Süßigkeiten, heiße oder kalte Getränke zu sich nehmen kann.

Einkaufen

Pilot's Station – *Im Museum – 93600 Le Bourget – ✆ 01 49 92 70 58 – dieselben Öffnungszeiten wie das Museum.* Die Boutique bietet eine große Auswahl an Büchern, Plakaten, T-Shirts und weiteren Accessoires an.

Feste und Events

Aéroport du Bourget – Salon international de l'aéronautique et de l'espace; Internationale Luftfahrt- und Weltraummesse *(Mitte Juni in ungeraden Jahren) – ✆ 0 892 692 694 (0,34 €/Min.) – www.salon-du-bourget.fr*

Château de Breteuil★★

YVELINES (78) – UMSCHLAGKARTE B3 – MICHELIN LOCALKARTE 311 I3, ZOOMKARTE 101 FALTE 32, 106 FALTE 29 – KARTE S. 106

Breteuil, im Tal der Chevreuse gelegen, gehört zu den Schlössern, die den besonderen Charme der Île-de-France ausmachen. Seine Geschichte ist untrennbar mit der Familie Le Tonnelier de Breteuil verbunden, deren Vorfahren untrennbar mit der Geschichte Frankreichs verbunden sind. Das Anwesen hat mehr als nur ein Glanzstück zu bieten: Bestaunen Sie die meisterhafte Bauweise und Gemälde großer Künstler, dazu den hübschen Park, und zur großen Freude der Kinder einige Märchenfiguren wie den gestiefelten Kater.

Philippe Gajic / MICHELIN

Der gestiefelte Kater begleitet die Besucher bei der Schlossbesichtigung.

Wegweiser – Mit dem Auto: Von Paris nehmen Sie die N 118 am Pont de Sèvres Richtung A 10 nach Chartres; Ausfahrt Saclay, dann weiter auf der N 306 und D 906 Richtung Chevreuse (Beschilderung ab Chevreuse). Mit dem RER: Linie B, Bahnhof St-Rémy-lès-Chevreuse, dann Baladobus *(nur So im Sommer: s. Tipps und Adressen Vallée de Chevreuse).*

Unbedingt sehenswert – Der Tisch von Teschen; der Park mit seinem mittelalterlichen Taubenhaus, dem Pflanzenlabyrinth und den rund 300 Jahre alten Kastanien.

Mit Kindern – Die Wirtschaftsräume, in denen man den Figuren aus den Märchen Perraults begegnet *(Vorlesung der Märchen: So/Fei/Schulferien: 16.30 Uhr)*; die Spielplätze im Park.

Orte in der Nähe – Vallée de CHEVREUSE, Château de DAMPIERRE, RAMBOUILLET

Geschichte und Geschichten

Die Gärten gemäß den Vorstellungen der Duchênes – Henri Duchêne (1841-1902) war einer der ersten, der sich wieder auf den klassischen französischen Garten zurückbesann. Nach einem äußerst erfolgreichen Studium in Paris am Conservatoire National des Arts et des Métiers, das er mit dem Ingenieursdiplom abschloss, trat er in die Stadtverwaltung ein. Bald wurde sein Zeichentalent vom Chefingenieur für Brücken und Straßen, M. Darcel, erkannt, der ihn unverzüglich mit der Schaffung von öffentlichen Plätzen und Promenaden beauftragte. 1877 entwarf er auch einige Parks und Gärten für einen privaten Kundenkreis.
Die damalige Mode sieht eine teilweise oder völlige Veränderung der Landschaft vor, Henri Duchêne jedoch bleibt traditionell und ordnet den Garten gemäß den Gebäudeachsen an. Sein Sohn Achille (1866-1947) teilt die gleiche Leidenschaft, und so machen sich die beiden einen Namen in der Welt der Gartenkunst. Mehr als 6000 Parks und Gärten weltweit, darunter 480 große Anlagen wie in Vaux-le-Vicomte, Champs und Breteuil, um nur die zu nennen, die in diesem Buch Erwähnung finden, sind ihnen zu verdanken.

Sehenswürdigkeiten

Schloss

01 30 52 05 02 – www.breteuil.fr – Führung nachmittags (Gärten ganztags) – 12,50 € (unter 18 J. 9,50 €), Park allein 8,50 € (unter 18 J. 7 €). Bereits 1580 wurde der Grundstein des Château de Breteuil gelegt, im 18. und 19. Jh. wurde es vergrößert. Der im Louis XIII-Stil errichtete Stein- und Ziegelbau setzt sich aus einem Hauptgebäude und zwei niedrigeren Seitenflügeln zusammen.
Im Erdgeschoss hängen Porträts von Vorfahren und königlichen Ministern, von denen einer mit **Charles Perrault** zusammengearbeitet hat, dem Märchenschriftsteller, der als hoher Beamter unter Ludwig XIV. tätig war. Auf ihn gehen die Märchenfiguren wie der gestiefelte Kater zurück, der hier in verschiedenen Rollen als Katze, Musiker, Schriftsteller oder Parfümeur in den verschiedenen Etagen des Schlosses unterwegs ist.
Verschiedene Wachsfigurenarrangements stellen in den einzelnen Zimmern eine andere Generation der Familie Breteuil vor und veranschaulichen gleichzeitig wichtige historische Ereignisse. Hier trifft man Ludwig XVI., umgeben von seinem Minister **Louis Auguste de Breteuil** und Marie-Antoinette, wie er die Verhaftung des Kardinals von Rohan unterzeichnet, der 1785 in die Collier-Affäre verwickelt war. In einem anderen Raum sitzt Ludwig XVIII. in seinem stilechten Rollstuhl und bespricht Geschäfte mit dem Herzog Decazes und dem Präfekten **Charles de Breteuil**, der an der der konstitutionellen Monarchie vorausgehenden Verfassung mitwirkte. Man trifft auf den Schrifsteller Proust auf einem prächtigen Bett liegend, der der Einladung **Henri de Breteuils** gefolgt war; derselbe Henri diskutiert als Abgeordneter in Gesellschaft von Gambetta und dem zukünftigen König Édouard VII. 1881 im Rauchsalon über die französisch-britische Entente cordiale. Ein Zimmer ist der Marquise du Châtelet **Émilie de Breteuil** gewidmet. Sie war Wissenschaftlerin, lebte 15 Jahre mit Voltaire zusammen und übersetzte die *Mathematischen Prinzipien der Naturlehre* von Newton.

Der größte Schatz des Schlosses ist jedoch der prächtige **Tisch von Teschen★★★**, auch Tisch von Europa genannt. Dieses Werk des Dresdner Hofgoldschmieds Neuber ist mit Halbedelsteinen, Gemmen und Holzversteinerungen verziert. Er war ein Geschenk der Kaiserin Maria-Theresia an **Louis Auguste de Breteuil** (1730-1807), einem Vermittler beim Frieden von Teschen (1780), der dem regionalen Konflikt zwischen Österreich und Preußen ein Ende setzte.
Den Abschluss des Besuches bildet die **neogotische Kapelle**, die mit Fenstern aus Chartres verziert ist. In den **Küchen** stellen einige Figuren das alltägliche Leben nach.

Wirtschaftsräume

Die Märchen von Perrault, die zu den Klassikern der Kinderliteratur gehören, sind in diesem Schloss allgegenwärtig. *Der gestiefelte Kater* führt zu den Stallungen, dem Waschhaus, dem Jagdpavillon, dem Labyrinth, in dem man auf *Rotkäppchen*, *Dornröschen*, *Der kleine Däumling*, *Blaubart* und *Aschenputtel* trifft.

Park★★

Der am Rande einer Hochebene über dem Chevreuse-Tal gelegene Park setzt sich aus drei Teilen zusammen.
Die **französischen Gärten** in der Nähe des Schlosses, gegen 1900 von Vater und Sohn Duchêne angelegt, bestehen aus einer Wasserfläche, Statuen, Eiben und Buchsbäumen sowie einem mittelalterlichen Taubenhaus mit 3200 Nistlöchern; die früher symbolhafte Anzahl dieser Taubenunterkünfte war proportional zur Fläche des gesamten Anwesens, wobei jedes Nistloch für einen halben Hektar stand.
er das Pflanzenlabyrinth beherrschende **Jardin des Princes**, der in Teilbereiche untergliedert ist, blüht im Frühling und Sommer in lebhaften Farben.
Der **Parc romantique** (75 ha) bietet sich zu einem Spaziergang unter riesigen Kastanienbäumen (300 Jahre alt) und entlang der zwei unterhalb gelegenen Teiche an. Dabei hat man einen weiten **Blick** auf das Chevreuse-Tal.

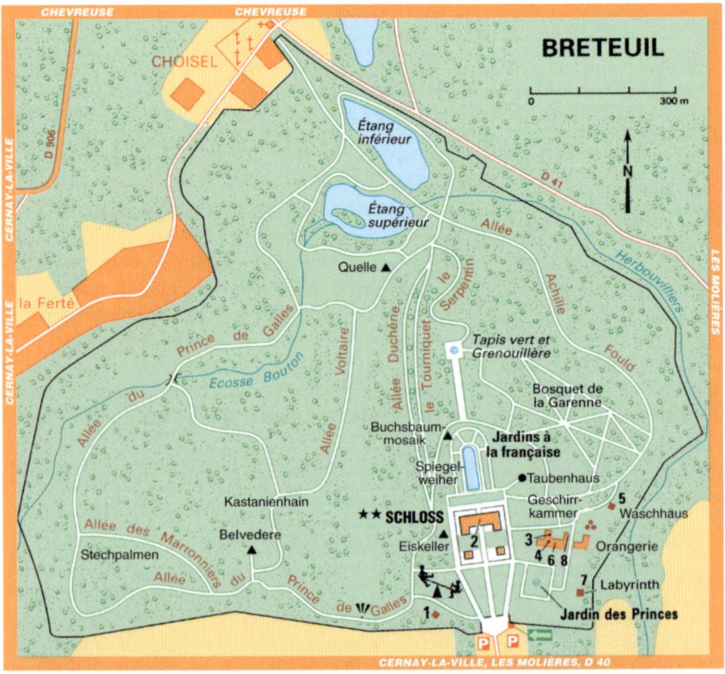

Märchen von Perrault
1 Rotkäppchen
2 Dornröschen
3 Der gestiefelte Kater
4 Der Däumling
5 Eselshaut
6 Blaubart
7 Aschenputtel
8 Die Feen

Brie-Comte-Robert

SEINE-ET-MARNE (77) – 13 397 EINWOHNER – UMSCHLAGKARTE VORNE B3 – MICHELIN LOCALKARTE 312 E3

Diese ehemalige Hauptstadt der Brie fungiert damals wie heute als ein bedeutendes Landwirtschaftszentrum. Im Ort stehen noch die Mauern und Türme seines einstigen Schlosses und rund um den Marktplatz findet man hübsche mittelalterliche Häuser vor.

Wegweiser – 29 km südöstl. von Paris auf der D 619 Richtung Provins.

Unbedingt sehenswert – Nähern Sie sich der Burg am besten von Süden oder Westen vom Yerres-Tal, um die Silhouette der Kirche über den Weizenfeldern und den alten Dächern zu sehen.

Gut geplant – Versäumen Sie nicht, das charmante Yerres-Tal zu erkunden, wenn Sie Brie-Comte-Robert einen Besuch abstatten.

Sehenswürdigkeiten

Église St-Étienne

Die gotische Kirche hinterlässt einen imposanten Gesamteindruck mit ihrem durchbrochenen Glockenturm, der das Licht hereinlässt und den Blick auf die Strebebögen freigibt.

Mit dem Bau wurde im 13. Jh. im Osten begonnen; eine große Rosette und eine lichtdurchflutete Galerie mit vielen Öffnungen durchbrechen das flache Chorhaupt.

Das rechteckige Kirchenschiff verdankt seine gotische Raffinesse dem Triforium. Die vier ersten Joche wurden im 15. und 16. Jh. umgebaut.

Das **Fenster★** der Rosette in der Apsis (13. Jh.) besteht aus 12 Teilen, deren Hauptmedaillon Christus mit den 12 Aposteln zeigt, weiter außen wird die Arbeit der Bauern im Jahresverlauf dargestellt. Die Monate sind im Uhrzeigersinn angeordnet, mit dem Winter ganz unten und dem Sommer ganz oben.

An das Martyrium des hl. Stefan erinnert der geschnitzte und vergoldete hölzerne Vorbau des Altars (17. Jh.) und das Gemälde (1723) auf dem Hauptaltar.

Château

☏ 01 64 05 63 31 – http://amis.chateaubcr.free.fr – ♿ – vormittags und nachmittags, Führung mgl., Fei geschl. – Eintritt frei. Die Erbauung des Schlosses wurde Ende des 12. Jh. von Robert I., Graf von Dreux und Bruder Ludwigs VII., befohlen, der der Stadt auch seinen Namen gab. Sein Sohn Robert II. stellte es zu Beginn des 13. Jh. fertig, zu der Zeit, als er die Stadt gründete. Den viereckigen Grundriss umgeben ein Garten und Wassergräben. Heute sind nur noch Ruinen vorhanden: die Befestigung mit den Sockeln von acht Türmen, davon vier Ecktürme, zwei als Teil der Kurtinen und die letzten zwei viereckige Tortürme. Der Torturm St-Jean, von dem nur das Fundament übrig ist, barg einst die Kapelle.

Im Innern der Festung haben archäologische Grabungen große Säle, zwei Säulenkamine und einen Brotofen zu Tage gefördert. Der Südturm beherbergt eine von unterirdischen Kanälen versorgte Zisterne. Der Kerker befand sich im ersten Stock des nordwestlichen Turms. Nach einer Restaurierung sind diese beiden Türme nun der Öffentlichkeit zugänglich.

Tipps und Adressen

Allgemeiner Hinweis

Fremdenverkehrsamt – *Pl. Jeanne-d'Évreux – 77170 Brie-Comte-Robert – ☏ 01 64 05 30 09 – http://si.brie comterobert.free.fr*

⊖⊖ Hôtel À la Grâce de Dieu – *79 r. du Gén.-Leclerc – ☏ 01 64 05 00 76 – www.gracededieu.com – P – 16 Zi: 55/70 € – ☕ 8 € – Rest. 22/36 €.* Klassisches Hotel im Stadtzentrum direkt an der Nationalstraße. Die funktionell eingerichteten Zimmer sind gut schallisoliert. Die kleineren im 2. Stock haben eine Mansarde und einen Sichtdachstuhl. Traditionelle Küche, spezielles Kindermenü.

Abbaye de Chaalis★★

OISE (60) – UMSCHLAGKARTE C1 – MICHELIN LOCALKARTE 305 H6, ZOOMKARTE 106 FALTE 9

Die Abtei Chaalis hat sich bis ins 19. Jh. ihren besonderen Charakter bewahren können; hier trifft man auf klösterliche Abgeschiedenheit verbunden mit einem Hauch Romantik. Bis ins Jahr 1912 waren ihre letzten Besitzer als eifrige Kunstsammler tätig und trugen hier so eine bemerkenswerte Gemälde- und Möbelsammlung zusammen.

Wegweiser – 40 km nördl. von Paris, auf der Straße nach Senlis am Waldrand von Ermenonville, gegenüber dem Freizeitpark von La Mer de Sable.

Unbedingt sehenswert – Die hübsche mittelalterliche Chapelle Ste-Marie-de-l'Abbé; das Schlossmuseum mit seinen von Giotto gemalten Tafeln.

Ort in der Nähe – SENLIS

Philippe Gajic / MICHELIN

„Johannes der Täufer", eine der berühmten religiösen Tafeln von Giotto.

Geschichte und Geschichten

Eine königliche Abtei – Die Zisterzienserabtei Chaalis wurde im Jahr 1136 von König Ludwig VI. dem Dicken an der Stelle eines ehemaligen Priorats gegründet. Die Mönche lebten dort fromm und äußerst zurückgezogen. Ludwig IX. stattete ihnen regelmäßig Besuche ab. Im 16. Jh. wurde die Abtei *in commendam* geleitet: Der König benannte von diesem Zeitpunkt an den Abt, wodurch das Kloster seine Unabhängigkeit verlor. Der erste so ernannte Abt war der Kardinal Ippolyto II. d'Este, Sohn von Alfonso II. d'Este und Lucrezia Borgia. Der besser als **Kardinal von Ferrara** bekannte Kunstliebhaber ließ seine private Kapelle mit prächtigen Wandmalereien schmücken und die Gärten der barocken Mode gemäß gestalten und zuschneiden.

Im 18. Jh. nahm der neunte dieser königlich eingesetzten Äbte, Enkel von Louis II. de Bourbon, genannt Grand Condé, einen ehrgeizigen Umbau nach den Plänen **Jean Auberts** vor, dem Architekten der Großen Stallungen von Chantilly. Dies sollte den finanziellen Ruin der Abtei bedeuteten und 1739, als gerade mal eine Seite des vorgesehenen Vierecks fertig war, wurden die Bauarbeiten gestoppt. Angesichts des drohenden finanziellen Desasters entschied sich Ludwig XVI. 1785 dazu, die Abtei zu schließen. Während der Revolution wurde Chaalis schließlich geplündert und größtenteils zerstört.

Die Anlage wechselte von diesem Zeitpunkt an häufig ihre Besitzer. 1850 erwirbt die vornehme **Madame de Vatry** die Ruinen. Sie wandelt den Bau aus dem 18. Jh. zu einem Schloss um, lässt den Garten in seinem altem Glanz wieder erstrahlen und richtet legendäre opulente Feste aus. Ihr Werk wird von ihren Erben fortgeführt und von der letzten Besitzerin, Nélie Jacquemart-André *(s. Kasten)*, vollendet, die bei ihrem Tod 1912 die gesamten Sammlungen und den Abteipalast von Chaalis dem Institut de France vermachte, wie es der Wunsch ihres vor ihr verstorbenen Mannes gewesen war.

Sehenswürdigkeiten

Ruine der Klosterkirche★

Die 1219 geweihte Kirche war der erste Zisterzienserbau, der im gotischen Stil errichtet wurde. Vom ursprünglichen Gebäude ist heute lediglich ein Treppentürmchen, der Nordarm des Querschiffs, der – eine besonders außergewöhnliche Anordnung – von einem Kapellenkranz umgeben ist, ein Teil des Chors und der Altartisch erhalten.

Chapelle Ste-Marie de l'Abbé★

1255 bis 1260 erbaut, erhebt sich diese Kapelle hinter der Apsis der Abteikirche. Zusammen mit Ste-Chapelle in Paris zählt sie zu den schönsten Beispielen gotischer Baukunst innerhalb der Île-de-France. Die hohen Fenster ihres Hauptschiffs sind mit herrlichen Grisaille-Malereien verziert. Das Innere, das 1543 bis 1544 nach den Entwürfen des bolognesischen Malers **Francesco Primaticcio** entstand, wurde minuziös restauriert. Franz I. hatte diesen Maler einst eingeladen, um die Kapelle von Fontainebleau mitzugestalten. Die herrlichen Fresken, die hier von Primaticcios Malergesellen realisiert wurden, zeigen an der Rückseite der Fassade die Verkündigung des Herrn: Über dem Erzengel Gabriel und der Jungfrau Maria schwebt der Ewige Vater mit seinem Heiligenschein, umgeben von Engeln. Das ganze Gemälde erinnert stark an Michelangelos Arbeiten. Im Gewölbe erblickt man die Apostel, Evangelisten und Kirchenväter sowie kleine Engel, die die Instrumente der Passion tragen. Die steinernen Vorhänge am Fuß der Mauern stammen aus dem 19. Jh. Davor steht das Grab von Nélie Jacquemart-André und ihre Bronzestatue von Denis Puech (1927).

Rosengarten und Park

Seitlich der Kapelle hinter einer eigenartigen gezackten Mauer, deren Mauergiebel das Wappen des Kardinals Louis d'Este, Neffe des Kardinals von Ferrara, trägt, befindet sich der ehemalige Mönchsfriedhof. Er wurde zu einem italienischen Garten umgewandelt, und später, zu Beginn des 20. Jh., schließlich von Nélie Jacquemart-André zu einem Rosengarten umgestaltet. Die Sorten wurden nach Farbthemen ausgewählt und stehen für Lebhaftigkeit. Sehen Sie sich vor dem Besuch des Museums den im 19. Jh. wieder angelegten nördlich gelegenen Park mit seinen französischen Parterres und seinem Spiegelteich an.

Schlossmuseum★★

☏ 03 44 54 04 02 – Museum Anf. März-Mitte Nov. ganztags; restl. Jahr So/Fei vor- und nachmittags – Park und Rosengarten ganztags; 1. Jan., 25. Dez. geschl. – 3 € (Kinder 2 €) Parc und Rosengarten; 6,50 € (Kinder 5 €) Park, Rosengarten und Museum – Kombiticket mit den Parfümateliers zzgl. 2 €. Die Persönlichkeit und der Geschmack von Nélie Jacquemart-André werden gleich beim Eintritt in den **Mönchssaal** deutlich, der zahlreiche italienische Möbel mit gotischem Dekor, kleine Gemälde, die Flügel eines von Jean de Bellegambe gemalten Altars, viele religiöse Statuen (Frankreich,

Das Mäzenat des Ehepaars André

Die aus bescheidenen Verhältnissen stammende **Nélie Jacquemart** (1841-1912) verbrachte während ihrer Kindheit viel Zeit auf dem Anwesen von Madamede Vatry, von der sie ein wenig als Tochter angesehen wurde. Dort knüpft sie Verbindungen zur Aristokratie und der Haute Bourgeoisie, die ihr in ihrer Karriere als Modeporträtistin, Schülerin von Léon Cogniet, überaus nützlich sein sollten. Im Jahr 1872 gibt **Édouard André**, Erbe eines der größten Reichtümer der protestantischen Bank, ein Porträt bei Nélie in Auftrag. Sie heiraten 1881. Das sehr harmonische, jedoch kinderlose Paar, widmet sich in seinem prächtigen Haus am Boulevard Haussmann der Sammlung von Kunstwerken, hauptsächlich aus Italien. Nélie ist die Seele dieser Sammlung, die sie nach dem Tod ihres Mannes weiter vervollständigt. 1902 verwirklicht sie sich einen Traum und reist nach Indien. Auf die geplante Weltreise verzichtet sie jedoch, als sie erfährt, dass Chaalis zum Verkauf steht. Ihre letzten Lebensjahre verbringt sie dort.

14.-16. Jh.) und die beiden berühmten **Tafeln von Giotto★★**, die Johannes den Täufer und den hl. Laurentius zeigen, enthält. Diesen Stilmix findet man auch in der Galerie im Erdgeschoss mit ihren Büsten, Truhen und Vitrinen, die sich zum **Speisesaal** (Jagdszenen von Oudry und Desportes) hin öffnet, in der **Bibliothek** (Möbel von Boulle), im **Vestibül Médicis** (Teppiche und Möbel aus der Renaissance mit dem Wappen der Medici), im **Billardsaal** (*Prise de Namur* und *Prise de Valenciennes*, von Martin des Batailles), im überraschenden **Indischen Salon** (Truhen, Altäre, Wappen) sowie im **Großen Salon** (Porträts von Nicolas de Largillière und Van Loo).
Die schöne Ehrentreppe führt zu den **Privatgemächern von MadameAndré**: Das „Adlerzimmer" im Empire-Stil liegt vor ihrem Schlafzimmer, das aus zwei Teilen besteht, zwischen denen sich zwei imposante Säulen erheben (riesiges vergoldetes Baldachinbett im Louis-XV-Stil); danach kommt der „Badesalon" in Wassergrün und Gold und das Boudoir mit der Tapisserie *Le Bal champêtre* nach einer Vorlage von Boucher.
Im ersten Stock ist eine Galerie Malerei und Möbeln vom 15. bis zum 18. Jh. gewidmet: Truhen und Schränke, über denen meist italienische Gemälde die Wand schmücken. Die ehemaligen Mönchszellen, die zu Gästezimmern umgewandelt wurden, sind in verschiedenen Stilrichtungen möbliert und mit Badezimmerschränken ausgestattet. Eine weitere Galerie in der Verlängerung der ersten zeigt die **Sammlung Jean-Jacques-Rousseau** ; sie wurde dem Institut de France 1923 vom letzten Marquis von Girardin vermacht und setzt sich aus einer großen Anzahl an Raritäten zusammen, die zum besseren Verständnis des Kults, der sich um den Philosophen entwickelte, beiträgt.

Tipp

Feste und Events

Im Juni – Les Journées de la rose *(Die Tage der Rose; 2. Wochenende)*: große Ausstellung rund um die Rose mit Schnittdemonstration, Parfümwerkstatt, Blütenkompositionen usw. – *✆ 03 44 54 04 02.*

Im September – Les Journées du Cheval *(Die Tage des Pferdes; 2. Wochenende) – ✆ 03 44 54 04 02 – www.chaalis.fr*

Château de Champs★★

SEINE-ET-MARNE (77) – UMSCHLAGKARTE B2 – MICHELIN LOCALKARTE 312 E2, ZOOMKARTE 101 FALTE 19, 106 FALTE 21

Auf dem Grund und Boden zweier vom Pech verfolgter Financiers gegen Ende der Herrschaft von Ludwig XIV. erbaut, stellt das Château de Champs ein architektonisches und gestalterisches Meisterwerk des 18. Jh. dar. Der großartige Park zählt mit seinen Parterres, Becken und Wäldchen zu den schönsten der französischen Gartenbaukunst.

Wegweiser – Östl. von Paris bei Noisiel. Autobahn A 4, Ausfahrt Champs oder Noisiel. RER A 4 Richtung Chessy, Bahnhof von Noisiel-le Luzard.

Unbedingt sehenswert – Das Schloss mit seinem prächtigen chinesischen Salon und den Rokokoschnitzereien im Winkelsaal ; der Park.

Orte in der Nähe – Château de FERRIÈRES, MARNE-LA-VALLÉE

Sehenswürdigkeiten

Schloss★

Zurzeit geschl. Informationen unter ✆ 01 60 05 24 43. Bei Fertigstellung des Baus unter **J.-B. Bullet** im Jahr 1708 machte das Château de Champs vor allem durch die Sorgfalt, mit der hier für Bequemlichkeit gesorgt wurde, auf sich aufmerksam. Die Räume

Bruno Kaufmann / MICHELIN

Brunnen mit Wasserspielen im Parc de Champs.

gingen nicht mehr ineinander über, die Flure waren gut durchdacht, jedes Zimmer verfügte über einen eigenen Wasch- und Ankleideraum; zum ersten Mal wurde ein „Speisesaal" eingerichtet (bis dahin deckte man den Tisch im Vorzimmer). Am äußeren Ende der Flügel an der Hofseite können die Gäste ihre mitgebrachten Hausangestellten in Zwischengeschossen unterbringen, die über verborgene Treppen mit dem Erdgeschoss verbunden sind.
Im Erdgeschoss befindet sich der Große Salon, der Speisesaal und das Raucherzimmer, in dem ein Porträt Ludwigs XV. aus der Schule Van Loos angefertigt wurde. Die Sessel im **Chinesischen Salon★★** sind mit Beauvais-Tapisserien bezogen, auf denen die Fabeln La Fontaines abgebildet sind. Einer davon entstand exakt nach den Entwürfen Oudrys, dem Direktor der Manufaktur. Das Boudoir schmücken blaue Malereien. Vom Musiksalon im ersten Stock hat man eine gute Sicht auf die Gärten. Noch heute finden hier Konzerte und Theateraufführungen statt. Dann durchquert man das Prunkzimmer von Madame de Pompadour und den Winkelsaal mit seinen großartigen **Rocaille-Schnitzarbeiten★**; im Salon hängt ein Porträt von Drouais, das die Marquise als Gärtnerin zeigt.

Park★★

Zur Zeit geschl., genauere Informationen unter ✆ 01 60 05 24 43. Dieser von **Claude Desgots**, einem Neffen des bedeutenden Landschafts- und Gartengestalters Le Nôtre, angelegte wunderschöne Park wurde Anfang des 20. Jh. von Duchêne mit Perspektiven, Parterres, Becken und einem Wäldchen versehen. Das große Orkantief Lothar, ein Unwetter, das im Dezember 1999 über West- und Mitteleuropa hinweg zog, wütete hier besonders heftig. Glücklicherweise blieben die Kastanienbäume und die direkt ans Schloss grenzenden Bereiche verschont und präsentieren sich bis heute in ihrer ursprünglichem Aussehen.

Große Namen

Die berühmteste Schlossherrin des Château de Champs war ohne Frage **Madame de Pompadour**, die das Anwesen 1757 für 12 000 Pfund mietete. Sie blieb nur zwei oder drei Jahre, in denen sie aber beträchtliche Summen ausgab. Im Jahr 1760 kaufte sie das Château de Mesnars im Département Loir-et-Cher, in dem sie vier Jahre später auch verstarb.
Das Schloss diente 1989 als Kulisse für Stephen Frears' Film *Gefährliche Liebschaften*, eine Verfilmung des Romans von Choderlos de Laclos.

Chantilly★★

OISE (60) – 10 902 EINWOHNER – UMSCHLAGKARTE B1 – MICHELIN LOCALKARTE 305 F5, ZOOMKARTE 106 FALTE 8

Der Name Chantilly lässt einen sogleich an viele Dinge denken: einen großen, dichten Wald, feines Porzellan, schwarze Spitze, eine berühmte Pferderennbahn ... und natürlich an ein außergewöhnliches Schloss mit einem aufwendigen Kanalsystem, etwa doppelt so lang wie das von Versailles: Diesem Schloss gab der Herzog von Aumale, der Sohn von Louis-Philippe von Orléans, seinen Namen. Aufgrund ihrer Lage und ihrer interessanten Kunstsammlungen verdient es die Anlage zweifellos, zu den bedeutendsten Sehenswürdigkeiten Frankreichs gezählt zu werden.

Didier Pazery / MICHELIN

Beim Anblick dieses hübschen Anwesens auf dem Wasser ist die ursprüngliche militärische Bestimmung Chantillys nicht mehr erkennbar.

Wegweiser – Zugverbindung ab Paris-Nord (Richtung Chantilly-Gouvieux). 40 km von Paris auf der A 1, Ausfahrt Nr. 7 (Survilliers-Chantilly), dann D 1017 und D 924A; alternativ auf der D 1016 ab Paris, die direkt zum Schloss führt, ohne dass man sich durch den anstrengenden Vorstadtverkehr quälen muss: In Chantilly biegen Sie schließlich rechts in die Route de l'Aigle ein, die am Hippodrom entlang führt.

Unbedingt sehenswert – Das Schloss mit den großartigen Manuskripten aus dem Cabinet des Livres (Bibliothek) sowie die außergewöhnlichen Werke im Sanktuarium; Jardin anglais (Englischer Garten); Grandes Écuries (Großer Marstall).

Gut geplant – Sie können einen ganzen Tag in Chantilly verbringen: Besichtigen Sie ausgiebig das märchenhafte Schloss *(mit der Eintrittskarte können Sie beliebig oft wieder hinein)*, gehen Sie im malerischen Park spazieren, genehmigen Sie sich eine Portion Crème Chantilly (Dessert aus Schlagsahne) im Weiler des Schlossparks. Auch wenn Sie kein Pferdefreund sind, sollten Sie zumindest eine der Vorführungen nicht versäumen, die dreimal täglich in den Großen Stallungen stattfinden.

Mit Kindern – Das Musée vivant du Cheval et du Poney (lebendes Pferde- und Ponymuseum) und die Dressurshows; Kängurus und der Spielplatz im Park; der Potager des Princes (auch Parc de la Faisanderie, „Fasanenpark") in der Stadt.

Orte in der Nähe – Forêt d'HALATTE, Abbaye de ROYAUMONT, SENLIS, ST-LEU-D'ESSERENT

Geschichte und Geschichten

Von den Anfängen bis zur Familie Montmorencys – An dieser Stelle im Nonette-Tal folgten in 2000 Jahren insgesamt fünf Schlösser aufeinander. Im Mittelalter erweiterte man das erste befestigte Haus zu einer Festung. Diese gehörte den **Bouteillers** (Mundschenken), ein Name, der sich von den Funktionen ableitet, die die Familie am Hof der Kapetinger ausführte. Der „Mundschenk Frankreichs", zunächst speziell für die Weinkeller des Königs zuständig, sollte im Laufe der Zeit zu einem der großen Berater an dessen Seite werden.
Im Jahr 1386 ging der Grund an den **Chancelier d'Orgemont**, der das Schloss erheblich umgebaut und erweitert hat. Der Unterbau hatte bereits die drei Vorgängerbauten gestützt. 1450 heiratete ein **Baron von Montmorency** die letzte der Orgemonts, wodurch Chantilly in den Besitz dieser illustren Familie überging, die es nun zwei Jahrhunderte lang behalten sollte.

Der Große Konnetabel – **Anne de Montmorency** war ein treuer Gefolgsmann von insgesamt sechs Königen und diente von Ludwig XII. bis Karl IV. Als Feldherr, Diplomat, Minister und Kunstliebhaber galt er als eine äußerst vielseitige und mächtige Persönlichkeit seiner Zeit. 40 Jahre lang – mit einigen kurzen Unterbrechungen – blieb er der wichtigste Mann im Königreich gleich nach dem König. Er war von Kindheit an mit Franz I. befreundet und dessen Waffenbruder, später persönlicher Berater Heinrichs II. Sein Einfluss sollte bis zu Katharina von Medici reichen, deren Dankbarkeit er sich sicherte, indem er ihr Heilmittel gegen ihre Unfruchtbarkeit empfahl.
1528 wurde das Schloss der Orgemonts zerstört. **Pierre Chambiges** errichtete an seinem Platz einen Palast im Stil der französischen Renaissance. Auf der Nachbarinsel des Schlosses errichtete der Architekt **Jean Bullant** den Bau, der noch heute steht: das charmante Petit Château. Es war vom Grand Château durch einen breiten, heute zugeschütteten Graben getrennt, über den zwei Brücken führten. Neue Gärten wurden angelegt und die besten Künstler der Zeit schmückten die beiden Gebäude aus. Chantilly gehörte zu den berühmtesten Anwesen Frankreichs. Bei einem Besuch konnte auch Karl V. seine Bewunderung nicht verhehlen.
1567, im Alter von 75 Jahren, zog Anne de Montmorency in den Kampf gegen die Protestanten und fand in der Schlacht bei St-Denis den Tod.

Die letzte Liebe Heinrichs IV. – Heinrich IV. hielt sich oft in Chantilly auf, in der Nähe seines Waffenbruders Henri I de Montmorency, dem Sohn des Großen Konnetabels. Mit 54 Jahren verliebte er sich in die entzückende Tochter seines Gastgebers, Charlotte, die gerade einmal 15 Jahre alt geworden war. Er arrangierte ihre Hochzeit mit Henri II de Bourbon-Condé, einem schüchternen und linkischen Jungen, von dem er hoffte, er sei ein angenehmer Ehemann für Charlotte. Doch am Tag nach der Hochzeit nahm Condé seine Frau mit zu sich aufs Land. Heinrich IV. befahl ihnen, zurückzukehren. Das Paar floh unter dem Schutz des spanischen Königs nach Brüssel. Heinrich IV. flehte, wetterte, drohte, und ging sogar so weit, den Papst um eine Intervention zu bitten. Erst nachdem Heinrich IV. von François Ravaillac aus religiösen Motiven ermordet worden war, konnten die Geflohenen nach Frankreich zurückkehren.

Bekannte Namen und eine Tragödie

Alle großen Schriftsteller des 17. Jh. waren zu Gast in Chantilly: Molière, der vom Grand Condé die Erlaubnis erhielt, *Tartuffe* aufzuführen, gefolgt von La Fontaine, Boileau, Racine, Madame de La Fayette und Madame de Sévigné, Bossuet, Fénelon und La Bruyère, der als Erzieher des Enkels des Prinzen tätig war.
Nach der Überlieferung traf bei einem feierlichen Empfang, den der Grand Condé zu Ehren Ludwigs XIV. gegeben hatte, eine Fischlieferung zu spät ein. **Vatel** sah sich entehrt, da er die Gäste nicht zufriedenstellen konnte, und tötete sich selbst, indem er sich in sein Schwert stürzte. Als die Bestellung nach einiger Zeit doch noch geliefert wurde, war **Vatel** bereits tot.

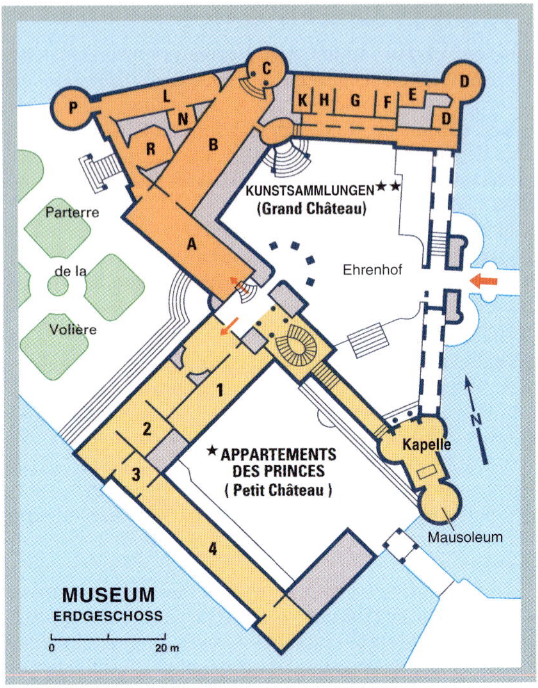

Henri de Montmorency – Vom intriganten Gaston d'Orléans, dem Bruder Ludwigs XIII., gedrängt, begehrte Henri II de Montmorency gegen Richelieu auf. Er wurde in Castelnaudary niedergeschlagen und verhaftet, nachdem er 18 Verletzungen erlitten hatte, darunter fünf durch Schüsse verursacht. Henri II wurde als der letzte der Montmorencys 1632 in Toulouse enthauptet. Als Zeichen seiner Reue vermachte er dem Kardinal die beiden Sklavenstatuen von Michelangelo, die sich heute im Louvre befinden. In Chantilly und Écouen sind Kopien zu sehen. Mit seiner Gemahlin Charlotte de Montmorency erbte **Henri II de Bourbon-Condé** 1643 Chantilly und profitierte von den Siegen seines Sohnes, dem zukünftigen Grand Condé, um ein bereits beachtliches Vermögen noch zu vergrößern, das bis zur Revolution ein vorherrschendes Merkmal der Familie sein sollte.

Der Große Condé – Louis II de Bourbon (1621-1686), der auch „Le Grand Condé" genannt wurde, widmete sich der Verschönerung des Schlosses mit dem gleichen Eifer und Geschick, das er auch bei seinen militärischen Unternehmungen an den Tag legte. 1662 wurde der bedeutende Landschafts- und Gartengestalter **Le Nôtre** mit der Umwandlung von Park und Wald beauftragt. Die Wasserspiele von Chantilly waren die am meisten bewunderten Frankreichs und für Ludwig XIV. war es eine Frage der Ehre, in Versailles noch schönere zu installieren, ganz egal, welche Schwierigkeiten die technische Umsetzung mache. Die Arbeiten dauerten etwa 20 Jahre an. Das Ergebnis war großartig, und einen Teil gibt es noch heute.

Die letzten Condés – Der Grand Condé stirbt 1686 in Fontainebleau. **Louis Henri de Bourbon**, Urenkel des Grand Condé und Kunstliebhaber mit einem Hang zum Prunk, auch als„Monsieur le Duc" bekannt, verlieh Chantilly einen lebhaften Glanz. Er ließ von Jean Aubert den Großen Marstall, ein Meisterwerk des 18. Jh., erbauen, und eröffnete eine Porzellanmanufaktur, die bis 1870 bestand.

Das Château d'Enghien wurde 1769 durch **Louis Joseph de Condé** erbaut. Der erste Besitzer war sein Enkel, der Herzog von Enghien, der gerade auf die Welt gekommen war. Der Vater des Neugeborenen war 16, der Großvater 36 Jahre alt. Der junge Prinz kam 1804 tragisch zu Tode: Entführt von der französischen Polizei

aus dem Herzogtum Baden wurde er in den Gräben von Vincennes auf Anordnung Napoleons erschossen.
Während der Revolution wurde das Grand Château dem Erdboden gleichgemacht; das Petit Château entkam der Zerstörung. Als Louis Joseph mit seinem Sohn aus dem Exil zurückkehrte, war er 78 Jahre alt. Der Schmerz der beiden darüber, dass ihr vormals so geliebtes Schloss nun in Trümmern lag, war groß. Sie beschlossen, das Anwesen wieder aufzubauen und kauften die Parzellen ihres ehemaligen Grundstücks zurück, restaurierten das Petit Château, bepflanzten die Gärten wieder. Der Prinz starb 1818. Der Herzog der Bourbonen führte die Arbeiten fort. Die Revolution von 1830, durch die sein Cousin Louis-Philippe die Krone erhielt, beunruhigte ihn. Er zog in Erwägung, nach England auszureisen. Einige Tage später fand man ihn erhängt an einem Fenstergriff seines Schlosses in St-Leu. Mit dem Herzog der Bourbonen erlosch die Linie der Condés.

Der Herzog von Aumale – Der Bourbonenherzog vermachte Chantilly seinem Großneffen und Patensohn, dem Herzog von Aumale, vierter Sohn Louis-Philippes. Dieser Prinz machte sich durch die Gefangennahme der Sippschaft von Abd el-Kader in Afrika einen Namen. Während der Revolution von 1848 schickte man ihn ins Exil, aus dem er erst 1870 zurückkehrte.
Von 1875 bis 1881 ließ der Herzog von **Daumet** das heutige Grand Château im Renaissance-Stil einrichten. Von 1886 bis 1889 musste er erneut ins Exil. Er starb 1897 und vermachte dem Institut de France sein Anwesen Chantilly mit den schönen Sammlungen, die heute im Musée Condé zu sehen sind.

Das Schloss im Überblick

Das Schloss★★★

✆ 03 44 62 62 62 – www.chateaudechantilly.com – ganztags Führung mgl.; Di geschl. – 11 € (unter 18 J. Eintritt frei); 14 € Kombiticket mit Audioguide. In der Empfangshalle beginnen die Führungen durch die Gemächer und die Kapelle sowie die Besichtigung der Kunstsammlungen.

Man muss sich das Schloss von Chantilly zur Zeit der Condés vorstellen, mit seinen beiden Gebäuden, die damals noch durch einen Wasserlauf voneinander getrennt waren: das Petit Château oder Châtelet (16. Jh.), der Unterbau der ehemaligen Festung, auf der Daumet das Grand Château errichtete. Überqueren Sie die Terrasse des Konnetabels, auf der sich das Reiterstandbild von Anne de Montmorency erhebt, und gelangen Sie durch das Eisentor, das von den Kopien der *Sklaven* von Michelangelo flankiert wird, in den Ehrenhof. Dem Herzog von Aumale ging es weniger darum, ein **Museum★★** einzurichten, als eine schöne Sammlung zusammenzutragen, und so ordnete er seine Erwerbungen nach dem Zufallsprinzip an oder räumte alle seine Lieblingsstücke in ein Zimmer. Die Konservatoren haben diese Anordnung beibehalten. Gemäß den Regeln des Institut de France hat dieses die Verpflichtung, „weder die äußere noch die innere Gestaltung eines Schlosses", das ihm vermacht wurde, zu verändern, ebenso ist es ihm verboten, die Sammlungsgegenstände weiterzuverleihen.

Apartements des Princes★ (Prinzengemächer, Petit Château)

✆ 03 44 62 62 62 – www.chateaudechantilly.com – Führung vormittags und nachmittags; Di geschl. Es handelt sich um das Appartement des Grand Condé und seiner Nachkommen. Es wurde hauptsächlich im 18. Jh., vom Herzog von Bourbon mit Regence- und Rocaille-**Verkleidungen★★** verschönert. Der Herzog von Aumale, der sich die Räume

Didier Pazery / MICHELIN

Täfelung im Cabinet des Livres.

im Erdgeschoss vorbehielt, hat es nicht bewohnt. Das Vorzimmer und das Cabinet des Livres (Bibliothek), ein Werk des einstigen Herzogs von Aumale, befinden sich an der Stelle, wo sich früher der Schlossgraben erstreckte.

Cabinet des Livres★ (1) – Großartige Sammlung von Manuskripten, darunter das der ***Très Riches Heures du duc de Berry***, ein Stundenbuch mit Miniaturen von den Brüdern Limbourg aus dem 15. Jh. Das Original ist nicht ausgestellt, zu sehen ist jedoch eine Kopie, ebenso wie eine Nachbildung des Psalters von Königin Ingeborg von Dänemark. Unter den Ziermotiven findet man die Initialen des Herzogs von Aumale, H O (Henri d'Orléans), sowie das Wappen der Condés.

Das Zimmer von Monsieur le Prince (2) – Allein der Titel Monsieur le Prince genügte, um den Hof auf den herrschenden Condé-Prinzen aufmerksam zu machen. Es handelt sich um den Bourbonenherzog (1692-1740), der die mit Tafeln von C. Huet (1735 gemalt) verzierte Verkleidung am Ende des Raums anbringen ließ. Ein besonders bewundernswertes Stück ist die Kommode im Louis-XVI-Stil von Riesener, die Hervieu skulptiert hat.

Salon des Singes (3) – Eine Sammlung der „Singeries" des beginnenden 18. Jh. (1737), die C. Huet zugeschrieben werden. Die Darstellungen zeigen Affen, die menschliche Züge tragen und sich wie Menschen kleiden und verhalten. Diese Kunstform war zur damaligen Zeit in Frankreich sehr beliebt, als Höhepunkt gilt die *Lesestunde der Affen* am Kamin.

Die Galerie von Monsieur le Prince (4) – Der Grand Condé hatte eine eigene Schlachtengalerie in Auftrag gegeben, deren Fertigstellung er nicht mehr erleben sollte (1692). Von 1652 bis 1659, seiner Rebellionsphase, ist die Serie unterbrochen. Ein von seinem Sohn erdachtes Gemälde zeigt ihn dabei, wie er eine Pheme (griechische Göttin des Rufs, in dem jemand steht) daran hindert, seine unehrenhaften Handlungen der Öffentlichkeit zu präsentieren, und eine andere dazu bringen will, seine Reue bekannt zu machen.

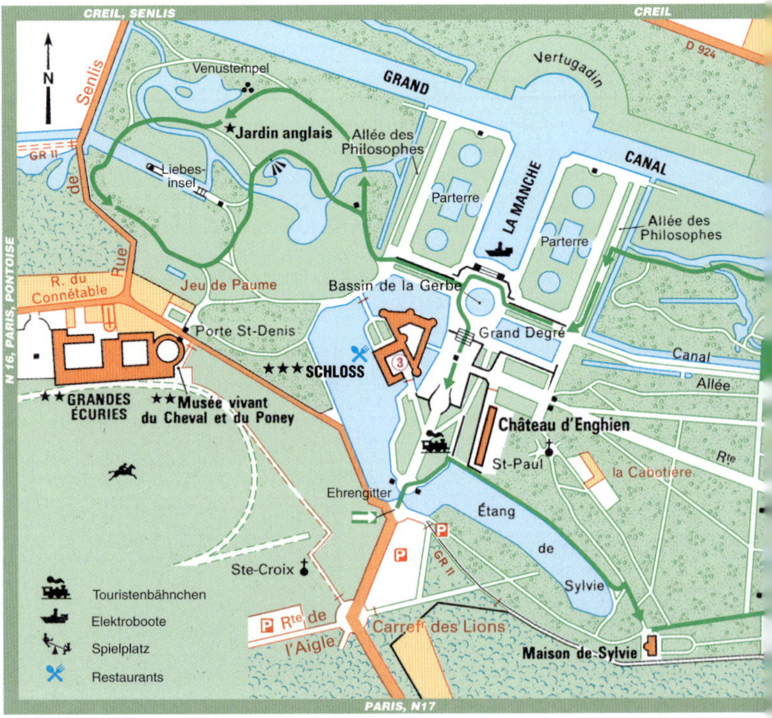

Kapelle

Führungen sind nur in Kombination mit dem Besuch der Prinzengemächer möglich. Der Herzog von Aumale ließ einen Jean Goujon zugeschriebenen **Altar★**, Täfelungen und Fenster aus dem 16. Jh. aus der Kapelle von Écouen hierherbringen. In der Apsis befindet sich das **Mausoleum** von Henri II de Condé (Bronzen von J. Sarrazin aus der Jesuitenkirche St-Paul-St-Louis in Paris) sowie die Gedenksäule, in der sich die Herzen der Condés befinden.

Die Kunstsammlungen★★ (Grand Château)

Freie Besichtigung. Durchqueren Sie die **Galerie des Cerfs (Hirschengalerie) (A)**, die dem Thema Jagd gewidmet ist: Gobelinteppiche aus dem 17. Jh.

Gemäldegalerie (B) – Die Vielfalt der Gemälde enthüllt den eklektischen Geschmack des Herzogs von Aumale: Große Malereien behandeln das Thema Militär (*Kampf auf Bahngleisen* von Neuville oder *Die Kürassiers von 1805* von Meissonier). Der Orientalismus wird durch *Die Pestkranken in Jaffa* von Gros, *Scheichs bei der Beratung* von H. Vernet sowie *Die Falkenjagd* von Fromentin repräsentiert. Beachten Sie auch die berühmte *Gabrielle d'Estrées im Bad* (französische Schule des 16. Jh.), die Porträts von Mazarin und Richelieu des Philippe de Champaigne sowie *Das Massaker der Unschuldigen* von Poussin.

Rotunde (C) – Von **Raphaël**, *Madonna von Loretto*; von **Piero di Cosimo** ein Porträt der Simonetta Vespucci, die auch Botticelli für *Die Geburt der Venus* als Modell diente; von Chapu die Statue der knieenden Jeanne d'Arc, die auf die Stimmen lauscht.

Smala-Saal und Minerva-Rotunde (D) – Familienporträts der Orléans (17.-19. Jh.), der Familie Louis-Philippes; von Bonnat das Porträt des Herzogs von Aumale im Alter von 68 Jahren.

Cabinet du Giotto (E) – Den frühen italienischen Malern gewidmet: *Vor der Sonne tanzende Engel* (italienische Schule des 15. Jh.).

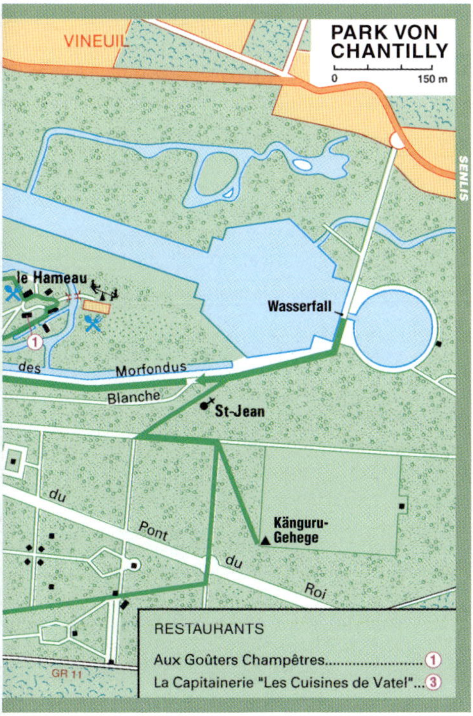

Salle Isabelle (F) – Zahlreiche Gemälde aus dem 19. Jh., darunter *Marokkanisches Gardekorps* von Delacroix, *Pferd, den Stall verlassend* von Géricault und *Francesca da Rimini* von Ingres.

Salon d'Orléans (G) – In den Vitrinen steht eine Sammlung von **Porzellan aus Chantilly** aus der Manufaktur, die 1725 vom Duc de Bourbon gegründet wurde.

Salle Caroline (H) – Malerei aus dem 18. Jh., mit Porträts von Largillière und von Greuze, *Junge Frau mit Kindern spielend* von J. Van Loo, die *Beunruhigte Geliebte* und *Abendständchen* von Watteau sowie *Schneesturm* von Everdingen.

Cabinet des Clouet (K) – Wertvolle **Gemäldesammlung★★** der Clouets, von Corneille de Lyon u. a., sehr seltene kleinformatige Bilder: *Franz I.*, *Marguerite de Navarre* (wie sie einen kleinen Hund streichelt), *Heinrich II.* als Kind. Kleine Porträts der französischen Schule des 16. und 17. Jh. (Stiftung Biencourt), darunter *Le Connétable Anne de Montmorency.*

Galerie de Psyché (L) – Die 44 **Gemälde** (16. Jh.) illustrieren die Geschichte von Amor und Psyche und stammen aus dem Schloss von Écouen.

Santuario★★★ (N) – Dieses „Heiligtum" birgt die kostbarsten Stücke des Museums: die Jungfrau von Raffael, genannt *Madonna von Orléans* und die ***Drei Grazien*** desselben Malers; *Esther et Ahasverus* auf einer Aussteuertruhe von Filippino Lippi und schließlich 40 Miniaturen von Jean Fouquet im Stundenbuch von Estienne Chevalier, Hauptwerk der französischen Schule des 15. Jh.

Cabinet des Gemmes (P) – Sehr schöne Schmuckstücke. Eines davon, der rosafarbene Diamant, der sogenannte *Grand Condé (Nachbildung wird permanent ausgestellt)*, wurde 1926 gestohlen und einige Monate später in einem Apfel wiedergefunden, in dem ihn die Diebe versteckt hatten. Zu sehen sind auch bemerkenswerte Email- und Miniaturmalereien.

Tribune (R) – Ein Raum mit Dachschrägen, in dem jede Wandtafel mit einem Gemälde der Kuppel versehen ist. Diese dokumentarischen Gemälde spielen jeweils auf Episoden aus dem Leben des Herzogs von Aumale und an Erinnerungen aus dem Hause Orléans an. Unter den Gemälden stechen besonders hervor: *Der Herbst* von **Botticelli**, *Die machtlose Liebe* und *Das fröhliche Landleben* von **Watteau**, ein Porträt des Dichterfürsten Molière, gemalt von **Mignard**; an der *„Wand von Écouen"* drei großartige Werke von **Ingres**: ein *Selbstporträt*, die *Madame Devaucay* und die *Geburt der Venus.*

Petits Appartements★ – *die Ehrentreppe hinabgehen – ✆ 03 44 27 31 80 – www.chateaudechantilly.com – Führung vor- und nachmittags; Di geschl. – 5 € (unter 18 J. 3 €).* Anlässlich seiner Hochzeit im Jahr 1844 beauftragte der Herzog von Aumale den Maler Eugène Lami mit der Verzierung dieser Räumlichkeiten. Die Gestaltung der Räume unterstreicht durch die bescheidenen Ausmaße den eklektischen Charakter der Epoche.

Der Park von Chantilly★★

Vorgeschlagener Rundweg: etwa 1 Std. S. Plan S. 84/85. ✆ 03 44 27 31 80 – www.chateaudechantilly.com – ganztags; Di geschl. – 6 € (unter 18 J. Eintritt frei).

Maison de Sylvie

Das Gebäude ist nicht zu besichtigen. In diesem kleinen Haus (17. Jh.) im Park traf Marie-Félicie Orsini gern ihre Freunde. Der Herzog von Aumale ließ dort eine Rotunde anbauen.

Schöner Blick auf das Schloss über den weitläufigen Park von Chantilly.

Enclos des kangourous (Das Känguru-Gehege)

Die Einrichtung des Känguru-Geheges im Park von Chantilly kennzeichnet die erste Etappe einer Sanierung der Menagerie der Fürsten von Condé. Für Kinder ist der Anblick der exotischen hüpfenden Beuteltiere sicher ein Erlebnis, man sollte jedoch darauf achten, sie nicht während ihrer Ruhezeiten zu besuchen.

Chapelle St-Jean

Sie wurde 1538 vom Konnetabel Anne de Montmorency errichtet, gleichzeitig mit sechs anderen, die auf dem Gebiet verteilt sind. Sie stellen eine Hommage an die sieben Kirchen von Rom dar, die er besucht hatte, um die Ablässe zu erwerben, die für die Pilgerung nötig waren. Für die Kapellen von Chantilly erhielt er vom Papst dieselben Privilegien. Neben St-Jean sind noch zwei weitere erhalten: St-Paul hinter dem **Château d'Enghien** und Ste-Croix auf dem Rasen des Hippodroms.

Folgen Sie dem Canal des Morfondus auf der Allée Blanche.

Man gelangt vor einen schönen fächerförmigen **Wasserfall**, der den Anfang des Großen Kanals markiert.

Kehren Sie um und überqueren Sie den Canal des Morfondus auf einem Steg.

Le Hameau (der Weiler)

Das idealisierte Dorf stammt aus dem Jahre 1775 und entstand vor dem berühmteren kleinen Dörfchen von Trianon in Versailles. Unter dem Einfluss von Jean-Jacques Rousseau gehörte es damals für Prinzen zum guten Ton, in Miniaturdörfern Erholung zu suchen. Man sieht die Mühle und einige Fachwerkbauten; sie beinhalteten die Küche, den Speise- und den Billardsaal. Der Salon in der Scheune war vom Herzog von Aumale restauriert worden. Kein Fest auf dem Schloss wurde ohne ein Abendessen in diesem hübschen Winkel des Parks gefeiert.

Gehen Sie am Wasserlauf des Weilers entlang.

Les Hydrophiles (Die „Wasserliebenden")

Auf dem Grand Canal (Großer Kanal) fahren heute leise Elektroboote, in Anlehnung an eine der früheren Attraktionen des Parks. Auf einer Rundfahrt lassen sich neue Ausblicke auf Schloss und Park genießen.

Parterres (Blumenbeete)

Sie werden von zwei Alleen mit jungen Linden gesäumt, auch Allée des Philosophes (Philosophenallee) genannt, weil die großen Schriftsteller, die Condé besuchten, sehr gern in ihrem Schatten spazieren gingen.

Le Nôtre leitete das Flüsslein Nonette um und kanalisierte es, um den Grand Canal (Großer Kanal) und den la Manche („Ärmelkanal") zu bilden. Auf dessen Achse erkennt man am anderen Ende die Rasenfläche des Amphitheaters von Vertugadin, rechts und links finden sich identisch angelegte Wasserflächen inmitten der Beete. Zwischen dem Ärmelkanal und dem Bassin de la Gerbe wurde die Statue des Grand Condé vom Bildhauer Coysevox neben Abbildern von La Bruyère und Bossuet aufgestellt (dahinter Statuen von Molière und Le Nôtre, sitzend). Die Beete sind über den Grand Degré (große Treppe), dessen Sockel von „Grotten" unterhöhlt ist, mit der Terrasse verbunden; die ausgemeißelten Formen sollen Flüsse darstellen.

Jardin anglais★ (Englischer Garten)

1820 auf den Überresten des Parks von Le Nôtre angelegt, macht dieser Englische Garten mehr durch seine Bäume (Platanen, Sumpfzypressen, Trauerweiden) als durch seine symbolhaften Monumente auf sich aufmerksam: Ruine eines Venustempels, Liebesinsel usw.

Die Stadt

Le Potager des Princes (Der Garten der Fürsten)

17 rue de la Faisanderie – ✆ 03 44 57 39 66 – www.potagerdesprinces.com – Ende März-Mitte Okt. nachmittags, Führung auf Anfrage möglich(1 Tag im Voraus); Di geschl. – 7,50 € (unter 18 J. 6,50 €). 1682 wurde auf Anordnung des Grand Condé die Fasanerie von Chantilly erbaut. Deren Gärten, die von André Le Nôtre und Jean-Baptiste de La Quintinie entworfen wurden, bilden heute den grünen Rahmen des Potager des Princes. Dieser 3 ha große Garten, der nach Plänen aus dem 17., 18. und

19. Jh. angelegt wurde und aus verschiedenen Bereichen besteht, hält einige Überraschungen bereit: Am Eingang werden auf einer langen Keramikmauer die angepflanzten Gemüsesorten und die Tiere des Hühnerhofs erläutert.
Durchqueren Sie den Miniaturwald, in dem die Bäume so beschnitten sind, dass sie die Formen von Menschen haben. Besuchen Sie das Hasendorf mit dem „Lapinodrome", in dem die agilen Nager um 15.30 Uhr um die Wette rennen, und den Scheunenhof, wo Ziegen, Schafe, Esel und Fasane gehalten werden. Spazieren Sie durch den Garten Eden, den persischen Garten mit den Wasserfontänen, den Bambushain oder den Kaskadengarten, in dem Sie im Sommer ein wahres Meer von Rosen erwartet.
Weiter hinten stoßen Sie auf einen Kitschgarten mit den entsprechenden Zwergen, einen Tropengarten, einen japanischen Garten mit zugehöriger Brücke, die über den Teich führt. Ein Gemüsegarten und ein Kräutergarten, der auf optimale Weise Heil- und Gewürzpflanzen mit traditionellem Gemüse und Blumen kombiniert, beschließen am Ende die breite Vielfalt.

Pavillon de Manse oder „Le Moulin des princes"

34 rue des Cascades – ✆ 03 44 62 01 33 – www.pavillondemanse.com – Führungen ganzjährig nach Reservierung – 5 € (unter 18 J. 4 €). Am Ufer der Nonette gelegen beherbergte der Pavillon de Manse im 17. Jh. ein Schaufelrad, das mit einer Reihe von Pumpen verbunden war. So konnte das Wasser 25 m hoch gehoben werden, um das 400 m entfernte große Becken des Parks zu füllen und von dort aus die Fontänen zu versorgen, die den Garten des Grand Condé schmückten. 1875 ersetzte der Herzog von Aumale das Rad durch eine Wasserturbine, die das Schloss und die Stadt mit Trinkwasser versorgte und bis 1978 in Betrieb blieb. Er ließ auch eine für die damalige Zeit sehr moderne Wäscherei errichten.
Die Association Jacques de Manse baute die Maschinen des Herzogs von Aumale im Jahr 2000 ab. Fünf Jahre später gelang es der Vereinigung, das alte Eichenrad identisch zu rekonstruieren: Nun funktioniert alles wie neu, aber mit einem geschlossenen Kreislauf. Auf der oberen Etage sind Wäscheleinen gespannt, von hier wird über den Pumpenraum aus dem 19. Jh. und die Blanchisserie (Waschküche) bis zur unteren Etage die Geschichte der Übertragung hydraulischer Energie demonstriert.

Musée du Patrimoine et de la Dentelle

34 rue d'Aumale – ✆ 03 44 58 28 44 – Mi und Sa 10-11.30, 15-17.30 Uhr oder auf Anfrage – 2 €. In diesem bescheidenen Museum, das in historischen Räumlichkeiten eingerichtet ist, kann man die ursprüngliche Seidenspitze sehen: Dabei handelt es sich um Spitze, die man aus echter Seide „direkt aus dem Kokon" hergestellt hat, sie wurde von der Noblesse getragen. Erst in der Mitte des 19. Jh. kam die schwarze Spitze in Mode, **Spitze von Chantilly** genannt, diese wurde für Regenschirme, Fächer, Schals und elegante Kleider verwendet. Die Geschichte der Spitze geht bis ins Jahr 1694 zurück, als Anne von Bayern, Prinzessin von Condé, eine Spitzenklöpplerschule für die mittellosen Mädchen der Region gründete. Ein Quadratzentimeter Spitze, gefertigt nach den komplizierten Blumenmustern von denselben Künstlern, die auch für die Porzellanmotive verantwortlich zeichneten, war das Ergebnis von einem Tag Arbeit! Während Ihres Besuchs werden Sie insbesondere Kleider aus der Zeit Napoleons III. sowie die Spindeln und Rahmen der letzten Klöpplerinnen der Region sehen.

Hippodrome de Chantilly

Seine Gründung geht auf das Jahr 1834 zurück. Im gegenüber des Großen Marstalls in einem hübschen grünen Eckchen gelegenen Hippodrom werden prestigeträchtige Pferdeshows präsentiert, darunter der berühmte **Prix du Jockey-Club** *(1. So im Juni)*, mit dem das beste dreijährige Fohlen gekürt wird. Mit dem eleganten **Prix de Diane** *(2. So im Juni)* wird dagegen das beste dreijährige Stutfohlen ausgezeichnet.
Informationen über die verschiedenen Rennveranstaltungen in Chantilly auf www.chantilly-tourisme.com

Weitere Sehenswürdigkeiten

Die Welt des Pferdes

Feierliche Vorführung zu Pferd.

Die ersten Rennen – Das erste offizielle Pferderennen in Chantilly fand am 15. Mai 1834 statt, auf Initiative der Mitglieder der „Société d'encouragement" (Fördergesellschaft), die im Jahr zuvor gegründet worden war. Die Schirmherrschaft der Herzöge von Nemours und Orléans und die Mode der Dandys im Jockey-Club, die den weichen Rasen schätzten (vor der Eröffnung von Longchamp 1857 fanden die Rennen in Paris auf dem harten Boden des Champ-de-Mars statt), verliehen den Reitertreffen (Jockey-Club-Preis – 1836, Diane-Preis – 1843) einen mondänen Touch. Jagdrennen, Konzerte, Feste auf dem Wasser und Feuerwerke verzauberten die Pferdefreunde und die Noblesse. Gegen Ende des 19. Jh. strömten die Massen regelrecht zu den Wettkämpfen. Die nordfranzösische Eisenbahngesellschaft richtete für die beiden großen Rennen einen perfekt durchorganisierten Transport ein: 1908 wurden 40 bis 50 Spezialzüge mit je 16 Waggons benötigt. Alle drei Minuten fuhr ein Zug in der Gegenrichtung von Chantilly zurück nach St-Denis.

Mekka der Reinrassigen – Etwa 2500 Rennpferde, die auf den Bahnen von Chantilly und den umliegenden Gemeinden trainieren, machen aus der Stadt der Condés auch das französische Zentrum der Vollblutpferde. 2000 Arbeitsplätze in der Region stehen in direktem Zusammenhang mit dem Training der Rennpferde.

Das Gelände – *Zutritt nicht gestattet.* Etwa 100 Rennpferdtrainer arbeiten mit ihren Tieren zwischen Sonnenaufgang und Mittag auf den Sand- oder Rasenplätzen der vier Terrains sowie auf den mit Sand bestreuten Alleen im Wald (besonders auf der Straße des Konnetabels, die auch „Löwenpiste" genannt wird).

Grandes Écuries (Großer Marstall)★★

Das Meisterwerk von **Jean Aubert** ist das edelste Bauwerk Chantillys aus dem 18. Jh. Das Tor St-Denis, das die Straße zur Stadt überspannt, ist das erste Bauteil eines unvollendet gebliebenen Pavillons. Die schönste Fassade des Großen Marstalls weist zum Rasen. Zur Zeit der Condé-Prinzen waren in dem Gebäudeensemble 240 Pferde, 500 Hunde und etwa 100 Stallknechte, Kutscher, Jäger usw. untergebracht.

Lebendes Pferde- und Ponymuseum★★ – *✆ 03 44 27 31 63 – www.museevivantducheval.fr – ♿ – April-Okt. ganztags; übriges Jahr nachmittags; Sa/So und während der Schulferien ganztags; Di (außer Mai-Juni), 24., 31. Dez. geschl. – 9 € (Kinder 7 €).* Das Museum „lebt" zunächst von der Präsentation der französischen und iberischen Zug- und Reitpferde sowie der -ponys in den Ställen, sie stammen aus der Zeit des Herzogs von Aumale. In der 28 m hohen Hauptrotunde fließt das Wassser in die schöne **Fontäne,** deren Becken als Tränke diente. Die Ostgalerie illustriert 30 Reiterdisziplinen aus aller Welt (Jagd und Sport) mit den dazugehörigen Geschirren und Reiterkostümen. In den alten Remisen sind 31 Säle der Pferdekunde und den damit in Zusammenhang stehenden Berufen gewidmet: eine Hufschmiede, der Operationssaal eines Tierarztes, u. a. Der letzte Saal behandelt die größte französische Wettorganisation für Pferderennen PMU (Pari mutuel urbain).

Jeden Tag findet um 11.30, 15.30 und 17.15 Uhr eine von Pädagogen entwickelte **Präsentation★** *(etwa 30 Min.)* der Pferdezucht statt. Die Kinder werden sich über die Luftsprünge der drolligen **Ponys** freuen.

Darbietungen mit Pferden finden auch im *carrière des chenils* (etwa „Steinbruchzwinger") statt. Die exzellente Akustik, die strengen Kostüme von Reiterinnen oder Reitern und deren Kommentare zu den ausgeführten Übungen ziehen auch Nichtpferde-Fans in ihren Bann.

Zu Fuß unterwegs

Wald von Chantilly

Dieses weitläufige Waldmassiv bedeckt etwa 6300 ha, die fünf Jahrhunderte lang für die Anforderungen der Jagd, der die hohen Herrschaften leidenschaftlich frönten, gestaltet wurden. Zurzeit stehen hier Eichen, Weißbuchen, Linden und Kiefern, die zum Hochwald gezogen wurden. Der Wald von Chantilly ist Eigentum des Institut de France und verfügt über ein dichtes Netz an Forststraßen, die sich gut für Spaziergänge eignen. In den Forsten von Coye, Orry und Pontarmé lässt sich ausgezeichnet wandern. Die leichten und durchlässigen Böden des Waldes haben die Entwicklung des Pferdesports begünstigt; an der Kreuzung von Petit-Couvert kann man morgens beim Pferdetraining zusehen.

7,5 km. Etwa 30 Min. Am Wochenende wird davon abgeraten. Verlassen Sie Coye-la-Forêt auf der Route des Étangs im Norden, entlang der Thève.

Die Straße führt an den Étangs de Commelles und am Étang de la Loge entlang zum Château de la Reine Blanche.

Château de la Reine Blanche

Schloss der weißen Königin, so wird eine alte Mühle genannt, die der letzte Condé, der Herzog von Bourbon, 1825 im Troubadour-Stil wiederherrichten ließ, um sie als Treffpunkt für die Jagd zu nutzen.

Sie befindet sich an der Stelle eines legendären Kastells, das die weiße Königin von Navarra, die Gemahlin Philipps VI. von Valois, anlässlich des Todes des Königs um das Jahr 1350 errichten ließ. In dem Gebäude ist auch eine Crêperie untergebracht. Eine hundertjährige Hecke verschönert den **märchenhaften Ort★** zusätzlich.

Étangs de Commelles

Die Mönche von Chaalis legten sie als Fischteiche an. Die Straße am Nordufer führt nicht direkt an den Teichen entlang, aber von ihr aus ziehen sich schmale Pfade zu den Parkplätzen am Ufer und zu den Chausseen, die die Wasserflächen teilen. So kann man zu Fuß verschiedene Rundwege von einem Ufer zum anderen gehen.

Biegen Sie rechts ein, um die 3. Chaussee der Teiche zu überqueren und nehmen Sie den Forstweg der Fosse à Rohan, die sogenannte „rocade sud" (südliche Umgehungsstraße).

Einen Kilometer weiter findet sich rechter Hand eine Lichtung, die als Erholungsgebiet angelegt wurde.

Die Straße führt wieder zum Vallon de la Thève, das unmittelbar flussabwärts vom Château de la Reine Blanche liegt. Fahren Sie zurück nach Coye.

Tipps und Adressen

Allgemeiner Hinweis

Fremdenverkehrsamt von Chantilly – *60 av. du Mar.-Joffre – ✆ 03 44 67 37 37 – www.chantilly-tourisme.com*

Chantilly bietet einen **Pass culturel** an, der zwei Tage gültig ist und eine Hotelübernachtung mit Halbpension, die Besichtigung des Schlosses, der königlichen Abtei von Chaalis, der Museen Condé und de Jacquemart-André sowie des Lebenden Pferdemuseums, eine Fahrt im Elektroboot und einen Besuch von Senlis mit der Pferdekutsche beinhaltet.

Übernachten

Hostellerie du Pavillon St-Hubert – *Avenue Toutevoie – 60270 Gouvieux – 3,5 km westl. von Chantilly auf der D 909 – ✆ 03 44 57 07 04 – www.pavillon-saint-hubert.com – P – 18 Zi: 75 € – ☕ 8 € – Rest. 25/45 €.* Ehemaliger Jagdpavillon mit einem hübschen Garten, am Ufer der Oise gelegen. Die kleinen Zimmer rufen die Atmosphäre traditioneller Herbergen hervor. Der Speisesaal ist im Louis-XIII-Stil eingerichtet und wird bei gutem Wetter von der schönen, von Linden beschatteten Terrasse ergänzt.

Hôtel Château de la Tour – *60270 Gouvieux – 3,5 km westl. von Chantilly auf der D 909 – ✆ 03 44 62 38 38 – www.lechateaudelatour.fr – 21.-28. Dez. geschl. – P – 41 Zi: 140/215 € – Rest. 39/69 €.* Das ansprechende Gebäude wurde zu Beginn des 20. Jh. errichtet, kürzlich wurde es vergrößert. Dahinter liegt ein weiter Park, auf den man von der Terrasse aus blickt. Alte und neue Zimmer, allesamt gemütlich. Elegante Speiseräume im Louis-XIII-Stil.

Essen und Trinken

IN DER STADT

Auberge Le Vertugadin – *44 rue du Connétable – 03 44 57 03 19 – http://restaurantlevertugadin.fr – So abends geschl. – 28/65 €.* Der Bau aus dem 19. Jh. mit seinen grünen Fensterbalken und -läden liegt direkt an der Straße, die zum Schloss von Chantilly führt. Den Gästen steht frei, ob sie eher im rustikalen oder im bürgerlichen Saal speisen möchten. Das Angebot an Speisen variiert mit den Jahreszeiten.

La Belle Bio – *22 rue du Connétable – 03 44 57 02 25 – www.labellebio.com – Winterferien, 15.-30. Aug., So abends, Mo abends und Di geschl. – 32/60 €.* Dieses Lokal gegenüber des Großen Marstalls bietet eine gelungene Küche aus hauptsächlich biologischen Produkten an. Es herrscht eine Atmosphäre aus Bistro- und rustikalem Stil. Es gibt einen eigenen Kräutergarten.

IM SCHLOSS

La Capitainerie „Les Cuisines de Vatel" – *Im Schloss – 03 44 57 15 89 – www.restaurantfp-chantilly.com – Di und abends geschl. – Reserv. empfohlen – 22/28 €.* Man findet kaum einen prestigeträchtigeren Ort als dieses Restaurant in den alten Gewölben der Küchen von Vatel. Im passenden Rahmen (Kupfergeschirr, Porzellan, alte Öfen) weist man Sie in die Geheimnisse der Crème Chantilly ein. Die Gerichte ändern sich je nach Saison.

IM PARK

Aux Goûters Champêtres – *Im Weiler – Schlosspark von Chantilly – 03 44 57 46 21 – tgl. außer Di 12-18 Uhr – Mitte Nov.-Anf. März geschl.* Strohdächer, Fachwerk und viel Grün bilden die stimmige ländliche Kulisse für die angebotenen Speisen: Entenkonfit, Foie gras, Hirschterrine, Cidre, Konfitüren und Honig aus der Region, köstliche Torten mit Äpfeln oder Erdbeeren …

IN DER UMGEBUNG

Auberge Les Étangs – *60580 Coye-la-Forêt – 03 44 58 60 15 – http://aubergedesetangs.free.fr – 25/35 €.* Rustikale Möbel, Sessel im Louis-XIII-Stil. In den beiden Speiseräumen ist man sehr um Ihren Komfort bemüht, damit Sie die traditionellen Menüs, die hier kredenzt werden, auch in vollem Maße schätzen können.

La Renardière – *2 rue Frères-Segard – 60270 Gouvieux – 03 44 57 08 23 – www.restaurantlarenardiere.fr – 1.-15. Aug., So abends und Mo geschl. – 16/47 €.* Unterkunft im Herzen des Weilers de la Chaussée. Angenehme rustikale Einrichtung, traditionelle Küche und gute Weinkarte, die die Wirtin eigenhändig zusammenstellt, eine leidenschaftliche Sommelière.

Einkaufen

PORZELLAN

Von den großen Manufakturen, die in Frankreich das Weichporzellan (ohne Verwendung von Kaolin) herstellten, ist Chantilly eine der bedeutendsten. Das Porzellan war insbesondere für seine blauen handgemalten Muster bekannt, deren häufigste Motive die Nelke und die Tulpe darstellten. Hier finden Sie zwei Adressen, bei denen man es bewundern und kaufen kann. Beide Geschäfte werden von Madame Bouquet, einer Porzellanspezialistin, geführt. Sie gibt bereitwillig Auskunft und berät ihre Kunden.

Maison de la porcelaine – *1 rue de Creil – 05 55 70 14 68 – www.maisonporcelaine.com – Mo-Sa 9.30-19, So und Fei 10-13, 15-19 Uhr; Okt.-März So und Fei geschl.*

Porcelaine de Chantilly – *Place Omer-Vallon – 03 44 67 16 16 – www.porcelainechantilly.com – tgl. außer So, Mo 9.45-12.15, 14.30-19 Uhr; Aug. und Fei geschl.*

Sport und Freizeit

Orry-Évasion – *29 rue des Acacias – 60270 Orry-la-Ville – 03 44 58 98 78 oder 06 82 24 37 22 – auf Reservierung – 5 €/Std., 16 €/Tag.* Spezialist für Mountainbiketouren durch den Wald.

Bootsfahrten – *Château de Chantilly – 03 44 27 31 80 – Ende März-Ende Okt. tgl. 10.45-18 Uhr je nach Wettervorhersage – 5 € (unter 18 J. 3 €).* 20 Minuten dauert eine Fahrt im Elektroboot auf dem Großen Kanal und in die Schlossgräben durch eine noch sehr intakte Wasserfauna.

Feste und Events

Chantilly – Les Nuits de feu dans l'Oise *(3. Juniwochenende in geraden Jahren)*; internationaler Feuerwerkswettbewerb; *www.nuitsdefeu.com*

Chartres★★★

EURE-ET-LOIR (28) – 39 800 EINWOHNER – UMSCHLAGKARTE A3 – MICHELIN LOCALKARTE 311 E5, ZOOMKARTE 106 FALTEN 37-38

Das Zentrum der „Kornkammer Frankreichs", die Gegend rund um Chartres, genannt Beauce, besitzt einen kostbaren Schatz: eine Kathedrale, die berühmt ist aufgrund ihrer Pilgerfahrten und noch mehr wegen ihrer Buntglasfenster im unvergleichlichen Blau, die Sie über die Geheimnisse der Sakralkunst aufklären werden. Die Stadt ist reich an mittelalterlichen Häusern, hübschen Kirchlein, steilen Gassen und Treppen, die zu den Ufern der Eure führen. Fachwerkgebäude, Brücken, Stege und am Fluss gelegene Gemüsegärten verleihen ihr einen eher ländlichen als städtischen Charme, dem man sich nicht entziehen kann.

Jacass / MICHELIN

Die Kathedrale von Chartres birgt 4000 skulptierte Figuren und 5000 Figuren auf Buntglasfenstern.

Wegweiser – Man erreicht die Stadt über die A 11. SNCF-Verbindung ab Paris-Gare Montparnasse. Um zu sehen, wie sich die Kathedrale über der Eure erhebt, sollten Sie sich hinter dem **Monument aux Aviateurs militaires** (Fliegerdenkmal) oberhalb des rechten Ufers postieren, von wo aus man eine hervorragende **Sicht★** genießt. Das alte Chartres ist an seinen typischen hohen Türmchen und den Dächern von St-Aignan und St-Pierre erkennbar.

Unbedingt sehenswert – Die Architektur, die Bildhauerkunst und die Kirchenfenster von Notre-Dame de Chartres; die Sammlungen des Centre international du vitrail; die Emailschilder von Léonard Limosin im Musée des Beaux-Arts.

Mit Kindern – Die seltsamen Mosaike der berühmten Maison Picassiette werden Ihre Kinder dazu animieren, ihre eigenen Kunstwerke zu kreieren, indem sie alte Geschirrstücke und Gläser recyclen. Auch die Mitmachwerkstätten der plastischen

Ein außergewöhnlicher Mann

In der Johannes dem Täufer geweihten Kirche **Église St-Jean-Baptiste (Plan I)** im nördlich gelegenen Rechèvres-Viertel ruht der Abt **Franz Stock**, dessen Grab noch heute eine Wallfahrtsstätte ist. Dieser deusche Priester war von 1940 bis 1944 Gefängnisgeistlicher in Paris und weigerte sich, mit der Wehrmacht den Rückzug anzutreten. Er gründete im Lager Morancez bei Chartres ein Seminar für Kriegsgefangene, dessen Direktor er zwei Jahre lang war, und starb im Februar 1948 im Alter von 43 Jahren.

Künste des Centre international du vitrail und die glänzenden Karosserien der Traktoren von Compa werden sie begeistern, nicht zu vergessen eine Bootsfahrt auf der Eure.

Gut geplant – Die meisten Sehenswürdigkeiten sind im alten Chartres und dem zentralen Viertel rund um die Kathedrale versammelt, außer Compa, das im Westen der Stadt in der Nähe des Bahnhofs liegt. Die Maison Picassiette östlich von Chartres können Sie besichtigen, bevor es wieder auf die Autobahn geht.

Orte in der Nähe – GALLARDON, MAINTENON

Geschichte und Geschichten

Ein prädestinierter Ort – Seit der Antike übte dieser Ort religiösen Einfluss aus. Die Entdeckung eines gallo-römischen Brunnens auf einem Plateau bei Chartres hat die Existenz eines heidnischen Stammes enthüllt, der im 4. Jh. von den ersten Verbreitern des Evangeliums christianisiert wurde. Der erste bekannte Bischof, Adventus, lebte in der Mitte des 4. Jh. Ein Dokument aus dem 7. Jh. belegt bereits den **Marienkult**. Die Schenkung der Tunika der hl. Jungfrau von Karl dem Kahlen im Jahre 876 an die Kathedrale bestätigte die Bedeutung von Pilgerfahrten nach Notre-Dame. Bis ins 14. Jh. hinein wuchs das Ansehen von Chartres unaufhörlich. Drei Jungfrauenbilder sind bis heute Gegenstand eines besonderen Kults: Notre-Dame-de-Sous-Terre, Notre-Dame-du-Pilier und Notre-Dame-de-la-Belle-Verrière, insgesamt zählt man in der Ikonographie der Kathedrale 175 Marienbildnisse.
Weder in der Kathedrale noch in der Krypta befindet sich ein Grab: Chartres ist die einzige Kirche, die ausschließlich Unserer Lieben Frau gewidmet ist.

Zu Fuß unterwegs

Das alte Chartres★

Folgen Sie nach dem Besuch der Bischofsgärten dem grünen Weg auf dem Plan, um das Viertel St-André und die Ufer der Eure auszukundschaften.

Église St-André s. Plan II S. 96

Diese romanische Kirche, heute außer Betrieb, war das religiöse Zentrum eines der meistbevölkerten und lebhaftesten Viertel der Stadt, das von den „Flussberufen" lebte: Müller, Färber, Gerber, Schuster, Walker, Tuchfabrikanten, Weber, Weißgerber etc. Im 13., 16. und 17. Jh. wurde die Kirche durch einen Chor und eine Apsidialkapelle vergrößert, dadurch verlor sie ihr malerisches Aussehen, als Chor und Gewölbe verschwanden (1827).

Überqueren Sie die Eure auf einem Eisensteg.

Hübscher **Blick★** auf die alten höckrigen Brücken. Beachten Sie am Fuß des zerstörten Schiffs von St-André die Reste des Bogens, der den Chor unterstützte. Schlendern Sie an den Kais entlang zurück: Die alten Mühlen und die Waschhäuser wurden wieder hergerichtet. Die Rue aux Juifs führt zu einem restaurierten Viertel: kopfsteingepflasterte Straßen mit altmodischen Straßenlaternen.

Rue des Écuyers

Dies ist eines der am sorgfältigsten restaurierten Ensembles des alten Chartres. Die Häuser Nr. 17 und 19 haben ihre Bossenwerkportale aus dem 17. Jh. bewahrt, über den Eingängen befindet sich ein kleines Ochsenauge.
Gehen Sie die Straße wieder hinunter. An der Ecke zur Rue aux Cois steht ein bugförmiges sehr hübsches **Fachwerkhaus**. Auf der gegenüberliegenden Seite erhebt sich das **Treppentürmchen der Königin Bertha**, das ebenfalls im Fachwerkstil errichtet wurde (16. Jh.).

Stadtzentrum

Place du Cygne s. Plan II S. 96

Die frühere Straße, die zu einem bepflanzten Platz verbreitert wurde *(Di, Do und Sa kleiner Blumenmarkt)* ist eine der besonders anziehenden Ecken des sehr geschäftigen Stadtzentrums.

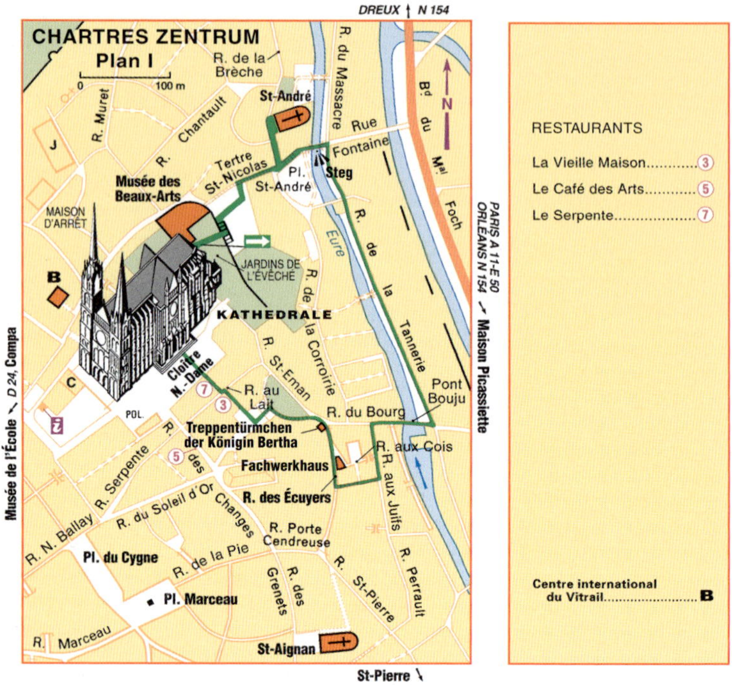

Am Ende der Rue du Cygne auf der **Place Marceau** ist dem jungen General aus Chartres eine Säule gewidmet, er fiel im Alter von 27 Jahren in Altenkirchen (1796). Chartres (Graburne unter der Statue der Place des Épars), das Panthéon und die Kirche St-Louis-des-Invalides haben sich seine Asche geteilt.

Église St-Pierre★ s. Plan I S. 94 und Karte S. 99

Dies ist die gotische Kirche (12. und 13. Jh.) der ehemaligen Benediktinerabtei von St-Père-en-Vallée. Der Vorraum mit dem Glockenturm gehörte zu einem romanischen Bau. Die gotischen **Buntglasscheiben★** von St-Pierre illustrieren eine in der Kathedrale nicht repräsentierte Phase (Ende 13.-Anf. 14. Jh.) vor den Produktionen aus dem 14. Jh., bei denen mit Goldgelb gearbeitet wurde (Glasmalereitechnik). Die ältesten Fenster stellen die rechts vom Chor gelegenen Joche dar. Sie zeigen die großen Persönlichkeiten des Alten Testaments.
Die Fenster des Halbkreises im Chor weisen die größte Farbintensität auf und wurden gegen 1300 gefertigt. Als Letztes wurden die Fenster im Schiff eingesetzt (gegen 1305-1315). Sie zeigen – jeweils abgewechselt durch ein Medaillon – bedeutende Persönlichkeiten – Apostel, Bischöfe, Äbte …

Monument de Jean Moulin s. Plan I S. 94 und Plan II S. 96

Jean Moulin (1899-1943), der während der deutschen Invasion Präfekt von Chartres war, stellte sich am 8. Juni 1940 den feindlichen Mächten entgegen. Trotz Misshandlung lehnte er es ab, ein Dokument zu unterzeichnen, das einen Teil der französischen Truppen, bestehend aus Senegalesen, der Greueltaten beschuldigte. Aus Furcht, gefoltert und entehrt zu werden, versuchte er, sich umzubringen.

Sehenswürdigkeiten

Die Kathedrale★★★ s. Plan II S. 96

✆ 02 37 21 75 02 – ganzjährig 8.30-19.30 Uhr; Führungen von April bis Okt. 10.30, 15 Uhr; restl. Jahr 14.30 – Preise erfragen. Viele Spezialisten haben bereits ihr Leben damit zugebracht die 4000 Skulpturen der Kathedrale und die 5000 Figuren auf den Bunt-

glasfenstern zu erforschen. Der berühmteste unter ihnen ist vermutlich **Étienne Houvet**, der 1949 verstorbene Führer, der die unzähligen Details des Bauwerks fotografierte und eine einzigartige Sammlung zusammenstellte.

Eine klare, zügig errichtete Konstruktion – Die Kathedrale erhebt sich aus den Überresten der romanischen Kathedrale des **Bischofs Fulbert** (11./12.Jh.), von der die Krypta, die Türme, die Basis der Westfassade mit dem Königsportal und ein Teil der Fenster von Notre-Dame-de-la-Belle-Verrière erhalten sind. Der Rest des heutigen Bauwerks wurde nach einem Brand von 1194 errichtet: Prinzen und Bürger spendeten großzügig, die weniger Betuchten halfen beim Bau mit.

Dieser Elan machte die Fertigstellung der Kathedrale in nur 25 Jahren möglich, 20 Jahre später wurden die nördliche und südliche Vorhalle angebaut, was dem Gesamtwerk und seiner Ausstattung eine für die Gotik fast einzigartige Homogenität sicherte. Rodin nannte die Basilika wegen ihrer ästhetischen und spirituellen Bedeutung „die Akropolis Frankreichs", sie blieb von den Religionskriegen, der Revolution und den beiden Weltkriegen verschont. Lediglich ein Brand 1836 zerstörte den wunderschönen hölzernen Dachstuhl, der durch eine Metallkonstruktion ersetzt wurde.

Äußeres

Hauptfassade

Ihre beiden hohen Türme und das Königsportal bilden eines der schönsten Ensembles französischer Kirchenkunst. Der „Neue Glockenturm", **Clocher Neuf**, auf der linken Seite, wurde als erster erbaut. Sein unterer Teil stammt aus dem Jahr 1134. Er erhielt seinen aktuellen Namen, als Jehan de Beauce im 16. Jh. eine 115 m hohe Steinspitze errichten ließ, die die 1506 zerstörte Holzspitze ersetzte. Der „Alte Glockenturm" rechts, **Clocher Vieux** (ca. 1145-1164), rechts erreicht 106 m Höhe und stellt ein Meisterwerk der Romanik dar, das durch seine Schlichtheit mit der reich verzierten gotischen Spitze kontrastiert. Wie das Königsportal stammen auch die drei großen Fenster, die sich darüber öffnen, aus dem 12. Jh. Alles, was noch höher liegt, ist später zugebaut worden: die Rosette im 13. Jh., die Königsgalerie (Könige von Judäa, Vorfahren der Jungfrau Maria) und der Giebel im 14. Jh., in dem Maria der Beauce ihren Sohn präsentiert.

Das **Königsportal★★★**, eines der Wunderwerke der ausgehenden Romanik (1145-1170), stellt Leben und Verherrlichung des Heiland dar. Berühmt sind der Christus des Haupttympanons und die Säulenstatuen. Könige und Königinnen der Bibel, Priester, Propheten oder Patriarchen, sie alle reihen sich als lange und schlanke Figuren im Portal hintereinander. Im Gegensatz zu den starren Körpern sind die Gesichter sehr intensiv dargestellt. Diese Strenge, die sich der Lebhaftigkeit der Personen in den Gewölben und den Kapitellen entgegensetzt, war gewollt. Die Statuen sind in erster Linie Säulen, keine Figuren.

Vorbau und Nordportal

Gehen Sie links um die Hauptfassade herum und gewinnen Sie etwas Abstand zum Gebäude, um die Dimensionen zu erfassen. Das Kirchenschiff ist sehr hoch und ungewöhnlich breit. Es wird raffiniert durch dreistöckige Strebebögen gestützt, von denen die unteren beiden Etagen über kleine Säulen verbunden sind. Der elegante Pavillon de l'Horloge (Uhrenpavillon) in der Nähe des Neuen Glockenturms ist das Werk von Jehan de Beauce (1520).

Die Gestaltung der Vorhalle fügt sich zu der des Portals, das älter ist. Die Figuren sind viel freier gearbeitet und viel lebendiger gearbeitet als die am Königsportal und zeigen einen großen Fortschritt im Realismus und in der Eleganz. Halten Sie vor der Statue des hl. Modeste inne, einem Meisterwerk an Grazie. Der Märtyrer aus Chartres blickt zum Neuen Glockenturm.

Die Dekoration der drei Portale weist noch den Bezug zum Alten Testament auf. An der rechten Tür werden die biblischen Helden verehrt, die die Tugenden praktizierten, die Christus in seiner Lehre pries. Die Mitteltür zeigt die Jungfrau Maria und die Propheten, wie sie die Ankunft des Messias verkünden. Die linke Tür zeigt die Verkündung, die Heimsuchung Mariä und die Geburt Christi, begleitet von den Tugenden und Lastern.

HOTELS

- Chambre d'hôte Ferme de la Forge .... ①
- Chambre d'hôte La Ferme du Château ... ②
- Chambre d'hôte La Varenne .... ④
- Chambre d'hôte L'Érablais .... ⑥
- Hôtel Le Grand Monarque .... ⑧
- Ibis Centre Hôtel .... ⑨

RESTAURANTS

- La Brasserie Bruneau .... ③
- Le Pichet .... ⑤
- Le Tripot .... ⑦
- Saint-Hilaire .... ⑩

Gehen Sie in den Bischofsgarten, der mit seiner Terrasse über die Unterstadt ragt. Bevor Sie das Gartentor erreichen, sehen Sie links eine Tür, die zur Mauer des Klosters Notre-Dame gehörte.

Chorhaupt

Die kühnen zweiläufigen Strebebögen – sie reichen von hier bis über die Kapellen und benötigen dazwischen einen Stützbalken als Bindeglied –, die Etagen der Apsiden, des Chors und der Vierung haben einen großartigen Effekt. Die St-Piat-Kapelle aus dem 14. Jh., die zunächst von der Kathedrale abgetrennt war, wurde hier über eine elegante Treppe mit der Hauptkirche verbunden.

Vorhalle und Südportal

Säulenbündel verbergen die hohen Stuckarbeiten. Die Perspektive dieser Senkrechten, die von den Arkaden zu den Giebeln führt, verleiht diesem Querschiffarm eine Einheit, wie sie das nördliche Querschiff nicht besitzt. Thema ist die christliche Kirche und das Jüngste Gericht. Für gewöhnlich behielten die Meister des Mittelalters diese Szenen dem Westportal vor. Da das Königsportal bereits belegt war, zeigte man hier das Bild der Neuen Welt, vorbereitet von den Märtyrern (Gewölbe der linken Tür) und

den Bekennern Christi (Zeugen von Christus, die kein Märtyrertum erlitten haben) – rechte Tür. Christus ist im zentralen Tympanon dargestellt. Er erhebt sich am Pfeiler, eingerahmt von den zwölf Aposteln mit asketischen Zügen, in lange Roben mit fein gearbeiteten Falten gehüllt. Die Skulptierung der Vorhalle besteht aus Medaillons, von denen jeweils sechs neben den Öffnungen angeordnet sind: Sie zeigen das Leben der Märtyrer, Laster und Tugenden usw. Unter den Märtyrern stechen zwei symmetrische Statuen hervor: der hl. Georg und der hl. Theodor, bewundernswerte Figuren bewaffneter Ritter aus dem 13. Jh. Diese Figuren stehen fest auf einer Platte – was bei den anderen Figuren nicht der Fall ist –, und dienen lediglich der Dekoration.
Zurück an der Hauptfassade sieht man an der Seite des Alten Glockenturms einen Esel an der Drehorgel, ironisches Symbol für den Menschen, der himmlische Musik machen will, und an der Ecke die lange Silhouette des Engels mit der Sonnenuhr.

Aufstieg zum Glockenturm★

✆ 01 53 10 07 00 – April-Dez. ganztags, Sa/So nachts (Juni-Aug.); 1. Jan., 1. Mai, 25. Dez. geschl. – 7,50 € (unter 18 J. Eintritt frei). Dieser Aufstieg (195 Stufen) führt entlang des nördlichen Dachs zur unteren Galerie des **Neuen Glockenturms** 70 m über dem Boden des Kirchenvorplatzes. Von hier oben erhält man interessante Blicke auf den Alten Glockenturm, die Stützpfeiler und die Strebebögen, die Statuen und die **Wasserspeier**. Dank der alten spitzen Dächer erkennt man noch „Cloître Notre-Dame", das alte Viertel des Klerus, insbesondere der Domherren –, das bis ins 19. Jh. von einer Mauer umgeben war.

Inneres

Betreten Sie die Kathedrale durch das Nordportal. Das große Schiff ragt zwischen den Pfeilern mehr als 16 m empor und übertrifft mit seiner Breite alle anderen französischen Kathedralen (Notre-Dame in Paris: 12 m, Notre-Dame in Amiens: 14 m) ; trotzdem besitzt Chartres nur einfache Seitenschiffe. Die Gewölbe sind 37 m hoch. Die innere Länge des Bauwerks beträgt 130 m. Dieses gotische Schiff aus dem 13. Jh. verzichtet auf eine Empore, stattdessen gibt es ein Blendtriforium (fensterlos).
In dieser Wallfahrtskirche müssen Chor und Querschiff für die Feier der großen Messen geeignet sein. Sie haben daher eine größere Bedeutung als das Hauptschiff. Der Chor mit seinem zweiläufigen Chorumgang und das Querschiff sind zusammen zwischen der Nord- und der Südtür 64 m lang.
Ein geübtes Auge nimmt vom Eingang aus die leichte Neigung des Bodens wahr, der Richtung Chor ansteigt. Diese Neigung ermöglichte eine Reinigung der Kirche mit viel Wasser, wenn Pilger hier übernachtet hatten.
Gleich beim Eintritt ist man vom Halbdunkel im Kirchenschiff ergriffen: Dieser geheimnisvolle Effekt war ganz und gar nicht erwünscht und hängt vor allem mit dem Nachdunkeln der Fenster im Lauf der Jahrhunderte zusammen.
Beachten Sie in der Mitte des Hauptschiffs die riesige geometrische Figur im Boden zwischen dem 3. und 4. Joch, die ein schwarzweißes Muster von 294 m Länge bildet. Dieses seltene Beispiel eines **Labyrinths**, auch „Weg von Jerusalem" genannt, stand sinnbildlich für den spirituellen Weg, der den Menschen zur Begegnung mit Gott führt. Die Pilger folgten diesem Muster früher auf Knien bis zur Rosette, einer symbolhaften Steinplatte in der Mitte des Labyrinths.

Buntglasfenster★★★

Die Kathedrale von Chartres besitzt ein sagenhaftes vollständiges Ensemble an Fenstern (176 insgesamt), die vom 12. bis zum 20. alle Jahrhunderte repräsentieren. Die prächtigen Fenster aus dem 12. und 13. Jh. stellen zusammen mit denen der Kathedrale von Bourges die bedeutendste Sammlung Frankreichs dar. Die Jungfrau mit dem Kinde, die Szenen der

Stéphane Sauvignier / MICHELIN

Hauptfenster der Westfassade.

Verkündigung und der Heimsuchung stechen bei den Hochfenstern am Ende des Chors sofort ins Auge.

Westfassade – Die drei Fenster aus dem 12. Jh. erhellten die Empore der romanischen Kathedrale von Fulbert (heute Unterkirche) und später das niedrige und dunkle Hauptschiff, was ihre außergewöhnliche Höhe erklärt. Das Werk *(betrachten Sie die Szenen von unten nach oben)* zeigt die Erfüllung der Prophezeiungen: rechts die Wurzel Jesse, in der Mitte die Kindheit und das öffentliche Leben Christi (Inkarnationszyklus), links die Passion und die Auferstehung (Erlösungszyklus).
Die **große Rosette** (13. Jh.) an der Fassade ist dem Jüngsten Gericht gewidmet.

Querschiff – Das Ensemble aus dem 13. Jh., das von den beiden Rosen gebildet wird, vervollständigen Lanzettfenster mit großen Figuren. Die behandelten Themen nehmen die der Portale wieder auf: Altes Testament im Norden, Neues Testament und Jüngstes Gericht im Süden.
Die **nördliche Rose,** ein Geschenk von Blanche von Kastilien, Regentin Frankreichs (1226-1236), die daher Rose von Frankreich genannt wird, konzentriert sich auf die Jungfrau mit Kind. Das Schild mit den Lilien und das Dekor in den kleinen Lanzetten der Eckverblendungen, ein Muster aus Lilien und den Türmen Kastiliens, machen sie einzigartig. In den großen Lanzetten wird die hl. Anna, wie sie Maria trägt, von vier großen Priestern oder Königen eingerahmt: links Melchisedech und David, rechts Salomon und Aaron.
In der **südlichen Rose**, die die Herrlichkeit Christus in ihrer Mitte trägt, erscheinen in zwei Kränzen mit 12 Medaillons die 24 Ältesten der Apokalypse. Das gelb-blaue Schachbrettmuster nimmt Bezug auf die Wappen der Schenkenden, Pierre Mauclerc, Graf von Dreux und seine Gemahlin, die auch selbst im unteren Teil der Lanzetten abgebildet sind.
In den Lanzetten tragen vier beeindruckende Persönlichkeiten, die „großen Propheten" (Jesaja, Jeremia, Ezechiel, Daniel), die vier Evangelisten auf ihren Schultern. Dabei rahmen sie die Jungfrau mit Kind ein: Dank dem heiligen Geist können die Propheten, wenn auch körperlich schwach und eingefallen, nun weiter sehen als die Riesen des Alten Testaments.

Notre-Dame-de-la-Belle-Verrière★ (1) – Das außergewöhnlich fein gearbeitete berühmte Fenster der Jungfrau mit Kind (12. Jh.) hatte wahrscheinlich einen besonders ausgesuchten Platz in der romanischen Kathedrale Fulberts. Dieses Werk, auf dem sich Maria und das Jesuskind ganz in blau vor dem roten Grund abheben, setzt sich aus insgesamt drei Glastafeln zusammen, die beim Brand 1194 nicht zerstört wurden. Man hat diese in eine Scheibe aus dem 13. Jh. eingepasst, die eines der Chorfenster ziert.

Andere Scheiben – Die Seitenschiffe des Hauptschiffs und die Kapellen des Chorumgangs erhellen zahlreiche „legendäre" Fenster aus dem 13. Jh., die jedoch stark nachgedunkelt sind. Die östlichen Querschiffsarme sind mit zwei Werken zeitgenössischer Künstler ausgestattet, die mit den alten Fenstern harmonieren: das Fenster des hl. Fulbert (südliches Querschiff: **2**), ein Geschenk der Vereinigung amerikanischer Architekten (Atelier François Lorin – 1954), und dem Friedensfenster (nördliches Querschiff **(3)**: ein Geschenk der deutschen Freunde der Kathedrale, 1971). In der Vendôme-Kapelle **(4)** fällt ein sehr helles Fenster aus dem 15. Jh. auf. Es markiert die Evolution, die mit den Fenstern aus dem 17. und 18. Jh. endet.

Chorschranken★★

Die Schließung des Chors in religiösen Bauten wurde im Mittelalter zur gängigen Praxis. So konnten sich die Gläubigen versammeln, aber auch vor der Kälte schützen. Die meisten Chorschranken wurden während der Gegenreform zerstört, und so ist diese hier ein gutes Beispiel religiöser Bildhauerkunst. 1514 von Jehan de Beauce begonnen, wurde sie erst im 18. Jh. fertiggestellt. Sie umfasst 41 skulptierte Gruppen, die von Süd nach Nord das Leben der Jungfrau Maria und von Jesus Christus illustrieren. Medaillons zeigen die Heilige Geschichte, die Geschichte der Region, die Mythologie. Diese Renaissance-Bildhauerkunst bildet einen faszinierenden Kontrast zu den gotischen Portalen.

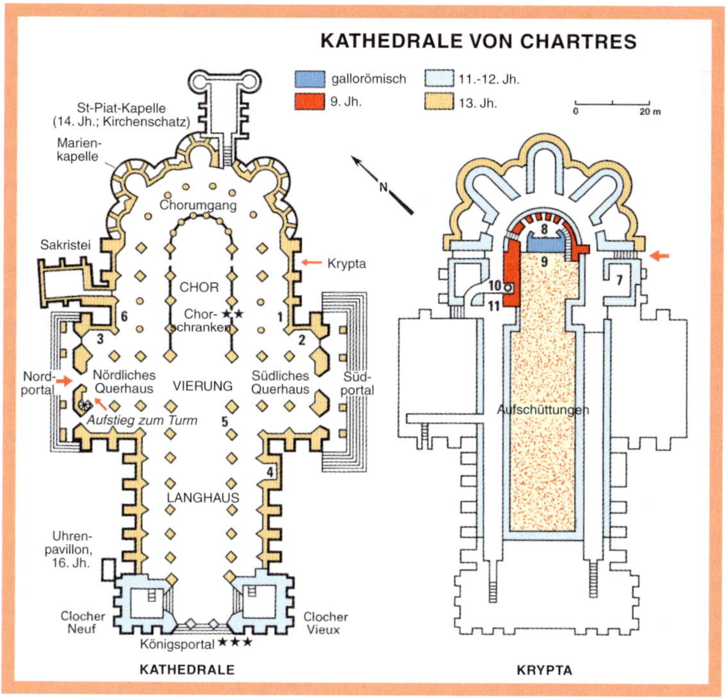

Chor
Die Marmorverkleidungen, die Himmelfahrtsgruppe oberhalb des Hauptaltars und die Flachreliefs der Zwischensäulen wurden im 18. Jh. ergänzt.

Orgeln (5)
Das Orgelgehäuse stammt aus dem 16. Jh.

Notre-Dame-du-Pilier (6)
In Zeiten großen Elends sangen die Kinder mit einer Fackel in der Hand Gebete vor dieser mehrfarbigen Holzstatue, um die Jungfrau um Gnade zu bitten. Die Statue (um 1510) steht auf einem der Pfeiler des Lettners (Schranke aus Holz oder Stein zwischen von Laien und Geistlichen genutzten Räumen) aus dem 13. Jh., der heute verschwunden ist.

Chapelle St-Cœur-de-Marie
In einer schönen Reliquien-Vitrine kann man das **Tuch der Jungfrau Maria** sehen. Maria soll es bei der Verkündigung getragen haben. 876 schenkte Karl der Kahle der Kathedrale diese wertvolle Reliquie, die Karl der Große von der Königin Konstantinopels erhalten hatte. Die Pilger sahen das schlichte Seidentuch lange Zeit als das „heilige Hemd" Mariens an, obwohl es sich nach Expertenmeinung um genauso ein Tuch handelt, wie es alle Frauen in Jerusalem zur Lebzeit Christi trugen. Im Lauf der Jahrhunderte war das Kleidungsstück Gegenstand einer großen Hingabe. Die Legende überliefert, dass im 10. Jh. die Normannen, die die Stadt eroberten, vor den Bewohnern geflohen seien und ihr Bischof die Reliquie als Fahne geschwenkt habe. Nachdem das Tuch den Brand von 1194 schadlos überstanden hatte, fand der bereits sehr starke Marienkult in Chartres noch mehr Anhänger.

Krypta★
Eingang außerhalb der Kathedrale auf der Südseite. ✆ 02 37 21 56 33 – Führung vormittags und nachmittags, So nachmittags (sich nach den Zeiten erkundigen); 1. Jan., 25. Dez. geschl. – 2,70 € (Kinder 2,10 €). Dies ist die größte Krypta Frankreichs (etwa 220 m

lang). Sie geht auf das 11. Jh. zurück und besitzt romanische Kreuzgratgewölbe und eine seltsame Form: Zwei lange Galerien sind durch einen Chorumgang verbunden und führen unter dem Chor und den Schiffen hindurch zu sieben Kapellen. Der aufgeschüttete Hauptbereich ist noch unerforscht. Von den sieben Kapellen sind nur drei romanisch. Die anderen wurden vom Bauherren der gotischen Kathedrale angefügt, um die Fundamente von Chor und Apsis des geplanten Baus zu legen.
Beim Abstieg in die Südgalerie sieht man zunächst die Originale der Statuen des Königsportals, den Engel mit der Sonnenuhr etc., gruppiert in der Chapelle St-Martin **(7)**. Vom Chorumgang aus führt eine Treppe in die tiefere Krypta hinab.

Crypte St-Lubin (8) – Sie bildete das Fundament der Kirche aus dem 9. Jh. Eine große runde Säule, deren Fuß freigelegt wurde, stützt sich auf eine gallo-römische Mauer **(9)**, an der man noch die abwechselnden Ziegel- und Mörtelschichten erkennt. In der Krypta konnten in turbulenten Zeiten und während Katastrophen die Kathedralschätze sicher untergebracht werden; so konnte das Tuch der Jungfrau Maria vor dem Brand von 1194 gerettet werden.

Puits des Sts-Forts (10) – Der 33 m tiefe Brunnen weist in seinem unteren Teil einen viereckigen Abschnitt auf, wie er für gallo-römische Brunnen typisch ist. Der Brunnenrand ist modern. Hier wurden vermutlich die Leichen der christlichen Märtyrer von Chartres hineingeworfen, die während einer normannischen Invasion 858 getötet wurden, der Name blieb bis heute erhalten.

Chapelle Notre-Dame-de-Sous-Terre (11) – Diese Kapelle, in der Pilger Momente intensiven Gebets erleben, bildet seit dem 17. Jh. zusammen mit der Nordgalerie der Krypta eine Kirche im Miniaturformat. Sie entstand nach einer einfachen Aushöhlung, zu der die Gläubigen bereits kamen, um die Jungfrau zu verehren. 1976 wurde ihre Einrichtung modernisiert. Zu diesem Anlass wurde auch die Statue aus dem 19. Jh. durch eine feierlichere Jungfrau ersetzt, die von romanischen Modellen inspiriert ist, und durch helle Gobelin-Wandteppiche aufgewertet.

Centre international du vitrail s. Plan II S. 96

5 rue du Cardinal-Pie – ✆ 02 37 21 65 72 – www.centre-vitrail.org – ♿ – Mo-Fr 9.30-12.30, 13.30-18.00 Uhr, Sa 10.00-12.30, 14.30-18.00 Uhr, So/Fei 14.30-18.00 Uhr; 1. Jan., 25. Dez. geschl. – 4 € (unter 14 J. Eintritt frei). 1980 gegründet, hebt dieses „kulturelle und technische Zentrum des Glases, der Scheibe und des Lichts" die zeitgenössische und kunsthandwerkliche Herstellung von dekorativem Glas hervor. Es ist in unmittelbarer Nähe der Kathedrale in der ehemaligen **Zehntscheuer von Loëns** eingerichtet, einem großen Fachwerkbau, den man an seinen drei Giebeln erkennt und der im Mittelalter von der Kathedrale abhängig war. In seinem wunderschönen **gotischen Vorratsraum** mit drei Schiffen (12. Jh.) werden Ausstellungen und Kurse abgehalten, während die obere Etage unter dem Dachstuhl der alten Scheune einem Rundgang zu den Buntglasfenstern der Kathedrale vorbehalten ist, die hier erklärt werden, sowie Wechsel- und Dauerausstellungen.

Musée des Beaux-Arts s. Plan II S. 96

29 cloître Notre-Dame – ✆ 02 37 90 45 80 – www.ville-chartres.fr – vormittags und nachmittags, So nachmittags; Di, 1. Jan., 1. und 8. Mai, 1. und 11. Nov., 25. Dez. geschl. – 3,10 € (Kinder 1,60 €), 7,00 € Kombiticket mit der Maison Picassiette. An der Kopfseite der Kathedrale gelegen, beherbergt dieses Museum den ehemaligen **Bischofspalast**, ein großes und baulich schönes Ensemble. Ein Teil aus dem 15. Jh., ist um einen Innenhof herum angelegt, eine Fassade aus dem 17. und 18. Jh. und ein zum Garten gehender Flügel vom Anfang des 18. Jh sind ebenso erhalten.

Erdgeschoss – Das Erdgeschoss mit dem bemerkenswerten Vestibül, das eine hufeisenförmige Treppe besitzt, setzt sich aus einer Flucht prunkvoller Salons zusammen. In den Räumen entdeckt man eine wunderliche Mischung von Werken verschiedener Epochen, darunter eine außergewöhnliche Sammlung großer Emailschilder, **Die zwölf Apostel★★** (um 1547). Sie werden Léonard Limosin (ca. 1505-1575) zugeschrieben, dem berühmten Email- und Goldschmied der Renaissance. Sie wurden 1545 von Franz I. in Auftrag gegeben und waren ein Geschenk Heinrichs II. an Diane de Poitiers für ihr Anwesen in Anet. Im Erdgeschoss befinden sich religiöse Objekte des Mittelalters

(Stücke aus Grubenschmelze, ein schönes Prozessionskreuz), mehrfarbige religiöse Skulpturen aus dem 15. und 16. Jh., sowie aus dem 17. Jh. ein prächtiges Gemälde des spanischen Malers Francisco Zurbaran (1598-1664) der *Heiligen Lucia*. Es sind auch alte **Musikinstrumente** (Spinett und Cembalo aus dem 17. und 18. Jh.) ausgestellt. Die neuen Museumssäle schließlich präsentieren ihre Sammlungen moderner Kunst mit einer bedeutenden Zahl an Werken von Derain, Soutine, Henri Navarre und **Vlaminck** (*Das kleine Mädchen mit der Puppe, ca. 1902*), dazu Stücke aus Ozeanien (Objekte von den Marquesas-Inseln, aus Tahiti, Neukaledonien etc.).

Erste Etage – Hier finden sich einige Stücke aus dem **Kirchenschatz der Kathedrale**, darunter ein großartiger Triptychon mit Stickereien aus Seide, Silber und Gold aus dem beginnenden 15. Jh. Man sieht auch **Ansichten von Chartres**, darunter das packende Gemälde *Brand der Kathedrale von Chartres 1836* von F.-A. Pernot, eine dem General Marceau gewidmete Ausstellung (Bilder, Waffen, Landkarten), und eine andere über die **Chauffeurs d'Orgères**. Diese Bande Krimineller erlangte eine traurige Berühmtheit durch das Terrorregime, das sie über die Beauce brachten. Sie überfielen abgelegene Höfe und zündeten die Füße ihrer Opfer an, damit diese das Versteck ihres Ersparten preisgaben. Im Oktober 1800 wurden sie in Chartres exekutiert.

Compa★

Westl. von Plan I auf der D 24. ☏ 02 37 84 15 00 – www.lecompa.com – ♿ – vormittags und nachmittags; Mo, 1. Jan., 1. Mai, 1. Nov., 25. Dez. geschl. – 3,80 € (unter 18 J. 1,50 €).

Ein ehemaliger Lokschuppen der SNCF, der wundervoll restauriert wurde, bildet den gelungenen Rahmen für das **Landwirtschaftskonservatorium**, mit guter **Sicht** auf Chartres und die Kathedrale. Auf fast 3000 qm Fläche werden die außergewöhnlichen Maschinen- und Werkzeugsammlungen präsentiert.

Im **Großen Maschinenraum** findet man Traktoren, die die verschiedenen Etappen der landwirtschaftlichen Mechanisierung von 1800 bis 1950 illustrieren. Desweiteren sieht man einen Film, der Dokumente aus Archiven zeigt und einige wissenswerte Anhaltspunkte gibt, dann gibt es zahlreiche ganz unterschiedliche Maschinen und Instrumente zu sehen, die je nach Art der Arbeit typisiert sind: Pflüge, Sämaschinen, Mähmaschinen mit Ablegevorrichtung und Mähdrescher. Modelle vergleichen die Landwirtschaft zweier benachbarter Regionen, der Perche (westlich des Pariser Beckens) und der Beauce. So gewähren sie Einblick in die Entwicklung der ländlichen Gegenden von 1860 bis heute. Die **Galerie des inventeurs et des inventions** (Galerie der Erfinder und ihrer Erfindungen) widmet sich voll und ganz den bedeutendsten Fortschritten in der Landwirtschaft und bringt den Besuchern die Entwicklungen auf spielerische Weise mit animierten Modelllandschaften näher. Man stößt auf bekannte Namen: Plinius der Ältere, Olivier de Serres, Antoine Laurent de Lavoisier, Mac Cormick,

Philippe Gajic / MICHELIN

Der naive Bau der Maison Picassiette besteht aus etwa 4 Mio. Glasscherben.

Ferguson, John Deere u.v.a. Das Compa bietet auch einen Multimedia-Bereich, den Cybercomp@, an, und organisiert jedes Jahr Wechselausstellungen über aktuelle Trends und Herausforderungen der Landwirtschaft.

Maison Picassiette

Östl. von Plan I. 22 rue du Repos – ✆ 02 37 90 45 95 – www.ville-chartres.fr – April-Sept. vormittags, nachmittags und Fei nachmittags, Okt. nur Sa/So (bes. Zeiten); Di, 1. und 8. Mai, 1. und 11. Nov. geschl. – 5,10 € (Kinder 2,60 €). Dieses seltene Beispiel naiver Architektur des 20. Jh. ist stark mystisch geprägt, es wird Sie in Erstaunen versetzen. Mehr als 25 Jahre lang verzierte **Raymond Isidore** (1900-1964), der erst Straßenarbeiter und später Friedhofskehrer war und den Spitznamen „Picassiette" hatte, unaufhörlich seinen bescheidenen Pavillon, bis daraus ein riesiges Mosaik aus etwa 4 Mio. Scherben von Geschirr und buntem Glas entstand, die in Zement gegossen wurden. Dieser Fantasiebaumeister hat sich um jedes Detail gekümmert, von den Böden bis zu den Decken über die Möbel, die Außenwände und Blumentöpfe. Zu besichtigen sind die verschiedenen Zimmer des Hauses (Küche, Wohnzimmer, Schlafzimmer) und außen die Kapelle, der Schwarze Hof (ein „Grab", das von einer Chartres-Kathedrale überragt wird) und die mit Fresken dekorierte Sommerwohnung. Der Garten ist mit Statuen und einem Bassin ausgestattet und birgt eine sehr persönliche Darstellung der Klagemauer sowie ein blaues Grab, das Grab des hl. Geistes.

Ziel in der Umgebung

Église de Meslay-le-Grenet

14 km südl. von Chartres. Der 1864 entdeckte und 1979 der Öffentlichkeit zugänglich gemachte **Totentanz** ist ein interessantes Detail dieser bescheidenen Pfarrkirche der ländlichen Umgebung von Chartres. Die Wandmalerei stammt wahrscheinlich aus den letzten Jahren des 15. Jh. Die Konfrontation zwischen Tod und Menschen beginnt an der Südwand mit den Darstellungen von Papst und Kaiser; sie endet an der Rückseite der Fassade mit dem Kind, dem Wucherer und dem Einsiedler. Der Begleittext des im Jahr 1376 verfassten Gedichts ist noch gut lesbar. Im oberen Abschnitt wird das „Lied von den drei Toten und den drei Lebenden" erzählt, ein moralisierender Text, der oft mit in Frankreich wiederentdeckten Totentänzen assoziiert wird.

Tipps und Adressen

Allgemeine Hinweise

Fremdenverkehrsamt von Chartres – *Place de la Cathédrale – ✆ 02 37 18 26 26 – www.chartres-tourisme.com*

Führungen – *✆ 02 37 18 26 26 – www.chartes-tourisme.com.* Das Fremdenverkehrsamt organisiert Führungen mit Audioguide durch das alte Chartres und verleiht Kopfhörer. Nachts kann man die illuminierten Monumente entdecken.

Mit der Bahn – *✆ 02 37 25 88 50 – Mitte März-Anf. Nov. ganztags – 5,50 € (unter 14 J. 3 €).* Zur Reisezeit kann man das alte Chartres mit einer kleinen Touristenbahn durchqueren.

Übernachten

Chambre d'hôte Ferme de la Forge – *2 rue des Prunus, im sog. Cherville – 28700 Oinville-sous-Auneau – 17,5 km östl. von Chartres auf der D 910 und D 19 – ✆ 02 37 31 72 80 – www.cherville.com – – 4 Zi: 55/59 €.* Die Eigentümerin dieses Hofs aus dem 19. Jh. bereitet ihren Gästen einen herzlichen, bodenständigen Empfang. Vier Zimmer, davon drei mit Mansarde, wurden in einem Nebengebäude eingerichtet. Der zarte Geruch vergangener Zeiten stammt von den alten Möbeln und den sorgfältig aufbewahrten Originalstücken.

Chambre d'hôte La Ferme du Château – *In Levesville – 28300 Bailleau-l'Évêque – 8 km nordwestl. von Chartres auf der D 954, dann D 134 – ✆ 02 37 22 97 02 – – 3 Zi: 55/60 € – Mahlzeit 17,50 €.* In diesem eleganten Hof wohnt man in hübschen, eher schlicht eingerichteten und bequemen Zimmern. Der Hof liegt neben einem kleinen Schloss und ist sehr ruhig. Die liebenswerten Inhaber sind ebenfalls sehr diskret, was den Aufenthalt besonders angenehm macht.

Chambre d'hôte La Varenne – *20 rue de Tachainville, La Varenne – 28630 Ver-lès-Chartres – 6 km südl. von Chartres auf der D 935 und D 114 – 02 37 26 45 32 – http://lavarenne28.free.fr – – 4 Zi: 55/65 €* . Inmitten von Weizenfeldern liegt dieses Haus mit vier Zimmern auf einer Ebene in schlichter, aber edler Ausstattung. Moderner Frühstücksraum. Im Garten befindet sich ein einfaches beheiztes Schwimmbad.

Chambre d'hôte L'Érablais – *38 rue Jean-Moulin – 28300 Chazay – 10 km westl. von Chartres auf der D 24, route de Senonches und D 121 links – 02 37 32 80 53 – www.erablais.com – 25. Dez.-2. Jan. – – 3 Zi 43 €* . Dieser Hofkomplex aus dem 19. Jh. in einem kleinen Weiler bei Chartres besteht aus fünf Gebäuden in Lehmbauweise. Der ehemalige Stall birgt drei hübsche Zimmer (zwei davon mit Mansarde), die durch Blumenmotive einen persönlichen Touch bekommen. Ruhiger und schöner Garten, der in Richtung Rapsfelder weist. Fahrradverleih.

Ibis Centre Hôtel – *14 pl. Drouaise – 02 37 36 06 36 – h0917@accor.com –* P *– 79 Zi: 80 € – 7,50 € – Rest. 13,50 €.* Dieses im Stil der Region gestaltete Ibis liegt ganz in der Nähe der Eure nicht weit von der Altstadt. Funktionelle, zeitgenössisch renovierte Zimmer. Speisesaal mit Terrasse.

Hôtel Le Grand Monarque – *22 pl. des Épars – 02 37 18 15 15 – www.bw-grand-monarque.com – 50 Zi: 152 € – 15 € – Rest. 48 €.* Poststation aus dem 16. Jh. mitten im Stadtkern. Die gemütlichen und individuell eingerichteten Zimmer haben hohe Stuckdecken; einige sind mit Blumenstoffen und Himmelbetten ausgestattet. Einfallsreiche Küche, die man im eleganten Speisesaal genießt.

Essen und Trinken

La Brasserie Bruneau – *4 rue du Mal-de-Lattre-de-Tassigny – 02 37 21 80 99 – Jan.- 5. Mai, Sa-mittag, So/Fei geschl. –Mittagsangebot 12,10 € – 20 €.* Die Brasserie in der Nähe des Rathauses ist im Stil der 1930er-Jahre dekoriert und bietet traditionelle Hausmannskost zu akzeptablen Preisen an. Junges Personal, schnelle Bedienung und lockere Atmosphäre.

Le Pichet – *19 rue du Cheval-Blanc – 02 37 21 08 35 – Di abends und Mi geschl. – 12/25 €.* Unweit von der Kathedrale liegt dieses sehr gemütliche kleine Bistro mit nostalgischem Ambiente: Holzstühle, Gardinen, Sammlung von Kaffeekannen, Krügen und Straßenschildern. Die Gerichte sind traditionell.

Le Tripot – *11 pl. Jean-Moulin – 02 37 36 60 11 – restaurant.letripot@orange.fr – letzte Juliwoche, 2 Wo Anf. August, 24.-25. Dez., Mo, Mi abends und So abends geschl. – Mittagsangebot 13 € – 15/38 €.* In diesem Haus von 1553, dessen Name in etwa „verrufenes Haus" bedeutet, wurde früher das Jeu de Paume, der Vorläufer des Tennis, gespielt. Noch immer ist das damalige Motto auf Latein in den Giebel über der Eingangstür eingraviert: „Raus mit euch, ihr Streitsüchtigen". Es hat an Aktualität nichts eingebüßt! Rustikales, gut erhaltenes Interieur mit tagesfrischer Küche.

Le Café des Arts – *45 rue des Changes – 02 37 21 07 05 – im Winter So geschl. – 16 €.* Die angesagte Bar bei der Kathedrale hat ein edles Dekor, inspiriert von den Reisen des Eigentümers in die Sahara. Es gibt Holzofenbrot mit einer Auswahl an Brotaufstrichen. Im Sommer hübsche Terrasse.

Le Serpente – *2 rue du Cloître-Notre-Dame – 02 37 21 68 81 – http://leserpente.com – im Winter Reserv. erforderlich – 25/35 €.* Ein Fahrrad unter der Decke, Plakate an den Wänden und Emailschilder an der Treppe: Das ist die Deko dieses sympathischen alten Cafés gegenüber der Kathedrale. Man isst zu jeder Tageszeit gute Salate und authentische Küche.

Saint-Hilaire – *11 rue du Pont-St-Hilaire – 02 37 30 97 57 – 27. Juli-18. Aug., 21. Dez.-5. Jan., Sa-mittag, So und Mo geschl. – 25/40 €.* In dem Haus aus dem 16. Jh. gibt es zwei Speisesäle mit Sichtbalken, alten Terrakottakacheln und bunten Möbeln. Der Küchenchef bevorzugt lokale Produkte zur Zubereitung seiner traditionell inspirierten Rezepte.

La Vieille Maison – *5 rue Au-Lait – 02 37 34 10 67 – www.lavieillemaison.fr.st – 31. Juli-7. Aug., So abends, Di-mittag und Mo geschl. – 29/45 €.* Sichtbalken, rustikale Möbel und ein offener Kamin verleihen dem Jahrhunderte alten Gebäude ein stimmungsvolles Ambiente. Traditionelle Küche.

Kleine Pause

Brûlerie Les Rois Mages – *6 rue des Changes – 02 37 36 30 52 – tgl. außer So und Mo vormittag 9.15-12.15, 13.45-19.15 Uhr.* In diesem Retro-Café kann man zahlreiche vor Ort geröstete Kaffeespezialitäten oder einen von zehn angebotenen Tees probieren. Auch zum Mitnehmen.

La Chocolaterie – *2 pl. Cygne – ✆ 02 37 21 86 92 – Di-Sa 8-19.30, So-Mo 10-19.30 Uhr.* Sehr gute Adresse, um sich mit süßen Souvenirs wie Makronen oder Mentchikoffs einzudecken (Schokoladenspezialität aus Chartres). Teesalon mit Sofas und Kamin. Im Sommer kann man auf der hübschen Terrasse sitzen.

Einkaufen

Markt – *Place Billard – nahe der Kathedrale.* Jeden Samstagvormittag (7.00-13.00 Uhr) schmücken unzählige Blüten die Halle im Baltard-Stil. Diese Duft- und Geschmackssensation ist einer der meistbesuchten Märkte der Region.

Migeon – *2 bis rue Soleil-d'Or – ✆ 02 37 21 41 14 – 9-13, 14-19, Sa 8.30-13, 14-19.30, So 8.30-13, 14.30-19 Uhr.* In diesem Chocolatier-Pâtissier-Eisgeschäft gibt es eine hausgemachte Spezialität: das Mentchikoff. Diese Praline im Mandelteigmantel wurde 1893 vom Konditor Daumesnil kreiert, um die französisch-russische Allianz zu feiern.

Tradition

Atelier Loire – *16 rue d'Ouarville – 5 km nördl. von Chartres – 28300 Léves – ✆ 02 37 21 20 71 – www.loire-vitrail.fr – kommentierte Besichtigung Fr 14.30 Uhr, außer Aug. Eintritt frei.* Ein bürgerliches Anwesen inmitten eines Parks beherbergt dieses 1946 von Gabriel Loire eingerichtete Atelier, das heute von dessen Enkeln geführt wird. Die Glasmalerei und ihre Techniken werden sorgfältig erklärt. Von einem Modell ausgehend wird gezeigt, wie eine Malerei zur fertig gestalteten Fensterscheibe wird.

La Galerie du Vitrail – *17 Cloître-Notre-Dame – ✆ 02 37 36 10 03 – www.galerie-du-vitrail.com – tgl. 10.30-13, 14-19 Uhr, So/Fei 11.00-13.00, 14.00-19.00 Uhr.* Hier geht es um alle Facetten der Buntglasmalerei, von den Ausstellungssälen, die sich mit alten und zeitgenössischen Fensterscheiben befassen bis hin zur Boutique, in der man zahlreiche Gegenstände, die mit dieser Technik gefertigt wurden, kaufen kann (Spiegel, Lampen, Mobiles). Die Inhaberin Natalie Zins Loire ist die einzige Antiquarin Frankreichs, die sich auf die Buntglasmalerei spezialisiert hat. Thematische Bibliothek.

Sport und Freizeit

Club Canoë-Kayak des Vauroux – *28300 Mainvilliers – ✆ 06 21 01 00 99 – www.canoekayakchartres.fr – canoekayak.chartres@hotmail.fr* Dieser Club verleiht Kanus und Kajaks für eine Flussfahrt auf der Eure. Auch Fahrten mit Führer sind möglich, bei denen man die Flora, Fauna und die Mühlen am Wasser genauer kennenlernen kann *(mind. einen halben Tag einplanen).*

La Petite Venise – *Pont de la Courtille, Park an den Ufern der Eure – ✆ 02 37 91 03 65 – April-Okt. 13-19 Uhr. ab 6,50 € für 2 Pers./30 min.* Ganz in der Nähe der Kathedrale und des Zentrums kann man Boote, Tretboote und Kanus für eine ungefähr 3 km lange Flussfahrt auf der Eure mieten.

Feste und Events

Februar-März in Chartres – Woche Heinrichs IV. (Feb.-März): zahlreiche Animationen rund um den einzigen französischen König, der in Chartres gekrönt wurde – *✆ 02 37 18 26 26.*

Mai in Chartres – Wasserfest: Fackelzug zur Eure, Animationen und Musik rund ums Wasser – *✆ 02 37 18 26 26.*

Juli-August à Chartres – Sommerabende *(Di, Do und Sa)*, Theater, Straßenspektakel, Musik – *✆ 02 37 18 26 26.*

Vallée de Chevreuse★

YVELINES (78) – UMSCHLAGKARTE AB3 –
MICHELIN LOCALKARTEN 311 I3, ZOOMKARTE 101 FALTEN 21-22, 106 FALTEN 28-29

Dieses Tal im Südwesten von Paris hat eine beschleunigte Verstädterung erlebt. Zum besseren Schutz wurde der Parc naturel régional de la haute vallée de Chevreuse geschaffen, ein Naturpark, in dem die Bewohner der Île-de-France am Wochenende gern spazieren gehen. Hier gibt es unter anderem die Schlösser von Chevreuse und Dampierre sowie die Abtei von Port-Royal-des-Champs zu entdecken. Die am besten erhaltenen Stätten befinden sich flussaufwärts von dem Dorf Chevreuse.

- **Wegweiser** – Orientieren Sie sich an den Wegweisern in Chevreuse, wo auf die „circuits de découverte" (Rundwege) hingewiesen wird.
- **Unbedingt sehenswert** – Die wundervolle Landschaft, wenn man auf den kleinen Straßen des Tals unterwegs ist.
- **Gut geplant** – Zwei Rundwege *(Dauer je etwa 1 ½ Std.)* ab Chevreuse oder Port-Royal werden hier beschrieben, der Park zählt jedoch mehr als 200 km ausgeschilderter Wege: So kann sich der kleine Spaziergang schon mal zu einer längeren Wanderung ausdehnen!
- **Orte in der Nähe** – Château de BRETEUIL, Château de DAMPIERRE, Abbaye de PORT-ROYAL-DES-CHAMPS, RAMBOUILLET

Ausflüge

Vallée de l'Yvette 1

12 km – etwa 1 ½ Std. Verlassen Sie Chevreuse in Richtung Yvette-Tal auf der D 58.

Château de Dampierre★★ *s. dort*

Folgen Sie der D 58. Parkplatz links von der Kreuzung, bevor es über die Yvette geht.

Maincourt

Der Weiler von Maincourt-sur-Yvette birgt eine Kuriosität: Die **Mairie-église**, in der sich seit 1890 das Rathaus und die Kirche St-Germain de Paris unter einem Dach befinden. Beide werden bis heute genutzt.

Entdeckungspfad – *Erläuterungen auf dem Schild am Eingang der Tour; Broschüre in der Maison du Parc à Chevreuse und beim Fremdenverkehrsamt von St-Rémy-lès-Chevreuse.* Der 2 km lange Weg führt an 15 Beobachtungsstationen vorbei, von denen man die geschützte Natur in der Umgebung betrachten kann, sowie deren Veränderungen, die der menschliche Fortschritt seit dem Mittelalter hervorgerufen hat.

Nehmen Sie wieder die D 58 Richtung Lévis-St-Nom.

Notre-Dame-de-la-Roche

Das zu einem professionellen Gartenbauzentrum umgebaute Priorat besitzt noch seine Kirche aus dem 13. Jh., die später vergrößert wurde. Das nördliche Querschiff birgt die Grabkapelle der Familie Lévis-Mirepoix aus dem 19. Jh. Besonders sehenswert ist das Ensemble der Grabskulpturen aus dem 13. Jh., darunter drei Statuen: Guy de Lévis I., Kompagnon Simon de Montforts bei seinem Kreuzzug gegen die Albigenser, bei dem er den Titel Marschall de la Foi erhielt, sein Sohn sowie Guy de Lévis III.

Le Mesnil-St-Denis

Das elegante **Schloss** aus dem 16. und 18. Jh., in dem sich Madamede Sévigné sowie der Maler Philippe de Champaigne aufhielten, befindet sich am Ortsausgang in Richtung Lévis-St-Nom. Heute ist hier das Rathaus untergebracht. Zwei Grabenlinien und ein Taubenhaus (16. Jh.) mit einem Schieferturm sowie Gemeinschaftsräume sind erhalten. Der Amerikaner Reynolds, der das Schloss 1947 erstanden hatte, fabrizierte hier die ersten Kugelschreiber, die in Frankreich verkauft wurden. Das Hauptgebäude ist von klassischer Schlichtheit. Die Kapelle im Inneren wird für Trauungen genutzt (mit allegorischen Darstellungen bemalte Kassettendecken, Buntglasfenster aus dem 19. Jh.). Sichtbalken durchziehen den Lesesalon, darin findet sich ein Renaissance-Kamin, der die Wappen der Familie Habert de Montmort trägt, die zwei Jahrhunderte lang im Mittelpunkt der Geschichte dieser Region stand (1543-1720). *Geöffnet an den Journées du patrimoine (Tage des Kulturerbes, jährl. Ende Sept.).*

Es geht weiter in Richtung Coignières. Nach etwa 1 km biegen Sie links in die Avenue des Acacias.

Skit du St-Esprit

7 av. des Bruyères – ✆ 01 34 61 49 79 – www.lemesnilsaintdenis.com – Führung an einem Sa und So im Monat: s. Homepage – 7 €. Dieses kleine, 1938 gegründete orthodoxe Kloster schmiegt sich ins Pommeret-Tal westlich von Le Mesnil. Unter den wenigen Mönchsdörfern (Skite) Westeuropas ist es das älteste, das noch aktiv ist. Sein Name geht auf die Bezeichnung eines Orts in der ägyptischen Wüste zurück, an dem Maka-

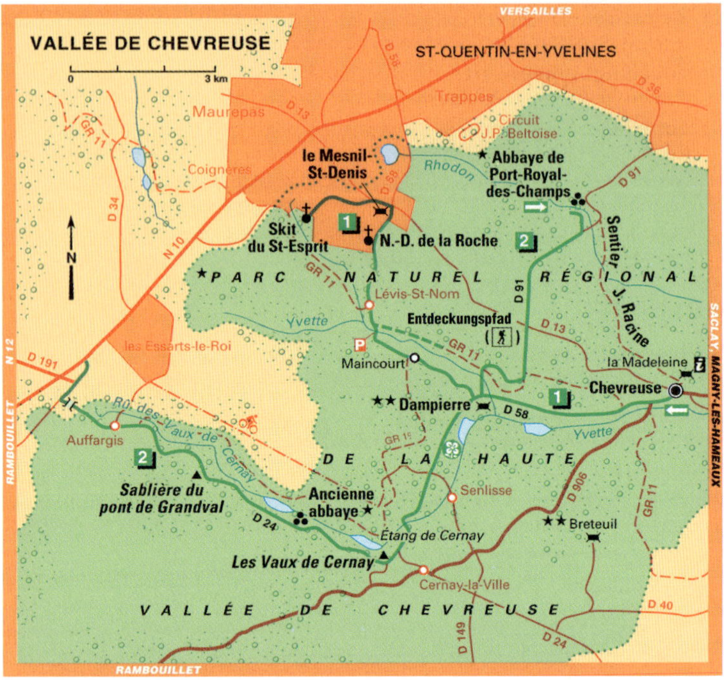

rios die erste Klostergemeinschaft gründete (4. Jh.). Hinter der monumentalen Vorhalle erscheint am Ende eines abschüssigen Wegs die Kirche: Das Innere ist mit Fresken und Holzikonen verziert. Das Baptisterium wurde 1988 zur Erinnerung an die 1000-jährige Weihe Russlands im Namen des Moskauer Patriarchats fertiggestellt. Jede der Zellen bewohnt ein Mönch, die Zahl der dort lebenden ist folglich begrenzt.

Rû des Vaux-de-Cernay 2

22 km – etwa 1 ½ Std. Verlassen Sie Port-Royal-des-Champs Richtung Süden auf der D 91. Die Straße, die Port-Royal über ein Plateau mit dem Yvette-Tal verbindet, führt schnell hinab nach Dampierre, dabei folgt sie der unter Radfahrern sehr bekannten Strecke „les 17 tournants" (die 17 Kurven).

Château de Dampierre★★ *s. dort*

Les Vaux-de-Cernay *s. dort*

Die D 24 folgt dem oberen Tal des Bächleins von Les Vaux-de-Cernay, in der Nähe der **ehemaligen Abtei von Les Vaux-de-Cernay★**, die hinter ihren langen Mauern unsichtbar bleibt. Ein eisernes Ehrengitter aus der Zeit Ludwigs XV. kennzeichnet das Ende des Grundstücks.

Sablière du pont de Grandval

Kleine Sandaufschüttung, in deren Umgebung man eine Rast einlegen kann. *Die D 24 führt weiter durch den Wald und über Auffargis nach einer Eisenbahnunterführung zur N 10.*

Tipps und Adressen

Allgemeiner Hinweis

Maison du Parc naturel régional e la haute vallée de Chevreuse – *Chemin Jean-Racine – ✆ 01 30 52 09 09 – www.parc-naturel-chevreuse.fr* Im Park werden Veranstaltungen angeboten.

Verkehrsmittel

Baladobus – *✆ 01 30 52 09 09 – www.parc-naturel-chevreuse.fr – Mai-Okt. So, Fei und Denkmalswochenende – Abfahrt vom RER-Bahnhof in St-Rémy-lès-Chevreuse und vom SNCF-Bahnhof in La Verrière – 3,50 € (unter 18 J. 2 €, unter 6 J. frei), Ermäßigung auf versch. Sehenswürdigkeiten bei Vorzeigen der Fahrkarte des Baladobus.* Ein Besuchershuttle fährt zu den Schlössern von Chevreuse, Dampierre und Breteuil, der Abtei von Les Vaux-de-Cernay, dem Nationalmuseum in Port-Royal-des-Champs sowie zu einigen Wanderwegen (GR 11, PR, Rundwege durch den Naturpark und thematische Lehrpfade).

Übernachten

Im Naturpark befinden sich zwei Herbergen, die das Label Gîtes de France tragen. Reservierung ist erforderlich: Maison du Parc – *✆ 01 30 52 09 09 – Fax 01 30 52 12 43 – www.parc-naturel-chevreuse.org*

Maison de Fer – Das Gästehaus in der Nähe des Schlosses von Dampierre ist mit 20 Betten (2er-, 4er- und 6er-Zimmer) ausgestattet und ganzjährig geöffnet, außer zwischen Weihnachten und Neujahr.

Maison des Hauts-Besnières – Die Unterkunft in La Celle-les-Bordes verfügt über 30 Betten (2er-Zimmer und ein Schlafraum mit 14 Betten) und empfängt das ganze Jahr Gäste, außer zwischen Weihnachten und Neujahr.

Einkaufen

Ferme de Coubertin – *GAEC – 78470 St-Rémy-lès-Chevreuse – ✆ 01 30 52 00 19 – www.ferme-de-coubertin.fr – tgl. außer Mo und Di-vormittag 9-10.30, 17-19 Uhr; Juli-Aug. 17-19 Uhr.* Auf dem Hof des Coubertin-Anwesens können Sie Ihren Einkaufskorb füllen. Es gibt Milchprodukte (Dickmilch, Quark, Crème fraîche, Joghurt und verschiedene Käse- und Ziegenkäsesorten), Geflügelfleisch und Eier. Alle Produkte stammen aus der Region und werden vor Ort hergestellt.

Chèvrerie des Trois Ponts – *La Petite Hogue – RD 906 (Straße von Rambouillet nach Cernay-la-ville) – 78610 Auffargis – ✆ 01 30 59 85 80 – www.3ponts.com – 8.30-12.30, 16.30-18.30 Uhr; Sa/So 8.30-12.30, 15-18.30 Uhr.* Verkauf von Milchprodukten (sehr große Auswahl an gewürztem oder naturbelassenem Ziegenkäse in den verschiedenen Reifestadien), die vor Ort hergestellt werden. Daneben weitere regionale und sorgfältig zusammengestellte Produkte wie Fleischwaren, Honig, Cidre, Apfelsaft, Eier etc.

Confiture Sandrine Mia – *Lieu-dit la Barre – 78720 Senlisse – ✆ 06 81 35 25 03 – mit Reserv.* Die Konfitüren werden nach traditioneller Machart mit frischen Früchten zubereitet. Sandrine Mia ist es ein Vergnügen, Originalrezepte zu empfehlen (Aprikose mit Sternanis, Waldfrucht u.a.).

Sports und Freizeit

NATURLEHRWANDERUNGEN

Centre d'études de Rambouillet et sa forêt (Apnem) – *50 rue du Muguet – 78120 Rambouillet – ✆ 01 30 66 73 09.* Halbtägige Ausflüge zur Erkundung der Natur.

WANDERUNGEN

Unter den etwa 250 km ausgeschilderter Wege sind die wichtigsten die der Gruppe GR (rot und weiß ausgeschildert): Der GR 1 verbindet Rambouillet mit St-Arnoult-en-Yvelines, der GR 11 St-Rémy-lès-Chevreuse mit Mesnil-St-Denis. *S. Karte IGN TOP 25 (2215 OT).*

AUSRITTE

Centre équestre Grange Martin – *96 av. du Gén.-Leclerc – 91190 Gif-sur-Yvette – ✆ 01 69 07 51 10 – www.grangemartin.com – 8-21 Uhr – Aug. geschl.*

Les Écuries de la Vallée de Chevreuse – *2 rue Mare-aux-Trois-Ormeaux, ferme de Villeneuve – 78114 Magny-les-Hameaux – ✆ 01 30 43 47 02 – 8-20 Uhr – Aug. geschl. – 25 €.* Dieses Reitzentrum organisiert Ausritte in Begleitung erfahrener Reiter durch den Wald und bietet außerdem entsprechende Kurse an (Hindernisreiten, Dressur). Der Ponyclub führt Kinder (ab fünf Jahre) ans Pferd heran, während der Schulferien gibt es auch Reitkurse. Falls Sie selbst ein Pferd haben, können Sie es während ihres Aufenthalts in einer der 50 vorhandenen Boxen unterbringen.

FAHRRADVERLEIH

Loisirs VTT – *1 sente de la Brèche, Fourcherolles – 78720 Dampierre-en-Yvelines – ✆ 01 30 52 56 40 – www.loisirs-vtt.com – tgl. nach vorheriger Anmeldung – 26. Dez.-1. Feb. geschl.; 1 Std. Mietdauer 6 €, ½ Tag 12,50 €.* Loisirs VTT bietet auch Mountainbiketouren im Chevreusetal mit Führung an und organisiert Gruppenausflüge mit Fahrradtransport.

Maison forestière de la Porte St-Léger – *78120 Rambouillet – ✆ 06 07 64 15 87 – www.locacycles.com – März-Okt. Sa/So/Fei 10-19 Uhr, während der Woche und Nov.-Feb. mit Reserv.*

Conflans-Ste-Honorine★

YVELINES (78) – 33 200 EINWOHNER– UMSCHLAGKARTE D5 –
MICHELIN LOCALKARTE 311 I2, ZOOMKARTEN 101 FALTE 2, 106 FALTEN 17-18

Die Stadt am Zusammenfluss von Seine und Oise überragt auf einer Anhöhe die zweite Seineschleife flussabwärts von Paris. Auch wenn die Flussschiffahrt ein wenig nachgelassen hat, bleibt Conflans doch die französische Hauptstadt dieses Metiers, zumindest an den Kais liegen weiterhin viele Kähne.

Didier Pazery / MICHELIN

Von einem Boot auf der Seine aus hat man einen hübschen Blick auf die Kirche des Städtchens.

- **Wegweiser** – Zufahrt mit dem Auto über die A 15, Ausfahrt 7. Zugverbindung ab Paris-Gare St-Lazare oder RER A 3 (Bahnhof von Conflans-Fin-d'Oise).
- **Gut geplant** – Eine Bootsfahrt kann zwischen 1 Std. und 1 Tag dauern *(s. Tipps und Adressen).*
- **Mit Kindern** – Im Musée de la Batellerie: Modelle alter Boote sowie von Schleusen, Dämmen und Kanälen; eine Bootsfahrt auf Seine oder Oise.
- **Orte in der Nähe** – MAISONS-LAFFITTE, POISSY

Zu Fuß unterwegs

Zusammenfluss von Seine und Oise (Mündung der Oise)

1 ½ km westl., dem Quai de la République und Quai E.-Le Corre folgend. Jenseits des Eisenbahnviadukts geht es links zur Flussmündung, dem „Pointil", hier wurde ein Denkmal für die bei der Schifffahrt Verunglückten errichtet. Der **Blick** auf den Schiffsverkehr und einige Bauten ist interessant: Man erkennt die Straßenbrücke über die Oise und die metallische Zugbrücke, den **Pont Eiffel** (1890, nachgebaut). Flussabwärts sieht man die Überbauten der **Dammschleuse von Andrésy** (1957), einer der modernsten Bauten mit sieben Dämmen, die die untere Seine vom Hafen von Gennevilliers trennt. Dieser Teil des Flusses unterliegt den Gezeiten.

Tour Montjoie

Dieser romanische Bergfried (11. Jh.) auf einem Vorsprung des Plateaus wurde im 16. Jh. zur Ruine.

Église St-Maclou

Ein Stück oberhalb des Turms befindet sich diese im 11. Jh. erbaute und bis ins 19. Jh. veränderte Kirche mit den Grabsteinen von Mathieu IV de Montmorency und Jean I (14. Jh.) sowie einem Buntglasfenster (1860), das von der Ankunft der

Reliquien der **hl. Honorine** in Conflans erzählt, einer Märtyrerin aus dem 3. Jh., die der Stadt ihren Namen gab.

Château du Prieuré

Das Schloss befindet sich an der Stelle des ehemaligen Priorats, das Wache über die Reliquien der Heiligen hielt. 1869 im Stil der Neo-Renaissance von Jules Gévelot umgebaut, birgt es heute das Musée de la Batellerie (Flussschifffahrt).
Von der Place Jules-Gévelot oder über den Parc du Prieuré gelangt man zur Terrasse, von der man einen schönen **Blick★** auf Fluss, Hafen und Kirche hat.

Sehenswürdigkeit

Musée de la Batellerie (Flussschiffahrtsmuseum)

3 pl. Jules-Gévelot, im Château du Prieuré – ✆ 01 34 90 39 50 – Mo, Mi-Fr 9-12, 13.30-18 Uhr, Di/Sa/So/Fei nachmittags; 1. Jan., 1. Mai, 25. Dez. geschl. – 4,10 € (unter 18 J. 1,50 €). Eine Sammlung alter Bootsmodelle sowie viele Gegenstände, Gemälde und Fotografien erzählen die Geschichte der französischen Flussschifffahrt.

Tipps und Adressen

Allgemeiner Hinweis

Fremdenverkehrsamt von Conflans – *1 rue René-Albert – www.conflans-tourisme.com*

Essen und Trinken

Au Bord de l'Eau – *15 quai des Martyrs-de-la-Résistance – ✆ 01 39 72 86 51 – 9.-27. Aug., 24. Dez.-3. Jan., abends (außer Sa) und Mo außer Fei geschl. – 29/54 €.* Sympathisches Familienrestaurant auf dem Kai mit Blick auf den Fluss. Zur maritimen Einrichtung zählen Navigationsinstrumente und Bootsschilder. Klassische Küche.

Sport und Freizeit

BOOTSFAHRTEN

Reservierung und Information im Fremdenverkehrsamt – ✆ 01 34 90 99 09.

Croisières-repas – *Juni-Sept.* Auf der Seine bis Poissy oder der Oise bis Auvers-sur-Oise, Essen mit darauffolgender Tanzanimation.

Croisière-dîner – Tanzdîner auf Seine und Oise.

Château de Dampierre★★

YVELINES (78) – UMSCHLAGKARTE A3 –
MICHELIN LOCALKARTE, ZOOMKARTE 101 FALTE 31, 106 FALTE 29 – KARTE S. 106

Das Schloss von Dampierre wurde an der Stelle eines Gebäudes aus dem 16. Jh. von Jules Hardouin-Mansart zwischen 1675 und 1683 erbaut. Es war für den Herzog von Chevreuse, den Schwiegersohn Colberts bestimmt, einem ehemaligen Schüler von Port-Royal und Mentor des Herzogs von Burgund. Die Familie de Luynes et de Chevreuse ist immer noch Eigentümerin des Schlosses. Das Ensemble, das der Park von Le Nôtre mit dem Schloss bildet, zählt zu den seltenen Beispielen erhaltener Anwesen in der Nähe der Hauptstadt.

Wegweiser – Das Schloss ist im Chevreuse-Tal am Zusammenfluss von Yvette und dem Bächlein von Les Vaux-de-Cernay gelegen. Von der D 91 aus sieht man den tollen Bau durch das Gitter aus dem 18. Jh.

Unbedingt sehenswert – Das Appartement des Königs, in dem drei große französische Herrscher residierten: Ludwig XIV., Ludwig XV. und Ludwig XVI.; der Minerva-Saal; der Park.

Gut geplant – Der Besuch von Dampierre lässt sich gut mit dem des Schlosses von Breteuil verbinden; oder man nutzt die zahlreichen Wanderwege, die durch das Chevreuse-Tal verlaufen *(s. Ausflug* 2 *unter Vallée de la Chevreuse)*, um zu Fuß nach Les Vaux-de-Cernay zu gelangen.

Orte in der Nähe – Château de BRETEUIL, Vallée de la CHEVREUSE, Abbaye de PORT-ROYAL-DES-CHAMPS, RAMBOUILLET

Sehenswürdigkeiten

Das Schloss★★

☏ 01 30 52 53 24 – www.chateau-de-dampierre.fr – April-Sept. 11-18.30 Uhr, So und Fei 11-12, 14-18.30 Uhr; Park ganztags – 10 € (unter 10 J. 2 €), 6,50 € Park ohne Schloss. Das von **Jules Hardouin-Mansart** (1646-1708) für Honoré d'Albert de Luynes, Herzog von Chevreuse, Staatsminister und Schwiegersohn Colberts erbaute Beispiel klassischer Architektur gehört seit drei Jahrhunderten derselben Familie. Dem von Wassergräben umgebenen Hauptgebäude, das sich zu den Ställen und Wirtschaftsgebäuden öffnet, sind von jeder Seite, zu der man den Empfangshof verlässt, zwei Arkadenbauten vorgelagert. Die Ziegel wechseln sich mit Stein- und Säulenreihen ab und bilden am dunklen Ende des Parks eine sehr fröhliche Farbharmonie.

Im Erdgeschoss bemerkt man im Vestibül eine schöne Statue der Penelope von Cavelier (1848). Nun durchquert man den mit Holzvertäfelungen im Ludwig XV.-Stil verkleideten Salon, die Gemächer, in denen sich Marie Leszczyńska aufhielt, sowie einen großen Speisesaal mit Täfelungen im Stile Ludwigs XIV.

Das **Königsgemach** in der ersten Etage (in dem Ludwig XIV., Ludwig XV. und Ludwig XVI. wohnten) ist seit dem 17. und 18. Jh. unverändert prunkvoll eingerichtet und erinnert an die Königssäle Versailles': Möbel, Täfelungen, Porträts, Medaillons.

Am meisten jedoch lässt sich über die Einrichtung des Fest- oder **Minerva-Saals** am oberen Ende der großen Treppe staunen. Dieser Salon, in dem man große Empfänge abhielt, wurde im 19. Jh. von Duban zeitgenössisch restauriert. Seine Gestaltung wurde Ingres anvertraut, der das große unvollendete Fresko des *Goldenen Zeitalters* malte. Der Herzog Honoré de Luynes, der das Projekt leitete, ließ dort eine mehrfarbige Statue der Minerva aufstellen, eine Miniaturausgabe – und doch 3 m hoch – der legendären Minerva von Phidias, die im Parthenon steht (5. Jh. v. Chr.).

Der Park★

Zur Rechten des Schlosses stößt man auf eine bei Anglern sehr beliebte Wasserfläche. Wasser ist in diesem romantischen Park allgegenwärtig; Kanäle, Fontänen und Kaskaden schmücken diese Grünfläche mitten im Wald im Herzen des Chevreuse-Tals.

Stéphane Sauvignier / MICHELIN

Im Herzen des Chevreuse-Tals erstreckt sich die lange Fassade des Schlosses von Dampierre.

Tipps und Adressen

Essen und Trinken

Auberge St-Pierre – *1 rue de Chevreuse – 78720 Dampierre-en-Yvelines – 01 30 52 53 53 – So abends, Di abends und Mo geschl. – 30 €.* Diese Unterkunft ist ein ideales Etappenziel nach einem langen Marsch. Hinter der hübschen Fachwerkfassade verbirgt sich ein rustikales Ambiente, in dem man sich wohl fühlen und die klassischen Gerichte genießen kann.

Écuries du Château – *Im Schloss – 78720 Dampierre-en-Yvelines – 01 30 52 52 99 – www.lesecuriesduchateau.com – 17. Feb.-2. März, 1.-24. Aug., Di, Mi und abends außer Fr, Sa geschl. – 38/45 €.* Die ehemaligen Stallungen, die zu einem Restaurant umgebaut wurden, profitieren von der Nähe des prestigeträchtigen Schlosses von Dampierre. Angenehmer Speisesaal, sehr traditionelle Küche.

La Défense★★

HAUTS-DE-SEINE (92) – UMSCHLAGKARTE D6 – MICHELIN-STADTPLAN NR. 57 S. 90-91

Das Geschäftsviertel ist auch ein Bereich der Kunst, ein Freilichtmuseum zahlreicher zeitgenössischer Skulpturen. Der Kubus (Grande Arche) liegt in einer geraden Linie in westlicher Richtung vom Louvre über die Place de la Concorde und den Triumphbogen und bildet einen Kontrapunkt zu den imperialen Bauwerken vergangener Jahrhunderte.

- **Wegweiser** – Metro Esplanade-de-la-Défense (Linie 1) oder La Défense-Grande Arche (Linie 1). RER La Défense-Grande Arche (Linie A). Busse 73, 141, 144, 159, 161, 174, 178, 258, 262 und 272. Tramway T 2 La Défense.
- **Unbedingt sehenswert** – Erleben Sie Paris von der anderen, der umgekehrten, Perspektive – gehen Sie von Westen über die Esplanade bis zum Louvre.
- **Gut geplant** – La Défense pulsiert im Takt der Büro- und Ladenöffnungszeiten: morgens, von 12-14 und nach 17 Uhr ist am meisten los.
- **Mit Kindern** – Die zeitgenössischen Skulpturen in autofreier Umgebung.

La Défense im Überblick

Das Geschäftsviertel – Es liegt mit einer Fläche von 130 ha auf dem Gebiet der Vororte Puteaux, Courbevoie und Nanterre. Seit 1964 wurden 48 Bürohäuser gebaut, in denen sich rund 900 Firmen niedergelassen haben.

Das Parkviertel – In der Ebene von Nanterre liegen Wohnblocks, Hochschulen, Sportanlagen und ein Park. Mittelpunkt des Gebiets ist der Parc André-Malraux (24 ha) mit einem botanischen Garten. In unmittelbarer Nähe befinden sich der Théâtre des Amandiers und die Ballettschule der Pariser Oper (Architekt Christian de Portzamparc).

Zu Fuß unterwegs

Esplanade de la Défense

Ausgangspunkt rechts vom Kubus. In der Fußgängerzone kann man einen großartigen **Spaziergang★★** machen (1200 m), vorbei an moderner Architektur und Plastiken aus dem 20. Jh.; man begegnet auch einer Statue von Barrias, auf der die Verteidigung von Paris im Jahre 1871 verewigt ist.

Auf der Place Carpeaux ist der ***Daumen*** von César zu sehen, anschließend schreitet man durch ein metallenes Kunstwerk aus 25 durch Stahldrähte miteinander verbundene Säulen (Werk der Japanerin Miyawaki).

Palais de La Défense (CNIT)

Das „Centre des Nouvelles Industries et Technologies" ist der älteste (1958) und vielleicht berühmteste Bau in La Défense. Es wurde nach Entwürfen der Architekten Mailly, Zehrfuss und Camelot, aber auch des Industriellen Emmanuel Pouvreau erbaut. Das Betondach, ein flach gewölbtes gleichseitiges Dreieck, das an den Eckpunkten aufliegt, überspannt mit einer Rekordweite von 220 m eine 80 000 qm große Fläche (Architekt Nicolas Esquillan). Sie wird an nur drei Punkten gestützt, die jeweils einem horizontalen Druck vom Gewicht des Eiffelturms (7500 t) standhalten.
Der 15 m hohe Grand Stabile rouge auf dem Parvis ist das letzte Werk von Calder. Man geht durch ein niedriges Gebäude zum Framatome-Hochhaus.

Tour Areva

Zusammen mit dem Elf-Hochhaus ist dieser „Turm" der höchste. Seine mit poliertem Granit verkleidete dunkle Fassade wirkt nachts, wenn das Gebäude erleuchtet ist, wie ein riesiges Schachbrett. Am Fuß des Wolkenkratzers steht die Bronzebüste *Der große Toscano* des Polen Mitoraj. Geht man links um das Hochhaus herum, kommt eine aus Kunstharz gestaltete Skulptur in Sicht, eine Science-Fiction-Kreation des Italieners Delfino.

Tour Total

Aufgrund seiner Form und der je nach Lichteinfall changierenden blauen Farbe ist es eines der majestätischsten Hochhäuser.

Kehren Sie zur Esplanade zurück, in deren Mitte der ***Agam-Brunnen*** *thront. Wasserspiele mit Licht und Musik – Mi 13 Uhr, Sa/So und Fei 16 Uhr.*

Das Untergeschoss der *Galerie* bietet Kunstausstellungen. Der Weg führt an einem Brunnen vorbei, der eigentlich ein Lüftungsschacht ist. Er ist von künstlichen Felsen umgeben, die den Lauf von Sonne und Mond darstellen.

Place des Corolles

Der Platz vor den Hochhäusern Europe und AIG verdankt seinen Namen der kupfernen Brunnenskulptur *Die Blütenkelche des Tages* von Louis Leygue. Das Emailfresko auf Lava mit dem Titel *Wolkenbildhauer* von Atila bringt Fantasie in die Betonlandschaft.

Les Reflets

Über der Terrasse breitet der *Mechanische Vogel* von Philolaos seine riesigen Stahlflügel aus, während in der Nähe 672 verschiedenfarbige Rohre das 32 m hohe **Moretti-Hochhaus** umspannen. Jenseits des auf Stützen ruhenden Gebäudes Vision 80 liegt die **Place des Reflets**, faszinierend durch das goldene Lichterspiel auf der Fassade des **Aurore-Hochhauses** sowie die Farbharmonie in Rosa der Tour Manhattan vor dem Grün der Tour GAN in Form eines griechischen Kreuzes. Auf dem Platz steht die Bronze-Allegorie *Erde* von Derbré.
Mit seiner Form, seinen Farben und Materialien ist das vollständig renovierte **Manhattan-Hochhaus** eines der außergewöhnlichsten in La Défense.

Auf der **Place de l'Iris** sieht man die von Henri de Miller geschaffene zierliche Silhouette des *Nachtwandlers*, der das Gleichgewicht haltend auf einer Kugel steht, die wiederum auf der Kante eines würfelförmigen Sockels ruht.

Gehen Sie vor dem GAN-Hochhaus nach links.

Les Miroirs

Den Innenhof des Baus von Henri La Fonta belebt ein Mosaikbrunnen von Deverne. Mit einer Fläche von 2500 qm gilt das Werk als das größte Mosaik der Welt.
In der Ferne erscheint die Tour des Poissons im Blickfeld: Hier zeigt ein Barometer mit Uhr das Wetter im Großraum Paris an (blau: veränderlich, grün: schönes Wetter, rot: schlechtes Wetter). Die Uhr nennt die Stunden durch ein Blinklicht.

Bassin Takis

Das Wasserbecken wird durch 49 bunte Lichtsignale belebt, die auf Metallstangen unterschiedlicher Höhe angebracht sind. Interessanter Blick auf die Grande Arche und den Triumphbogen.
Bemerkenswert ist auch das **Axa-Hochhaus** in Form eines dreizackigen Sterns (von Pierre Dufau, wird derzeit renoviert).

Busatos *Dialog-Brunnen* mit zwei Bronzefiguren ziert die Vivaldi-Grünanlage.

Am Fuße der Tour Neptune auf der Place Napoléon-Ier erinnert ein Denkmal in Form des Kreuzes der Ehrenlegion an die Rückkehr von Napoleons sterblicher Hülle.

Kehren Sie zum Bassin Takis zurück.

Tour Initiale

Dieses Hochhaus, in Stahlskelettbauweise mit blaugrünen Glasfassaden errichtet, war 1967 das erste der Défense. 2001-2003 wurde es vom Architekturbüro Valode et Pistre grundlegend renoviert.

Südseite

Die Tour **Athéna** hat einen dreieckigen Grundriss. Von dem katalanischen Bildhauer Fenosa stammt das Bronzerelief *Ophelia*.
Gehen Sie links um das Hotel Sofitel herum. Von der über dem Cours Michelet gelegenen Terrasse aus ist die 14 m hohe bemalte Stahlskulptur *Zwei unbestimmte Linien* von Bernar Venet zu sehen. Etwas weiter erinnern auf der rechten Seite aneinander geschweißte Eisenzylinder an eine Schutzmaske amerikanischer Football-Spieler. Es folgt ein Trinkwasserbrunnen in Form eines Riesenfrosches, erschaffen von Torricini (1987). Selinger schuf die 35 Blumenkästen mit Gesichtern und verschlungenen Händen (*La Danse*, 1983) an dem kleinen Platz unterhalb der Esplanade.
Zwischen den Hochhäusern **Opus 12** und **Atlantique** erscheint die weiße Marmorskulptur *Dame Luna* von Julio Silva im Blickfeld. Etwas weiter rechts erhebt sich der nach unten breiter werdende Wohnbau Défense 2000 und links die weiße, ellipsenförmige Silhouette des Wolkenkratzers Ève (Villon-Viertel). Das Bronzedenkmal *La Défense* von Barrias steht am Platz unterhalb des Agam-Brunnens. Vor dem Einkaufszentrum Quatre Temps finden sich zwei grell-bunte Monumentalfiguren von Miró.

Nehmen Sie die Treppe links von dem Wohnblock Élysées-La Défense.

Die Place des Degrés wurde von Kowalski als Mineral-Landschaft konzipiert (Teile von Pyramiden, Granitwelle). Der bronzene *Ikarus* vor einem eleganten Hochhaus stammt von dem bedeutenden Bildhauer César (1921-1998).

Sehenswürdigkeit

La Grande Arche★★ (Kubus)

✆ 01 49 07 27 27 – www.grandearche.com – 10-20 Uhr (Sept.-März 19 Uhr, letzter Einlass 45 Min. vor Schließung) – 10 € (Kinder 8,50 €, Restaurant frei). Der mit Glas und weißem Carrara-Marmor verkleidete, in der Mitte offene Betonkubus ist 110 m hoch und wiegt 300 000 t (Architekt war der Däne Otto von Spreckelsen). Gläserne Fahrstühle bringen die Besucher bis ins Dachgeschoss. Mehrere Ministerien, Unternehmen und die Stiftung für Menschenrechte (Arche de la Fraternité) haben hier ihren Sitz, sowie ein Restaurant *(Mo-Fr 11.30-14.30 Uhr, Brasserie 10-18 Uhr, ✆ 01 49 07 27 32).* Auf dem Boden der vier Innenhöfe ist die Himmelskarte zu sehen, eine Idee von J.-P. Raynaud.

Tipps und Adressen

Allgemeine Hinweise

Informationsstelle (Espace Info-Défense) – *✆ 01 47 76 37 13 – www.ladefense.fr – April-Sept. tgl. außer So 10-18 Uhr; Okt.-März tgl. außer So 9.30-17.30 Uhr – Fei geschl.*

Essen und Trinken

⊖⊖ **Globe-Trotter Café** – *16 place de la Défense – ✆ 01 55 91 96 97 – www.globetrottercafe.com –Mo-Fr 12-14.30 Uhr, Bar 7.30-21.30 Uhr geöffnet – 26/40 €.* Mitten im Herzen des Hochhausviertels La Défense, gegenüber des Kubus. Großer Speisesaal und Terrasse. Aromatische Gerichte, begleitet von französischen und internationalen Weinen.

⊖⊖ **Quai Marine** – *Im CNIT – 2 place de la Défense – ✆ 01 46 92 13 70 – mittags von Mo-Fr geöffnet – 22,50/50 €.* Dieses Restaurant verströmt eine Brise Meeresluft im CNIT. Elegantes Design. Beliebter Treffpunkt von Angestellten und Geschäftsleuten zu einem schnellen Mittagessen in entspannter Atmosphäre bei traditionellen Fischgerichten.

Disneyland Resort Paris★★★

SEINE-ET-MARNE (77) – UMSCHLAGKARTE C2 –
MICHELIN LOCALKARTE 312 F2, ZOOMKARTE 106 FALTE 22

1992 haben sich Mickey und seine Freunde in Marne-la-Vallée, etwa 30 km östlich von Paris, häuslich niedergelassen. Besonders freuten sich hierüber ihre treuesten Bewunderer, von denen jedes Jahr 12,5 Mio. in den Park kommen. Werden auch Sie wieder Kind und fühlen Sie sich in diesem 51 ha großen Park wie in eine Welt der Märchen versetzt. In der Nähe des Hotelkomplexes hat man in dem Unterhaltungszentrum Disney Village mit all seinen Geschäften, Restaurants und unterschiedlichen Events das Gefühl, in den USA zu sein.

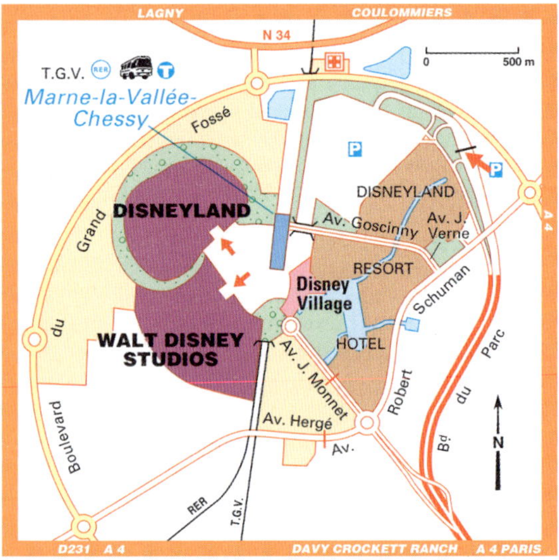

Wegweiser – 43 km östl. von Paris. Mit dem Auto: von der Porte-de-Bercy auf der A 4 Richtung Metz-Nancy, Ausfahrt 14: Parc Disneyland. RER Marne-la-Vallée-Chessy (Linie A 4). TGV-Bahnhof ab Lille, Lyon, Avignon, Marseille, Bordeaux, Nantes und Toulouse. Shuttle von den Flughäfen Orly und Roissy-Charles-de-Gaulle.

Unbedingt sehenswert – Im Park Disneyland: Fluch der Karibik, Big Thunder Mountain, Indiana Jones … oder Space Mountain Mission 2 für die Fans von Nervenkitzel. Im Park Walt Disney Studios: Animagique, Cinémagique, Armageddon, Rock'n Roller Coaster, jedoch nicht für schwache Nerven!

Gut geplant – Zwei Tage sollte man schon einplanen, um alles ausgiebig besichtigen zu können. Wenn Sie nur einen Tag zur Verfügung haben, ist es ratsam, sich vorher bereits auszusuchen, was man sehen will, auch unter Berücksichtigung des Alters Ihrer Kinder; für die Kleinen ist Fantasyland toll, für die größeren Adventureland, kleine Pfadfinder werden Discoveryland bevorzugen und Kinofreunde sind in den Walt Disney Studios in ihrem Element.
Eines ist sicher: Morgens und vormittags ist deutlich weniger los! Bei Ihrer Ankunft sollten Sie sich gleich zum Parkende begeben: Die meisten Besucher beginnen ihre Tour mit den Sehenswürdigkeiten am Eingang des Parks. Und noch etwas: Zögern Sie nicht, den Fast-Pass *(s. Tipps und Adressen)* zu benutzen; Sie reservieren die gewünschte Attraktion und müssen dann nicht in der Schlange stehen.

Mit Kindern – Die Kinder lieben alles, was sie durchschüttelt, erschreckt oder überrascht, wovon der Park jede Menge aufzubieten hat. Sie werden einen Tag voller Emotionen und Empfindungen erleben.

Orte in der Nähe – Château de CHAMPS, Château de FERRIÈRES, MARNE-LA-VALLÉE, Vallée du GRAND MORIN

Geschichte und Geschichten

Ein Magier namens Walt Disney – Walt Disneys Name ist mit zahllosen Comics und Zeichentrickfilmen verbunden. Kinder auf der ganzen Welt sind mit seinen Helden Mickey, Donald, Pluto, den Helden des Dschungelbuchs u. a. aufgewachsen und werden sie immer in Erinnerung behalten. **Walter Elias Disney** wurde am 5. Dezember 1901 in Chicago als viertes Kind von Flora und Elias Disney geboren. Schon früh zeigte sich Walts Begabung für das Zeichnen. Nach dem Ersten Weltkrieg, in dem er als Krankenwagenfahrer in Frankreich tätig war, kehrte er in die Staaten zurück und lernte in Kansas City einen jungen Holländer, Ub Iwerks, kennen, der genauso leidenschaftlich zeichnete wie er. 1923 produzierten sie gemeinsam in Hollywood die Kurzfilmreihe *Alice Comedies*. 1928 wird Mickey, der spätere internationale Star, geboren. Es folgte die Ära der großen, oft Oscar-gekrönten Zeichentrickfilme *(Die drei kleinen Schweinchen* 1933, *Schneewittchen und die sieben Zwerge* 1937, *Dumbo* 1941). In den Disney-Studios entstanden auch „echte" Filme *(Die Schatzinsel* 1950, *20 000 Meilen unter dem Meer)*, oder solche, bei der sich reale und gezeichnete Welt vermischten *(Mary Poppins* 1964, mit sechs Oscars ausgezeichnet). Am 15. Dezember 1966 starb der Mann, der sein ganzes Leben damit verbracht hatte, Träume Wirklichkeit werden zu lassen. Gemäß seinen Ideen arbeiten die Walt Disney Studios weiter und kreieren weitere Welterfolge, zuletzt unter anderem: *102 Dalmatiner* (2001), *Monsters,Inc.* (2002), *Findet Nemo* (2003), *Die Unglaublichen* (2004), *Fluch der Karibik* (2007-20…). Seit 1923 hat The Walt Disney Company etwa 1000 Figuren erfunden.

Parc Disneyland

08 25 30 02 22 (0,15 €/Min.) – www.disneylandparis.com – ♿ – Juli-Aug. ganztags (Disneyland Park auch abends); restl. Jahr ganztags (einige Sa/So auch abends) – Führungen: Informationen in der City Hall auf dem Town-Square in der Main Street: 15 € (unter 12 J. Eintritt frei) – Parkplatz: 8 €/Auto, 5 €/Motorrad – Disneyland Paris-Pass in der Hochsaison: Tagesticket 1 Park 46 € (3-11 J. 38 €); Tagesticket 2 Parks 56 € (3-11 J. 48 €); 2-Tagesticket 2 Parks 103 € (Kinder 84 €); 3-Tagesticket 2 Parks 128 € (Kinder 105 €). Die Tickets sind ein Jahr gültig. Wiedereintritt: Bei jedem Verlassen des Parks muss man sich einen Stempel geben lassen sowie das Ticket und den Parkschein aufheben.

Der Park Disneyland ist in fünf thematische Zonen oder „Länder" eingeteilt, die weiter unten genauer beschrieben werden. Täglich zieht die **Disney-Parade★★** mit ihren bunt geschmückten Wagen durch den Park und erinnert an die großen Zeichentrickfilme. An manchen Abenden im Sommer rundet ein großartiges Feuerwerk, das **Feu de la Fée Clochette★ (Feuer der Fee Glöckchen)**, einen ausgefüllten Tag ab. Erschöpfte können sich im kleinen Dampfzug **Disneyland Railroad★** *(Abfahrt ab der Main Street Station)* erholen, der durch den **Grand Canyon Diorama** fährt und den Park umrundet, wobei er vier Haltestellen passiert.

Wie alt ist eigentlich Mickey Maus?

Diese unsterbliche Maus hat bis heute nicht eine Falte, obwohl sie schon 1928 das Licht der Welt erblickte, dank Disney und dem holländischen Zeichner **Ub Iwerks**. Sie tritt in dem kleinen Film *Plane Crazy* auf, der Charles Lindberghs Atlantiküberquerung zum Thema hatte. Am 18. November desselben Jahres begann die große Karriere der Maus in dem Zeichentrick-Stummfilm *Steamboat Willie*. Hier tritt auch die entzückende Minnie Maus das erste Mal auf. Ein kleines Detail: Im Lauf der Zeit hat Mickey zwar nicht seine Haare verloren, wohl aber seinen Schwanz …

Main Street USA

Wie von Zauberhand wird die Hauptstraße einer amerikanischen Stadt aus dem beginnenden 20. Jh. von Restaurants und Geschäften mit viktorianischen Fassaden zum Leben erweckt. Von kräftigen Pferden gezogene Trambahnen, Limousinen, Feuerwehrautos und „grüne Minnas" befördern unaufhörlich Groß und Klein vom Town Square bis Central Plaza, der Drehscheibe des Parks. Grüppchen von Musikern spielen Ragtime, Jazz oder Dixieland. Auf beiden Straßenseiten befinden sich Galerien: **Discovery Arcade** und **Liberty Arcade** *(Ausstellung und Diorama über die Freiheitsstatue in New York)*, in denen man auch vor schlechtem Wetter geschützt ist.

Discoveryland

Im Land der futuristischen Konstruktionen wird auch an wichtige Entdecker und Erfinder erinnert: darunter **Leonardo da Vinci** (1452-1512), der bereits im 15. Jh. Fallschirm und Hubschrauber entworfen hat, der Utopist Jules Verne (1828-1905) oder **Herbert George Wells** (1866-1946), Meister des Fantastischen, der mit seinem Roman *Krieg der Welten* ganz Amerika erschauern ließ.

Space Mountain: Mission 2★★★ – Ein gewaltiger Berg aus Stahl mit einer zum Himmel gerichteten Riesenkanone erwartet hier die ganz Wagemutigen: Nach dem Abschuss in den Kosmos beginnt eine überwältigende intergalaktische Reise mit zahlreichen Akrobatikeinlagen, um Kometen auszuweichen oder der Explosion einer Supernova zu entgehen. Schnallen Sie sich an, die Beschleunigung beträgt 14 m/s!

Star Tours★★★ – Diese atemberaubende Reise an Bord eines Raumschiffs ist von George Lucas' Film *Krieg der Sterne* inspiriert.
Legen Sie eine Pause beim **Astroport Services Interstellaires** ein: Dank **Photomorph** kann man sein Gesicht verändern (Lachen garantiert!) und witzige Fotos machen lassen.

„Honey, I shrunk the audience"★★ (Liebling, ich habe das Publikum geschrumpft) – In der Halle des Imagination Institute findet ein unglaubliches Experiment statt: Der berühmte Professor Wayne Szalinski führt dem Publikum seine Verkleinerungsmaschine vor. Er braucht hierfür Freiwillige! Achtung, die Einstellung der Maschine ist nicht immer optimal!!

Buzz Lightyear Laserblast – Sie wurden von Buzz Lightyear zum Space Ranger ernannt, um ihm bei seinem Kampf gegen den bösen Imperator Zuorg und seine teuflischen Pläne zu helfen. Um das Spielzeuguniversum zu verteidigen, drehen Sie sich um 360° an Bord eines mit Laserpistolen ausgestatteten Doppeldeckers.

Fantasyland

Das Märchenland wird vom Dornröschenschloss symbolisiert und präsentiert sich wie ein Dorf mit Häusern verschiedener europäischer Baustile. Man trifft bekannte Figuren: Mickey, Donald, Pinocchio, Captain Hook, Tick, Trick und Track und viele andere, mit denen Sie für ein Erinnerungsfoto posieren können.

Sleeping Beauty★★ (Dornröschen) – Im oberen Stock erzählen Glasmalereien und Bildteppiche aus Aubusson von den Abenteuern Dornröschens. Vom Schlosswall bietet sich ein magischer Blick auf Fantasyland. Im Untergeschoss lebt in der **Drachenhöhle** ein nur scheinbar schlafendes Monster.

It's a small world★★ (Die Welt ist klein) – Eine „Kreuzfahrt", auf der man insgesamt 281 Puppen begegnet, die in den Trachten ihrer Heimatländer gekleidet sind und dabei tanzen und singen.

Alice's Curious Labyrinth★ (Alices kurioses Labyrinth) – Eine Episode aus *Alice im Wunderland*, in der der Weg zum Schloss der Herzkönigin mit zahlreichen Überraschungen gesät ist.

Peter Pan's Flight★★ (Der Flug des Peter Pan) – Wie Peter Pan, ein kleiner Junge, der nicht erwachsen werden wollte, fliegen die Besucher in Booten über die Dächer von London und Nimmerland, in dem sie Peter Pans Abenteuer nacherleben.

Pinocchio★ – Die Missgeschicke von Pinocchio sind von Carlo Collodis Erzählung inspiriert. Man trifft hier seine Gefährten Geppetto, Jiminy Criquet, Stromboli und Monstro den Wal.

Schneewittchen und die Sieben Zwerge★ – Im geheimnisvollen Wald, durch den man hier in kleinen Wagen fährt, streift die böse Hexe umher.

Lancelot-Karussell★ – Ein sehr schön dekoriertes Pferde-Karussell.

Adventureland

Von der Central Plaza kommt man zu Adventureland Bazar, einer Art Wüstenfestung, in der mehrere Geschäfte zum Bummeln laden. Das Abenteuerland verspricht jede Menge Abenteuer, Reisen in ferne Länder, die Schatzinsel und Piraten.

Pirates of the Caribbean★★★ (Fluch der Karibik) – Ein Fort, an dem eine schwarze Flagge mit Totenkopf weht, kündigt diese Attraktion an. Nach der Durchquerung der Untergeschosse, die einige Überraschungen bereithalten, nehmen die Besucher in kleinen Booten Platz und sehen den Angriff und die Einnahme eines spanischen Hafens durch Piraten. Eine spannungsgeladene Vorführung vor großartiger Kulisse.

Indiana Jones and the temple of doom★★★ (Indiana Jones und der Tempel des Todes) – Im Dschungel steht ein verfallener Tempel – mutige Archäologen können mit ihren Gefährten im Rückwärtsgang eindringen und dabei die Gesetze der Schwerkraft herausfordern. Nichts für schwache Nerven!

La Cabane des Robinson★★ (Das Baumhaus der Familie Robinson) – Die schiffbrüchige Familie Robinson konnte sich mit einigen Gegenständen und Werkzeug an Land retten und sich in einer riesigen indischen Banyan-Feige ein Baumhaus bauen. Über eine Treppe gelangt man zu den orginell eingerichteten Zimmern.

Frontierland

Zu Amerika gehört auch der Wilde Westen mit all seinen Legenden und seiner Folklore, der Eroberung des Westens und dem Goldrausch. Frontierland lässt diese besondere Epoche wieder aufleben: Thunder Mesa ist eine typische Westernstadt; Big Thunder Mountain, ein kahler, seltsam geformter Berg erinnert an Monument Valley (Arizona, Utah); auf dem River of the Far West verkehren zwei **Raddampfer★** (die *Mark Twain* und die *Molly Brown*).

Big Thunder Mountain★★★ – Eine alte Goldmine ist im Innern verborgen … In einem kleinen **Bähnchen** fahren die Besucher durch die Stollen, wobei es immer wieder zu Explosionen und drohenden Einstürzen kommt. Für Fans des Nervenkitzels!

Phantom Manor★★★ – Ein verfallenes Herrenhaus hoch über dem River of the Far West, in dem früher erfolgreiche Goldsucher wohnten. Im Innern geschehen unheimliche Dinge: Die Wände verengen sich … Dann besichtigt man die Räume und das Untergeschoss auf kleinen schwarzen Wagen, die bis zur Geisterstadt Thunder Mesa

Spannend wird es in den Stollen des Big Thunder Mountain.

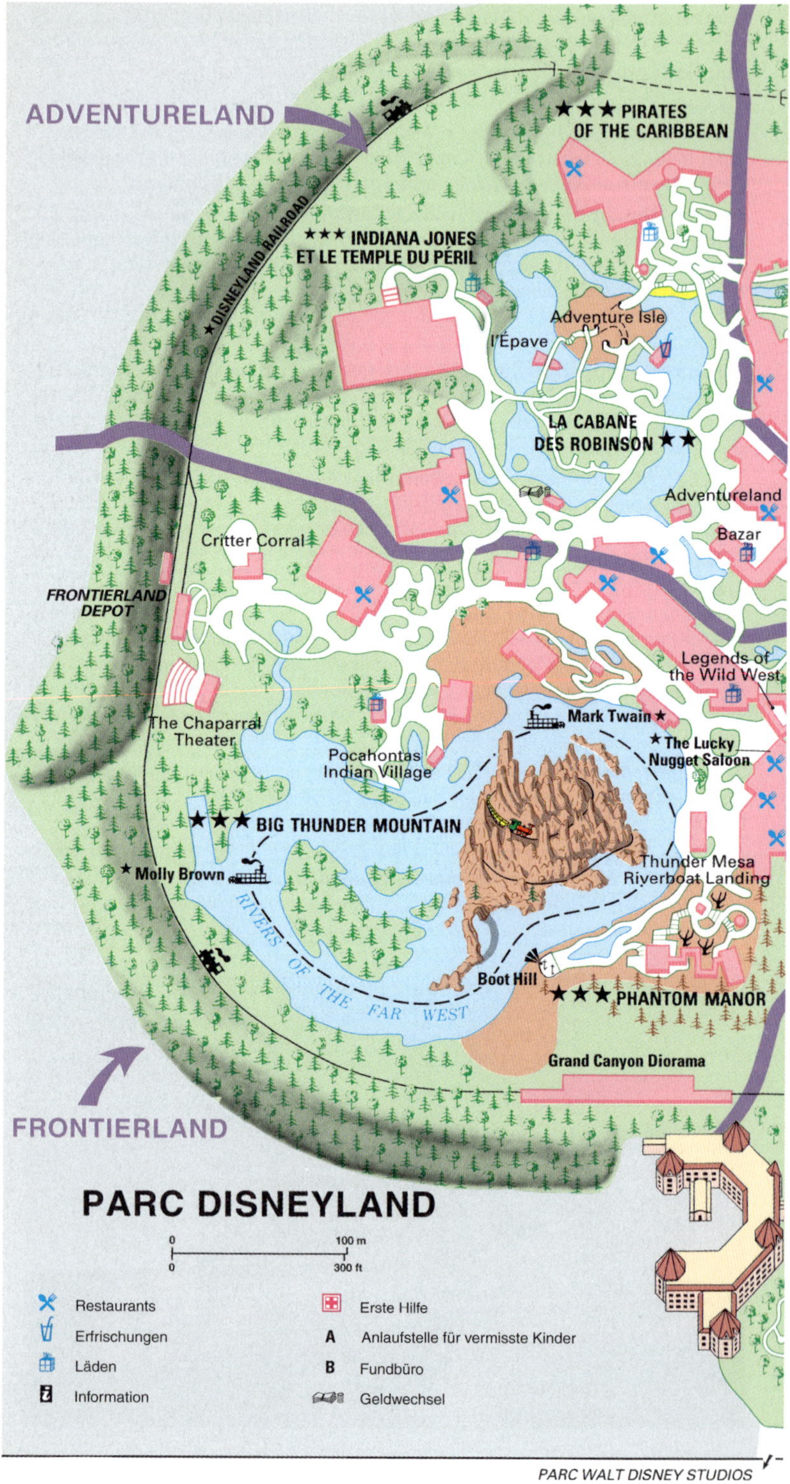
ADVENTURELAND
DISNEYLAND RAILROAD
★★★ PIRATES OF THE CARIBBEAN
★★★ INDIANA JONES ET LE TEMPLE DU PÉRIL
Adventure Isle
l'Épave
LA CABANE DES ROBINSON ★★
Adventureland Bazar
Critter Corral
FRONTIERLAND DEPOT
Legends of the Wild West
The Chaparral Theater
Mark Twain ★
★ The Lucky Nugget Saloon
Pocahontas Indian Village
★★★ BIG THUNDER MOUNTAIN
★ Molly Brown
Thunder Mesa Riverboat Landing
RIVERS OF THE FAR WEST
Boot Hill
★★★ PHANTOM MANOR
Grand Canyon Diorama
FRONTIERLAND
PARC DISNEYLAND
0
100 m
0
300 ft
Restaurants
Erfrischungen
Läden
Information
Erste Hilfe
A Anlaufstelle für vermisste Kinder
B Fundbüro
Geldwechsel
PARC WALT DISNEY STUDIOS

FANTASYLAND
N
FANTASYLAND STATION
Casey Jr. le petit train du cirque
le Pays des Contes de Fées
Alice's Curious Labyrinth
IT'S A SMALL WORLD ★★
PETER PAN'S FLIGHT ★★
Mad Hatter's Tea Cups
Dumbo the Flying Elephant
le Carrousel de Lancelot ★
les Voyages de Pinocchio ★
Blanche-Neige et les Sept Nains ★
LE CHÂTEAU DE LA BELLE AU BOIS DORMANT ★★
DISCOVERYLAND STATION
STAR TOURS ★★★
Videopolis
la Tanière du Dragon
le Théâtre du Château
Buzz l'Éclair, Bataille Laser
"CHÉRIE, J'AI RÉTRÉCI LE PUBLIC" ★★
Central Plaza
Orbitron
SPACE MOUNTAIN ★★★
Horse-Drawn Streetcars
A
les Mystères du Nautilus
Main Street
Autopia
Liberty Arcade
Main Street Motors
DISNEYLAND RAILROAD ★
Discovery Arcade
Town Square
Main Street Vehicles
DISCOVERYLAND
B
City Hall
MAIN STREET STATION
MAIN STREET U.S.A.
DISNEYLAND HOTEL
DISNEY VILLAGE. DISNEYLAND RESORT HOTEL. T.G.V.

fahren. Beim Ausgang sollten Sie sich noch den Friedhof **Boot Hill** ansehen, auf dem kuriose Grabsteine der Verstorbenen gedenken.

The Lucky Nugget Saloon★ – Jede Stadt des Wilden Westens , die etwas auf sich hielt, besaß einen eigenen Saloon. Hier ist das Innere in Form eines Hufeisens reich dekoriert. In der Dinner-Show **Lilly's Follies** treten glitzernde Tänzerinnen auf.

Parc Walt Disney Studios

✆ 08 25 30 60 30 – dieselben Besichtigungsbedingungen wie beim Park Disneyland (s. S. 115). Wie sein großer amerikanischer Bruder hat sich auch dieser Park voll und ganz der Magie des Kinos gewidmet. Er ermöglicht es, Filmkulissen und besondere Filmtechniken hautnah zu erleben. Der Park ist wie ein echtes Drehstudio aufgebaut und in vier Produktionszonen eingeteilt. Dazu gibt es zahlreiche atemberaubende Spektakel und Attraktionen.

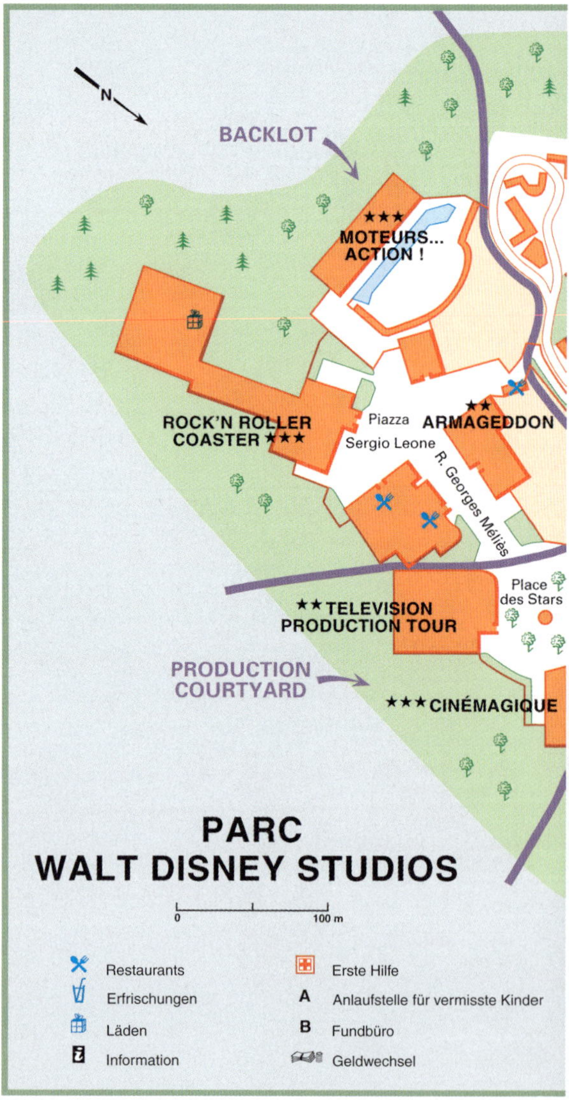

Front Lot
Von weithin sichtbar kennzeichnet das 33 m hohe Wasserreservoir den Parkeingang. Wie in den Disney-Studios in Burbank, Kalifornien, ist das der traditionelle Dreh- und Angelpunkt im Universum der Kinostudios. Hat man die imposanten Eingangstüren hinter sich gelassen, entdeckt man einen palmenbestandenen Platz im spanischen Stil, auf dem an die wichtigsten Klassiker des amerikanischen und europäischen Kinos erinnert wird. In der Mitte zeigt ein Brunnen ein Bild von Mickey als Zauberlehrling. Front Lot beherbergt **Disney Studio 1**, das erste „Plateau" mit der legendären Ausstattung des berühmten Hollywood Boulevard, den Restaurants und Geschäfte säumen, die die Magie Hollywoods heraufbeschwören. Auch wenn Sie gerade nicht hungrig sind: Betreten Sie unbedingt eines der Restaurants, um die nachgebildeten Gebäude auch von innen zu bewundern.

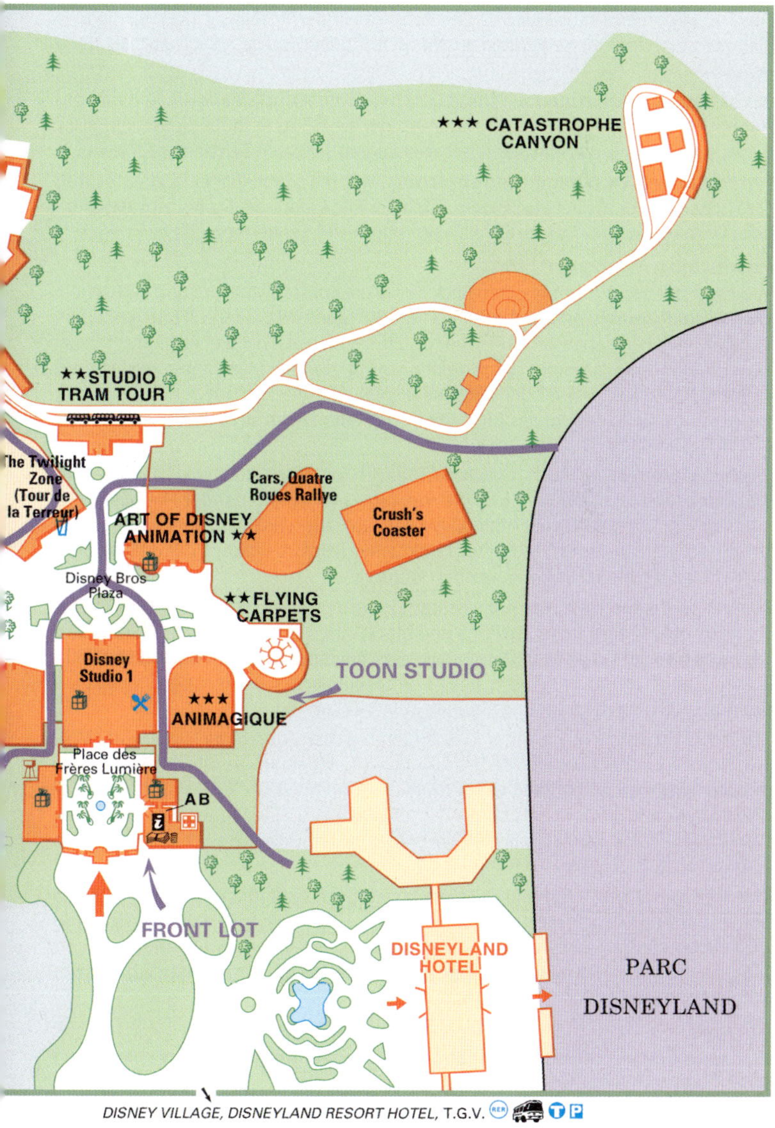

Toon Studio

Der Zeichentrick hat sich als eine der dynamischsten Formen künstlerischen Ausdrucks des 20. Jh. herausgestellt, wozu Walt Disney dank der Einführung der Mehrfachebenen-Kamera 1930 sehr viel beigetragen hat. Diese Technik ist einzigartig, um verschiedene Ebenen eines Bilds zu animieren und ihm dabei eine gewisse Tiefe zu verleihen.

Crush's Coaster – Diese Attraktion ist vom Animationsfilm *Findet Nemo* inspiriert. Die Besucher steigen an Bord des Panzers einer Riesenschildkröte und tauchen ein in die Welt von Nemo und der Schildkröte Crush. Viele Überraschungen erwarten Sie im ostaustralischen Strom in einem dreidimensionalen Universum.

Cars Race Rallye – Diese verrückte Strecke entlang der legendären Route 66 ist an den Disneyfilm *Cars* (2005) angelehnt: Die Figuren aus dem Film führen Sie durch eine steinige Wüste und schwindelerregende Canyons.

Animagique★★★ – Hier werden die Animations-Spielfilme von Disney gewürdigt. Der Zuschauer wird Teil eines 3-D-Zeichentricks und trifft Mickey, Donald, die rosa Elefanten von *Dumbo*, die Figuren aus *Pinocchio*, dem *Dschungelbuch* und aus *König der Löwen*.

Art of Disney Animation★★ – Diese Sehenswürdigkeit, die leicht an dem riesigen Hut aus dem Film *Fantasia* zu erkennen ist, der sie krönt, enthüllt die Geheimnisse dieser speziellen Kunst. Man kann sich hier zudem selbst im Zeichnen probieren.

Flying Carpets★★ (Fliegende Teppiche) – Wie die Schauspieler in einer echten Filmkulisse warten Sie auf die Anweisungen des Regisseurs, der Sie bis zum Flaschengeist Dschinni aus *Aladin* führt, wo Sie auf schöne fliegende Teppiche aufsteigen.

Production Courtyard

In diesem Bereich wirft man einen Blick hinter die Kulissen von Film und Fernsehen. **Walt Disney Television Studios** ist das größte Studio, das sich voll und ganz dem europäischen Fernsehen verschrieben hat. Zum ersten Mal hat hier ein Fernsehkanal einen Themenpark zu seiner Hauptniederlassung gewählt. Man kann sehen, wie ein Fernsehstudio funktioniert oder wie Kinokulissen, Kostüme und Spezialeffekte gestaltet werden. Während des Rundgangs findet man sich plötzlich mitten in einer Actionszene wieder … was nun?

Cinémagique★★★ – Wer hat noch nicht davon geträumt, durch die Leinwand auf die andere Seite zu gelangen und die romantischen Abenteuer der Filmhelden zu erleben? Hier trifft Realität auf Fiktion, und der Zuschauer wird ins Innere der Leinwand „transportiert", um selbst Akteur und Held eines Films zu werden, der den größten Cineasten zu Ruhm und Ehre gereichen würde.

Television Production Tour★★ – *Achten Sie auf den Beginn der Sendung.* Das Fernsehen öffnet die Tore seiner Kulissen und bietet eine Führung durch die Räume von **Disney Channel France** an. Dieses europäische Sendernetz hat eigene Kanäle in England, Deutschland, Frankreich, Italien, den Niederlanden und Portugal. Sie können der Aufzeichnung der Sendung *Zapping Zone* beiwohnen.

Studio Tram Tour★★ – In einer kleinen Bahn geht es durch die Hinterhöfe. Man erhält einen Eindruck davon, wie Techniker und Künstler fantastische Kulissen kreieren und Illusionen Wirklichkeit werden lassen. Höhepunkt der Tour ist der **Catastrophe Canyon★★★**, wo ein heftiges Unwetter alles mitzureißen droht, was ihm in den Weg kommt, inklusive der Tram und ihrer Fahrgäste … aber am Schluss geht doch alles gut aus!

The Twilight Zone – Auf dieser Schreckenstour müssen die Besucher sich einer grauenhaften Herausforderung stellen: in den Aufzug eines verfallenen Hotels in Hollywood steigen, der sie nach einem 13 Stockwerken entsprechenden rasend schnellen Fall in die vierte Dimension befördert, wobei die Gesetze der Schwerkraft aufgehoben werden!

Backlot

In diesem Action-Bereich mit seinen verschiedenen großartigen Spezialeffekten stellen sich dem Besucher die Nackenhaare auf.

Armageddon★★ – An Bord der russischen Weltraumstation geht nichts mehr … ein Meteoritenschauer droht alles zu zerstören. Die tapferen Astronauten können nur hilflos ihrem Ende entgegensehen. Tolle Spezialeffekte für diese recht akustikintensive Szenerie.

Rock'n'Roller Coaster★★★ – In diesem superschicken Aufnahmestudio nimmt die Rockband Aerosmith Sie mit auf eine revolutionäre musikalische Erfahrung. An Bord von schicken Fahrzeugen werden Sie mit großer Geschwindigkeit auf einen verblüffenden Parcours geschickt, wo sich Bewegung, Musik und Licht perfekt miteinander verbinden. Herzschwache sollten auf diese Attraktion besser verzichten.

Moteurs … Action!★★★ – Mitten in einem südfranzösischen Dorf entbrennt eine Verfolgungsjagd zwischen dem „Helden" und den „Bösen". Ein hochwertiges spannendes Spektakel mit feurigen Stunts, für das der berühmte französische Stuntman Rémy Julienne eng mit den Walt Disney-Studios zusammengearbeitet hat.

Disney Village

Neben dem Themenpark und Lake Disney erkennt man **Disney Village★** schon von weitem an seinen hohen polierten Stahlsäulen, die sich gen Himmel strecken. Abends wird alles von Lichtern erleuchtet. In der Hauptstraße dieser typisch amerikanischen Stadt ist immer etwas los, besonders an Sommerabenden nach Schließung des Parks. Geschäfte, Restaurants und Bars haben Hochbetrieb, auf der Straße erhalten Stelzenläufer, Jongleure und Musiker viel Applaus. Nachtschwärmer können sich noch in der Diskothek **Hurricanes** vergnügen. Die ausgezeichneten Darbietungen, die steigende Zahl der Kinosäle im **Multiplexe Gaumont** und Restaurants wie das renommierte **Planet Hollywood** ziehen auch immer mehr Besucher aus den umliegenden Gemeinden an.

The Legend of Buffalo Bill★★

Die berühmten Abenteuer des **William Frederick Cody** (1846-1917), alias Buffalo Bill, inspirierten diese Dinner-Show, die mit Pferden, Bisons, Cowboys und Indianern den Wilden Westen zum Leben erweckt. Das typisch texanische Essen wird auf Zinntellern serviert. In dieser Show mit ihren zahlreichen Spezialeffekten gibt es viel zu lachen.

Billy Bob's Country Western Saloon

Wer noch nicht genug vom Wilden Westen hat, ist in diesem Saloon genau richtig. Er ist der Treffpunkt der Cowboys, das Bier fließt in Strömen und die Country-Musik sorgt für eine ausgelassene Stimmung.

Panoramagique

Tgl. je nach Wetter – 12 € (unter 11 J. 6 €). Als Hommage an Jules Verne steigt dieser größte Heißluftballon der Erde 100 m über Disneyland Resort auf. Von oben kann man alle Attraktionen des Parks ausmachen.

Tipps und Adressen

Allgemeine Hinweise

Aufenthalts-Reservierungen – *✆ 08 25 30 60 30 – 3615 Disneyland – www.disneylandparis.com*

Show-Reservierungen – Am Infostand City Hall am Town Square ist das Veranstaltungsprogramm erhältlich.

Geld – Wechselstuben jeweils am Haupteingang der beiden Parks.

Astuces – Einige Attraktionen haben sehr lange Wartezeiten. Idealerweise besucht man sie während der Parade oder abends. Auch der **Fast-Pass** ist empfehlenswert, ein kostenloser Service zur Verringerung der Wartezeiten an den beliebten Attraktionen: Indiana Jones (Adventureland); Space Mountain (Discoveryland); der Flug des Peter Pan und It's a Small World (Fantasyland); Big Thunder Mountain (Frontierland); Star Tour und Buzz Lightyear (Discoveryland). Parc Walt Disney Studios: Rock'n Roller Coaster (Backlot); Fliegende Teppiche (Animation Courtyard).

Behinderte – In der City Hall gibt es eine Broschüre mit den Sonderdienstleistungen *(Guide des services spéciaux).*

Verleih – Verleih von Fotoapparaten und Videokameras bei Town Square Photography, Kinderwagen und Rollstühle bei Town Square Terrace.

Aufbewahrung (consignes) und Schließfächer (consignes automatiques) – In der Nähe des Haupteingangs und im Untergeschoss von Main Street Station.

Baby-Wickelstation, Anlaufstelle für vermisste Kinder, Erste Hilfe – In der Nähe des Plaza Gardens Restaurant.

Übernachten

Damit der Zauber des Aufenthalts ungebrochen ist, sollten Sie in einer der Unterkünfte im Park übernachten. Die Disney-Company verwaltet alle Hotels, die Einrichtungen stehen für verschiedene amerikanische Regionen. Wir haben einige ausgewählt. Etwas günstigere Unterkünfte in einer natürlicheren Umgebung bieten die Blockhäuser oder der Campingplatz.

Camping Base de loisirs de Jablines-Annet – *77450 Jablines – 6 km nördl. von Disney auf der D 934, dann D 45 – ✆ 01 60 26 09 37 – welcome@camping-jablines.com – 25. März-Okt.; Reserv. empf. – 150 Stellplätze 22/30 €.* Beinahe alle Sportarten können hier ausgeübt werden: Vor Ihnen liegt der größte Strand der Île-de-France! Die Stellplätze am Rand breiter, gepflasterter Alleen bieten schöne Ausblicke auf die Umgebung.

Chambre d'hôte Bellevue – *77610 Neufmoutiers-en-Brie – 10 km südl. von Disneyland auf der A 4, D 231, dann D 96 – ✆ 01 64 07 11 05 – www.domaine-de-bellevue.net – 7 Zi: 59/78 €* ☕. Das Haus aus dem 19. Jh. liegt in einem großzügigen Garten am Rand eines kleines Dorfs und birgt hübsche individuelle Zimmer. Eine einfache und zugleich elegante Unterkunft zwischen Paris und Disneyland im Herzen der Brie.

Chambre d'hôte Les Hauts de Montguillon – *22 rue de St-Quentin, in Montguillon – 77860 St-Germain-sur-Morin – 3 km nordöstl. von Disneyland – ✆ 01 60 04 45 53 – www.les-hauts-de-montguillon.com – ⊭ – Reserv. erforderl. – 3 Zi: 65 €* ☕. Eine praktische und gemütliche Adresse in einem alten, kürzlich restaurierten Bauernhof unweit von Disneyland Paris. Die Zimmer sind mit einer gelungenen Mischung aus alt und neu ausgestattet, die Bäder sind modern. Ruhiger Garten.

Disney Hotel Davy Crockett Ranch – *In Disneyland – ✆ 01 60 45 69 00 – www.disneylandparis.com – Reserv. erforderl. – 119 € – Restaurant.* Hier befinden Sie sich im Land der Trapper: ein malerisches Bungalow-Dorf im Wald von Citry. Viele, zum Teil kostenpflichtige Animationen und tropisches Schwimmbad.

Das Hôtel Cheyenne im Westernstil.

© DISNEYLAND RESORT PARIS

Hôtel Cheyenne – *In Disneyland – ✆ 01 60 45 62 00 – www.disneylandparis.com – 1000 Zi: 207 € – ☕ 4,50 €.* Spielen Sie in dieser nachgebauten Westernstadt ungeniert mit Ihren Kindern Cowboy und Indianer. Die einfachen Zimmer sind für Familien eingerichtet, das Restaurant ist zur Selbstbedienung, das Personal ist im Western-Stil gekleidet.

Hôtel Santa Fé – *In Disneyland – ✆ 01 60 45 78 00 – www.disneylandparis.com– 1000 Zi: 143/168 € ☕ – 4,50 €.* Sie fühlen sich in diese mHotel geradewegs nach New Mexico versetzt: Empfangen werden Sie von einer Clint-Eastwood-Figur aus dem Film *Zwei glorreiche Halunken*, die Zimmer werden durch Deckenventilatoren erfrischt und im Tex-Mex-Restaurant gibt es mexikanische Küche zu *mariachi*-Musik.

Hôtel Sequoia Lodge – *In Disneyland – ✆ 01 60 45 51 00 – www.disneylandparis.com – 1001 Zi: 259 €* ☕. Die unberührte Natur der Rocky Mountains hat die Einrichtung dieses Hotels beeinflusst, in dem Sie Waldhüter begrüßen. Gemütliche Zimmer. Zwei Restaurants im alpinen Stil bieten Buffets an. Schwimmbad und Fitnessbereich.

Newport Bay Club – *In Disneyland – ✆ 01 60 45 55 00 – www.disneylandparis.com – 1093 Zi: 322 € ☕ – Rest. 26 €.* Am Ufer des Lake Disney werden Sie dem Charme dieses neuenglischen Seebads vom Anfang des 20. Jh. verfallen. Überdachtes Schwimmbad, schönes Fitnessstudio und zwei Restaurants: das Cape Cod (Buffets) und der Yacht Club (Meeresspezialitäten).

Essen und Trinken

Zwischen 12 und 14.30 Uhr sind die Restaurants beider Parks voll, wenn möglich, kommen Sie früher oder später.

IM PARK DISNEYLAND

Ob Snack oder etwas Zeitaufwendigeres, eine Vielzahl an Restaurants steht Ihnen hier zur Auswahl:

Schnell und günstig: Im **Bella Notte** unternimmt man eine kleine Reise nach Italien, im **Colonel Hathi's** sitzt man an einem hübschen Wasserfall, das **Plaza Gardens** empfängt Sie im viktorianischen Ambiente.

Wenn Sie etwas mehr Zeit mitbringen, nehmen Sie in einem der von uns ausgewählten Restaurants Platz, das Essen ist überall köstlich und wird in originellem Rahmen serviert. Reservieren Sie entweder telefonisch unter 01 64 74 28 82 oder in der City Hall links vom Eingang.

Silver Spur Steakhouse – *Frontierland – Mo und Di geschl. – 25 €.* In diesem Wild-West-Saloon trifft man zwar keine Cowboys und reichen Rinderzüchter, dafür isst man nach Rancher-Art zubereitete Grillsteaks. Beeindruckender Kronleuchter mit versilberten Spitzen.

Walt's-an American Restaurant – *Main Street – ✆ 01 60 45 60 45 – www.disneylandparis.com – 26/30 €.* Über die große Treppe des schönen viktorianischen Hauses in der Main Street geht es in die gemütlichen Speisesäle, besonders empfehlenswert sind Discoveryland und die Bibliothek. Die Wände zieren Fotos von Mr. Disney.

Blue Lagoon Restaurant – *Adventureland – 30 €.* Tropische Gefilde mit kreolischer Atmosphäre. In üppiger Vegetation genießt man hier Meeresfrüchte und *accras de morue* (Stockfisch-Karpfen), *boudin* (Blutwurst) von den Antillen, *rougail de poissons* (Fisch in einer Tomaten-, Zwiebel- und Gewürzsoße) und andere Inselspezialitäten. Setzten Sie sich an den Fluss der „Piraten der Karibik".

Auberge de Cendrillon: Les surprises de Suzy et Perla – *Fantasyland – ✆ 01 60 45 60 45 – 48 € (Kinder 20 €).* Die beiden kleinen Schwestern von Aschenbrödel empfangen hier ihre Besucher, die sorgfältig zubereitete Gerichte vor dem großen Kamin oder auf der blumengeschmückte Terrasse genießen können.

IM PARK WALT DISNEY STUDIOS

Etwa ein Dutzend Snackbars bieten überall im Park kleine Gerichte an, die man auch mitnehmen kann.

Backlot Express Restaurant – *Backlot – 16 €.* In diesem Selbstbedienungsrestaurant herrscht die Arbeitsatmosphäre eines Filmstudios. Überall finden sich in diesen Räumlichkeiten Requisiten, Ausstattungsgegenstände und vieles mehr.

Rendez-vous des Stars – *Production Courtyard – 16 €.* Dieses Art-déco-Restaurant mit Buffet-Angebot ist der Lieblingstreffpunkt der Hollywood-Stars. Die Wände bedecken Porträts der bedeutendsten Leinwandikonen.

DISNEY VILLAGE

Im **Disney Village** gibt es vor allem Spezialitäten aus der Neuen Welt zu genießen. Hier bekommt man schon beim Essen einen Vorgeschmack auf das Disney-Paradies.

Annette's Diner – *Disney Village – ✆ 01 60 45 70 37 – 15/30 €.* Ein kleiner Ausflug ins Amerika der Fünfzigerjahre gefällig? In diesem American Diner werden Hamburger, Hot dogs und Milkshakes serviert. Die Bedienungen fangen manchmal plötzlich zu tanzen an und laden Sie ein, mitzumachen.

Rainforest Café – *Disney Village – ✆ 01 60 43 65 53/65 65 –www.rainforestcafe.com – 23/35 €.* Es ist ein Geschäft, kein Ozean, den Sie hier durchqueren müssen, um in den amazonischen Regenwald zu kommen. In tropischem Ambiente sehen Ihnen Gorillas, Elefanten und andere exotische Tiere beim Essen zu. Mild gewürzte Gerichte.

The Steakhouse – *Disney Village – ✆ 01 60 45 70 45 – Sa-mittag geschl. – 26/39 €.* Liebhaber von Fleischgerichten und guten Weinen werden sich hier sehr wohl fühlen. Die hervorragende Küche genießt man im Chicago der 1920er-Jahre zur Zeit der Prohibition, zumindest kommt man sich in dieser aufwendigen Ausstattung so vor. Zum Sonntagsbrunch sind die Helden von Disney anwesend, was besonders für Kinder ein Erlebnis ist.

ETWAS AUSSERHALB DES PARKS

L'Ermitage – *68 chemin de Meaux, Schleuse von Chalifert – 77144 Chalifert – 6 km nördl. von Disneyland auf der N 34, dann D 45 – ✆ 01 60 43 41 43 – notrermitage.com – 30. Juli-13. Aug. geschl. – Reserv. erforderl. – 20/62 €.* Das älteste Ausflugslokal an den Ufern der Marne wurde bereits 1860 gegründet und ist jedes Wochenende proppenvoll. Gäste jeden Alters finden hier für ein Abendessen oder einen Tanztee eine einzigartige festliche Atmosphäre vor *(Fr Disco, Sa Kabarett, So Retro).*

Château d'Écouen★★

VAL-D'OISE (95) – UMSCHLAGKARTE B2 UND D5 – MICHELIN LOCALKARTE 305 F6, ZOOMKARTE 101 FALTE 6, 106 FALTE 19

Hoch oben auf einem Hügel, der die Plaine de France – einen kleinen Landstrich in der Umgebung von Paris – überragt, liegt dieses Schloss aus dem 16. Jh. malerisch versteckt in einem Wäldchen. Es hat seine prunkvollen Gemächer mit ihrer raffinierten Ausstattung bewahrt und birgt die fabelhaften Sammlungen der dekorativen Künste des Musée national de la Renaissance.

fotolia

Majestätisch zeigt sich die Fassade des Renaissance-Schlosses Château d'Écouen.

Wegweiser – 20 km mit dem Auto ab Paris. Verlassen Sie Porte-de-la-Chapelle und fahren Sie Richtung St-Denis, Sarcelles, Écouen.

Unbedingt sehenswert – Die schönen bemalten Kamine des Schlosses aus der Zeit Heinrichs II., der Wandbehang mit der Geschichte von David und Bethsabe; die Renaissance-Fenster der Kirche St-Acceul.

Orte in der Nähe – MONTMORENCY, ST-DENIS

Das Schloss im Überblick

Das Schloss

Achtung: Parken ist nur am Eingang des Waldes erlaubt. Das Schloss von Écouen wurde 1538 bis 1555 für den Konnetabel **Anne de Montmorency** (Diener der Könige Franz I. und Heinrich VIII.) und seine Gemahlin Madeleine de Savoie erbaut. Nach dem Verschwinden des Enkels des Konnetabels, Henri II. de Montmorency, der 1632 enthauptet wurde, ging das Schloss zurück an die Condés, von denen es während der Revolution konfisziert wurde. Napoleon I. rettete es 1806, indem er die erste Lehranstalt für die Töchter der Ehrenlegionäre hier einrichtete. 1962 ging das Schloss mit seinen Anlagen in den Besitz des Kultusministeriums über, das für seine Umgestaltung zu einem Nationalmuseum für die Epoche der Renaissance sorgte.

Mit seinen rechteckigen Pavillons an jeder Ecke des Schlosses und der kleinen Plattform, die es umgibt und vom ausgetrockneten Schlossgraben trennt, bietet Écouen ein Beispiel für die aufblühenden Renaissance: Die Fassade ist, bis auf ein Gesims, das das obere Stockwerk markiert, klar und wird nur durch die skulptierten Giebel der Pavillonlukarnen und Portiken mit den antiken Säulen geschmückt. Die Ostfassade verschwand im 18. Jh. und wurde durch ein Eingangshaus ersetzt; das am Südflügel links gelegene Wohnhaus des Konnetabels war von Jean Bullant erbaut worden, um in den Nischen im Erdgeschoss die berühmten *Sklaven* von Michelangelo *(Originale im Louvre)* zu platzieren, die der Konnetabel von Heinrich II. geschenkt bekommen hatte.

Sehenswürdigkeiten

Église St-Acceul

Dieses zweite Schmuckstück von Écouen ist die einzige Kirche Frankreichs, die dem hl. Acheul gewidmet ist. Im 16. Jh. wurde sie auf sehr alten Fundamenten wieder aufgebaut. Im Norden überragt sie ein massiver Turm. Der Chor (16. Jh.) ist das Werk Jean Bullants; er stellt mit seinen komplexen Kreuzrippengewölben wohl den interessantesten Teil des Gebäudes dar. Versäumen Sie nicht die schönen **Renaissance-Fenster★**, insbesondere die des linken Seitenschiffs von 1544: Dargestellt sind Mariä Aufnahme in den Himmel und Mariä Himmelfahrt, Verkündigung und Heimsuchung, Geburt Christi und Anbetung der Heiligen Drei Könige.

Musée national de la Renaissance★★

✆ 01 34 38 38 50 – www.musee-renaissance.fr – ♿ – vormittags und nachmittags; Führung möglich; Di, 1. Jan., 1. Mai, 25. Dez. geschl. – 4,50 € (Kinder Eintritt frei), Eintritt frei am 1. So des Monats. Dieses Museum wurde teilweise mit den Renaissance-Sammlungen des Musée de Cluny in Paris ausgestattet. Es besitzt eine beachtliche Auswahl an Werken aus dem 16. und dem beginnenden 17. Jh., wobei es das Kunstgewerbe in den Mittelpunkt stellt: Mobiliar, Täfelungen, Teppiche und Stickereien, Keramiken, Emailkunst. Die ausgestellten Objekte stammen hauptsächlich aus Frankreich, Italien und den Niederlanden. Jeder Saal ist nur mit wenigen Teilen bestückt und wirkt daher nicht überladen, sondern ganz im Einklang mit der raffinierten ursprünglichen Ausstattung. Diese verdankt da, wo sie erhalten ist, ihre Wirkung nicht zuletzt den farbigen Bodenfliesen, „grotesken" Malereien der Fries- und Fensteröffnungen und vor allem den zwölf wunderschönen **bemalten Kaminen★**. Sie wurden unter Heinrich II. ausgeführt und sind Arbeiten der ersten Schule von Fontainebleau: Die zentrale Szene ist der Bibel entnommen und von einem ovalen oder rechteckigen Rahmen umgeben. Sie fügt sich in eine Verzierung ein, in der sich Grotesken und Fruchtgirlanden mit aus Leder gestanzten Motiven vermischen. Die Landschaften auf den Kaminen setzen sich aus antiken Ruinen, Festungen und bescheidenen Strohhütten zusammen und wurden von Niccolo dell'Abbate gemalt.

Erdgeschoss – Die Kapelle (1544) ist mit bemalten Gewölben überdacht, die von Spitzbögen gestützt werden. Man findet hier die Monogramme A und M (für Anne de Montmorency und Madeleine de Savoie), eine heraldische Verzierung, die sich an verschiedenen Stellen wiederholt (Musikempore, Täfelung des Oratoriums, Gewölbe der Sakristei). Bemerkenswert ist zudem der Passionsretabel, der mit Emailschildern und einer Kopie des *Abendmahls* von Leonardo da Vinci ausgestattet ist.
Einige der Säle, die einzelnen Berufen oder Techniken gewidmet sind, zeigen verschiedene Aspekte des Lebens zur Zeit der Renaissance: Beachten Sie die automatische Uhr, die die Form eines Schiffs hat und Karl V. gehört haben soll. Sie wird in einem restaurierten Schrank aus dem 16. Jh. präsentiert. Im Goldschmiedeatelier (auch aus dem 16. Jh.) ist die mit Intarsien versehene Goldschmiedebank bemerkenswert, die aus der Kunstkammer Augusts I. in Dresden stammt. Der Nordwestpavillon war früher das Gemach von Katharina von Medici.

1. Etage – Zunächst gelangt man im Südflügel in das Schlafzimmer des Konnetabels und das Appartement von Madeleine de Savoie, deren Einrichtung besonders interessant ist.
Der Westflügel ist fast ausschließlich dem Wandbehang zur **Geschichte von David und Bathseba★★★** (1510-1520) gewidmet, der vom Abigaïl-Pavillon über die Galerie der Psyche bis zum Schlafzimmer des Königs geht. Der 75 m lange Wandbehang erzählt in zehn Teilen die Liebesgeschichte des Königs David und Bathseba. Dieses aus Wolle, Seide und Silber gewebte Kunstwerk von erstaunlicher Fertigkeit bildet zusammen mit *Die Jagd des Maximilian (im Louvre)* das schönste Brüsseler Ensemble aus dem 16. Jh., das sich im Besitz Frankreichs befindet. Die Ausstellung des Wand-

Der Geschmack liegt im Detail

Während Ihrer Besichtigung werden Sie zahlreiche Dekorationsmotive bemerken, die dazu vorgesehen waren, die früheren Bewohner und Gäste zu entzücken: Putten (kleine Engel, häufig in der Renaissance), Fabeltiere, Satyrn, Atlanten, Harpyien oder Kanephoren (antik inspirierte Figuren, die einen Obstkorb auf dem Kopf tragen).

behangs endet im Schlafzimmer des Königs im Nordwestpavillon (viele Embleme und Monogramme).

Die Königsgemächer erstreckten sich in Richtung Norden. In einem Saal wurde ein Terrakottamuster wieder hergestellt, das der berühmte Keramikmeister aus Rouen, Masséot Abaquesne (1542), für das Schloss angefertigt hatte. Der Sieg, der die Haupttafel des monumentalen Kamins schmückt, ist von dem Projekt inspiriert, das Rosso in Fontainebleau für die Galerie Franz I. realisierte. Die beiden Teppiche sind Teil des berühmten Wandbehangs *Les Fructus Belli*, der in Brüssel nach Vorlagen von Jules Romain geschaffen wurde.

2. Etage – Im Nordostpavillon werden zahlreiche Keramiken aus Isnik (Mitte 16.-Anf. 17. Jh.) in großen Wandvitrinen präsentiert, die vom exotischen Geschmack der Sammler des 16. Jh. zeugen. Der erste Saal ist einer bedeutenden Serie von Kirchenfenstern gewidmet, von denen die meisten in Grisaille-Technik ausgeführt wurden, wie die Darstellung der Jungfrau mit Kind von 1544. Der zweite Saal befasst sich ausschließlich mit der französischen Keramik: Es werden Werke von Bernard Palissy und Masséot Abaquesne *(Die Sintflut)* gezeigt sowie Arbeiten aus Saint-Porchaire.

Die 15 *Cassoni,* die ihren Platz im Nordwestpavillon gefunden haben, bilden ein außergewöhnliches Ensemble: Diese Holztafeln stammen von Truhen, die jungen Vermählten geschenkt wurden.

Die Vitrinen in der Westgalerie enthalten eine faszinierende Sammlung bemalter Emailstücke (bemerkenswerte Stücke von Léonard Limosin, darunter die Porträts von Claude de Lorraine und Antoinette de Bourbon), Majoliken (Teller aus Deruta in Italien), eine großartige Sammlung mundgeblasener Gläser (der Kelch von Anne de Bretagne und Katharina von Medici).

Der Südwestpavillon ist der Goldschmiedekunst vorbehalten, die zum größten Teil aus Deutschland stammte: Die schöne *Daphné* ist ein Werk des bedeutenden Künstlers Wenzel Jammitzer (1508-1585) aus Nürnberg.

Ebenfalls im 2. Stock, in einem Türmchen des Nordflügels, sind im **Tuchsaal** in Wechselausstellungen die empfindlichen Sammlungen zu sehen: Spitzen, liturgische Ornate und außergewöhnliche Kleidungsstücke wie eine venezianische Robe, die die Prinzessinnen des osmanischen Hofs von Venedig trugen, oder eine Kopfbedeckung Karls V.

Die folgenden Räume sind auf Anfrage zu besichtigen (Sa/So nachmittags, vorher anrufen). Die über der Kapelle gelegene **Bibliothek** des Konnetabels mit vergoldeten Nußbaumverkleidungen beheimatet verschiedenartigste illuminierte Manuskripte und gebundene Bücher (darunter *Die Metamorphosen* von Ovid, Architekturlehrbücher ...). Das winzige an die Bibliothek angeschlossene **Arbeitskabinett** des Konnetabels ist so ausgerichtet, dass man so viel Tageslicht wie möglich nutzen kann.

Die auf Höhe der Gräben gelegenen **Badesäle** mit ihren heißen und kalten Kammern für Wechselbäder dienten den Hausherren zur Entspannung, wo sie, in Togen gekleidet, den schon bei den Römern beliebten Badefreuden frönten. Heute bergen sie Skulpturen zum Thema Wasser.

Tipps und Adressen

Essen und Trinken

La Plaine de France – *Im Schloss – ✆ 01 34 04 07 93 – tgl. außer Di 10-17 Uhr; 23. Dez.-5. Jan. geschl – ab 11 €.* Machen Sie vor der einzigartigen Kulisse des Schlosses und seines 17 ha großen Parks eine Pause in diesem Restaurant mit Teesalon. Bei gutem Wetter können Sie auf der schönen Terrasse sitzen.

Étampes

ESSONNE (91) – 23 300 EINWOHNER UMSCHLAGKARTE B3 – MICHELIN LOCALKARTE 312 C5, ZOOMKARTE 106 FALTE 42

Diese Stadt liegt in der Landschaft Beauce, in der die Kapetinger einst ihre Paläste hatten. Sie hat sich mit ihren Bürgerhäusern und der Reihe an Pfarrkirchen entlang der ehemaligen Straße nach Orléans ihren Charakter aus alten Zeiten bewahrt. Zum Charme des Städtchens trägt außerdem das kleine Flüsschen bei, die Vereinigung von Chalouette und Louette, die von Mauern und Waschhäusern gesäumt wird.

- **Wegweiser** – Auf der N 20 zwischen Paris und Orléans. Mit dem RER: Linie C 6.
- **Unbedingt sehenswert** – Die alten Waschhäuser; die Stiftskirche N.-D.-du-Fort; der Kulturpark Domaine départemental von Chamarande; für Feinschmecker die berühmte Kresse von Méréville!
- **Gut geplant** – Auf der Place St-Gilles findet der älteste Markt von Étampes statt *(Di vormittag)*.
- **Mit Kindern** – Die Vogelinsel in Cheptainville; das Museum der alten Berufe in Bouray-sur-Juine; die Flugvorführung historischer Geräte im Aerodrom von Cerny.

Geschichte und Geschichten

Könige und Verehrte – In Zeiten intensiver Gläubigkeit war Étampes besonders vom Wohlwollen verschiedener Herrschender abhängig: Robert II. der Fromme und Königin Konstanze, Ludwig VI. der Dicke, Ludwig VII. der Junge, Philippe Auguste. Während der Renaissance verschenkten die wiederum eher galanten als frommen Könige das Herzogtum Étampes in Teilen an die Damen, die sie verehrten. So hatte die Stadt nach der Königin Anne de Bretagne die Mätresse Franz' I., Anne de Pisseleu, als Herzogin, dann Diane de Poitiers, Mätresse Heinrichs II., und später noch Gabrielle d'Estrées, die Heinrich IV. verehrte.

Ein alter Hafen – Bis zum Ende des 17. Jh. verließen jeden Tag etwa zehn Boote, mit Weizen, Mehl oder Wein beladen, den Hafen, je nachdem, wie stark die Strömung der Juine war, denn mit dem Boot brauchte man zehn Tage nach Paris. Als die königlichen Zuwendungen nachließen, blieb der Ort dank des Marktes trotz der ständigen Angriffe durch die Engländer, die Burgunder, die Hugenotten, die Heilige Liga und die Fronde ebenso lebhaft.

Zu Fuß unterwegs

Place de l'Hôtel-de-Ville

Der Bau stammt aus dem ausgehenden 15. Jh., wie man an dem Gebäudeteil zwischen dem achteckigen Turm und den beiden Wachttürmchen erkennen kann. Ein Flügel im Renaissance-Stil kam im Jahr 1852 dazu: Hier ist heute das Gemeindemuseum untergebracht *(s. Sehenswürdigkeiten)*.

Das Fremdenverkehrsamt befindet sich im **Hôtel Anne-de-Pisseleu**, das 1538 für Guillaume Audren, den Vogt von Étampes, erbaut wurde. Sein Name erinnert an eine von Franz I. verehrte Dame. Die beschädigte Büste rechts von der Fassade oberhalb einer Tür zeigt vielleicht den König ...

Place Notre-Dame

Der Platz gewährt einen Ausblick auf die Stiftskirche Notre-Dame. Von der Rue du Pont-Doré hat man einen schönen **Blick** auf den „Fluss von Étampes", seine Brücken und die alten Waschhäuser.

Maison des Piliers

Auf der Place St-Gilles an der Ecke zur Rue Simonneau erhebt sich das „Pfeilerhaus" aus dem 12. Jh. Noch heute wird auf diesem Platz jeden Dienstag Morgen der älteste Markt von Étampes abgehalten, der auf eben diese Zeit zurückgeht.

Tour de Guinette

Zufahrt mit dem Auto über die Rue St-Jean. Nicht zu besichtigen. Dieser Bergfried der königlichen Burg, die es heute nicht mehr gibt, wurde am Anfang des 12. Jh. erbaut. Von hier ließ Philipp II. August die Feudalherren der Umgebung überwachen und bei Bedarf seine Feinde und – sogar zwölf Jahre lang (1201-1213) – seine verstoßene Gemahlin Ingeborg von Dänemark einkerkern. Der Name Guinette kommt von „guigner", was so viel heißt wie spähen. Sein Grundriss in Form einer vierblättrigen Rose ist ungewöhnlich. Der Bergfried wurde 1589 von Heinrich IV. eingenommen und zusammen mit der Festung auf Bitte der kriegsmüden Bevölkerung zerstört. Die eindrucksvollen Risse im Mauerwerk stammen von den Explosionen der großen Mengen an Schießpulver.

Sehenswürdigkeiten

Collégiale Notre-Dame-du-Fort★

Die zwischen militärischen und königlichen Gebäuden eingezwängte Stiftskirche wurde gegen 1022 auf einer karolingischen Krypta durch Robert dem Frommen errichtet; im 13. Jh. wurde das Chorhaupt befestigt, woher der Name Notre-Dame-du-Fort stammt. Ihr Glockenturm, dessen Spitze von durchbrochenen Türmchen umrundet wird, überragt mit seinen 55 m Höhe die Stadt.

Südportal – Das zur Marktseite zeigende Portal (12. Jh.) ist vom Stil und seinen Themen her mit dem Königsportal in Chartres vergleichbar. Es wurde während der Religionskriege (1562) leider beschädigt: Die Säulenstatuen (Könige, Königinnen, Propheten des Alten Testaments) wurden enthauptet.

Innenraum – Der komplexe vieleckige Grundriss und die unregelmäßig eingesetzten Stützen reflektieren die verschiedenen Bauvorhaben im 12. Jh. und die schwierige Einfügung der Kirche in die vorgegebene Umgebung. Dadurch, dass der Bauplan durcheinander kam, was sich besonders in der Abflachung des Bodens im südlichen Seitenschiff zeigt, ergeben sich sehr unterschiedliche Perspektiven. Die beiden ersten Joche im Hauptschiff, die vor 1150 entstanden, sind romanisch. Vom Querschiff aus zweigen die beiden Seitenschiffe des Chors ab. Die Seitenschiffe auf der linken Seite mit abgeschrägtem Grundriss münden in sehr schmale und hohe Apsidialkapellen, einem der schönsten gotischen Teile des Bauwerks. Die vier Gewölbeschlusssteine bilden eine Art Nabe mit Königs- und Engelsfiguren. Die linke Kapelle birgt zwei Säulenstatuen des Südportals: den hl. Peter und hl. Paul. Die Köpfe sind neuzeitlich. Von mehreren Seiten des Chors führen Treppen zur Krypta (11. Jh.). Sie wurde im 19. Jh. im neobyzantinischen Stil dekoriert.

Église St-Martin

Der seltsame schiefe Turm dieser Kirche aus dem 12.-13. Jh. wurde 1537 fertig gestellt. Nachdem der Bau durch Bodensenkungen nicht mehr senkrecht stand, musste der Bauherr nach und nach die oberen Partien umbauen *(sehr gut zu sehen)*. Die Basis wurde 1873 wieder mit der Kirche vereint. Die sich abwechselnden zylindrischen Pfeiler und Zwillingssäulen im Innern verleihen dem Triforium des Chors ein elegantes Aussehen.

Musée municipal

✆ 01 69 92 69 12 – www.mairie-etampes.fr – nachmittags; Fei, Mo und Di geschl. – 1 € (unter 10 J. Eintritt frei). Der Abschnitt Paläontologie zeigt zahlreiche 35 Mio. Jahre alte Fossilien der Gegend um Étampes. Unter den archäologischen Sammlungen verdienen die prähistorischen Klingen aus Feuerstein des Grand-Pressigny Beachtung, die Armbänder aus einem neolithischen Grab in St-Yon, die gallo-römischen Mosaiken aus Souzy-la-Briche und die Skulpturen des 11.-14. Jh., darunter der Kopf eines Königs von Judäa, Überbleibsel einer Säulenstatue der Stiftskirche Notre-Dame. Sehen Sie sich auch das schöne Gitter der ehemaligen Abtei von Morigny (12. Jh.) an.

Im 1. Stock sind Gemälde von Künstlern aus der Region ausgestellt: der Impressionist Édouard Béliard, Landschaftsmaler und Orientalist Narcisse Berchère, die Porträtmalerin Louise Abbéma (Porträt ihrer Freundin Sarah Bernhardt) und Félix Giacometti, akademischer Maler, ausgezeichnet mit dem Großen Preis von Rom.

Ausflüge

Vallée de la Juine

48 km – rechnen Sie einen Tag. Von Étampes nehmen Sie die N 20 im Norden, die Sie bald wieder verlassen, um nach Morigny-Champigny zu gelangen.
Im Tal der Juine, einem Zufluss der Essonne, liegen zwei öffentliche Schlossparks, in denen man am Fluss entlang spazieren gehen kann.

Ancienne Abbaye de Morigny

Von dieser Benediktinerabtei sind der Abteipalast aus dem 18. Jh. *(nicht zu besichtigen)* und die Kirche erhalten, von deren Schiff leider nicht mehr viel übrig ist. Eines der Joche war romanisch, mit schönen Kapitellen, das andere sehr schlanke Joch war gotisch. Es sind Überreste des Renaissance-Chors vorhanden, ein hoher Turm aus dem 13. Jh. flankiert den Bau. Die letzten Privatleute, denen diese Abtei gehörte, waren spezialisiert auf Frühgeschichte, der Graf (1877-1950) und die Gräfin von Saint-Périer. Heute ist hier ein Zentrum für Kolloquien und ständige Lehrveranstaltungen der Universität Paris-Sorbonne ansässig.

Zurück auf die N 20 Richtung Norden. Achtung, der Parkplatz für den Parc de Jeurre liegt am Straßenrand (verpassen Sie ihn nicht!).

Parc de Jeurre

✆ 01 64 94 57 43/08 78 – Führung vormittags und nachmittags; Mi und Fei, Mitte Dez.-Mitte Jan. geschl. – 6 €. Gegen Ende des 19. Jh. ließ ein Bewunderer Stücke aus dem berühmten Park von Méréville an diesen Ort bringen. Die **Säule** schmücken eine goldene Kugel und vier Schiffsteile, ein römisches Motiv, das an einen Sieg auf See erinnert. Sie wurde von Laborde in Auftrag gegeben, um die Expedition von Lapérouse zu feiern, die am 1. August 1785 Brest verließ, und seiner beiden Söhne zu gedenken, die bei ihrem Schiffbruch vor der Küste Kaliforniens ums Leben kamen. Der **Zenotaph** von Cook, gefertigt von Pajou, ruht unter einem Portikus mit dorischen Säulen. **Der Tempel der kindlichen Liebe**, Kopie (18. Jh.) eines Tempels von Tivoli, gehört zum Typ der runden „Liebestempel", die während des französischen Neoklassizismus zu Dutzenden erbaut wurden. Gegenüber dem Schloss am Ende des Teichs befindet sich die Molkerei, die von ionischen Säulen gerahmt wird.

Fahren Sie weiter auf der N 20 und nehmen Sie die Ausfahrt bei Chamarande.

Domaine départemental de Chamarande★

10 route de Lardy – ✆ 01 60 82 52 01 – ♿ – April-Nov. ganztags, restl. Jahr tgl. außer Mo und Di ganztags; Ende Dez.-Anf. Jan.geschl. – Eintritt frei.

Michel-Olivier Bernard / MICHELIN

In dem schönen Château de Chamarande, das von einem Englischen Garten umgeben ist, werden zeitgenössische Ausstellungen organisiert.

Pierre Mérault, der durch die Einnahme der Salzsteuer reich geworden war, ist dieses 1654 erbaute Schloss zu verdanken. Als Zeichen seines sozialen Aufschwungs beauftragte er Nicolas de L'Espine, den Architekten des Königs. Weißer Stein, roter Ziegel, blauer Schiefer: Das Schloss ist ein typisches Beispiel für den strengen Louis-XIII-Stil. Das Fehlen jeglichen Schmucks betont die klaren Linien. Das Erdgeschoss kann besichtigt werden: das Vestibül mit seinen restaurierten Pilastern, der Salon mit Täfelung im Louis-XV-Stil, der mit einem schönen Fliesenspiegel ausgestattete Speisesaal, die Bibliothek und die in einem der Pavillons des Hofs gelegene Kapelle.
Der Park (98 ha) wurde gegen 1780 unter der Leitung des Landschaftsmalers **Hubert Robert** zu einem Englischen Garten umgewandelt. Er wurde vom Conseil général de l'Essonne erworben und wird nun gemäß den damaligen Plänen wiederhergerichtet. Die Bauten von Contant d'Ivry werden wieder hervorgehoben: Pavillon du Belvédère, Orangerie, Auditorium, Jeu de l'Oie (Pflanzenlabyrinth), eine treppenförmige Wasseranlage mit zwei allegorischen Statuen der Dordogne und der Garonne, Nachbildungen der Statuen in Versailles. Eine Umleitung der Juine versorgt eine Wasserstelle (1780), die wie einst einen Gemüsegarten bewässert. An den Ufern der Insel wachsen Sumpfzypressen aus Louisiana. Regelmäßig öffnet das Anwesen seine Pforten für zeitgenössische Kunst. Von März bis Oktober finden hier Veranstaltungen (Musik, Open-Air-Kino, Theater) und Kunstausstellungen statt. *Eintritt frei.*

Lardy (Ort) erreichen Sie östl. über die D 17.

Die Strecke führt am linken Ufer der Juine entlang.

Lardy

Schöne Anwesen verstecken sich in den Parks hinter alten Gittern. Über die Rue du Maréchal-Foch gegenüber des Rathauses gelangt man zum **Parc Boussard**, einem Art-déco-Garten von Joseph Marrast (1927). Der Architekt wusste die Neigung des Geländes zu nutzen, um eine interessante Perspektive zu schaffen: Von oben fließt das Wasser einer Fontäne über ein Becken, in dem Seerosen wachsen, bis zu einem unten gelegenen Kanal. Trotz des zweifellosen Einflusses der italienisch-maurischen Gärten ist Marrast dem Art-déco-Stil treu geblieben: gebogene und gerade Linien, schlichte Baustoffe (Ziegel und Beton) und grünblaue Fayence-Mosaiken. Bäume, Rosensträucher und Buchsbäume sorgen für einen floralen Anstrich in dieser Steinallee. Dieser wenig bekannte Ort hat Charme und ist ein Muss für Art-déco-Fans.
Wenn Ihre Kinder eine kleine Pause machen wollen, fahren Sie mit ihnen doch zur **Vogelinsel** in **Cheptainville**, 5 km nördlich von Lardy. Dort gibt es nicht nur exotische Vögel wie Papageien und Nandus, sondern auch kleine Tiere, die auch gestreichelt werden können. *℘ 01 64 56 15 81 – www.ileauxoiseaux.fr – ♿ – vormittags und nachmittags – 9,20 € (Kinder 6,90 €).*

Zurück nach Lardy. Über die D 17 und D 99 gelangen Sie nach Bouray-sur-Juine.

Bouray-sur-Juine

Das in einer ehemaligen Mädchenschule eingerichtete **Musée des Vieux Métiers** Museum der alten Berufe) zeigt in einer Dauerausstellung mehr als 300 Werkzeuge ausgestorbener oder fast ausgestorbener Berufe, wie des Wagners, des Böttchers oder des Holzschuhmachers. In einem Raum sind alte Hausgeräte und alte Schulbänke zu sehen. *55 rue Haute – ℘ 01 60 82 23 25 – ♿ – Feb.-Nov. 1. und 3. Wo im Monat nachmittags; Führung mgl.; Fei, Juli-Aug. geschl. – 4 € (Kinder 2,50 €).*

Nehmen Sie die D 449 bis Itteville, dann die D 8 und D 74 nach Ballancourt. Folgen Sie am Ende der D 74 der Straße rechts, die zum Château du Saussay führt.

Château du Saussay

℘ 01 64 93 20 10 – Mitte März-Mitte Okt. Führung (35 Min.) So und Fei 14-18 Uhr – 7 € (unter 12 J. Eintritt frei), Park allein 4,50 €. Das im 17. Jh. erbaute Schloss der Familie Bragelogne bestand aus drei Teilen, die sich um einen quadratischen Innenhof herum anordneten. Im 18. Jh. wurde das Hauptgebäude zerstört. Das Vestibül im Inneren zieren Porträts der Familie. In einem der Säle befinden sich Erinnerungsstücke des Generals Canclaux, eines Offiziers des Ancien Régime, der sich der Revolution anschloss. Die Bibliothek mit etwa 4000 Büchern wurde von der Familie Colbert geschaffen.

Ein großer Englischer Garten mit einem Spiegelteich öffnet sich nach dem Hof des Schlosses, das einen Teil seiner Wassergräben bis heute behalten hat.

Wieder auf der D 74 geht es rechts auf die D 191 bis La Ferté-Alais. Von dort führt die D 449 nach Itteville. Das Aerodrom liegt linkerhand.

Aérodrome de Cerny

Am Rande des Flugplatzes, an dem heute sonntags Lufttaufen veranstaltet werden, ist durch einen Verein, der es sich zur Aufgabe gemacht hat, das französische Luftfahrtserbe zu pflegen, ein „fliegendes" Luftfahrtsmuseum entstanden, das **Musée Jean-Baptiste-Salis**. Am Anfang der Ausstellung erinnert die *Blériot XI* (1919), 1954 rekonstruiert, an eine heroische Epoche. Ebenfalls zu sehen ist eine sehr schöne *Morane-Serie* (Jagd, Übung, Akrobatik), eine *Albatros* und der eigenartige Dreidecker *Fokker* (deutsches Jagdflugzeug 1914-1918), eine der unzähligen *Piper Cubs* (Erkundung), die über den Operationen des 2. Weltkriegs kreiste, die zweimotorige *De Haviland Dragon Rapide DH 89* der Strecke Paris-London (1937), die unter dem Namen *Blue Way* 1981 unter westdeutscher Flagge die Transatlantikroute Paris-New York flog, eine *Mustang P 51*, Jagdflieger von 1944, der die amerikanischen *B-17*-Bomber und die britischen *Avro Lancaster* begleitete. *01 64 57 55 85 – www.ajbs.fr – ♿ – tgl. außer Do vormittags und nachmittags, Sa/So/Fei nachmittags – 5 € (unter 16 J. 3 €).* Jedes Jahr findet am Pfingstwochenende ein großes **Luftfahrtstreffen** statt, bei dem mehr als 10 000 Schaulustige der Flugvorführung mit den historischen Maschinen beiwohnen *(01 41 40 32 32 – www.meetingferte.com).*

Wieder in La Ferté-Alais fahren Sie südl. zurück nach Étampes auf der D 191.

Vallée de la Chalouette

15 km – etwa 1 Std. Verlassen Sie Étampes südwestl. auf der D 21 und fahren Sie in das Tal der Chalouette. In Chalo-St-Mars geht es links auf die D 160.

Moulineux

Fahren Sie am Fuß des Abhangs links *(rue de la Chaussée-de-l'Étang)* und halten Sie an der baumbestandenen Anhöhe des Teichs. Von dort aus hat man eine gute **Sicht★** auf die eindrucksvollen Ruinen der Kirche St-Thomas-de-Cantorbéry aus dem 12. Jh. *(heute Privateigentum).*

Chalou-Moulineux

Im 12. Jh. war dies Sitz einer Kommende der Templer. Von der Place St-Aignan führt zunächst die Rue des Templiers *(links einbiegen),* dann die Voie des Hospitaliers zu einem alten Waschhaus (Quelle der Chalouette).

Congerville-Thionville

Das Dorf zwischen langen Hofmauern bildet eine Insel inmitten der Weizenfelder der Beauce.

Über Pussay und die D 838 geht es nach Angerville.

Château de Dommerville

Das gegen Ende des 18. Jh. vom Marquis de Hallot, Generalleutnant der königlichen Armee, erbaute Schloss besteht aus einem Hauptgebäude mit zwei Flügeln.

Nehmen Sie die D 145 nach Méréville.

Méréville

Unter den 35 Kressebaugebieten des Départements Essonne verdient Méréville mit zehn Herstellern den Rang einer Hauptstadt. Der Ort breitet sich auf zwei Hügeln aus. Die Kirche befindet sich auf dem ersten, und die große **Halle** aus dem 16. Jh. hat auf dem zweiten Hügel den Platz der ehemaligen Burg eingenommen. Viermal jährlich fanden hier früher Messen statt, was der Region und ihren Handelsaktivitäten nach den Leiden des Hundertjährigen Krieges zu neuem Aufschwung verhalf.

Jardins du château de Méréville – *01 64 95 18 00 (Fremdenverkehrsamt) – Führung mit Reserv. mgl. (2 ½ Std.): Juni-Sept. Sa 15.30 – 5 € (unter 12 J. Eintritt frei).* Der Finanzmann Jean-Joseph de Laborde, Bankier am Hofe Ludwigs XVI., erwarb das Anwesen Méréville 1784. Bélanger, der Architekt von Bagatelle, und Hubert Robert zeichneten

Die große Veranstaltungshalle von Méréville stammt aus dem 16. Jh.

die Pläne und Motive eines **Englischen Gartens**, hier und da mit **Kunstwerken und kleinen Bauten** versehen (die später zum Parc de Jeurre transportiert und dort wieder aufgebaut wurden), an den beiden Hängen der Juine; die vom Entdecker La Pérouse mitgebrachten Pflanzen wurden hier eingesetzt.

Méréville wurde im Jahr 2000 vom Conseil Général de l'Essonne gekauft, der ein ehrgeiziges Wiederherstellungsprojekt in Angriff genommen hat. Die Stücke, die nach Jeurre gebracht wurden, sollen wieder zurück, um eines der gelungensten Landschaftsprojekte des 18. Jh. wiederzum Leben zu erwecken, so wie man es auf den Stichen von Hubert Robert sieht.

Dreht man dem Schloss den Rücken zu, erblickt man auf dem Hügel gegenüber die 35 m hohe **Trajanssäule**. Sie ist von der berühmten Säule des Trajansforums in Rom inspiriert und erhebt sich heute inmitten kleiner Pavillons.

Als Abschluss Ihres Besuchs in Méréville können Sie an den Kressefeldern und Forellenbecken an der Juine entlangschlendern, oder sich die Trajanssäule aus der Nähe ansehen.

Verlassen Sie den Kreisel der Colonne-Trajane auf der Rue Laborde. Halten Sie sich rechts, fahren Sie unter den Gleisen durch zur Route d'Orléans und zurück nach Étampes (D 49).

Ziel in der Umgebung

Coteau des Verts Galants

8 km nördl. Zugang: In Étréchy geht es auf die D 148 Richtung Chauffour. Die Stelle erreicht man nach 1 km auf der rechten Seite. Die Aufbereitung eines ehemaligen Steinbruchs förderte eine Felsenanhäufung aus dem Tertiär zutage. Die Kalkschicht oberhalb der Sandschichten ist reich an Sumpffossilien. Eine Tafel informiert über die Geologie und die Flora dieses Gebiets, in dem Orchideen wachsen.

Tipps und Adressen

Allgemeine Hinweise

Fremdenverkehrsamt von Étampes – *Hôtel Anne-de-Pisseleu – 91550 Étampes – ✆ 01 69 92 69 00*

Fremdenverkehrsamt von Méréville – *3 rue Corpechot – 91660 Méréville – ✆ 01 64 95 18 00*

Petit Patrimoine – Étampes besitzt mehr als 20 Mühlen und Waschhäuser, von denen einige noch zu Beginn des 20. Jh. genutzt wurden. Das Fremdenverkehrsamt hält Pläne bereit: hübscher Spaziergang von der Rue des Remparts zur Rue de Chauffour.

Übernachten

⊖ Chambre d'hôte La Manounière – *12 rue des Templiers, südl. des Orts – 91730 Mauchamps – 10 km nördl. von Étampes auf der N 20 – ✆ 01 60 82 77 10 – ⌧ – 4 Zi: 40/50 €* ☕. M. et Madame Richer empfangen ihre Gäste auf diesem renovierten alten Bauernhof, der nur wenige Schritte von einer Templerkirche aus dem 14. Jh. entfernt liegt, warmherzig. Die eleganten Zimmer und das reichliche Frühstück im Speisesaal mit seinen Pfeilern und Sichtbalken werden Ihnen in bester Erinnerung bleiben.

⊖⊖ Auberge de France – *Allée de Coquerive – 91550 Étampes – ✆ 08 25 000 091 – www.auberge-de-france.com –* 🅿 *– 50 Zi: 60 € – ☕ 6,50 € – Rest. 16/40 €.* Mangels Konkurrenz ist das einzige Hotel der Stadt oft ausgebucht. In diesem Haus, das dem Label „Tables et Auberges de France" (Vereinigung, die Hotels und Restaurants bewertet) angehört, wohnen Sie in gemütlichen, zeitgenössisch eingerichteten Zimmern. Das Restaurant serviert traditionelle Gerichte, im Sommer auch gerne auf der Terrasse.

Essen und Trinken

⊖⊖⊖ Auberge de la Tour St-Martin – *91550 Étampes – ✆ 01 69 78 26 19 – tourpenchee@aliceadsl.fr – 34 €.* Pfeiler, Sichtbalken und Kamin machen den rustikalen kleinen Speisesaal so behaglich. Auf den Tisch kommen traditionelle Gerichte aus ausgesuchten Zutaten.

⊖⊖⊖ Le Vieux Chaudron – *91150 Ormoy-la-Rivière – 5 km südl. von Étampes auf der D 49 und Nebenstraße – ✆ 01 64 94 39 46 – www.levieuxchaudron.com – 1.-14. Jan., 16. Aug.-6. Sept., Do abens, So abends und Mo geschl. – 32/44 €.* Was rührt der Patron dieser Dorfherberge da nur in seinem alten Kessel zusammen? Tagesfrische Gerichte! Schlichter ländlicher Speisesaal, der vom ersten Kälteeinbruch an von einem Kamin geheizt wird. An schönen Tagen sitzt man auf der Terrasse.

Einkaufen

Marché – *91550 Étampes – 8.30-12, 13.30-17 Uhr.* Die im 12. Jh. erbaute „Maison des Piliers" (Pfeilerhaus) zwängt sich auf der Place St-Gilles an die Ecke der Rue Simonneau. Noch immer wird hier am Dienstag Morgen der älteste Markt von Étampes abgehalten.

Aux Petits Lardons – *2 rue Jean-Moulin – 10 km südwestl. von Étampes auf der D 49 – 91690 Saclas – ✆ 01 64 95 60 47 – auxpetitslardons@wanadoo.fr – tgl. außer So und Mo 15-17 Uhr; 3 Wochen im Aug. geschl.* Terrinen und Würstchen mit Kresse, Andouille aus der Beauce, Eintopf aus Méréville (mit Ziegenkäse aus Arpajon, Kresse und gekochtem Schweinefleisch) sind die Verkaufsschlager dieses Metzgermeisters, der die Fleischwaren mit Kresse kreiert hat.

Cresson de fontaine biologique – *23 rue du Tour-de-Ville, La Vallée Colleau, rte de Saclas – 91660 Méréville – ✆ 01 64 95 11 95 oder 06 88 54 68 14 – gbarberon@aol.com – tgl. außer So 9-12, 15-18 Uhr.* Wenn Sie nicht wissen, was Sie von Ihrem Ausflug nach Méréville mitnehmen sollen, machen Sie hier Stop. Hier finden Sie Bio-Kresse in allen Formen: frisch, in Dosen, als Suppe, als Soßenfond …

Stéphane Sauvignier / MICHELIN

Kresse aus Méréville.

Sport und Freizeit

Base régionale de loisirs – *5 av. Charles-de-Gaulle, route de Saclas – 91550 Étampes – ✆ 01 64 94 76 18 –* Diese Einrichtung bietet wahre Erholung und jede Menge Aktivitäten für 7-77-Jährige an, die sich am und im Wasser ausüben lassen: baden, surfen, Bodyboard, Skate Park, Klettern, Bogenschießen oder die Entdeckung der naturbelassenen Fauna u.v.a. Restaurant vor Ort.

Feste und Events

À Méréville au printemps (Méréville im Frühling) – Kressemesse *(Pfingstwochenende).*

À Étampes en septembre (Étampes im September) – Mountainbike-Rallye der Region Île-de-France in der Essonne *(3. Wochenende im Sept.) – ✆ 01 64 57 11 81.*

À Bouray-sur-Juine en octobre (Bouray-sur-Juine im Oktober) – Tag der Natur und der Region *(1.So im Okt.) – ✆ 01 69 27 13 73.*

Château de Ferrières★

SEINE-ET-MARNE (77) – UMSCHLAGKARTE C2 –
MICHELIN LOCALKARTE 312 F3, ZOOMKARTE 101 FALTE 30, 106 FALTEN 21-22

Die Jagdmöglichkeiten auf dem Anwesen, dazu das behagliche Schloss, der Reichtum an Sammlungen, den die Dynastie der Rothschilds zusammengetragen hat – all das hat ein Jahrhundert lang allseitiges Interesse auf sich gezogen. Der Englische Garten wurde zeitgleich mit dem Bois de Boulogne (Wald von Boulogne) angelegt und weist in der Nähe des Sees zahlreiche malerische Fleckchen auf.

- **Wegweiser** – Östl. von Paris über die A 4, Richtung Ferrières-en-Brie, Ausfahrt 12.
- **Unbedingt sehenswert** – Die Renaissance-Architektur des Schlosses, die im Stil des 19. Jh. überarbeitet und frei interpretiert wurde; die Harmonie des Parks.
- **Orte in der Nähe** – Château de CHAMPS, DISNEYLAND RESORT PARIS, MARNE-LA-VALLÉE

Geschichte und Geschichten

Eine Herausforderung der Konventionen – 1829 kaufte **James de Rothschild**, ein Vorfahr des französischen Familienzweigs, 3 000 ha Feld- und Jagdgebiet, die Teil des Grunds von Fouché waren. Er wollte ein Anwesen errichten, das seinen Sammlungen und seiner Vorliebe für Prunk genügte. Der Baron wandte sich an den englischen Garten- und Gewächshausarchitekten **Joseph Paxton**, der sich bereits mit dem Crystal Palace in London (1936 zerstört) einen Namen gemacht hatte, und moderne Materialien wie Eisen und Glas verarbeitete. Paxton baute bis 1859 ein quadratisches Gebäude mit einer lichtdurchfluteten Halle, flankiert von vier quadratischen Türmen. Die Dekoration übernahm der Franzose **Eugène Lami**. Der Besuch Napoleons III. am 16. Dezember 1862 weihte den Bau ein. Zur Erinnerung pflanzte er einen Mammutbaum (*Séquoia*). Am 19. September 1870 ersuchte Jules Favre dort Bismarck und König Wilhelm von Preußen um einen Waffenstillstand. Doch die Pariser Regierung lehnte Bismarcks Territorialforderung ab. 1977 vermachten Baron Guy und Baronin Marie-Hélène de Rothschild das Schloss und Teile des Anwesens der Pariser Universität.

Sehenswürdigkeiten

Das Schloss

✆ 01 64 66 31 25 – www.chateaudeferrieres.sorbonne.fr – Führung Mai-Sept. 14-19 Uhr, Okt.-April 14-17 Uhr – 8 € (Kinder 5 €). Die Bauweise im Renaissancestil ist geprägt von Balustraden, Galerien und Säulen. Jedoch sind die Fassaden unterschiedlich. Die Prunkfassade an der Seeseite mit Türmchen am Vorsprung ist von übereinanderliegenden Galerien durchbrochen. Aus größerer Entfernung sieht man die hohen Steinkamine, Reminiszenz an das Schloss von Chambord. Dem Eingangsbereich, von den Initialen (J. R.) von Baron James und dem Familienwappen (die fünf Pfeile der Rothschild) markiert, folgt ein Uhrenpavillon. Über die Ehrentreppe gelangt man in die zentrale Halle mit beeindruckenden Proportionen: 260 qm groß, unter der Deckenverglasung 12 m hoch. Über der Eingangstür ruht eine Musikempore auf Atlanten und Karyatiden aus braunem Marmor und Bronze, ein bevorzugtes Motiv aus dem Zweiten Kaiserreich.
Im Blauen Salon, der zum Park hinausgeht, stehen Büsten von Kaiserin Eugénie und Betty (Bettina) de Rothschild, der ersten Hausherrin. Der Salon Ludwigs XVI. ist mit seinen rosa und weißen Paneelen und der Decke nach Boucher am stärksten von Eugène Lami geprägt. Das Mobiliar bewahrt den Stil Ludwigs XVI.. Im gegenüberliegenden Salon Rouge, in dem die Gespräche von 1870 stattfanden, befindet sich eine Ausstellung über die Geschichte des Anwesens.
Musée de l'Imaginaire – *✆ 01 64 66 31 25 – www.chateaudeferrieres.sorbonne.fr – Mai-Sept. 14-19 Uhr, Okt.-April 14-17 Uhr – Kombiticket mit Park 5 € (Kinder frei)* – Das Kunstmuseum in der 2. Etage des Schlosses zeigt Werke zeitgenössischer Maler (M. Halingre, J. Huss, P. Lacombe, C. Lepère, M. Fagan und Siudmak) und eines Bildhauer (J.-J. Lamenthe). Die Werke werden vor dem Verkauf präsentiert und regelmäßig gewechselt.

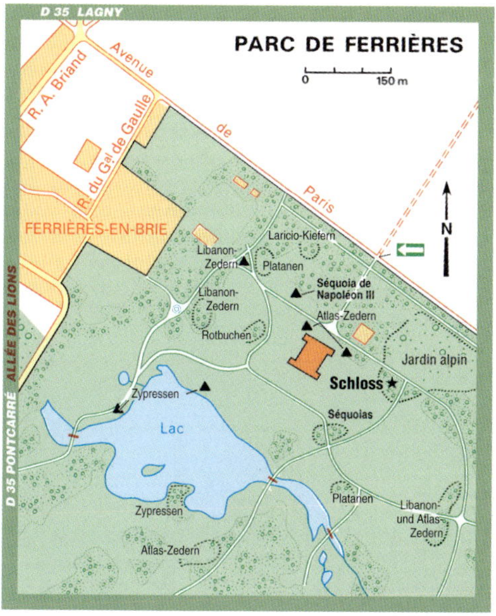

Der Park★

✆ 01 64 66 31 25 – www.chateaudeferrieres.sorbonne.fr – Mai-Sept. 14-19 Uhr, Okt.-April 14-17 Uhr – Kombiticket mit Schloss 8 €, mit Musée Imaginaire 5 €. Die Kompositionen im Park, den Paxton angelegt hat, bestehen hauptsächlich aus Zierkoniferen: Libanon- und Atlaszedern (darunter die Sorte der „Blautannen") und Mammutbäumen (*Séquoia*, um 1850 in Frankreich eingeführt). Die romantische Harmonie wird durch die majestätischen Platanen, die lilafarbenen Hecken und insbesondere den See verstärkt.

Ziele in der Umgebung

Forêt de Ferrières

In dem Wald, der 1973 von der Region Île-de-France erworben wurde und 2 800 ha umfasst, sind Aufenthalts- und Picknickbereiche und viele Wege angelegt, die zu jeder Jahreszeit von Fußgängern und Radfahrern genutzt werden. Darunter eine Strecke von etwa 15 km zwischen dem Bois de Beaubourg, Pontcarré, Villeneuve-St-Denis und dem GR 14. Andere Alleen sind bei trockenem Wetter sehr schön und über die Rastplätze am Rand der D 471, der D 21 und der D 10 zu erreichen.

Der Planchette-Teich *(Angellizenzen erhält man vor Ort von den Mitarbeitern der nationalen Waldbehörde ONF)*, die Sequoia-Allee nördlich von Pontcarré und die Orme-Ebenen sind die interessantesten Abschnitte des Waldes.

Forêt domaniale d'Armainvilliers

Der Wald in Verlängerung des Waldmassivs südlich von Pontcarré ist auf dem Weg der Regeneration (Hochwald aus Eichen und Nadelbäumen). An der D 471 gibt es unweit von den Teichen Trois-Mares und Barrière-Noire *(D 350)* einige Picknickplätze.

Tipp

Übernachten

⊖⊖ **Hôtel St-Rémy** – *24 rue Jean-Jaurès – 77164 Ferrières-en-Brie – ✆ 01 64 76 74 00 – 25 Zi: 70 € – ☕ 7 € – Rest. 35 €.* Vom ursprünglichen Haus direkt hinter der Dorfkirche, das gegen Ende des 19. Jh. errichtet wurde, sind nach einer vollständigen Renovierung nur noch wenige Elemente erhalten. Im Obergeschoss jedoch befindet sich der ehemalige Festsaal, den die Familie Rothschild eingerichtet hat. Schönes modernes Mobiliar im Restaurant, gemütliche Zimmer.

Fontainebleau★★★

SEINE-ET-MARNE (77) – 15 942 EINWOHNER – UMSCHLAGKARTE C4 – MICHELIN LOCALKARTE 312 F5, ZOOMKARTE 106 FALTEN 45-46 – KARTE S. 228-229

Der Ort Fontainebleau erlebte erst im 19. Jh. einen richtigen Aufschwung, als die Menschen Geschmack an der Sommerfrische und der Idylle des Waldes fanden. Das berühmte Schloss, das Sie vom ersten Augenblick in seinen Bann ziehen wird, greift die Renaissance auf, mit seiner berühmten hufeisenförmigen Treppe, und dem Bilderbogen von Épinal, mit der ergreifenden Abschiedsszene von Napoleon und seinen treuen Genossen. Die Stadt ist ein idealer Haltepunkt in der Île-de-France: Von hier aus können Sie Ausflüge nach Vaux-le-Vicomte, Nemours, Barbizon oder Courances unternehmen.

Philippe Gajic / MICHELIN

Hauptfassade des Schlosses von Fontainebleau, leicht erkennbar durch ihre berühmte Hufeisentreppe.

- **Wegweiser** – SNCF-Verbindung ab Paris-Gare de Lyon. Mit dem Auto auf der A 6 (1 Std.), Ausfahrt Fontainebleau.
- **Unbedingt sehenswert** – Die Galerie Franz' I.; der schöne Ballsaal; die Papst- und Jagdgemächer, die neuerdings zu besichtigen sind; das Lackkabinett des Chinesischen Museums; die Souvenirs des Kaisers im Palast und im Musée Napoléon-Ier.
- **Gut geplant** – Über das Schloss und die Gärten sollte man die Stadt Fontainebleau selbst nicht vergessen, in der man gut zu Mittag essen kann, bevor man im Wald spazieren geht oder Rosa Bonheur in By-Thomery oder Stéphane Mallarmé in Vulaines-sur-Seine einen Besuch abstattet.
- **Mit Kindern** – Sie werden von den Schlossgärten mit ihrem Buchsbaumlabyrinth und dem Karpfenteich, auf dem man Bootsfahrten machen kann, begeistert sein; auch eine Kutschfahrt durch den Park macht sicher Spaß.
- **Orte in der Nähe** – BARBIZON, Forêt de FONTAINEBLEAU, MILLY-LA-FORÊT, MORET-SUR-LOING, NEMOURS, Château VAUX-LE-VICOMTE

Geschichte und Geschichten

Die Reit- und Militärtradition – Zu allen Zeiten haben Monarchie und Republik hier Truppen stationiert. Die Kavallerie ist seit dem 17. Jh. mit der Garde du corps du roy (Königliche Leibgarde) präsent. Die Manegen und Rennbahnen, die unter Napoleon III. entstanden sind, werden heute vom Centre national des sports équestres

(Nationales Reitsportzentrum) betrieben, während die Amateurreiter gern den Wald für ihre Ausritte nutzen.
Mehrere Militäreinrichtungen haben in der Vergangenheit die Stadt geprägt. Hierbei sind die École spéciale militaire (1803-1808, vor St-Cyr), die École d'application d'artillerie et du génie (deren Übungsplatz sich von 1871 bis 1914 im Wald ausbreitete) und schließlich der zentraleuropäische Generalstab der NATO zu nennen, der Fontainebleau von 1947 bis 1967 einen kosmopolitischen Hauch verlieh.

Sehenswürdigkeiten

Das Schloss★★★ s. Plan S. 141

Das Schloss von Fontainebleau verdankt seine Existenz der königlichen Jagdleidenschaft, seine Ausstattung der Freude der Könige, Kunstwerke in ihrem „Familiensitz" zu vereinen. Bemerkenswert ist, dass das Schloss seit der Zeit der letzten Kapetinger Ende des 14. Jahrhunderts bis zu Napoleon III. von Herrschern bewohnt wurde.

Ein Jagdschloss – Man weiß den genauen Bauzeitpunkt nicht, doch existiert eine Urkunde, die Ludwig VII. hier 1137 unterzeichnet hat. Philippe Auguste, der hl. Ludwig und Philipp der Schöne (in diesem Schloss geboren und gestorben) fühlten sich dort besonders wohl.

Ein Hauch von Renaissance – Mit Franz I. verschwanden fast alle mittelalterlichen Konstruktionen. Gilles Le Breton ließ zwei Gebäude ersetzen. Das eine, der Ovale Hof im Osten, wurde auf den alten Fundamenten errichtet, das andere bildete den Vorhof im Westen. Über eine Galerie sind sie miteinander verbunden. Unzählige Künstler waren an der Verzierung des Schlosses beteiligt. Franz I. wollte es mit antiken Kunstwerken verschönern und zu einem „neuen Rom" machen.

Die École de Fontainebleau (Schule von Fontainebleau, 16. Jh.) – Die Maler und Stukkateure arbeiteten unter Leitung des Florentiners **Rosso**, einem Schüler Michelangelos, und dem aus Bologna stammenden **Primaticcio**, Anhänger von Jules Romain und selbst Lieblingsschüler Raffaels. Sie alle bildeten die Erste Schule von Fontainebleau zur Zeit der Herrschaft von Franz I. Mit der Galerie François-Ier erfindet diese Schule einen Stil, der von den Italienern als „französischer Stil" bezeichnet wurde: die Verbindung relativ kleinformatiger Stukkaturen und Malereien. Rosso starb 1540. Primaticcio, der nach Rom geschickt wurde , brachte Gipsabdrücke antiker Statuen mit – *Laokoon, Apollo von Belvedere*, etc. –, um sie in Fontainebleau in Bronze gießen zu lassen.
In seinem Badezimmer konnte der König die Meisterwerke Leonardo da Vincis (*Mona Lisa*) und Raffaels betrachten. Das goldene Geschirr, den Schmuck und die „Kuriositäten", für die die Höfe der Zeit schwärmten, sind im Pavillon des Armes versammelt.

Das Schloss Heinrichs II. – Heinrich II. führte das Werk seines Vaters fort. Er vollendete den Ballsaal, einen der Höhepunkte des Schlosses. Überall findet man Monogramme des königlichen H (Heinrich II.) und der beiden C von Catherine de Médici (Katharina von Medici), von denen das eine seitenverkehrt steht. Da Doppeldeutigkeiten zu der Zeit erlaubt waren, bilden die ans H angelehnten C ein Doppel-D, Initiale der Mätresse des Königs, Diane de Poitiers.

Nachdem Heinrich II. während eines Turniers getötet wurde, schickte seine Witwe Katharina von Medici ihre Rivalin nach Chaumont-sur-Loire. Sie entzog Philibert Delorme, Protégé von Diane, die Aufsicht über die Bauarbeiten übertrug sie seinem Landsmann Primaticcio. Von da an übernahmen Maler mit helleren und fröhlicheren Farben wie Nicoló dell'Abate die Gestaltung.

Der Palast von Heinrich IV. (17. Jh.) – Heinrichi IV., dem Fontainebleau sehr am Herzen lag, vergrößerte es in beachtlichem Maße. Er ließ die unregelmäßige Form des Ovalen Hofs begradigen und die Cour des Offices und das **Jeu de paume** anlegen. Eine neue Schule, die sich dem italienischen Einfluss entzog, jedoch vielfach flämisch inspiriert war, arbeitete an der Ausstattung der neuen Räume: Die Ölmalerei auf Gips oder Leinwand ersetzte das Fresko. Die Naturholzpaneele mit Goldfäden machten Platz für bemalten Täfelungen. Die Vertreter dieser Zweiten Schule von Fontainebleau stammten vor allem aus Paris.

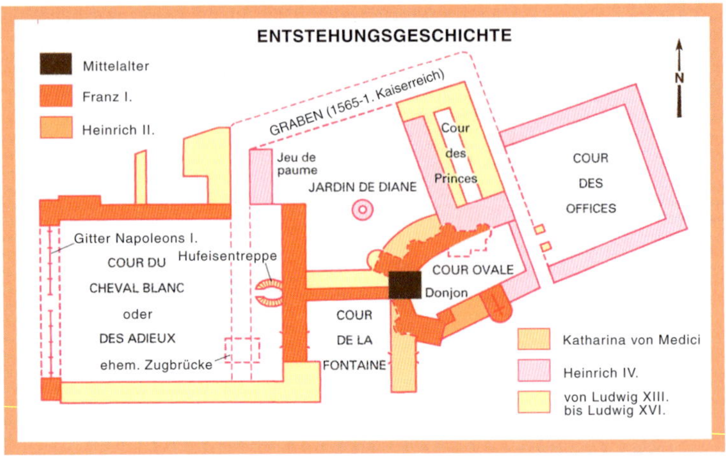

Das Haus der Jahrhunderte – Ludwig XIV., Ludwig XV. und Ludwig XVI. ließen viele Umbauten vornehmen, insbesondere bei der Gestaltung der Wohnräume. Das Schloss blieb von der Revolution verschont, es verlor lediglich seine Möbel. Der frühere Konsul, Kaiser Napoleon, hielt sich gern dort auf. Er zog Fontainebleau Versailles vor, weil er dort nicht ständig im erdrückenden Schatten eines ruhmreichen Rivalen stand. Er nannte es „Haus der Jahrhunderte" und verewigte sich durch neue Anbauten. Auch die letzten Herrscher kamen in den Palast, bevor die Republik ihn schließlich zu einem Museum machte.

Der äußere Turm

Cour du Cheval-Blanc ou des Adieux (Hof des weißen Pferdes oder des Abschieds)★★ – Der ehemalige Diensthof war durch seine Breite bald für Paraden und Turniere prädestiniert. Er erhielt den Namen Cour du Cheval-Blanc, als Karl IX . eine Reiterstatue aus Gips von Marc Aurel auf dem Kapitol aufstellen ließ (eine kleine Platte in der Hauptallee markiert die Stelle).
Die vergoldeten Adler auf den Pfeilern des großen Gitterzaunes scheinen mit den Flügeln zu schlagen. Sie erinnern daran, dass der Kaiser diesen Hof zu seinem Ehrenhof machte. Er ließ die Renaissancegebäude, die ihn nach Westen hin begrenzten, abreißen, nur die äußeren Pavillons blieben stehen. So geht man zwischen den beiden langen Flügeln hindurch. Nur der linke Flügel aus Ziegelstein hat die Eleganz der Gebäude von Gilles Le Breton behalten, dem Architekten von Franz I.
Der rechte Flügel barg die berühmte Ulysse-Galerie, die Primaticcio gestaltet hatte. Ludwig XV. zerstörte ihn, doch Gabriel baute ihn wieder auf.
Das Hauptgebäude am Ende des Hofs mit der Balustrade markiert die Stelle der früheren Schlossgräben. Es ist das Ergebnis aufeinanderfolgender Anbauten, von Franz I. bis zu Ludwig XV. Dennoch weist die Fassade eine gewisse Regelmäßigkeit auf. Die waagrechte Linie der blauen Schieferdächer wird von den weißen Fassaden, den trapezförmigen Kappen und den hohen Kaminen der fünf Pavillons unterbrochen.
Die berühmte **Escalier du Fer à cheval (Treppe in Hufeisenform)**, erbaut von Jean Du Cerceau unter Ludwig XIII., ist mit ihrer majestätischen Weite der beiden geschwungenen Aufgänge Zeichen für den königlichen Prunk.

Cour de la Fontaine (Brunnenhof)★ – Der Brunnen am Rand des Karpfenteichs lieferte sehr reines Wasser, das früher ausschließlich für den König reserviert war. Daher wurde er von zwei Wachposten bewacht. Der heutige Brunnen stammt aus dem Jahr 1812. Eine Ulysses-Statue krönt ihn. Die Gebäude aus Quadersteinen bilden einen prächtigen Hof. Vor der Galerie von Franz I. führt eine von Arkaden gesäumte Terrasse zu den ehemaligen Baderäumen des Königs.
Der rechts gelegene, 1565 erbaute **Aile de la Belle Cheminée (Flügel des Schönen Kamins),** stammt von Primaticcio. Er verdankt seinen Namen dem Kamin, der den

großen Saal in der 1. Etage bis zum 19. Jh. schmückte. Als Ludwig XV. den Saal zu einem Theater umfunktionieren ließ – daher der andere Name des Flügels und des gesamten Gebäudes: Ancienne Comédie (Alte Komödie) –, wurde der Kamin abgerissen und die Skulpturen an verschiedene Orte gebracht. Die monumentale äußere Treppe bilden zwei italienische, d.h. aufrechte und entgegengesetzte, Rampen. Links begrenzt der von Gabriel erbaute Gros Pavillon den Flügel der Königinmutter und des Papstes.

Étang des Carpes (Karpfenteich)★ – In der Mitte des mit Karpfen besetzten Teichs erhebt sich ein unter Heinrich IV. erbauter Pavillon. Er wurde von Ludwig XIV. umgebaut und von Napoleon I. restauriert. Hier wurden die Speisen serviert.

Porte Dorée (Goldenes Tor)★ – Dieses Tor (1528) ist Teil eines imposanten Pavillons. Es war der Ehreneingang zum Schloss bis Heinrich IV. das Tor des Baptisteriums für diesen Zweck nutzte. Primaticcios Malereien wurden restauriert. Das Tympanon, das Giebelfenster, ziert ein Salamander, Wappentier von Franz I. Zu den beiden Etagen öffnete sich eine italienische Loggia, die im 1. Stock von einem Buntglasfenster begrenzt war. Dies war das Gemach von Madame de Maintenon.
Am Ballsaal entlang führt eine Lindenallee. In der Ferne erhebt sich das Haupt der Kapelle St-Saturnin, ein über zwei Stockwerke erbautes Heiligtum.

Porte du Baptistère (Tauftor)★ – Das Tor öffnet sich zum Ovalen Hof hin. Grundlage ist das Steintor von der Zugbrücke des ehemaligen Schlossgrabens in der Cour du Cheval-Blanc (Hof des weißen Pferdes) *(s. Plan S. 141)*. Die Bauweise ist rustikal, mit dekorativen Effekten des behauenen Sandsteins – eine Arbeit von Primaticcio. Es wird von einer großen Kuppelarkade bedeckt. Das Werk erhielt seinen Namen anlässlich der Taufe Ludwigs XIII. und seiner Schwestern Élisabeth und Chrétienne, die mit großem Pomp am 14. September 1606 auf einem Podium gefeiert wurde, das auf der Plattform errichtet worden war.

Cour Ovale (Ovaler Hof)★ – Er ist der älteste und interessante Hof des Schlosses. Er nimmt den Platz ein, an dem sich der Hof der ursprünglichen Burg befand. Von dieser ist nur noch der Burgfried erhalten, als dessen Bauherrn man Ludwig den Heiligen vermutet, obwohl er wahrscheinlich vor dessen Herrschaft entstanden ist. Franz I. integrierte diesen in die Gebäude, die er auf den Fundamenten der alten Burg errichten ließ und die ein Oval beschrieben, oder vielmehr ein Vieleck mit abgerundeten Ecken. Unter Heinrich IV. verlor der Hof seine Form, nicht jedoch seine Bezeichnung: Man erweiterte ihn nach Osten, in dem man Flügel auf den zwei neuen Pavil-

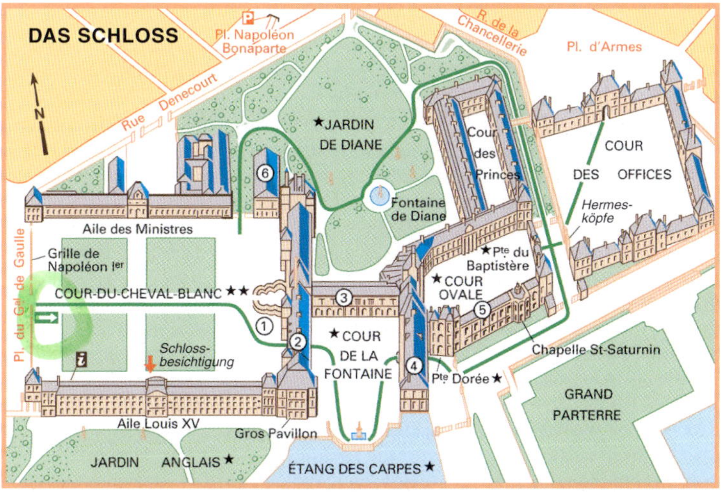

(1) Hufeisentreppe
(2) Flügel der Königinmütter und des Papstes
(3) Galerie François Ier
(4) Flügel des Schönen Kamins
(5) Ballsaal
(6) Jeu de paume

lons setzte, die das neue Tauftor rahmten. So wurde die Anordnung des Ensembles beibehalten.

Philippe Gajic / MICHELIN

Kamin im geräumigen Ballsaal.

Cour des Offices – Den Eingang des dem Tauftor gegenüberliegenden Hofs bewachen zwei eindrucksvolle Hermes-Köpfe aus Sandstein (1640), die der Bildhauer Gilles Guérin erschaffen hat. Der 1609 von Heinrich IV. angelegte Hof ist ein großes Rechteck und an drei Seiten von schlichten Gebäuden begrenzt, die von gedrungenen Pavillons flankiert werden. Mit seinem monumentalen Portal, ähnlich einem Stadttor, wirkt der Hof eher wie ein Platz. Gehen Sie durch das Portal, um die Bauweise der Place d'Armes zu bewundern: einem großen Platz aus bossiertem Sandstein.
Führen Sie Ihren Rundgang um das Schloss entlang des Ost- und Nordflügels des Prinzenhofs fort, die unter Ludwig XV. gebaut wurden, um den Hof etwas großzügiger zu gestalten.

Jardin de Diane (Garten der Daina)★ – Der Königinnengarten, den Katharina von Medici angelegt hatte, wurde im französischen Stil von Heinrich IV. verändert und im Norden durch eine Orangerie begrenzt. Im 19. Jh. wurde die Orangerie zerstört und der Garten nach englischem Geschmack neu angelegt. Der elegante Diana-Brunnen (1603) entging dieser Verwandlung.

Grands Appartements (Große Wohnräume)★★★ s. Plan S. 145

☏ 01 60 71 50 60 – www.musee-chateau-fontainebleau.fr – ♿ – ganztags; Di, 1. Jan., 25. Dez. geschl. – 8 € (unter 18 J. Eintritt frei), Kombiticket mit dem Musée chinois. Zu den Grands Appartements gelangt man über die Stucktreppe **(a)**, die Galerie des Fastes **(b)** und die Galerie des Assiettes (Galerie der Teller) **(c)**, die ihren Namen durch ihre 128 bemalten Porzellanteller aus Sèvres erhielt.

Chapelle de la Trinité (Kapelle der Dreifaltigkeit)★ – Sie verdankt ihren Namen der ehemaligen Kirche der Trinitarier, die Ludwig der Heilige hierher gebracht hatte. Der Maler Martin Fréminet (1567-1619), ein Bewunderer Michelangelos, malte kraftvoll und mystisch die Erlösungsszene und Figuren des Alten Testaments auf das Gewölbe, gekennzeichnet durch Perspektive und kühne Verkürzungen. In dieser Kapelle ehelichte Ludwig XV. 1725 Marie Leszczyńska und dort wurde auch Louis Napoléon, der spätere Napoléon III., getauft.

Galerie Franz I.★★★ – Die zwischen 1528 und 1530 erbaute Galerie war ursprünglich eine Art überdachte Brücke. Die Verzierung, eine gelungene Mischung aus Fresken und Stuck, wurde in erster Linie von den Künstlern um Rosso angefertigt. Die Holzvertäfelungen stammen von dem italienischen Tischler Scibec de Carpi. Überall tauchen das F für Franz und sein Wappentier, der Salamander, auf. Die gezeigten Szenen sind schwer zu deuten: Es gibt keine Aufzeichnungen darüber, was zu sehen ist. Die Szenen lassen sich jedoch in zwei Gruppen einteilen: *Danaé* (von Primaticcio) und *Die Nymphe von Fontainebleau* (1860 – nach Rosso).
Im Osten neben der Büste von Franz I. bestimmen gewalttätige Szenen das Bild; wahrscheinlich in Bezug auf die politischen Geschehnisse (Niederlage von Pavia; Gefangennahme des Königs von Madrid) und an das grausame Schicksal von Krieg und Tod. Unterhalb der Szene von Venus und Amor, am Rande eines Beckens, sehen Sie in einer Kartusche ein kleines Bild des Schlosses um 1540 (Galerie Franz I. und Goldenes Tor) .
Im Westen neben dem Eingang tritt die königliche Tugend der „Frömmigkeit" im antiken Sinne (Kleobis und Biton, die Zwillinge von Catania): Die Zuneigung zwischen dem König Franz I., seiner Mutter Louise de Savoie und seiner Schwester Marguerite d'Angoulême waren beispielhaft.

Escalier du Roi (Königstreppe) ★★ – Die Treppe wurde 1749, unter Ludwig XV. im ehemaligen Schlafgemach der von Franz I. verehrten Herzogin d'Étampes erbaut. Thema ist die Geschichte Alexanders: Wenn Sie sich umdrehen, sehen Sie über der Türe Alexander, der das Pferd Bukephalos bezähmt. Bemerkenswert originell sind die Stuckarbeiten von Primaticcio: Die hohe Einfassung wird von lang gestreckten Karyatiden unterbrochen.

Salle de bal (Ballsaal)★★★ – Der 30 m lange und 10 m breite Saal wurde für imposante Feste genutzt. Der Bau des Saales wurde unter Franz I. begonnen und unter Heinrich II. von Philibert Delorme vollendet. Durch eine sehr sorgfältige Restaurierung haben die herrlichen Fresken und Gemälde von Primaticcio und seinem Schüler Nicolò dell'Abate ihre einstige Leuchtkraft zurückerhalten. Die Einlegearbeit im Parkett, die unter Louis-Philippe ausgeführt wurde, nimmt das Muster der reich mit Gold und Silber verzierten Kassetten der Decke wieder auf.
Der prächtige Kamin ruht auf zwei Atlanten – Gipsnachbildungen zweier antiker Statuen, die im Kapitol in Rom ausgestellt sind.

Chapelles St-Saturnin – *Zugang über den Ovalen Hof.* Die 1546 unter Franz I. fertiggestellten Kapellen befinden sich hinter dem Ballsaal und erstrecken sich über zwei Ebenen (die obere und die untere Kapelle). Sie besitzen eine Orgelempore von Philibert Delorme sowie Buntglasfenster, die im 19. Jh. nach Vorlagen von Marie d'Orléans ausgeführt wurden.

Appartements de Madame de Maintenon (Gemächer der Madame de Maintenon) – Bemerkenswert sind die kunstfertigen Holzvertäfelungen im Grand Salon aus dem 17. Jh.

Appartements royaux (Königliche Gemächer) ★★ – Das Schloss von Franz I. verfügte nur über eine Reihe von Wohnräumen, die um den Ovalen Hof herum gebaut waren und ineinander übergingen. Um 1565 ließ die Regentin Katharina von Medici zwischen dem Ovalen Hof und dem Garten der Diana das Hauptgebäude vergrößern. Nach und nach richteten die Herrscher ihr Schlafgemach, ihre Kabinette und Privatgemächer auf der Seite des Gartens der Diana ein; in den ehemaligen Wohngebäuden reihten sich nun die Vorzimmer, Gardesäle und Salons aneinander, in denen sich die Höflinge aufhielten. Dort fanden auch die **„Grands Couverts"** (öffentliche Bankette) sowie das öffentliche Leben des Königs statt.

Salle des gardes (1) – Sowohl die Decke als auch das Fries stammen aus dem ausgehenden 16. Jh.

Von der **Salle du Buffet (Speisesaal) (2)** führt eine breite Arkade zum Zimmer des „Großen Alten Turms", dem ehrwürdigsten des Schlosses.

Salon du Donjon (3) – Bis zu Heinrich IV. diente dieses düstere Zimmer, auch Zimmer von Ludwig dem Heiligen genannt, den Königen als Schlafgemach. Das Flachrelief mit dem Reitermotiv am Kamin, das Heinrich IV. zeigt, stammt von Mathieu Jacquet (um 1600).

Salon Louis XIII (4) – Er wurde anlässlich der Geburt Ludwigs XIII. am 27. September 1601 so genannt, Das Motiv auf der Kassettendecke erinnert an dieses Ereignis (Amors Ritt auf einem Delphin). Oberhalb eines bemalten Naturholzpaneels sind elf Gemälde von Ambroise Dubois angeordnet: die *Amours de Théagène et de Chariclée*, entstanden um 1610.

Salon François-Ier (Salon Franz I.) (5) – Heute ist vom Dekor Primaticcios nur noch der Kamin erhalten.

Salon des Tapisseries (6) – Der Saal war zunächst Königinnensaal, dann Saal der Wachen der Königin, anschließend erstes Vorzimmer der Königin. Dann wurde dieser Raum 1804 der erste Salon der Kaiserin. 1814 war er erneut Wachensaal und schließlich 1837 Salon des Tapisseries. Der Kamin ist aus dem Jahr 1731, die Decke aus dem Holz der Nordmanntanne im Renaissance-Stil stammt von dem Künstler Poncet (1835). Das Mobiliar ist der Zeit des Zweiten Kaiserreichs zuzuordnen. Die Wandbehänge zeigen die Geschichte der Psyché und kommen aus den Pariser Werkstätten (1. Hälfte 17. Jh.).

Antichambre de l'Impératrice (Vorzimmer der Kaiserin) (7) – Früher war das Zimmer bei der alten Königinnentreppe der Raum ihrer Wachen; es ist mit einer Decke und Holztäfelungen von 1835 ausgestattet. Die Gobelin-Wandbehänge nach Le Brun zeigen die vier Jahreszeiten. Zum Zweiten-Kaiserreich-Mobiliar gehören Sessel nach englischem Vorbild, eine Konsole und ein Schreibtisch aus geschnitztem Eichenholz (Fourdinois, 1865). Zu bewundern sind ebenfalls zwei Emailvasen im indischen Stil aus der Manufaktur von Sèvres.

Galerie de Diane – Die 80 m lange vergoldete Galerie wurde während der Restauration verziert und im Zweiten Kaiserreich zur Bibliothek umfunktioniert.

Appartements des chasses (Jagdgemächer) – *Zugang über die Königinnentreppe.* Diese Gemächer, die zum Ovalen Hof zeigen, erhielten ihre Benennung in Erinnerung an die Zeiten unter Karl X., als der Thronfolger und Herzog von Angoulême zu Jagdpartien nach Fontainebleau reiste. Später bewohnten sie die Söhne Ludwig-Philipps und der Sohn von Napoleon III. 1835 wurden die Holztäfelungen auf Anordnung von Ludwig-Philipp von Jean-Baptiste Oudry (1686-1755) mit großen Jagdszenen verziert (Serie königlicher Jagden, Hunde des Königs, Hirsch im Unterholz ...).

Salon Blanc - Petit salon de la Reine (Weißer Salon- Kleiner Salon der Königin) (8) – 1835 in Anlehnung an alte Elemente dekoriert (Täfelungen im Stil Ludwigs XV., bronzeverzierter Kamin nach Ludwig XVI.), besitzt der Salon Empire-Mobiliar: vergoldete Holzsessel von Jacob Frères, Kanapé, Sessel und Stühle aus St-Cloud, Mahagoni-Konsole und vergoldete und bronzierte Holzchimären (Jacob-Desmalter).

Grand salon de l'Impératrice (früherer Spielsalon der Königin) (9) – Die Decke von Berthélemy zeigt Minerva bei der Krönung der Musen. Möbel im Stil Ludwigs XVI. (Kommoden von Stöckel und Beneman, mit bemaltem Satin überzogene Stühle, ein Teppich aus der Savonnerie) und des Ersten Kaiserreichs (Stühle und Konsolen von Jacob-Desmalter, der sogenannte „Tisch der Jahreszeiten" aus Porzellan aus Sèvres, bemalt 1806-1807 von Georget, Teppich nach alter Vorlage) werden dort abwechselnd ausgestellt.

Chambre de l'Impératrice (ehemaliges Schlafzimmer der Königin) (10) – Der größte Teil der Decke wurde 1644 für Anna von Österreich geschaffen, die Täfelungen und der Kamin 1747 für Maria Leszczyńska und die Türen im Arabeskenstil im Jahre 1787 für Marie-Antoinette. Die durchwirkte Seide wurde nach der Vorlage aus Lyon vom Ende der Regentschaft Ludwigs XVI. gefertigt. Zum Mobiliar zählt ein Bett, das 1787 für Marie-Antoinette von Hauré, Sené und Laurent gebaut wurde, Sessel, die Jacob Frères zugeschrieben werden und Kommoden von Stöckel und Beneman (1786). Die Porzellanvasen stammen aus Sèvres.

Boudoir de la Reine (Zimmer der Königin) (11) – Entzückende Kreation von Marie-Antoinette. Die Holztäfelungen wurden von Bourgois und Touzé nach Vorlagen des Architekten Rousseau gefertigt; die Decke, die Aurore zeigt, ist das Werk von Berthélemy. Der Sekretär und der Tisch wurden 1786 von Riesener gebaut.

Salle du Trône (12) – Schlafzimmer der Könige Heinrich IV. bis Ludwig XVI. Napoleon machte daraus den Thronsaal. Im 18. Jh. wurden die üppigen Wandmalereien diverser Epochen aufeinander abgestimmt. Über dem Kamin hängt ein Ganzkörperporträt Ludwigs XIII. aus der Werkstatt Philippes de Champaigne.

Salle du Conseil (Ratssaal) (13) – 1773 wurde das Zimmer zu einem Halbkreis vergrößert. Die Paneele und die Decke bilden ein stimmiges Ensemble im Stil Luwigs XV. Die fünf Gemälde von Boucher an der Decke stellen die vier Jahreszeiten und Apollo als Sieger der Nacht dar. Auf den Paneelen sind allegorische Figuren von Carle Van Loo und Jean-Baptiste Pierre in rosafarbenem und blauem Camaïeu zu sehen.

Appartement intérieur de l'Empereur (Privates Appartement des Kaisers)★ – Napoleon ließ es im Flügel parallel zur von Ludwig XVI . erbauten Galerie Franz' I. anlegen.

Chambre de Napoléon (A) – Napoleons Schlafzimmer hat im Wesentlichen sein Dekor im Louis-XVI-Stil bewahrt. Empire-Mobiliar.

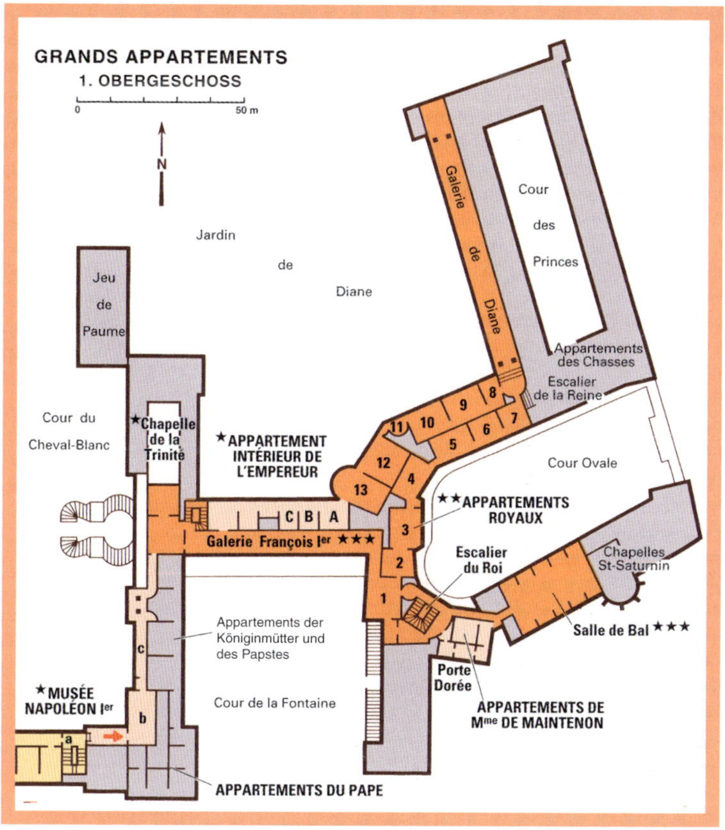

Petite chambre à coucher (B) – Kabinett mit einem vergoldeten Eisenbett zum Ausruhen des Kaisers.

Salon de l'Abdication (Salon der Abdankung) (C) – Aus Tradition ist hier noch die Unterzeichnung des Abdankungsakts vom 6. April 1814 zu sehen. Das Empire-Mobiliar dieses roten Salons blieb seit diesem Ereignis unverändert.

Über die Galerie Franz I. gelangen Sie zur Eingangshalle des Hufeisens, Ehreneingang ab dem Ende des 17. Jh. oberhalb der gleichnamigen Treppe. Die Empore der Chapelle de la Trinité und die Appartements des Reines Mères sind als Vestibül eingerichtet.

Appartements du Pape (Appartements des Papstes) – *1. Stock des Gros Pavillon.* Dieser Gebäudeteil, der zum Englischen Garten und zum Brunnenhof zeigt, verdankt seinen Namen der Anwesenheit von Papst **Pius VII.**, der zweimal während des Ersten Kaiserreichs diese Räume bewohnte: im November 1804 kurz vor der Weihe von Napoleon I., und von Juni 1812 bis Januar 1814, als er unter Hausarrest gestellt war. Dazu gehören eine Reihe von Zimmern in einem Flügel aus der Renaissance, sowie ein am äußeren Ende des Flügels gelegenes Appartement, in dem Pavillon, den Architekt Gabriel erbaut hatte.

Von der Renaissance bis zum Ende des Zweiten Kaiserreichs waren die Räume bewohnt. Das ehemalige Schlafzimmer Heinrichs II. besitzt noch seine geschnitzte und vergoldete Holzdecke, das von Anna von Österreich seine bemalten Decken. Die anderen Räume haben eine Wanddekoration im Stil des Zweiten Kaiserreichs aus geprägtem Leder. Zu den prächtigen Möbeln aus dem Zweiten Kaiserreich gehören Stücke aus dem 17., 18. und 19. Jh., insbesondere Bett und Sessel Ludwigs XVI. und die Wandteppiche der Savonnerie-Manufaktur (Zweites Kaiserreich).

Musée chinois★

✆ 01 60 71 50 60 – www.musee-chateau-fontainebleau.fr – ♿ – flexibel geöffnet, sich morgens erkundigen; ganztags; Di, 1. Jan., 1. Mai, 25. Dez. geschl. – 8 € (unter 18 J. Eintritt frei), Kombiticket mit den Grands Appartements. Das kleine Museum, das Kaiserin Eugénie im Erdgeschoss des Gros Pavillon eingerichtet hat, überrascht durch den Gegensatz zwischen Komfort und Größe der Möbel und der filigranen Verarbeitung der wertvollen Ausstellungsstücke. Zu Beginn bestand die Sammlung aus der Ausbeute der französisch-englischen Expedition nach China 1860, und wurde durch die Plünderung des kaiserlichen Sommerpalasts erweitert. Im Jahr darauf ergänzte eine Delegation siamesischer Botschafter die Sammlung durch großzügige Geschenke; das Ereignis wurde von Gérôme detailgetreu auf einem Gemälde festgehalten.

Die Besichtigung beginnt im mit zwei prächtigen siamesischen Palisadenwänden dekorierten **Vorzimmer**; die **„Neuen Salons“** zeigen Gegenstände aus China und Siam; das Herzstück der Ausstellung jedoch befindet sich im **Lackkabinett**, das mit 15 Tafeln von chinesischen Wandschirmen aus dem 18. Jh. geschmückt ist; beachten Sie die vier großen Bildteppiche an der Decke und den großen Vitrinenschrank mit einer Replik der siamesischen Königskrone.

Musée Napoléon-Ier★

✆ 01 60 71 50 60 – www.musee-chateau-fontainebleau.fr – ♿ – Juni-Sept. ganztags; Führung mgl.; Di, 1. Jan., 1. Mai, 25. Dez. geschl. – 12,50 € (Kinder 11 €) Kombiticket mit den Grands Appartements. Das der kaiserlichen Familie gewidmete Museum umfasst 15 Säle im ersten Stock und im Erdgeschoss des Flügels Ludwigs XV. Es stellt Porträts (Malereien und Skulpturen), Goldschmiedearbeiten, Waffen und Ehrenabzeichen, Keramik (das kaiserliche Geschirr), Roben (z. B. Uniformen) und persönliche Erinnerungsgegenstände aus. Diese alten Prinzengemächer haben dank der Möbel und Kunstgegenstände ihr prunkvolles Ambiente behalten. Die Räume im ersten Stock zeigen die Kaiserweihe (Gemälde von François Gérard), den Kaiser auf dem Land, seinen Alltag (bemerkenswert der mechanische Schreibtisch von Jacob-Desmalter), die Kaiserin Marie-Louise sowie die Geburt des Königs von Rom (Kinderwiegen).

Das Erdgeschoss befasst sich mit der Familie Napoleons I. Jeder der sieben Räume präsentiert nacheinander die Kaiserin Mutter sowie die Brüder und Schwestern des Kaisers: Joseph, Louis, Jérôme, Élisa, Pauline und Caroline.

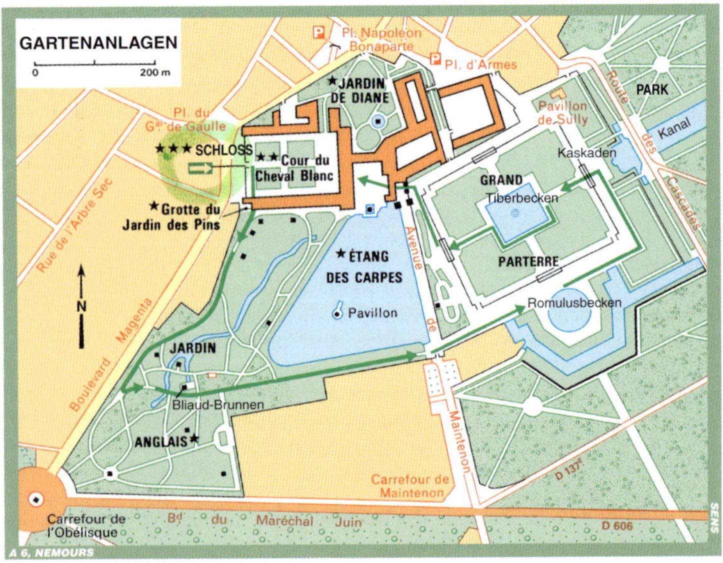

Petits Appartements et galerie des Cerfs (Kleine Appartements und Galerie der Hirsche)

Im Erdgeschoss der Galerie Franz I. und des Hauptgebäudes der königlichen Gemächer zum Diane-Garten

Petits Appartements de Napoléon Ier (Kleine Appartements Napoelons I.) – Ihr Stil passt gut zu den alten Bädern von Franz I. (genau unter der Galerie), die von Ludwig XV. umgestaltet wurden und nur dem König, Madame de Pompadour und du Barry vorbehalten waren. Auch harmoniert es mit dem Erdgeschoss des neuen Flügels von Ludwig XVI. unterhalb des privaten kaiserlichen Gemachs. Die zum Diane-Garten zeigenden Zimmer sind im Stil Ludwigs XV. getäfelt und mit Empire-Möbeln eingerichtet.

Appartements de l'impératrice Joséphine★ – Unter den Grands Appartements der Königin liegt dieses Zimmer mit seinen Paneelen im Stil Ludwigs XV., das 1808 für Joséphine hergerichtet wurde. Dem Ratssaal *(1. Etage)* entspricht der runde Studiensaal. Die Einrichtung ist hier recht feminin: Stick-Webstuhl und Staffelei von Marie-Louise etc. Der Salon Jaune (Gelber Salon) stellt eines der herausragendsten Empire-Ensembles des Schlosses dar und birgt eine außergewöhnlich Möbelgarnitur von Jacob-Desmalter sowie einen großen Aubusson-Wandteppich auf weißem Grund.

Galerie des Cerfs (Galerie der Hirsche)★ – Ihren Namen hat sie von den Hirschköpfen (nur das Holz ist echt) an den Wänden. Hier hängen Gemälde, die unter Napoleon III. überarbeitet wurden und große königliche Anwesen aus der Zeit Heinrichs IV. zeigen. Hier ließ Königin Kristina von Schweden 1657 den Markgrafen Monaldeschi, einen mutmaßlichen Verräter aus ihrem Gefolge, töten. Die Galerie zeigt Nachbildungen antiker Statuen, die Primaticcio 1540 angefertigt hatte.

Jardins (Gärten)★

Die ganzjährig geöffneten Gärten umfassen die französischen Gärten von Le Nôtre, den Englischen Garten, den Diane-Garten und den Park.

Folgen Sie dem Weg auf dem Plan auf der vorhergehenden Seite.

Grotte du jardin des Pins (Grotte des Kieferngartens)★ – Das ungewöhnliche Werk aus Sandstein ist typisch für Nymphäen (Nymphenheiligtum über einem Brunnen oder einer Quelle) und die „rustikale" Architektur unter italienischem Einfluss, die gegen Ende der Herrschaft von Franz I. in Mode war. Die bossierten Arkaden, von Atlanten gestützt, öffnen sich zu einer früher mit Fresken verzierten Grotte.

Jardin Anglais (Englischer Garten)★ – Nachdem der Garten während der Revolution nicht genutzt wurde, entstand 1812 im Ersten Kaiserreich der heutige Garten. Sein Ursprung reicht viel weiter zurück, denn der bekannteste Teil ist der Kieferngarten, den Franz I. anlegen ließ. Der Name blieb auch lange nachdem die Bäume verschwunden waren. Heinrich IV. pflanzte eine Platane, eine damals noch sehr seltene Baumart. Heute wachsen sie in großer Zahl, meist von den seltsamen Silhouetten der Sumpfzypressen begleitet. Die Fontaine Bliaud (Bliaud- oder Bleau-Brunnen, ab dem 16. Jh. Belle-Eau genannt), die dem Schloss seinen Namen gab, fließt in ein kleines viereckiges Becken mit schrägen Wänden in der Mitte des Gartens.

Parterre – Unter Franz I. angelegt und von Heinrich IV. neu gestaltet, wurde dieser Garten schließlich von Le Nôtre umgestaltet. Das Tiber- und das Romulusbecken stammen von ein- und derselben Künstlergruppe, die sie im antiken Stil sukzessive im 16. und 17. Jh. verzierte. Der Tiber aus der Zeit der Revolution wurde nach dem Original im Louvre neu gegossen und hat heute wieder seinen von Ludwig XIV. ihm zugedachten Platz. Gehen Sie ein wenig um den Kanal von Bréau herum, um einen Blick aus der Ferne auf das Schloss zu haben.
Von den Kaskaden am Ende dieser ersten Wasserstufe ist seit dem 18. Jh. nur noch ein mit Marmornischen geschmücktes Becken übrig.

Der Park – Er ist das Werk Heinrichs IV., der 1609 den Kanal wässern und mit Tannen, Ulmen und Obstbäumen bepflanzen ließ. Man kann sich die Wirkung dieser Neuerung, 60 Jahre vor dem Großen Kanal von Versailles, und die Wasserspiele während des Ancien Regime vorstellen.

Sehenswürdigkeiten

Die Stadt

Musée napoléonien d'Art et d'Histoire militaires (Napoleonisches Museum der militärischen Kunst und Geschichte)

88 rue St-Honoré – ✆ 01 60 74 64 89 – nachmittags; Mo, So, Fei geschl. – 2,50 € (unter 12 J. Eintritt frei). Es zeigt an die 100 ausgestattete und bewaffnete Figuren: alte Säbelrassler und Haudegen der napoleonischen Armeen, Soldaten zur Zeit der Eroberung Algeriens und aus dem Zweiten Kaiserreich. In der ersten Etage ist eine **Sammlung von Säbeln und Schwertern★**, wie sie im 19. Jh. üblich waren, zu sehen.

Musée national des Prisons (Nationales Gefängnismuseum)

1 rue du Sergent Perrier – das Fremdenverkehrsamt organisiert mit dem Justizministerium individuelle Besichtigung auf Anfrage – ✆ 01 60 74 99 99. Das Gefängnis von Fontainebleau wurde nur von 1856 bis 1990 als Gefängnis genutzt und beheimatet seit 2002 dieses Museum. Das an den Justizpalast angrenzende Gebäude (und seine Mauer) wurde unter der Leitung des Präfekten Chaptal nach einer neuen Methode gebaut. Die Häftlinge sollten in einer Art klösterlichen Isolierung leben. Dies führte zu einer Reduzierung der Rückfallquote.

Der lange gewölbte Hauptsaal erinnert kurioserweise an ein Kirchenschiff; es gibt auch einen Altar, da die Anwesenheit bei der heilige Messe ab 1816 verpflichtend wurde. Zwei Etagen mit Laufgängen führen zu den 9 qm kleinen Einzelzellen. Im Erdgeschoss befinden sich in einigen von ihnen Gegenstände und Dokumente aus mehreren französischen Gefängnissen. Sie zeigen die Geschichte und den Tagesablauf der Häftlinge, von den Galeerensträflingen bis zu den Sträflingen des 20. Jh. Man erfährt auch etwas über das Leben der Wärter und der zurückgelassenen Ehefrauen und ihren Kindern. Auch die von 1863 bis 1960 von Alphonse Bertillon entwickelte Identifikationsmethode wird unter die Lupe genommen: Von jedem Häftling mussten 100 Daten erfasst werden.

Ziele in der Umgebung

Croix du Calvaire

5 km vom Schloss. Fahren Sie auf den Boulevard du Mar.-Leclerc. Kurz vor dem Schwimmbad nehmen Sie die 2. Abbiegung links, die Route de la Reine-Amélie. 1 500 m nach Beginn der Steigung biegen Sie links ab: Sie erreichen die Esplanade du calvaire. Faszinierender **Blick** auf die von Wald umgebene Stadt.

Avon

Verlassen Sie Fontainebleau auf dem Boulevard du Mar.-Juin. An der Kreuzung von Maintenon biegen Sie links in die D 137^{E} ab. Zugverbindung von Paris-Gare de Lyon zur Gare de Fontainebleau-Avon. 20 Min. zu Fuß ab Fontainebleau. Die im 11. Jh. errichtete **Église St-Pierre** besitzt ein romanisches Schiff mit Kreuzrippengewölbe; der Glockenturm wurde im 13. Jh. errichtet, das Renaissanceportal stammt aus dem 15. Jh. Der gotische Chor, ein Werk des Architekten Jean du Montceau, wurde 1555 fertiggestellt. Erst im 18. Jh. wurde der kürzlich restaurierte Vorraum fertiggestellt.

Atelier Rosa-Bonheur, in By-Thomery

8 km östl. von Fontainebleau auf der D 137, die durch Avon führt. Am Ortseingang von By-Thomery rechts abbiegen. ✆ 01 64 70 51 65 – Führung Mi und Sa nachmittags; 1. Jan., 1. Mai, 25. Dez. geschl. – 3 € (unter 12 J. 2 €). **Rosa Bonheur** (1822-1899), eine schon zu Lebzeiten renommierte Tiermalerin, erwarb 1859 das Château de By, um viel Platz für ihre zahlreichen Tiere und ihre Ruhe zu haben. Kaiserin Eugénie kam persönlich, um Rosa Bonheur in die Ehrenlegion aufzunehmen, und Buffalo Bill schenkte ihr eines seiner Kostüme, das noch immer im Korridor hängt.

Zu sehen sind das Büro der Künstlerin (darunter ein Porträt von ihr, das Achille Fould, Bankier und Politiker, insbesondere Staatsminister im Zweiten Kaiserreich, malte), ihr Atelier (ausgestopfte Tiere, Hirschgeweihe, ihr letztes unvollendetes Bild) und der Studiensaal mit ihrem Bett, Schrank und einer Vitrine mit diversen persönlichen Gegenständen.

Musée départemental Stéphane-Mallarmé, in Vulaines-sur-Seine

6 km nordöstl. von Fontainebleau; die Stadt Richtung Avon verlassen; 1. Straße links nach der Brücke von Valvins . 4 prom. Stéphane-Mallarmé – ✆ 01 64 23 73 27 – vormittags und nachmittags; Führung nach vorheriger Anfrage mgl.; Di, 1. Jan., 1. Mai, 25. Dez. geschl. – 3 € (unter 16 J. Eintritt frei). Das Museum im alten Wohnhaus Mallarmés am Seineufer rekonstruiert das Leben des Dichters, der dieses malerische Fleckchen sehr liebte: „Das ist eine Komposition aus Wasser, Licht und Pflanzen …"

In den Räumen im Obergeschoss sieht man persönliche Erinnerungsstücke und das Originalmobiliar. Sein kleiner Garten wurde detailgetreu neu angelegt.

Samois-sur-Seine

10 km nordöstl. von Fontainebleau auf der D 210 bis Valvins, dann links die D 137 nehmen. Samois zählte im 15. Jh., als Fontainebleau nur ein Weiler war, bereits 5 000 Einwohner. Die befestigte Brücke über die Seine, deren Fundamente dank mehrerer Inseln leichter gebaut werden konnten, sowie die Mühlen in ihren Bögen verschwanden im 19. Jh. Heute ist es ein kleiner Wohnort am Hang mit einer Reihe von Häusern entlang der Rue du Bas-Samois, dem alten gepflasterten Weg, der direkt zum Fluss hinunterführt. Hier befindet sich auch ein hübsches Waschhaus sowie das Haus *(N°3)*, in dem der Jazzmusiker **Django Reinhardt** (1910-1953) gelebt hat. In der Nähe am Kai befindet sich das Boot *Clématite* (Haus des Wassers und des Waldes).

Fahren Sie mit dem Auto zum Seine-Kai, indem Sie im Norden dem Boulevard Aristide-Briand folgen.

Die **Île du Berceau★** wurde mit einer Promenade versehen. Sie ist über zwei Stege mit dem Festland verbunden und begrenzt einen ausgetrockneten Flussarm. Auf der Insel treffen sich jedes Jahr beim Jazz-Festival die Anhänger dieser Musikrichtung.

Tipps und Adressen

Allgemeine Hinweise

Fremdenverkehrsamt von Fontainebleau mit Umland – *4 rue Royale – ✆ 01 60 74 99 99 – www.fontainebleau-tourisme.com*

Rundgang durch den Park und die Gärten – Auf einem 8 km langen ausgeschilderten Rundweg kann man den Park und die Gärten Fontainebleaus erkunden. An der Porte Blanche, dem Bahnhof von Avon, dem Gitter von Maintenon oder dem Empfangspunkt am Haupteingang kann man Pausen machen *(Fahrräder, Picknicks und Hunde an der Leine sind nur im Park erlaubt).*

Übernachten

⊖⊖ **Hôtel de la Chancellerie** – *1 rue de la Chancellerie – ✆ 01 64 22 21 70 – 25 Zi: 60 € – ☕ 6 €.* Dieses kleine Hotel hat in den ehemaligen Kanzleigebäuden im Herzen der Stadt Quartier bezogen. Die Zimmer sind schlicht und funktionell, freundlicher Empfang. Gute Adresse für den kleineren Geldbeutel.

⊖⊖ **Hôtel Victoria** – *112 rue de France – ✆ 01 60 74 90 00 – www.hotelvictoria.com – P – 20 Zi: 73/82 € – ☕ 8 €.* Auf erfrischende und erholsame Art wird man in diesem Gebäude aus dem 19. Jh. auf drei Stockwerken empfangen. Die gemütlichen Zimmer werden regelmäßig modernisiert; in einigen befindet sich ein Marmorkamin. Frühstück mit Blick auf den Garten.

⊖⊖ **Hôtel Ibis** – *18 rue Ferrare – ✆ 01 64 23 45 25 – 81 Zi: 75 € – ☕ 7 €.* Eine hauptsächlich praktische Unterkunft mitten in Fontainebleau, wenige Schritte vom Schloss entfernt. Schön renovierte Zimmer nach den bekannten Normen der Hotelkette.

⊖⊖ **Chambre d'hôte Propriété Auclair** – *9 rue du 14-Juillet – 77810 Thomery – ✆ 01 64 70 88 83 und 06 76 08 80 99 – kreher.thomery@wanadoo.fr – ⊠ – 3 Zi: 65 € – ☕.* In diesem liebevoll renovierten schönen Haus, das rundum von Efeu bewachsen ist, haben die Besitzer sorgfältig auf die Einrichtung der Zimmer geachtet und empfangen Sie morgens mit einem Brunch. Fragen Sie, ob Sie die „chambre à raisins", das Rosinenzimmer, besichtigen können. Nicht öffentlich zugänglicher Parkplatz.

Essen und Trinken

⊖ **Frédéric Cassel** – *21 rue des Sablons – ✆ 01 60 71 00 64 – patisserie.f.cassel@wanadoo.fr – So abends und Mo geschl. – 6/13 €.* In diesem durchgestylten Lokal zaubern Frédéric Cassel und sein Team

Schokoladen- und Pâtisserie-Spezialitäten sowie kleine herzhafte Gerichte (Lachsterrine mit Pistazien, Hasenschenkel mit Backpflaumen und Chicorée), die zur Mittagszeit im Teesalon serviert werden.

Chez Arrighi – *53 rue de France – ✆ 01 64 22 29 43 – restaurantarrighi@club-internet.fr – 20. Juli-4. Aug., 26. Dez.-8. Jan. und Mo geschl. – 18/35 €.* Schönes Restaurant im Stadtzentrum, rustikaler Dekor mit Kupferkochgeschirr. Traditionelle Karte, einige korsische Gerichte und eine Spezialität des Hauses: *pommes soufflées* (gehauchte Äpfel).

L'Île aux Truites – *5 prom. Stéphane-Mallarmé – 77870 Vulaines-sur-Seine – 4 km östl. von Fontainebleau auf der D 210, dann am Rand der Seine, rechte Uferseite – ✆ 01 64 23 71 87 – 20. Dez.-25. Jan., Mo abends, Do-mittag und Mi geschl.; Reserv. erforderlich – 24/33 €.* An diesem hübschen Fleck am Seineufer befindet sich das ländliche Haus mit Strohdach, wo gegrillte Forellen und Lachs aus dem hauseigenen Fischteich angeboten werden. Dazu genießt man einen unvergleichlichen Ausblick auf den Fluss und den Wald. Im Sommer wird das Essen draußen serviert.

Croquembouche – *43 rue de France – ✆ 01 64 22 01 57 – www.restaurant-croquembouche.com – Do-mittag und Mi geschl. – 27/39 €.* Ein einfaches Restaurant im Stadtkern, das die Stammgäste wegen des freundlichen Empfangs und der gemütlichen Atmosphäre im in sanften Farben gehaltenen Speisesaal und der traditionellen Küche, die aus frischen Zutaten bereitet wird, sehr schätzen.

Am Abend

Le Franklin-Roosevelt – *20 rue Grande – ✆ 01 64 22 28 73 – tgl. außer So 10-1 Uhr.* Diese Weinbar ist rundum verführerisch: Wohlfühldekor mit Mahagoni-Möbeln, Bänke mit rotem Moleskinbezug, Bibliothek mit Werken von 1890-1920, intime Atmosphäre mit Jazzmusik und nicht zu vergessen ein paar richtig gute Tropfen. Beheizte Terrasse.

Einkaufen

Markt – *Place de la République – Di, Fr morgens und So morgens.* Dieser Markt ist einer der schönsten und sympathischsten der Region. Unter anderem gibt es hier Käse von Goursat, die Champignons von M. Mignot, den Honig von François Hamette, die Hahnenkämme und das saftige Geflügel der Geflügelfarm Le Tartre oder die Bratwürste von Bezannier.

La Ferme des Sablons – *19 rue des Sablons, Fußgängerzone – ✆ 01 64 22 67 25 – 8-13, 15.30-19.30; Sa 8-19.30; So 8-13 Uhr; Fei nachmittags und Aug. geschl.* Dieser Käser stellt vor Ort mehr als 30 % der 130 Käsesorten her, die er in seinem Laden anbietet, darunter die Spezialität des Hauses, der *fontainebleau* (Frischkäse mit Sahne). Auch einige regionale Produkte kann man hier erstehen. Hübsche ländliche Umgebung.

Sport und Freizeit

À la Petite Reine – *32 rue Sablons – ✆ 01 60 74 57 57 – www.alapetitereine.com – tgl. außer Mo 9-19.30; So 9-18 Uhr – Sie müssen eine Kaution von 300 € oder einen Ausweis hinterlegen.* Seit mehr als 20 Jahren kann man hier Fahrräder, Trekking-Räder und Mountainbikes leihen, um damit beispielsweise eine Radtour durch den Wald von Fontainebleau zu machen.

Les Attelages de la Forêt de Fontainebleau – *66 rue Gambetta – 77210 Avon – ✆ 01 64 22 92 61 oder 06 81 50 09 20 – Abfahrt jede Viertelstunde.* An Bord einer Kutsche kann man die Stadt auf originelle und erholsame Weise erkunden, entweder für ein paar Stunden oder einen ganzen Tag. Picknick möglich. Von Ostern bis Allerheiligen kann man auch Kutschfahrten im Schlosspark machen.

L'étang aux carpes du château de Fontainebleau – *Château de Fontainebleau – Mai-Sept. Sa/So 14-18.30, Juli-Aug. tgl. außer Di 14-18.30 Uhr.* Im Rhythmus des Wassers kann man auf dem Karpfenteich eine Bootsfahrt machen und dabei die dort heimischen Fische beobachten. Boote sind für eine halbe oder eine volle Stunde zu mieten.

Jeu de paume de Fontainebleau – *Château de Fontainebleau – ✆ 01 64 22 47 67 –11-19 Uhr – Eintritt frei.* Seit 1601 wird das Jeu de paume, der Vorläufer von Tennis und Squash, in diesem Raum im Schloss gespielt. Sie können einer Partie zusehen oder sich eine Einführung in das Spiel geben lassen.

Feste und Events

À Fontainebleau en mai – Natur und Waidwerk werden gefeiert *(4. Wochenende im Mai)*: Vorführung der Hetz –und der Falkenjagd, Jagdhornwettbewerb.

À Samois-sur-Seine en juin – Jazzfestival zu Ehren von Django Reinhardt *(Ende Juni) – ✆ 0 891 700 553.*

Forêt de **Fontainebleau**★★★

SEINE-ET-MARNE (77) – UMSCHLAGKARTE BC3-4 – MICHELIN LOCALKARTE 312 F5, ZOOMKARTE 106 FALTEN 44-45-46

Dieser großartige Wald im Süden von Paris mit seinen Eichen und Kiefern, seinem grauen Sand und seinen Sandsteinfelsen erstreckt sich auf 25 000 ha. Das antike Bière-Massiv – der Name stammt noch von Chailly oder Fleury-en-Bière – war von jeher ein Jagdterrain, vor allem für die Hetzjagd. Auch Wanderer und Kletterfreunde fühlen sich hier wohl, ebenso die Reiter, die hier 1 100 km Wege zur Verfügung haben.

Jean-Louis Gallo / MICHELIN

Die Gorges de Franchard, die Schlucht eines ausgetrockneten Flusses, sind eine bizarre Anhäufung von Felsbrocken mitten im Wald von Fontainebleau.

Wegweiser – Der Wald von Fontainebleau, von dem 20 000 ha (inklusive dem Abschnitt der Trois-Pignons) Staatsforst sind, reicht von Fontainebleau bis Melun im Norden, Milly-la-Forêt im Westen, Moret-sur-Loing im Osten und Nemours im Süden. Von Paris aus fährt man auf der A6 und verlässt die Autobahn vor der Mautstelle in Milly-la-Forêt, Barbizon oder Fontainebleau. Mit dem Zug: von Paris-Lyon, 40 Min. bis Fontainebleau-Avon; manche Züge halten am Sonntagmorgen im Wald *(s. Tipps und Adressen am Ende des Kapitels)*.

Unbedingt sehenswert – Ein großer Klassiker: die Schluchten *(gorges)* von Franchard; die Vallée Close mit ihrer malerischen Aussicht auf das Massiv der Trois-Pignons; der Hochwald von Le Gros-Fouteau.

Gut geplant – Wie auch immer Sie sich fortbewegen (zu Fuß, zu Pferd, mit dem Fahrrad oder Auto), nehmen Sie sich mindestens einen halben Tag Zeit, um den Wald zu entdecken. Am besten machen Sie einen Tagesausflug und genießen ein Picknick im Wald. Achtung, an manchen Stellen ist der Wald (zu) gut besucht: z. B. in den Gorges de Franchard und im Trois-Pignons-Massiv, den beiden Hauptattraktionen des Waldes.

Mit Kindern – Decken Sie mit ihnen die gut gehüteten Geheimnisse des Waldes auf, wie die Caverne (Höhle) des Brigands *(Taschenlampe nicht vergessen!)* im Felsenmeer von Apremont, oder die fantastischen Formen einiger Felsen, insbesondere von Le Bilboquet, im Massif des Trois-Pignons.

Orte in der Nähe – BARBIZON, FONTAINEBLEAU, MILLY-LA-FORÊT, MORET-SUR-LOING, NEMOURS, Château de VAUX-LE-VICOMTE

Geschichte und Geschichten

Falten aus Sandstein – Das heutige Relief charakterisieren parallel verlaufende Sandsteinfalten in West-Ost-Richtung. Nach einer nicht definitiv bestätigten Theorie sind die Falten das Resultat einer tropischen Klimaperiode im Tertiär: Gewaltige Winde sollen demnach in diesem Teil des Pariser Beckens regelmäßig Sanddünen aufgeschüttet haben. Später soll dann die oberflächliche Sinterung der Sande in den harten Sandstein und die Überlagerung mit Kalkschichten der Beauce zu diesem Hügelrelief geführt haben.
Der Sandstein wurde jahrhundertelang von den Steinbrüchen gefördert, um daraus Pflastersteine zu machen. Er wurde in drei Kategorien eingeteilt: Pif, der härteste; Paf, der solide; und Pouf, der zerbrechlichste!

Das Spiel der Erosion – Dort, wo die Erosion das obere Kalkplateau der Beauce verschont, erheben sich an den Talhängen **Gipfel**. Sie erreichen maximal 144 m Höhe und tragen einige der schönsten Hochwaldgrüppchen des Waldes. Dort, wo der Kalkstein verschwunden ist, tritt der Sandstein zutage: Das sind die **platières** oder **landes (Heideebenen)**, felsige Plateaus, auf denen Sträucher und Bäumchen wachsen, oft zerfurcht und von Teichen überzogen. Wenn das Sandgestein zu viele Risse und Löcher aufweist, schwemmt das eindringende Wasser die darunterliegende Sandsteinschicht weg. Das Gestein verliert den Halt und stürzt in sich zusammen. Dabei bilden sich bizarre Felsformationen wie die **„rochers"** (Felsen) von Fontainebleau. Die Erosion trägt allmählich das Sandgestein ab. Darunter kommen die Sand oder Mergel- und Kalkschichten der Brie zum Vorschein. So entstehen **Täler** oder **Ebenen**, deren Höhe zwischen 40 bis 80 m variieren kann. Die dort angepflanzten Kiefern reicherten den nährstoffarmen und unfruchtbaren Boden an und bald konnten dort auch Buchen wachsen. Durch den Humus können weitere typische Waldbäume, wie die Eiche, hier angesiedelt werden.

Der Baumbestand des Waldes – Die 747 Parzellen sind so bepflanzt worden, dass eine ansprechende und abwechslungsreiche Baumlandschaft entstanden ist. 9/10 des Waldes sind Hochwald, der Rest besteht aus Heide und Felsen. Die Stieleiche nimmt 8 000 ha ein, die Gemeine Kiefer 7 500 ha, die Buche 1 500 ha. Die anderen Bestände (Hainbuchen, Birken, See-Kiefern, korsische Schwarzkiefern, Fichten, Kastanien, Akazien und Mehlbeerbäume) haben sich von früheren Bepflanzungsversuchen her gehalten. 580 ha sind Naturschutzgebiet. Die 700 bemerkenswertesten Bäume des Waldes tragen auf ihrem Stamm einen großen blauen Kreis. Bei einem Unwetter im Dezember 1999 wurde ein Baum-Veteran, die Eiche Sampité, zerstört. Sie trug den Namen eines Waldarbeiters, der gegen 1880 von Wilddieben erschossen worden war.

Sentiers Denecourt-Colinet – Diese Wege zählen zu den berühmtesten Sehenswürdigkeiten und sind das Werk zweier Männer. Der erste, ein ehemaliger Soldat der Grande Armée, grub Grotten aus, legte die schönsten Stellen frei und markierte 150 km Wege. Auf gut sichtbaren Bäumen oder Felsen zeigen **Pfeile** mit

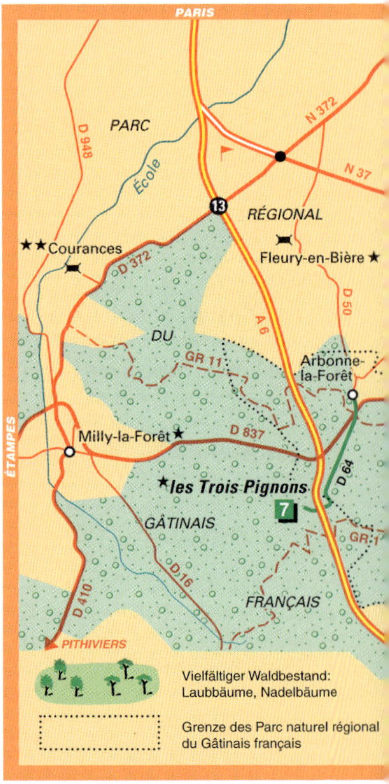

Nummern *(1 bis 16)* in blau die wichtigsten Wege an. Die Sehenswürdigkeiten sind mit blauen **Markierungsbuchstaben** (zu finden auch im *Guide des amis de la forêt*) und Sternen gekennzeichnet. Colinet, ehemaliger Funktionär beim Brücken- und Straßenbauamt, führt das Werk seines Vorgängers fort. 1975 wurde die Beschilderung durch **Erklärungstafeln** an den zentralen Weggabelungen ergänzt.

Ein Wald für die Künstler – Der Wald von Fontainebleau war wahrscheinlich eines der von der Kunstszene meistbesuchten Ziele. Ab dem Ende des 17. Jh. machten Künstler hier ihre ersten Naturstudien, bevor sie sich einige dort niederließen. Besonders zwischen 1820 und 1880 und darüber hinaus war die Begeisterung für Fontainebleau sehr groß.
Das machte sich besonders durch zahlreiche Zeichnungen, Gravuren, Gemälden, Fotografien und Filme bemerkbar, die den Wald zeigen und die Veränderung der Landschaftsdarstellung in der Kunst verdeutlichen. Corot, Rousseau, Millet, Monet, Renoir, Redon, Derain und Picasso verewigten den Wald in ihren gemalten Werken. Sénancourt, Musset, Sand, Flaubert, Verhaeren, Mallarmé und Claudel ihrerseits hielten die Atmosphäre des Waldes in Vers- und Prosaform fest. Vom Wald der Dichter und dem Wald der Romantiker wurde er 1874 zum Naturschutzgebiet . Zur gleichen Zeit wurde er als erste Stätte weltweit zum Weltnaturerbe erklärt und die erste impressionistische Ausstellung wurde dort eröffnet.

„Bleau" und „Bleausards" – Gegen 1910 übten sich bereits einige Kletterfreunde des französischen Club Alpin am Cuvier-Châtillon, der Dame-Jouanne oder dem Elefanten im Klettern und schlugen ihre Zelte auf. Zwischen den beiden Weltkriegen etablierte sich das Klettern unter den Bergsportlern. Fontainebleau ist der ideale Ort für die Kletterer aus Paris, insbesondere für die Mitglieder der Groupe de haute montagne, der Hochgebirgsgruppe.

„Steine zum Scheuern der Töpfe" hat ein bekannter Führer aus Chamonix die Sandsteinfelsen einmal genannt. Dennoch bieten sie ein breites Spektrum an Übungsmöglichkeiten und Schwierigkeitsgraden: Überhänge, unzählige miteinander verbundene Felsplatten, an denen man sich auf Kletterpartien in den Alpen und sogar im Himalaya oder in den Anden vorbereiten kann.
Bei dieser besonderen Art des Sportkletterns steigt man die Felsen und Abhänge hinab, überwindet Steigungen, manchmal muss man auch springen, doch nie berührt man hierbei den Boden, sondern bleibt in Felskontakt. Die „Bleausards" haben seither unaufhörlich den Wald mit mehr als 100 Parcours für diese Kletterform mit **Pfeilen** gekennzeichnet.

Wanderungen s. Karte S. 152/153

Gorges de Franchard★★ (Schluchten von Franchard) 1

30 Min. zu Fuß hin und zurück. Von der Kreuzung Croix-de-Franchard geht es im Auto zu den weiten schattigen Esplanaden der Einsiedelei Franchard, in der es am Wochenende hoch her geht. Der Fluss am Grund der Schlucht ist ausgetrocknet. Hier wachsen Atlas-Zedern neben Küsten-Tannen und Rosskastanien aus Indien.

Ancien ermitage de Franchard (Ehemalige Einsiedelei von Franchard)

Diese Einsiedelei gewann im 12. Jh. an Bedeutung. Im Jahrhundert darauf ließ sich eine Gemeinschaft hier nieder, um die Pilger nach ihrer Wallfahrt zu versorgen. Daraus wurde im 19. Jh. ein einfaches Landfest am Dienstag nach Pfingsten. Heute sind nur noch die Mauern der Kapelle übrig, die in das Forsthaus integriert wurden.

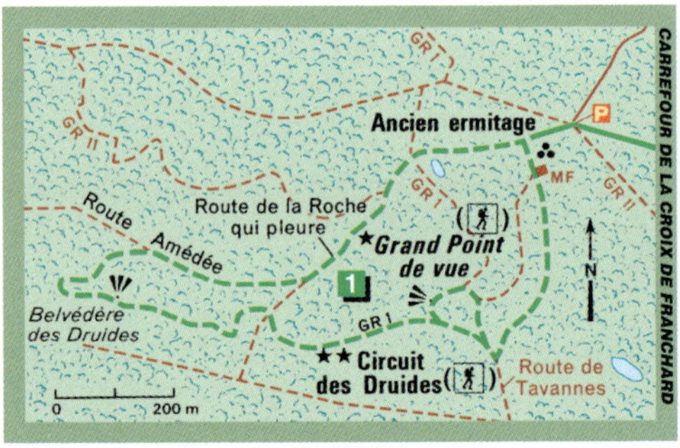

Grand Point de vue★ (Großer Aussichtspunkt)

30 Min. zu Fuß hin und zurück. Gehen Sie vom Forsthaus aus los. Folgen Sie nach der Mauer nicht dem sandigen Weg zu Ihrer Linken, sondern gehen Sie immer geradeaus zu den Felsen hinauf. Sie gelangen zu einer sehr sandigen Straße (Route de Tavannes). Nach 300 m biegen Sie auf Höhe eines pilzförmigen Felsens rechts ab. Links sehen Sie nun links einen Vorsprung, der die Schlucht überragt: Das ist der Große Aussichtspunkt. Das Panorama erstreckt sich über die gesamte Schlucht und bis zu den Pays de Bière und dem Wald von Coquibus am Horizont.

Um direkt wieder zur Einsiedelei zu kommen, wenden Sie der Schlucht den Rücken zu. Steigen Sie die drei Stufen hinab und wenden sich nach links. So kommen Sie wieder zur Route de Tavannes.

Circuit des Druides★★

2 Std. Gehen Sie wie oben beschrieben zum Großen Aussichtspunkt. Drehen Sie sich am Fuß der drei Stufen nach rechts und folgen Sie den blauen Markierungen des Wegs Denecourt-Colinet Nr. 7, der an einem Felsenlabyrinth entlangführt. Unterhalb des ersten Abstiegs in die Schlucht überqueren Sie eine sandige Straße (hier steht eine einzelne Eiche). Dann nehmen Sie wieder den Weg, der die Felsen hinaufführt. Der 2. Aussichtspunkt (2. Belvédère, *mit C markiert)* ist mit einem Stern gekennzeichnet. Bleiben Sie am Rand der Plattform und genießen Sie den Ausblick auf die Schlucht bis zum **Belvédère des Druides** *(Markierung P)* hat. Nehmen Sie

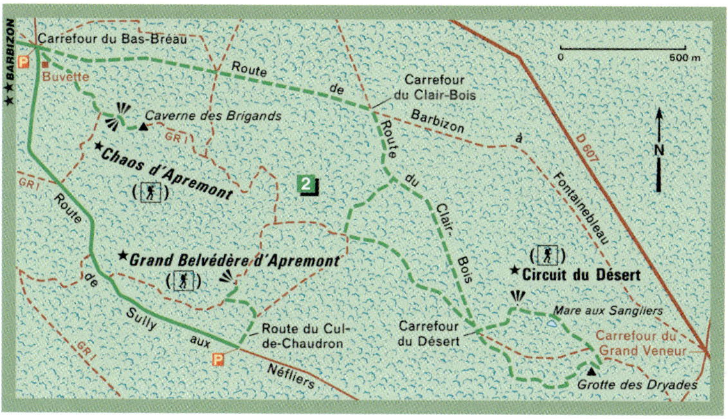

unterhalb wieder den Weg, der nach Osten führt. Bei der ersten Abzweigung biegen Sie links in die Route de la Roche-qui-Pleure *(Straße des weinenden Felsens)*, die wieder nach oben führt (vermeiden Sie den Zickzackkurs des blau markierten Wegs über die Felsen zu Ihrer Linken). Über einen Felsspalt im Plateau gelangen Sie zurück zur Einsiedelei.

Gorges d'Apremont★ (Schlucht von Apremont) 2

10 km ab Barbizon (s. dort). Etwa 3 ½ Std. zu Fuß. In Verlängerung der Grande-Rue verlässt man Barbizon über die berühmte „Allée aux Vaches" der Künstler, eine wunderschöne Waldstraße. Sie gelangen zur **Kreuzung von Bas-Bréau**, nahe der gleichnamigen Hochwälder, die einst auf Bitte der Künstler zum Naturschutzgebiet erklärt wurden.

Chaos d'Apremont★

45 Min. zu Fuß hin und zurück ab der Kreuzung. Folgen Sie dem blau ausgeschilderten Weg links der Wanderhütte. Über eine Felsenformation gehen Sie zum Rand des Plateaus. Von dort blicken Sie auf den bewaldeten Teil der Schlucht von Apremont, in der anderen Richtung auf die Ebene von Bière. Der Weg steigt nach links hin an. Einige Akazien und Kiefern markieren die Höhle **Caverne des Brigands** *(nehmen Sie eine Taschenlampe mit)*. In der Nähe der Grotte stehen zwei Felsen, die die Form einer Schildkröte und eines Elefanten haben.

Steigen Sie wieder ins Auto.

Die Route de Sully führt durch Wald zum kahlen Plateau oberhalb der Schlucht.

Grand Belvédère d'Apremont★

15 Min. zu Fuß hin und zurück. 1,7 km nach dem Carrefour du Bas-Bréau lassen Sie das Auto an der Kreuzung der „Route" du Cul-de-Chaudron stehen. Wenn Sie zur Plattform gehen, folgen Sie wieder dem blau markierten Weg. An einer Gabelung *(Tafel der Denecourt-Colinet-Wege)* biegen Sie rechts ab. Der Weg führt über ein Felsenmeer hinab. Halten Sie sich links und bleiben Sie dabei auf dem höchsten Punkt der Felsenformation. Sie sehen die Schlucht mit ihren felsenübersäten Abhängen und im Westen die Ebene von Bière.

Kehren Sie anschließend zurück zum Carrefour du Bas-Bréau. Lassen Sie das Auto stehen.

Circuit du Désert★

Auf diesem Spaziergang lernt man eine Ecke des Waldes kennen, die sich durch ihre trockenen Böden auszeichnet, den Malern und später den Cineasten wohlbekannt. *3 ½ Std. zu Fuß.* Folgen Sie 1,5 km lang der alten Straße von Barbizon nach Fontainebleau. Dann nehmen Sie Richtung Süden die Straße nach Le Clair-Bois und den ersten Weg rechts, die „Route de la Chouette": Sie führt über einen Hügel und dann wieder hinunter zum Désert d'Apremont – ein mit teilweise seltsam geformten Felsen übersätes Tal. Links finden Sie wieder den blau markierten Weg Nr. 6, dem Sie folgen.

Gehen Sie links an einem Felsen, der einem Tier mit zwei Rüsseln ähnelt, vorbei (Markierung N).

An der Kreuzung Le Désert bleiben Sie auf dem blau markierten Weg zwischen der Route du Clair-Bois und der Route du Milan. Nun gelangen Sie auf einen von Felsblöcken umgebenen Hohlweg, dann geht es an einer Schlucht entlang.

Direkt nach der Grotte des Dryades, die mit einem Stern markiert ist, geht es links am Weg „6-6" entlang, dann folgt der Aufstieg auf den Hang gegenüber des Tals. Sie kommen zu einem Plateau, auf dessen linker Seite Sie die Mare aux Sangliers (Wasserlache der Wildschweine) sehen. Von dem Felsvorsprung bis zum Plateau hat man einen **Blick** auf die Wüste *(Le Désert)* von Apremont sowie die Ebene von Bière. *Über den Carrefour du Désert und die Route de Clair-Bois geht es zurück zum Auto.*

Tour Denecourt (Turm Denecourt) 4

Verlassen Sie Fontainebleau im Norden auf der D 606. An der ersten Kreuzung fahren Sie rechts Richtung Fontaine-le-Port (D 116) bis zum Carrefour de la Croix-de-Toulouse, wo Sie parken können. Rechnen Sie 30 Min. zu Fuß auf der Route Jean-Bart.

Tour Denecourt

Der Turm befindet sich am Rand des Cassepot-Felsens. Sie erreichen ihn über eine kleine kurvenreiche Straße, die nur für Fahrräder zugänglich ist. Er wurde vom ersten „Waldmenschen", Denecourt, auf Felsen gebaut. Napoleon III. weihte ihn unter dem Namen Fort-l'Empereur ein. Von oben hat man einen **Panoramablick★** über den die Landschaft beherrschenden Wald. Zwei Orientierungstafeln helfen bei der Suche nach der im Norden gelegenen Station de Ste-Assise, Melun, den Schloten der Raffinerie von Grandpuits, dem Dorf Héricy und seiner Kirche, sowie im Osten von Fontaineroux, Montereau-Surville, Samoreau, den modernen Bauten von Avon und dem Fernsehturm von Le Bois-Gauthier.

Long Rocher★ (langer Felsen) 5

2 ½ Std. hin und zurück. An der Kreuzung von Marlotte nehmen Sie links die D 58 nach Bourron-Marlotte. Halten Sie am Parkplatz am Schnittpunkt mit der Route du Long-Rocher. *Fahren Sie auf der Waldstraße Long Rocher im Osten bis zur ersten Kreuzung, dann rechts auf der Route des Étroitures. Nach 100 m kommen Sie zum blau markierten Weg Nr. 11, in den Sie nach rechts einbiegen.*

Belvédère des Étroitures

Markierung U. **Blick** nach Süden zum Loing-Tal und nach Marlotte. Kehren Sie um und folgen Sie dem blauen Weg, der ins Felsenmeer unter den Kiefern führt. Auf der sehr abwechslungsreichen Strecke gelangen Sie zu einem Plateau, dem „Restant du Long Rocher" (Überrest des langen Felsens).

Restant du Long Rocher★★ (Überrest des langen Felsens)

Vom Rand des felsenübersäten Plateaus haben Sie im Süden und im Norden großartige Ausblicke auf den Wald. Nehmen Sie wieder den blau markierten Weg nach Osten. Beim Verlassen des Plateaus an einer steilen Stelle, wo sich die Béatrix-Höhle befindet, kommen Sie an einem Felsenmeer vorbei, das als Kletterschule genutzt wird *(rote Beschilderung).*

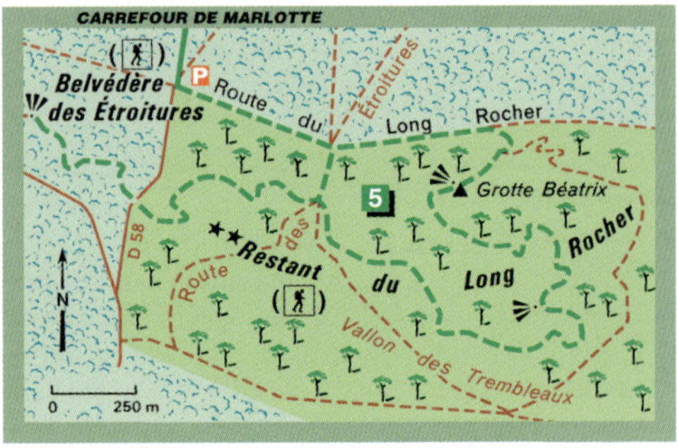

Kurz darauf steigt der blau markierte Weg wieder leicht an. Verlassen Sie ihn und biegen Sie in den stark abschüssigen Weg auf der linken Seite ein. Sie erreichen nun die Route du Long-Rocher, die links zum Ausgangspunkt zurückführt.

Rocher des Demoiselles★ 6

3,5 km, dann 1 Std. zu Fuß hin und zurück. Verlassen Sie Fontainebleau am Carrefour de l'Obélisque auf der D 607. Nach der Unterquerung des Vanne-Aquädukts biegen Sie rechts in die Route de Recloses ein. Kurz vor einem Anstieg mit befestigtem Seitenstreifen fahren Sie rechts und parken das Auto auf einer sandigen Stelle am Fuß eines mit Farnkraut umwucherten Felsens.

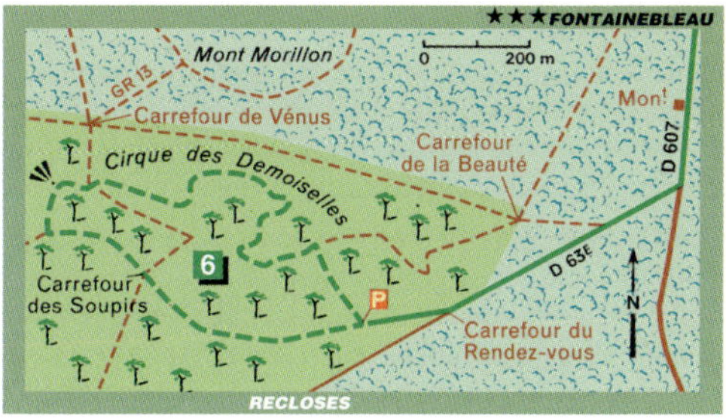

Nehmen Sie die mit einer Schranke abgesperrte Waldstraße. An der nächsten Kreuzung geht es rechts zum Kamm hinauf: Sie kommen wieder auf den blau markierten Weg Nr. 9, dem Sie nach links folgen.

Nach den Windungen im Cirque des Demoiselles führt der Weg zu einer Kreuzung *(Tafel Denecourt-Colinet)*. Biegen Sie rechts auf den Weg Nr. 9 ein, der gleichzeitig der Ausgangspunkt zum Anstieg des Großen Wanderwegs Nr. 13 *(rot-weiße Ausschilderung)* ist. Die Felsen sind auffällig glatt und haben zum Teil scharfe Spitzen. Von einem Aussichtspunkt kann man über die Ebene des Mont-Morillon blicken. Folgen Sie dem Weg Nr. 9, der zur großen Kreuzung Carrefour des Soupirs (*Banc*) am Ende des felsigen Bereichs führt.

Gehen Sie auf der Straße, die die Grenze zwischen den Waldparzellen 148 und 156 bildet, dann an der nächsten Kreuzung auf der Straße zwischen den Parzellen 148 und 155, zurück zum Auto.

Les Trois Pignons★ 7

2,5 km, dann 3 Std. zu Fuß hin und zurück. Starten Sie am südlichen Eingang von Arbonne (Kreuzung mit der Straße von Fontainebleau in Milly). Fahren Sie Richtung Milly, biegen Sie kurz darauf links in die Straße nach Achères-la-Forêt (D 64) ab. 2 km weiter beschreibt die Straße eine Linkskurve, in der Nähe der Autobahn. Verlassen Sie sie und biegen Sie rechts ab, um unter der Autobahn durchzufahren. Parken Sie dort Ihr Auto. Das Trois-Pignons-Massiv ist eine Art Ausläufer des Waldes von Fontainebleau. Wanderfreunde schätzen seine in der Île-de-France einzigartige wüstenähnliche Landschaft: trockene Täler, abgeflachte Bergspitzen und die typischen Eigenarten sandiger Regionen. Vom Parkplatz aus schlagen Sie die Straße ein, die an zwei rechts gelegenen Häusern mit Stacheldrahtzaun vorbeiführt. Am Ende des Zauns finden Sie rechts am Rand einer Sandgrube die Tafel mit dem Weg Denecourt-Colinet Nr. 16.

Kleine Erfindung für große Premieren

Der Alpinist **Pierre Allain** (1904-2000) bestieg 1935 als Erster die Nordwand der Aiguille du Dru (Gipfel im Montblanc-Massiv) und nahm an der ersten Himalaya-Expedition 1936 teil. Er gehörte der ersten Generation Pariser an, die 1928 die **Bande des Bleausards** *(s. oben;* **Freunde des Waldes von Fontainebleau)** bildeten. Der geniale Erfinder entwickelte die ersten Kletterschuhe: kautschukbesohlte Espadrilles, die viel besser geeignet waren als die mit Nägeln beschlagenen Schuhe, die damals getragen wurden. Später brachte er sie unter dem Namen P.A. auf den Markt.

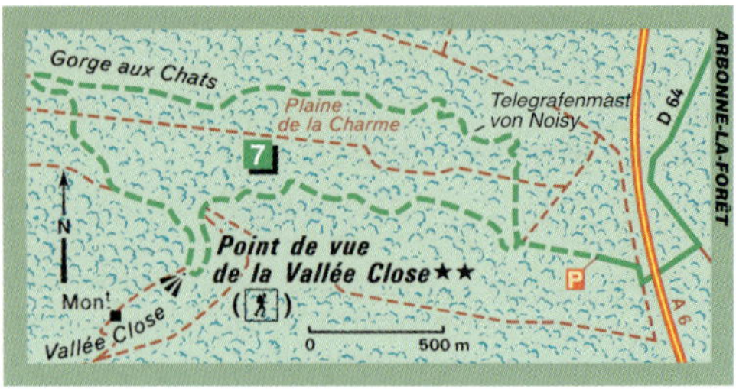

Wenn Sie dem eingezeichneten Weg folgen, entdecken Sie schnell die erste blaue Markierung am gegenüberliegenden Rand der Grube. Von da an durchquert der Weg ein flaches Gelände mit Felsblöcken und führt an der Plattform des ehemaligen Telegrafenmasten von Noisy vorbei auf ein Plateau hinauf. Nach insgesamt einer Stunde kommen Sie in ein Kastanienwäldchen. Der Weg führt durch den Grund der schönen Katzenschlucht mit ihrem Felsenmeer. Die Strecke windet sich nach Südosten, dann nach Süden, wo sie kurz darauf in kahlen, sandigen Felsengrund übergeht.

Point de vue de la Vallée Close (Aussichtspunkt Vallée Close)★★

Vom Rand des Plateaus hat man eine gute **Aussicht★★** auf das Massiv. Im Vordergrund sieht man ein Monument mit einem Lothringer Kreuz, das an die Tätigkeit und die Opfer des französischen Widerstands im Zweiten Weltkrieg erinnert.

Der blau markierte Weg macht eine Kehrtwende Richtung Norden. Nun geht es abwärts Richtung Osten, vorbei an der großen sandigen Felsfläche, die Sie bereits überquert haben. Nun folgt ein schönes Stück durch ein Eichenwäldchen und über eine Heidelandschaft, auf dem man zurück zur Tafel am Ausgangspunkt und anschließend zum Parkplatz gelangt.

Masiff de la Dame-Jouanne★ *(s. Larchant)*

Ausflug

Wegen des starken Verkehrs ist es nicht ratsam, die D 606, die D 607 sowie die Route Ronde zwischen dem Carrefour de la Table-du-Roi und dem Carrefour du Grand-Veneur in einen Ausflug einzubeziehen. Achten Sie auf die Beschilderung. Gelegentlich ist es nicht erlaubt, von der Hauptstrecke aus links in kleinere Waldwege abzubiegen.

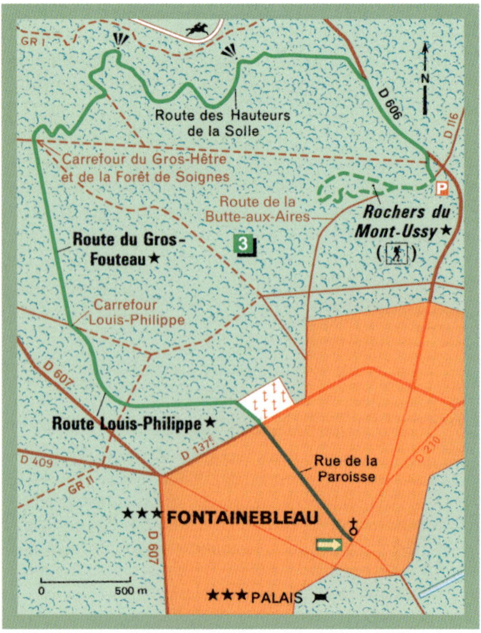

Hauteurs de la Solle, Rochers du Mont-Ussy★ 3

10 km ab Fontainebleau und 30 Min. zu Fuß hin und zurück. Verlassen Sie Fontainebleau auf der Rue de la Paroisse, der Avenue de Verdun und dem Friedhof im Nordwesten. Bleiben Sie auf der Route Louis-Philippe.

Routes Louis-Philippe et du Gros-Fouteau★

Diese beiden Straßen führen zu den Anhöhen von Solle. Der Hochwald von Le Gros-Fouteau ist Teil des alten Baumbestands. Den Namen erhielt er im 17. Jh. zu Ehren einer Buche, „fouteau", mit 8 m Durchmesser. Die Straße führt zur D 606.

Fahren Sie Richtung Fontainebleau und biegen Sie in die erste Verbindungsstraße rechts ein. Halten Sie auf dem Parkplatz an.

Rochers du Mont-Ussy★

Gehen Sie auf der Route de la Butte-aux-Aires bis zur Kreuzung und biegen Sie in den blau markierten Weg rechts ab. Der Weg oberhalb der Route de la Butte-aux-Aires führt durch das von Kiefern beschattete Felsenmeer. Sie erreichen eine Esplanade, die „Aussichtspunkt von Mont-Ussy" genannt wird.

Bleiben Sie auf dem blau markierten Weg, dann geht es links auf die Route du Mont-Ussy bis zur Kreuzung mit der Route de la Butte-aux-Aires, die zum Parkplatz zurückführt.

Tipps und Adressen

Allgemeine Hinweise

Fremdenverkehrsamt von Pays de Fontainebleau – *4 rue Royale – 77300 Fontainebleau – ✆ 01 60 74 99 99 – www.fontainebleau-tourisme.com*

Fremdenverkehrsamt Barbizon – *55 Grande-Rue – 77630 Barbizon – ✆ 01 60 66 41 87 – www.barbizon-tourisme.com*

Fremdenverkehrsamt Milly-la-Forêt – *47 rue Langlois – 91490 Milly-la-Fôret – ✆ 01 64 98 83 17*

Verkehrsmittel

Von Juni bis September macht der Bus, „La Patache", jeden Sonntag die Runde vom Bahnhof in Fontainebleau zum Schloss, zur Fasanerie, zur Franchard-Schlucht, nach Barbizon und zum RER-Bahnhof in Melun und zurück.

Übernachten

Camping Les Courtilles du Lido – *Chemin du Passeur – 77250 Veneux-les-Sablons – 8 km südöstl. von Fontainebleau auf der D 148 (Straße nach Sens) – ✆ 01 60 70 46 05 – www.les-courtilles-du-lido.fr – 15. April-20. Sept. – – Reserv. empfohlen – 196 Plätze. 16,25 €.* Alle Wanderungen durch den Wald sind nicht an einem Tag machbar, daher sollten Sie auf diesem gut gepflegten Campingplatz Station machen. Schattige Plätze. Schwimmbad.

Hôtel du Pavillon Royal – *40 av. Gallieni – 77590 Bois-le-Roi – 10 km im Norden von Fontainebleau auf der D 606, D 116 und D 137 – ✆ 01 64 10 41 00 – P – 33 Zi: 65 € – 6,50 €.* Modernes Hotel unweit des Institut oléohydraulique mit großzügigen Zimmern. Schwimmbecken und schöner Garten zum Spazierengehen.

Chambre d'hôte Château de Rouillon – *41 av. du Gén.-de-Gaulle – 77590 Chartrettes – 3 km nördl. von Bois-le-Roi auf der D 137 – ✆ 01 60 69 64 40 – www.chateauderouillon.net – – 5 Zi: 82/104 €* . Das Gebäude aus dem 17. Jh. an einem Ufer der Seine ist von einem großen französischen Garten umgeben. Stilvolle Inneneinrichtung und Zimmer mit Möbelgarnituren im Stil Ludwigs XV., Ludwigs XVI. und Ludwig-Philipps.

Essen und Trinken

Le Baroque – *79 av. Galliéni – 77590 Bois-le-Roi – ✆ 01 64 87 12 65 – http://restaurant.lebaroque.free.fr – So abends, Sa mittag und Mo geschl. – 14 € Mittagstisch – 17/36 €.* Hinter der modernen Fassade verbirgt sich eine gute Speisekarte zu angenehmen Preisen. Designmöbel aus Kunststoff und Metall, Deckenventilatoren und avantgardistische Gemälde schaffen eine originelle Atmosphäre.

Auberge de la Croix d'Augas – *RD 116 - 77300 Fontainebleau – 2 km nördl. von Fontainebleau, Straße nach Melun und D 116, Straße nach Bois-le-Roi rechts – ✆ 01 64 23 49 25 – Mo abends und Di geschl. – 16/26,50 €.* Die Croix d'Augas, auf dem höchsten Punkt des Waldes von Fontainebleau, hat ihren guten Ruf wiederhergestellt. Im Ambiente eines alpinen Chalets speist man traditionelle Gerichte und Savoyer Spezialitäten. Die ländliche Terrasse ist bei schönem Wetter sofort belegt.

La Marine – *52 quai Olivier-Métra, an der Schleuse – 77590 Bois-le-Roi – 10 km nördl. von Fontainebleau auf der D 606, D 116 und D 137 – ✆ 01 60 69*

61 38 – Feb. Ferien, 15.-30. Sept., Mo und Di geschl. – 27/32 €. Gemütliches Restaurant am Seineufer, direkt gegenüber der Schleuse. Die Terrasse erinnert an den Bug eines Frachtkahns. Traditionelle französische Küche.

⊜⊜ **Auberge du Bois Rond** – *Route d'Achères (D 64) am Ortsausgang von Arbonne-la-Forêt – 77630 Arbonne-la-Forêt – ✆ 01 60 66 44 38 – Mo geschl. Mittagstisch 24 € – 27 €.* Mitten im Wald im Herzen des Trois-Pignons-Massivs werden saisonale Gerichte und verschiedene Menüs, darunter das exotische „caraïbes" (Karibik), im Sommer auf der Terrasse und im Winter in der gemütlichen Kaminecke serviert.

Sport und Freizeit

Achtung ! Der Wald ist ein fragiles Ökosystem, das geschützt werden muss. Es ist insbesondere verboten, offenes Feuer zu machen, Abfälle zu hinterlassen, Pflanzen auszureißen oder Zweige abzubrechen sowie die Wege zu verlassen.

WANDERUNGEN

Die Wege – Im Lauf der Zeit wurden immer mehr Markierungen angebracht, teilweise übereinander, was zu Verwechslungen führen kann:

„Grande randonnée" (**GR**): große Tour, weißrote Kennzeichnung.

„Petite randonnée" (**PR**): kleine Tour, gelbe Kennzeichnung.

„Tour du massif de Fontainebleau" (**TMF**): grünweiße Balken.
Die Markierung der Wanderwege von Denecourt und Colinet (blau) ist älter, wurde aber beibehalten.

Les Amis de la forêt de Fontainebleau – *26 rue de la Cloche – BP 14 – 77301 Fontainebleau Cedex – ✆ 01 64 23 46 45 (Anrufbeantworter) – www.aaff.fr* Diese Vereinigung veröffentlicht einen *Guide des sentiers de promenade (Wanderführer im Fremdenverkehrsamt und in Buchhandlungen erhältlich)* und einen *Guide des arbres remarquables dans le massif forestier de Fontainebleau* (Baumartenführer; auch geführte Touren.

RADTOUREN

Radfahren – Die Radler schätzen die asphaltierten Waldstraßen. Einige sind nur für Fahrräder zugänglich: Ein Faltblatt gibt das nationale Waldamt heraus.

Das Terrain eignet sich auch zum Mountainbiken (eigene Fahrspur: Wege sind mehr als 2,5 m breit).

Top Loisirs – *16 rue Colinet – 77300 Fontainebleau – ✆ 01 60 74 08 50 – www.toploisirs.fr – 9-18 Uhr – Weihnachtsferien geschl.* Mountainbike-Verleih, geführte Radtouren. Telefonische Reservierung.

Jean-Louis Gallo / MICHELIN

Wanderung durch die Felsbrocken.

REITTOUREN

Centre équestre de Recloses-Fontainebleau – *Chemin Clos de la Bonne –77760 Recloses – ✆ 01 64 24 21 10 – www.cheval-en-foret.com*

KLETTERN

Club Alpin français, section Île-de-France – *24 av. Laumière – 75019 Paris – ✆ 01 53 72 87 00.*

Escalade – *91405 Orsay Cédex –coSiRoc (Comité Défense Sites Rochers Escalade). Gebäude 510, Uni-Zentrum.*

ANDERE AKTIVITÄTEN

Top Loisirs – *16 rue Colinet – 77300 Fontainebleau – ✆ 01 60 74 08 50 –www.toploisirs.fr – 9-18 Uhr – Weihnachtsferien geschl.* Top Loisirs organisiert verschiedene Freiluft-Aktivitäten: Mountainbike, Klettern, Kanu-Kajak, Paintball usw. Je nach Können und gewünschter Dauer werden unterschiedliche Schwierigkeitsgrade angeboten (z. B. halber Tag, zwei Tage).

Base Régionale de plein air et de loisirs de Bois-le-Roi – *Rte de Tournezy – 77590 Bois-le-Roi – ✆ 01 64 81 33 00 – www.ucpa-boisleroi.com – 9-21 Uhr – Eintritt frei.* Die Ufer der Seine und der Wald von Fontainebleau bilden den Rahmen dieses kostenlosen Freizeitparks: Baden unter Aufsicht, Klettern, Wanderungen und Mountainbike-Touren, Beach-Volleyball, Tischtennis. Imkerkurse und Sportkurse für Kinder werden auch während den Schulferien angeboten.

Gallardon★

EURE-ET-LOIR (28) – 3422 EINWOHNER –
UMSCHLAGKARTE A3 – MICHELIN LOCALKARTE 311 G4

Diese hübsche mittelalterliche Stadt am Rande der Beauce und des Hurepoix hat ein originelles Ambiente. Eine Dorfkirche mit hoher Spitze steht hier neben einer geheimnisvollen Turmruine, die die Gesetze der Schwerkraft herauszufordern scheint. Eine kuriose Mischung, die die Neugier weckt.

Wegweiser – Gallardon liegt im Voise-Tal (Zufluss der Eure). Über Paris (75 km) erreicht man es auf der A 11 (Ausfahrt 1 in Ablis); von Chartres (20 km) sollte man die D 32 im Nordosten nehmen; von Rambouillet (18 km) die D 32. Mit dem Zug ab Paris-Gare Montparnasse fährt man bis Épernon und nimmt dort den Bus *(nur werktags)*. Sportliche können ab Rambouillet mit dem Fahrrad fahren: Es geht auf ruhigen kleinen Straßen zwischen Weizenfeldern hindurch, und der Vogelgesang wird Sie die Kilometer, die Sie in den Beinen haben, vergessen lassen!

Unbedingt sehenswert – Biegen Sie bei der Durchquerung des Tals von Chartres kommend vor der ersten Brücke rechts ab, und fahren Sie am Ufer der Voise entlang. Bald haben Sie eine herrliche **Aussicht★** auf die Kirche von Gallardon und die „épaule", die „Schulter“: Es scheint, als ob der Turm kurz davor sei, auf die Kirche zu stürzen. Auch von Rambouillet über Orphin kommend hat man eine schöne **Aussicht★** auf das ungleiche Paar Turm-Kirche.

Orte in der Nähe – CHARTRES, MAINTENON, RAMBOUILLET

Zu Fuß unterwegs

Einige der Straßen im Ort haben noch ihre alten Namen: Impasse du Cúur-à-Margot, Rue du Croc-Salé, Rue Porte-Mouton; von der Rue Notre-Dame aus sehen Sie links eine hervorragende Unterkunft, die „Petit Louvre“ (Kleiner Louvre) genannt wird. Dort soll Ludwig XIV. eine Nacht verbracht haben. Unweit der Place de l'Église steht die **Maison de bois (Holzhaus)**, auch „Hochburg der Marmousets“ genannt (Marmousets waren die bürgerlichen Berater von König Karl V.) mit ihrer äußerst reichen, raffinierten und vielfältigen Verzierung, die aus dem 16. Jh. stammt.

L'Épaule de Gallardon (Die Schulter von Gallardon)

Der Bau des runden Turms mit 38 m Höhe geht auf die Mitte des 12. Jh. zurück. Damals war er mit den Ringmauern und der Festung Teil des Verteidigungssystems der Stadt. Anlässlich der Eroberung 1421 wurde er auf Anordnung des Thronfolgers, dem späteren Karl VII., teilweise zerstört. Der Name „épaule“, „Schulter“, leitet sich wahrscheinlich vom lateinischen specula (Observatorium) ab. Die meisten Bewohner der Beauce bevorzugen jedoch die viel anschaulichere Etymologie: Aus einigen Blickwinkeln erinnert die Ruine mit ein bisschen Fantasie an das Schulterblatt eines Schafs, das am Boden liegt.

Kirche

Von weitem sieht man bereits die abgesprochenen Spitzen dieses Kirchenbaus mit einem überhöhten gotischen Chor aus dem 13. Jh. Die Spitze des Dachstuhls misst an die 76 m.

Gehen Sie zum Chorhaupt. Der Turm mit Spitze und der Chor mit den zweigeschossigen Spitzbögen bilden ein luftiges und gleichzeitig ausgewogenes Ensemble.

Der **Chor★** weckt die Aufmerksamkeit durch die Harmonie des Chorumgangs aus dem 12. Jh., dessen Kolonnen auf einer bekrönten Mauer stehen, aber insbesondere durch die typisch gotische Erhöhung aus der Zeit des hl. Ludwig. Beachten Sie die reichen Verzierungen der Obergadenfenster in den rechten Gewölbeseiten.

Das getäfelte Gewölbe des Hauptschiffs besteht aus Fassbohlenplanken (kleine Planken, von den Böttchern in die entsprechende Größe gehackt) und wurde 1709 mit Motiven – mittlerweile verblichen – bemalt, darunter der Schlüssel des hl. Petrus und das Schwert des hl. Paulus, Schutzpatrone der Kirche.

Wie in vielen Kirchen auf dem Land mit Sichtdachstuhl (häufig im Umland von Chartres), werden die horizontalen Spannbalken und die vertikalen Ständer-Balken, die zur Stabilisierung des Dachstuhls dienen, an ihren äußeren Enden von mehr oder weniger fantastischen **Tierköpfen** „verschlungen". Diese Verzierung stammt aus dem 15. Jh.

Tipps und Adressen

Allgemeiner Hinweis

Fremdenverkehrsamt von Gallardon – *Rathaus – ✆ 02 37 31 11 11*

Übernachten

⊖⊖ Chambre d'hôte Château de Jonvilliers – *17 rue Lucien-Petit, Jonvilliers – 28320 Écrosnes – 4 km nordöstl. von Gallardon auf der D 32 – ✆ 02 37 31 41 26 – www.chateaudejonvilliers.com – 24. Dez.-2. Jan. geschl. – 5 Zi: 70 € ☕.* Herrenhaus aus dem 18. Jh. am Ende einer Allee, nur wenige Kilometer von Gallardon. In den liebevoll eingerichteten Zimmern werden Sie die Ruhe ringsum zu schätzen wissen. Nichtraucherhaus, sehr üppiges Frühstück.

Essen und Trinken

⊖⊖⊖ Le Commerce – *18 pl. de l'Église – ✆ 02 37 31 00 07– www.restauranttraditionnel-lecommerce-28.com – 2 Wo im Aug. und Mo-Mi abends geschl. – Mittagstisch 15 € – 28/45 €.* Die Herberge neben der Dorfkirche ist an der Bemalung ihrer Fassade zu erkennen, die Fachwerkbalken imitiert. Es gibt eine Bistro-Ecke und einen Saal. Serviert wird z. B. Kalbskopf mit Sauce gribiche (Mayonnaise), als Nachtisch Arme Ritter nach Art des Hauses.

Vallée du Grand Morin

SEINE-ET-MARNE (77) – UMSCHLAGKARTE C2 – MICHELIN LOCALKARTE 312 G-H 2-3, ZOOMKARTE 106 FALTEN 22-23-24

Dem von Süden kommenden Besucher fällt sofort auf, wie das Grand-Morin-Tal die Monotonie der Brie-Ebene durchbricht. Das von zwei Pappelreihen gesäumte Tal beginnt in der Champagne und beschreibt in seinem Verlauf viele Kurven, bevor es 120 km weiter in die Marne fließt. Sanfte Hügel mit bewaldeten Kuppen rahmen die weiten, manchmal von Apfelbäumen gesäumten Ebenen.

Stéphane Sauvignier / MICHELIN

Kleines Stauwehr bei Couilly-Pont-aux-Dames.

Wegweiser – Der Grand Morin liegt zwischen der Marne und der D 934, die zur A 104 führt.

Unbedingt sehenswert – Die nicht fertiggestellte Kirche von Lagny-sur-Marne; das typische Brie-Dorf Coupvray; Crécy-la-Chapelle, das „Venedig der Brie", und seine kuriosen „brassets" (kleine Kanäle); die schöne Stiftskirche Notre-Dame im Weiler von La Chapelle.

Orte in der Nähe – DISNEYLAND RESORT PARIS, JOUARRE, MEAUX

Ausflug

59 km von Lagny nach Coulommiers. Etwa 3 Std.

Lagny-sur-Marne

Lagny war gleichzeitig Festungs-, Abtei- und Handelsstadt. Die Grafen der Champagne, die hier ihren westlichsten Posten hatten, ließen unter anderem auch hier ihre quer durch die Champagne ziehenden Wandermessen stattfinden. Theobald IV. „der Chansonnier" starb hier. **Jeanne d'Arc** kam mehrmals hierher, insbesondere im April 1430 (Es hieß, sie habe ein Kind wieder zum Leben erweckt, das bereits seit drei Tagen für tot erklärt worden war. So konnte es angeblich vor seinem tatsächlichen Tod noch die Taufsakramente erhalten.) Anfang Mai 1430 besiegte sie den Anführer der Burgunder, Franquet d'Arras. Zur Erinnerung an Johanna von Orléans gibt es eine Skulptur in der Kirche, eine Statue im Chor und eine Gedenktafel am Rathaus.

Église N.-D.-des-Ardents-et-St-Pierre – Sie stammt aus dem 13. Jh. Der nicht vollendete Bau endet am Chor. Wahrscheinlich ist der Baustopp mit dem Ende des freien Herzogtums Champagne, nach der Auslöschung der Dynastie und der Wiedervereinigung des Herzogtums mit der Krone, zu erklären.
Das Innere ist fantastisch. Der großzügige Chor besteht aus einer Apsis mit drei Kapellen, einem Chorumgang und vier geraden Jochen mit doppelten Seitenschiffen. Dort wurde auch mit dem Bau der Kirche begonnen. Beachten Sie, wie klein die Obergadenfenster sind. Bevor sie die vorgesehene Höhe erreicht hatten, wurde der Bau bereits eingestellt. Ein Tonnengewölbe diente als Dach. Das aktuelle Gipsgewölbe ersetzte es im 17. Jh., ohne dass die Fenster erhöht wurden.
Hinter dem Altar befindet sich die Kapelle N.-D.-des-Ardents *(links, kleine sitzende Jungfrau aus Holz, 14.Jh.)*. Der Ursprung dieser Verehrung geht auf das Jahr 1127 zurück. Damals grassierte der Ergotismus, auch Antoniusfeuer genannt, in Lagny. Eine Epidemie, die wahrscheinlich durch den Verzehr von Mehl, das mit dem giftigen Mutterkorn-Pilz verunreinigt war, auf das man in Hungersnöten nicht verzichten konnte, ausgelöst wurde. Es schien die Eingeweide zu verbrennen und die Gliedmaßen vom Körper abfallen zu lassen. Die zu Hilfe gerufene Jungfrau soll dieser schrecklichen Epidemie ein Ende gesetzt haben. *Um zum gotischen Chorhaupt zu gelangen, gehen Sie durch die kleine Tür links vom Chorumgang hinaus.*

Verlassen Sie Lagny östl. auf der D 934 und fahren Sie nach Chessy. Vor der Kirche von Chessy biegen Sie rechts ab.

Die kleine Straße gibt bald das Panorama auf die Hänge frei, um die die Marne eine große Schleife zwischen Dampmart und Condé-Ste-Libiaire beschreibt. Jenseits davon Richtung Norden liegen die Weizenfelder von **Multien,** dem Schlachtfeld vom September 1914. Dann geht es hinab in den Talkessel nach Coupvray-Bas.

Coupvray

Das Brie-Dorf mitten im Grünen erstreckt sich auf zwei Ebenen. Im Viertel Coupvray-Bas am Kanal befindet sich das Geburtshaus des Erfinders der Blindenschrift.

Musée Louis-Braille – *13 rue Louis-Braille – ✆ 01 60 04 82 80 – Führung April-September vormittags und nachmittags; restl. Jahr tgl. Fr nachmittags; Mo, 1. Jan., 1. Mai, 14. Juli, 15. Aug., 25. Dez. geschl. – 4 €.* Das zu einem Museum umfunktionierte Geburtshaus von **Louis Braille** (1809-1852) zeichnet ein detailgetreues Bild einer Familie aus dieser Region im 19. Jh. In der Werkstatt des Vaters, einem Sattler und Weinbauer, werden dessen Werkzeuge gezeigt; übrigens passierte Louis' Unfall, der zu seiner Blindheit führte, beim Spiel mit einem der Schneidewerkzeuge. Im Schlafzimmer

Grand Morin, das Tal der Maler

In der zweiten Hälfte des 19. Jh. begannen junge Maler damit, direkt in der freien Natur ihr Motiv zu malen. Neben den Orten Barbizon und Auvers-sur-Oise, in denen sich viele Künstler versammelten, wurden Moret-sur-Loing und Villiers-sur-Morin ab 1860 Lieblingstreffpunkte für Amédée Servin und seine Freunde, die den **Cercle artistique de Villiers** (Künstlerkreis von Villiers) gründeten. Paul Huet, Corot (der in Crécy-la-Chapelle lebte), später Albert Grenier, Toulouse-Lautrec, Émile Bernard – sie alle wurden von dem Tal angezogen. Weitere folgten nach dem Ersten Weltkrieg: Derain oder Dunoyer de Segonzac, der Aquarelle der Mühlen im Tal anfertigte, aber auch Maler aus Japan wie Foujita oder Yuko Saeki. Vorläufer der Landschaftsmalerei, Impressionisten, Fauvisten … die Stile dieser Künstler (bekannte wie weniger bekannte) variieren je nach ihrer Empfindsamkeit und den künstlerischen Strömungen ihrer Zeit. In Grand-Morin war keine „Schule" (wie Pont-Aven beispielsweise), aber ein Tal, das zahlreiche Maler auf ihrer Suche nach Inspiration anlockte.

kann man das Verfahren und die Materialien (Schreibtafel, Stichel, Lineal) der Braille-Schrift besichtigen. Unter den Spezialschreibmaschinen ist das alte Modell einer Braille-Tippmaschine besonders interessant, sowie eine seltsame Raphigraphie-Maschine (1839), die den Blinden ermöglichte, perforierte kleine Buchstaben auf Papier zu prägen, die auch für Sehende lesbar waren.
Louis Braille wurde 1952 vom Pantheon geehrt. Er ist nicht auf dem Friedhof *(an der Straße, die von Chalifert herabführt)* bestattet worden, aber es gibt einen Grabstein und eine Urne mit den Reliquien der Hände des Erfinders.

Kehren Sie um und fahren Sie direkt auf das Plateau, um wieder zur D 934 zu gelangen. Durchqueren Sie das Tal des Grand Morin.

Couilly-Pont-aux-Dames

Der Name Pont-aux-Dames (Frauenbrücke) bezeugt einen klösterlichen Ursprung: Es gab in der Nähe des Zusammenflusses des Grand Morin und der Marne eine Zisterzienserabtei nur für Frauen, die während der Revolution zerstört wurde. Pont-aux-Dames war ein Aufenthaltsort für vornehme Damen, die in Ungnade gefallen waren und beheimatete 1774 für mehr als ein Jahr Madame du Barry, die Mätresse Ludwigs XV., die nach seinem Tod dorthin verbannt wurde.
Der Park an der Stelle der Abtei gehört heute zum Seniorenheim der Künstler *(Besichtigung an den Tagen des Offenen Denkmals)*, das 1905 von René Binet, dem Architekten des Kaufhauses Printemps Haussmann, erbaut wurde. In einer melancholischen, von großen Bäumen beschatteten Ecke jenseits eines Freilufttheaters ruht der Schauspieler Coquelin, der mit seiner Darstellung des Cyrano de Bergerac bei der Uraufführung Weltruhm erlangte. Er starb 1909 in Pont-aux-Dames.

Fahren Sie wieder auf die D 934 nach Crécy-la-Chapelle.

Crécy-la-Chapelle

Die **Brassets du Grand Morin** machen das „Venedig der Brie" aus. Es handelt sich um alte Verteidungsgräben, die im Mittelalter am Fuß der Festungsmauern gegraben wurden. Die Brassets, oft mit Waschhäusern oder Stegen versehen, ziehen sich durch die ganze Stadt und verleihen ihr einen ganz besonderen Charme. Von der Porte de Meaux aus kann man eine Bootsfahrt auf dem äußeren Brasset machen.
Der Weiler von La Chapelle konnte seine **Stiftskirche Notre-Dame★** von 1250 erhalten. Sie wird durch speziell entwickelte Strebebögen verstärkt. Der Glockenturm mit seinem originellen Dach ist typisch für die Brie. Fragmente von Flachreliefs wurden während Aufräumarbeiten im Hauptschiff gefunden und am Tympanon des Hauptportals angebracht. Oben: Krönung der Jungfrau; links: die Himmelfahrt; rechts: der hl. Martin; unten: Gabe der hl. Drei Könige und Taufe Christi.

Fahren Sie zurück nach Crécy, das Sie auf der D 20, der Straße nach Rozay-en-Brie, verlassen. Folgen Sie der Straße 1,5 km nach Tigeaux. Nach dem Friedhof von Dammartin auf der rechten Seite, fahren Sie hinunter. Links geht es zur Kirche von Dammartin, an der Sie rechts vorbeifahren.

Die kleine, kurvenreiche Straße auf der linken Uferseite führt zu einem zeitgenössischen „Weiler".

Biegen Sie am höchsten Punkt der kurzen Auffahrt rechts ab. An der folgenden Gabelung geht es links nach „La Celle-d'En-Bas-Faremoutiers". Überqueren Sie nicht den Morin, sondern fahren Sie hinauf nach Faremoutiers. Die D 216 folgt dem wieder ansteigenden Tal nach Coulommiers.

Coulommiers

Die kleine Stadt an den Kanälen des Grand Morin ist für ihre Käse- und Weinmesse berühmt, wobei insbesondere der köstliche Brie de Coulommiers zu nennen ist. Sie hält für ihre Besucher außerdem zahlreiche historische Anekdoten bereit. Am Fluss waren florierende Gerbereien ansässig, er durchfließt auch den hübschen Park eines alten Schlosses. Auf den Anhöhen von Coulommiers ragt die majestätische Commanderie des Templiers empor, sie zeugt eindrucksvoll vom früheren Reichtum der Stadt.

Tipps und Adressen

Allgemeine Hinweise

Fremdenverkehrsamt von Lagny – *2 rue de chemin de fer – 77400 Lagny-sur-Marne – ✆ 01 64 02 15 15 – www.marneetgondoire.fr/-Tourisme-.html*

Übernachten

Chambre d'hôte La Hérissonière – *4 rue du Barrois (in der Nähe der Kirche) – 77580 Crécy-la-Chapelle – A 4 Ausfahrt Nr. 16 Crécy-la-Chapelle – ✆ 01 64 63 00 72 – laherissoniere@free.fr – 5 Zi: 54/60 € – Mittagstisch 20 €.* Dieses Gebäude aus dem 18. Jh. steht im Wasser und wartet mit vielen Trümpfen auf, um seine Gäste zu verwöhnen. Das schöne Innere ist mit Schnitzereien, Eichenbalken und alten Möbeln eingerichtet. Die eleganten Zimmer zeigen zum Fluss. Im Sommer wird das Essen unter der Pergola oder am Ufer des Morin serviert.

Hôtel du Sauvage – *27 rue de Paris – 77320 La-Ferté-Gaucher – ✆ 01 64 04 00 19 – www.hotel-du-sauvage.com – Fr abends, So abends, Mo-mittag geschl. – P – 23 Zi: 55/70 € – 7 € – Rest. 18/40 €.* Keine Angst, der Ursprung des Namens (Hotel des Wilden) dieser alten Poststation geht auf die Ornithologie zurück. M. Teinturier und sein junges Team führen die Familientradition in sechster Generation fort und bereiten ihren Gästen einen herzlichen Empfang. Dazu gibt es hervorragende Küche, gute Wein-, Cocktail- und Whiskey-Auswahl, renovierte Zimmer und ein überdachtes Schwimmbad mit Sauna. Fragen Sie, ob Sie den sehr alten Gewölbekeller besichtigen können.

Chambre d'hôte Bellevue – *77610 Neufmoutiers-en-Brie – 10 km südl. von Disneyland auf der A 4, Ausfahrt Nr. 13, dann D 231und D 96 – ✆ 01 64 07 11 05 – www.domaine-de-bellevue.net – 7 Zi: 59/78 €.* Hübsche individuelle Zimmer verbergen sich in diesem Herrenhaus aus dem 19. Jh. mit großem Garten, das am Rande eines kleinen Dorfs liegt. Zugleich einfach und elegant, nicht weit von Paris und Disneyland, ist dies ein charmanter Haltepunkt im Herzen der Brie.

Essen und Trinken

Auberge Marocaine – *2 av. du 27-Août-1944 – 77450 Montry – ✆ 01 60 04 31 41 – 13 € Mittagstisch – 16 €.* Orientalische Spezialitäten gibt es in diesem Gasthaus an der N 34. Dazu zählt eine große Auswahl an *tajines* (nordafrikanische Schmorgerichte), Couscous und Grillgerichten, aber auch Patisserie, Eis und Minztee.

L'Ermitage – *68 chemin de Meaux, Schleuse von Chalifert – 77144 Chalifert – 6 km nördl. von Disneyland auf der D 934, dann D 45 – ✆ 01 60 43 41 43 – www.notrermitage.com – 30. Juli-13. Aug. geschl. – Reserv. erforderlich – 20/62 €.* Das älteste Ausflugslokal am Marne-Ufer wurde 1860 eröffnet und ist jedes Wochenende voll besetzt. Alle Altersgruppen finden hier eine einzigartige festliche Atmosphäre für die Dauer eines Abendessens oder eines Tanztees (Fr Disco, Sa Kabarett und So Retro).

Einkaufen

Fromagère de la Brie – *19 av. du Grand-Morin – 77169 St-Siméon – ✆ 01 64 20 40 09 – www.fromagesdebrie.com – Verkauf: Fr 13.30-18, Sa 9-12 Uhr; Besichtigung* *auf Anfrage.* Seit drei Generationen ist diese Käserei mitten in der Brie beheimatet und stellt traditionell alle ihre Produkte handwerklich her. Unter den meistgeschätzten Spezialitäten sind die Bries aus Meaux, Melun, Nangis, Provins, Montereau, dazu die cremigen Doppel- und Dreifachrahmfrischkäse. Verkauf Fr und Sa, Besichtigung der Produktionsstätte mit Reservierung möglich.

Sport und Freizeit

Base régionale de plein air et de loisirs de Jablines-Anet – *7 km nördl. von Lagny auf der D 418, D 404 und D 45 – 77450 Jablines – ✆ 01 60 26 04 31 – www.baseloisirs-jablines-annet.fr – Zugang kostenpflichtig vom 26. Mai-2. Sept. und 8., 9., 15. und 16. Sept; 5 € (Kinder unter 12 Jahren 2 €)* Dieser Freizeitpark in einer Marne-Schleife besitzt einen schönen Badesee mit einer Wasserfläche von 75 ha. Im Sommer beaufsichtigter Strand, Tretbootfahren, Segeln, Kajak, Tennis, Reiten, Mountainbike, Minigolf etc. Es gibt auch ein Wassersport- und Pferdesportzentrum sowie eine moderne Wasserskianlage, mehrere Verpflegungspunkte, Picknickplätze sowie einen Campingplatz. Es können auch Wohnwägen gemietet werden.

Le Davy Crockett Aventure – *77174 Villeneuve-le-Comte – ✆ 08 25 150 280 – www.aventure-aventure.com.* Ein schönes Abenteuer erwartet Sie auf dem akrobatischen Parcours inmitten eines 5 ha großen Waldes aus hundertjährigen Eichen. Fünf Rundwege verschiedener Schwierigkeitsgrade wurden angelegt. Die niedrigste Stufe für Anfänger heißt „Pomme" (Apfel), die schwierigste „Chêne" (Eiche). Auf jedem von ihnen wurden Hängebrücken, Stege und Tarzansprünge eingebaut.

Château de Grosbois★

VAL-DE-MARNE (94) – UMSCHLAGKARTE B3 – MICHELIN LOCALKARTE 312 E3, ZOOMKARTE 101 FALTE 28, 106 FALTE 32

In der Mitte eines hübschen bewaldeten Parks erhebt sich ein Schloss aus dem 16. Jh. Die Société d'encouragement à l'élevage du cheval français (französische Pferdezuchtgesellschaft) ist seit 1962 Eigentümerin des Anwesens und hat hier ein riesiges Trainingszentrum aufgebaut.

Stéphane Sauvignier / MICHELIN

Das Château de Grosbois erhebt sich inmitten eines 450 ha großen Waldgebiets.

Wegweiser – In der Nähe der Gemeinde Boissy-St-Léger. Über die N 19 gelangt man direkt zum Schloss. Mit dem RER A 2, Bahnhof von Boissy-St-Léger, dann Bus 4012, 4021, 4022 und 4023.

Unbedingt sehenswert – Das tolle Mobiliar des Schlosses; der Blick auf den Park vom Tanzsalon aus; die Orchideen-Gewächshäuser von Boissy-St-Léger.

Gut geplant – Der Schlosspark und das Trainingszentrum der Traber sind nicht öffentlich zugänglich. Wenn Sie nach dem Schlossbesuch dennoch spazieren gehen möchten, haben Sie folgende Optionen: die Wälder von Grosbois *(erreichbar über Boissy-St-Léger)* oder Notre-Dame *(erreichbar über Marolles-en-Brie; 4 km langer Erkundungspfad ab dem Château des Marmousets)* oder der Bois de la Grange *(gegenüber dem Schloss auf der anderen Seite der N 19)*.

Sehenswürdigkeit

Das Schloss★

✆ 01 49 77 15 24 – Führung So und Fei nachmittags; 1. Dez.-15. März geschl. – 5 € (Kinder 3,50 €). 1597 für den **Baron de Sancy**, Finanzaufseher unter Heinrich IV., erbaut, wurde das Schloss 1625 von Karl von Valois erworben und vergrößert. Am Vorabend der Revolution war es im Besitz des späteren Ludwigs XVIII., 1805 wurde es von Marschall Berthier gekauft.

Das Schloss liegt am Rand einer langen, mit Kastanien bewachsenen Allee. Das Hauptgebäude von Architekt **Florent Fournier** wurde zu Beginn des 17. Jh. fertiggestellt. Es bildet mit den beiden vorspringenden Flügeln, die Ludwig XII. von Jean Thiriot erbauen ließ, ein schönes Ensemble um einen Ehrenhof herum und wird von ausgetrockneten Wassergräben gerahmt.

Einrichtung – Bei der Besichtigung erhält man einen Einblick in die originalgetreue Möblierung und Ausstattung des Schlosses zur Zeit seiner großen historischen Momente während des Ancien Régime und unter Napoleon. Vor allem das prächtige **Mobiliar★★** ist sehenswert.

Der **Salon des Huissiers** ist mit diversen Möbeln von Jacob ausgestattet und zeigt Familienporträts des Marschalls Berthier Gros (Erstes Kaiserreich) und Winterhalter (Zweites Kaiserreich). Im Kaisersalon sind Porträts von Napoleon ausgestellt. Die **Galerie des Batailles (Schlachtengalerie)** verdankt ihren Namen einer Serie von acht Gemälden, die Berthier von Carle Vernet und seinen Schülern anfertigen ließ, um an Schlachten zu erinnern, an denen er teilgenommen hatte. Bis auf die Decke hat die **Bibliothek** des Marschalls am Ende der Galerie ihr ursprüngliches Aussehen behalten. Außer ihren etwa 3000 gebundenen Werken enthält sie eine interessante Sammlung von Karten und Schlachtplänen.

Der Tanzsalon in der Mitte des Schlosses bietet die beste Aussicht auf den Park. Er wird vom Salon des Chasseurs (schöne Malereien von Desportes und Oudry) flankiert. Diese beiden Säle weisen eine mit Sichtbalken verzierte Decke auf. Den **Salon Régence** schmücken weiße und vergoldete Holztäfelungen; eine Vitrine zeigt Fächer aus dem 18. und 19. Jh.

Nur der **Speisesaal** hat sein Dekor im Stil Ludwigs XIII. bewahrt. Große Fresken (1644), die Abraham Bosse zugeschrieben werden, stellen die zweite Hochzeit Karls von Valois im Schloss dar. Hübscher Kamin und Decke mit dekorierten Balken.

Tipp

Essen und Trinken

Tartarin – *Carrefour de la Patte-d'Oie – 94370 Sucy-en-Brie – ✆ 01 45 90 42 61 – www.auberge-tartarin.com – Aug., Di-Do abends und Mo geschl. – 20/47 €.* Der ehemalige Jagdtreff liegt am Waldrand. Seit drei Generationen empfängt dieselbe Familie ihre Gäste warmherzig und freundlich in ländlicher Atmosphäre. Traditionelle Küche, die im mit Trophäen und ausgestopften Tieren dekorierten Speisesaal serviert wird.

Terrasse Fleurie – *1 rue de Marolles – 94370 Sucy-en-Brie – ✆ 01 45 90 40 07 – 24/36 €.* Lokal in einem Pavillon mit einfacher und reichlicher Küche.

Forêt d'Halatte★

OISE (60) – UMSCHLAGKARTE B1 –MICHELIN LOCALKARTE 305 F-G 5

Der Wald von Halatte bedeckt ein durchschnittlich 100 m hoch gelegenes Plateau. Der höchste Punkt ist der Mont Pagnotte, einer der „Gipfel" der Pariser Region. Rundherum wächst ein hübsches Buchenwäldchen, das die Kapetinger nie verkauft haben. Im südlichen Massiv findet man weitere Baumarten wie Eichen und Kiefern.

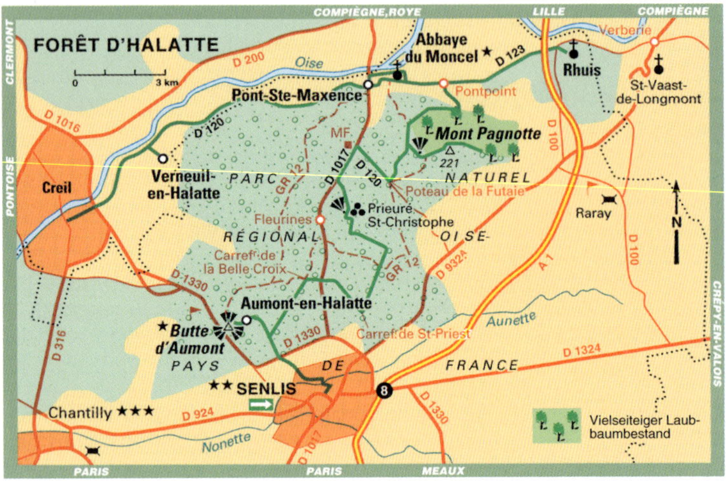

Wegweiser – Die Forêt d'Halatte (4300 ha) liegt nördl. von Chantilly und Senlis, zwischen der Vallée de l'Oise und der Vallée de l'Aunette.

Unbedingt sehenswert – Das Panorama auf die umliegenden Wälder von der Butte d'Aumont ; die Abtei von Moncel; das **Musée Serge Ramond „les Pierres Gravées"** in Verneuil-en-Halatte.

Orte in der Nähe – Château de CHANTILLY, SENLIS, ST-LEU-D'ESSERENT

Ausflug

Verlassen Sie Senlis nördl. auf der Rue du Moulin-Rieul und der Rue des Marronniers auf der linken Seite.

Aumont-en-Halatte

Hübsches Dorf im Grünen mit alten Steinhäusern.

Butte d'Aumont★

30 Min. zu Fuß hin und zurück. Von der Église d'Aumont aus der Route d'Apremont, dann dem ersten öffentlichen Weg nach links folgen. Den Hügel erklimmen.
Großartiges **Panorama★** auf die Forêt d'Halatte, Senlis, Chantilly mit Wald sowie in der Abenddämmerung die Lichter von Roissy.
Folgen Sie dem Weg, der vor der **ehemaligen Probstei St-Christophe** vorbeiführt. Hübsche Aussicht auf Fleurines und den Wald.

Mont Pagnotte

Höhe 221 m. Die Straße führt zu dem bewaldeten und flachen Gipfel des Berges, auf dem sich eine Fernsehstation befindet.
Am Rand des Plateaus ist ein Rundwanderweg ausgeschildert.

Die Straße führt hinunter nach Pontpoint. Nehmen Sie rechts die D 123 Richtung Verberie. Verlassen Sie sie nach Unterquerung der Autobahn auf der zweiten Straße rechts.

Rhuis
Die romanische **Kirche** aus dem 11. Jh. fällt durch ihren eleganten Glockenturm mit zwei übereinander liegenden Doppelfenstern auf, der als einer der ältesten der Île-de-France gilt.

Kehren Sie um Richtung Pont-Ste-Maxence.

Die Straße führt um die imposante Klostermauer der Abbaye du Moncel herum.

Abbaye du Moncel★
✆ 03 44 72 33 98 – www.clubduvieuxmanoir.asso.fr – Führung nachmittags, So und Fei vormittags und nachmittags; Mo, Di, 1. Mai, 25. Dez. geschl. – 5 € (unter 10 J. 2 €).
Die Kirche der 1309 von Philipp dem Schönen gegründeten Abtei ist zerstört worden; ihr Grundriss wurde jedoch freigelegt. Die noch mittelalterlich aussehende Eingangsfassade besitzt zwei monumentale Kamine. Der **Hof★** wird von drei Flügeln gerahmt, deren hohe Dächer mit braunen Ziegeln restauriert wurden. Eine Fassade schmückt eine Sonnenuhr. Sehenswert sind der Kreuzgang aus dem 16. Jh., das mit Fresken geschmückte Refektorium (14. Jh.), der Gewölbekeller und der eindrucksvolle **Dachstuhl★** (14. Jh.) der früheren Schlafsäle der Nonnen aus Eichenholz aus dem Wald von Halatte.

Fahren Sie weiter bis Pont-Ste-Maxence.

Pont-Ste-Maxence
Früher war die alte Oise-Brücke der Stadt ein Etappenziel für Könige und Händler auf dem Weg nach Flandern *(heutige D 017)* und verlieh ihr Bedeutung. Sie hat ihren Namen von einer heiligen Irin, die im 5. Jh. zur Märtyrerin wurde.

Folgen Sie der D 120 Richtung Creil bis Verneuil-en-Halatte.

Verneuil-en-Halatte
Der Weiler am linken Oise-Ufer ist der Geburtsort des Architekten Salomon de Brosse (17. Jh.), der die Grundrisse des Schlosses, das heute eine Ruine ist, mitaufgebaut hat.

Fahren Sie weiter auf der D 120 bis Creil.

Creil
Der Stadtkern befindet sich auf einer Insel in der Oise, auf der früher ein Königsschloss (8. Jh.) stand, das im 14. Jh. von Karl V. befestigt wurde. Die **Faïencerie de Creil** (Fayencefabrik) wurde 1797 gegründet. 1840 legte man sie mit der von Montereau zusammen und produzierte von da an die gleichen Stücke. Creil schloss 1895 und Montereau 1955 (die Faïencerie wurde von der in Choisy-le-Roi aufgekauft).

Tipps und Adressen

Allgemeine Hinweise
Fremdenverkehrsamt von Creil – *41 place Gén. de Gaulle – ✆ 03 44 55 16 07 – www.tourismecreil.fr*

Fremdenverkehrsamt von Verneuil-en-Halatte – *4 rue Victor-Hugo – ✆ 03 44 25 21 00 – www.verneuilenhalatte-tourisme.com*

Übernachten
⊖⊖ **La Ferme de Vaux** – *11-19 Route de Vaux – 60100 Creil – ✆ 03 44 64 77 00 – www.la-ferme-de-vaux.com – Sa mittags und So abends geschl. – P – 28 Zi: 70 € – ☕ 8,50 € – Rest. 25/36 €.* Alter Bauernhof um einen Innenhof herum. Moderne Zimmer, die im Erdgeschoss sind geräumiger. Steinmauern und moderne Möbel im Speisesaal. Klassische Speisekarte, aufmerksame Bedienung.

Essen und Trinken
⊖ **Auberge du Vieux Logis** – *105 rue du Gén.-de-Gaulle – 60700 Fleurines – 5 km nördl. von Senlis auf der D 1017 – ✆ 03 44 54 10 13 – www.laubergeduvieuxlogis.fr – So abends und Mi geschl. – Reserv. erforderlich – Mittagessen 14,90 € – 12,90/70 €.* Die Landstraße ist in diesem rustikalen Lokal mit seinen Steinwänden schnell vergessen. Originelle Küche. Bei gutem Wetter kann man auf der Terrasse sitzen.

Houdan★

YVELINES (78) – 3140 EINWOHNER –
UMSCHLAGKARTE A2 – MICHELIN LOCALKARTE 311 F3, ZOOMKARTE 106 FALTE 14

Houdan besitzt ein charakteristisches kleines Stadtzentrum um einen Bergfried herum, den Amalrich III. von Montfort im 12. Jh. erbauen ließ. Auch mehrere alte Häuser sind erhalten.

- **Wegweiser** – Mit dem Auto: 50 km östl. von Versailles auf der N 12. Mit dem Zug: ab Paris-Montparnasse (Linie nach Dreux) 55 Min. bis zum Bahnhof von Houdan.
- **Unbedingt sehenswert** – Die Fachwerkhäuser; falls Sie Geflügelgerichte mögen, sollten Sie wissen, dass Sie hier im Königreich des Houdan-Huhns mit seinem feinen schmackhaften Fleisch sind, das der Stadt einst den ersten Geflügelmarkt Frankreichs bescherte.
- **Orte in der Nähe** – MONTFORT-L'AMAURY, Château et parc de THOIRY

Stéphane Sauvignier / MICHELIN

Die hübsche Kirche von Houdan.

Zu Fuß unterwegs

Bergfried

✆ 01 30 59 53 86 – http://ledonjondehoudan.free.fr – 2. So im Monat 10.30-12, 14-18 Uhr; Fei, Juli-Aug. geschl. – Eintritt frei. Amalrich III. von Montfort ließ von 1125 bis 1132 diesen Bergfried bauen, der zum Symbol der Stadt wurde. Den enormen Turm flankieren vier Türmchen. Ursprünglich gab es keine Öffnung im Erdgeschoss, man betrat ihn im 1. Stock über eine Leiter. Der Bau, zurzeit als Wasserspeicher genutzt, ist alles, was vom Schloss der Herren von Montfort übrig ist. Von den drei mächtigen Stadtmauern, deren erste an der heutigen Rue des Fossés entlangführte, sind nur die Spähtürme von L'Abreuvoir, Jardet und Guinand aus dem 16. Jh. erhalten.

Alte Häuser

In der Rue de Paris befinden sich Fachwerkhäuser, sie tragen die Nummern 37-39 und 66 (Liliendekor). Oberhalb, im Hof des Rathauses (Gebäude mit Uhr), sieht man die Reste einer ehemaligen Herberge (Auberge du Grand Amiral): Stallungen sowie Zimmer, die sich zu Galerien öffnen. Die Auberge du Plat d'Étain mit gut erhaltenem, renovierten Fachwerk hat ihre ursprüngliche Bestimmung beibehalten.

Kirche

In einer der Kapellen des Chorumgangs erinnert ein Fresko an die Pilgerung von 32 Einwohnern Houdans nach Santa Maria de Montserrat (Spanien) 1582. Beachten Sie die symbolische Säge, die das Jesuskind hält (Montserrat bedeutet „gesägter Berg"). Die Orgel stammt von Louis Alexandre Clicquot (1734).

Tipps und Adressen

Allgemeiner Hinweis

Fremdenverkehrsamt des Pays houdanais – *4 pl. de la Tour – ✆ 01 30 59 53 86 – www.cc-payshoudanais.fr/esp_tourisme.php*

Übernachten

⊖⊖ **Hôtel Crépuscule** – *Route des Longs-Champs – ✆ 01 30 46 96 96 – www.hotel-crepuscule.com* – P –

21 Zi: 60/80 € – ☕ 7 €. Kürzlich erbautes Hotel am Rand des Stadtzentrums.

€€€€ **Hotel du Chateau de Bercheres** – *18 rue du Château – 28560 Berchères-sur-Vesgre – 7 km nordwestl. von Houdan auf der D 933 – ✆ 02 37 82 28 22 – So geschl. – 18 Zi: 160/215 € – ☕ 16 €.* Dieses schöne Schloss aus dem 18. Jh. liegt inmitten eines schönen Parks mit hundertjährigen Bäumen und einem kleinen See. Die großen restaurierten Zimmer sind wunderschön eingerichtet.

Essen und Trinken

€€€ **Donjon** – *14 rue Épernon, (nahe der Kirche) – 78550 Houdan – ✆ 01 30 59 79 14 – www.restaurant-ledonjon.fr – 8.-23. Aug., Do-abend, So-abend und Mo geschl. – 28/45 €.* Vom mittelalterlichen Schloss ist nur der Donjon (Bergfried) erhalten, ganz in der Nähe des Restaurants, das nach ihm benannt ist. Traditionelle Küche.

€€€ **La Poularde** – *24 av. de la République – 78550 Houdan – ✆ 01 30 59 60 50 – www.alapoularde.com – 6.-13. Feb., 25. April-3. Mai, 16.-25. Aug., 24. Okt.-2. Nov., So-abend, Mo und Di geschl. – 30/55 €.* Hübsches bürgerliches Haus mit Garten, in dem die Houdan-Hühner frei herumlaufen. Im eleganten Speisesaal oder im Sommer auf der Terrasse genießt man eine großzügige Küche aus den allerbesten Zutaten.

Einkaufen

Poule de Houdan – Houdan, landwirtschaftliches Zentrum der Region, züchtet nach wie vor eine eigene Hühnerrasse, die gute Legehennen und ein delikates Fleisch hervorbringt. Diese Hühner machten den Markt der Stadt einst zu dem bedeutendsten Geflügelmarkt Frankreichs und ermöglichten die Kreation der aromatischen Geflügelpâté Pâté de Houdan.

Charcuterie-traiteur Sebastien Michel – *56 Grande-Rue – 78550 Houdan – ✆ 01 30 59 62 99 – tgl. 8-13, 15.30-19.30 Uhr, So-nachmittag und Mo geschl., 2 Wo im Feb., 3 Wo im Aug. und nachmittags an Fei geschl.* Diese Metzgerei bietet eine Riesenauswahl an hausgemachten Spezialitäten, darunter Foie gras und Andouille, die Pâté de Houdan, Schweinemett, gemischte Salate und Nachspeisen.

Feste und Events

A Houdan en septembre (Houdan im September) – Markt St- Matthieu *(Ende Sept.)*, nationale Ausstellung der Geflügelzucht – *✆ 01 30 46 81 30*

Jouarre★

SEINE-ET-MARNE (77) – 3415 EINWOHNER – UMSCHLAGKARTE C2 – MICHELIN LOCALKARTE 312 H2, ZOOMKARTE 106 FALTE 24

Agilbert, Ebregesilius und Theodechildis haben ihre Särge in der Krypta von Jouarre, einem der ältesten religiösen Monumente Frankreichs, und auch für Archäologen eine interessante Stätte. Eine weitere Sehenswürdigkeit ist die Dhuis, ein Aquädukt zur Versorgung von Paris mit einem kräuterbewachsenen Damm, der bis zu den Tälern des Kleinen Morin und der Marne führt.

- **Wegweiser** – 23 km östl. von Meaux auf der D 603, dann der D 402.
- **Unbedingt sehenswert** – Die Krypta von Jouarre mit Kapitellen und Sarkophagen; die Ausstellungen des Musée des Pays de Seine-et-Marne in St-Cyr-sur-Morin.

Philippe Gajic / MICHELIN

Das Grab des hl. Agilbert in der Krypta von Jouarre.

Orte in der Nähe – MEAUX, Vallée du GRAND MORIN, Vallée de l'OURCQ

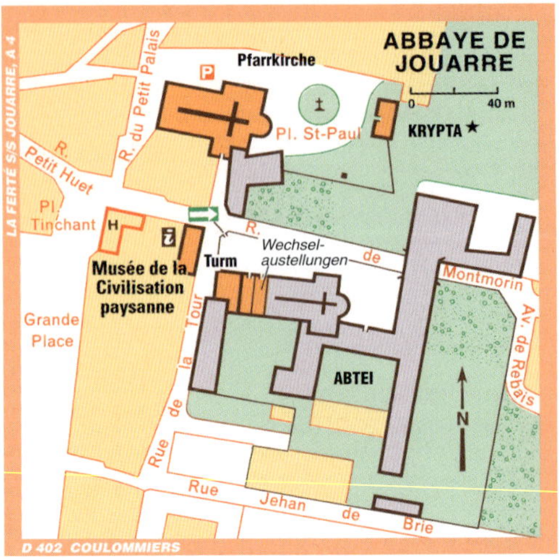

Geschichte und Geschichten

Schon im 7. Jh. gab es in Jouarre zwei Abteien, das Mönchskloster wurde bald wieder aufgegeben. Das Nonnenkloster schloss sich früh dem Benediktinerorden an und blieb bestehen. Es erlebte einen großen Aufschwung und die bedeutendsten Damen Frankreichs, darunter Madeleine d'Orléans, Halbschwester Franz' I., fühlten sich geehrt, dieser Abtei als Äbtissin vorzustehen.

Durch den Hundertjährigen Krieg schwer verwüstet, wurde die Abtei mehrmals wiederaufgebaut, das letzte Mal im 18. Jh. Die französischen Revolutionäre trafen in Jouarre auf eine einmütige und fromme Glaubensgemeinschaft, die getreu den Ordensregeln zusammenlebte, wie es Bossuet bereits im 17. Jh. gerühmt hatte. 1837 hielt der Klosteralltag wieder Einzug. Die Hauptmessen werden in der benediktinischen Liturgie-Tradition gehalten.

Sehenswürdigkeiten

Turm

✆ 01 60 22 06 11 – www.abbayejouarre.org – vormittags und nachmittags; Di geschl. – 4,50 € (Kinder 4 €). Von der mittelalterlichen Abtei ist nur noch der verkürzte und stark beschädigte Glockenturm der romanischen Kirche (12. Jh.) erhalten. Das Innere ist sorgfältig restauriert worden: Drei gewölbte übereinanderliegende Säle wurden im 16. Jh. von Madeleine d'Orléans eingerichtet (s. Erdgeschoss und 2. Stock: Schlussstein mit dem Wappen der Äbtissin). Wechselausstellungen.

Pfarrkirche

Eingang durch das Querschiff am Ende der Sackgasse (s. Plan). Die nach dem Hundertjährigen Krieg wiederaufgebaute Kirche wurde zu Beginn des 16. Jh. vollendet. Im linken Querhaus sieht man eine Grablegung aus dem 16. Jh. (Werkstatt Michel Colombe), eine Pietà (15. Jh.) und zwei Reliquienschreine (12. und 13. Jh.) aus vergoldetem Silber mit Verzierungen aus Email, Cabochons und Filigran; im rechten Seitenschiff steht die Statue Unserer Lieben Frau von Jouarre (16. Jh.). Die Fenster im Chor und in den Seitenschiffen enthalten viele Fragmente aus dem 16. Jh.

Krypta★

✆ 01 60 22 64 54 – Führung vormittags und nachmittags; Di geschl. – 4 € (Kinder 3,50 €). Die Krypta befindet sich hinter der Pfarrkirche, am Ende der Place St-Paul. In der Mitte des Platzes steht ein monolithisches Kreuz aus dem 13. Jh., in dessen Vierpassdekor eine Madonna gemeißelt ist. Es gehören noch zwei früher unterirdische Kapellen dazu: die Krypten St-Paul und St-Ébrégésile, die im 17. Jh. miteinander verbunden waren.

Die **Krypta St-Paul** (7. Jh.) war die Grablege der Stifterfamilie. Sie ist durch zwei Reihen gallo-römischer Säulen aus Marmor, Porphyr und Kalkstein in drei Schiffe geteilt. Die Kapitelle sollen aus derselben Zeit und aus Werkstätten in den Pyrenäen stammen. Neben dem Eingang sieht man die merowingische Mauer.

Das Grab ist das des hl. Agilbert, Bischof von Paris, Bruder der hl. Theodechildis. Von einer Galerie kann man die Stirnplatte mit einer Christusfigur sehen. Das Grab der hl. Osanne, einer irischen Prinzessin, die hier gestorben sein soll, schmückt eine schlafende Figur (13. Jh). Die aufwendigste Zier trägt das Grab der hl. Theodechildis, der ersten Äbtissin von Jouarre: Zwischen den Linien einer Inschrift finden sich große Muscheln. Die **Krypta St-Ébrégésile** ist eine kleine romanische Kirche hinter der ersten Krypta, in merowingischen Mauern, dies hat 1989 eine Ausgrabungskampagne ergeben. Die Kapitelle des Sanktuariums stammen ebenso wie der Sarkophag des Bischofs Ebregesilius, den man 1985 links vom Altar wiederfand, aus der Merowingerzeit.

Tipps und Adressen

Allgemeiner Hinweis

Fremdenverkehrsamt von Jouarre – *1 rue La Tour – ✆ 01 60 22 64 54 – www.tourisme-jouarre.com*

Übernachten

Chambre d'hôte Ferme de la Brosse – *In „La Brosse" – D 19 zwischen Jouarre und Coulommiers – ✆ 01 60 22 15 14 – www.gite-prop.com/77/10041 – – 5 Zi: 47/48 € – Mahlzeit 19 €.* Der große Hof aus dem 17. Jh. ist ebenso authentisch wie der herzliche Empfang durch die Hausherrin. Einfache Zimmer, ebenerdig und mit Terrasse. Das Frühstück mit hausgemachten Produkten nimmt man im geschmackvoll restaurierten Stall zu sich.

Jouy-en-Josas

YVELINES (78) –7946 EINWOHNER –UMSCHLAGKARTE D6 – MICHELIN LOCALKARTE 311 J3, ZOOMKARTE 101 FALTE 23, 106 FALTE 30

Im Herzen des Bièvre-Tals liegt der Ort, dessen erster Bürgermeister Christophe Philippe Oberkampf das Flusswasser nutzte, um die berühmten Stoffe von Jouy *(toiles)* herzustellen. Das bewaldete Tal bewahrt auch Erinnerungen an Victor Hugo, der öfter im Château des Roches an der Straße nach Vauboyen zu Gast war.

Wegweiser – 15 km von Paris auf der N 18 am Pont de Sèvres, dann A 86 Richtung Versailles. Mit dem Zug: ab Paris-Gare Montparnasse, Richtung Versailles-Chantiers, dann Juvisy. Mit dem RER C, Jouy-en-Josas oder Petit Jouy-Les Loges.

Unbedingt sehenswert – Die Geschichte der bedruckten Stoffe im Musée de la Toile de Jouy; für Literaturfans: die Maison littéraire von Victor Hugo in Bièvres; für Fotofreunde: die große Sammlung des Musée français de la Photographie, ebenfalls in Bièvres.

Motiv eines Stoffes von Jouy.

Gut geplant – Sie können Ihren Aufenthalt auf einen der Veranstaltungstage des Orts legen: den Marche de la Bièvre *(April oder Mai)* oder die Foire de la photographie *(1. Juni-Wochenende).*

Orte in der Nähe – MEUDON, SCEAUX, VERSAILLES

Sehenswürdigkeiten

Musée de la Toile de Jouy★

54 rue Charles-de-Gaulle – ✆ 01 39 56 48 64 – ♿ – tgl. 11-18 Uhr; Mo, 1. Jan., 25. Dez. geschl. – 5 € (Kinder 3 €). Das Museum befindet sich im Schloss Églantine (19. Jh.) nahe der alten Manufaktur. Im Erdgeschoss erfährt man alles über Entwicklung und Drucktechniken der Stoffe – zunächst mit Holzplatten, später mit Kupferplatten und -walzen. Der Salon Oberkampf ist mit Stoffgemälden *(toiles de Jouy)* ausgestattet und wurde mit von Jacob signiertem Mobiliar und Familienbildern rekonstruiert.

Kirche St-Martin

Place de la Division-Leclerc. Das Fundament des Uhrenturms ist der älteste Teil (13. Jh.) der Kirche, die im einzigen Seitenschiff eine restaurierte Madonnenfigur (12. Jh.) aus vielfarbigem Holz birgt, die **Diège★**.

Tipp

Allgemeiner Hinweis

Fremdenverkehrsamt von Jouy – *29 bis av. Jean-Jaurès – BP 33 – ✆ 01 39 56 62 69 – www.jouy-en-josas.fr*

Larchant★

SEINE-ET-MARNE (77) – 724 EINWOHNER
UMSCHLAGKARTE B4 – MICHELIN LOCALKARTE 312 E6

Der zerfallene Turm der Kirche St-Mathurin macht Larchant unverkennbar. Die gotische Kirche war lange Zeit Anlaufstelle für Pilger. Der hübsche Ort am Rand eines Waldmassivs neben dem Wald von Fontainebleau gilt als Mekka für Kletterer. In einem Meer aus Sandsteinen erhebt sich die 15 m hohe Dame-Jouanne, der höchste Kletterfelsen in der Umgebung von Paris.

- **Wegweiser** – 72 km südl. von Paris. Mit Zug: von Paris-Gare de Lyon bis Nemours. Mit Auto: A 6, Ausfahrt Ury, dann D 152 bis La Chapelle-la-Reine. Das Dorf liegt an der D 16, nach dem großen Hof von Le Chapitre.
- **Unbedingt sehenswert** – Die Kirche St-Mathurin und ihr Portal des Jüngsten Gerichts; die Aussichtspunkte auf Larchant vom Massif de la Dame-Jouanne.
- **Orte in der Nähe** – FONTAINEBLEAU, MILLY-LA-FORÊT, NEMOURS

Philippe Gajic / MICHELIN

Der Uhrenturm von St-Mathurin ist 50 m hoch.

Sehenswürdigkeiten

Kirche St-Mathurin★

Der Legende nach wurde der hl. Mathurin hier gegen 250 geboren. Nachdem er auf wundersame Weise die Tochter des Kaisers Maximilian geheilt hatte, wurde er zur Heilung Geisteskranker angerufen. Ihm zu Ehren wurde die Basilika erbaut, zu der bis ins 17. Jh. fast alle Könige Frankreichs pilgerten: Karl V., Ludwig VI., Karl VIII., Franz I., Heinrich III., Heinrich IV. ... Die Kirche, Ende des 12. Jh. vom Kapitel der Notre-Dame de Paris für eine Wallfahrt zum hl. Mathurin erbaut, wurde 1568 während der Religionskriege Opfer einer Brandstiftung. Ihr Turm stürzte 1675 teilweise ein.

Portal des Jüngsten Gerichts – Durch das Portal aus dem 13. Jh. gelangt man in den verfallenen Teil des Kirchenschiffs. Im Zentrum steht Christus über den anderen Personen. Zwei Engel umgeben ihn, zu deren Füßen rechts und links die Jungfrau Maria und der hl. Johannes knien. Die Wiederauferstehung der Toten am Tympanon ist eine Nachbildung, die Originalskulptur ist aber erhalten. In den Bogenwölbungen sieht man den hl. Johannes den Täufer mit dem Lamm und Moses mit den Tafeln der Zehn Gebote. In den Ausschrägungen stehen von links nach rechts fünf Säulenstatuen: der hl. Jakob (Brotbeutel mit Muschelverzierung), der hl. Andreas (Kreuz), der hl. Petrus (Buch), der hl. Paul (Buch und Schwert), der hl. Stefan (Stein in der Hand).
Auf der Südseite oberhalb der Sakristei sieht man drei Reihen vergitterter Fenster: Der Legende nach dienten diese Orte zur Unterbringung gefährlicher Geisteskranker, deren Heilung man sich bei der Wallfahrt erhoffte. Wahrscheinlicher ist, dass in diesen Räumen Archive und Tresor aufbewahrt wurden.

Innenraum – *Eingang durch das Südportal des Querschiffs.* Nur Chor, Apsis und Madonnenkapelle haben ihr Gewölbe behalten. Die beiden Fensterreihen verleihen der Apsis eine Harmonie, die durch die feinen Säulen vor der Wand noch betont wird. Man kann sich vorstellen, wie schön das Schiff durch die 46 Fenster erhellt wurde.

Madonnenkapelle – Gegen 1300 erbaut, schmückt sie das nördliche Querschiff. Sie ist sehr hoch – typisch für die Hochgotik –, und öffnet sich durch zwei sehr dekorative Arkaden, von denen jeder ein Giebel aufgesetzt ist, zum Querschiff.

Ziel in der Umgebung

Massif de la Dame-Jouanne★

3 km nördl. über den befahrbaren Weg nach Recloses, er ist ab Ortsausgang Larchant mit „Dame-Jouanne" ausgeschildert ist, dann zu Fuß (ca. 1 Std. hin und zurück). Der Weg führt links am Chalet Jobert vorbei, einem Café-Restaurant, das Spaziergängern und Kletterern als Treffpunkt dient, dann durch den Wald zum Plateau. Lassen Sie Ihr Auto kurz nach einer Rechtskurve am Rand einer großen Wiese stehen, von hier aus geht es rechts ins Unterholz.
Folgen Sie dem Weg über die Wiese in den Wald: An einer Wegkreuzung geht es scharf rechts weiter. Am Ende des Abstiegs führt der Weg auf ein kahles Plateau; überqueren Sie es und behalten Sie genau Ihre Richtung bei. Dann gelangen Sie zum ausgeschilderten Wanderweg GR 13 *(rote und weiße Balken)*, dem Sie rechts folgen. Er nähert sich den Kletterfelsen. Hier sind alle Schwierigkeitsgrade geboten: Kinder können erste Versuche machen, aber auch die besttrainierten Kletterer finden gutes Terrain. Von einigen Felsbänken gleich am Weg hat man eine großartige **Aussicht★** auf Larchant: Jenseits des Waldes sind die Kirche St-Mathurin sowie ein ehemaliger Sandsteinbruch auszumachen, ein Einschnitt zwischen Bäumen und hohen Farnen.

Tipps und Adressen

Übernachten

Chambre d'hôte La Cerisaie – *10 rue de Larchant – 6 km nordöstl. von Larchant auf der D 116 Richtung Nemours und Nebenstraße – 77760 Villiers-sous-Grez – ✆ 01 64 24 23 71 – www.cerisaie.fr – 4 Zi: 65 €.* Der charmante Hof aus dem 19. Jh. wurde erstaunlich schön restauriert. Jedes Zimmer ist einzigartig, der Empfang freundlich.

Einkaufen

Gâtinorge – *17 rue Grande – Ferme de Fillois – 77570 Aufferville – ✆ 01 64 69 17 66 – auf Anfrage.* Bierliebhaber besuchen Aufferville um die *Gâtine blonde* (hell), *ambrée* (bernsteinfarben) oder *blanche* (weiß) zu probieren und das Bier aus hiesiger Gerste kennenzulernen.

Sport und Freizeit

Base de loisirs de Buthiers – *Rue des Roches – 77760 Buthiers – ✆ 01 64 24 12 87 – www.base-de-buthiers.com – 9-18 Uhr.* Der Park im Forst von Fontainebleau umfasst 140 ha Wald, sandige Flächen und Felsenmeere mit Spazierpfaden, Kletterwänden und Mountainbike-Strecken. Außerdem gibt es ein riesiges Schwimmbad (1400 qm) mit Wasserrutsche, dazu Minigolf, Tennis, Volleyball, Planetarium etc.

Maintenon★

EURE-ET-LOIR (28) – 4472 EINWOHNER –
UMSCHLAGKARTE A3 – MICHELIN LOCALKARTE 311 F4, ZOOMKARTE 106 FALTE 26

Diese kleine Stadt in der Beauce an den Ufern der Eure ist durch ihr hübsches Schloss berühmt, das der Lebensgefährtin des alternden Sonnenkönigs gehörte. Bei einer Besichtigung lernt man die Ära des Grand Siècle unter Ludwig XIV. auf besonders liebenswerte Weise kennen.

Amaury de Valroger / MICHELIN

Fassade des Schlosses von Maintenon mit seinen vielen Türmchen.

- **Wegweiser** – Im Zug von Paris-Gare Montparnasse (Verbindung nach Chartres) kommend dauert es 50 Min. bis zum Bahnhof von Maintenon.
- **Unbedingt sehenswert** – Das Schloss von Maintenon; der Aquädukt, ein unvollendetes Werk von Vauban.
- **Orte in der Nähe** – CHARTRES, GALLARDON, RAMBOUILLET, Forêt de RAMBOUILLET

Geschichte und Geschichten

Aufstieg am Hof – Als der Herzog von Maine, Sohn von Madame de Montespan und Ludwig XIV., legitimiert wurde, erschien auch seine heimliche Lehrerin Françoise Scarron offiziell am Hof. Ludwig XIV., der sehr an seinem Sohn hing, sah die Dame täglich. Zunächst fand er sie pedantisch, nach und nach jedoch legten sich seine Vorurteile gegenüber der „Witwe Scarron" und er verfiel ihrem Charme, ihrer Intelligenz und ihrem lebhaften Wesen. 1674 erwarb sie das Gut Maintenon, der König nannte sie nun „Madame de Maintenon". Nach dem Tod der Königin heiratete er die gebürtige Françoise d'Aubigné im Winter 1683-1684 in der Kapelle von Versailles. Der Einfluss dieser Königin aus bürgerlichen Verhältnissen, deren Gut Maintenon zum Marquisat wurde und damit direkt der Krone unterstand, wurde bis zum Ende der Regierungszeit Ludwigs XIV. immer größer. Nach dem Tod des Königs 1715 zog sie sich nach St-Cyr zurück, um in ihrer Einrichtung adelige junge Mädchen ohne Reichtum zu unterrichten. Dort starb sie im Jahre 1719.

Ein aberwitziges Bauvorhaben – Von 1685 bis 1688 war die Region von Maintenon Schauplatz eines der kühnsten Pläne des Jahrhunderts: durch die Umleitung der Eure sollten die Wasserbecken von Versailles versorgt werden. Louvois beauftragte Ingenieur Vauban mit Planung und Ausführung. Die Voise und die Drouette wurden kanalisiert, damit auf ihnen das Baumaterial aus den Steinbrüchen von Gallardon und Épernon transportiert werden konnten. Die für die Kalk- und Backsteinöfen erforderliche Kohle aus Newcastle sowie die in Hainaut, der Champagne und dem Pays d'Ouche (Normandie) bestellten Eisenstangen und Rohre wurden über die Seine und die Eure hergebracht. Das Projekt sah den Bau eines etwa 80 km langen Aquädukts zwischen Pontgouin *(Michelin Localkarte 311 C5)* und dem Étang de la Tour *(östl. von Rambouillet)* vor, der bereits über kleine Bäche des Trappes-Plateaus mit den Becken von Versailles verbunden war. Insgesamt war der Aquädukt 4600 m lang geplant, mit drei übereinanderliegenden Arkadenreihen, von denen aufgrund der großen Höhe von 72 m über der Eure nur eine in Angriff genommen werden konnte. Die Bauarbeiten erinnerten an eine gigantische Militäroperation: 20 000 Soldaten unterstützten die 10 000 Fach- und Landarbeiter. 1689, mit den von der Augsburger Liga entfesselten Religionskriegen, wurden die Arbeiten eingestellt und die stark geschwächten Soldaten an die Front geschickt. Das „Wahnsinnsunternehmen", wie Saint-Simon sich ausdrückte, wurde nie fortgeführt. Madame de Maintenon, die seitdem ihr Schloss nicht mehr aufgesucht hatte, erhielt als Entschädigung für die Verwüstungen auf ihrem Gelände das unvollendete Werk, das vom Schlossgarten aus zu sehen ist.

Sehenswürdigkeiten

Schloss★

✆ 02 37 23 00 09 – Fei und 15. Mai-14. Sept. 10.30-17.15; 15. Feb.-14. Mai und 15. Sept.-14. Dez. 14-16.15 Uhr; Führung möglich; Di, Anf. Jan.-Mitte Feb. geschl. – 6,50 € (unter 18 J. 3 €); 5,50 € Kombiticket mit den anderen Sehenswürdigkeiten von Rambouillet.

Jean Cottereau, Finanzminister unter Ludwig XII., Franz I. und Heinrich II., baute die ehemalige Wasserburg, von der nur der große Bergfried (Donjon) erhalten ist, ab 1509 im Renaissance-Stil um. Ludwig XIV. erwarb das Anwesen 1674 von Françoise d'Angennes, um es der späteren Marquise von Maintenon zu schenken. Die Marquise überließ das Schloss ihrer Nichte, die mit dem Herzog von Ayen verheiratet war, dem ersten Sohn des Marschalls von Noailles. Seither ist Maintenon im Besitz der Familie Noailles geblieben.

Gehen Sie unter dem von zwei halbrunden Türmchen gerahmten Gewölbe hindurch (oberhalb der Tür erscheint das Wappen von Jean Cottereau: drei Eidechsen) in den Innenhof, den Ausgangspunkt der Besichtigung. Rechts sehen Sie den Bergfried aus dem 12. Jh., ein Überrest der ehemaligen schlichten Burg.

Der Flügel, der sich an den Bergfried anschließt, wurde von Madame de Maintenon bauen lassen. An der schmalen Turmtür ist das Wappen der Marquise (Kopf eines Greifs) angebracht. Eine Tür, die mit dem hl. Michael und den Eidechsen von Jean Cottereau verziert ist, führt zur Treppe, über die man zu den Gemächern von Madame de Maintenon gelangt, die aus einem Vorzimmer, einem Kabinett und einem Schlafzimmer besteht. Karl X. schlief hier in der Nacht vom 3. zum 4. August 1830, nachdem er aus Rambouillet geflohen war.

Vom Hauptgebäude aus geht es nun in der ersten Etage des Renaissance-Flügels zu den Petits Appartments (Kleines Appartement), die für Madame de Montespan und ihre Kinder von Ludwig XIV. umgebaut wurden.

Am Ende der Besichtigung stehen die von der Familie Noailles im 19. Jh. eingerichteten Prunkräume, unter anderem der Große Salon (Porträts von Madame de Main-

Die Gouvernante der Königskinder

Françoise d'Aubigné (1635-1719), Enkelin der Dichterin Agrippa d'Aubigné, hatte ein außergewöhnliches Schicksal. Als armes junges Mädchen heiratete die spätere **Madame de Maintenon** den burlesken Dichter Scarron. Mit 25 wurde sie Witwe und als Gouvernante für die Kinder eingestellt, die Ludwig XIV. heimlich mit seiner Geliebten, Madame de Montespan, hatte. Da sie dem König mit seinem Faible für Kultur und Tugenden zu gefallen wusste, wurde sie anstatt der Montespan seine Geliebte und heiratete ihn kirchlich, ohne jedoch Königin zu werden.

tenon und Madame de Montespan) und die Ahnengalerie mit den Bildnissen der illustren Vorfahren der Familie. Da Madame de Maintenon in der Kapelle der Militärschule von St-Cyr ruht, wurde hier 1980 ein einfacher Grabstein aufgestellt.

Parterre – Die umgeleitete Eure umrahmt die Parkanlage. Von der Bank am äußeren Ende blickt man auf den Großen Kanal und drei Arkaden des Aquädukts. In der anderen Richtung bietet sich eine gute **Sicht★** auf die rosafarbene und graue Schlosssilhouette mit ihren vielen Türmen.

Aquädukt★

Etwa 50 Arkadenbögen sind zwischen dem Bahnhof von Maintenon und der D6 (Straße nach St-Piat) noch übrig, teilweise zusammengebrochen und völlig überwuchert. Auf der Straße nach Gallardon geht es unter einem spektakulären Teilstück hindurch, das nur noch aus vier im Leeren hängenden Bögen mit ihren Hausteinen besteht.

Ziele in der Umgebung

Épernon

8 km westl. auf der D 906. SNCF-Verbindung zwischen Paris-Gare Montparnasse und Maintenon. Die kurvenreichen Straßen der alten Stadt ziehen sich im Zickzack-Kurs an einem Hügel entlang. Hier gibt es zahlreiche spitzbogige Portalvorbauten und alte Fachwerkhäuser aus dem 15. Jh. zu sehen.

Die durch ihre architektonische Einheit und ihre markante Lage auffallende **Kirche** von Épernon weist im Inneren Merkmale aus dem 16. Jh. auf, sie ist ein typisches Beispiel einer Dorfkirche in der Gegend von Chartres. Der Stirnbogen des Chors stammt aus dem 13. Jh., das Schiff aus dem 16. Jh. ruht auf achteckigen Pfeilern ohne Kapitell.

Die moderne Gipsverkleidung des Gewölbes wurde 1940 von einer Bombe zerstört, das darunter liegende hölzerne Tonnengewölbe des Hauptschiffs mit seinen Malereien (16. Jh.) konnte restauriert werden, ebenso wie die Tonnengewölbe der Seitenschiffe (beachten Sie die Balkenschnitzereien im südlichen Schiff).

Nogent-le-Roi

8 km nordöstl. auf der D 983. Dieser Weiler ist nach dem königlichen Schloss benannt, in dem sich Philipp II. August und der hl. Ludwig oft aufhielten, von dem heute aber nichts mehr zu sehen ist.

Vom im Süden angelegten Parkplatz hat man eine gute Sicht auf das Chorhaupt der **Église St-Sulpice** mit ihren Strebebögen und dem Querschiff (Ende 15. Jh.). Am Westende des Baus schließt sich der schwere Glockenturm aus dem 17. Jh. an. Die Kirche war entlang des natürlichen Grabens von Roulebois direkt an die Stadtmauer gebaut. Treten Sie durch die Tür des Querschiffs ein, die von Zinnen überhöht wird. Die Fenster im Innern sind spätgotisch verziert. Das auf zwei Joche verkleinerte Schiff bedeckt ein Holzgewölbe, das ebensolche Kreuzrippen und Schlusssteine wie das steinerne Renaissancegewölbe aufweist. Im Chorumgang: legendäre Buntglasfenster aus dem 16. Jh. Die unvollendete Fassade lässt einen Entwurf mit pompösen Dekors aus dem 17. Jh. erahnen.

Neben dem Kirchenbauwerk stehen einige **Fachwerkhäuser**, die zur gleichen Zeit wie die Kirche erbaut wurden. Besonders interessant ist das Haus an der Rue du Marché-à-la-Volaille.

Tipps und Adressen

Allgemeiner Hinweis

Fremdenverkehrsamt von Maintenon – *Rathaus – Place Aristide-Briand – ✆ 02 37 23 05 04 – www.mairie-maintenon.fr*

Übernachten

⊖⊖ Chambre d'hôte Les Chandelles – *19 rue des Sablons, Les Chandelles – 28130 Villiers-le-Morhier – 8 km nördl. von Maintenon auf der D 116 Richtung Coulomb – ✆ 02 37 82 71 59 – www.chandelles-golf.com – 5 Zi: 80 €* ☕. Ein Portal bewacht den Eingang dieses hübschen Hofs von 1840 mit seinem Garten, in dem Pferde weiden. Die Zimmer sind in der alten Scheune eingerichtet und leuchten in schönen Farben; zwei von ihnen sind für Familien geeignet (3-4 Pers.). Man kann wandern, angeln oder Golf spielen.

⊖⊜ **Hôtel La Madeleine** – *24 rue de la Madeleine – 28230 Épernon – ✆ 02 37 83 42 06 – 1.-8. März, Aug., So abends und Mo geschl. – 7 Zi: 48/60 € – ☕ 6,40 € – Rest. 16/38 €.* Bescheidenes Hotel am Rande von Épernon. Einfache, gepflegte Zimmer. Nüchterner rustikaler Speisesaal, zwanglose Bedienung und traditionelle Küche.

Essen und Trinken

⊖⊜ **Relais des Remparts** – *2 pl. du Marché-aux-Légumes – 28210 Nogent-le-Roi – 8 km nördl. von Maintenon auf der D 983 – ✆ 02 37 51 40 47 – http://relais-des-remparts.com/ – Winterferien, 7.-29. Aug., So abends, Di abends und Mi, sowie von Nov.-Feb. Mo abends geschl. – 19/36 €.* Einfache Küche zu günstigen Preisen sowie freundliche und rasche Bedienung sind die Trümpfe dieses Restaurants, dessen helle Ockertöne hervorragend zur rustikalen Möblierung passen. Kleine Terrasse mit Garten, wo man an schönen Tagen sitzen kann.

⊖⊜ **Capucin Gourmand** – *1 rue de la Volaille – 28210 Nogent-le-Roi – ✆ 02 37 51 96 00 – Do-Di 12-14, 19.45-21 Uhr, Mi und Sa mittag geschl. – 25/34 €.* Das schmale Fachwerkhaus aus dem 15. Jh. birgt einen gemütlichen Speisesaal in Blau und Gelb, den Gemälde regionaler Künstler schmücken. Die traditionelle Karte wird durch saisonale Variationen und aktuelle Küchentrends ergänzt: Kabeljau mit Zitrusbutter, junge Bratente mit Feigenessig und Honig usw.

Maisons-Laffitte★

YVELINES (78) – 23 000 EINWOHNER – UMSCHLAGKARTE D5 – MICHELIN LOCALKARTE 311 I2, ZOOMKARTE 101 FALTE 13, 106 FALTE 18

Maisons-Lafitte verdankt einen Teil seines Namens einem einflussreichen Bankier, Jacques Laffitte. Dieser wurde zu Beginn des 19. Jh. Eigentümer der Domäne Maisons und trug zur Entstehung dieser „Stadt auf dem Land" bei, indem er eine Siedlung errichten ließ. Ein wunderschönes Schloss, erbaut von Mansart im 17. Jh., und eine prestigeträchtige Pferderennbahn machten diese Gemeinde am Rand der Seine und der Forêt de St-Germain berühmt.

H. Champollion / MICHELIN

Das Schloss von Maisons wurde ab dem Zeitpunkt seiner Fertigstellung als Modell für die französische Schlösserarchitektur angesehen.

Wegweiser – SNCF-Verbindung ab Paris-Gare St-Lazare oder RER A 3/A 5. Mit dem Auto: auf der N 192 und der D 308, die zweimal über eine Seineschleife führen.

Unbedingt sehenswert – Im Schloss: das königliche Appartement und die Große Treppe (Grand Escalier).

Orte in der Nähe – CONFLANS-STE-HONORINE, ST-GERMAIN-EN-LAYE

Sehenswürdigkeiten

Schloss★

2 av. Carnot – ✆ 01 39 62 01 49 – www.maisonslaffitte.net – vormittags und nachmittags; Di, 1. Jan., 1. Mai, 1. und 11. Nov., 25. Dez. geschl. – 7 € (unter 18 J. frei), 1. So im Monat Eintritt frei (April-Okt.).

Die hohen Dächer des Schlosses, das zu Beginn der Regierungszeit Ludwigs XIV. erbaut wurde, erheben sich in der Perspektive der Avenue Églé, dem ehemaligen „Eingang des Königs"; die Equipagen des Sonnenkönigs gelangten durch den Wald von St-Germain im Westen nach Maisons. Zur Seine hin liegen die trockenen Gräben, die Terrasse und die Ehrentreppe. Die Fassade folgt der klassischen Säulenordnung mit dem dorischen Orden im Erdgeschoss, dem ionischen im ersten Stock und dem korinthischen im Dachgeschoss; die Monotonie der Horizontalen durchbrechen abwechselnd angeordnete kannelierte Säulen und Pilaster.

Das Innere wurde teilweise im 18. Jh. durch den Grafen von Artois umgebaut. Der kühle Klassizismus harmoniert gut mit dem schlichten Stil Mansarts von 1650.

Salon des Captifs (Salon der Gefangenen) – Seinen Namen verdankt dieser Ecksalon mit dem Gemälde *Landschaft mit Kaskade* von H. Robert dem Dekor am monumentalen Kamin.

Vestibule d'honneur – Das Ehrenvestibül im Mittelbau bildet mit seinen acht dorischen Säulen einen eleganten Eingang. Zwei schmiedeeiserne Gitter (heute in der Galerie d'Apollon im Louvre) wurden 1650 eingesetzt, um den Eingang abzuschließen. Mythologische Figurengruppen von Jacques Sarrazin symbolisieren die vier Elemente: Jupiter (Feuer), Juno (Luft), Neptun (Wasser), Cybèle (Erde). Die Adler beziehen sich nicht auf das Erste Kaiserreich, sondern spielen auf den Erbauer des Schlosses, Longueil, an („long-œil" = durchdringender Blick der Adler).

Große Treppe – Meisterwerk Mansarts, das seinerzeit durch seinen geradlinigen Treppenlauf und den quadratischen Grundriss großes Aufsehen erregte. Putten von Philippe de Buyster stehen für Musik und Gesang, Wissenschaften und Künste, Krieg und Frieden, Liebe und Vermählung.

Appartement du comte d'Artois – Das Eckspeisezimmer ist ein gutes Beispiel für den klassizistischen Skulpturenschmuck, den der Graf von Artois in Auftrag gab. Zwei von der Antike begeisterte Künstler, Bélanger und der Bildhauer Lhuillier, haben dem Raum ihre Prägung verliehen: Kassettendecke, die Gruppe der Ruhmesgöttinnen über der Tür, von Bacchanten eingerahmter Kamin.

Appartement du Roi – *1. Stock.* Hier liegen die „italienischen" Gemächer (mit unbemalten Kuppel- oder Tonnengewölben). Am Ende der **Großen Galerie** geht es in den **Herkules-Saal** (Vorzimmer des Königs, wenn er in Maisons weilte) und in das **Schlafzimmer des Königs**. Bemerkenswert sind die kuppelförmige Decke, das Parkett und das Prunkbett.

Cabinet des Miroirs – Parkett und Täfelung im Spiegelkabinett sind mit Intarsien aus Holz, Elfenbein und Zinn geschmückt.

Chambre Lannes – Das ehemalige Schlafzimmer der Königin wurde für den Marschall Jean Lannes neu eingerichtet. Mobiliar, Lüster und Dekoration bilden ein harmonisches Empire-Ensemble. In der Mitte steht ein wunderschöner Tisch aus der Restaurationszeit mit Einlegearbeiten aus Ulmenholz. Eines der Gemälde zeigt die Rückführung der Asche Napoleons vor der Brücke von Sartrouville (1840).

Musée du Cheval de course – Das kleine Museum im Untergeschoss gedenkt der führenden Rolle der Besitzer von Maisons in der Geschichte der Pferderennen.

Tipps und Adressen

Allgemeiner Hinweis

Fremdenverkehrsamt von Maisons-Laffitte – *41 av. de Longueil – ✆ 01 39 62 63 64 – www.maisonslaffitte.net/tourisme.htm*

Übernachten

Hôtel Ibis – *2 rue de Paris – ✆ 01 39 12 20 20 – www.ibishotel.com – P – 68 Zi: 61/79 € – 7 € – Rest. 11,50/18 €.* Das Hotel ist in der Nähe von Schloss und Rennbahn gelegen. Die komplett renovierten Zimmer werden im obersten Stock durch Dachluken erhellt. Billardtisch im Salon.

Essen und Trinken

Tastevin – *9 av. Églé – ✆ 01 39 62 11 67 – www.letastevin-restaurant.fr – 20. Feb.-8. März, 2.-25. Aug., Mo und Di geschl. – 45/80 €.* Aufmerksamer Service, köstliche klassische Küche (Entenleberpastete, in der Jagdsaison Wild) und gute Weinkarte.

Mantes-la-Jolie

YVELINES (78) – 42 400 EINWOHNER
UMSCHLAGKARTE A2 – MICHELIN LOCALKARTE 311 G2, ZOOMKARTE 106 FALTE 15

Die industriell geprägte Stadt hat ihre hübsche Stiftskirche bewahrt, die durchaus mit einigen Kathedralen mithalten kann: Ihr elegantes Schiff zeigt den Übergang von der Romanik zur Gotik und ist fast so hoch wie das der Kirche Notre-Dame in Paris.

H. Champollion / MICHELIN

Das schöne gotische Chorhaupt der Stiftskirche Notre-Dame.

Wegweiser – Zugverbindung ab Paris-Gare St-Lazare oder Montparnasse. Über die A 13 von Paris nach Rouen, bis zu der Stelle, an der sich Fluss und Eisenbahnlinie kreuzen.

Unbedingt sehenswert – Die Stiftskirche Notre-Dame; die Alte Brücke von Limay.

Orte in der Nähe – POISSY, La ROCHE-GUYON, Le VEXIN FRANÇAIS

Sehenswürdigkeiten

Collégiale Notre-Dame★★

01 34 77 10 30 – Führung möglich: Information beim Fremdenverkehrsamt. Diese Kirche schmückt eines der schönsten Gemälde Corots (Ausstellung im Musée des Beaux-Arts in Reims). Sie wurde von Chorherren eines Stifts erbaut, der in der Region große Ländereien besaß. Baubeginn war 1170, Schiff und Chor wurden im 13. Jh. fertiggestellt, im 14. Jh. kamen die Kapellen hinzu.

Fassade – Sie ist der älteste Gebäudeteil. Der Turm links und die grazile Galerie, die ihn mit dem rechten Turm verbindet, wurden im 19. Jh. renoviert. Die Gewände der drei Portale sind sehr stark beschädigt. Das Hauptportal ist Maria gewidmet und wurde zwischen 1170 und 1195 ausgeführt. Man sieht – wie auch im Nordportal links –, an den Pfeilern und Säulensockeln die Perfektion der Akanthusmotive, die von hoher bildhauerischer Fertigkeit zeugen. Die vorkragende Navarra-Kapelle rechts wurde im 14. Jh. erbaut.
Das Chorhaupt besitzt wimperggeschmückte Apsiden und wird von einem Emporengeschoss an der hohen Mauer des Chorumgangs überhöht. Das von großen Öffnungen durchbrochene Mauerwerk stützen mächtige Strebepfeiler. Über der Mauer verlaufen robuste Stützbögen, welche den Festungscharakter noch verstärken.

Inneres – Das Schiff mit seinen hohen Arkaden, hellen Emporen und Obergaden ist fast genauso hoch (33 m) wie das der Pariser Notre-Dame (35 m). Die schöne Fassadenrose zeigt das Jüngste Gericht (Beginn des 13. Jh.). Achten Sie beim Gang durchs Schiff auf die sechsteiligen Gewölbe. Die äußeren, am stärksten belasteten Bögen ruhen auf starken Pfeilern, die weniger belasteten auf Rundsäulen. Über den Seitenschiffen öffnen sich tiefe, lichtdurchflutete Emporen, ein Erbe der Romanik, zum Schiff. Auffallend ist die archaische Struktur der Tonnengewölbe der Emporen in der Apsis und im Nordteil des Chors. Am Eingang der Navarra-Kapelle stehen sich vier zauberhafte Statuetten aus dem 14. Jh. gegenüber. Die gekrönten Frauen, die eine Miniaturkirche in Händen halten, sollen die Gründerinnen gewesen sein: Jeanne de France, Gräfin von Évreux (1312-1349), und Jeanne d'Évreux, durch ihre Heirat mit Karl IV. dem Schönen 1324 Königin von Frankreich. Die beiden anderen jungen Frauen könnten die Töchter von Jeanne de France sein: Blanche, Königin von Frankreich durch ihre Heirat mit Philippe VI. von Valois, und Agnès, Gemahlin des berühmten Gaston Phébus, dem Grafen von Foix.
Rechts am Chor befindet sich die **Chapelle de Navarre** (Chapelle du St-Sacrement), eine Art Reliquienschrein, erleuchtet durch hochgotische Fenster (Anfang 14. Jh.). Ihr Name stammt vermutlich von den Königen von Navarra aus dem Hause von Évreux, denn die Grafen von Évreux waren in der Zeit von 1328 bis 1364 auch die Lehnsherren von Mantes.

Schlossgarten

Die Stiftskirche Notre-Dame war Teil der Befestigung des Königsschlosses, das sich an der Stelle dieses öffentlichen Gartens hinter dem Chorhaupt befand, und im 18. Jh. zerstört wurde. Von der Rue de l'Abbé-Hua, die am Garten entlangführt, eröffnet sich ein schöner **Blick** über die Seine und das Chorhaupt der Stiftskirche. Beachtenswert ist der Kontrast zwischen dem Chorhaupt und den grazilen Türmen der Kirche. Im Hintergrund liegt die Tour St-Maclou.

Renaissancebrunnen

Rue Heuse, senkrecht zur Rue Thiers. Der aktuelle Brunnen ist eine Reproduktion des früheren Brunnens von 1520. Das Original, das immer noch in Mantes aufbewahrt wird, ist der einzige Brunnen dieser Epoche mit zwei Becken. Von hier hat man einen schönen Blick auf das Dach der Stiftskirche und seine lackierten Ziegel.

Tour St-Maclou

Dieses letzte Überbleibsel einer Kirche aus dem 11. Jh., verdankt seiner hochwertigen Bauweise, dass es immer noch steht. Die großen Öffnungen ähneln denen der Stiftskirche, die man etwas weiter entfernt noch erkennen kann. Zu seinen Füßen befindet sich ein schönes Trompe-l'œil einer Böttcherwerkstatt (Fassbinder).

Tipps und Adressen

Allgemeiner Hinweis

La Maison du tourisme du Mantois – *8 bis rue Marie-et-Robert-Dubois – ✆ 01 34 78 86 79 – www.maison-tourisme-mantois.com*

Übernachten

Chambre d'hôte Ferme des Vallées – *20 bis rue Henri-Duverdin – 78200 Soindres – 6 km südwestl. von Mantes-la-Jolie auf der A 13 und D 928 – ✆ 01 34 76 57 44 und 06 78 79 51 48 – http://perso.wanadoo.fr/fermedesvallees – 2 Wochen im Aug. geschl. – – 3 Zi: 57 €* . Die Nebengebäude eines landwirtschaftlichen Betriebs bergen drei moderne Gästezimmer, denen das alte Mobiliar einen nüchternen eleganten Touch verleiht. Zum Frühstück gibt es Joghurt nach Art des Hauses.

Essen und Trinken

Brasserie des Halles – *8-10 rue des Halles – ✆ 01 30 94 58 00 – Aug., Mi abends und So geschl. – 17,80/25,50 €.* Ein Pâtissier mit Referenzen der größten Häuser der Hauptstadt unterhält diese gemütliche Brasserie. Nachmittags gibt es zum Tee köstliche Blätterteigteilchen und Schokoladenkuchen vom Chef.

Marly-le-Roi★

YVELINES (78) – 16 759 EINWOHNER – UMSCHLAGKARTE D6 – MICHELIN LOCALKARTE 311 I2, ZOOMKARTE 101 FALTE 12, 106 FALTEN 17/18

Der Vorort Marly inmitten eines grünen Gürtels hat sich seit den 1950er-Jahren stark entwickelt: Eine moderne Stadt erstreckt sich auf dem Plateau des Grandes Terres Richtung Le Pecq. Im 19. Jh. zog das alte Marly Künstler und Literaten an: die beiden Dumas, den Bildhauer Maillol und die Impressionnisten ... Das Städtchen ist eng mit der Erinnerung an Ludwig XIV. verbunden, der Marly gegen Ende der Regierungszeit zu seiner bevorzugten Residenz machte. Heute ist vom Schloss und den zwölf königlichen Pavillons nichts mehr erhalten, mit Ausnahme des schönen Parks, von dem man auf Croissy, die Seine und die Hochhaustürme von La Défense blickt.

Wegweiser – 20 km von Paris zwischen St-Germain-en-Laye und Versailles gelegen. SNCF-Verbindung ab Paris-Gare St-Lazare (Richtung St-Nom-la-Bretèche; 30 Min.). RER Linie A1 bis Saint-Germain-en-Laye, dann Bus CGE-Connex Linien 1 und 10.

Unbedingt sehenswert – Das Château de Monte-Cristo in Port-Marly; das Ausflugslokal La Grenouillère auf der Île de Croissy, wo Monet gern badete.

Gut geplant – Planen Sie etwas Zeit für einen Spaziergang auf dem Weg der Impressionnisten (4 km) oder der Liaison verte (6 km) ein.

Orte in der Nähe – RUEIL-MALMAISON, ST-GERMAIN-EN-LAYE, VERSAILLES

Philippe Gajic / MICHELIN

Die berühmten Pferde von Marly.

© Château de Monte-Cristo, Port-Marly

Das Château de Monte-Cristo.

Sehenswürdigkeit

Der Park★★

Fahren Sie mit dem Auto durch die Porte du Village in der Avenue des Combattants in den Park und stellen Sie es auf dem Parkplatz ab. Eine lindengesäumte Esplanade in der Parkmitte kennzeichnet den ehemaligen Standort des **Pavillon du Soleil**. Sein Grundriss ist an den Bodenplatten erkennbar. In der Mitte befand sich der große achteckige Saal, der von vier durch Vestibüle getrennte Eckappartements umgaben war. Hier kreuzten sich die beiden Achsen des Parks: Die Querachse führt zum Königstor (Grille Royale), die Längsachse öffnet sich auf der einen Seite zum Tal von Seine und St-Germain hinab, auf der anderen Seite führt sie zur Großen Fontäne (Grand Jet) und zur Rasenfläche. Um sich das alte Marly mit seinen Becken, Terrassen und Buchsbaumhecken besser vorstellen zu können, kann man sich im Museum informieren, das in einem neuen Nebengebäude des Königstors untergebracht ist.
Zwischen Mai und September ist die Große Fontäne in Betrieb *(ab 16.30 Uhr).*

Ziele in der Umgebung

Château de Monte-Cristo★, in Port-Marly

Folgen Sie der Beschilderung der Clinique de l'Europe (gleiche Zufahrt) – ✆ 01 39 16 49 49 – www.chateau-monte-cristo.com – April-Okt. tgl. außer Mo vormittags und nachmittags; Sa/So/Fei ganztags; restl. Jahr So nachmittags (Führung obligatorisch, 6,50 €); 2. Nov.-31. Dez., 1. Jan., Oster-, Pfingstmontag, 14. Juli geschl. – 5 € (unter 25 J. 4 €, unter 10 J. frei). Das Lustschloss, in dem sich Elemente aus der Gotik und der Renaissance mit maurischen und anderen Einflüssen vermischen, wurde 1846 für Alexandre Dumas d. Ä. auf einem Hügel oberhalb des Seine-Tals erbaut. Im Inneren entdeckt man interessante Porträts und Dokumente sowie den Stuhl, auf den sich Dumas bei seinem Drucker zu setzen pflegte. Das Neo-Renaissance-Dekor zeigt die exzentrische Seite des Schriftstellers, der hier für halb Paris rauschende Feste gab.
Buntglasfenster im 1. Stock erhellen den **Maurischen Salon★**, er wurde 1985 mit Unterstützung des verstorbenen marokkanischen Königs Hassan II. restauriert. Der marmorne Mosaikboden erinnert an marokkanische Königshäuser.
Im **Park** findet man Grotten und Muschelwerk vor. Die vielen Quellen plätschern in kleinen Kaskaden von Bassin zu Bassin. Ein von Dumas geplantes Heckentheater, das er jedoch nicht verwirklichte, vervollständigt das Bild.

In das **Château d'If**, einen eklektischen Pavillon auf einer Anhöhe, zog sich Dumas gern zum Arbeiten zurück. Die Titel seiner Werke sind in Stein gemeißelt. Die Flachreliefs symbolisieren Personen. Durch die gläserne Eingangstür blickt man in sein Arbeitskabinett.

Louveciennes★

SNCF-Verbindung ab Paris-St-Lazare und Marly-le-Roi. Der Wohnort am Waldrand von Marly besitzt noch große Anwesen, die früher von Berühmtheiten zur Sommerfrische genutzt wurden.

Der **Chemin des Impressionnistes** (Weg der Impressionisten) *(Rundweg von 4 km, ab dem Rathaus von Louveciennes)* hält die Erinnerung an die impressionistischen Maler hoch (Emailschilder zeigen einige Gemälde).

Die **Kirche** (12.-13. Jh.) auf dem Dorfplatz hat ihre romanische Prägung trotz des vieleckigen Glockenturms aus dem 19. Jh. bewahrt. Interessante Sammlung an steinernen Becken im Chorhaupt.

Über den Park „Les Trois Grilles", dann links in die Rue de l'Étang und die Rue du Pont gelangt man zum von Wassergräben umgebenen **Château du Pont** *(nicht zu besichtigen)* aus dem 16. Jh.

Links auf der Rue du Gén.-Leclerc zurück zum Rathaus.

Gegenüber erkennt man die Bogengänge des ehemaligen Aquädukts, der das von der „Maschine" von Marly hochgepumpte Wasser bis Versailles transportierte.

Die **Liaison verte** *(Rundweg von 6 km ab der Musée-promenade von Marly-le-Roi)* bietet einen Blick in die Vergangenheit von Louveciennes.

Bougival★

4 km östl. auf der D 113. SNCF-Verbindung ab Paris-Gare St-Lazare, ab Louveciennes und Marly-le-Roi. Im 19. Jh. machten Corot und Turner, dann Sisley, Berthe Morisot, Monet und Renoir den Namen Bougival auf ihren Gemälden weltbekannt. Auch Flaubert, Daudet und Maupassant waren hier zu Gast, ebenso wie Alexandre Dumas d. J., den seine Begegnung mit Marie Duplessis zur Figur der Marguerite Gautier in *Die Kameliendame* inspirierte. **Georges Bizet** lebte in Nr. 5 der Rue Tourgueniev und komponierte in Bougival *Carmen*.

1965 wurde die Brücke von Bougival, die Monet unsterblich gemacht hatte, durch einen modernen Bau ersetzt.

Tipps und Adressen

Allgemeiner Hinweis

Fremdenverkehrsamt von Marly-le-Roy – *2 av. des Combattants – ✆ 01 30 61 61 35 – www.marlyleroi-tourisme.fr*

Fremdenverkehrsamt von Bougival – *10 rue du Gén.-Leclerc – 78380 Bougival – www.syndicat-initiative-bougival.com – ✆ 01 39 69 21 23 – Mi vormittags und nachmittags, Fr nachmittags, Sa vormittags – Fei geschl.*

Essen und Trinken

⊖⊖ **Le Cottage** – *7 bis Grande-Rue –* 78160 Marly-le-Roy – *✆ 01 39 16 34 89 – Aug., Mo, Ostern und 25. Dez. geschl. – 20/23 €.* Gemütlicher Teesalon. Mittagessen von 12 bis 15 Uhr, nachmittags gibt es frisches Obst oder Gebäck.

⊖⊖⊖ **Le Village** – *✆ 01 39 16 28 14 – tomohirouido@club-internet.fr – 35/70 €.* Angesagtes Restaurant im alten Marly. Der Koch ist japanischer Abstammung und kredenzt eine schmackhafte französische Küche mit individueller Note.

Sport und Freizeit

Croisière au pays des impressionnistes – *✆ 01 30 61 61 35 – www.marlyleroi-tourisme.fr – Abfahrt in Chatou: Informationen zu den Abfahrtszeiten beim Fremdenverkehrsamt von Marly-le-Roi – ab 14 € (Kinder 12,50 €).* An Bord eines Flussdampfers können Sie die Landschaften sehen, die Renoir, Sisley und Pissarro inspiriert haben. Empfang und Unterkunft am Samstagabend in der „Villa des Impressionnistes" in Bougival. Sonntags, nach einem geführten Spaziergang auf dem Weg der Impressionisten, steht zum Abschluss eine Bootsfahrt auf der Seine auf dem Programm.

Marne-la-Vallée

SEINE-ET-MARNE (77), SEINE-ST-DENIS (93), VAL-DE-MARNE (94) – UMSCHLAGKARTE B2 – MICHELIN LOCALKARTE 312 E2, ZOOMKARTE 101 FALTEN 18 À 20 UND 28 À 30, 106 FALTEN 21, 22

Marne-la-Vallée ist sicher zunächst einmal nicht das begehrteste Reiseziel. Dennoch lohnt sich ein Abstecher durchaus, in eine Stadt, die sich ständig erneuert. Wenn Sie dann auf den Geschmack gekommen sind, werden Sie sicher einen zweiten, ausgiebigeren Besuch einplanen …

Stéphane Sauvignier / MICHELIN

Die ehemalige Schokoladenfabrik Menier ist ein Juwel der Industrie-Architektur.

Wegweiser – RER A 4. Marne-la-Vallée umfasst insgesamt 26 Gemeinden und ist in vier Teile entlang der Marne, der Autobahn des Ostens und der RER-Linie untergliedert.

Unbedingt sehenswert – Die Schokoladenfabrik Menier in Noisiel; der nagelneue Kulturpark in Rentilly, wo man die Ursprünge zeitgenössischer künstlerischer Kreativität in natürlicher Umgebung entdecken kann.

Gut geplant – Jeder der vier Teile der Neustadt steht für ein Thema: Noisy-le-Grand für seine zeitgenössische Architektur; Val Maubuée für sein industrielles Erbe; Val d'Europe für das Freizeit- und Geschäftszentrum und schließlich das traditionellere Val de Bussy mit seinen kleinen alten Dörfern.

Mit Kindern – Bei einer Shoppingtour durch das Einkaufszentrum von Serris können Sie einen Zwischenstopp im Sea Life-Aquarium einlegen und faszinierende Unterwasserwelten bewundern.

Orte in der Nähe – Châteaux de CHAMPS, Château de FERRIÈRES, DISNEYLAND RESORT PARIS, Vallée du GRAND MORIN

Zu Fuß unterwegs

Noisy-le-Grand

Die moderne Architektur im Zentrum von Noisy-le-Grand betont seine Nutzung als Geschäfts- und Verwaltungsviertel. Unter den illustren Bauten sind insbesondere der **Palacio d'Abraxas** von Ricardo Bofill, die **Arènes de Picasso** von Manolo Núñez-Yanowsky zu nennen. Die Ortsansässigen kennen die radförmigen Arènes unter dem Namen „les Camemberts". Sehenswert ist außerdem die Fachschule (École supérieure) für Elektronik- und Elektrotechnikingenieure von Dominique Perrault.

Val Maubuée

Die sechs Gemeinden dieses zentralen Stadtteils sind nicht weit von der Marne entfernt. Auf relativ großzügigem Raum befinden sich hier zahlreiche Sporteinrichtungen. Ein Freizeitpark wurde in **Torcy** rund um einen kleinen See angelegt *(s. Tipps und Adressen)*.

Die **Schokoladenfabrik Menier**★ *(Hauptsitz der Nestlé-Gesellschaft, nicht zu besichtigen)* in **Noisiel** ist ein Denkmal der industriellen Bauweise des 19. Jh. Früher bildete die Arbeiterstadt (mehr als 30 kleine Ziegelhäuschen) mit **Englischem Garten** und landwirtschaftlichem Gelände, darunter der große **Hof von Buisson** (heute Kino-, Theater- und Kulturzentrum), eine eigene kleine Welt.

Auf einem **geschichtlichen Spaziergang an den Böschungen der Marne** sieht man alle Gebäude der ehemaligen Schokoladenfabrik: die Mühle Saulnier mit ihren lackierten Ziegeln und Keramikfliesen, die „Kathedrale" auf der Île Menier, wo Besucher der Vermischung von Zucker und Kakao zusehen konnten, die Hardi-Brücke aus Stahlbeton, die damals einen technischen Meilenstein darstellte, das alte Rathaus und schließlich die früheren Stallungen.

Val de Bussy

Die charmanten alten Dörfer wie Bussy-St-Georges, Montenain und St-Thibault werden durch die Nähe zum Gondoire-Tal noch reizvoller.

Église N.-D. du Val, in Bussy-St-Georges – *33 bd Thibaud-de-Champagne.* Die 2001 fertiggestellte Kirche erhebt sich am Rande des Étang du Val inmitten herrlicher Vegetation, im Kern der Neustadt. Die Architekten H. Gonot und P. Marcenac haben ein Bauwerk vorgestellt, das ultramodern in Architektur und Baumaterial dennoch eine uralte religiöse Symbolik aufweist: Säulen tauchen aus dem Wasser, umrahmen das runde Kirchenschiff und führen bis zum Glockenturm hinauf, gemäß dem Bild der Taufe, die zur spirituellen Erhöhung führt.

Parc culturel de Rentilly, in Bussy-St-Martin – *1 rue de l'étang – ✆ 01 60 35 44 12 – www.parcculturelrentilly.fr – tgl. April-Sept. 9-19, Okt.-März 9-17 Uhr.* Das frisch eingeweihte Gelände von 54 ha Größe lädt seine Besucher ein, modernem künstlerischem Schaffen in natürlicher Umgebung auf den Grund zu gehen. Seine Grünanlage besteht aus einem französischen und einem englischen Garten und einem Wald, durch den kleine Alleen verlaufen. Zum baulichen Erbe gehört ein Schloss im Directoire-Stil (in den 1950er-Jahren erbaut, nachdem ein Brand den Originalbau zerstört hatte) mit dazugehörigen Nebengebäuden: Orangerie, türkische Bäder, Stallungen, Trophäensaal, Kutschenremise usw. In Letzterer wurden ein Kunstzentrum und eine Fläche für die lebenden Künste sowie Künstlerwerkstätten eingerichtet. Es scheint, als sei hier alles darauf ausgerichtet, eine ganz ursprüngliche Verbindung zur Kunst herzustellen, und es sollte Sie nicht erstaunen, wenn Sie an ganz unerwarteten Orten kleine Kunstwerke entdecken.

Val d'Europe

Im vierten Stadtteil schließlich sind Disneyland Paris und die Walt Disney Studios sowie ein riesiges Einkaufszentrum beheimatet.

In einem immensen Gebäudekomplex hat **Sea Life** ein großes **Aquarium**★ eröffnet, wo sich in 30 Becken, einem 360°-Tunnel und vielen Animationen die Geheimnisse und Wunder der Unterwasserwelt präsentieren. *✆ 01 60 42 33 66 – www.sealife.fr – ♿ – tgl. 10-17.30 Uhr; 1. Jan., 25. Dez. geschl. – 14,90 € (unter 11 J. 9,90 €).*

Eine große Familie

Jean Antoine Menier (1795-1853) steht am Ursprung dessen, was das „Menier-Imperium" genannt wurde. Der in Paris ansässige Apotheker erfand ein revolutionäres Verfahren zur Pulverisierung pflanzlicher und tierischer (pharmazeutischer) Drogen. Daraufhin kam ihm die Idee, das Verfahren bei der Verarbeitung von Kakao anzuwenden. So wurde aus einer 1825 erworbenen Mühle eine Schokoladenfabrik und von Generation zu Generation ein immer größeres industrielles Imperium, das die ganze Region belebte.

Tipps und Adressen

Allgemeine Hinweise

Fremdenverkehrsamt von Noisiel – *26 pl. Émile-Menier – ✆ 01 60 37 73 78 – www.ville-noisiel.fr*

Fremdenverkehrsamt von Noisy-le-Grand – *167 rue Pierre-Brossolette – 93160 Noisy-Le-Grand – ✆ 01 43 04 51 55*

Übernachten

⊖⊖⊖⊖ **Tulip Inn Marne-la-Vallée** – *44 bd Antoine-Giroust – 77600 Bussy-St-Georges – ✆ 01 64 66 11 11 – www.goldentulip.com.fr – 87 Zi: 119/129 € – ☕ 10 € – Rest. 18 €.* Hotel in einem großen Gebäudekomplex gegenüber der RER-Station von Bussy-St-Georges, mit funktionellen Zimmern. Bar im Südstaaten-Stil. Auf der Speisekarte stehen Pasta und Pizza.

Essen und Trinken

⊖⊖ **Les Trois Tilleuls** – *4 rue de Ferrières (altes Dorf) – 77600 Bussy-St-Georges – ✆ 01 64 77 20 20 – lestroistilleuls@wanadoo.fr – So abends, Di abends und Mo geschl. – 16/28 €.* Drei Lindenbäume beschatten die Terrasse dieses sympathischen Bistros. Die Wände sind mit Gemälden zum Thema Jazz verziert. Traditionelle Gerichte und interessante Weinkarte.

⊖⊖⊖ **L'Amphitryon** – *56 av. Aristide-Briand – 93160 Noisy-le-Grand – ✆ 01 43 04 68 00 – http://amphitryon.over-blog.com – 5.-28. Aug., Sa mittags und So abends geschl. – 26/41 €.* Restaurant im Erdgeschoss eines modernen Gebäudes mit Blumenterrasse. Die himbeerfarbenen Wände und das bunte Geschirr verleihen dem Speisesaal Flair. Die Stammgäste schätzen die traditionellen Rezepte des Küchenchefs.

Einkaufen

La Vallée Village, Outlet Shopping – *3 cours de la Garonne, 77000 Serris – www.lavalleevillage.com.* Dieses „Modedorf" vereint sämtliche großen Mode- und Einrichtungsmarken, die hier ihre Kollektionen der Vorjahre zu günstigen Preisen (bis zu 33 % billiger) anbieten. Das Center in der Nähe von Disneyland wurde als besonders gut besuchte Tourismusstätte ausgezeichnet und hat an sieben Tagen in der Woche geöffnet.

Sport und Freizeit

Base régionale de plein air et de loisirs de Torcy – *Route de Lagny – 77200 Torcy – ✆ 01 60 20 02 04 – http://vaires-torcy.ucpa.com.* Sport- und Naturfans werden sich hier wohlfühlen: ob zum Auspowern oder Kraft schöpfen, dieser Park ist ideal dafür geeignet. Er erstreckt sich auf 90 ha und umfasst auch einen See (25 ha). Überwachtes Baden, Tretboot oder Kanu fahren, Segeln, Fahrrad- oder Quad fahren, Ponyreiten und Skateboarden sind möglich.

Base régionale de plein air et de loisirs de Vaires-sur-Marne – *Route de Torcy – 77360 Vaires-sur-Marne – ✆ 01 60 20 02 04.* Die Olympia-Anlage am Rand eines 90 ha großen Sees in Vaires-sur-Marne ist Wassersportfreunden bekannt. Unter den angebotenen Aktivitäten finden sich: Kanu-Kajak, Katamaran, Rudern, Windsurfen sowie ein Bereich „Schläger und Fitness" (Tennis, Squash, Badminton, Fitness).

Marnes-la-Coquette ★

HAUTS-DE-SEINE (92) – 1695 EINWOHNER
UMSCHLAGKARTE D6 – MICHELIN LOCALKARTE 305 E8 ODER 312 C3, ZOOMKARTE 101 FALTE 23, 106 FALTE 18 – KARTE S. 254/255

Theaterkulisse oder Miniaturdorf? Gerade mal 5 km von Paris entfernt kommen Sie in das, was man einen „Hafen des Friedens" nennt. So klein die Gemeinde auch sein mag, sie ist auf alle Fälle einen Umweg wert, vielleicht auch für einen Besuch des Anwesens (heute Museum), wo Louis Pasteur 1885 zum ersten Mal eine Impfung am Menschen vornahm. Dies war gleichzeitig seine größte Entdeckung, die die Welt der Medizin revolutionieren sollte. Die Kirche im Ort wurde im 19. Jh. auf Kosten Napoleons III. erbaut.

Wegweiser – Zwischen dem Parc de St-Cloud im Norden und der Forêt de Fausses-Reposes im Süden. Mit dem Zug ab Paris-Gare St-Lazare; in Garches-Marnes-la-Coquette aussteigen.

Unbedingt sehenswert – Ville-d'Avray mit seinen Teichen sowie der Eichen- und Birkenwald von Fausses-Reposes.

Mit Kindern – Im Musée des Applications de la Recherche entdecken sie das Werk von Pasteur und die großen Themen der aktuellen wissenschaftlichen Forschung.

Orte in der Nähe – SÈVRES, ST-CLOUD, VERSAILLES

Sehenswürdigkeit

Institut Pasteur – Musée des Applications de la Recherche★

3 Boulevard Poincaré – www.aiderpasteur.fr – *wg. Umbau werden Besucher gebeten, sich unter ✆ 01 45 68 82 83 anzumelden.* Auf dem Gelände von Villeneuve-l'étang (68 ha) befindet sich im „Pavillon des Cent-Gardes", der im letzten Jahrhundert von den Soldaten Napoleons III. besetzt war, dieses Museum des **Institut Pasteur**. Es verfolgt die Geschichte vom Kampf der Wissenschaftler rund um Pasteur gegen Infektionskrankheiten zurück, wobei drei große Bereiche der Forschung behandelt werden: Serotherapie, Impfung und Chemotherapie. Mit diesen Methoden konnten Siege über Diphterie, Tetanus, Typhus, Cholera, Tuberkulose und Poliomyelitis errungen werden. Auch die aktuelle Forschung und ihre Aussichten werden behandelt (Hepatitis B, Aids, Immunologie, synthetische Impfstoffe usw.). Das Schlafzimmer, in dem **Louis Pasteur** am 22. September 1895 verstarb, ist nicht verändert worden.

Ziel in der Umgebung

Ville-d'Avray

Bus Traverciel 26 ab Marnes-la-Coquette und der Station Pont-de-Sèvres (Metro 9). Dieser Wohnort, der an Marnes-la-Coquette angrenzt, liegt inmitten schöner Grünflächen. Die **Forêt de Fausses-Reposes**, ein Überrest des alten Waldes von Rouvray, der sich von Boulogne bis Versailles erstreckte, ist ein schönes Gelände, bewachsen mit Eichen, Kastanien und Birken. Der Name „Wald der falschen Pausen" erinnert an die Finten des Hirschen bei den großen Jagden, die hier bis zum Ende des Zweiten Kaiserreichs veranstaltet wurden.

In einem kleinen Tal am Waldrand sind ein paar **Teiche**★ stufenförmig übereinander angeordnet. An dem etwas unberührteren Vieil Étang (alter Teich) pflegte Corot in einer bescheidenen Hütte (Gedenkmonument) zu malen. Der Weg zur Hütte und das Ufer mit seinen Anglern ist gut für einen erholsamen Spaziergang geeignet.

Zurück in der Stadt können Sie die **Église St-Nicolas** besuchen. Diese Kirche im Stil Ludwigs XVI. ist sehr gut erhalten und birgt in ihrem Querschiff kleine von Corot gemalte Fresken.

Tipps und Adressen

Essen und Trinken

Auberge de la Poularde – *36 bd Jardy (nahe der Autobahn) D 182 – 92420 Vaucresson – ✆ 01 47 41 13 47 – auberge.lapoularde@free.fr – Feb.ferien, Aug., So abends, Di abends und Mi geschl. – 30 €.* Die Unterkunft in 15 km Entfernung von Paris strahlt eine ungeheuer ländliche Atmosphäre aus: rustikales Interieur, freundlicher Empfang, toller Service und gute Rezepte, darunter die berühmte Bresse-Poularde mit Morcheln und Vin Jaune.

Veranstaltung

In Marnes-la-Coquette – *Haras de Jardy – ✆ 01 47 01 35 30 – www.haras-de-jardy.com* – Journée nationale du cheval *(letzter So im Sept.):* Pferderennen, Darbietungen, Reiter-Flohmarkt. Ponyclub ganzjährig Mo, Di, Do, Fr 16.30-19, Mi/Sa 9.30-18, So 9.30-13.30 Uhr *✆ 01 47 01 35 49*

Meaux★

SEINE-ET-MARNE (77) – 49 200 EINWOHNER – UMSCHLAGKARTE C2 – MICHELIN LOCALKARTE 312 G2, ZOOMKARTE 106 FALTEN 22-23 – KARTE S. 218

„Welch desaströse Nacht! Welch entsetzliche Nacht, in der sich plötzlich wie ein lauter Donnerkrach diese überraschende Nachricht verbreitete: Madame stirbt! Madame ist tot!“ Diese Grabrede für Henrietta von England wurde 1670 in St-Denis gehalten. Die Stadt Meaux lädt ihre Gäste ein, sich auf die Spuren des Verfassers, Jaques Bénigne Bossuet, zu begeben.

Stéphane Sauvignier / MICHELIN

Die Marne teilt Meaux in die ehemalige Bischofsstadt, „Ville“, und das Geschäftsviertel „Marché“.

Wegweiser – 45 km nordöstl. von Paris auf der A 4. Zugverbindung ab Paris-Gare de l'Est (40 Min.) bis Meaux. Die Stadt wird von der Marne und dem Ourcq-Kanal durchflossen. Die D 603 trennt sie von West nach Ost.

Unbedingt sehenswert – Der Blick auf die Kathedrale St-Étienne von der Stadtmauer aus; der ehemalige Bischofspalast und sein Museum; der Bossuet-Garten in Form einer Bischofsmütze; die zahlreichen Hôtels particuliers aus dem 17. und 18. Jh. im alten Stadtzentrum; außerdem sollten Sie unbedingt den berühmten Brie von Meaux probieren …

Gut geplant – Das Bild- und Tonspektakel im Sommer; möglichst im Voraus reservieren.

Orte in der Nähe – JOUARRE, Vallée du GRAND MORIN, Vallée de l'OURCQ

Sehenswürdigkeiten

Die Bischofsstadt★

Cathédrale St-Étienne★

Der Bau der Stephanskathedrale dauerte von etwa 1180 bis 1540, also gut drei Jahrhunderte, wodurch sich die verschiedenen Phasen der Gotik entfalten konnten. Das Äußere des Bauwerks wurde im 19. Jh. umfangreich restauriert.

Fassade – Sie stammt aus der Spätgotik (14.-16. Jh.). Zu den Beschädigungen durch die beiden Weltkriege addieren sich noch die witterungsbedingten Schäden, denn der Kalkstein aus Varreddes ist stark zerfallen. Die Fassade (Hochgotik) des Querschiffs von der Südseite aus ist sehr elegant. Das stark in Mitleidenschaft gezogene Portal ist dem hl. Stefan gewidmet. Nur der linke Turm (68 m) wurde fertiggestellt. Der rechte, eine einfache Tragwerkkonstruktion, wird wegen seiner dunklen Schindeln Schwarzer Turm genannt.

Betreten Sie die Kirche durch dieses Portal.

Inneres – Es wurde im 18. Jh. restauriert und bildet einen starken Gegensatz zur Außenfassade, die stark verwittert ist. Das lichtdurchflutete Hauptschiff ist sehr beeindruckend. Die doppelten Seitenschiffe sind außergewöhnlich hoch, sie erreichen die halbe Höhe des Hauptschiffs (31,5 m an der Vierung). Die Emporen wurden Mitte des 13. Jh. entfernt und die Seitenschiffe entsprechend erhöht.
Die beiden Gewölbefelder des Hauptschiffs neben dem Querschiff sind im nüchternen Stil der Frühgotik (Anfang des 13. Jh.) gehalten. Die übrigen Joche an der Fassadenseite stammen aus dem 14. Jh. Die Pfeiler wurden im 15. Jh. verändert.
Die Querschiffe, besonders der südliche Kreuzarm, weisen eine prächtige Ausstattung aus dem 14. Jh. auf. Die Hochgotik zeigt sich hier in all ihrer Eleganz: Unter einem riesigen Glasfenster befindet sich ein Triforium mit so fein gearbeiteten Bogenstellungen, dass die Lanzettfenster voll sichtbar sind. Der hochgotische Chor mit seinen doppelten Seitenschiffen und seinen fünf Chorkapellen ist außergewöhnlich schön. Links vom Chor ist eine schöne Maugarni-Tür aus dem 15. Jh. zu sehen. Vom Chorumgang aus erblickt man im südlichen Chor die schwarze Marmorplatte der Grabstätte von Bossuet.

Le Vieux Chapitre – Das alte Kapitelhaus (13. Jh.) war für Versammlungen gedacht, wurde aber wahrscheinlich als Zehntspeicher des Kapitels benutzt: Korn, Wein, Brennholz. Die überdachte Außentreppe stammt aus der Renaissance. Das Erdgeschoss ist über eine Holzgalerie mit der Kathedrale verbunden.

Ancien palais épiscopal (Ehemaliger Bischofspalast)

5 pl. Charles-de-Gaulle – ✆ 01 64 34 84 45 – April-Sept. tgl. außer Di vormittags und Mi-Sa und Fei vormittags und nachmittags, So nachmittags; 1. Jan., 1. Mai, 14. Juli, 25. Dez. geschl. – 3 € (unter 18 J. Eintritt frei), Mi Eintritt frei. Der im 12. Jh. erbaute und im 17. Jh. umgebaute ehemalige Bischofspalast vermischt völlig unterschiedliche Architekturepochen und Baustile. Die im 17. Jh. verschönerte Prunkfassade an der Nordseite zeigt zum Garten. Die Südfassade vom Anfang des 16. Jh. hebt sich durch einen harmonischen Wechsel von Stein und Ziegel und durch ihren zentralen Turm von der Prunkfassade ab.

Untere Säle – Im Erdgeschoss zum Garten hin befindet sich der Kapitelsaal mit seinem schönen Gewölbe im Stil der Frühgotik, in dem Wechselausstellungen gezeigt werden. Er liegt neben einer zweistöckigen Palastkapelle.
Um zur ersten Etage zu gelangen, geht man über eine außergewöhnliche Backsteinrampe, die hier als Treppe fungiert. Zu Beginn des 16. Jh. von Bischof Briçonnet erbaut, ermöglichte sie den Maultieren, den Feldzehnt direkt in den Kornspeicher unter dem Dach zu transportieren.

Musée Bossuet – Im Synodensaal und den Großen Appartements ist eine reichhaltige Kunst- und Skulpturensammlung (15.-18. Jh.) untergebracht, in der man Werke von Boulogne dem Älteren neben den Nain-Brüdern, De Troy, Bouchardon, Millet, Courbet, Senelle, Coypel und Van Loo findet. In den Kleinen Appartements im West-

Der Adler von Meaux

Am 8. Februar 1682, nach Abschluss der Erziehung des Thronfolgers, wurde **Jacques Bossuet** Bischof von Meaux. Der 55-jährige, später als „Adler von Meaux" bekannte Geistliche erfüllte seine Pflichten mit großer Gewissenhaftigkeit. In der geräumigen Bibliothek, die er im Bischofspalast eingerichtet hatte, oder in seinem Arbeitskabinett im Garten schrieb er fünf seiner berühmtesten Grabreden. Unter ihnen finden sich die der Maria Theresia, Gemahlin von Ludwig XIV., und die des Großen Condé 1687, die letzte von ihm gesprochene. Bossuet schrieb auch diverse Werke zur Verteidigung der Orthodoxie. Er starb am 12. April 1704 in Paris, „im Vollbesitz seiner geistigen Kräfte", wie Saint-Simon sagte. Wie es sein Wunsch war, wurde sein Leichnam in Meaux im Chor der Kathedrale beigesetzt, wo er bis heute ruht.

Die Ausgrabungen von La Bauve

Etwa 1 km nordöstlich von Meaux haben archäologische Ausgrabungen ein wahrscheinlich zu einem religiösen Schrein gehörendes bedeutendes antikes Ensemble zu Tage gefördert. Eine doppelte quadratische Mauer (Seitenlänge 130 m) rahmt eine riesige, etwa 2 ha große Esplanade ein, an der vermutlich zwei über eine 22 m lange Galerie verbundene Bauten standen. Seit 1985 ist man mit Grabungen beschäftigt, um den Grundriss der Stätte besser nachvollziehen und die Chronologie ihrer Nutzung präzisieren zu können.

flügel sind Werke aus dem 19. Jh. untergebracht: die Orientalisten Gérôme und Decamps, die Landschaftsmaler Daubigny und Millet.
Von den großen Fenstern des Synodensaals blickt man auf den **Bossuet-Garten** mit seinen Rosensträuchern und den doppelten Lindenreihen. Der wahrscheinlich von Le Nôtre gestaltete Französische Garten hat die Form einer Bischofsmütze.
Zugang über den Hof des Palasts.

Appartement de Bossuet – Das im Ostflügel gelegene Appartement von Bossuet ist zwar in der ursprünglichen Anordnung geblieben, wurde jedoch im Stil Ludwigs XV. renoviert. Sehenswert sind insbesondere das Bischofsporträt von Mignard und die prächtige Cressent-Kommode (Anfang 18. Jh.). In der Bibliothek befindet sich ein anonymes Porträt aus dem 17. Jh., das Henrietta von England zeigt, für die Bossuet die berühmte Grabrede schrieb.

Kapelle – Sie birgt mittelalterliche Skulpturen sowie einen sehr schönen Reliquienschrein, **Die Beweinung Christi**, von Frans Floris. Auch die Geschichte von Meaux wird veranschaulicht: Stadtplan von Monvoisin (1738), Bilder der alten Marnebrücke mit ihren Mühlen, der Apothekerschrank aus dem ehemaligen Hôtel-Dieu (Krankenhaus) sowie ein elektrischer Ofen (1892), den Moisan erfand, um künstliche Diamanten zu studieren.

Anciens remparts (Alte Stadtbefestigung)

Nur bei Führungen und am Tag der offenen Tür zugänglich. Eine Treppe führt zur Terrasse, die als Wehrgang diente. Von der Treppe kommend sieht man den bescheidenen Pavillon (17. Jh.), den Bossuet als Arbeitskabinett nutzte. Die Terrasse bietet einen schönen **Blick★** auf den Garten, den Bischofssitz und die Kathedrale.

Tipps und Adressen

Allgemeiner Hinweis

Fremdenverkehrsamt von Meaux – *1 pl. Doumer – ✆ 01 64 33 02 26 – www.ville-meaux.fr*

Führungen – *6 €.* Informationen beim Service du Patrimoine – *✆ 01 64 34 68 05* oder im Fremdenverkehrsamt – *www.vpah.culture.fr*

Übernachten

⊖⊖ Hôtel Le Richemont – *43 quai de la Grande-Île – 77100 Meaux – ✆ 01 60 25 12 10 – www.hotel-lerichemont.com – P – 42 Zi: 54/69 € – ☕ 6,50 €.* Das Hotel an den Ufern der Marne profitiert von seiner Nähe zum Stadtzentrum. Großzügige, gut ausgestattete, moderne Zimmer. Frühstücksbuffet im großen Speisesaal.

⊖⊖ Auberge du Cheval Blanc – *55 rue Victor-Clairet – 77910 Varreddes – ✆ 01 64 33 18 03 – 1.-22. Aug., Di mittags, So abends und Mo geschl. – P – 8 Zi: 78/97 € – ☕ 10 €.* Die ehemalige Poststation hat hübsche Zimmer und einen ländlichen Speisesaal zu bieten. An schönen Tagen wird der Tisch im Garten gedeckt. Regional inspirierte Küche.

⊖⊖ Chambre d'hôte M. et Madame Cantin – *2 rue de l'Église – 77450 Trilbardou – ✆ 01 60 61 08 75 – cantin.evelyne@voila.fr – ⊄ – 3 Zi: 55 € ☕.* Der Ourcq-Kanal fließt am Garten des schönen Anwesens aus dem 19. Jh. vorbei. Manche Gäste kommen mit dem Fahrrad aus Paris und nutzen den ruhigen Fahrradweg. Die Zimmer sind raffiniert ausgestattet. Frühstückssaal im Dekor der 1950er-Jahre.

Essen und Trinken

La Péniche – *gegenüber von 8 quai Sadi-Carnot, bei der Marché-Brücke – 77100 Meaux – ✆ 01 60 01 16 16 – http://la.peniche.free.fr – Mittagstisch 17 € – 21/40 €.* Das Restaurant in einem alten Flusskahn ist dank der originellen Unterkunft bereits wenige Monate nach seiner Eröffnung im Umkreis sehr bekannt geworden. Auf der Speisekarte stehen traditionelle Gerichte – serviert im Kapitänssaal (mit Klimaanlage) – oder Brasserie-Snacks auf dem Sonnendeck.

Le Cep – *36 rue du Tan – 77100 Meaux – ✆ 01 64 34 20 33 – restaurantlecep@hotmail.fr – So abends und Mo geschl.; Sa/So reservieren – 15/31 €.* Die Einrichtung ist schlicht, aber Feinschmecker sind hier richtig: köstliche traditionelle Spezialitäten (Brie de Meaux im Blätterteig, kleine Saint-Jacques-Muscheln etc.)

La Grignotière – *36 rue de la Sablonnière – 77100 Meaux – ✆ 01 64 34 21 48 – Aug., Sa mittags, Di und Mi geschl. – 29/42 €.* Die kleine Herberge mit üppig blühender Fassade empfängt ihre Gäste im rustikalen Rahmen der beiden Speisesäle. In angenehmer Atmosphäre genießen Sie die traditionellen Rezepte des Küchenchefs.

Le Canotier – *2 rue du Chemin-du-Bac – 77410 Précy-sur-Marne – ✆ 01 60 01 62 12 – www.lecanotier.fr – 35/50 €.* In dem Ausflugsrestaurant an den friedvollen Ufern der Marne kann man nach dem Essen auf den schönen Terrasssen ein kleines Tänzchen am Wasser machen. Dany Salmon, der Eigentümer, veranstaltet festliche Dinners (samstags) und Tanztees (Do, So und Fei), die Stimmung ist ausgelassen.

Einkaufen

Fromagerie de Meaux – *4 rue du Gén.-Leclerc – 77100 Meaux – ✆ 01 64 34 22 82 – lafromagere@orange.fr – Di-Do 9-12.30, 15.30-19, Fr-Sa 8.30-12.30, 15.30-19, So 9.30-12.30 Uhr außer von Juli-Mitte Sept.* Der Brie de Meaux ist natürlich der Star in dieser sehr geschmackvoll dekorierten Boutique, aber auch der Brie de Melun, der Coulommiers und die Camemberts aus Rohmilch oder mit Calvados haben ihre Reize. Sehr gute Ziegenkäseauswahl und einige seltene Schätze wie der Affidélice oder der Roquefort Carles.

Marché – *Place du Marché – 77100 Meaux – Di, Do, Fr, Sa und So vormittags.* Markt in zwei Hallen, von denen die größere, die 1879 erbaut wurde, ein

Stéphane Sauvignier / MICHELIN

Der Brie de Meaux.

gelungenes Beispiel für einen Metallbau ist. Appetitliche Präsentation von Frühobst, Champignons und Spargel (zur Spargelsaison), Geflügel und Metzgerwaren sowie Käse, darunter der berühmte Brie der Stadt.

Sport und Freizeit

Fußgängerwege – Meaux wird vom 207 km langen Wanderweg der Île-de-France **(GR1)** durchquert, der vom Ort Dammartin-en-Goële nach Malesherbes über die Goële, die Brie und den Wald von Fontainebleau führt. Der **GR11**, der Crouy-sur-Ourcq und Arbonne über die Täler Vallées de l'Ourcq und des Morins verbindet, führt ebenfalls nah an der Stadt vorbei. Ruhige erholsame Spaziergänge sind auch an den Ufern der Marne und auf den **Treidelpfaden** am Canal de l'Ourcq möglich.

Feste und Events

À Meaux en été – Historische Aufführung in Meaux: Im Sommer lässt ein großes Bild- und Tonspektakel, an dem 3500 Darsteller teilnehmen, die Ära der Bischofsstadt und die großen Stunden von Meaux vom Jahr 800 bis zu La Libération (der Befreiung durch die Alliierten 1944) lebendig werden. ♿ – *Mitte-Ende Juni: Fr und Sa 22.30, die drei ersten Sa im Juli 22.30 Uhr; 3. Fr und Sa im Aug. sowie die drei ersten Sa im Sept. 21.30 Uhr – 16 € (unter 12 J. 7,50 €)– Reservierung erforderl.: ✆ 01 64 33 02 26 – tourisme@meaux.fr – www.feerie.org*

À Meaux en automne – Herbstmesse *(3. Sa/So im Okt.)*: regionale Erzeugnisse, Kunsthandwerk, Dekoration – *✆ 01 64 33 02 26*

Nationaler Wettbewerb des Brie de Meaux *(Mitte Okt.)* mit Diplomverleihung, Verkostung – *✆ 01 64 33 02 26*

Meudon★

HAUTS-DE-SEINE (92) – 44 200 EINWOHNER – UMSCHLAGKARTE D6 – MICHELIN LOCALKARTE 305 E8, ZOOMKARTEN 101 FALTEN 23-24 UND 106 FALTE 18

Meudon liegt an den Hängen eines Plateaus mit demselben Namen. Es heißt, hier seien Ende des 17. Jh. noch Wölfe gejagt worden. Die berühmte Terrasse von Meudon mit der Grünspankuppel des Observatoriums ist schon von weitem als lange horizontale Linie erkennbar.

Michel-Olivier Bernard / MICHELIN

Der Hauptteil des Château-Neuf von Meudon wurde zu einem Observatorium umgebaut.

- **Wegweiser** – RER C 5/C 7, Bahnhof von Meudon-Val-Fleury oder SNCF ab Paris-Gare Montparnasse oder Gare de Bellevue.
- **Unbedingt sehenswert** – Die Terrasse de Meudon mit ihrem Panorama; das Musée Rodin; der Wald von Meudon; die Hans-Arp-Stiftung in Clamart.
- **Gut geplant** – Melden Sie sich frühzeitig für die alljährliche nächtliche Himmelsbeobachtung bei der „Nuits des planètes" an.
- **Orte in der Nähe** – MARNES-LA-COQUETTE, Les PORTES DE PARIS, SÈVRES, ST-CLOUD

Zu Fuß unterwegs

Avenue du Château

Die majestätische Avenue ist mit vier Reihen Linden bepflanzt. Links auf halber Höhe zeigt eine Tafel an Hausnummer 27 das kleine Haus an, in dem Richard Wagner das Libretto zu *Der fliegende Holländer* (1841) komponierte.

Terrasse★

450 m lang und 136 m breit ist die Terrasse, die mit Bäumen und Rasen bepflanzt ist. Mit ihrer Höhe von 153 m bietet sie ein weites **Panorama★** auf Meudon, das Seine-Tal und Paris. Hinter dem Gitter auf der linken Seite erhebt sich ein **Megalith** aus dem Wald von Meudon. Das südliche Ende der Esplanade ruht auf der ehemaligen Orangerie des Schlosses. Von hier erschließt sich die beeindruckende Perspektive von Le Nôtre, am Horizont zeichnet sich das moderne Stadtbild von Meudon-la-Forêt ab.

Observatorium

5 pl. Jules-Janssen – ✆ 01 45 07 74 78 – www.obspm.fr – Führung auf Anfrage am 3. Sa im Monat nachmittags; Schulferien und Fei geschl. – 6 € (Kinder 3,50 €). Rechts liegt die Sternwarte, die astrophysische Abteilung des Pariser Observatoriums. Sie wurde

1876 vom Astronomen Janssen gegründet und ist das wichtigste Weltraumforschungszentrum Frankreichs. Das Symbol der wissenschaftlichen und architektonischen Bedeutung Meudons, die große drehbare **Kuppel** mit 18,5 m Durchmesser, die den Mittelteil des Neuen Schlosses überdacht, birgt ein Teleskop von 1893. Der pilzförmige Turm von 1965 fängt in seinem 35 m hohen Schaft Sonnenstrahlen ein, die dann zerlegt und spektroskopisch untersucht werden.

Ziele in der Umgebung

Wald von Meudon★ (Forêt de Meudon)

Südwestl. von Meudon, auf der D 406 oder der D 181. Zufahrt mit dem Bus 289 ab dem RER-Bahnhof Medon-Val-Fleury. Dieser 1150 ha große Wald, der hauptsächlich aus Kastanien, Eichen und Birken besteht, bedeckt ein Plateau zwischen Sèvres und Villacoublay. Die ehemalige Königsstraße **Pavé de Meudon**, die der Grand Dauphin anlegte, um Versailles mit Meudon zu verbinden, ist heute eine Forststraße. Auf Initiative Louvois' wurde eine Schneise für den **Pavé**, auch **Straße der Wachen** genannt (D 181), mit 14 % Steigung durch den Wald geschlagen.
Auf der Route des Bois-Blancs gelangt man zum Étoile du Pavé de Meudon, einer großen, von einem Funkturm markierten Kreuzung; von einem Nachbarhügel blickt man weit über die Wälder von Viroflay. Von dort geht es über die Route des Treize-Ponts zu einer megalithischen Stätte, die bretonische Missionare 1895 rekonstruiert haben. Zurück an der Kreuzung biegt man rechts in die Route de la Mare-Adam, die zum Carrefour de la Queue-de-l'Étang und unter der Schnellstraße hindurch führt. Die Forststraße führt am hübschen Teich von Villebon entlang hinab, kreuzt kurz danach die Avenue de Trivaux, verläuft zwischen den Teichen von Chalais und Trivaux und schlängelt sich durch das Unterholz, um kurz vor der D 2 links abzuzweigen.

Fondation Jean Arp★, in Clamart

Am südöstl. Rand von Meudon, direkt am Waldrand – 21 rue des Châtaigniers – ✆ 01 45 34 22 63 – www.fondationarp.org – Fr-Mo 14-18 Uhr; Aug. geschl. – 6 € (unter 16 J. 4 €). Das Wohnhaus und Atelier des Bildhauers **Hans Arp** (1886-1966) versteckt sich in einer kleinen Straße von Clamart und wurde von seiner Lebensgefährtin **Sophie**

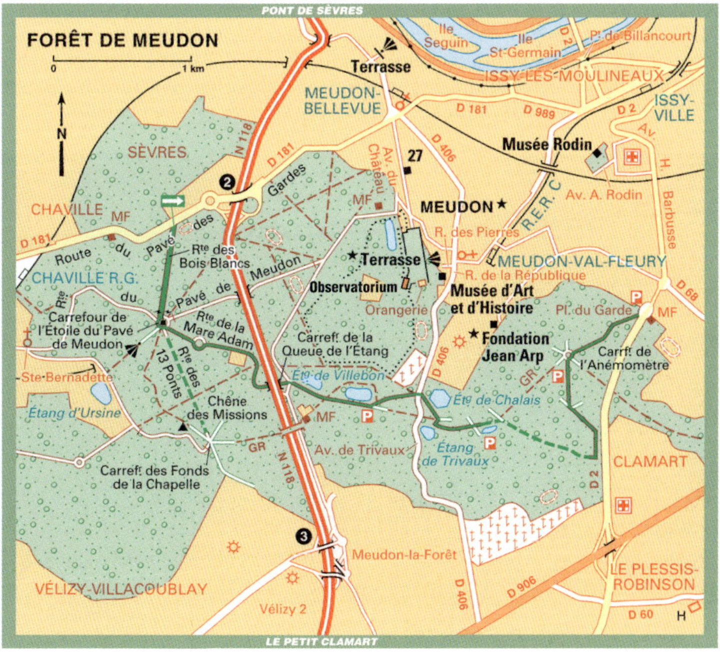

Taeuber (1889-1943) in den 1960er-Jahren im reinsten kubistischen Stil entworfen. Der aus dem Elsass stammende Arp gehörte der losen Vereinigung „Der Blaue Reiter" an, die Kandinsky 1912 ins Leben gerufen hatte. Das Paar nahm an Demonstrationen der Dadaisten teil, die zunächst in der Schweiz um Hugo Ball, dann in Deutschland um Raoul Hausmann, Kurt Schwitters und Max Ernst und schließlich in Paris um Tristan Tzara und den Konstruktivisten Théo Van Doesburg aktiv waren. Überall im Haus trifft man auf den fantasievollen und übergeschnappten Dadaismus: Man spürt, dass die Besitzer sowie ihre zahlreichen Gäste (ebenfalls Künstler) sich hier sehr amüsiert haben (viele Fotos und Gruppenarbeiten illustrieren diese Lebensfreude). Die Skulpturen Arps laden mit ihren runden und klaren Linien zum Berühren ein (was erlaubt ist, am Empfang werden dazu Handschuhe verliehen), seine Werke findet man in Haus, Garten und Werkstatt.

Wenn Sie die Stiftung verlassen, gehen Sie ein Stück die Straße hinauf ins „Triangle des Châtaigniers": Dort sehen Sie faszinierende Häuser, eines origineller als das andere. Sie wurden von den Architekten Chemetov und Déroche *(Nr. 33 Rue des Châtaigniers)* und Lecaron *(Nr. 24, 20 und 6 rue des Fougères)* entworfen.

Tipps und Adressen

Essen und Trinken

L'Escarbille – *8 rue de Vélizy – ✆ 01 45 34 12 03 – www.lescarbille.fr – Sa mittags, So abends und Mo geschl. – Reserv. erforderlich Sa/So – 38 €.* Die nüchtern-elegante Einrichtung geht mit einer erfindungsreichen schmackhaften Küche einher, auch Meeresfrüchte stehen auf der Karte.

Milly-la-Forêt★

ESSONNE (91) – 4601 EINWOHNER – UMSCHLAGKARTE B 4 – MICHELIN LOCALKARTE 312 D5, ZOOMKARTE 106 FALTE 44 – KARTE S. 152/153

Am Rand des Waldmassivs von Fontainebleau zwischen Anhöhen, aus denen Sandsteinblöcke herausragen, liegt Milly-la-Forêt, Wohnort Jean Cocteaus, der die örtliche Kapelle mit Bildern von Heilkräutern dekorierte. Der Ort ist ein Anbaugebiet für Arzneipflanzen. Spaziergänger finden hier den Ausgangspunkt für Wanderungen in die Waldgebiete Les Trois-Pignons und Le Coquibus.

Stéphane Sauvignier / MICHELIN

Die schlichte Chapelle St-Blaise-des-Simples in Milly-la-Forêt.

Wegweiser – 60 km von Paris entfernt an der A 6, Ausfahrt Milly. Die Stadt liegt im Westen des Waldes, an der Kreuzung der D 837 und D 948.

Unbedingt sehenswert – Das Château de Courances mit Park; der „Cyclop" von Jean Tinguely und Niki de Saint-Phalle.

Gut geplant – Do nachmittags: der Markt von Milly mit Kräutern und Medizinpflanzen in der Eichenhalle von 1479.

Mit Kindern – Das Pflanzenuniversum im Conservatoire national des plantes; der Zyklop.

Orte in der Nähe – BARBIZON, FONTAINEBLEAU, Forêt de FONTAINEBLEAU, LARCHANT

Sehenswürdigkeiten

Conservatoire national des plantes à parfum, médicinales, aromatiques et industrielles (Staatliches Pflanzenkonservatorium)

Route de Nemours – A 6 Ausfahrt N 13; am Kreisel von Milly Richtung Nemours fahren – ✆ 01 64 98 83 77 – www.cnpmai.net – ♿ – 1. März-11. Nov. ganztags; 12. Nov.-18. Feb. Mi, So ganztags – Sommer: 7 € (ermäßigt 5 €), Winter: 5,50 € (ermäßigt 3,50 €), (unter 12 J. Eintritt frei).

In den 1950er-Jahren wurde Milly zur ersten Anbauregion für Medizinpflanzen in Frankreich. Mehr als 150 Kräuterhändler züchteten hier Vogelkirsche, Kamille und Fingerhut. Heute werden hauptsächlich Küchenkräuter angepflanzt: Kerbel, Schnittlauch, Thymian, Oregano und die Pfefferminze von Milly.

Das 4 ha große Konservatorium am Waldrand baut mehr als 1200 Arten und Varietäten von Nutzpflanzen an, sorgt für genetischen Fortbestand und verkauft sie an Pharmazie, Gärtnereien und andere Verbraucher weiter. In der Trockenkammer (19. Jh.) wird „L'odyssée du végétal" präsentiert, ein Multimedia-Parcours mit interaktiven Spielen. Eine Auswahl alter Spezialwerkzeuge vervollständigt die Sammlung.

Draußen spaziert man über ein Parzellenmosaik, in dem die Pflanzen thematisch oder geographisch angeordnet sind, dort kann man die unterschiedlichen Düfte von Lavendel, Zitronenthymian oder den exotischeren Zimt oder Kampfer schnuppern.

Le Cyclop★

Verlassen Sie Milly auf der D 837 Richtung Étampes. Nehmen Sie den ausgeschilderten Weg bis zum Parkplatz. ✆ 01 64 98 95 18 – Führung möglich 1. Mai-31. Okt. Sa nachmittags, So vormittags und nachmittags; Achtung: Kinder bis zehn Jahre dürfen die Skulptur nicht betreten – 7 € (unter 18 J. 4,50 €).

Mitten im Wald von Milly wurde 1969 fast heimlich diese gewaltige Statue von Jean Tinguely und Niki de Saint-Phalle aufgestellt, die sie 1987 dem Staat schenkten. Der riesenhafte Kopf ist 22,5 m hoch, über 300 t Stahl wurden für seine Herstellung verwendet, er ist mit Tausenden kleinen Spiegeln und Zahnrädern bedeckt.

Das Labyrinth im Innern der Statue ist ein eigenartiges Universum mit vielen Abteilungen und mysteriösen Ecken, die über ein System von Treppen und Stegen erreichbar sind. Hier und da finden sich ungewöhnliche Werke von Künstlern, denen Tinguely ein Plätzchen reserviert hat.

Ziel in der Umgebung

Château de Courances★★

4 km nördl. von Milly. Parken Sie vor dem Schloss an der schönen Allee in Verlängerung der Schlossperspektive. ✆ 01 64 98 07 36 (in der Woche), 01 64 98 41 18 (Wochenende) – www.courances.net – April-Okt. Sa/So/Fei nachmittags – 9 € Schloss und Park, 7 € Park (unter 13 J. Eintritt frei). Schnitzeljagd für 8-12-Jährige. Das 1630 erbaute **Schloss** wurde im 18. Jh. umgebaut und ist ein typisches Beispiel für den Louis-XIII-Stil: Backsteine in einer Sandsteinmauer, Spitzdächer, sehr schlichte Außenverzierung. Wassergräben umgeben den Bau. Courances erhielt seinen Namen wahrscheinlich von den vielen Wasserläufen, *eaux courantes*, die den Park durchziehen.

Hinter dem aufwendig gearbeiteten Tor taucht die Fassade des Schlosses von Courances auf.

Von der Südterrasse blickt man auf den Park. Besonders schön ist der Eckspeisesaal mit seinen Nussbaumtäfelungen und dekorativen Wandtellern, aber auch die „Galerie des Singes" (Affengalerie), die ihren Namen von den drei Tapisserien aus dem 16. Jh. erhielt. Die Eingangsfassade wurde im 19. Jh. mit einer Nachbildung der Hufeisentreppe von Fontainebleau versehen. Den im 16. Jh. von **Cosme Clausse** angelegten **Park★★** haben verschiedene Besitzer immer wieder verändert. Die Anlage schafft eine einzigartige romantische Atmosphäre: Malerische Buchsbaumanlagen wurden bereits 1908 von dem Landschaftsarchitekten **Achille Duhême** entworfen. Die großen Rasenflächen werden von Baumreihen gesäumt, deren Zweige sich in den kleinen Teichen spiegeln. Eine Allee führt zum 600 m langen Großen Kanal, der vom Fluss École gespeist wird. Vom Parterre hat man einen sehr guten Blick auf das Schloss, das sich im „Miroir" spiegelt, einem rechteckigen Wasserbecken aus dem 18. Jh.

Rechts auf Höhe des Schlosses liegt die Ruine einer alten Walkmühle. Links sieht man einen **englisch-japanischen Garten.**

Tipps und Adressen

Allgemeiner Hinweis

Fremdenverkehrsamt von Milly-la-Forêt – *47 rue Langlois – ✆ 01 64 98 83 17*

Übernachten

Chambre d'hôte M. Lenoir – *9 rue du Souvenir – 91490 Moigny-sur-École – 3,5 km nördl. von Milly-la-Forêt – ✆ 01 64 98 47 84/06 76 95 56 87 – www.compagnie-des-clos.com – – 4 Zi: 35/63 € – Mahlzeit 17 €.* Hohe Festungsmauern verbergen dieses schöne Steinhaus mit Kräutergarten. Sorgfältig dekorierte Zimmer in sehr ruhiger Lage. Mai-Okt. Schwimmbad.

Essen und Trinken

La Truffière – *14 route de Boutigny (Richtung La Ferté-Alais) – ✆ 01 64 98 70 27 – 3 Wo im Sept., So abends und Di geschl. – 23/37 €.* Netter Empfang und guter Service sind die Trümpfe des Restaurants im ehemaligen Bahnhof von Milly.

Sport und Freizeit

Parcours d'Aventures Atout Branches – *Route de Boutigny – ✆ 06 72 46 86 44 – www.atoutbranches.com – Ende März-Anf. Nov. Sa/So/Fei, Mi und Schulferien 10-19 Uhr.* 70 Passagen in luftiger Höhe zwischen Bäumen sind nach Schwierigkeitsstufen unterteilt – auch für Kinder ist etwas dabei!

Montfort-l'Amaury★

YVELINES (78) – 3133 EINWOHNER – UMSCHLAGKARTE A 2
MICHELIN LOCALKARTE 311 G3, ZOOMKARTE 106 NÖRDL. DER FALTEN 27/28 – KARTE S. 242

Das an einem Hügel gelegene, früher eher rustikale Städtchen mit seinen schmalen Gassen und dem Zwinger ist heute eine schicke Sommerfrische.

Wegweiser – Westl. von Paris auf der N 12 Richtung Dreux, einige Kilometer vom Wald von Rambouillet. SNCF-Verbindung ab Paris-Gare Montparnasse; Ausstieg in Montfort-l'Amaury-Méré, weiter mit dem Bus.

Unbedingt sehenswert – Die Renaissancefenster der Église St-Pierre; das alte Beinhaus; das Musée Maurice-Ravel.

Gut geplant – Der GR 1 führt durch den Wald von Montfort-l'Amaury nach Rambouillet über den Balcon du Haut-Planet *(schönes Panorama)*, unweit der Teiche von Hollande *(im Sommer kann man hier baden)*.

Orte in der Nähe – HOUDAN, RAMBOUILLET, Forêt de RAMBOUILLET, ST-QUENTIN-EN-YVELINES, Château et parc de THOIRY

Stéphane Sauvignier / MICHELIN

Die Galerie des ehemaligen Beinhauses (Ancien charnier).

Sehenswürdigkeiten

Église St-Pierre★

Von **Anne de Bretagne** gegen Ende des 15. Jh. neu erbaut, wurde der Ausbau der Kirche während der Renaissance fortgeführt und zu Beginn des 17. Jh. mit der Erhöhung des Mittelschiffs und der Umgestaltung von Fassade und Glockenturm abgeschlossen. Rings um die Kirche finden sich alte Häuser. Am Chorhaupt fallen interessante Wasserspeier und hohes Strebewerk auf. Das hübsche rechte Portal trägt die Medaillons der Spender, die die Verschönerungen während der Renaissance möglich machten: André de Foix und seine Frau. Im Inneren zieren **Fenster★** aus der Renaissance Seitenschiffe und Chorumgang. Zahlreiche aufwendig gestaltete Scheitelsteine schmücken die Gewölbe der Seitenschiffe. Im Mittelschiff ist der Schlussstein mit dem Wappen der Anne de Bretagne bemerkenswert (Hermelin).

Ancien charnier (Altes Beinhaus)★

Feine Skulptierungen prägen die spätgotische Eingangstür. Den Kirchhof umgeben Bogengänge mit bemerkenswerter Holzdecke in Form eines umgekehrten Schiffsrumpfs. Die linke Galerie stammt aus dem 16. Jh., die beiden anderen aus dem 17. Jh. Nach mittelalterlichem Brauch wurden in diese Galerien die Gebeine der Toten gebracht, wenn die Gräber für neue Bestattungen geleert werden mussten.

Burgruine

Ein kurvenreicher Weg führt den Hügel hinauf. Zwei efeubewachsene Mauerreste sind vom Zwinger des 11. Jh. erhalten. Das Back- und Natursteintürmchen ist der Überrest des von Anne de Bretagne errichteten Baus. Aus 185 m Höhe erstreckt sich der **Blick★** auf Stadt, alte Dächer und den Wald von Rambouillet im Süden.

Musée Maurice-Ravel★

5 rue Maurice-Ravel – ✆ 01 34 86 00 89 – www.yvelines.fr/culturel/musees/20_musee.htm – Führung auf vorherige Anfrage nachmittags; Sa/So vormittags und nachmittags; Fei, Mo und Di geschl. – 7 € (unter 18 J. 3,70 €). Der Musiker zog 1921 nach Montfort-l'Amaury, in eine kleine Villa, die er im Vorjahr erworben hatte. In dem Haus mit Namen „Le Belvédère" komponierte er einige seiner schönsten Werke. Er verließ Montfort vier Jahre, nachdem er mit dem Komponieren aufgehört hatte, und starb 1937 in Paris. Die kleinen Zimmer sind noch ursprünglich möbliert und gestaltet, teilweise mit Malereien des Komponisten. Für seinen **Garten** (300 qm) gab Ravel ein Vermögen aus. Er wurde im japanischen Stil, an dem der Komponist großes Gefallen fand, mit Bambus, Azaleen, Iris und Zwergbäumchen mit knorrigem Astwerk neu bepflanzt.

Tipps und Adressen

Allgemeiner Hinweis

Fremdenverkehrsamt von Monfort-l'Amaury – *3 rue Amaury – ✆ 01 34 86 87 96 – www.ville-montfort-l-amaury.fr*

Montmorency

VAL-D'OISE (95) – 21 500 EINWOHNER – UMSCHLAGKARTE D5 – MICHELIN LOCALKARTE 305 E7, ZOOMKARTEN 101 FALTE 5 UND 106 FALTE 19

Die hügelige kleine Stadt am Waldrand besteht aus einem alten Dorfkern, der von luxuriösen Villen umgeben ist. Der Aufenthalt Jean-Jacques Rousseaus, der zunächst in der Ermitage, einem heute nicht mehr erhaltenen Waldhaus, und später in der Maison de Mont-Louis lebte, die heute das Musée Jean-Jacques-Rousseau beheimatet, hat es zu einem literarischen Wallfahrtsort gemacht.

Wegweiser – Im Norden von Paris, zwischen St-Denis und Sarcelles auf der D 301. Zugverbindung von Paris-Gare du Nord bis Enghien-les-Bains, dann Bus Nr. 13, Haltestelle Mairie-de-Montmorency.

Unbedingt sehenswert – Die wunderschönen Renaissance-Fenster in der Stiftskirche St-Martin; das Musée Jean-Jacques Rousseau in dem Haus, in dem er *La nouvelle Héloïse (Julie oder Die neue Heloise)* verfasste, die Kirche von Taverny und ihr Retabel, ein Geschenk des Konnetabels Anne de Montmorency.

Orte in der Nähe – Musée de l'Air et de l'Espace du BOURGET, Château d'ÉCOUEN, ST-DENIS

Philippe Gajic / MICHELIN

Renaissancefenster der Stiftskirche St-Martin in Montmorency.

Geschichte und Geschichten

Die „ersten christlichen Barone" – Die Bouchards, Lehnsherren von Montmorency, waren zunächst keine bequemen Vasallen für den König von Frankreich. Ab dem 12. Jh. jedoch wurden sie der Krone sehr nützlich. In fünf Jahrhunderten brachte die Familie Montmorency sechs Stallmeister, zwölf Marschälle und vier Admiräle hervor. Heinrich II. erhob ihre Ländereien zum Herzogtum. Sie waren mit allen europäischen Herrschern verbündet und nannten sich die „ersten christlichen Barone".

Die Physiognomie des Massivs

Der interessanteste Teil des Waldes mit seinen tiefen Tälern und feuchten Niederungen liegt im Westen und ist derzeit Gegenstand gewaltiger Aufforstungsbemühungen. Eichen und vor allem Kastanien sind die vorherrschenden Baumarten, daneben gibt es einzelne Birken. Seit einigen Jahren wird hier mit Eichen aufgeforstet, um einen einheitlichen, regelmäßigeren Hochwald ohne Lichtungen zu erhalten.

Einer der illustren Herzöge war **Anne de Montmorency**, der **Große Konnetabel,** Erbauer von Chantilly, Waffenbruder Franz' I., Heinrichs II. und Karls IX.
Der ältere Zweig erlosch 1632 mit **Henri II de Montmorency**, Enkel von Anne, Gouverneur des Languedoc, der mit 37 Jahren enthauptet wurde, weil er an einer Verschwörung gegen Richelieu beteiligt war. Trotz zahlreicher Bittgesuche blieb Ludwig XIII. hart und sagte: „Ich wäre nicht König, hätte ich Mitgefühl für Einzelne." Das Herzogtum ging nun an Henri de Bourbon-Condé über. Ludwig XIV. beschloss dennoch, den Herzogtitel an einen Montmorency-Boutteville zu verleihen.

Der Aufenthalt von Jean-Jacques Rousseau – Der berühmte Schriftsteller und Denker weilte von 1756 bis 1762 in Montmorency. Da er mit Paris brechen wollte, der „lauten, schmutzigen und stinkenden Stadt" und außerdem seine „persönliche Reform" plante, akzeptierte er die Einladung von Madame d'Épinay, seiner Pariser Freundin, die einen Salon im Tal von Montmorency unterhielt. Er ließ sich in der **Ermitage**, einem Waldhaus, von dem heute nichts mehr zu sehen ist, nieder, es wurde von der Gastgeberin nach seinem Geschmack eingerichtet. Rousseau war 44 Jahre alt und wollte nach Erledigung eines sich selbst vorgegebenen Arbeitspensums mit seiner Lebensgefährtin Thérèse Levasseur „in irgendeine abgeschiedene Provinz" verschwinden. Doch sein Schicksal sollte anders verlaufen: Verzaubert vom Charme des frühlingshaften Waldes machte er sich mit Feuereifer daran, *La nouvelle Héloïse* zu verfassen, dann verliebte er sich in Sophie d'Houdetot, die Schwägerin von Madame d'Épinay. Diese sentimentalen Verstrickungen isolierten ihn für immer von seinen Freunden: Rousseau verließ die Ermitage 1757 und bezog die **Maison du Mont-Louis** im Dorfkern. Dort schrieb er *La Nouvelle Héloïse* zu Ende und veröffentlichte zusätzlich *Émile (Emil oder Über die Erziehung)* und *Du contrat social (Vom Gesellschaftsvertrag oder Prinzipien des Staatsrechts)*, seine drei Hauptwerke.
Der Marschall von Montmorency-Luxembourg und seine Gemahlin, Freunde von Ludwig XV., besaßen hier ein Landhaus. Sie nahmen Rousseau in ihre Obhut. Er las ihnen in ihrem Salon seine neuesten Seiten vor. Madame de Montmoreny-Luxembourg wagte sogar, sich in die Veröffentlichung *Émiles* einzumischen. 1762 beschloss das Parlament, das subversive Werk Rousseaus zu verbrennen und den Autor zu verhaften. Er wurde jedoch rechtzeitig gewarnt und floh in der Postkutsche der Luxembourgs in die Schweiz.
An der Stelle des Hauses der Familie Montmorency-Luxembourg steht heute ein Schloss aus dem 19. Jh., nur sein weitläufiger Park ist erhalten.

Sehenswürdigkeiten

Stiftkirche St-Martin★

Sie wurde im 16. Jh. im spätgotischen Stil von Guillaume de Montmorency erbaut und von seinem Sohn, dem Großen Konnetabel, fertiggestellt. Die Montmorencys nutzten sie als Grablege. Von der Terrasse vor der Kirche hat man einen schönen **Blick** auf das moderne Montmorency bis zu den Anhöhen von Sannois und der Butte d'Orgemont (Turm). Das Kirchenschiff weist komplexe Gewölbe mit einigen Besonderheiten auf: zwei Chorrippen, die am Übergang zu den Pfeilern mit Ornamenten verziert sind. Die Gräber der Montmorencys und einiger Condé-Prinzen aus dem 18. Jh. befanden sich in der für sie erbauten Kapelle, wurden jedoch während der Revolution zerstört. Ein Teil der Skulpturen, insbesondere die Liegefiguren von Anne de Montmorency und seiner Gemahlin befindet sich im Louvre, der Rest ist verschwunden, bis auf einen Grabstein der berühmten Burgunder Familie Pot.

Buntglasfenster★ – *An den Pfeilern sind schematische Erklärungstafeln angebracht.* Die 14 Fenster, die Apsis und die fünf rechts angrenzenden Chorjoche schmücken, sind wunderschöne Beispiele der Renaissancekunst. Im 19. Jh. wurden sie restauriert. Die Familienmitglieder, die farbenfrohen Familienwappen und die von ihnen verehrten Heiligen werden dargestellt. Über dem Glaskäfig des Seitenportals befindet sich ein bemerkenswertes Fenster, das das berühmte heraldische Motiv der Montmorencys (kleine Adler ohne Schnäbel und Läufe) in Blau auf gelbem Grund zeigt.
Die anderen Fenster des Hauptschiffs aus dem 19. Jh. harmonieren mit den Renaissance-Fenstern und erzählen von Freud und Leid des Adelsgeschlechts bis zum Drama im Jahre 1632, das wiederum den Condés einen neuen Aufstieg ermöglichte.

Polnische Erinnerungen – An der Rückseite der Fassade sieht man die Liegefiguren, Büsten und Gedenktafeln zur Erinnerung an die aristokratische polnische Kolonie, die sich nach dem Scheitern des nationalen Aufstands 1831 in der Stadt niedergelassen hatte. Im Chor steht eine Kopie der Schwarzen Madonna, Unserer Lieben Frau von Tschenstochau, der Schutzpatronin Polens.

Musée Jean-Jacques-Rousseau

5 rue Jean-Jacques-Rousseau – ✆ 01 39 64 80 13 – Führung nachmittags; Mo, Ende Dez.-Anf. Jan., 1. Mai geschl. – 4 € (unter 12 J. Eintritt frei). Im Haus Mont-Louis lebte Rousseau von 1757 bis 1762, er schrieb dort seine Hauptwerke. Im Innern ist seit der Zeit, als der Philosoph hier mit Thérèse Levasseur wohnte, nichts verändert worden. Von Haus und Garten hat man einen schönen **Blick** auf das Tal und auf Paris. Durch das mit Linden bepflanzte „Grüne Kabinett" gelangt man zu dem kleinen Pavillon, in dem Rousseau arbeitete und den er seinen „Bergfried" nannte.
Im neuen Teil des Hauses veranschaulichen Ausstellungssäle Aspekte von Leben und Werk Rousseaus. Ein Gipsabdruck von Houdon zeigt die Totenmaske des Philosophen, Porträts von Quentin de la Tour, Briefe und Gravuren sind hier zu sehen. Das Haus am Museumsgarten birgt außerdem eine Forschungsbibliothek für Studien über Rousseau sowie das Zentrum historischer Studien von Montmorency.

Ausflug

Forêt de Montmorency

7 km nordwestl. auf der D 144 nach Margency-Montlignon, dann auf der D 909 nach rechts. Der Staatsforst bildet einen gewaltigen Wald von etwa 2000 ha Fläche und bedeckt die höchste Erhebung der Region um Paris (höchster Punkt: 195 m) im Norden der Seine, gegenüber den Anhöhen von Cormeilles. Die **Vallée de Montmorency**, ein bewohntes Gebiet mit etwa 250 000 Einwohnern zwischen Enghien und Oise, teilt die beiden Reliefs. Die alten Dörfer am Südhang des Waldes wie St-Prix oder Andilly sind im Lauf der Zeit weg vom Hang in Richtung Ebene gewachsen.
Im nordwestlichen Teil, den die Straße nach St-Leu-Chauvry *(D 192F)* durchquert, birgt ein Plateau des *Camp de César* ein Freizeitgelände sowie Wanderwege *(GR 1, Rundwanderweg).* Die 1983 für Radfahrer und Fußgänger angelegte **Route du Faîte** verbindet als leichter Wanderweg die beiden Durchgangsstraßen Eaubonne-Moisselles und St-Leu-Chauvry.

Château de la Chasse

30 Min. zu Fuß hin und zurück, von der N 909 aus (grüne Absperrung links, 2 km jenseits der Kirche von Montlignon). Das außergewöhnliche Jagdschloss, das von verkürzten Türmen flankiert wird, liegt malerisch an einem Teich.

Ziele in der Umgebung

Église St-Martin, in Groslay

2 km östl. von Montmorency. Zugverbindung ab Paris-Gare du Nord (Richtung Sarcelles-St-Brice); in Groslay aussteigen. Diese Kirche aus dem 12. und 13. Jh. wurde während der Renaissance umgebaut und vergrößert. Sie verfügt über eine schöne Fensterserie, darunter die **Wurzel Jesse**, die von dem Fenster der Église St-Étienne in Beauvais inspiriert ist.

Taverny

12 km nordwestl. von Montmorency. Zugverbindung ab Paris-Gare-du-Nord (Richtung Valmondois); in Taverny aussteigen. Das am Südwestrand des Waldes von Montmorency gelegene Taverny besitzt eine bemerkenswerte **Kirche★**, die sich von der Hügelflanke abhebt. Zu Beginn des 13. Jh. ließ die Familie Montmorency die heutige Kirche nahe des mittlerweile abgerissenen Schlosses erbauen. Blanche von Kastilien wurde Schutzpatronin. Den gotischen Bau, der im 15. Jh. verändert wurde, restaurierte Viollet-le-Duc im 19. Jh., wie die Westfassade zeigt. Im Chor steht ein sehr schöner steinerner Renaissance-**Retabel★**, ein Geschenk des Konnetabels Anne de Montmorency. Das untere Fries trägt Passionsgegenstände (Laterne, Tuch der Veronika, Kreuz), das Monogramm Heinrichs II. und das Wappen von Diane de Poitiers sowie den Adler und die Schwerter des Konnetabels. Im oberen Teil sieht man die Evangelisten, die Wappen von Anne de Montmorency *(s. oben, Stiftskirche von Montmorency)* und von der Madeleine de Savoie (Kreuz von Savoyen). Besonders hervorzuheben sind die Statuen der Jungfrau Notre-Dame-des-Fers (Steinstatue aus dem ausgehenden 15. Jh.; linke Chornische) und die Notre-Dame de Taverny (Holzstatue aus dem 14. Jh.; linke Kapelle). *✆ 01 30 40 71 79 – Führung auf Anfrage möglich (etwa 2 Monate im Voraus).*

Tipps und Adressen

Allgemeiner Hinweis

Fremdenverkehrsamt von Montmorency – *1 av. Foch – ✆ 01 39 64 42 94*

Essen und Trinken

Au Cœur de la Forêt – *Avenue du Repos-de-Diane, Zugang über den Waldweg – ✆ 01 39 64 99 19 – www.aucoeurdelaforet.com – 5.-29. Aug., Do-abend, So-abend und Mo geschl. – 43 €.* Die romantische Avenue du Repos-de-Diane führt Sie zu diesem modernen Pavillon mitten im Wald. Der Speisesaal wird im Winter von einem Kamin geheizt, im Sommer sitzt man auf der hübschen Terrasse. Die einfachen Gerichte werden mit frischen Zutaten zubereitet.

Moret-sur-Loing★

SEINE-ET-MARNE (77) – 4477 EINWOHNER – UMSCHLAGKARTE C4 – MICHELIN LOCALKARTE 312 F5, ZOOMKARTE 106 FALTE 46 – KARTE S. 152/153

Das am Zusammenfluss von Loing und Seine nahe des Waldes von Fontainebleau gelegene Moret erstreckt sich malerisch am Flussufer. Die Brücke und die Kirche aus dem Mittelalter haben sich seit dem Aufenthalt des Impressionisten Alfred Sisley gegen Ende des 19. Jh. kaum verändert. Und auch die Angler versuchen immer noch ihr Glück an den Ufern des Loing.

- **Wegweiser** – Zugverbindung von Paris-Gare de Lyon (Richtung Laroche-Migennes, 45 Min.); in Moret-Veneux-les-Sablons aussteigen. Mit dem Auto: A 6, Ausfahrt Fontainebleau, dann D 606.
- **Unbedingt sehenswert** – Die von Sisley gemalten Ufer des Loing; der schöne Weg am Canal du Loing, auf dem die großen Kähne fahren.
- **Gut geplant** – Der Markt an den Kais von St-Mammès zieht am Sonntagmorgen Seeleute sowie die Bewohner der umliegenden Dörfer an.

Stéphane Sauvignier / MICHELIN

Dieser Blick auf Moret-sur-Loing könnte ein Gemälde von Alfred Sisley sein.

Mit Kindern – Das Musée du Sucre d'orge des religieuses (Zuckerstangenmuseum) in Moret; die faszinierende Zweirad-Motorensammlung im Conservatoire du vélo; Naturschutzgebiet Plaine de Sorques.

Orte in der Nähe – FONTAINEBLEAU, Forêt de FONTAINEBLEAU, NEMOURS

Geschichte und Geschichten

Eine befestigte Stadt und königliche Residenz – Moret, an der Grenze zur Champagne gelegen, war bis zur Hochzeit Philipps des Schönen mit Jeanne von Navarra, Tochter des Grafen der Champagne (1284), ein Bollwerk der Krone. Die Vereinigung beendete den Kampf zwischen den beiden Dynastien, damit verloren Bergfried und Stadtmauer ihre strategische Bedeutung. Von nun an wurde Fontainebleau zur königlichen Residenz. Die Verteidigungsanlagen von Moret unterhielt man jedoch bis ins 19. Jh., wodurch die Stadt ihren Festungscharakter bewahrte.

Zu Fuß unterwegs

Folgen Sie dem grünen Weg auf dem Plan S. 205, der am Fremdenverkehrsamt startet.

Porte de Samois (oder Pariser Tor)

An der inneren Fassade steht eine kleine Madonnenstatue. Der steinerne Pfosten ist ein alter königlicher Meilenstein der großen Straße von Paris nach Lyon *(die aktuelle D 606)*.

Rue Grande

In Haus Nr. 24 verbrachte Napoleon in der Nacht vom 19. auf den 20. März 1815 einige Stunden, nachdem er von der Insel Elba zurückgekehrt war *(Gedenktafel)*.

Gehen Sie rechts durch den Torbogen des Rathauses in den Innenhof.

Maison François-Ier

Galerie mit üppigem Renaissance-Dekor. Beachten Sie den Salamander über der Tür, das Wappen Franz' I.

Wenn Sie den Hof verlassen, nehmen Sie gegenüber die Rue des Petits-Chaumes, dann die Rue du Puits-du-Four. Sie gelangen geradewegs zum Zuckerstangenmuseum der Nonnen von Moret (s. Sehenswürdigkeiten).

Église Notre-Dame

Der **Chor** soll 1166 geweiht worden sein. Die ursprüngliche Höhe ist nur in der Apsis und auf der rechten Seite erkennbar: Hier sieht man den Aufbau der großen Arkaden, die auf Rundsäulen ruhen, die Empore mit dreifacher Bogenstellung sowie die Obergadenfenster. Die Arkaden und Bogenöffnungen auf der linken Seite wurden zugemauert, um das Fundament des außergewöhnlich hohen Glockenturms aus dem 15. Jh. zu stützen. Das Querschiff mit durchbrochenen Wänden und das Hauptschiff mit seinen Bögen weisen auf spätere Bauphasen hin (13. und 14. Jh.) Der Orgelprospekt aus der Renaissance ist mit geschnitzten und bemalten Kassetten verziert.

Ancien hospice (Ehemaliges Hospital)

Die Ecksäule zur Rue de Grez trägt das Bildnis des hl. Jakob. Etwas weiter findet sich auf einer modernen Kartusche das Datum der Gründung des Spitals (1638) durch Jacqueline de Bueil (sie war auch eine der letzten Geliebten Heinrichs IV.). Das Spital war insbesondere für seine von den Nonnen hergestellten Zuckerstangen berühmt.

Maison de Sisley

19 rue Montmartre, an der Ecke zur Rue du Donjon. Nicht zu besichtigen. Der britische Maler **Alfred Sisley** (1839-1899), der einzige der großen Impressionisten, die nicht schon zu Lebzeiten Erfolge feierten, nahm sich ein Atelier in Moret, wo er einsam den Rest seiner Tage verbrachte. In nur 20 Tagen malte er in Moret und Umgebung ungefähr 400 Gemälde, die heute berühmt sind, darunter *Der Loing-Kanal bei Moret*, *Die Rue des Fosses in Moret* und *Brücke von Moret*. Sisley ruht auf dem Friedhof, nahe der Kirche, die er so oft dargestellt hat.

Die Rue Donjon führt zum **Donjon (Zwinger)**, einem imposanten viereckigen Turm *(Privatbesitz, nicht zu besichtigen).*

Kehren Sie um und nehmen Sie die kleine überwölbte Passage rechts, die zur Rue des Tanneries führt, in die Sie links einbiegen. Eine andere Passage etwas weiter führt zu den Ufern des Loing.

Von hier aus blickt man auf die alten Mühlen und kleinen Kaskaden des Flusses.

Gehen Sie zurück bis zur Porte de Bourgogne, dem Gegenstück zur Porte de Paris auf der anderen Seite der Altstadt. Überqueren Sie die Grande-Rue und wenden sich geradeaus in die Rue de la Pêcherie. Die Rue du Lavoir rechter Hand führt zur Promenade am Ufer des Loing.

Rive du Loing★

Beim Spaziergang unter den Platanen sieht man die Waschfrauen regelrecht vor sich, wie sie früher an die Ufer des Loing kamen, um ihre Wäsche zu waschen. Am gegenüberliegenden Ufer befindet sich der Pré de Pins, von dem aus Alfred Sisley die meisten seiner Ansichten von Moret malte, mit Wasser, pappelbeschatteten Inseln, Kirche und Donjon.

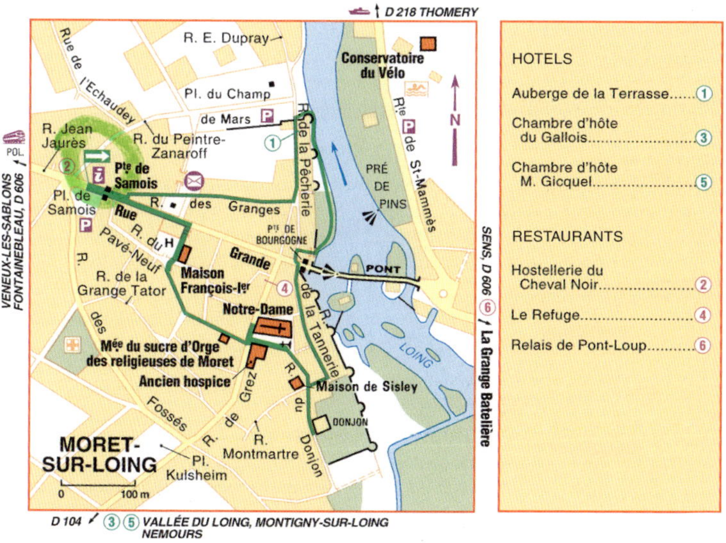

Die **Brücke über den Loing** ist eine der ältesten der Île-de-France. Sie wurde vermutlich zeitgleich mit den Verteidigungsanlagen der Stadt erbaut, dann oft zerstört und vergrößert. Neben der **Porte de Bourgogne** erblickt man den Befestigungswall und mehrere Häuser mit vorkragenden Obergeschossen, eines davon steht mitten im Wasser.

Folgen Sie der Promenade entlang der Festungsmauern.

Wenn Sie an einem der alten Verteidigungstürme ankommen, können Sie links abbiegen, um der Rue de la Pêcherie zu folgen. Wenn Sie auf der Rue Grande bleiben, erreichen Sie nun entweder wieder Ihren Ausgangspunkt, oder Sie bummeln noch ein wenig durch die kleine Rue des Granges.

Sehenswürdigkeiten

Musée du Sucre d'Orge des religieuses de Moret (Zuckerstangen-museum der Nonnen von Moret)

5 rue du Puits-du-Four – ✆ 01 60 70 35 63 – Juli-Aug. nachmittags, 1. Sept.-6. Nov. und April-Juni Sa/So nachmittags – 1,60 € (Kinder 0,80 €). Das Museum strahlt einen ungewöhnlichen Charme aus. Hier erfahren Sie alles, was es über Zuckerstangen zu wissen gibt – ihre Geschichte, Herstellung, die nötigen Zutaten, ihre Geheimnisse, alte Fotografien und wie sie vermarktet werden. Die Zuckerstangen der Nonnen werden ohne Farbstoffe hergestellt, sie schmecken noch genau wie damals vor 300 Jahren. Die Verkostung ist gratis.

Conservatoire du vélo (Fahrradkonservatorium)

Zugang über die Loing-Brücke, dann die Route de Champagne-sur-Seine – Site Prugnat – Route de St-Mammès – ✆ 01 64 70 62 52 – www.cc-moret-seine-loing.fr/-Conservatoire-du-velo.html – 7. Mai-14. Sept. Sa/So/Fei vormittags und nachmittags, Mi-Fr nachmittags – 3 € (unter 10 J. Eintritt frei). Auf drei Etagen sind hier etwa 50 Zweiräder ausgestellt, die die spannende Entwicklung des Fahrrads vom Laufrad über die Draisine (1817), bis zum ultraleichten Rad von heute erzählen. Hier lernt man, dass der Hosenrock 1853 erfunden wurde, damit die Damen das Michaux-Fahrrad benutzen konnten, übrigens das erste Fahrrad mit Pedalen. Man schmunzelt über die uralten Drahtesel, mit denen beispielsweise unsere Großeltern fuhren. Dauerausstellungen haben die Geschichte der Tour de France und die Peugeot-Saga zum Thema.

Ausflug

Zwischen Wald und Fluss

40 km-Rundfahrt ab Moret. Biegen Sie nach der Loing-Brücke rechts auf die D 40 ab. Die Straße verläuft parallel zum **Loing-Kanal** *(der gerade die Écuelles-Schleuse passiert hat).* Der Kanal führt bis Montargis hinab, wo er auf den Briare-Kanal trifft. Hier verkehren große Schleppkähne mit diversen Materialien an Bord, die ab St-Mammès auf der Seine bis Paris fahren.

Nach **Épisy**, einem ruhigen kleinen Dorf mit hellen Steinhäusern, führt die Straße durch die Wälder bis **La Genevraye**. Halten Sie, bevor Sie rechts nach Montigny weiterfahren, an der Kreuzung an, um die **Kirche von Cugny** zu bewundern, die auf einem Hügel mitten in den Feldern steht; sie ist ein prächtiges Beispiel einer romanischen Landkirche *(man gelangt zu Fuß oder mit dem Auto auf die Anhöhe).*

Montigny-sur-Loing

In diesem malerischen Dörfchen verweilt man gern auf der Brücke: Blick auf die an den Hang geschmiegte Kirche, die Hügel und die Loing-Inseln, auf denen private Gärten angelegt wurden.

Fahren Sie rechts Richtung Bourron-Marlotte, im Westen.

Château de Bourron, in Bourron-Marlotte

✆ 01 64 78 39 39 – www.bourron.fr – Park Juli-Sept. vormittags und nachmittags; Schlossführung (mind. 30 Teilnehmer) auf Anfrage vormittags und nachmittags möglich; Sa/So/ Fei geschl. – 5 € (Kinder 4 €) + 80 € für den Führer, 2 € (unter 10 J. 1 €) nur der Park.

Das Schloss, das am Ende des 16. Jh. auf den Überresten einer mittelalterlichen Festung errichtet wurde, besteht aus einem nüchternen Hauptgebäude mit zwei rechtwinklig angrenzenden Flügeln, davor befinden sich zwei niedrige Pavillons (Stallungen). Die Back- und Natursteinfassaden und die hufeisenförmige Treppe der Südfassade erinnern an die Cour du Cheval-Blanc von Fontainebleau. Vor der Nordfassade führt eine drehbare Brücke über den Schlossgraben zu einer anderen hufeisenförmigen Treppe. Vom Südparterre aus kann man die nüchterne und harmonische Erscheinung des Schlosses bewundern; besonders reizvoll ist der im Norden gelegene Platz, an dem sich die Ste-Sévère-Quelle befindet, die den Großen Kanal speist. Ludwig XV. kam ins Schloss, um seinen Schwiegervater Stanislas Leszczyński, den abgesetzten König Polens, zu besuchen, der sich hier im Exil aufhielt.

Fahren Sie eine Schleife gen Süden nach Grez-sur-Loing.

Grez-sur-Loing

Der kleine Ort war Teil eines Gebiets, das verschiedenen Königinnen Frankreichs gehörte. 1478 wurde er Krondomäne, bevor er 1672 an die Herzöge von Nemours überging.

Église N.-D.-et-St-Laurent – Dieser Bau aus dem 12. Jh. war der Abtei St-Jean de Sens unterstellt. Beachten Sie den Glockenturm mit seinen Strebepfeilern und von den Gewölben herabhängenden Verzierungen mit ihren oft scherzhaften Figürchen.

Tour de Ganne – *✆ 01 64 45 95 15 – ♿ – ganztags – Eintritt frei.* In diesem Überrest der alten Festung lebten Blanche von Kastilien und Louise von Savoyne, Mutter Franz I., die hier 1531 starb. In den 3000 qm großen **Gärten** am Ufer des Loing hat sich seit dem 19. Jh. kaum etwas verändert (Obstbäume, Steinmäuerchen, Waschhäuser …), als sie von Corot oder Karl Larsson gemalt wurden. Damals hielten sich viele Künstler im Dorf auf: Gauguin, Rodin, der japanische Impressionist Chou Asai, Balzac, R.-L. Stevenson u.a. Von der Brücke und dem Feld daneben hat man einen sehr schönen **Blick** auf den Fluss, das Dorf und die Tour de Ganne.

Zurück in Bourron-Marlotte Richtung Fontainebleau fahren. An der 1. Kreuzung geht es rechts nach Champagne-sur-Seine.

Sie sind nun auf der **Route Ronde**, einer der schönsten Strecken durch den Wald von Fontainebleau.

Biegen Sie in Épisy rechts ab, in Sorques geht es dann nach links.

Bevor man Moret wieder erreicht, passiert man die **Plaine de Sorques**, ein Naturschutzgebiet mit Teichen, in dem zwei ausgeschilderte Wege (die man nicht verlassen darf) sowie zwei Observatorien angelegt wurden.

Ziel in der Umgebung

St-Mammès

2,5 km nordwestl. von Moret-sur-Loing mit dem Bus Comète; Linie 3. SNCF-Verbindung ab Paris-Gare de Lyon (Richtung Montereau); in St-Mammès aussteigen. Am Zusammenfluss von Seine und Loing liegt St-Mammès *(das hintere s wird nicht gesprochen),* ein Zentrum der Schifffahrt. Sonntagmorgens zieht der Markt an den Kais die Schiffer sowie die Bewohner der Umgebung an. Anfang Juli findet ein Wasserfest statt.

Tipps und Adressen

Allgemeine Hinweise

Fremdenverkehrsamt von Moret-sur-Loing – *4 bis pl. de Samois – ✆ 01 60 70 41 66 – www.office-tourisme-moret.fr*

Führung durch Moret – Bei schönem Wetter *(Juni-Sept.)* organisiert das Fremdenverkehrsamt theatralische Führungen mit einem Erzähler – *erkundigen Sie sich nach den genauen Terminen.*

Übernachten

Chambre d'hôte M. Gicquel – *46 rue Renée-Montgermont – 77690 Montigny-sur-Loing – 7 km südwestl. von Moret-sur-Loing auf der D 104 – ✆ 01 64 45 87 92 – ⊭ – 2 Zi: 42/47 €* . Die ehemaligen Pferdeställe mit gepflastertem Hof versetzen einen in eine andere Zeit. Die Mansardenzimmer mit Sichtbalken sind mit alten

Möbeln eingerichtet. Das Frühstück wird in einem schönen, zur Küche hin offenen Saal serviert.

Auberge de la Terrasse – *40 rue de la Pêcherie – 01 60 70 51 03 – www.auberge-terrasse.com – 17. Okt.-7. Nov. geschl. – 17 Zi: 51/73 € – 10 € – Rest. 21/46 €.* Schön gelegenes Hotel am Loing-Ufer, auf das man vom Restaurant aus blickt. Das Hotel ist besonders familienfreundlich: Kinder unter zehn Jahren kosten nichts extra, und für zwei Mahlzeiten gibt es ein Kindermenü dazu. Gut ausgestattete, komfortable Zimmer.

Chambre d'hôte du Gallois – *1 rue du Pimard, im Weiler Le Gallois – 77250 Villemer – 01 64 24 97 61 – www.chambresdhotesdugallois.com – – 5 Zi: 60/75 € –Mittagstisch 20/25 €.* In dem schönen Anwesen aus dem ausgehenden 18. Jh. mit den ruhigen farbenfrohen Zimmern bleibt man auch gern etwas länger. Die Table d'hôte (Reservierung erforderlich) bietet Gemüse aus dem eigenen Garten und gute regionale Produkte an. Der 8000 qm große Park mit einer Libanon-Zeder und 100-jährigen Linden lädt zu Spaziergängen ein.

Essen und Trinken

Le Refuge – *8 rue de l'Église – 01 60 70 86 65 – So abends und Mo geschl. – Reserv. empfohlen – 13,50/33 €.* Wenn Sie die Möglichkeit haben, das hübsche Städtchen Moret-sur-Loing kennenzulernen, denken Sie daran, hier einen Tisch zu reservieren. Sie werden es nicht bereuen. Die traditionelle und sorgfältig zubereitete Küche des jungen Küchenchefs wird Ihre Geschmacksnerven begeistern, darüber hinaus sitzt man äußerst gemütlich.

Hostellerie du Cheval Noir – *47 av. Jean-Jaurès – 01 60 70 80 20 – www.chevalnoir.fr – 2.-17. Jan., 25. Juli-9. Aug., Mo mittags und Di mittags geschl. – 20/68 € – 11 Zi: 150 € – 12 €.* Restaurant in einer Poststation aus dem 18. Jh., gegenüber von einem der Stadttore. Im Speisesaal im hellen Wintergarten hängen Kunstdrucke von Alfred Sisley, hier entdeckt man eine kreative Küche, die mit Süßspeisen und interessanten Gewürzen verfeinert wird. Einige Zimmer tragen Namen berühmter Maler.

Relais de Pont-Loup – *14 rue Peintre-Sisley – 01 60 70 43 05 – relais-pontloup@wanadoo.fr – So abends und Mo geschl. – Sa/So Reserv. empfohlen – 27/55 €.* Ziegel, Balken, Kamin und Grill machen das Ambiente des Speisesaals aus, den man durch die Küche betritt. Die Terrasse liegt zum Garten hin, der bis an den Loing hinunterreicht.

Einkaufen

Sucre d'orge des religieuses de Moret – *5 rue du Puits-du-Four – 01 60 70 35 63 – Mitte April-Anf. Nov. So/Fei 15-19 Uhr; Juni-Sept. Sa 15-17 Uhr; Winterferien geschl.* Das familiäre Museum veranschaulicht die Geschichte der Zuckerstangen von Moret seit 1638 und stellt auch eine Bonbonnierensammlung und alte Materialien aus. Ein Video zeigt die Hauptaspekte der Herstellung der Süßwaren. Verkostung und Verkauf.

Hamette Apiculture – *72 rue Charles-de-Gaulle – 77780 Bourron-Marlotte – 01 64 45 96 29 – tgl. außer So 14-18.30 Uhr; 20. Juli-15. Aug. und Fei geschl.* Dieser Imker stellt die unterschiedlichsten Honigsorten und Produkte mit Honig aus etwa 1000 Bienenstöcken her, die in der Region Gâtinais verstreut sind: Galettes mit Honig, Gewürzbrot, Bonbons, Met sowie Bohnerwachs. Er verkauft seine Waren auch auf den Märkten in Fontainebleau, Melun und Bourron-Marlotte (Sa vormittags).

Sport und Freizeit

Parcours lémurien de Graville – *31 rue Pierre-de-Coubertin – 77430 Champagne-sur-Seine – 01 60 39 07 04 – www.parcours-lemurien.com – Mitte März-Ende Juni und Sept.-Mitte Nov. Mi, Sa/So/Fei und Schulferien 9.30-18 Uhr; Juli-Aug. tgl. 9.30-20 Uhr – Mitte Nov.-Mitte März geschl.* Auf sieben akrobatischen Parcours erforscht man den Wald auf originelle und spielerische Weise: von Baum zu Baum mithilfe von Lianen, auf wackeligen Pfeilern oder am Hochseil. Danach kann man sich für eine Tour durchs Seine-Tal Mountainbikes oder Kanus ausleihen.

Larguez les Amarres – *55 rue Gambetta – 77670 St-Mammès – 01 64 23 16 24 – Mitte April-Mitte Okt. So ab 15 Uhr – 20 €/3 Std. (Kinder 10 €).* Bootsfahrt auf der Seine und dem Loing, von der alten Schleuse in St-Mammès bis nach Samois.

Bootsfahrt auf dem Loing ab Grez-sur-Loing – *Anlegestelle im Alten Hafen – 77880 Grez-sur-Loing – 01 60 39 07 04 – 60 €/halber Tag, 80 €/Tag – im Sommer meist nachmittags, aber man sollte sich vorher erkundigen.* Den Loing kann man auf einer einstündigen Rundfahrt vorbei an einer alten Mühle mit dem Boot erkunden. Verleih von großen Booten (4 Erwachsene und 1 Kind) oder Booten für 3 Erwachsene und 1 Kind.

Morienval★

OISE (60) – 1048 EINWOHNER – UMSCHLAGKARTE C1 – MICHELIN LOCALKARTE 305 I5, ZOOMKARTE 106 FALTE 11

In diesem Weiler in der Vallée de l'Automne, zwischen den Waldgebieten von Compiègne und Retz, ticken die Uhren etwas langsamer. Die Abtei von Morienval bildet mit St-Denis und Thérouanne eine der ersten Erscheinungen der gotischen Architektur in Frankreich. In dem üppigen grünen Park nisten zahlreiche Vögel, im nahen Wald blühen im Mai die Maiglöckchen.

Idarvol / wikipedia

Die romanische Abtei von Morienval weist bereits gotische Elemente wie Spitzbögen auf.

- **Wegweiser** – Im Norden von Crépy-en-Valois auf der D 335.
- **Unbedingt sehenswert** – Die Kirche Notre-Dame; die gallo-römischen Ruinen von Champlieu; die spätgotische Rosette der Abbaye de Lieu-Restauré; Vez und seine im 14. Jh. wiederaufgebaute Burg.
- **Gut geplant** – Einen Tag für den Rundweg durch die Vallée de l'Automne.
- **Orte in der Nähe** – Abbaye de CHAALIS, SENLIS

Sehenswürdigkeiten

Église Notre-Dame★

✆ 03 44 88 66 36 oder 06 12 22 68 46 – 9-18 Uhr, auf vorherige Anfrage. Diese Kirche gehörte zu einem Frauenkloster, das der Legende nach im 7. Jh. von König Dagobert gegründet wurde. Karl der Kahle ließ es im 9. Jh. reich ausstatten, 885 wurde es jedoch von den Normannen zerstört. Ab dem 11. Jh. begann der Wiederaufbau. Die Äbtissin Anne II de Foucault leitete im 17. Jh. unzählige Umbauten, die mit ihren Initialen markiert sind (auf den Schlusssteinen im Gewölbe des Hauptschiffs).

Die Abteikirche, auf die man von Nordosten den besten Blick hat, ist seit dem 12. Jh. bis auf den Lichtgaden des Chors nicht mehr verändert worden: Die schmalen Öffnungen stammen von der Restaurierung gegen Ende des 19. Jh. Ihre Silhouette ist charakteristisch, mit einem Nordturm, der etwas niedriger ist als der Südturm. Der Unterbau des Glockenturms ist der älteste Teil (11. Jh.), mit dem Querschiff, dem rechten Chorjoch und den beiden Osttürmen. Man muss sich den Glockenturm von früher vorstellen, wie er sich von einer romanischen Fassade abhebt, nicht wie heute in der Verlängerung der Seitenschiffe (Umbau des 17. Jh.). Der Chorumgang im Chorhaupt wurde an das Halbrund des Chors (12. Jh.) angebaut, um dessen Stabilität zu erhöhen.

Der Chorumgang ist gleichzeitig der originellste Teil. Seine Bögen aus dem Jahr 1125 zählen zu den ältesten Frankreichs. Zum ersten Mal wurden in gewundenen Bausegmenten Spitzbögen verwendet, sie sind jedoch noch mit den Gewölbeteilen, die sie tragen, verbunden. Hier ist der Übergang vom Kreuzgratgewölbe zum Kreuzrippengewölbe gut erkennbar. Im 17. Jh. wurden auch Haupt- und Querschiff mit Kreuzrippengewölben ausgestattet. Die Kapitelle im Hauptschiff **(a, b, c, d)** stammen aus dem 11. Jh.: Spiralen, Sterne, Masken und Tiere sind die einzigen sicheren Überreste der romanischen Kirche, wohingegen die interessanten Chorkapitelle etwas jüngeren Datums sind. Im linken Seitenschiff befindet sich eine Reihe von Grabplatten, darunter die der großen Äbtissin Anne II Foucault **(1)**, 1596-1635. Gravuren aus dem 19. Jh. auf der Mauer des gegenüberliegenden Seitenschiffs zeigen den Zustand der Kirche vor der letzten Restaurierung. Sehenswert sind: die Statue **(2)** der Schutzpatronin, **Notre-Dame de Morienval** (17. Jh.); eine Kreuzigungsgruppe **(3)** aus dem 16. Jh.), die einst einen Triumphbalken zierte, sowie eine Christophorusfigur (17. Jh.) aus Terrakotta **(4)**.

Ausflug

Vallée de l'Automne

41 km – ein halber Tag. Die Strecke führt von Osten nach Westen durch den Kanton Crépy-en-Valois. Hier und da stehen bemerkenswerte Monumente, die durch die naturbelassene grüne Landschaft noch hervorgehoben werden.

Fahren Sie südl. auf der D 335 Richtung Crépy-en-Valois aus Morienval hinaus. In Élincourt geht es rechts auf die D 123 und wieder rechts nach Orrouy.

Champlieu

An den Überresten einer romanischen Kirche erkennt man die frühere Bedeutung dieses Weilers in der Nähe des Waldes von Compiègne. Die im letzten Jahrhundert freigelegten **gallo-römischen Ruinen** werden von der ehemaligen Römerstraße von Senlis nach Soissons durchquert: die „Chaussée Brunehaut".

Mit seinen 70 m Durchmesser bot das **Theater** Platz für 3000 Personen. Lediglich die ersten drei terrassenförmig angelegten Ränge sind erhalten. Der oberhalb liegende Halbkreis ist mit Gras bewachsen. Unten sieht man die Stützen der Kulissen, darüber sind noch die sechs Publikumseingänge erhalten.

Die **Thermen** sind von recht überschaubarer Größe für ein öffentliches Gebäude (53 m lang und 23 m breit). Man erkennt den Platz des Atriums, des viereckigen Eingangshofs, des *Frigidariums*, des *Tepidariums* und des *Caldariums*, in dessen Mitte das Wasser aus einer Kalkschale sprudelte. Der **Tempel** *(auf der anderen Straßenseite)* besteht aus einem ersten Sanktuarium (1. Jh.) und ist ein klassischer *Fanum-Tempel*, über dem sich

Stéphane Sauvignier / MICHELIN

Die Ruinen von Champlieu, einer wichtigen gallo-römischen Ausgrabungsstätte.

ein zweiter größerer, viereckiger Tempel erhebt (20 m Seitenlänge). Sein Grundriss wird von einem steinernen Rinnstein abgegrenzt.

Von der D 32 links abbiegen, 10 km am Tal entlang fahren.

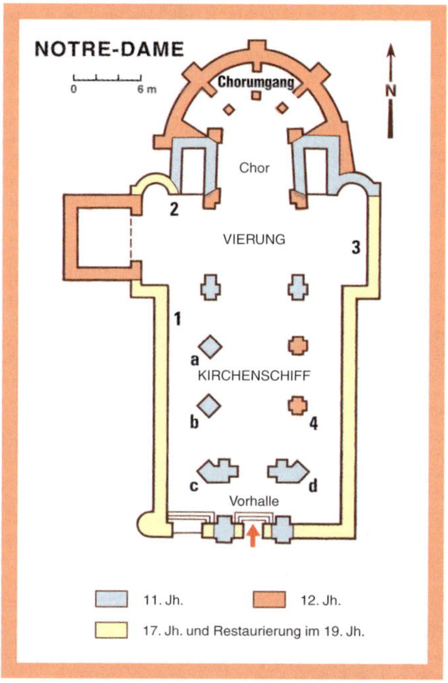

Abbaye de Lieu-Restauré
✆ 03 44 88 55 31 – Feb.-Nov. Sa/So/Fei vormittags und nachmittags; Führung möglich – 3 € (unter 14 J. Eintritt frei). Die im 12. Jh. anstelle einer kleineren Kapelle errichtete Prämonstratenser-Abtei wurde im 16. Jh. nach dem Hundertjährigen Krieg wieder aufgebaut. Ab 1964 wurden Restaurierungsarbeiten vorgenommen.
Gehen Sie zur Kirche mit ihrer spätgotischen **Rosette**★ hinab und betreten Sie das Hauptschiff auf der linken Seite, um die Ruinen der Abteibauten herum. Ausgrabungen im Süden haben den Kreuzgang und das Refektorium mit den Säulenfüßen und seinem Kamin freigelegt. Der Vorratskeller aus dem 18. Jh. ist restauriert. Ein Museum stellt die Funde der Grabungen aus (Geschirr, Kapitelle usw.).

Es geht auf der D 32 weiter; nach 1 km links; 50 m nach einem Turm am Straßenrand halten Sie am Parkeingang.

Vez★
Vez soll vom lateinischen *vadum* kommen: die Furt. Dieses winzige Dorf an einer Hügelflanke hat der Region Valois ihren Namen gegeben, es ist ihr Herzstück. 1918 war hier General Mangin mit seinem Generalstab zu Gast, vor der Offensive der französischen Armee, die im Juli den Sieg der Alliierten sicherte.

Château★ – *✆ 03 44 88 55 18 – ♿ – Juli-Sept. nachmittags; April-Juni So und Fei nachmittags – 6 €.* Die sehr alte Burg wurde im 14. Jh. wieder aufgebaut. Die viereckige Anlage wird vom **Donjon (Zwinger)** dominiert. In der Mitte des Hofs birgt eine Kapelle gallo-römische Antiquitäten und prähistorische Gegenstände aus dem Valois, sowie von Frémiet skulptierte Marmor-Grabplatten.
Sol LeWitt, ein amerikanischer Künstler, der in den prestigeträchtigsten Museen ausgestellt wird, realisierte 1995 ein **Wall Drawing** auf den Mauern des Bergfrieds. Oben von der Kapelle hat man eine gute **Aussicht** auf die Vallée de l'Automne. An der rechten Seite der Kurtine erinnert eine Tafel an einem Türmchen daran, dass Johanna von Orléans hier 1430 vorbeikam, als sie nach Compiègne reiste.
Hinter der Kapelle stehen die Ruinen des Wohngebäudes des Burgherrn (13. Jh.). Hin und wieder werden im minimalistisch gehaltenen Garten zeitgenössische Skulpturen aufgestellt.

Bleiben Sie auf der D 32/D 231; Sie gelangen ins Département de l'Aisne.

Villers-Cotterêts *(s. MICHELIN Der Grüne Reiseführer Nordfrankreich)*
Nehmen Sie die D 80 Richtung Nordosten. In Corcy geht es links auf die D 17.

Abbaye de Longpont★ *(s. MICHELIN Der Grüne Reiseführer Nordfrankreich)*
Adressen von Hotels und Restaurants finden Sie in den Tipps und Adressen von Crépy-en-Valois, Ermenonville und Senlis.

Nemours★

SEINE-ET-MARNE (77) – 12 898 EINWOHNER – UMSCHLAGKARTE C4 – MICHELIN LOCALKARTE 312 F6

Das von dichten Wäldern umgebene Örtchen ist ein idealer Ausgangspunkt für die Erkundung des Loing-Tals. Weil Nemours und Larchans in den Ausläufern des Fontainebleau-Massivs liegen, führen die Wanderwege oft an Felsenhängen und beeindruckenden Gesteinsformationen vorbei.

Stéphane Sauvignier / MICHELIN

Vom Loing aus hat man einen schönen Blick auf das Schloss.

Wegweiser – Nemours liegt an der Kreuzung der D 403 und D 16. Die Autobahn A 6 oder die D 607 verbinden den Ort direkt mit Paris. Mit der Bahn Richtung Montargis ist man von der Gare de Lyon aus in 45 Minuten in Nemours.

Unbedingt sehenswert – Spaziergang zu den Greau- oder den Nemours-Felsen; für Kunstfreunde: Bronzestatuen im Museumspark Antoine-Bourdelle in Égreville.

Mit Kindern – Ein Erlebnis für die ganze Familie ist das Prähistorische Museum der Île-de-France.

Orte in der Nähe – LARCHANT, MORET-SUR-LOING

Geschichte und Geschichten

Das Herzogtum – Im 12. Jh. wurde nahe einer Furt am Loing eine Festung errichtet. Während des Hundertjährigen Krieges war die Siedlung hinter den Festungsmauern stark umkämpft. Nemours wurde zunächst Grafschaft, 1404 dann Herzogtum. Als solches gab das Haus Valois es in die Obhut der mächtigsten Prinzen Frankreichs: Derer von Armagnac, später **Gaston de Foix** und dem Haus Savoie. Im Schloss Nemours versuchte König Heinrich III. zweimal, sich mit den Anführern der Rebellen, der Familie Guise, zu versöhnen. Kurz nach dem Ende der Verhandlungen ließ Heinrich den **Grafen von Guise** in Blois ermorden. Er selbst wurde im Folgejahr von einem Mönch aus dem feindlichen Lager getötet. Ludwig XIV. gab das Herzogtum 1672 seinem Bruder Philipp, dem Herzog von Orléans. Bis heute gehört Nemours zum Haus Orléans.

Sehenswürdigkeiten

Musée de Préhistoire d'Île-de-France★ (Prähistorisches Museum)

Östl. der Stadt Richtung Sens – 48 av. Étienne-Dailly – ✆ 01 6 78 54 80 – tgl. außer Mi, 1. Jan., 1. Mai, 25. Dez. ganztägig – 3 € (unter 16 J. Eintritt frei). Das Museum ist in einem modernen Betongebäude am Waldrand von Nanteau untergebracht. In dieser Gegend der Île-de-France liegen besonders viele prähistorische Stätten und Megalithen. An vielen sind Wetzspuren von Steinwerkzeugen, die an den Felsen geschärft wurden, zu sehen.

Zu Beginn des Rundgangs wird gezeigt, wie durch Luftaufnahmen geeignete Stellen für archäologische Grabungen gefunden werden. Auch die Ausgrabungsstätte von Étiolles in der Essonne ist dort rekonstruiert worden.

Die Ausstellung über die **Altsteinzeit** (800 000-9000 v. Chr.) stellt das regionale Paläolithikum vor. Eine stratigraphische Darstellung zeigt, wie mithilfe der Erdschichten fossile Pflanzen datiert werden können. Hier ist auch ein großer Feuerstein zu sehen. Anhand eines Gipsabgusses des Bodens von Pincevent (einer wichtigen Ausgrabungsstätte am linken Seineufer, 7 km südöstl. von Montereau) wird in einem **Film** das Leben im Magdalénien (Epoche am Ende der Würmeiszeit) beleuchtet.

Der Alltag der Jäger und Fischer in der **Mittelsteinzeit** (9000-5000 v. Chr.) wird mit Fundstücken aus Holz, etwa einer Piroge und einer Aalreuse, illustriert, die aus Noyen-sur-Seine stammen. Außerdem kann man winzige Feuersteinwerkzeuge betrachten, die in Sonchamp, Buthiers und St-Pierre-les-Nemours gefunden wurden.

Die der **Jungsteinzeit** (5000-2300 v. Chr.) und der Bronze- und Eisenzeit (2300-25 v. Chr.) gewidmeten Räume bringen den Besuchern das dörfliche Leben und die Landwirtschaft dieser Zeit nahe. Schmuck und Waffen werden gezeigt und man erfährt Interessantes über Begräbnisrituale. Weiter sind restauriertes Steingutgeschirr und Grabbeigaben, darunter ein wunderbarer Dolch, zu sehen.

Ein eigener Raum ist einem **Boot aus der Karolingerzeit** vorbehalten. Es stammt aus dem Jahr 834 n. Chr. und wurde aus einem einzelnen, 14 m langen und nur 90 cm breiten Baumstamm gemacht.

Aus dem Museum öffnet sich immer wieder der Blick auf den umgebenden Wald.

Schloss

Zugang über ein Portal aus dem 18. Jh., Rue Gauthier-Ier – zurzeit wegen Renovierungsarbeiten geschl. Das am linken Loing-Ufer gelegene Hauptgebäude des Schlosses wird von runden Türmen flankiert. Es entstand im 12. und 13. Jh., doch die architektonischen Ausschmückungen, wie etwa die Fenster mit Kielbögen, stammen aus dem 15. Jh. Mit dem Zwinger ist das Hauptgebäude über eine Galerie verbunden. Durch große Zimmer mit restaurierten Decken gelangt man in einen Turm, in dem eine **gotische Kapelle** (um 1150) eingerichtet wurde.

Die Dauerausstellung im Schloss zeigt archäologische Funde aus der Römerzeit, der Zeit der Merowinger und dem Mittelalter sowie Kunstgegenstände (15.-18. Jh.) und Fayencen aus dem 18. Jh.

Zum Schluss führt die Galerie den Besucher in den quadratischen, höher gelegenen Zwinger, von dem aus sich ein schöner Blick über die Stadt bietet.

Kirche

Die Kirche wird von einer langen Turmspitze dominiert. Mit Ausnahme des schon im 12. Jh. begonnenen Turms stammt sie aus dem 16. Jh. Vorspringende Kapellen bestimmen den vorderen Teil des Gebäudes. Am Gewölbe des Kirchenschiffs (17. Jh.) sieht man die Rippenstruktur aus Holz. Eine Inschrift an der höchsten Säule des Chors auf der linken Seite erinnert an den Besuch von Papst Pius VII. am 25. November 1804, als dieser sich auf der Durchreise nach Fontainebleau befand.

Eine Persönlichkeit aus der Region

Pierre Samuel Dupont de Nemours (1739-1817) war ein Ökonom aus der Schule der Physiokraten. Der Freund und Schüler von Quesnay arbeitete zunächst an der Seite Turgots, später Calonnes. Der verfassungsgebenden Nationalversammlung von 1791 gehörte er als Abgeordneter von Nemours an. Um nicht mit einem Namensvetter verwechselt zu werden, nannte Samuel Dupont sich de Nemours. Als Royalist floh er bald in die USA. Einer seiner Söhne gründete in Delaware eine Puderfabrik und legte damit den Grundstein eines großen Chemie- und Nuklearkonzerns.

Das riesige Dach der Markthalle und der robuste Uhrturm der Kirche von Égreville.

Ausflüge

Rochers Gréau★ (Felsenpark Gréau)

1 ½ Std. vom Parkplatz am Stadion aus (südöstl. über die Avenue d'Ormesson).
Vom Parkplatz aus geht es 100 m auf der Straße Richtung Nemours zurück. Zwischen zwei Privatgrundstücken führt nun ein Weg in den Felsenpark. Vom Eingang aus steigt der Weg zunächst leicht nach links an, bis man zwei Felsen erreicht *(dort befindet sich ein alter Trinkwasserbrunnen und eine Bank)*. Gehen Sie auf dem teilweise gepflasterten Weg nach rechts weiter zum Rocher de la Grande École. Vom äußersten Felsvorsprung aus kann man einen Blick auf Nemours erhaschen.
Gehen Sie zurück zum Trinkwasserbrunnen. Weiter geht es leicht absteigend nach rechts.
Wieder in der Ebene angelangt, folgen Sie dem Weg nach links und gelangen zum Rocher Plat (Flacher Felsen), der von schattenspendenden Pinien umgeben ist.

Rochers de Nemours★

Diese Felsformation ist der letzte südliche Ausläufer der Sandsteinfelsen von Fontainebleau. Den größten Teil des Massivs durchzieht der markierte Wanderweg GR 13. Dazu kommen einige Varianten, die zu kürzeren Wanderungen einladen und auch für den folgenden Ausflug genutzt werden.

Rundgang zum Rocher Soulès★ – *2,5 km mit dem Auto, dann 1 ½ Std. Fußweg.*
Man verlässt Nemours Richtung Sens. An der Weggabelung nach dem Musée de Préhistoire de l'Île-de-France geht es nach rechts Richtung Poligny. 200 m weiter können Sie Ihr Auto rechts an einem breiten Forstweg parken. Folgen Sie dem Forstweg (gelbe Markierung) 500 m weit und überqueren Sie den kreuzenden Wanderweg. Gehen Sie nicht den darauffolgenden Weg nach links, sondern gleich danach rechts auf einen bald steil ansteigenden, steinigen Pfad. Oben auf dem Hügel kreuzt erneut der GR 13. Folgen Sie nun der rot-weißen Markierung des GR nach rechts im Zickzack über eine Felsenplatte. Von der äußersten Spitze des Soulès-Felsens, der so genannten Pointe Miroslawski, geht es steil über Geröll nach unten zum Ausgangsweg, dem Sie nach links folgen.

Ziel in der Umgebung

Égreville

19 km südöstl. auf der D 225, dann rechts auf die D 58. Im Zentrum dieses landwirtschaftlich geprägten Örtchens des Gâtinais liegen die **Markthallen** aus dem 16. Jh. mit ihrem imposanten Dachstuhl aus Eichenholz. Die Südfassade sieht aus wie ein riesiger Giebel mit vier Arkaden. Die gleichermaßen im Ortskern gelegene **Kirche** (13.-15. Jh.) verfügt über einen großen Glockenturm. In Égreville gibt es seit dem 12. Jh. auch ein Schloss (*Besichtigung nicht möglich*), das von Anne Pisseleu, einer Favoritin von Franz I., im 16. Jh. wieder aufgebaut wurde. Der Komponist **Jules Massenet** (1842-1912) verbrachte hier seine letzten Lebensjahre.

Jardin-musée départementale Antoine-Bourdelle★ – *am nordöstl. Ende von Égreville (D 58 Richtung Remauville), bei Le Coudray – ✆ 01 64 78 50 90 – Mai-Okt. vormittags u. nachmittags – geführter Rundgang auf Wunsch – 3 € – (unter 17 J. Eintritt frei).* Der Garten wurde 1966 und 1973 von dem Künstler Michel Dufet angelegt, der mit Rhodia, der Tochter des Bildhauers Antoine Bourdelle (1861-1929) verheiratet war. Hier sind 58 Bronzestatuen von Bourdelle versammelt, darunter **Herakles der Bogenschütze★★**, der *Sterbende Centaur, Penelope, Sappho* oder das imposante Monument für General Alvear. An der Rückfassade des Hauses wird *Die Musen eilen zu Apollo* präsentiert. Dieses Relief wurde für das Theater auf den Champs-Élysées angefertigt und von Michel Dufet in ein Art-Deco-Umfeld gesetzt. Die Betonsäulen an der Frontseite des Hauses sind sicher kein besonderer Blickfang, doch insgesamt ist das Freilichtmuseum sehr sehenswert, vor allem wegen Bourdelles Bildhauerkunst.

Tipps und Adressen

Allgemeine Hinweise

Fremdenverkehrsamt von Nemours – *16 rue Gaston Darley – 77140 Nemours – ✆ 01 64 28 03 95 – www.nemours-saint-pierre.com*

Fremdenverkehrsamt von Égreville – *1 rue Saint-Martin – 77620 Égreville – ✆ 01 64 29 21 66*

Übernachten

Im Osten Nemours liegen an der A5 vier Hotels großer Ketten, die ganzjährig geöffnet sind.

Essen und Trinken

Au Feu de Bois – *2 pl. Dupont-de-Nemours – 77140 Nemours – ✆ 01 64 28 01 34 – tgl. außer So abends, Mi abends und Mo – Sa/So Reserv. empf. – Mittagessen 14 € – 2,50/26 €.* Lassen Sie sich nicht vom Äußeren dieses ehemaligen Pferdestalls aus dem 19. Jh. täuschen. In zwei gemütlichen Gasträumen im Erdgeschoss finden Sie eine Brasserie-Crêperie, im oberen Stockwerk ein gehobenes Traditionsrestaurant. Schöner Blick auf den Loing.

Einkaufen

Markt – *77140 Nemours – Mi und Sa vormittags.* Dieser Markt auf dem Champ-de-Mars hält die Reichtümer lokaler Gemüsehändler, Geflügelzüchter und Metzger bereit. Besonders gut sind die portugiesischen Spezialitäten und die feinen Konservenprodukte der Familie Quelin.

Des Lis Chocolat – *6 rue Louis-Blériot – ZA du Rocher-Vert – 77140 Nemours – ✆ 01 64 29 20 20 – www.deslischocolat.com – Mo-Sa 9-12.15 Uhr, 14-19 Uhr.* Hier können Sie bei der Schokoladen- und Bonbonherstellung zusehen und natürlich auch probieren. Genießen Sie die Tuilettes de Nemours und die lokalen Mohnspezialitäten (Sirup, Likör, Süßigkeiten, Marmelade, Blütenkonfekt etc.).

Sport und Freizeit

Fami-Parc – *D 403, beim Château de Nonville – 77140 Nonville – ✆ 01 64 29 02 02 – www.fami-parc.com – Anf. April-Anf. Nov. – Öffnungszeiten je nach Jahreszeit – 16 € (Kinder unter 11 Jahren : 11 €).* Dieser Park bietet Attraktionen und Aufführungen für die ganze Familie sowie ein Restaurant. Ob Mini-Piratenschiff, Wildwasserfahrt oder Tretbootausflug – hier findet jeder garantiert seine Lieblingsbeschäftigung.

Tacot des Lacs – *5 km nördl. von Nemours auf der D 40 – 77880 Grez-sur-Loing – ✆ 01 64 28 67 67 – www.tacot-des-lacs.com – Öffnungszeiten je nach Saison; Nov.-März geschl. – 5-7,50 €.* Wer sich für Dampflokomotiven begeistert, sollte sich diese geruhsame Fahrt (10 km/h) durch die schöne Landschaft nicht entgehen lassen. Die Strecke wurde von 1910-1965 für den Sandtransport vom Steinbruch bei Bourron zum Kanal des Loing benutzt und dient heute jedoch nur noch für Ausflugsfahrten.

Vallée de l'Ourcq

SEINE-ET-MARNE (77) – UMSCHLAGKARTE C1-2 –
MICHELIN LOCALKARTE 312 G/H 1/2, ZOOMKARTE 106 FALTE 12/23/24

Der Ourcq ist ein Zufluss der Marne und wurde im 19. Jh. teilweise umgeleitet. Von La Ferté-Milon an umfließt er in großen Bögen die Kalkbänke. Sein Name bleibt mit einer entscheidenden Episode der Schlacht an der Marne (1914) verbunden, in deren Verlauf viele Soldaten ihr Leben ließen.

Wegweiser – Die Ausflüge beginnen in Meaux, 45 km nordöstl. von Paris über die A 4. Mit der Bahn gelangt man von der Gare de l'Est aus hierher.

Unbedingt sehenswert – Das Villeroy-Denkmal für die Gefallenen der Marne-Schlacht; der Canal de l'Ourcq, der mit dem Fahrrad erkundet werden kann.

Gut geplant – Die beiden hier vorgeschlagenen Ausflüge können zu einem zusammengefasst werden. In diesem Fall benötigt man einen Tag Zeit.

Orte in der Nähe – JOUARRE, MEAUX

Didier Pazery / MICHELIN

Der friedlich dahinfließende Ourcq-Kanal.

Geschichte und Geschichten

Die Schlacht an der Marne 1914 – Die so genannte Erste Schlacht an der Marne begann mit der **Schlacht von Ourcq**, die sich allerdings nicht im Tal selbst, sondern auf dem **Hochplateau des Multien** abspielte. Das Ergebnis dieser Schlacht bereitete den Sieg des Generalangriffs von Nanteuil-le-Haudouin (nördlich von Meaux) auf Révigny (nordöstlich von Bar-le-Duc) vor. Wenig bekannt ist die Tatsache, dass die Schlacht auf französischer wie auf deutscher Seite mit dem Aufeinandertreffen von großen Reservetruppen begann. Der Zufall und die vorausgegangenen Truppenbewegungen waren der Grund, dass sehr viele Franzosen dort ihr Heimatgebiet verteidigten.

Ausflüge

Das Schlachtfeld 1

42 km ab Meaux. Karte S. 218. Von Meaux auf der N 3; nach 6,5 km hinter dem Gallieni-Denkmal geht es links auf die D 27 Richtung Iverny, dann rechts Richtung Chaucoin-Neufmontiers.

Mémorial de Villeroy – Das Denkmal markiert den Ort der ersten Kämpfe am 5. September 1914. Hier kam die 19. Kompanie des 276. Regiments der französischen Reserveinfanterie der marokkanischen Brigade zu Hilfe, die kurz vor der Vernichtung stand. Unter feindlichem Feuer erfolgte der Angriff Richtung Monthyon.

Im **großen Grab** sind 133 Offiziere und Soldaten bestattet, die auf den umliegenden Feldern gefallen sind. Der Schriftsteller Charles Péguy wurde mit seinen Waffenbrüdern auf der rechten Seite des Grabs beigesetzt.

An der nächsten Kreuzung geht es links Richtung Chauconin-Neufmontiers. Über Penchard weiter nach Chambry. Fahren Sie durch den Ort hindurch.

Der Glockenturm von Barcy weist nach links.

Cimetière national de Chambry (Nationalfriedhof) – Die hier beigesetzten Gefallenen fielen größtenteils bei den Kämpfen um Chambry vom 6.-8. September.
Auf der Weiterfahrt sieht man die Ebene von Chambry-Barcy, die mit Gräbern übersät ist. An den Reihen der Gräber lässt sich der Frontverlauf rekonstruieren.
500 m östlich der Kreuzung markiert der **deutsche Militärfriedhof** den Verlauf der deutschen Front über die Straße von Varreddes.

Wenden Sie hier.

Monument N.-D.-de-la-Marne – Auf Wunsch des Bischofs von Meaux wurde dieses Denkmal 1914 errichtet.

Weiter geht es Richtung Puisieux. An der Kreuzung nach einer alten Fabrik nach rechts abbiegen, Richtung Étrepilly. Im Dorfzentrum 200 m vor der Kirche nach links Richtung Acy-en-Multien.

Étrépilly – Der kleine Nationalfriedhof und das Denkmal erinnern an die Kämpfe in der Nacht vom 7. auf den 8. September 1914, die beim örtlichen Friedhof am heftigsten getobt hatten.

Acy-en-Multien – Am 7. September 1914 war dieses Dorf im Gergogne-Tal stark umkämpft. In den gewundenen Sträßchen, bewaldeten Hügeln und dem von einer Mauer umgebenen Schlosspark verloren viele ihr Leben.

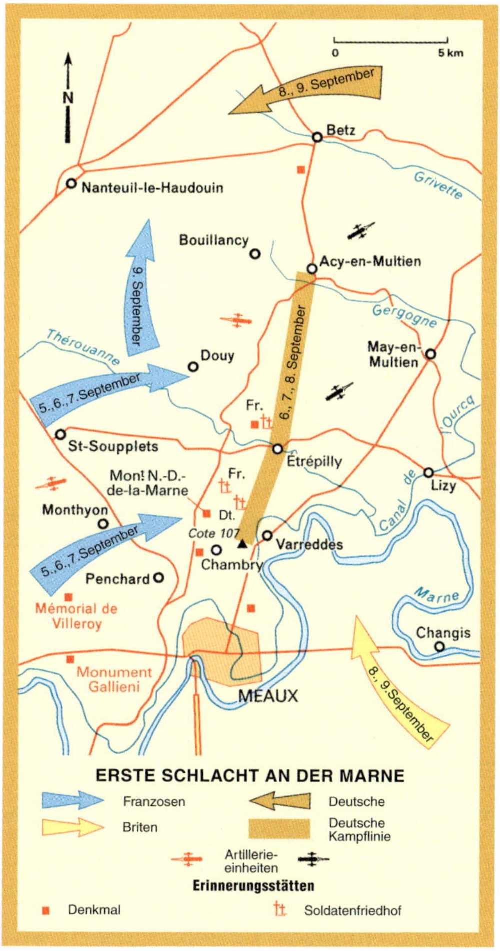

Verlassen Sie Acy Richtung Nanteuil-le-Haudouin (an der Ausfahrt links halten).

Église de Bouillancy – *Im Bas-Bouillancy.* In diesem ruhigen Tal liegt eine gotische Kirche (12.-13. Jh.) mit einem sehenswerten Glockenturm, deren Umriss von seltener Ausgewogenheit ist.

Wenden Sie. Umfahren Sie die Kirche von Acy rechts und nehmen Sie gleich links die Straße zur Hochebene.

Schöner Ausblick auf Acy und den Glockenturm. Hinter Étavigny verlässt die Route den Schauplatz der früheren Schlachten.

Sie erreichen Meaux über die D 405.

Der Ourcq-Kanal 2

35 km. Aus Meaux kommend nördl. auf der D 405.

Die ansteigende Straße führt an einem großen **amerikanischen Denkmal** vorbei. Die Statue wurde dank amerikanischer Spenden 1932 zum Gedenken an die Marne-Schlacht errichtet.

Weiter geht es in Varreddes rechts auf die D 121, die steil bergab führt.

Der Ourcq-Kanal

1802 beschloss Napoleon, den Verlauf des Ourcq durch ein Kanal-Aquädukt zu verändern. So sollte das Wasser in das Becken von Villette in Paris geleitet werden. Der Kanal wurde 1809 eingeweiht und ist seit 1813 zwischen Paris und Claye-Souilly auch für die Schifffahrt geöffnet. 1821 reicht der Kanal bis Mareuil-sur-Ourqc. Fünf Schleusen wurden gebaut und die bestehenden Schleusen erneuert. Zwischen 1920 und 1930 wurden zusätzliche Erweiterungsarbeiten durchgeführt. Der Kanal von Ourcq bedient auch die Kanäle St-Denis und St-Martin und trägt zur Wasserversorgung von Paris bei. Die gewerbliche Schifffahrt wurde 1960 zugunsten der Freizeitschifffahrt zwischen Paris (la Villette) und Meaux eingestellt. Der Ourcq ist auf einer Strecke von 110 km befahrbar.

Blick auf die erste Schleife des Ourcq.
In Lizy auf der rechten Flussseite bleiben, bald nördl. auf die D 147 fahren.

May-en-Multien

Das Dorf liegt hübsch 100 m über dem Ourcq und wird von einem weithin sichtbaren Kirchturm bestimmt.
Weiter nach rechts auf die D 94 Richtung Crouy.
Während der kurvenreichen Abfahrt bieten sich schöne **Ausblicke** auf das malerische Tal des Ourcq.

Crouy-sur-Ourcq

Gleich nach der Talankunft führt die Straße an den Ruinen des Schlosses von Houssoy entlang. Es wurde auf einer Festung aus dem 11. Jh. erbaut. Der Burgfried liegt etwas außerhalb und entstand 1390. 1652 geriet das Schloss im Zuge einer Belagerung in Brand. Der Burgfried mit seinen Kaminen überstand das Feuer und steht noch heute. Parken Sie am Bahnhof und gehen Sie durch das Tor in den Hof. Vom Turm aus hat man einen schönen Blick auf die reizvolle Landschaft.
Die **Kirche** von Crouy hat zwei gotische Schiffe aus dem 16. Jh. Bemerkenswert sind auch die vielfarbigen Holzarbeiten im Chor (1670). Oben am Retabel, am Altaraufsatz, können Sie eine Darstellung der Schutzheiligen der Kirche sehen: den hl. Cyrus und seine Mutter, die hl. Julia. *✆ 01 64 35 63 02 – geführte Besichtigung auf Wunsch (1 Woche vorher anmelden).*
Weiter nördl. auf der D 102.
Links bietet sich eine schöne **Aussicht** auf den Ourcq-Kanal.
Geradeaus weiter auf der D 9.
Die Straße führt nach **Mareuil-sur-Ourcq**, den Beginn des Kanals.

Tipps und Adressen

Allgemeine Hinweise

Fremdenverkehrsamt von Meaux – *1 pl. Doumer – ✆ 01 64 33 02 26 – www.ville-meaux.fr*

Fremdenverkehrsamt von Lizy-sur-Ourcq – *5 rue Jean-Jaurès – 77440 Lizy-sur-Ourcq – ✆ 01 60 01 76 14*

Besichtigung der Pumpen- und Turbinenfabrik am Kanal des Ourcq – *93410 Vaujours – ✆ 01 64 35 68 21 – www.aufildelourcq.org – Besuchszeiten unter www.aufildelourcq.org oder telefonisch.* Die so genannten Usines Élévatoires in Trilbardou und Villers-les-Rigault sind als historisch wertvolle Gebäude eingestuft. Sie funktionieren immer noch und zeugen anschaulich von den industriellen Entwicklungen des 19. Jh.

Essen und Trinken

Líassiette du Marché – *1 pl. du Marché – 77840 Crouy-sur-Ourcq – 5 km östl. von May-en-Multien auf der D94 – ✆ 01 64 35 67 41– Sa mittags und Di geschl. – 8/18 €.* Dieses Stadthaus am Marktplatz beherbergt ein reizendes Restaurant. In dem liebevoll gestalteten Speisesaal werden einfache Gerichte serviert.

⛁⛁⛁ **Le Moulin de Poincy** – *Rue du Moulin – 77470 Poincy – ✆ 01 60 23 06 80 – 5.-26. Jan., 1.-22. Sept., Mo abends, Di und Mi geschl. – 30/59 €.* Die hübsche Mühle aus dem 17. Jh. liegt einsam am Rand der Marne. Hübscher Speisesaal mit schönen Möbeln, Antiquitäten und einer Cafetièren-Sammlung. Klassische Küche und gute Weinkarte.

Sport und Freizeit

Radweg entlang des Ourcq-Kanals – *93410 Vaujours – www.aufildelourcq.org* – Der Radweg führt von Porte de la Villette nach Claye-Souilly. Zu Beginn der Strecke finden sich Zeugnisse der industriellen Vergangenheit des Kanals, später beherrscht die Natur das Bild und es ist schwer vorstellbar, dass Paris so nahe ist. Auch wer nur einzelne Streckenabschnitte fahren will, wird mit schönen Naturerlebnissen belohnt.

Le port aux Perches – *2-4 rue François-Mitterrand – 02460 Silly-la-Poterie – ✆ 03 23 96 41 25 – www.portauxperches.com – Anf. März-Anf. Nov., Sa/So/Fei 12.15 Uhr (Ausflugsfahrt mit Frühstück, Dauer 3 Std., 46 €, Kinder 30 €) und 16 Uhr (Ausflugsfahrt, Dauer 2 Std., 7 €, Kinder 5 €).* Die Rundfahrten mit dem Boot auf dem Ourcq-Kanal führen von Silly-la-Poterie (nördl. von Ferté-Milon) über Aisne bis nach Marolles.

Poissy

YVELINES (78) – 35 800 EINWOHNER – UMSCHLAGKARTE B2 – MICHELIN LOCALKARTE 311 I2, ZOOMKARTE 101 FALTE 11-12, 106 FALTE 17

Die Stadt am Seineufer war seit dem 5. Jh. königliche Residenz; der hl. Ludwig wurde hier geboren. Das Schloss wurde bereits von Karl V. abgerissen. Der Tiermarkt von Poissy wurde im Mittelalter gegründet und versorgte Paris bis 1867 mit Fleisch. Heute spielt hier die Autoindustrie eine wichtige Rolle.

Wegweiser – RER A 5 (Gare de Poissy) oder Zugverbindung von Paris-Gare St-Lazare.

Unbedingt sehenswert – Die Stiftskirche Notre-Dame; die Villa Savoye von Le Corbusier; die Maison d'Émile Zola in Médan; die Wandmalereien in der Église St-Etienne in Vernouillet.

Gut geplant – Es lohnt sich, den Besuch in Poissy mit einem Ausflug entlang der Seine zu verbinden.

Mit Kindern – Die Sternwarte „Parc aux Étoiles".

Orte in der Nähe – CONFLANS-STE-HONORINE, MAISONS-LAFFITTE, ST-GERMAIN-EN-LAYE

Sehenswürdigkeiten

Stiftskirche Notre-Dame★

Die überwiegend romanische Kirche wurde im 11. und 12. Jh. errichtet; im 15. Jh. wurden Kapellen hinzugefügt. Im 13. Jh. wurde sie einem Kanonikerstift übergeben. Restauriert wurde die Kirche von **Viollet-le-Duc**. Der Aufbau der beiden romanischen Glockentürme ist ungewöhnlich: Der untere Teil ist viereckig, darauf ist jedoch ein achteckiger Turm mit Steinspitze gebaut. Der zweistöckige Hauptglockenturm ist achteckig und mit einem Spitzdach überdacht. Der Portalvorbau (16. Jh.) an der Südseite umfasst zwei Portale: Ein Tympanon ist mit einer von Strahlen umgebenen Vase geschmückt, die Mariä Verkündigung symbolisiert.

Am **Kirchenschiff** ist deutlich der Übergang von der Romanik zur Gotik zu sehen, was in der Île-de-France selten ist: Es weist zwar ein Kreuzrippengewölbe auf, jedoch in Form von Rundbögen. Die südlichen Kapitelle der beiden ersten Joche wurden im 17. Jh. umgebaut. Die anderen sind mit Blattwerk, grotesken Figuren und verschlungenen Mustern dekoriert. Manche Kapitelle sind älter als die Kirche und stammen aus einem anderen Bauwerk. Durch das von Viollet-le-Duc erbaute Triforium in den drei dem Chor am nächsten liegenden Jochen dringt sehr viel Licht in das Hauptschiff. Der Chorumgang besitzen wie das Hauptschiff ein Kreuzrippengewölbe. Die Seitenkapellen (den Zünften gewidmet) wurden im 15. Jh. hinzugefügt.

In der ersten Kapelle rechts vom Eingang werden die Überreste des Beckens aufbewahrt, in dem der hl. Ludwig getauft worden sein soll. Es ist zerstört, weil die Pilger jahrhundertelang Steinstaub abschabten. Sie schrieben ihm Wunderkräfte zu und tranken ihn mit Wasser vermischt, um Krankheiten zu heilen.

Gemäß der Tradition ist die Kapelle auf der Mittelachse des Gebäudes von Viollet-le-Duc der hl. Jungfrau gewidmet. Sie birgt eine Statue Marias mit dem Kinde.

An der Rückseite der Fassade befinden sich majestätische Statuen des hl. Johannes und der hl. Barbara aus dem 15. Jh.

Villa Savoye★

82 rue de Villiers – ✆ 01 39 65 01 06 – Mai-Aug. ganztägig; restl. Jahr vor- und nachmittags; Mo, 24. Dez.-2. Jan., 1. Mai, 1. und 11. Nov. geschl. – 6,50 € (unter 18 J. Eintritt frei); 1. So im Monat frei (Nov.-Mai). Dieses Manifest moderner Architektur wurde zwischen 1928 und 1931 von **Le Corbusier** und **Pierre Jeanneret** für die Bankiersfamilie Savoye erbaut. Nach dem Krieg war es vom Abriss bedroht, wurde jedoch gerettet und steht seit 1964 unter Denkmalschutz.

Die Villa ist wie ein „schwebender Kasten" konzipiert; sie hat keine tragenden Wände, sondern ruht auf Pfeilern. Ein einziges Fenster erstreckt sich über die gesamte Seitenlänge. Sanft ansteigend führt eine Rampe in den ersten Stock 3,50 m über dem Boden. Das Terrassendach ist als Solarium konzipiert (120 qm).

Ausflug

Entlang des Seine-Ufers

16 km, Dauer ca. 2 ½ Std. Verlassen Sie Poissy südwestl. auf der D 153. In Médan folgen Sie der „Plage de Villennes" und parken am Wasser nahe der Bootsanlegestelle.

Villennes-sur-Seine

Die kleine dem hl. Nikolaus gewidmete Kirche aus dem 11. Jh. überrascht mit einer asymmetrischen Fassade (Glockenturm aus dem 16. Jh.)

Médan

Die Stadt ist für ihren *Plage de Villennes* genannten Strand bekannt, der auf einer Seine-Insel liegt.

Gehen Sie zu Fuß zur Straße zurück und überqueren Sie die Bahnschienen.

Maison Zola – *Wiedereröffnung 2009 geplant.* **Émile Zola** (1840-1902) kaufte dieses Haus 1878; heute ist es ein Literaturmuseum. Der Billardraum im Erdgeschoss verfügt über Fenster von Beboneau, an deren Gestaltung Zola mitwirkte. Die Decke ist nach Wappenskizzen von Carnavalet bemalt. Das Esszimmer ist im Originalzustand: Delfter Fliesen und eine blumenverzierte Decke. Eine Reihe von Fotografien, von Zola selbst aufgenommen, beweisen sein fotografisches Talent. Das Schlafzimmer liegt im ersten Stock. Im **Arbeitszimmer** (zweiter Stock) beeindruckt die luxuriöse Ausstattung. Der mit Karyatiden verzierte Renaissancekamin trägt das Motto des Schriftstellers: *Nulla dies sine linea* („Kein Tag ohne neue Zeile."). Hier sind auch persönliche Gegenstände wie Stuhl, Lampe und Tintenfass zu sehen.
Zwei Räume sind der **Dreyfus-Affäre** gewidmet.

Gehen Sie zum Auto zurück.

Nun geht es vorbei an der hübschen kleinen **Église St-Germain**, deren Türme Renaissancekuppeln tragen. Im Taufbecken (Ende 15. Jh.) aus der Pariser Église St-Paul soll Karl V. getauft worden sein. Daran erinnert eine Inschrift. Gehen Sie zurück bis zur Rue Pierre-Curie (Vernouillet). Am Fuß des Hanges steht das **Château de Médan**, ein ehemaliges Jagdschlösschen, in dem später der Schriftsteller **Maurice Maeterlinck** (1862-1949) lebte.

Fahren Sie Richtung Norden ins Zentrum von Vernouillet.

Vernouillet

Am linken Seineufer liegt dieses Dorf mit der **Église St-Étienne**. Der **Glockenturm** mit romanischer Basis ist bemerkenswert. Die Harmonie des Gebäudes entsteht durch die am Goldenen Schnitt orientierten Proportionen. Im Inneren sind wunderbare, hervorragend restaurierte **Wandmalereien★** (13. J.) erhalten.

Triel

Von der Brücke des industriell geprägten Ortes bietet sich ein schöner **Blick** auf die Seine und das linke Ufer.

Église St-Martin★ – An die einfache gotische Kirche aus dem 13. Jh. mit drei Schiffen wurden ein zusätzliches Seitenschiff auf der Flussseite mit spätgotischen Fenstern aus dem 15. Jh sowie gegenüber auf der Nordseite eine große Kapelle angebaut. Im 16. Jh. kam ein großer Renaissancechor mit Chorumgang hinzu. Er liegt sechs Stufen höher, um die Straße nicht zu blockieren. Im Inneren sind die Umbauten im Haupt- und im Querschiff sichtbar: Die Kuppeln des Hauptschiffs wurden Ende des 13. Jh. abgesenkt; die hohen Fenster wirken verkleinert. Im Süden des engen, länglichen Querschiffs befinden sich die Reste eines Triforiums der ursprünglichen Kirche. Im rechten Seitenschiff steht ein aufwendig gearbeitetes eisernes Chorpult aus dem 18. Jh. Die **Fenster★** (16. Jh.) im Chorumgang sind ein herausragendes Beispiel der Glaskunst der Renaissance, darunter der Baum von Jesaja *(1. links)*. Das Fenster der Kapelle des hl. Johannes *(am Ende des Chorumgangs links)* erzählt die Geschichte des „nicht gehängten Gehängten": Ein junger Pilger war des Diebstahls angeklagt und entkam dem Strang dank der Hilfe des hl. Johannes, doch der Richter glaubte ihm nicht. Erst ein weiteres Wunder – ein aufgespießter Hahn, der singend davonlief – überzeugte den Richter.

Parc aux Étoiles (Sternwarte) – *Auf dem Hautil – 2 rue de la Chapelle – ✆ 01 39 74 75 10 – www.parcauxetoiles.com – ♿ – Führungen Mi und Schulferien nachmittags; So nachmittags – 7 € (Kinder 5,50 €).* Die Sternwarte mit einem großem Teleskop macht mit den Himmelskörpern und den Fortschritten der Raumfahrt vertraut. Man kann den Sternenhimmel dreidimensional und in Farbe sehen.

Tipps und Adressen

Allgemeiner Hinweis

Fremdenverkehrsamt – *132 rue du Gén.-de-Gaulle – ✆ 01 30 74 60 65.*

Essen und Trinken

Le Bon Vivant – *30 av. Émile-Zola – ✆01 39 65 02 14 – 23. Feb., 1. März, Aug., So abends und Mo geschl. – Rest. 35/50 €.* Ein Ausflugslokal aus der Belle Époque mit zwei schönen Speiseräumen, Terrasse und klassischer Küche.

Kleine Pause

Noyau de Poissy – *105 rue du Gén.-de-Gaulle – ✆01 39 65 20 59 – www.noyaudepoissy.com – tgl. außer So nachmittags, Mo und 1. Mai 9.30-12.30 Uhr, 15-19 Uhr.* In dieser fast hundertjährigen Destillerie werden die beiden berühmten Noyau-Liköre von Poissy hergestellt. Interessante Führung (Auskunft im Fremdenverkehrsamt), kleiner Laden mit Spezialitäten.

Les Portes de Paris

UMSCHLAGKARTE D 5-6 – ANGABEN ZU DEN MICHELIN-LOCALKARTEN BEI DEN JEWEILIGEN ORTEN

Diese alten Dörfer im Einzugsgebiet von Paris stehen seit Jahren unter großem demografischem Druck. Obwohl sie in vielerlei Hinsicht eng an Paris gebunden sind, konnten einige Orte ihre Identität bewahren und wurden zu kulturellen Anziehungspunkten.

Geschichte und Geschichten

Beim Bau der Thiers'schen Stadtmauer zwischen 1841 und 1845 wurden 17 Tore für die großen Verkehrswege von Paris aus eingebaut. Weiter schuf man 23 Passierstellen an den Straßen der Départements und 12 Pforten für die angrenzenden Wege. Der Verlauf dieser Mauer von Paris folgt dem Boulevards des Maréchaux und umfasst jene Dörfer, die bei der Anlage der Arrondissements ab 1860 ganz oder teilweise angeschlossen worden waren. So wurden die Dörfer Vaugirard, Grenelle, La Villette und Belleville sowie die zugehörigen Ländereien eingemeindet. Auch ein Großteil von Auteuil, Passy, Les Batignolles-Monceau, Montmartre, La Chapelle-St-Denis, Charonne und Bercy fielen darunter. Die verbliebenen Ortsteile wurden benachbarten Gemeinden zugeordnet. Dagegen verloren Ivry, Gentilly, Montrouge, Vanves, Issy, Neuilly-sur-Seine, Clichy, St-Ouen, Aubervilliers, Pantin, Le Pré-St-Gervais, Bagnolet und St-Mandé jeweils nur kleine Gebiete an Paris.

Zu Fuß unterwegs

Asnières-sur-Seine *(s. dort)*

Boulogne-Billancourt *(s. dort)*

Charenton-le-Pont

Michelin-Localkarten 312 C/D1-2, 106 Falte 19-20 – Val-de-Marne (94). Anfahrt: Metro 8, Haltestelle Liberté. Seit der Römerzeit wurden hier insgesamt 19 Brücken gebaut. Bis zu Heinrich IV. spielten sie bei der Verteidigung von Paris eine wichtige Rolle.

Gentilly

Michelin-Localkarten 312 C/D1-2, 106 Falte 19 – Val-de-Marne (94). Anfahrt: RER B, Bahnhof Gentilly. Diese an der Bièvre gelegene Gemeinde ist nur wenige Meter von Paris entfernt.

Maison Robert-Doisneau – *1 rue de la Division-du-Gén.-Leclerc – ✆ 01 47 40 88 33 – Nachmittags außer Fei, Mo, Di, Aug. – 1,50 € (unter 18 J. Eintritt frei).* Dieses Gebäude aus dem 18. Jh. erinnert an Robert Doisneau (1912-1994), der oft als humanistischer Fotograf bezeichnet wird. Sein Werk spiegelt den Menschen und die Gesellschaft wider. Das Haus ist Begegnungsstätte und Ausstellungsort für Fotografen, die ihre Arbeit in ähnlicher Weise dem Menschen widmen.

Église du Sacré-Cœur – *In unmittelbarer Nähe zum Boulevard Périphérique.* Die Église du Sacré-Cœur (Pierre Paquet, 1933-1936) ist heute die Pfarrkirche der portugiesischen Gemeinde von Paris. Sie ist weithin an ihrem 62 m hohen Glockenturm erkennbar. Das nach dem Vorbild einer byzantinischen Basilika errichtete Gebäude ist mit Fenstern von Jacques Gruber ausgestattet.

Issy-les-Moulineaux

Michelin-Localkarten 312 C3, 106 Falte 19 – Hauts-de-Seine (92). Anfahrt: Metro 12, Endhaltestelle Mairie-d'Issy. Dieser ehemalige Industriestandort beherbergt heute viele Medienunternehmen, die sich entlang der Seine angesiedelt haben. Im **Parc départemental de l'île St-Germain** dominiert eine **Skulptur** von Jean Dubuffet.

Musée français de la Carte à jouer★ (Spielkartenmuseum)– *16 rue Auguste-Gervais – ✆ 01 41 23 83 60 – Juli-Aug. Mi-So nachmittags; Okt-Juni Mi und Sa/So ganztägig, Do und Fr nachmittags außer Fei – 3,80 € (unter 18 J. frei).* Die Geschichte der Spielkarten wird hier in sehenswertem Ambiente vorgestellt. Zu den ältesten Exponaten gehören handgemalte französisch-flämische Karten mit Jagdszenen (um 1540) sowie eine wunderschön verzierte **Tarotkarte★** (15. Jh.), die dem Atelier Ferrare in Italien zugeschrieben wird. Während der Revolutionszeit wiesen die Karten keine königlichen Insignien mehr auf und neue Motive kamen auf: Gelehrte, Helden, Genies oder die Darstellung des Credos „Freiheit, Gleichheit, Brüderlichkeit". Schließlich überwogen Bilder des alten Paris, die auch die heutigen Spiele wesentlich beeinflussten. Über eine Galerie gelangt man in den ehemaligen Pavillon von Conti, der **historische Stadtansichten von Paris** bietet. Eine animierte Darstellung des Château d'Issy erinnert an das idyllische Anwesen zu Zeiten der Conti.

Montreuil

Cartes Michelin: Local 312 D2, Nr. 106 Falte 20 – Seine-St-Denis (93). Anfahrt: Metro 9, Endhaltestelle Mairie-de-Montreuil. Die Stadt Montreuil zählt zu den am dichtesten besiedelten Städten im Département Seine-St-Denis.

Murs à pêches (Pfirsichspaliere) – *Bus 102 und 120 Haltestelle Danton oder Bus 122 Haltestelle St-Just – 23 rue St-Just – impasse Gobétue – ✆ 01 48 70 23 80 oder 01 48 18 74 24 – www.mursapeches.org – So vormittags, Eintritt frei.* Dieses alte Dorf wurde im 19. Jh. von E.-A. Carrière „Montreuil-aux-Pêches" getauft. Es war für den Pfirsichanbau berühmt, dessen Spuren man noch heute besichtigen kann.

Musée de l'Histoire vivante – *31 bd Théophile-Sueur – ✆ 01 48 70 61 62 – www.museehistoirevivante.com - Anf. März-Mitte Dez. außer Fei, Mo, Di, Aug. – 2 € (unter 18 J. frei).* Das Museum veranstaltet regelmäßig Ausstellungen zu verschiedenen historischen Themen.

Église St-Pierre-St-Paul – *2 rue Romainville.* Die Kirche gehörte zum Schloss von Vincennes. Sie wurde häufig von Blanche de Castille und Saint Louis besucht. Der bemerkenswerte Chor aus dem 13. Jh. ist gut erhalten. Der Grundriss mit Triforium und Ochsenauge erinnert an Notre-Dame. Das Tor stammt aus dem 14., das Hauptschiff aus dem 15. Jh.

Neuilly-sur-Seine

Michelin-Localkarten 312 C2, 106 Falte 19 – Hauts-de-Seine (92). Anfahrt: Metro 1, Haltestellen Les Sablons oder Pont-de-Neuilly. An der Kreuzung Porte de Madrid stand das Château de Madrid, das von Franz I. erbaut und 1793 abgerissen wurde. Da dem

Königshaus das Geld fehlte, war der Park vor der Revolution ziemlich heruntergekommen. Zu dieser Zeit ließ Baron Saint-James von dem Architekten Bélanger die in weiß und rosé gehaltene Villa **Folie St-James** erbauen *(34 av. de Madrid)*, um die später das Quartier St-James entstand.

Die **Île de la Grande-Jatte** bietet eine Sportanlage mit Stadion und Tennisplatz. Am Ende der Inselspitze liegt ein kleiner öffentlicher Park. Vom dortigen **Temple de l'Amour** (18. Jh.), der ursprünglich aus dem Parc Monceau stammt, kann man die Türme von La Défense sehen. Die Spitze der Insel gehört zur Gemeinde Levallois-Perret *(s. Asnières-sur-Seine)*.

St-Cloud★★ *(s. dort)*

St-Denis★★ *(s. dort)*

St-Ouen *(s. dort)*

Tipps und Adressen

Allgemeine Hinweise

Fremdenverkehrsamt von Issy-les-Moulineaux – *Esplanade de l'Hôtel-de-Ville – 9213 Issy-les-Moulineaux – ✆ 01 46 45 80 22.*

Fremdenverkehrsamt von Montreuil – *1 rue Kléber – 93100 Montreuil – ✆ 01 46 45 80 22 – www.destinationmontreuil.fr*

Übernachten

⛁⛁⛁ **Hôtel de la Jatte** – *4 bd du Parc – 92200 Neuilly-sur-Seine – ✆ 01 46 24 32 62 – www.lajatte.com – 69 Zi: 160 € – 12 €.* Die Île de la Jatte war einst eine Künstlerresidenz und gilt heute als schick. Modernes Interieur mit vielen Design-Elementen, schöne Terrasse.

⛁⛁⛁⛁ **Neuilly Park Hôtel** – *23 rue Madeleine-Michelis – 92200 Neuilly-sur-Seine – ✆ 01 46 40 11 15 – www.hotelneuilly park.com – 30 Zi 155/175 € – 11 €.* Das frisch renovierte Hotel im Sablons-Viertel erfreut mit individuell eingerichteten Zimmern (Jugendstilmöbel, Wandbehänge). Freundlicher Empfang.

Essen und Trinken

⛁⛁ **Coquibus** – *16 av. de la République – 92130 Issy-les-Moulineaux – ✆ 01 46 38 75 80 – www.coquibus.com – 20/29 €.* Dieses Restaurant erinnert mit seinen Holzmöbeln, Bänken und Keramikfiguren an eine Brasserie der 1930er-Jahre. Traditionelle Gerichte.

⛁⛁⛁ **Bistrot d'à Côté Neuilly** – *4 rue Boutard – 92200 Neuilly-sur-Seine – ✆ 01 47 45 34 55 – www.bistrotboutarde. com – Sa mittag und So geschl. – 32 €.* Entspannter Service, Holz-Interieur, eine Kaffeemühlensammlung, Tageskarte und Wein, der „à la ficelle" (am Schnürchen) serviert wird (man bezahlt soviel, wie man tatsächlich trinkt).

⛁⛁⛁ **La Manufacture** – *20 espl. de la Manufacture (gegenüber 30 rue Ernest-Renan) – 92130 Issy-les-Moulineaux – ✆ 01 40 93 08 98 – www.restaurantmanufacture. com – tgl. außer 1.-15. Aug, Sa mittag und So – 32 €.* Die ehemalige Tabakfabrik wurde in ein modernes Restaurant mit einem riesigen, zweistöckigen Speisesaal umgebaut. Bistroküche mit zeitgemäßer, frischer Note.

⛁⛁⛁ **Primus** – *12 rd-pt du Souvenir-Français – 92250 La Garenne-Colombes – ✆ 01 47 85 30 88 – Sa mittags und So abends geschl. – 26/40 €.* Die hier gepflegte traditionell mediterrane Küche zeichnet sich durch das Spiel mit Kräutern, Aromen und Gewürzen aus (Filet vom Wolfsbarsch im Sesammantel, Kartoffel-Tatin mit Gewürzbrot). Angenehmes Ambiente.

⛁⛁⛁ **River Café** – *146 quai de Stalingrad (unter dem Pont d'Issy) – 92130 Issy-les-Moulineaux – ✆ 01 40 93 50 20 – www. lerivercafé.net – 1. Jan., 25. Dez., Sa mittags geschl. – Reservierung empf. – 27/32 €.* Das ehemalige Frachtschiff liegt an der Seine gegenüber der Île St-Germain. Der Innenraum ist im Kolonialstil gehalten. Im Sommer kann man die modernen, saisonalen Gerichte auch auf der Terrasse genießen.

Einkaufen

Maison Baillon – *29 rue de Chézy – 92200 Neuilly-sur-Seine – ✆ 01 46 24 41 39 – tgl. außer Sa nachmittag, So, Aug. – 7-20.15 Uhr.* Der Besitzer gehört seit 2003 zum gastronomischen Club Prosper Montagné. Der kleine Laden ist vor allem für die Baguette Baillon, die besonderen Brote und Sandwiches bekannt. Doch man bekommt hier auch exzellente hausgemachte Süßigkeiten (Makronen, Schokoladenbonbons, Pralinen).

Abbaye de
Port-Royal-des-Champs★

YVELINES (78) – UMSCHLAGKARTE AB2-3 – MICHELIN LOCALKARTE 311 I3, ZOOMKARTEN 101 FALTE 21 – 106 FALTE 29 – KARTE S. 106

„Alles hier atmet Gott, den Frieden und die Wahrheit", schrieb Jean Racine, der hier zur Schule gegangen war. In dieser Abtei entstand die strenge spirituelle Bewegung des Jansenismus. Das bewaldete Tal mit den Ruinen von Port-Royal bietet dem Besucher heute neben den Überresten der Abtei eine schöne und beeindruckende Atmosphäre.

Stéphane Sauvignier / MICHELIN

Das Nationalmuseum von Port-Royal zeigt religiöse Gemälde und Drucke.

- **Wegweiser** – Auf der A 13 (Ausfahrt St-Quentin-en-Yvelines) Richtung Voisin-le-Bretonneux; nach 2 km erreichen Sie die Abtei, die zu Magny-les-Hameaux gehört.
- **Unbedingt sehenswert** – Das Museum von Port-Royal-des-Champs; der 7 km lange Pfad auf den Spuren Jean Racines.
- **Orte in der Nähe** – Château de BRETEUIL, Vallée de CHEVREUSE, Château de DAMPIERRE, ST-QUENTIN-EN-YVELINES

Geschichte und Geschichten

Kloster Notre-Dame-de-Porrois – Im Jahr 1204 wurde hier ein Zisterzienserkloster gegründet. Zisterziensermönche gab es bereits im nahen Vaux-de-Cernay. Ende des 16. Jh. unterwarfen sich die Mönche nicht mehr den strengen Regeln: Im Kreuzgang ging man spazieren, die Fastenrituale verschwanden und ein Leben in Armut war angesichts des verlockenden Wohlstandes schwer. Sogar Karneval wurde hier gefeiert!

Reformen unter Äbtissin Angélique – Als Angélique Arnauld 1609 Äbtissin des Klosters wurde, begann sie mit umfassenden Reformen. Sie führte die Klausur wieder ein und empfing selbst ihre Eltern nur im dafür vorgesehenen Sprechzimmer. Sie ordnete die ewige Anbetung der Heiligen Sakramente an und verpflichtete zu Regeltreue, Meditation und Armut. Zahlreiche Novizen wurden so angezogen. Als geistige Führer bestimmte Angélique den Abt von St-Cyran, Jean Duvergier de Hauranne, und Antoine Singlin. Mit diesen beiden hielt der Jansenismus (eine an Gnade und Vorhersehung orientierte Glaubensrichtung) in Port-Royal Einzug.

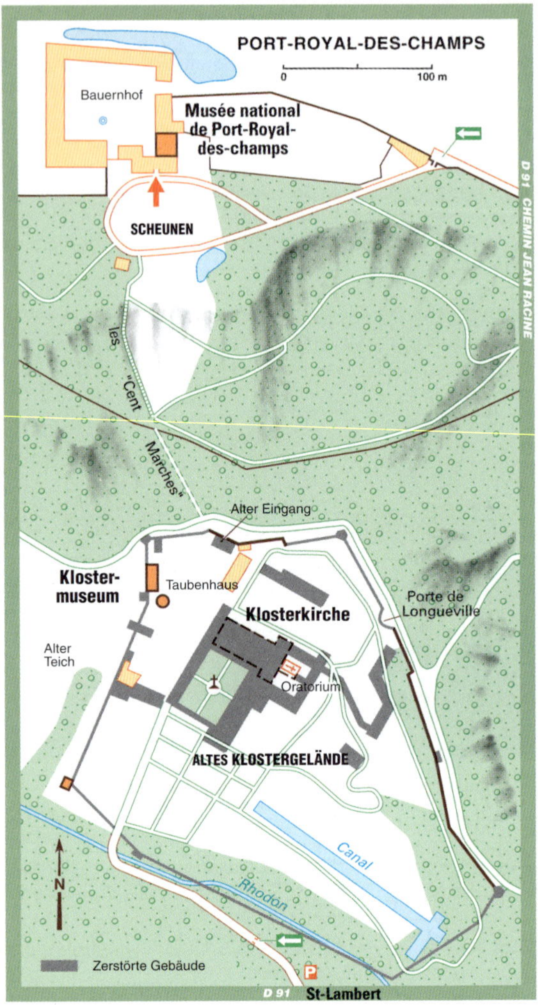

Rückkehr nach Paris – 1618 sandte der Zisterzienserorden die Äbtissin nach Maubuisson. Sie sollte das dortige Kloster reformieren. Port-Royal stand in dieser Zeit unter der Leitung von Angéliques Ordensschwester Agnès. Nach ihrer Rückkehr 1625 musste die Gemeinde umziehen : Weil die alten Gebäude zu klein für die geworden waren, zog man in das Kloster Port Royal de Paris, (heute eine Entbindungsstation).

Die Einsiedler von Port-Royal – Ein Bruder Angéliques, der Theologe Antoine Arnauld und seine Anhänger beschlossen, sich zu Meditation und Gebet wieder in das verlassene Kloster Port-Royal-des-Champs zurückzuziehen. Sie renovierten die Anlage. 1637 wurde der Abt von St-Cyran, der den Pariser Adel gegen Richelieus Politik unterstützt hatte, gefangen genommen. Er starb 1643.
Angéliques Bruder, genannt Le Grand Arnauld, und einige weitere Jansenisten gehörten zu den großen Denkern ihrer Zeit.

Die Petites Écoles – 1648 kehrte die Äbtissin nach Port-Royal-des-Champs zurück. Daraufhin wurden Schulen gegründet, die sogenannten *Petites Écoles*, mit revolutionärem Ausbildungsprinzip: kleine Lerngruppen, französische (statt lateinische) Schulbücher, Fremdsprachenunterricht und Verzicht auf körperliche Züchtigung.

Ein Zentrum des Jansenismus – Port-Royal hatte, sehr zum Ärger der Jesuiten, einigen Einfluss auf das Königshaus und das Parlament. Von hier aus wurden die Schriften des ehemaligen Bischofs von Ypres, **Cornelius Jansenius**, verbreitet. Dieser war von der Universität Louvain beauftragt worden, die These des Jesuiten Molina zu widerlegen, nach der jeder gottgläubige Mensch die Widrigkeiten des Lebens aus eigener Kraft überwinden kann. Kurz nach Vollendung seines Werks *Augustinus* starb Jansenius 1638.

Der Ketzerei angeklagt – Für die Theologen der Port-Royal-Schule war das Buch eine Rechtfertigung ihrer Thesen. Die Jesuiten warfen den Jansenisten daraufhin ketzerisches Gedankengut vor. Sie belegten dies mit Zitaten aus dem Werk und erreichten, dass diese Zitate von der Kirche verdammt wurden. Auch die Nonnen in Port-Royal waren gezwungen, die Häresie anzuerkennen. Da die inkriminierten Stellen jedoch nicht wörtlich in Jansenius' Buch enthalten waren, konnten sie dies mit ihrem Gewissen vereinbaren.

Blaise Pascal (1623-1662) wurde von Arnauld mit der Verteidigung von Port-Royal beauftragt und kam dieser Aufgabe mit drastischen Streitschriften gegen die Jesuiten nach. Als der Papst 1655 starb, entspannte sich die Lage kurz. Doch sechs Jahre später flammte die Feindschaft wieder auf. Äbtissin Angélique starb 1661.

Die Vertreibung der Einsiedler – Ab 1669 schien erneut Ruhe eingekehrt zu sein. Doch 1679 befeuerte **Ludwig XIV.** den Konflikt erneut, indem er das Noviziat verbot und die Einsiedler vertrieb. Port-Royal in Paris verleugnete die Schwestern in Port-Royal-les-Champs. Dort lebten 1705 nur noch 25 Nonnen, die jüngste war 60 Jahre alt. 1709 wurden die Überlebenen von 300 Musketieren vertrieben. **Racines** sterbliche Überreste, bis dato seinem Wunsch gemäß in Port-Royal beigesetzt, wurden nach St-Étienne-du-Mont in Paris überführt, wo er seither neben Pascal ruht.

Die Zerstörung des Klosters – 1710 wurde das Kloster abgerissen und der Friedhof aufgelöst. Die Gebeine der dort begrabenen Schwestern und Brüder wurden in ein Massengrab nach St-Lambert überführt. Die Besitztümer und das Mobiliar fielen an umliegende Pfarreien. Noch unter Ludwig XV. kam es jedoch wegen jansenistischen Gedankenguts zu großen Unruhen. Das Parlament weigerte sich, königliche Order und Edikte anzuerkennen; Priester verteilten keine Sakramente mehr, Streitschriften wurden veröffentlicht. Erst nach der Revolution verlor der Jansenismus an Kraft.

Sehenswürdigkeiten

Kloster Port-Royal und Umgebung s. Plan S. 226

Anfahrt: Richtung Versailles. Bei Dampierre führt ein schattiger Weg zum Klostergelände. Stellen Sie Ihr Auto auf dem Parkplatz ab. Das Klostergelände erkundet man am besten in zwei Etappen. Die Ruinen des Klosters liegen in einem Park (Kanal, Ausblick auf die Ruinen). Weiter oben steht das Gebäude, in dem früher die Petites Écoles untergebracht waren. Heute ist hier das Museum von Port-Royal-des-Champs. Der alte Bauernhof, in dem die Einsiedler lebten, kann nicht besichtigt werden.

Klosterruinen – *✆ 01 39 30 72 72 – Nachmittag, Sa/So vor- und nachmittags außer März – 3,50 € (unter 18 J. Eintritt frei).* Der einstige Standort des Klosters ist gut erkennbar, aber die Linden, die das Gebäude umgrenzten, sind 1999 dem Orkan zum Opfer gefallen. Wo früher der Friedhof war, ist heute eine Rasenfläche. Die Kirche grenzte an das Kloster und stand leicht erhöht zum Schutz vor Feuchtigkeit. Das Kloster war bis auf die Bodenplatten abgerissen worden. An den Überresten der Mauern und Säulen lässt sich noch die Grundform des Gebäudes erkennen. An der Stelle des Chors wurde 1891 ein Oratorium errichtet.

Musée de l'Abbaye – Neben dem Taubenhaus liegt die ehemalige Scheune, in der heute Bilder, Gravuren und historische Stücke zur Geschichte des Klostergeländes ausgestellt sind.

Um von den Petites Écoles (dem jetzigen Musée national de Port-Royal-des-Champs) bis zur Klosterkirche zu gelangen, benutzten die Einsiedler täglich die **Hundert Stufen (Cent Marches)**, die sie der Tradition gemäß selbst angelegt hatten. Heute kann die Treppe nicht mehr benutzt werden.

Musée national de Port-Royal-des-Champs – *✆ 01 39 30 72 72 – vor- und nachmittags, Sa/So ganztägig außer März, 21. Dez. 4. Jan – 5 € (unter 18 J. Eintritt frei).* Das Gebäude der Petites Écoles am Nordhang wurde 1651/52 als Jungenpensionat erbaut. Im 19. Jh. wurde ein Flügel im Stil Ludwigs XIII. hinzugefügt. Das Museum zeigt Bücher, Zeichnungen und Drucke zur Geschichte des Jansenismus, des Klosters, der Einsiedler sowie der Petites Écoles. Ein Raum ist Blaise Pascal und Jean Racine gewidmet. Die Jansenisten standen den Künsten kritisch gegenüber, akzeptierten aber religiös inspirierte Gemälde. Die Bilder von Philippe de Champaigne (1602-1674) erinnern an die enge Verbindung, die dieser zum Kloster pflegte: Seine beiden Töchter wurden dort ausgebildet. Die *Mater Dolorosa* ist die Kopie eines Champaigne-Werks von dessen Neffen, Jean-Baptiste.
Das Museumsgebäude zeigt zum Gehöft. Hier schrieb Pascal 1655 *Mystère de Jésus*. Der Legende zufolge wurde auf Basis von Berechnungen Pascals die Brunnenwinde gebaut, dank derer hier ein riesiger Eimer hochgezogen werden konnte (er soll neunmal größer als ein gebräuchlicher Eimer gewesen sein).

Auf den Spuren von Jean Racine – Vom Musée national aus beginnt ein 7 km langer Weg, der Jean Racine gewidmet ist. Entlang des Weges stehen Tafeln mit Versen des Dichters, in denen er die schöne Umgebung beschreibt. Der Weg kreuzt die D 91 und führt über das Dorf Lorioterie, die Mühle Fauveau sowie die Kreuzungen Roi de Rome und Madeleine und endet an der Kirche von Chevreuse.

Andere Sehenswürdigkeiten in Port-Royal

St-Lambert-des-Bois – Die kleine **Kirche** mit ihrer sehenswerten Glockenwand liegt oberhalb des Dorfs. Auf dem umliegenden **Friedhof** ist das Massengrab zu erkennen, in das 1712 die Gebeine der in Port-Royal Exhumierten gebracht wurden. Er wird als **Geviert von Port-Royal** bezeichnet und durch eine Granitpyramide markiert (Anfang 20. Jh.). In der Allee trägt ein Kreuz aus dem Jahr 1944 die Inschrift: „Dem Menschlichen ". Es erinnert an die Opfer des Zweiten Weltkriegs.

Église de Magny-les-Hameaux – *Die Kirche ist nach Restaurierung wieder für Besucher geöffnet.* Das schöne Gebäude aus dem 12. Jh. umfasst ein Schiff aus dem 15. Jh. (Hinweis darauf geben u. a. die Sandsteinsockel über der Seitentür) sowie einen Chor aus dem 17. Jh. In der Kirche befinden sich Grabsteine aus dem Kloster Port-Royal, die überwiegend aus dem 17. Jh. stammen. Sie dienten als Bodenfliesen und sind nun entlang der Wände aufgerichtet. Einige zeigen Bildnisse im gotischen Stil (14./15. Jh.). Gemäß der Tradition stammt auch der Hauptaltar aus Port-Royal.

Projekte zum Erhalt von Port-Royal – Das Kloster und das umgebende Gelände waren lange vergessen, doch nun sollen sie wieder zu alter Größe finden. Seit 2004 stehen die Scheunen und das Kloster unter staatlicher Verwaltung und sollen zu einem kulturellen und landschaftlichen Anziehungspunkt werden. Die Ausgrabungs- und Restaurationsarbeiten werden jedoch noch einige Zeit in Anspruch nehmen.

Racine in Port-Royal –Jean Racine (1633-1699) war ein Waisenkind und wuchs in Port-Royal-des-Champs auf. Seine Großmutter und seine Tante lebten hier im Kloster. Als Neunjähriger kam Racine hier an und blieb bis zu seinem Abschluss mit 17 Jahren. Lancelot und Nicole lehrten ihm Griechisch, Latein, französische Dichtung, Rhetorik und Diktion. Er profitierte sehr von seinen Lehrern und war besonders begabt in der Kunst des Vorlesens. Ludwig XIV. stand später im Bann seiner Stimme und sein Rat wurde geschätzt. Eine Zeitlang distanzierte sich Racine vom religiösen Umfeld seiner Jugendjahre, veröffentlichte weltliche Tragödien und führte das Leben eines Künstlers der Zeit. Später jedoch versöhnte er sich mit seinen alten Vorbildern.

Tipps und Adressen

Einkaufen

Centre Port-Royal – *Chemin du Charme et du Carrosse – 78470 St-Lambert – ✆ 01 30 12 17 12 – www.centre-port-royal.com – Mo-Do 8-23 Uhr, Fr 8-19 Uhr außer 15. Juli, 15. Aug., 25. Dez., 1. Jan. und Fei; Sa auf Anfrage.* Dieser kleine Laden bietet u. a. Pourlècherie – eine Spezialität mit Cabernet und Birnen, die von den Mönchen des benachbarten Klosters hergestellt wird.

Provins★★

SEINE-ET-MARNE (77) – 11 667 EINWOHNER –
UMSCHLAGKARTE C3 – MICHELIN LOCALKARTE 312 I4

Die Oberstadt liegt hinter einer turmbewehrten Mauer, die Unterstadt wurde mühsam dem Moor abgetrotzt. In Provins ist das Mittelalter noch heute allgegenwärtig. Mit 58 sehenswerten Bauwerken wurde die Stadt 2001 von der UNESCO zum Weltkulturerbe erklärt. Neben der Geschichte gibt es in Provins aber auch noch vieles mehr zu entdecken.

OT Provins

Die Tour César, der mittelalterliche Zwinger.

Wegweiser – 80 km südöstl. von Paris auf der A4. Die Stadt erstreckt sich entlang der Voulzie und des Durteint. Von Paris (Gare de l'Est) aus gibt es eine Zugverbindung *(knapp 1 ½ Std.)*.

Unbedingt sehenswert – Der Blick auf die Stadt und auf die Landschaft der Brie von der Tour César aus; die mittelalterliche Stadtmauer; die Grange aux Dîmes (Zehntscheuer) und das Kirchenportal von St-Loup-de-Naud.

Gut geplant – Im Juni ist die Stadt am schönsten: Die Rosen blühen und die Besucher können das Mittelalterfestival erleben.

Mit Kindern – Die Tour César; das Haus der Templer; die Grange aux Dîmes (Zehntscheuer) sowie die unterirdischen Wandmalereien. Weiter gibt es spezielle Mittelalterveranstaltungen für Kinder *(s. Tipps und Adressen)*.

Ort in der Nähe – MORET-SUR-LOING

Geschichte und Geschichten

Die mittelalterlichen Handelsmessen – Anfang des 11. Jh. und bis ins Jahr 1284 herrschten die Grafen von Champagne über Provins. Sie förderten die Herstellung von Stoffen, Leder und Schneidwaren und gründeten große Märkte in Provins, Lagny, Troyes und Bar-sur-Aube. Damals waren diese Märkte die wichtigsten ihrer Art in ganz Europa. In Provins zogen sie zweimal jährlich viele flämische, deutsche, lombardische, katalanische und provenzalische Händler an. Von den Grafen erhielten sie viele Privilegien; so gab es etwa eine eigene Marktpolizei und militärische Reiseeskorten für die Händler. In Provins wurden Stoffe, Weine, Seidenarbeiten, Gewürze, Elfenbein, wertvolle afrikanische Hölzer, russische Pelze und andere Schätze von weither gehandelt. Unterstützt wurde der Handel auch durch Tauschbüros und

Kreditgeber. Die Stadt profitierte von ihrem Rang als wichtiger Handelsplatz und prägte bald ihre eigenen Münzen.
Im 14. Jh. begann in der Gegend der schnelle Niedergang der Märkte. Hauptgründe waren der Hundertjährige Krieg und die mit ihm einhergehende Unsicherheit auf den Reiserouten der Händler sowie die Verbreitung von Seuchen. Neue Handelswege führten zu verstärkter Konkurrenz und beschleunigten den Verfall der Märkte, genau wie die wachsende Zahl niedergelassener Händler. Provins wurde zu einer landwirtschaftlich dominierten Stadt.

Die Rose von Provins – Der Legende zufolge brachte **Theobald IV**, Graf von Brie und der Champagne (1201-1253), syrische Rosen und andere Pflanzen nach Provins. **Edmund von Lancaster** (1245-1296), der Bruder des Königs von England, war einige Jahre lang Lehnsherr der Stadt und nahm die rote Rose in sein Wappen auf. Von der Rose von Provins *(Rosa gallica officinalis)* stammen alle späteren französischen Zuchtrosen ab. Sie war durch die Märkte bekannt geworden und half bei Verdauungsbeschwerden, rauem Hals und unreiner Haut.

Zu Fuß unterwegs

La Ville-Haute★★ (Oberstadt) s. Plan S. 231

Am besten parkt man das Auto vor der Zufahrt St-Jean. Dort gibt es einen Parkplatz, das Fremdenverkehrsamt und einen kleinen Bummelzugbahnhof. Die Züge fahren durch die Ville-Haute und über die Ville-Basse zurück.

Porte St-Jean A1 – Das Tor wurde im 13. Jh. erbaut und wird von zwei Türmen flankiert, die zum Teil von den im 14. Jh. zur Unterstützung der Zugbrücke errichteten Strebepfeilern verdeckt werden. Die gesamte Anlage wird derzeit Stück für Stück restauriert.

Folgen Sie der Allée des Remparts oberhalb der Festungsgräben.

Stadtmauer★★ A1 – Dieses wunderschöne Beispiel mittelalterlicher Militärarchitektur wurde zwischen 1230 und 1236 vom Grafen von Champagne errichtet und von 1285 bis 1306 von Philipp IV. dem Schönen ausgebaut, und zwar entlang einer bereits vorher existierenden Verteidigungslinie. Heute sind von der Stadtmauer noch 2 km erhalten, sowie viereckige, achteckige, gespornte und runde Türme. Der interessanteste Abschnitt liegt zwischen der Porte St-Jean und der Porte de Jouy. Der „Maschinenturm" verbindet die beiden Wehrgänge miteinander und verdankt seinen Namen einer Scheune, in der früher Kriegsmaschinen gelagert wurden. Hinter der Scheune liegt der Falknerplatz, wo jährlich zu bestimmten Zeiten **Greifvögelschauen** stattfinden *(s. Tipps und Adressen)*; die Falken kann man auch in ihren Behausungen erleben. Das Gebäude zwischen den Wehrgängen beherbergte einst die Henker, die für die Vogtei von Provins tätig waren. Letzter Hausbewohner war **Charles Henri Sanson**, der gemeinsam mit seinem Bruder, dem Henker von Paris, Ludwig XVI. hinrichtete.
Durch die Porte de Jouy (13. Jh.) gelangt man auf die Rue de Jouy, die von niedrigen, ziegelgedeckten Häusern mit vorspringenden Etagen gesäumt wird. **Die Gruft St-Esprit** *(keine Besichtigung)* gehörte zu einem Krankenhaus, das im 17. Jh. von einem Feuer vernichtet wurde.

Place du Châtel★ A1 – Dieser große, rechteckige Platz wird von charmanten alten Häusern gesäumt: Die Maison des Quatre-Pignons stammt aus dem 15. Jh. *(südwestl. Ecke)*, die Maison des Petits-Plaids aus dem 13. Jh. *(nordwestl. Ecke)*, und das schöne Hôtel de la Coquille liegt im Norden des Platzes. Die Überreste der Église St-Thibault aus dem 12. Jh. nehmen die nordöstliche Ecke ein. In der Mitte erhebt sich neben einem alten Brunnen mit schmiedeeisernem Förderkorb die Croix des Changes, an das einst die Edikte der Grafen von Champagne zur öffentlichen Kenntnissnahme angeschlagen wurden.

Maison romane B1 – In der Rue du Palais liegt eines der ältesten Häuser von Provins. Die Fassade folgt dem Straßenverlauf. Im 12. Jh. war hier eine Synagoge und Rabbinerschule, heute beherbergt das Gebäude das Musée de Provins et du Provinois *(s. Sehenswürdigkeiten)*.

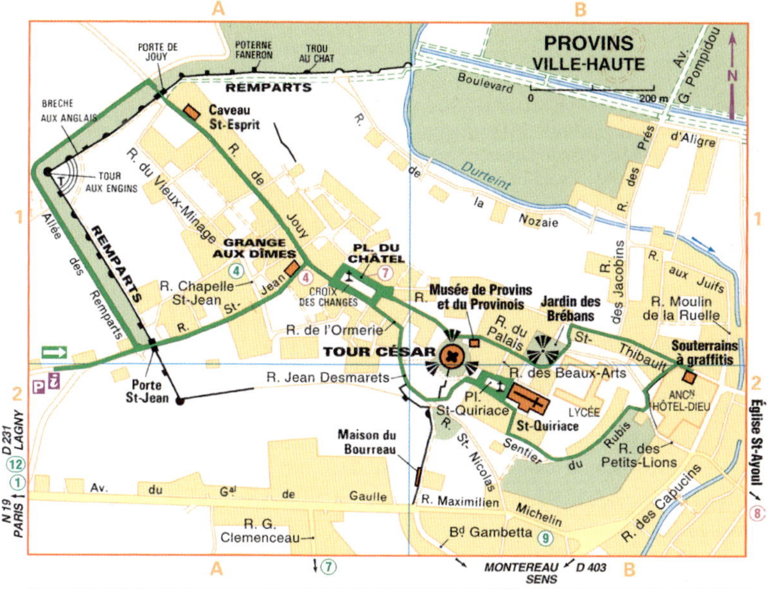

HOTELS

Chambre d'hôte Christine et Jean-Claude-Dormion .... (1)

Chambre d'hôte Ferme du Châtel .... (4)

Chambre d'hôte La Ferme de Toussacq .... (7)

Chambre d'hôte La Maison Rose aux Volets Verts .... (9)

Hôtel Ibis .... (12)

RESTAURANTS

La Table St-Jean .... (4)

Le Petit Écu .... (7)

Saveurs et Plaisirs .... (8)

Jardin des Brébans B1 – Von diesem kleinen Garten auf einem Felsvorsprung hat man eine schöne Aussicht auf die Unterstadt und auf den alten Palast der Grafen von Champagne *(heute eine Schule)* sowie auf die Nordfassade von St-Quiriace.

Collégiale St-Quiriace B2 – Auf Initiative von Graf Heinrich dem Freigiebigen wurde im 12. Jh. mit dem Bau der Stiftskirche begonnen. Das Querschiff (dessen Fensterrosette bei einem Feuer zerstört wurde) sowie das Hauptschiff stammen aus dem 13. Jh. Die Kuppel wurde im 17. Jh. hinzugefügt. Auf dem Vorplatz markiert ein Kreuz den Ort des ehemaligen Haupttors.

Tour César★★ B1 – *April bis Anf. Nov. ganztägig; Mitte Nov. bis Ende März nachmittags; 1. Jan., 25. Dez. geschl. – 3,40 € (unter 12 J. 1,90 €); 9,20 € für die kombinierte Eintrittskarte Pass Provins.* Der Festungsturm aus dem 12. Jh. war früher mit der restlichen Stadtmauer der Oberstadt verbunden. Die Ummantelung der Grundmauern wurde während des Hundertjährigen Krieges von den Engländern vorgenommen, die dort ihre Artillerie unterbringen wollten.

Im 1. Stock liegt der achteckige, 11 m hohe Wachensaal, der von einer Kuppel aus vier Spitzbögen bedeckt ist. Über eine Öffnung wurden die Soldaten im obersten Stockwerk versorgt.

Ein überdachter Gang umrundet den Festungsturm auf Höhe der Türmchen. Von dort genießt man einen **Blick★**, der sich auf die Stadt und die Landschaft der Brie erstreckt. Über eine schmale Treppe erreicht man das oberste Stockwerk. Im schönen Dachstuhl aus dem 17. Jh. hängen die Glocken von St-Quiriace, die seit dem Verlust des Glockenturms hier untergebracht sind.

Gehen Sie über die Place du Châtel zur Porte St-Jean zurück und dann links in die Rue St-Jean.

Die längere Variante: Gehen Sie durch die Rue du Collège entlang der Festungsmauern in die Unterstadt bis zur Rue St-Thibault und deren Verlängerung Rue du Val, die über einen Kanal führt. Wenden Sie sich dann nach links in die Rue Ste-Croix.

Provins von unten

Unter vielen religiösen und militärischen Bauwerken, aber auch unter Bauernhöfen in Provins befinden sich Höhlen und Grüfte. Sie dienten als Lagerstätten für Getreide oder Handelswaren, aber auch als Zufluchtsorte für die Bewohner. Von einigen Höhlen gelangt man in die unterirdischen Gänge von Provins, die früher zu Notausgängen hinter den Stadtmauern führten. Manche dieser Gänge bestehen aus einer Abfolge kleiner Höhlen entlang ehemaliger Flöze, andere reihen sich zellenartig aneinander – einst waren hier entweder **Vorratskammern** oder **Steinbrüche**, in denen Tuffstein für die Wollentfettung abgebaut wurde. In letzteren zeugen **historische Wandmalereien** von einstigen geheimen Zusammenkünften.

Église Ste-Croix – Nachdem eine orientalische Reliquie in diese Kapelle aus dem 12. Jh. gelangt war, bekam diese den Namen Ste-Croix. Im folgenden Jahrhundert erhielt die Kirche das Priorat von St-Ayoul. Im Verlauf verschiedener Instandsetzungsarbeiten verschwanden die Pfeiler des Hauptschiffs um mehr als 1 m im Grund. Im Schiff sind besonders die gewundenen Säulen aus der Hochgotik sehenswert. Über dem Nordportal sind feine Bogenformen und Jakobsmuscheln zu erkennen.

Gehen Sie zur Rue de la Cordonnerie zurück und von dort zur Place St-Ayoul.

Links in der Rue Vieille-Notre-Dame stehen ein turmförmiger Portalvorbau und ein Glockenturm. Es sind die einzigen Überreste des Kapitels von **Nôtre-Dame-du-Val**. Während des Hundertjährigen Kriegs wurde dieses Stadtviertel von den Händlern aufgegeben.

Zurück auf die Place St-Ayoul geht es über den Cours des Bénédictins.

Église St-Ayoul – Im Jahr 1048 gab Theobald I., Graf von Troyes und Meaux, zugleich (unter dem Namen Thibault III.) Graf von Blois und Schutzherr der Klöster, den Mönchen von Montier-la-Celle in St-Ayoul ein Kloster. Die drei Portale sind vorspringend gestaltet. Um die nicht erhaltenen Teile des **Hauptportals★** zu ersetzen, hat man den Bildhauer Georges Jeanclos beauftragt, dort verschiedene Bronzestatuen einzufügen. Sie bilden nun eine harmonische Einheit mit den mittelalterlichen Figuren. Im Inneren der Kirche sind links vergoldete **Marmorstatuen★★** aus dem 16. Jh. zu sehen: Die **Jungfrau** und zwei **musizierende Engel** in sehr schön ausgearbeiteten, fallenden Gewändern.

Der Rückweg zur Place du Châtel führt über die Rue St-Thibault.

Couvent des Cordelières – In diesem zwischen dem 13. und 15. Jh. erbauten Konvent war bis vor kurzem das Büro für Öffentlichkeitsarbeit der Nationalbibliothek untergebracht. Graf Theobald IV. von Champagne ließ den Konvent für den Bettlerorden der Clarissen errichten. Unter Louis XI. wurde das Gebäude in ein Krankenhaus umgewandelt und behielt diese Funktion bis 1977.
Bei der Hausnummer 30 der Rue St-Thibault ist ein **Zensusstein** erhalten geblieben. Hier zahlte man im Mittelalter die Steuern und die Abgaben an die Kirchgemeinde.

Von der Rue St-Thibault aus geht es über die Place du Châtel und die Rue St-Jean zur Porte St-Jean zurück.

Sehenswürdigkeiten

Zehntscheuer★ (Grange aux Dîmes) A1

Rue St-Jean – Ende März - Ende August und Schulferien ganztägig; Anf. Nov. – Ende März Sa/So/Fei nachmittags – Führungen mögl. – 1. Jan, 25. Dez. geschl. – 3,40 € (unter 12 J. 1,90 €); 9,20 € Kombiticket Pass Provins. Dieses Haus aus dem 13. Jh. gehörte den Domherren von St-Quiriace, die es während der Messen an Händler vermieteten. Nach dem Verschwinden der Messen diente es als Lagerstätte für den Zehnten, der auf die Ernten der Bauern erhoben wurde. Dieser Abgabe verdankt das Haus seinen Namen. In der großen Halle mit Kuppeldach und in weiteren Räumen wird die Welt des mittelalterlichen Handels in Szene gesetzt. Der Audioguide bringt die Atmosphäre einstiger Märkte akustisch näher.

Musée de Provins et du Provinois B1

7 rue du Palais – ganzjährig nachmittags außer 24. Dez.-2. Jan. und letzter So im Aug. – 3 € (unter 12 J. 1,50 €); 9,20 € Kombiticket Pass Provins. Im Erdgeschoss des **romanischen Hauses** sind frühgeschichtliche Ausstellungsstücke und Werke der Bildhauerin **Louise Elis-Munaut** aus Provins ausgestellt. Außerdem sind antike Möbel (insbesondere zwei wunderbare holländische Barockschränke aus dem 17. Jh.) und alte Keramik (emaillierte Teile eines Dachfirsts und Fliesen) zu sehen. Im unteren Raum sind Kapitelle und Skulpturen zu sehen, darunter eine Statue aus der galloromischen Zeit. Im ersten Stock werden Wasserhähne in Form von Schwanenhälsen präsentiert, die aus dem Krankenhaus im Franziskanerkonvent stammen. Der zweite Stock ist religiösen Gegenständen aus der Stadt und der Region gewidmet, zum Beispiel einer Reliquie Theobalds V. Er soll die Bürger von Provins während des Kriegs 1814/15 beschützt haben.

Historische Wandmalereien im unterirdischen Gangsystem B2

Eingang Rue St-Thibault, links vom Tor zum ehemaligen Krankenhaus – ✆ 01 64 60 26 26 – www.provins.net – Führungen Apr.-Okt. nachmittags; Nov.-März Sa/So/Fei nachmittags; 1. Jan., 1. Nov. 25. Dez. geschl. –3,70 € (unter 12 J. 2,20 €); 9,20 € Kombiticket Pass Provins. Provins verfügt über ein bemerkenswert dichtes Netz unterirdischer Gänge. Für Besucher zugänglich ist ein in den Tuffstein gehauenes Gangsystem am Fuß des Felsvorsprungs, auf dem die Oberstadt gebaut ist. Man betritt die Gänge durch einen Raum im ehemaligen Krankenhaus.

Das Haus der Templer

Rue de la Madeleine – ✆ 01 64 20 26 26. Der Orden der Tempelritter entstand im Jahr 1118 im Orient, doch seine Ursprünge liegen in der Champagne. Während des Ersten Kreuzzugs (1095) bewachten zwölf Ritter gemeinsam den Berg Moriah, darunter auch der Graf von Champagne. Heinrich I. der Freigiebige, der ihm nachfolgte, beglich 1164 eine Schuld seines Vaters gegenüber den Templern, indem er ihnen das Recht verlieh, Abgaben auf Handelswaren wie Wolle, Schnüre etc. zu erheben. Der Orden besaß zwei Häuser in Provins: das Val de Provins in der Unterstadt und **La Madeleine** in der Oberstadt, nahe der Porte de Jouy. In diesem frisch restaurierten Haus war im 15. Jh. ein Krankenhaus untergebracht. Ausgestellt werden hier alte Gebrauchsgegenstände aus der Falknerei. Zum Haus gehört eine Pferdekoppel, auf der mongolische Voltigierkünste vorgeführt werden *(s. Tipps und Adressen).*

Ziele in der Umgebung

Voulton

7 km nördl. auf der D 71. Man fährt durch Orte mit Namen, die von Klöstern herrühren – les Filles-Dieu, St-Martin-aux-Champs – und erreicht schließlich diese gotische **Kirche** mit ihrem massiven Glockenturm. Im Hauptschiff ruhen die Bogengänge wechselweise auf Pfeilern und Säulen. Die achtteilige Struktur der Kuppel über dem Joch vor dem Chor ist einen genaueren Blick wert.

Beton-Bazoches

18 km nördl. auf der D 55. In diesem Dorf befindet sich eine große **Cidrepresse** aus dem Jahr 1850. Sie besteht aus einer Sandsteinmühle von 2 m Durchmesser, die von einem Pferd angetrieben wurde, und zwei Pressen aus Eichen- und Eschenholz, die per Flaschenzug funktionierten. *✆ 01 64 01 06 96 – ♿ – Führung (30 Min.) 8-20 Uhr auf Anfrage – 2,20 €; während des Cidre-Festivals Eintritt frei.*

St-Loup-de-Naud★

9 km südwestl. auf der D 106. Dieses ehemals befestigte Dorf liegt auf einem Felsvorsprung. Bei der Anfahrt kann man das imposante Stadtpanorama bewundern.

Mit dem Bau der **Kirche★** wurde Anfang des 11. Jh. begonnen. Sie gehörte zu einem Benediktinerpriorat. Der Portalvorbau und die beiden Joche des Hauptschiffs wurden im 12. Jh. erbaut. Das **Portal★★** unter dem Vorbau ist sehr gut erhalten und ähnelt jenem von Chartres: Zu sehen ist eine Darstellung von Christus dem Herrscher umgeben von Symbolen der Evangelisten im Tympanon; unter den Fensterbögen sind die Apostel zu sehen und die Ausschrägungen beherbergen statuenartig gearbeitete

Säulen. Auch die Bogenrundungen enthalten Figuren. Die Skulpturen von St-Loup markieren den Übergang zum gotischen Realismus.
Im Inneren sind die architektonischen Veränderungen vom 11. zum 12. Jh. deutlich erkennbar. Die Spannweite reicht von der Romanik bis zur Frühgotik am Eingang des Hauptschiffs. Die Empore des Portalvorbaus öffnet sich hin zu zwei Jochen aus dem 12. Jh. Jedes Joch besteht aus zwei Doppelbögen und wird von einem Kreuzrippengewölbe überspannt. Die beiden folgenden, älteren Joche weisen ein Tonnen- und ein Kreuzgratgewölbe auf. Das Querschiff wird von einer Kuppel überwölbt. Der Chor stammt vom Ende des 11. Jh.; die Apsis hat ein Kesselgewölbe.

Rampillon

18 km westl. auf der N 19, dann links auf die D 76. Das auf einem Hügel liegende Dorf gehörte den Grafen von Champagne und dem Bistum Sens, bevor es im 13. Jh. an die Ordensritter von St-Jean-de-Jérusalem fiel. Die **Kirche** aus dem 13. Jh. war Teil einer Tempelritter-Kommende, die 1432 von den Engländern niedergebrannt wurde. Ein Turm (der sogenannte *Templerturm*) ist direkt mit der Kirche verbunden. Der robuste viereckige Glockenturm befindet sich auf der rechten Seite und ist mit einem Satteldach ausgestattet. Das Portal beeindruckt mit seinen Skulpturen: Im Tympanon findet sich eine Christusdarstellung, im Fenster die Auferstehung der Toten; am Türpfeiler ist der hl. Eliphios verewigt und in den Ausschrägungen die zwölf Apostel. Darunter finden sich Darstellungen der Einführung Jesu in den Tempel und die Huldigung der hl. Drei Könige.

Longueville

10 km südl. auf der D 403 Richtung Juitigny, Bray-sur-Seine; nach der Ausfahrt Longueville geht es nach links. Die **Kapelle von Lourps**, die sich mitten auf dem Land im Tal der Voulzie erhebt, wurde zwischen dem 12. und dem 13. Jh. erbaut. Bis zur Revolution gehörte sie zu einem Schloss. Seit der Restaurierung sind Überreste mittelalterlicher Wandmalereien zu sehen. Die Innendekoration stammt aus dem 17. Jh. Das Tympanon zeigt eine Darstellung eines Lamms zwischen zwei Laubranken (12. Jh.).

Tipps und Adressen

Allgemeine Hinweise

Fremdenverkehrsamt – *Chemin de Villecran – 77160 Provins – ✆ 01 64 60 26 26 – www.provins.net*

Pass Provins – In Provins gibt es soviel zu sehen, dass sich der Kauf dieses Kombinationstickets lohnt. Inbegriffen sind die Eintritte für die Tour César, das unterirdische Gangsystem, die Zehntscheuer und das Museum. Am Tag des Kaufs erhält man auch Ermäßigungen auf bestimmte Veranstaltungen und die Tram. *Gültig 1 J. – 9,20 € (Kinder 6,10 €; 2 Erwachsene + Kinder 26 €).*

Führung zum Thema „Provins, Weltkulturerbe" *(2 Std.)* – Provins bietet Führungen an, bei denen der Akzent auf der Stadt als UNESCO-Weltkulturerbe liegt. *✆ 01 64 60 26 26 – www.provins.net – April- Sept. Sa/So/Fei außer 2. Wochenende im Juni und letzter So im Aug. – Start beim Fremdenverkehrsamt um 15 Uhr – 6,10 € (Kinder 3,10 €).*

Bummelzug – *✆ 01 60 67 30 67 – Ende März-Ende Juli mit wechselnden Öffnungszeiten – Tageskarte 5 € (Kinder 3,50 €).* Der Bummelzug bietet eine kommentierte Stadtrundfahrt *(30 Min., diverse Stationen).*

Übernachten

Chambre d'hôte Christine et Jean-Claude Dormion – *2 rue des Glycines – 77650 Lizines – 15 km südwestl. von Provins auf der D 619 und der D 209 – ✆ 01 60 67 32 56 – – 5 Zi: 45 €.* Auf diesem 300 Jahre alten, immer noch bewirtschafteten Bauernhof werden sie in wunderbaren, rustikalen Zimmern untergebracht, die alle mit einer Kochnische ausgestattet sind. Hübscher Frühstücksraum, schöner Garten und Obstwiese.

Chambre d'hôte La Ferme de Toussacq – *beim Weiler Toussacq, am Ufer der Seine – 77480 Grisy-sur-Seine – 20 km südl. von Provins über die D 619, Richtung Nogent-sur-Seine auf der D 78 und D 411 – ✆ 01 64 01 82 90 – hameau-de-toussacq.com – 5 Zi 48 € – – Gerichte 15 €.* In ländlicher Umgebung am Seine-Ufer liegen diese Gebäude aus dem 17., 18. und 19. Jh. Die Gästezimmer sind in den ehemaligen Angestelltenhäusern des Schlosses untergebracht und einfach gehalten. Traditionelle Küche mit hauseigenen Produkten, einige vegetarische Gerichte.

Chambre d'hôte Ferme du Châtel – *5 rue de la Chapelle-St-Jean – 77160 Provins – 01 64 00 10 73 – – 5 Zi: 65 € –* . Dieser Bauernhof wurde im 12. Jh. erbaut und bis ins 18. Jh. hinein erweitert und verändert. Er liegt im Herzen des mittelalterlichen Stadtkerns. Ruhige, sehr saubere Zimmer, großer Obstgarten.

Chambre d'hôte La Maison Rose aux Volets Verts – *5 rue Maximilien-Michelin – 77160 Provins – 01 64 08 92 95 oder 06 81 13 58 06 – 3 Zi, 2 Suiten: 58/90 € –* . Zu Füßen der mittelalterlichen Stadt vereinen diese beiden Stadthäuser aus dem 19. Jh. den Charme von einst mit dem Komfort von heute. Schön ausgestattete Zimmer und Suiten, zwei hübsche Gärten und warmherzige, familiäre Atmosphäre.

Hôtel Ibis – *77 av. du Gén.-de-Gaulle – 77160 Provins – 01 60 67 66 67 –* **P** *– 51 Zi: 65 € – Restaurant 12/17 €.* In einem ruhigen Viertel liegt dieses an die mittelalterliche Architektur der Oberstadt erinnernde Haus. Moderne Zimmer. Rustikal ausgestattetes Restaurant mit traditioneller Küche.

Essen und Trinken

Le Petit Écu – *9 pl. du Châtel – 77160 Provins – 01 64 08 95 00 – www.lepetitecu.com – ganzjährig außer 20. Dez.-3. Jan. – 14/24 €.* Auf der Place du Châtel im alten Provins liegt dieses hübsche Fachwerkhaus. Tageskarte.

La Table Saint-Jean – *1 rue St-Jean (Ville-Haute) – 77160 Provins – 01 64 08 96 77 – latablesaintjean@wanadoo.fr – ganzjährig geöffnet außer Osterferien, So abends, Di abends und Mi. – 17,50/29,50 €.* In der Oberstadt gegenüber der Zehntscheuer ist dieses Restaurant in einem Fachwerkhaus untergebracht. Rustikaler Speisesaal, Terrasse, hübscher kleiner Hof.

Saveurs et Plaisirs – *6 pl. St-Ayoul – 77160 Provins – 01 60 58 41 70 – ganzjährig außer 2 Wo im Aug., 1 Wo im Herbst, 1 Wo im Winter, Mo abends und So – 12 € – 17/28 €.* Der hiesige Koch ist passionierter Autodidakt. In dem modernen Restaurant in der Unterstadt gibt es zwei traditionelle Menüs sowie ein experimentelles Menü aus der Molekularküche sowie leckere Fischspezialitäten.

Einkaufen

Boutique de la chèvrerie des Mârets – *1 rue de Jouy (Ville-Haute) – 77160 Provins – 06 85 54 60 57 – tgl. außer Mo 15-17 Uhr.* In ihrem an den Ziegenhof angeschlossenen Geschäft bieten die Brüder Favreau regionale Produkte: Ziegenkäse, Ziegenmilchquark oder ganz frische Eier.

Gaufillier – *2 av. Victor-Garnier – 77160 Provins – 01 64 00 03 71 – tgl. außer So 7-19.30 Uhr; So 7-13 Uhr.* Bereits seit über zehn Jahren verwöhnt diese Chocolaterie, Patisserie und Confiserie ihre Kunden mit Rosen-Naschwerk: Es gibt Konfitüre, Eis, Bonbons, Nougat, Tee, Limonade, Sirup und seit kurzem auch Karamell.

La Ronde des Abeilles – *1 rue des Beaux-Arts (Ville-Haute) – 77160 Provins – 01 60 67 65 97 – tgl. außer Di 14-19 Uhr.* Die Spezialität dieses hübschen Süßwarenladens ist der Rosenblütenhonig. Doch es gibt auch Gelée Royale, in Honig eingelegte Früchte oder Honigkuchen.

Feste und Events

Arkhangaï, les Cavaliers des steppes (Arkhangaï, die Steppenreiter) – *Rue de la Madeleine, im Freilichttheater des Templerhauses – 01 64 60 26 26 – www.spectacle-arkhangai.com – Anf. März-Ende Okt. Sa, So und Fei 16 Uhr, Mi 14.30 Uhr – Eintrittskarten im Fremdenverkehrsamt – 10,50 € (Kinder 6 €).* Die Kunst des Dressurreitens stammt ursprünglich aus den asiatischen Steppen. Bei einigen Darbietungen sind sogar Wölfe dabei.

La Bataille des remparts (Die Schlacht an der Stadtmauer) – *1 vieux-chemin-de-Paris – 77160 Provins – 01 64 60 26 26 – www.provins.net – Termine und Eintrittskarten beim Fremdenverkehrsamt; Vorstellungen Mitte April – Anf. Juli wochentags außer Mi 11 Uhr – 6,10 € (Kinder 4,50 €).* Nahe der Porte St-Jean in den Wassergräben findet ein mittelalterliches Spektakel statt. Es wird auch vorgeführt, wie Kriegsmaschinen und Waffen funktionierten.

La Légende des chevaliers (Legenden von den Rittern) – *1 vieux-chemin-de-Paris – 77160 Provins – 01 64 60 26 26 – www.equestrio.fr – Termine und Eintrittskarten beim Fremdenverkehrsamt; Vorstellungen April-Nov. – 11 € (Kinder 7,50 €).* Im Stadtgraben werden Ritterspiele mit Turnieren zu Pferde aufgeführt.

Les Aigles des remparts (Die Adler der Stadtmauer) – *Théâtre des Remparts – Porte de Jouy – 77160 Provins – 01 60 58 80 32 oder 01 64 60 17 90 – www.vollibre.fr – Termine und Eintrittskarten beim Fremdenverkehrsamt; Vorstellungen tgl. 31. März-4. Nov. – 9 € (Kinder 5,50 €).* Bei dieser Vorführung mit Greifvögeln im freien Flug kann man die wunderbare Welt der Falknerei entdecken. Nach der Vorstellung können Sie die Volieren und das Wolfsgehege besuchen.

Rambouillet★

YVELINES (78) – 24 900 EINWOHNER – UMSCHLAGKARTE A3 – MICHELIN LOCALKARTE 311 G4, ZOOMKARTE 106 FALTE 28 –KARTE S. 242

Im Südosten von Versailles erstreckt sich Rambouillet auf 20 000 ha im Parc naturel régional de la Haute Vallée de Chevreuse. Am Rand des Départments Yvelines erhebt sich das Schloss aus dem 14. Jh., umgeben von einem großen Park, in dessen Seen sechs kleine Inseln liegen.

Hervé Le Gac / MICHELIN

Zwei Türmchen zieren die Ecken der harmonischen Schlossfassade.

- **Wegweiser** – Von Paris nach Rambouillet sind es 44 km. Von der A 13, Ausfahrt Nr. 6, weiter auf die A 12 und N 10. Bahnverbindung von der Gare de Montparnasse, Haltestelle Rambouillet.
- **Unbedingt sehenswert** – Im Schloss: die Holzvertäfelungen in den „Appartements d'Assemblée" und das Bad von Napoleon I. Im Park: das Muschelhaus und die Meierei der Königin.
- **Gut geplant** – Die Parks von Rambouillet und Émacé sind v. a. im Frühling wunderschön; die hier ansässige Bergerie Nationale (Zentrum für Schafzucht und Schäferausbildung/Staatliche Schäferei) bietet in dieser Zeit Veranstaltungen an.
- **Mit Kindern** – Die Spielzeug- und Modelleisenbahnen im Museum von Rambouillet, der Lehrbauernhof der Bergerie Nationale und der kleine Zoo von Sauvage in Émancé.
- **Orte in der Nähe** – Château de DAMPIERRE, MONTFORT-L'AMAURY, Forêt de RAMBOUILLET

Geschichte und Geschichten

Der Tod Franz' I. – Der König litt mit 52 Jahren an schleichendem Fieber. Weil er das Bedürfnis nach einem Ortswechsel hatte, verließ er im Februar St-Germain und besuchte Freunde in der Umgebung. Auf dem Rückweg wohnte er im Château Rambouillet bei seinem Freund Jacques d'Angennes. Das Schloss wurde 1375 von Jehan Bernier erbaut, einer Persönlichkeit am Hofe von Karl V. Seit 1384 ist das Schloss im Besitz der Familie d'Angennes. Der Zustand des Königs verschlechterte sich während seines Aufenthalts in Rambouillet; am 30. März 1547 verstarb er im Schloss.

Das 17. und 18. Jh. – Im 17. Jh. veranstaltete die Marquise de Rambouillet regelmäßig literarische Salons im Schloss. 1706 kaufte Ludwig XIV. das Anwesen für den Grafen von Toulouse. Dieser ließ das Schloss vergrößern. Unter Ludwig XVI. gehörte Rambouillet dem **Herzog von Penthièvre**, dem Sohn des Grafen von Toulouse. Für seine Schwägerin, die **Prinzessin von Lamballe**, ließ dieser das Muschelhaus bauen. 1783 kaufte Ludwig XVI. das Schloss, doch Marie Antoinette gefiel es nicht; sie nannte es „die Krötenbehausung". Zur Ablenkung ließ der König ihr eine kleine Meierei bauen.

Napoleon – Am 29. Juni 1815 kam **Napoleon Bonaparte** nach Rambouillet. Er wollte hier seine Scheidung von Josefine vergessen und schöne Tage mit seiner zweiten Frau Marie-Luise erleben. In Rambouillet unterzeichnete er auch seine Abdankungsurkunde und reiste weiter nach Ste-Hélène.
Am 31. Juli 1830 gelangte **Karl X.** auf der Flucht vor der Julirevolution nach Rambouillet. Drei Tage lang grübelte er hier, was zu tun sei. Doch seine Truppen lösten sich auf, während das Heer der Aufständischen näher rückte. Am 2. August unterschrieb er seine Abdankungsurkunde und brach nach England auf.

Zu Fuß unterwegs

Domaine national de Rambouillet

Château

Falls der Parkplatz am Hôtel de Ville voll ist, ist es möglich, das Auto im Park abzustellen (in bestimmten Bereichen wird das Parken dort toleriert). ✆ 01 34 83 00 25 – http://rambouillet.monuments-nationaux.fr/ – Führungen vor- und nachmittags, tgl. außer Di, Fei, 1. Jan., 1. Mai, 1. und 11. Nov., 25. Dez. – 5 € (unter 18 J. frei); Kombiticket mit Meierei und Muschelhaus 6,50 €.
Von der alten Festung, die im Lauf der Jahrhunderte mehrfach umgebaut wurde, ist nur der große Turm erhalten. Er ist nach Franz I. benannt, der dort gestorben sein soll. Um ihn herum dominieren die An- und Umbauten aus der Zeit des Grafen von Toulouse. Napoleon I. ließ den linken Flügel abreißen. Die Fassaden stammen hauptsächlich aus dem 19. Jh.

Zwischengeschoss – Die „Appartements d'Assemblée" hatte der Graf von Toulouse bauen lassen. Sie sind mit wunderschönen **Holzvertäfelungen★** verkleidet, vor allem das Boudoir der Gräfin von Toulouse. Über einen Flur, der das Gebäude mit dem Turm Franz' I. verbindet, gelangt man in das Badezimmer Napoleons I. mit imposant bemalten Wänden und Decken im pompejanischen Stil. Es folgen das Schlafzimmer und das Arbeitszimmer des Kaisers. Im Speisesaal hatte Karl X. seine Abdankung unterzeichnet. Von dort aus ist der **Blick** auf den Park besonders schön.

Erdgeschoss – Das Marmorzimmer stammt aus der Zeit von Jacques d'Angennes. Das Renaissancezimmer ist gänzlich mit rotem und grauem Marmor ausgekleidet und zeugt von der Gestaltung des Schlosses zur Zeit Heinrichs II.

Park★★

✆ 01 34 83 00 25 – Führungen tgl. vor- und nachmittags außer Di, 1. Jan., 1. Mai., 1. und 11. Nov., 25. Dez. – Eintritt frei. Dieser schöne Park ist für die Vielfalt seiner Gärten bekannt, die noch im 17. und 18. Jh. erweitert wurden. Die Entwicklung der Gartenbaukunst ist hier deutlich abzulesen: Von klassischen Anlagen bis zu Alleen voller exotischer Bäume hat das Gelände einiges zu bieten.

Rondeau – Im Westen des Parks liegt dieses Wasserbecken aus der zweiten Hälfte des 17. Jh., das zur Trockenlegung eines Sumpfes diente. Es wurde im 18. Jh. durch den Grafen von Toulouse fertiggestellt.

Jardin à la française – Auf dem Rückweg zum Schloss passiert man diesen aus verschiedenen Hainen bestehenden Garten mit geometrischer Form, der für den Herzog von Penthièvre angelegt wurde.

Jardin d'eau (Wassergarten) – Dem Schloss gegenüber liegt der Große Kanal, in der zweiten Hälfte des 17. Jh. von Julie d'Argennes Ehemann erbaut, dem Herzog von Montausier.

Quinconce – Gegen 1710 wurde diese Baumpflanzung gestaltet. Die Lindenbäume sind nach einem bestimmten Prinzip platziert, nämlich gegeneinander versetzt (en quinconce), was dem Ort auch seinen Namen gab. In der Mitte befindet sich seit 1993 das Sonnenschiff, eine Bronzeskulptur von Karel.

Jardin anglais (Englischer Garten) – In diesem Teil des Schlossgeländes, der 1772 von Hubert Robert angelegt wurde, dominieren exotische Pflanzen. Entlang eines verzweigten, von Brückchen überspannten Bachs wurden einige Rückzugsorte errichtet, die teilweise nicht erhalten sind (so etwa der chinesische Pavillon).

In die **Grotte der Liebenden** soll sich 1792 ein Paar vor einem Sturm geflüchtet haben. Die trapezförmig verlaufenden Kanäle bilden kleine Inseln, auf einigen von ihnen waren einst Gemüsebeete und Hühnerhäuser zu finden. Auf der Île des Roches veranstaltete die Marquise von Rambouillet Feste zu mythologischen Themen.

Muschelhaus★ – Das Muschelhaus aus dem Jahr 1780 befindet sich auf einer Insel im englischen Teil des Parks. Es wurde für die Prinzessin von Lamballe erbaut und ist im Inneren reich geschmückt: Der Salon weist Pilaster, Nischen und Girlanden auf, die Oberflächen sind mit Perlmutt, Marmor und schwarz-weißen Muscheln dekoriert. In einem kleinen Ankleidezimmer befand sich in früheren Zeiten ein Automat, aus dem kleine Figuren hervortraten und Parfum reichten.

Meierei der Königin★ – Ganz im Osten der Kanäle liegt dieses neoklassische Sandsteingebäude, das von zwei Pavillons aus Ziegeln flankiert wird. Es wurde 1785 für Marie-Antoinette errichtet. Das Peristyl (Innenhof) mit toskanischen Säulen schmückt die Darstellung einer ihr Kalb säugenden Kuh. Die Rotunde weist eine rosettenverzierte Kuppel auf. In den Nischen an den Wänden standen einst Henkelkrüge, in denen die Milch serviert wurde. Die Fliesen und der Marmortisch stammen aus der Zeit des Ersten Kaiserreichs. Im zweiten, rechteckigen Zimmer befindet sich eine künstliche **Grotte**: Die Nymphe Adrasthea und die Ziege Amalthea, die Zeus als Kind ernährten, wurden von Julien 1787 in den Marmor gemeißelt.

Sehenswürdigkeiten

Palais et jardin du Roi de Rome

Place du Roi-de-Rome – ✆ 01 30 88 77 77 – www.rambouillet.fr – geöffnet nur nachmittags während der Ausstellungszeit außer Mo, Di, 1. Jan., 25. Dez. – Eintritt frei. In diesem 1813 auf Geheiß Napoleons I. erbauten Palast sollte sein Sohn, der so genannte König von Rom, wohnen. Einst gab es einen Mittelbau und zwei Flügel. Napoleons Sohn hielt sich nur einige Stunden hier auf, bevor er mit seiner Mutter nach Österreich in die Gefangenschaft ging. Im rechten Palastflügel finden Ausstellungen statt.

Musée du Jeu de l'oie (Gänsespielmuseum) – *✆ 01 30 88 73 73 – nachmittags außer Mo, Di – 2,50 € (unter 18 J. 1,50 €, unter 12 J. frei).* Im linken Flügel sind Teile der Sammlung von Pierre Dietsch zu sehen, darunter 80 Gesellschaftsspiele des Typs Jeux de l'oie (so genannte Gänsespiele) aus Holz, Elfenbein etc. (17.-20. Jh.). An der Gestaltung der Spielbretter lassen sich historische Ereignisse und die französische Sittengeschichte ablesen. Das Gänsespiel wurde sogar als Propagandamittel verwendet.

Garten – *Place du Roi-de-Rome – nachmittags – Eintritt frei.* Dieser romantische Garten (5000 qm) wurde nach Originalentwürfen neu gestaltet und beherbergt eine Stele zur Erinnerung an den „kleinen König von Rom".

Musée Rambolitrain

4 pl. Jeanne-d'Arc – ✆ 01 34 83 15 93 – www.rambolitrain.com – vor- und nachmittags außer Mo, Di, 1. Jan., 25. Dez. – 3,50 € (unter 12 J. 2,50 €). Vor allem die Kinder werden diese beeindruckende Sammlung von Spielzeug- und Modelleisenbahnen mit über 4000 Stücken und 400 m Schienen lieben. Dargestellt wird die Geschichte

Der Präsident in Rambouillet

Der wohl bekannteste regelmäßige Gast in Rambouillet ist der französische Präsident. Das Schloss steht dem Amtsinhaber seit 1883 zur Verfügung. Lange Zeit veranstalteten die Präsidenten hier Jagdausflüge mit ausländischen Staatschefs. Seit der Präsidentschaft von Jacques Chirac finden keine derartigen Jagden mehr statt.

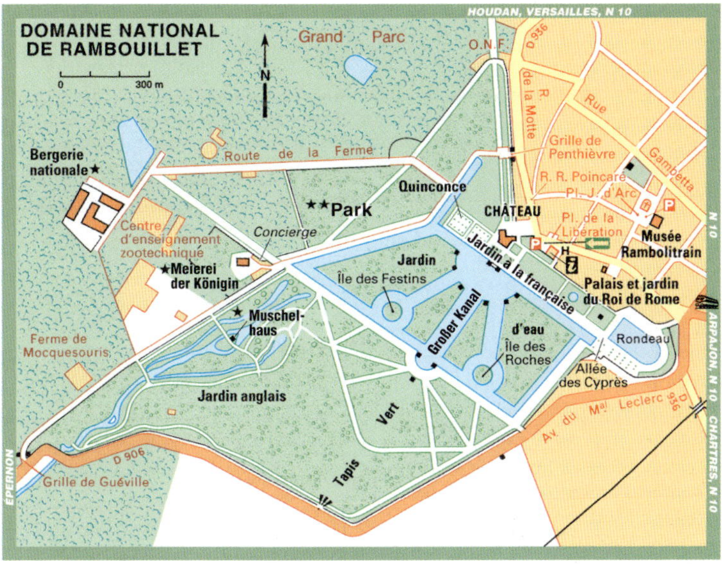

der Eisenbahn bis in die heutige Zeit. Im zweiten Stock befindet sich ein großes Streckennetz in Ovalform.

Bergerie nationale (Staatliche Schäferei)★

Im Park, 1,5 km vom Eingang (der Weg ist ausgeschildert) – ✆ 01 61 08 68 00 – www.bergerie-nationale.educagri.fr – ♿ – März-Okt. nachmittags; restl. Jahr Mi/Sa/So nachmittags; Mo, Di, 1. und 3. Jan.-Woche geschl. – 4,50 € (Kinder 3 €). Termine: Schafsschur an einem Wochenende Ende März; April: landesweiter Schäferhundewettbewerb; Mai: Markt mit landwirtschaftlichen Produkten.

1785 wurde auf Initiative von Ludwig XVI. eine Schäferei gegründet. Der König wollte neue Arten in Frankreich einführen, etwa Angoraschafe aus der Türkei, Kühe aus der Schweiz, Pferde aus Ägypten, vor allem aber Merinoschafe, denn die aus Spanien importierte Merinowolle war sehr teuer. Mit seinem Cousin, dem spanischen König Karl III., schloss er deshalb einen Vertrag über den Kauf von 383 Schafen. Deren Reise von Kastilien bis Rambouillet dauerte fünf Monate. Die Schafzucht wurde ein Erfolg und blieb auch nach der Revolution erhalten. 1926 kam eine Ausbildungsstätte für Schäfer hinzu und 1955 eine Bildungsstätte für Schafzucht.

Lehrbauernhof – Es handelt sich um den größten Lehrbauernhof der gesamten Île-de-France. 600 Schafe, 60 Milchkühe und 100 Rinder, Zug- und Reitpferde, eine Schweinezucht, Kaninchen, ein Hühnerhof, Auerochsen sowie eine kleine Herde asiatischer Büffel sind hier versammelt. Um 16 Uhr können Besucher die Ziegen melken oder beim Melken der Kühe helfen.

Musée du Mouton (Schafsmuseum) – Sie finden hier alte Utensilien aus der Schafhaltung wie Glocken, Hirtenstäbe usw. ausgestellt. Außerdem wird die Geschichte von Schafen und Schäfern seit der Antike präsentiert.

Ziele in der Umgebung

Château de Sauvage und Tierpark, in Émancé

11 km südwestl. auf der D 906 Richtung Maintenon; in Gazeran die D 62 Richtung Süden nehmen. ✆ 01 34 94 00 94 – ♿ – ganztägig – 7,50 € (Kinder 5 €).

Im Drouette-Tal liegt dieses unter Ludwig XIII. errichtete und im 19. Jh. umgebaute Schloss. Im 40 ha großen Park im englischen Stil mischen sich Eichen mit exotischen Bäumen. Hier laufen Antilopen, Känguruhs und Hirsche frei herum. Am Weiher leben zum Teil seltene Enten, Pelikane und Schwäne sowie eine Flamingokolonie.

Tipps und Adressen

Allgemeiner Hinweis

Fremdenverkehrsamt – *Place de la Libération – ✆ 01 34 83 21 21 – www.rambouillet-tourisme.fr*

Kombiticket – Eine kombinierte Eintrittskarte bietet reduzierte Preise für das Château de Rambouillet, die Meierei der Königin, das Muschelhäuschen, das Musée Rambolitrain sowie die Schlösser von Breteuil, Dampierre und Maintenon. Sie ist in den genannten Sehenswürdigkeiten und im Fremdenverkehrsamt erhältlich – *✆ 01 34 83 21 21.*

Übernachten

Tipp – Wer einfach und praktisch übernachten möchte, findet im Süden der Stadt im Gewerbegebiet „Bel Air" drei Hotels überregionaler Hotelketten.

Chambre d'hôte La Gâtine – *15 rte de Faverolles – 78125 La Boissière-École – ✆ 01 34 94 32 79 – www.lagatine.com – P – 5 Zi: 75 € – Rest. 23 €.* Hier lädt jedes Zimmer zu einer Reise in ein bestimmtes Land ein. Bali, Mexiko oder der Orient standen Pate für die jeweilige Einrichtung. Internationale Küche, saisonal auch Wild.

Chambre d'hôte M. et Mme Knol – *16 rue Georges-Clemenceau – 78120 Rambouillet – ✆ 01 34 83 10 87 – chambres-hotes.gardi@gofornet.com – – Reservierung empf. – 3 Zi: 60 €.* Das Gästehaus inmitten eines schönen Gartens liegt ganz in der Nähe des Einkaufsviertels. Drei familiäre, einfache und saubere Zimmer. Großzügiges internationales Frühstück.

Essen und Trinken

Le Cheval Rouge – *78 rue du Gén.-de-Gaulle – 78120 Rambouillet – ✆ 01 30 88 80 61 – www.cheval-rouge.fr – tgl. außer Di-abend und Mi – 26/32 €.* Im alten Rambouillet liegt dieses kleine Lokal mit traditioneller, provenzalisch inspirierter Küche. Wochentags gibt es einen einfachen Mittagstisch.

La Poste – *101 rue du Gén.-de-Gaulle – 78120 Rambouillet – ✆ 01 34 83 03 01 – tgl. außer 1.-7. jan., Do-abend, So-abend und Mo – 22,50/34,50 €.* Das kleine Restaurant im Stadtzentrum wirkt mit seinen weißen Fachwerkwänden und den strohbezogenen Stühlen wie ein gehobener Landgasthof. Traditionelle Küche, besonders zu empfehlen sind die Ententerrine, die Gänseleber und die Lammnüsschen.

Villa Marinette – *20 av. du Gén.-de-Gaulle – 78125 Gazeran – ✆ 01 34 83 19 01 www.villamarinette.fr – tgl. außer So-abend, Di-mittag und Mo – – 29/60 €.* Vom gemütlichen Speisezimmer führt die Terrasse in einen wunderbaren Garten. Kreative Küche.

L'Huître sur le Zinc – *15-17 rue Chasles – 78120 Rambouillet – ✆ 01 30 46 22 58 – www.lhuitresurlezinc.fr – 34,50/60 €.* Fangfrische Fische und Meeresfrüchte sind Standard, empfehlenswert unter anderem das Carpaccio vom Wolfsbarsch oder Spieße mit gegrillten Gambas. Im maritimen Stil dekorierte Räumlichkeiten, schöne Terrasse.

Kleine Pause

Liège – *19 pl. Félix-Faure – 78120 Rambouillet – ✆ 01 34 83 01 37 – tgl. außer Mi 7-13.30 und 15-20, So 7-13 und 15-19 Uhr – Aug. geschl.* In dieser rustikalen Bäckerei werden verschiedenste Spezialitäten angeboten: Mehrkornbrote, Apfeltarte mit Mandelcrème, Erdbeeren auf Blätterteig etc.

Einkaufen

Boutique gourmande de la Bergerie nationale – *Parc du Château – 78120 Rambouillet – ✆ 01 30 88 66 50 – anne-marie.barbezant@educagri.fr – tgl. außer Mo/Di 14-19, Sa auch 10-12 Uhr – 1. Jan und 25. Dez. geschl.* Hier werden Produkte aus verschiedenen Landwirtschaftsschulen in Frankreich angeboten: Geflügel, Gänseleber, Konfitüre, Honig, Wein etc.
Es gibt auch Accessoires wie Schals und Krawatten sowie Hemden aus Vlies.

Ferme de la Tremblaye – *78125 La Boissière-École – ✆ 01 34 94 30 98 – www.fermedelatremblaye.com – Do 16-18.30, Fr 14-18.30, Sa 10-12.30 und 15-19 Uhr.* An einem schönen, bewaldeten Park liegt dieser große Hof, der sich auf Käseherstellung spezialisiert hat und auch Führungen anbietet. Der Hofladen führt neben Käse auch andere landwirtschaftliche Produkte wie Geflügel oder Apfelsaft.

Feste und Events

Staatliche Schäferei – An einem der letzten Märzwochenenden kann man bei der Schafsschur helfen. Im April findet der landesweite Wettbewerb der Schäferhunde statt, und im Mai werden ein Wochenende lang hiesige Lebensmittel verkauft. Am letzten Septemberwochenende wird die Geburt der Lämmer gefeiert.

Forêt de Rambouillet★

YVELINES (78) – UMSCHLAGKARTE A3 – MICHELIN LOCALKARTEN 312 A-B 4, 106 FALTE 28

Der Wald von Rambouillet ist ein Überbleibsel des früheren, riesigen Waldes von Yvelines. In der gallo-römischen Zeit bedeckte dieser den gesamten südwestlichen Teil der Region Paris. Auch die etwa 20 Weiher und Teiche machten Rambouillet jahrhundertelang zum Jagdgebiet der Könige, woran die sternförmig zulaufenden Wege noch heute erinnern. Früher schätzten Reiter dieses Waldgebiet; heute findet sich auch ein hervorragendes Netz von Rad- und Wanderwegen.

Wegweiser – 44 km von Paris auf der A 10, später der N 10. Der Wald erstreckt sich auf 22 000 ha. Er liegt auf einem lehmigen Plateau in 110 bis 180 m Höhe und ist von sandigen Tälern durchzogen. Im Norden grenzt er an die Bergmassive von St-Léger und Rambouillet, im Süden an das Massiv von Yvelines.

Didier Hée / MICHELIN

Auf dem Wanderweg GR 1.

Unbedingt sehenswert – Die Aussicht über das Vesgre-Tal vom Haut-Planet und über das Tal Ponts Quantins von der Kreuzung Grand-Baliveau; die älteste Eiche des gesamten Waldes namens Baudet (550 Jahre alt).

Gut geplant – Obwohl der Wald sehr groß ist, sind manche Wege im Sommer überfüllt. In den Sommermonaten kann man in den Teichen baden.

Mit Kindern – Beobachten der wilden Tiere, der Hochseilgarten „Odyssée verte" (grüne Odyssee) im Espace Rambouillet.

Orte in der Nähe – Châteaux de BRETEUIL, Vallée de CHEVREUSE, Château de DAMPIERRE, MONTFORT-L'AMAURY, RAMBOUILLET

Sehenswürdigkeiten

Espace Rambouillet

Parkplatz und Eingang 500 m südwestl. der Straße von Rambouillet nach Clairefontaine (D 27). ✆ 01 34 83 05 00 – www.onf.fr/espaceramb/ – Apr.-Okt. ganztägig bis 18 Uhr, Feb.-März und Nov. bis 17 Uhr; tgl. außer Mo – 8,80 € (unter 12 J. 6,60 €). In diesem 250 ha großen Park lassen sich Wildtiere hautnah erleben. In der **Forêt des cerfs (Hirschwald)** kann man auf einem 1,8 km langen Lehrpfad Hirsche, Damwild, Auerochsen, Rehe und Wildschweine entdecken. Im **Forêt sauvage (Wildwachsender Wald)** leben die Tiere in völliger Freiheit auf 180 ha. Und die Jüngsten können im **Coin des fourmis (Ameisenecke)** das Leben dieser Insekten beobachten.

Tipp – Nehmen Sie ein Fernglas mit. So können Sie die Tiere besser beobachten. Die besten Besuchszeiten liegen zwischen April und Oktober, dann finden bei geeignetem Wetter auch Greifvogelschauen statt. Am Wochenende haben Kinder die Möglichkeit, auf Ponys zu reiten.

Odyssée verte (grüne Odyssee) – Auf einer Strecke von 300 m sind hier gesicherte Hängebrücken und Plattformen in luftiger Höhe zwischen den Bäumen miteinander verbunden. Mit Hilfe von Spielen wird die Bedeutung des Sonnenlichts, des Ökosystems etc. verdeutlicht.

Ausflüge

Der GR 1 durchquert den Wald von Norden nach Süden (von Montfort-l'Amaury nach Rambouillet). Von Nordwesten nach Südwesten verläuft der GR 22 (von Gambaiseul bis St-Léger-en-Yvelines).

Rochers d'Angennes

8,5 km nordwestl. von Rambouillet auf der D 936, weiter links auf der D 107. *Ausgangspunkt ist der Parkplatz in der verkehrsberuhigten Zone von Rabières. Folgen Sie ca. 100 m dem steilsten Abhang ins Dorf, dann finden Sie rechts den Weg zum Gipfel.*
Hinter einem von Felsen umgebenen Plateau erreicht man den Bergkamm. Diese kleine Wanderung ist an schönen Tagen sehr beliebt und bietet einen schönen Blick auf das Guesle-Tal und die Étangs d'Angennes (Weiher von Angennes).

Balcon du Haut-Planet★

12 km nordwestl. von Rambouillet auf der D 936. Nach dem Carrefour Haut-Planet (Kreuzung) geht es rechts auf die nicht befahrbare, hügelige Straße. *Ausgangspunkt: Parkplatz bei der Croix Pater.* Nach der Source de la Fontaine bleue führt der Weg rechts nach oben auf einen schattigen Platz. Hier bietet sich die spektakulärste **Aussicht** des gesamten Bergmassivs; im Norden blickt man auf das Vesgre-Tal und das Château du Planet.

Route des Étangs

8 km nördl. von Rambouillet auf der N 10, weiter auf der D 191 bis St-Hubert. Parkplatz vor der Maison des étangs et rigoles, nahe des Étang de St-Hubert.
4 Std. Zwischen 1675 und 1685 wurde hier eine 6 km lange Reihe von Teichen angelegt, um das Wasser bis in die Becken von Versailles zu leiten, wie es den Wünschen Ludwigs XIV. entsprach. Den beiden **Étangs de Hollande (Holland-Teiche)**

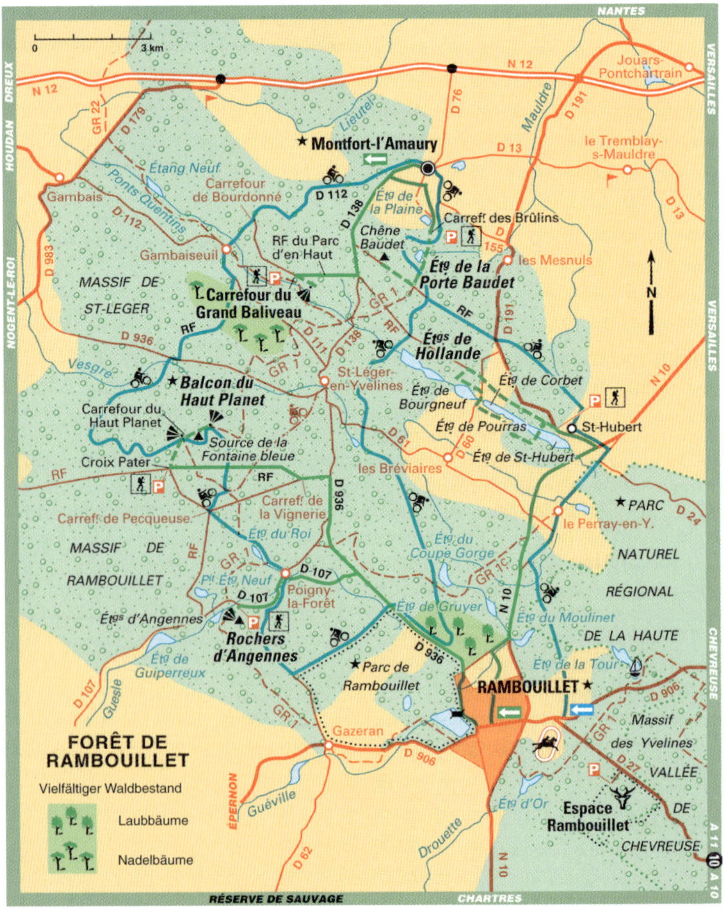

folgten sechs weitere Teiche, von denen heute nur die beiden äußeren erhalten sind. Folgen Sie am westlichen Ausgang von St-Hubert dem Corbet-Forstweg, queren Sie die Allée de Villarceau bis zur Kreuzung Petites-Yvelines und schließlich der Kreuzung Malmaison. Links geht es in den Bourgneuf-Weg und im Südosten führt die Route des Étangs am Fluss entlang. Über die D 60 erreichen Sie das südliche Ufer des Étang de Corbet. Queren Sie das Wehr, gehen Sie am Wald von Pourras bis zur Croix Vaudin. Eine Allee linker Hand quert den Wald bis zum Pont Napoléon. Rechts davon liegt der Étang de St-Hubert. Hier führt der Weg zurück auf den Forstweg von Corbet.

Carrefour du Grand-Baliveau

8 km südwestl. von Montfort-l'Amaury auf der D 138. An der Kreuzung den Weg rechts vom Schild „route forestière du Parc-d'En-Haut" wählen.
30 Min. Der dünne Hochwald in diesem Gebiet lässt viel Licht zum Boden durchdringen und saftige Wiesen sprießen. Von einer Lichtung aus bietet sich ein schöner **Blick★** über das Tal von Ponts Quantins.

Étang de la Porte-Baudet ou des Maurus

4 km südl. von Montfort-l'Amaury auf der D 112 und später der D 13. An der Route de Gambais zur Rechten geht es vorbei und links in die kurvige Rue du Vert-Galant, dem Plateau folgend. Ausgangspunkt: Parkplatz Brûlins. 45 Min. Hier am Weiher findet man eine der schönsten Gegenden des gesamten Waldes, und das trotz der Sturmschäden von 1998. 1 km weiter auf der Route Belsédène und später der Route Goron gibt es die 550 Jahre alte **Baudet-Eiche** zu entdecken. Ihr Umfang beträgt 5,80 m.

Fahrradtour durch den Wald

Rundfahrt: 30 km. Planen Sie den ganzen Tag ein. Die Strecke beginnt 3 km von Dampierre entfernt oberhalb von Senlisse, nicht weit von der D 202. Lassen Sie das Auto auf dem Parkplatz stehen. Die Route führt entlang des Tals Vaux-de-Cernay. Über Auffargis und St-Hubert jenseits der N 10 gelangt man an die Étangs de Hollande, hier geht es links Richtung Rambouillet. Der geteerte Weg verläuft nicht weit vom Étang du Coupe-Gorge, quert die D 936 und führt weiter entlang der Mauer des Schlossparks von Rambouillet. Erst geht es auf einer kleinen Straße weiter, dann durch das Dorf Poigny und weiter über den Balcon du Haut-Planet. Nach einem starken Gefälle erreichen Sie eine kleine Straße; wenden Sie sich hier Richtung Montfort-l'Amaury. Wenn Sie die D 936 überquert haben, folgen Sie erneut der Straße inmitten der Pinien. Wieder auf der Straße durchqueren Sie noch Gambaiseuil und gelangen schließlich nach Montfort.

Zu den Étangs de Hollande gelangt man mit dem Fahrrad auch auf einer anderen, kurvigen und hügeligen Strecke nahe der Étangs de la Plaine und Porte-Baudet. Zurück nach Les Vaux-de-Cernay geht es auf dem gleichen Weg.

Tipps und Adressen

Sport und Freizeit

Centre équestre de la Bergerie nationale (Reiterhof der Staatlichen Schäferei) – *im Schlosspark – 78120 Rambouillet – ✆ 01 61 08 68 47.* Hier gibt es Ausrüstung und Pferde für Anfänger wie für geübte Reiter, verschiedene Kurse und den Ponyclub für Kinder ab 6 Jahren.

Étangs de la forêt de Rambouillet – Im Sommer darf in den Étangs de Hollande gebadet werden. Im Étang de St-Hubert kann man auch Angeln. *Nähere Informationen bei der Fédération des Yvelines pour la pêche et la protection du milieu aquatique – 19 rue du Dr-Roux – 78520 Limay – ✆ 01 34 77 58 90.*

Loca Cycles – *Forsthaus der Porte de St-Léger – 78490 Méré – ✆ 06 07 64 15 87 – www.locacycles.com – März-Okt.: Sa/So/Fei 10-19 Uhr – 5 €/Std., 14 €/½ Tag, 16 €/Tag.* Fahrradverleih für die Wälder von Rambouillet, Cernay-la-Ville, Montfort-l'Amaury, St-Germain-en-Laye.

No-limit adventure – *Im Süden des Waldes von Rambouillet, Anfahrt über die A 6, Ausfahrt 16. – ✆ 08 26 10 07 57 – 18-22 € (Kinder 10-12 €).* In diesem Abenteuerpark gibt es neun verschiedene Parcours mit verschiedenen Schwierigkeitsgraden für Kinder und Erwachsene. Die Ausrüstung wird von den Betreibern der Anlage gestellt.

La Roche-Guyon★

VAL-D'OISE (95) – 550 EINWOHNER – UMSCHLAGKARTE A2 – MICHELIN LOCALKARTEN 305 A6, 106 FALTE 2 – KARTE S. 334/335

Zwischen der Seine und der Hochebene Vexin liegt dieses Dörfchen, über dem zwei Schlösser thronen. Andere Zeitzeugen der Gegend sind eine Höhlenkapelle sowie in den Fels gehauene Bunker aus dem Zweiten Weltkrieg. Am Seineufer liegt ein sehenswerter Obst- und Gemüsegarten mit sternförmigen Gevierten.

Jacass / MICHELIN

Victor Hugo, großer Liebhaber mittelalterlicher Ruinen, besuchte einst das Schloss.

Wegweiser – La Roche-Guyon liegt auf halbem Weg zwischen Paris (72 km) und Rouen (75 km) an einem Ausläufer der Seine. Von Mantes-la-Jolie auf der D 177 Richtung Norden, dann auf der D 913 den Fluss entlang.

Parken – Großer Parkplatz beim Krankenhaus *(der Beschilderung folgen)*.

Unbedingt sehenswert – Château-Guyon und der Zwinger (schöner Blick von der Route des Crêtes).

Mit Kindern – Der mittelalterliche Rundgang; der Zwinger und das Schloss werden die Fantasie der Kinder anregen.

Orte in der Nähe – MANTES-LA-JOLIE, Le VEXIN FRANÇAIS

Geschichte und Geschichten

Eine stolze Festung – Gegen Ende des 12. Jh. wurde auf den Kalkhügeln über der Seine ein Zwinger errichtet. Der strategisch bedeutsame Standort bietet einen guten Ausblick über das gesamte Seine-Tal. Im 13. Jh. kamen Schutzmauern und ein Wohnhaus hinzu, das sich am Fuße des Felsens befindet und mit dem Zwinger über eine in den Stein gehauene Treppe verbunden ist.

Das Anwesen der Rochefoucaulds – Der Besitz der Rochefoucaulds wurde zu einer Festung ausgebaut, die 1419 kurzzeitig eingenommen, aber schon 1449 zurückerobert wurde. Nach dem Hundertjährigen Krieg nutzte man sie als Wohnsitz – 1549 hielt sich sogar Franz I. mit seinem Hofstaat hier auf. 1621 wurde La Roche-Guyon zum Großherzogtum; 1659 folgte die Ernennung des als Moralist bekannt gewordenen **François VI. de La Rochefoucauld** zum Großherzog. La Roche-Guyon erlebte im 18. Jh. eine Blütezeit als Prinzenresidenz – Herzog **Alexandre de la Rochefoucauld** war in Ungnade gefallen und lebte im Exil. Sein Enkel **Louis Alexandre** war ein Anhänger der Revolution, weigerte sich jedoch, das Land zu verlassen, und wurde in Gisors hingerichtet.

Zum Entspannen

Von La Roche-Guyon geht es auf der D 100 entlang der Seine bis zum Pont de Bonnières. Überqueren Sie den Fluss und folgen Sie der D 37 Richtung Lavacourt. Vom Pavillon Fernand bietet sich ein schöner Blick auf das Schloss. Später laden malerische, ruhige Plätze am Ufer der Seine und im Wald von Moisson zu einer Pause ein.

Der Herzog von Rohan und die Romantiker – 1797 wechselte das Schloss für 30 Jahre den Besitzer, Louis François Auguste, **Herzog von Rohan-Chabot**, erbte das Anwesen. Als seine junge Frau starb, beschloss er mit nur 31 Jahren, Geistlicher zu werden. Weiterhin feierte er jedoch rauschende Feste im Schloss und vereinte in seiner Person Frömmigkeit und den Prunk des Ancien Régime. Nicht nur Mönche aus St-Sulpice, sondern auch die jungen Schriftsteller der Romantik (Hugo, Lamartine, Lamenais, Lacordaire) waren zu den großartigen Feierlichkeiten in der unterirdischen Kapelle geladen und genossen die Klänge der wunderbaren italienischen Orgel.

Der Herzog von Rohan wurde Erzbischof von Besançon und später Kardinal. 1829 verkaufte er das Schloss an seinen Cousin François XIII de La Rochefoucauld. Seither ist das Anwesen wieder in Familienbesitz. Während des Zweiten Weltkriegs wurde es noch einmal für militärische Zwecke genutzt: 1944 errichtete **Generalfeldmarschall Erwin Rommel** hier sein Hauptquartier. Im Zuge der Befreiung Frankreichs wurde das Schloss durch Bombardements schwer beschädigt. Die Restaurierung der Gebäude dauerte 20 Jahre. Wer La Roche-Guyon heute besucht, kann die bewegte Geschichte dieses besonderen Ortes immer noch spüren.

Sehenswürdigkeit

Château★

✆ 01 34 79 74 42 – ganztägig – 7,50 € (unter 25 J. 4 €). Ein sehenswertes Gitter mit dem Wappen La Rochefoucaulds umgibt das Schloss. Vorbei an den Stallungen aus dem 18. Jh. geht es hinauf zum Ehrenhof, wo man die Eintrittskarten kauft. Informationstafeln vermitteln Wissenswertes über die Geschichte des Schlosses.

Circuit médiéval★ (Mittelalterlicher Rundgang) – Er führt zum **Fallgitter** am mittelalterlichen Eingang und zur Südterrasse. Weiter geht es in die Cour des Cerfs (Hirschhof). Von hier gelangt man über 250 in den Fels gehauene Stufen zum **Zwinger**. Auf dem Weg passiert man den **Taubenschlag** (mit über 1000 Nistlöchern), bevor es weiter hinauf zum Innenhof des Zwingers geht. Nur zwei Stockwerke – etwa die Hälfte der ursprünglichen Höhe – sind erhalten, weil er während der Revolution und im Zweiten Weltkrieg schwer beschädigt wurde. Von hier bietet sich ein wunderschöner **Blick** auf die Seine.

Rundgang durch die Zimmer – Er führt zum Hauptteil des Schlosses, der auf einer von Arkaden gestützten Terrasse ruht. Man kann einige Privaträume (ohne Möbel) besichtigen und gelangt am Ende auf den Hirschhof. Die Treppe rechts bringt Sie zur Galerie und zu den **Kapellen**, die im 19. Jh. von Kardinal Ludwig von Rohan in Auftrag gegeben wurden.

Rundgang zu den Bunkern und Höhlen – Los geht es links von der Ehrentreppe, wo auf Informationstafeln an die Zeit der deutschen Besatzung erinnert wird. Rechts vom Eingang zu den Bunkern findet sich die in einer Felsgrotte eingerichtete **Orangerie**. Gehen Sie hindurch zu den **Höhlen,** die als Überreste des im 12. Jh. in den Fels gehauenen Schlosses erkennbar sind.

Zu Fuß unterwegs

Am Ufer der Seine★

Vom Kai aus bietet sich ein schöner **Blick★** auf die sanfte Landschaft und die beiden Schlösser. Anstelle der einstigen Hängebrücke befindet sich hier heute ein Aussichtspunkt.

Gemüsegarten des Schlosses

Gegenüber vom Schloss – ☏ 01 34 79 74 42 – ♿ – Anf. März-Mitte Nov. ganztägig. Aufgrund seiner Größe und geometrischen Struktur war dieser Garten aus dem Jahr 1741 schon in früheren Zeiten bekannt. Er wurde von den La Rochefoucaulds als Forschungsgarten angelegt. Dies erklärt, warum hier bestimmte Züchtungen wachsen, die ganz sicher nicht zum Verzehr gedacht waren!

Ziele in der Umgebung

Route des Crêtes★

Rundfahrt von 4 km. Folgen Sie der Route de Gasny, die entlang der Höhlen verläuft. **Blick★★** nach unten auf die Schleife der Seine und auf die Felsvorsprünge von Haute-Isle. Im Vordergrund erhebt sich der **Zwinger** von La Roche-Guyon.

Weiter auf der D 100.

An der ersten Kreuzung geht es nach rechts. Der Weg fällt nun steil ab und führt unter dem Aquädukt hindurch, der seit dem 18. Jh. Dorf und Schloss mit Wasser versorgte.

Arboretum de La Roche

Auf der D 37 Richtung Amenucourt. Dieses Museum aus regionalen Bäumen folgt in seiner Gestaltung am Boden der Region Île-de-France. Für jedes Département wurde eine andere Baumart gepflanzt: Stieleichen für Seine-et-Marne, Ahorn für die Essonne, Weißbuchen für Val-de-Marne, Eschen für Val-d'Oise, Kirschen für Seine-St-Denis, Linden für Hauts-de-Seine, Buchen für die Yvelines. Die Platanen in der Mitte repräsentieren Paris. Zwischen den einzelnen Baumpflanzungen verlaufen Rasenstreifen, die die Täler darstellen.

Haute-Isle

2 km östl. auf der D 913. Haute-Isle, eines der wenigen Höhlendörfer, geht auf prähistorische Zeiten zurück. Im Mittelalter vervielfachten sich die in die Hügelflanke geschlagenen Behausungen. Oberhalb der Seine entstand so der alte Dorfkern von Haute-Isle, im Wesentlichen aus Höhlenwohnungen. Hinter einem kleinen terrassenförmig angelegten Friedhof liegt die Kirche, deren winziger Uhrturm sich einsam aus dem Felsen erhebt. Im Inneren der Kirche finden sich eine Chorschranke und ein Retabel mit Schnitzereien aus dem 17. Jh.

Vétheuil

6 km östl. auf der D 913. Das alte Winzerdorf am Seineufer weist viele typische Häuser im Stil des Vexin français aus gelblichem Stein auf. Die Impressionisten trugen zur Bedeutung Vétheuils bei, insbesondere Monet, der hier drei Jahre verbrachte.

Tipps und Adressen

Übernachten

Chambre d'hôte Les Damiers – *3 rue Gasny – 95780 La Roche-Guyon – ☏ 01 34 79 75 10 – http://les-damiers.monsite.wanadoo.fr – 🚭 – 5 Zi: 53 €* ☕. In diesem großen Haus aus den 1920er-Jahren herrscht eine familiäre Atmosphäre. Die alten Möbel und Teppiche tragen zu diesem Eindruck bei. Gutes Frühstück.

Chambre d'hôte Prieuré Maïalen – *4 allée du Jamboree – 78840 Moisson – auf der A 15, Ausfahrt Nr. 13 – ☏ 01 34 79 37 20 – www.auprieuremaialen.com – 🚭 – 4 Zi: 69 €* ☕ *– Rest. 23 €.* Das Haus liegt im Herzen des von Monet geschätzten Dörfchens, jedes Zimmer wurde einem Thema entsprechend eingerichtet: „Provence", „Scheherazade" und „Boot". Den Salon zieren alte Möbel. Großer Garten, beheiztes Schwimmbecken (Mai-Okt.).

Essen und Trinken

Les Bords de Seine – *21 rue du Dr-Duval – 95780 La Roche-Guyon – ☏ 01 30 98 32 52 – www.bords-de-seine.fr – Reservierung empfohlen – 15/22 € – 19 Zi: 47/66 € – ☕ 7 €.* Das große Haus mit hübschen blauen Fensterläden liegt am Ufer der Seine. Moderne Zimmer. Der Speisesaal ist im Marinestil eingerichtet; es gibt eine schöne Terrasse.

Abbaye de Royaumont★★

VAL-D'OISE (95) – UMSCHLAGKARTE B1 –
MICHELIN LOCALKARTE 305 F6, ZOOMKARTE 106 FALTE 7

Die Abtei Royaumont steht auf einer kleinen Anhöhe und wurde vom hl. Ludwig (Ludwig IX.) gegründet, ihm zu Ehren erhielt sie den Namen „Royaumont". Die Abteil vermittelt einen Eindruck vom Wohlstand, den große Klöster im Mittelalter zum Teil erreichten. Ein Besuch lohnt sich in jedem Fall.

H. Champollion / MICHELIN

Die Abtei von Royaumont präsentiert sich trotz ihrer nicht mehr vorhandenen Kirche und der Zerstückelung des Geländes noch immer sehr stolz.

Wegweiser – Das Kloster gehört zur Gemeinde Asnières-sur-Oise, es ist 35 km von Paris entfernt. Man erreicht es über die D 301 und D 316 oder auf der A 1 (Strecke ist ausgeschildert). Zugverbindung von der Gare du Nord bis zur Gare de Viarmes, weiter mit dem Bus 14.

Unbedingt sehenswert – Das Ecktürmchen des nördlichen Querschiffs; der Palast der Abtei; der reizende mittelalterliche Garten.

Gut geplant – Rechnen Sie für die Besichtigung eine gute Stunde ein. In der Buchhandlung finden sich viele Werke über das Mittelalter, die Architektur der Zisterzienser oder die Gartenbaukunst. Im Kloster werden auch klassische Konzerte veranstaltet, Informationen vor Ort.

Orte in der Nähe – Château de CHANTILLY, Château d'ÉCOUEN, SENLIS

Sehenswürdigkeiten

Die Abtei

☏ 01 30 35 59 00 – www.royaumont.com – ♿ – ganztägig – 6 € (Kinder 4,50 €). Am Eingang wurde eine **Informationstafel** über die mittelalterliche Pflanzenmedizin aufgestellt. Diese Pflanzen finden sich auch im Garten selbst, zu dem Sie entlang des Kanals auf der linken Seite gelangen.

Kirchenruine – Anders als gewöhnliche Zisterzienserkirchen fällt das im Jahr 1235 geweihte Royaumont vor allem durch seine Dimensionen auf, die eher an eine Kathedrale als an ein Kloster erinnern. Mit insgesamt 101 m Länge macht sie ihrem königlichen Namensgeber alle Ehre. Der Chor mit strahlenförmig angeordneten Kapellen weist nach klassischer Zisterzienserbauweise eine flache Kopfseite auf. Ein **Ecktürmchen (1)** als Überrest des nördlichen Querschiffs vermittelt einen Eindruck der ursprünglichen Höhe (der Scheitelstein des Gewölbes befand sich 28 m über dem Boden).

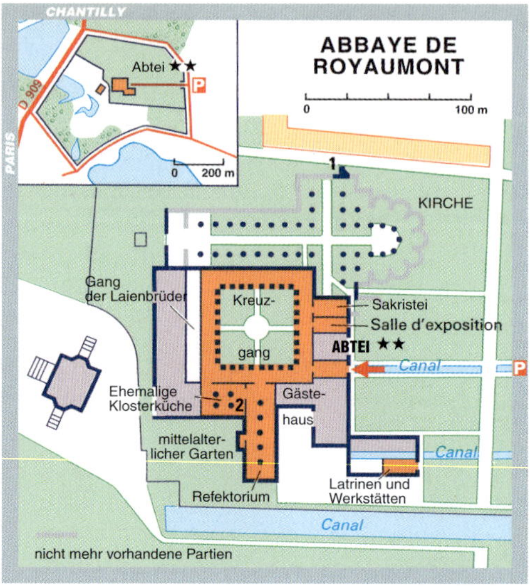

Palast der Abtei★ – Dieser weiße Kubus ist das Werk Louis le Massons und erinnert an eine italienische Villa. Die Fassade spiegelt sich in einem Weiher neben der Route de Chantilly.

Kreuzgang – Der Kreuzgang umschließt einen schönen Garten. Von weitem fällt auf, dass hinter dem westlichen Gang ein weiterer liegt, „Gang der Laienbrüder" genannt: Hier durften Laienbrüder umherspazieren und konnten die Kirche betreten, ohne den Kreuzgang zu nutzen, der den Mönchen vorbehalten war.

Refektorium – Im zweischiffigen Refektorium, einem Meisterwerk gotischer Baukunst, fanden gut 60 Mönche Platz. Der hl. Ludwig selbst bediente hier die Mönche, die dem Vorleser zuhörten. Heute finden im Refektorium Konzerte statt. Die Orgel aus dem Jahr 1864 wurde in mehreren 10 000 Arbeitsstunden restauriert.

Ehemalige Küche – Hier ist besonders die **Jungfrau (2)** von Royaumont aus dem 14. Jh. sehenswert.

Gehen Sie ins Refektorium zurück und verlassen Sie es durch die Tür am Ende des Raums.

Mittelalterlicher Garten – Dieser wunderbare Garten wurde im mittelalterlichen Stil angelegt: In **neun Gevierten**, umgeben von geflochtenen Kastanienzweigen, wachsen verschiedene medizinische Pflanzen, Gemüse etc. Den gesamten Hof umgibt ein Flechtwerk aus Weiden. An den Wänden des Refektoriums wurden diverse Getreidesorten ausgesät. Im Westen befindet sich ein Obstgarten.

Latrinen und Arbeitsgebäude – Dieses Gebäude ruht über dem Kanal auf 31 Rundbögen. Das Wasser wurde einst weiter nach oben geleitet und trieb Arbeitsgeräte der Mönche an. Ein Schaufelrad ist erhalten geblieben.

Ziel in der Umgebung

Luzarches

6 km südöstl. auf der D 909 und der D 922. Zuganbindung aus Paris über die Gare du Nord (Endhaltestelle Luzarches). Von Royaumont mit dem Bus 14 bis zur Gare de Viarmes, dann mit dem Zug nach Luzarches. In diesem alten Dorf wurde im 13. Jh. **Robert de Luzarches** geboren. Er entwarf die Pläne für die Kathedrale von Amiens.

Von der Brücke (Umleitung der D 316) aus bietet sich ein schöner **Blick** auf die **Kirche**. Der Glockenturm stammt aus dem 12. Jh. Die drei Apsiden unterscheiden sich in Größe und Gestaltung voneinander. Die Kirche ist den Schutzheiligen der Chirurgen, dem hl. Kosmas und dem hl. Damian, gewidmet. Die beiden arabischen Ärzte starben

im Jahr 303 als Märtyrer. Ihre Reliquien wurden von einem Kreuzritter, Robert de Luzarches, aus Rom herbeigeschafft. Zum Dank für diese fromme Tat wurden die Bewohner der Gegend bis zur Revolution zweimal jährlich umsonst von vier Mitgliedern der Pariser Chirurgie behandelt.
Die Hauptapsis weist eine Halbkuppel auf. Nahe der Kirche residiert im **Château de la Motte**, von dem einige Überreste erhalten sind, das Fremdenverkehrsamt.

Tipps und Adressen

Allgemeiner Hinweis

Fremdenverkehrsamt von Luzarches – *6 rue St-Damien – ✆ 01 34 09 98 48 – www.tourisme-luzarches.org*

Kleine Pause

Bar-salon de thé – *À l'abbaye de Royaumont – Sa/So/Fei ab 12 Uhr.* In diesem Gewölbesaal aus dem 13. Jh. lässt sich gemütlich zu Mittag essen oder Kaffee trinken. Tee, Gebäck und einfache Gerichte, hübsche Terrasse am Wasser.

Feste und Events

Konzerte in der Abtei – *Ende Aug.–Ende Okt., Sa oder So – ✆ 01 34 68 05 50 – www.royaumont.com*

Rueil-Malmaison★★

HAUTS-DE-SEINE (92) – 76 700 EINWOHNER – UMSCHLAGKARTE D6 – MICHELIN LOCALKARTE 311 J2, ZOOMKARTEN 101 FALTE 13-14, 106 FALTE 18

Der Ort mutet heute so städtisch an, dass man sich Malmaison als romantischen Rückzugsort für Napoleon und Josephine erst wieder in Erinnerung rufen muss. Dabei befand sich hier Napoleons Lieblingsschloss, erkennbar unter anderem an der Gestaltung der Innenräume, deren Stil von seltener Einheitlichkeit ist.

Wabill / wikipedia

Das alte Rathaus mit seinem hübschen kleinen Park.

Wegweiser – Mit dem Zug: RER A 1 (Richtung St-Germain-en-Laye). Mit dem Auto: Von Paris-La Défense auf die D 913, dann an der Place de la Boule links. Hauptverkehrszeiten meiden.

Unbedingt sehenswert – Die umfangreichen napoleonischen Sammlungen des Musée national du Château de Malmaison und des Château de Bois-Préau; eine der schönsten Orgeln Frankreichs in der Église St-Pierre-et-St-Paul; der Étang de St-Cucufa (Weiher) im Wald von Malmaison.

Mit Kindern – Die ganze Familie wird von den prachtvollen Kleidern aus Samt und Seide im Musée de Malmaison begeistert sein.

Orte in der Nähe – MARLY-LE-ROI, ST-CLOUD

Geschichte und Geschichten

Die Zeit des Konsulats – **Marie-Josèphe Rose Tascher de La Pagerie** wurde 1763 auf Martinique geboren und war die Witwe des Generals de Beauharnais. 1769 heiratete sie **Bonaparte**. Drei Jahre später erwarb sie Schloss Malmaison. Als „Premierkonsul" wohnte Napoleon in den Tuilerien, doch er mochte diesen Ort nicht und verbrachte regelmäßig Zeit in Malmaison. Josephine und Napoleon verlebten hier sehr glückliche Tage, die schönsten ihrer gesamten Ehe. Josephine war graziös und elegant; sie besaß 600 Kleider und wechselte fünf bis sechs Mal täglich die Garderobe.

Luxus und Schulden – Als Napoleon 1804 Kaiser wurde, musste er die offiziellen Residenzen Les Tuileries, St-Cloud und Fontainebleau nutzen. Die Kaiserin war sehr unzufrieden über die wenigen Besuche in Malmaison. Sie stattete das Schloss weiterhin großzügig aus, bis ihr das Geld knapp wurde. Napoleon war darüber verärgert, zahlte aber schließlich ein weiteres letztes Mal.

Die Scheidung – 1809 zog Josephine nach ihrer Scheidung von Napoleon wieder in Malmaison ein. Nach der Niederlage des Kaiserreichs empfing sie dort dessen Gegner, etwa den russischen Zaren oder den König von Preußen. Am 29. Mai 1814 starb sie mit 51 Jahren an einer Infektion und hinterließ einen riesigen Schuldenberg.

Der Abschied vom Schloss – Zehn Monate nach ihrem Tod kam der von Elba geflohene Napoleon noch einmal nach Malmaison. Er flüchtete sich hier zu Josephines Tochter Hortense, der Königin von Holland, die nun seine Schwägerin war und deren Sohn später den Titel Napoleon III. tragen sollte.

Die späteren Schlossbesitzer – Nach Josephines Tod erbte Prinz Eugène das Anwesen. Er starb 1824; Malmaison wurde 1828 verkauft und ging durch viele Hände, bis es für eine Million Francs von Napoleon III. zurückgekauft wurde. 1877 verkaufte der französische Staat das Schloss, das sich in sehr schlechtem Zustand befand. 1896 erwarb es der Bankier Osiris und verkleinerte den Park auf 6 qm. Er restaurierte die Gebäude und schenkte seinen Besitzanteil 1904 dem Staat.

Die Wiederherstellung – Prinz Viktor-Napoleon überschrieb das Gelände mit dem Mausoleum des kaiserlichen Prinzen an Malmaison. Die Besitzer des Château du Bois-Préau, das Ehepaar Tuck, fügten gleichfalls ihren 19 ha großen Besitz hinzu, der schon zu Josephines Zeiten zum Park gehört hatte.

Sehenswürdigkeiten

Musée national du Château de Malmaison★★

Avenue du Château – ✆ 01 41 29 05 55 – www.chateau-malmaison.fr – April-Sept.: tgl. außer Di 10-12.30, 13.30-17.15, Sa/So 10-12.30, 13.30-18.15 Uhr; 1. Jan., 25. Dez. geschl. – Führung auf Anfrage (1 Monat im Voraus) – 6 €, 1. So im Monat frei.

Das Schloss wurde um 1622 erbaut und bestand, als Josephine es kaufte, aus einem Hauptgebäude und zwei Seitenflügeln, die erst im 18. Jh. hinzugefügt worden waren. Am Gitter des Eingangsportals sind noch die zeitgenössischen Laternen erhalten. 1801 kam eine Veranda hinzu. Die Sammlungen sind der Erinnerung an Napoleon und Josephine gewidmet und stammen aus Malmaison selbst, aber auch aus St-Cloud, den Tuilerien und anderen kaiserlichen Residenzen.

Erdgeschoss – Die **Bibliothek** wurde im Jahr 1800 von Fontaine und Percier gestaltet. Sie enthielt 4500 Bände, die beim Verkauf des Schlosses 1828 in alle Himmelsrichtungen verstreut wurden. Heute stehen hier 500 Bücher, die mit Napoleons berühmten B-P gekennzeichnet sind, sowie 700 weitere aus seinem Besitz. Außerdem sind hier Schlachtpläne und Möbel aus dem Atelier der Gebrüder Jacob zu sehen. Die **Salle du Conseil (Ratszimmer)** in der zwischen 1801 und 1802 insgesamt 169 Ministersitzungen stattfanden, ist mit Insignien des Kriegs geschmückt. Die Sitze stammen aus St-Cloud. Der **Salon doré (goldener Salon)** beeindruckt durch seine elegante weiß-goldene Ausstattung und den Kamin aus weißem Marmor. Ihn umrahmen zwei Gemälde von Gérard und Girodet, die von den Ossian-Gedichten inspiriert sind. Der **Salon de musique (Musiksalon)** ist mit Möbeln der Gebrüder Jacob, der Harfe der Kaiserin und dem Piano der Königin Hortense ausgestattet.

Erster Stock – Zum letzten Mal hielt sich Napoleon im Juni 1815 hier auf, nach Waterloo und vor seiner Abreise nach Ste-Hélène. Er nutzte den **Salon** und die **Chambre de l'Empereur (Kaiserzimmer)**, deren Wände mit weißem Stoff bespannt sind. Hier hängen einige Porträts der Kaiserfamilie. Außerdem ist Prinz Eugènes Bett zu sehen. Auf einem kleinen Tisch befindet sich die Statue der Siegesgöttin. Sie hielt eine Nachbildung der Statue Napoleons in Händen, die an der Spitze der Colonne de la Grande Armée auf der Place Vendôme stand und 1871 abgenommen wurde.
Ein Ausstellungsraum ist **Bonaparte, dem General und Konsul** gewidmet. Hier sind Davids berühmtes Gemälde *Bonaparte beim Überschreiten der Alpen am Großen Sankt Bernhard*, Napoleons Säbel und Gürtel sowie eine Darstellung des Generals im Kreis seiner Marschälle nach der Schlacht von Austerlitz ausgestellt. Ein weiterer Raum ist der **Kaiserin Josephine** gewidmet und enthält ein Fries aus dem Pariser Haus von Napoleon und Josephine (Rue Chanteraine). Unter den vielen weiteren Stücken sind unter anderem Josephines Schminktisch, ihre Uhr, ihre von Chinard angefertigte Porträtbüste, verschiedene Stücke aus der Manufaktur von Sèvres und einiges mehr.
Zuletzt folgt das **Appartement von Josephine**. Es besteht aus einem Vorzimmer, einem schönen Prunkgemach mit Gold- und Kristallelementen. Auch hier sind Kleidungsstücke ausgestellt. Auch ein sehr schöner Schmuckkasten von Martin-Guillaume Biennais und ein Nécessaire von Félix Rémond sind sehenswert.

Zweiter Stock – Die **Salle des Atours (Ankleidezimmer)** oberhalb des Schlafzimmers der Kaiserin enthielt ihre luxuriöse Garderobe. Einige Stücke hängen noch in den Schränken. Eine exquisite seidene Hofrobe aus dem Ersten Kaiserreich ist besonders einprägsam.

Pavillons

Der **Pavillon Osiris** ist den Sammlungen der großen Stifter gewidmet. Gezeigt werden Kunstgegenstände und Antiquitäten von M. Osiris, darunter eine außergewöhnliche Reihe von Tabakdosen, Dosen und Glasarbeiten; außerdem ist ein Porträt des Zaren Alexander I. von Gérard zu sehen. Der **Pavillon des Voitures (Kutschenpavillon)** ist der 1830 erbaute ehemalige Marstall und enthält kaiserliche Kutschen, darunter der Wagen, den Blücher in Waterloo genommen hatte.

Château de Bois-Préau★

01 41 29 05 55 – www.chateau-boispreau.fr – Apr.-Sept.: ganztägig; restl. Jahr: vor- und nachmittags; Di geschl. – 5 € (unter 18 J. frei). Dieses von einem 17 ha großen Park umgebene Schloss wurde um 1700 für zwei königliche Drucker und Buchhändler erbaut. 1810 erwarb Josephine Bois-Préau, und 1853 gelangte es in die Hände eines Stadtrats, der es abreißen und neu bauen ließ. Nach mehreren Besitzerwechseln wurde es 1926 den Nationalmuseen überschrieben und dem Musée de Malmaison angeschlossen. Heute ist es der Erinnerung an Napoleon gewidmet. Schon bald soll in der Schlossbibliothek eine **Sammlung von Dosen** mit dem Konterfei des Kaisers gezeigt werden, die aus dem Vermächtnis der Prinzessin Marie Bonaparte stammen. Im großen Salon sollen zukünftig Möbel aus Napoleons Haus im Exil gezeigt werden.

Musée d'Histoire locale (Museum der Geschichte vor Ort)

6, rue Paul Vaillant-Couturier – 01 47 32 66 50 – Mo-Sa 14.30-18 Uhr; Führung auf Anfrage (1 Monat im Voraus) – Aug. geschl. – Eintritt frei. Auf interessante Weise wird hier die Stadtgeschichte dargestellt. Man erfährt Wissenswertes über den Weinanbau und die Bleichereien (Textilgewerbe), lange Zeit bedeutende Einnahmequellen von Rueil-Malmaison. Im ersten Stock wird die Zeit des Konsulats und des Kaiserreichs behandelt; eine beeindruckende Zahl von Bleisoldaten symbolisiert die Große Armee mit Napoleon an der Spitze. In einem weiteren Raum kann man Rueil als eines der Zentren des Postkartendrucks Anfang des 20. Jh. entdecken.

Musée des Gardes suisses (Museum der Schweizer Garden)

5 pl. du Gén.-Leclerc – ✆ 01 47 32 66 50 – www.mairie-rueilmalmaison.fr – Do 14.30-18 Uhr, Aug. geschl. – Führung auf Anfrage (1 Monat im Voraus) – Fei geschl. – 2 € unter 12 J. frei). Zeitgenössische Dokumente, Waffen, persönliche Gegenstände und Uniformen illustrieren hier das Leben der Mitglieder der Schweizer Garde, die 200 Jahre lang in der Kaserne von Rueil stationiert war.

Zu Fuß unterwegs

Park

In diesem Park stehen seltene Bäume. Am Ende einer Allee mit hundertjährigen Linden erhebt sich der **Pavillon d'été (Sommerpavillon, 1790)**, den Napoleon als Arbeitsplatz nutzte.

Verlassen Sie den Park über die Avenue Marmontel (Gittertor). Links liegt das Mausoleum des kaiserlichen Prinzen, des Sohnes Napoleons III., der 1879 im Zulukrieg fiel.

Église St-Pierre-St-Paul

Die Kirche wurde mit Hilfe Napoleons III. restauriert; die Gestaltung des Inneren stammt aus der Renaissance. Der florentinische **Orgelprospekt★** aus dem 15. Jh. ist einer der schönsten in ganz Frankreich. Rechts vom Chor befindet sich das Grab Josephines aus weißem Marmor. Die Kaiserin ist hier in Hofrobe kniend dargestellt, die Pose erinnert an ein berühmtes David-Gemälde. Daneben steht ein kleines Mausoleum zur Erinnerung an ihren Onkel. Links vom Chor findet sich das Grabmal der Königin Hortense, die 1837 starb. Ein Flachrelief aus Bronze (17. Jh.) am Hauptaltar zeigt die Einbalsamierung Christi. Es stammt aus der Kapelle von Malmaison.

Über die D 39 (beim Verlassen der Kirche links), dann rechts über die Rue Masséna gelangen Sie wieder auf die Rue Charles-Floquet, die sich im Chemin de Versailles fortsetzt. Im Wald geht es bis zum Étang de St-Cucufa, wo Sie das Auto parken können.

Wald von Malmaison

Dieser 200 ha große Wald wird von Eichen und Kastanienbäumen dominiert. Einst soll hier eine Kapelle zum Gedenken an den hl. Cucufas gestanden haben. Der **Étang de St-Cucufa★** liegt in einem baumbestandenen Tal und ist im Sommer von Seerosen bedeckt. An seinen Ufern hatte Kaiserin Josephine einen Kuhstall, eine Meierei und eine Hütte für den Hirten bauen lassen. Die Gebäude seitlich des Weihers wurden von Kaiserin Eugénie in Auftrag gegeben und mehrfach umgebaut.

Biegen Sie auf dem Rückweg hinter der Waldausfahrt in die erste Straße rechts ein. Die Avenue de la Châtaigneraie und später die Rue du Colonel-de-Rochebrune (D 180) führen durch **Buzenval**, wo sich 1871 die Kämpfe der Pariser Kommune abspielten.

Tipps und Adressen

Allgemeiner Hinweis

Fremdenverkehrsamt – *160 av. Paul-Doumer – 92500 Rueil-Malmaison – ✆ 01 47 32 35 75*

Übernachten

Hôtel Cardinal – *1 pl. Richelieu – ✆ 01 47 08 20 20 – www.choicehotelseurope.com – P – 64 Zi: 175/300 € – 13 €.* Das moderne Gebäude liegt nahe der Schlösser und Parks. Moderne und rustikale Zimmer stehen zur Auswahl, manche mit Durchgangszimmer (für Familien geeignet). Gemütliche Bar.

Essen und Trinken

Le Bonheur de Chine – *2 allée Aristide Maillol – ✆ 01 47 49 88 88 – www.bonheurdechine.com – tgl. außer Mo – 20/56 €.* Das Lokal hat eine Holzfassade, der Innenraum ist exotisch dekoriert und versetzt den Gast in der Tat nach China. Von der marmornen Eingangshalle über das Fischbecken bis zu Speisesaal und Karte ist hier alles groß dimensioniert.

St-Cloud★

HAUTS-DE-SEINE (92) – 29 200 EINWOHNER –UMSCHLAGKARTE D6 – MICHELIN LOCALKARTE 311 J2, ZOOMKARTEN 101 FALTE 14-24, 106 FALTE 18

Der Ort am linken Seineufer schmückt sich mit einem schönen, von Le Nôtre entworfenen Park, der im Wesentlichen seine ursprüngliche Gestalt behalten konnte. Er ist 460 ha groß und erstreckt sich bis zum Garches-Plateau. Er eignet sich sehr gut für eine entspannte Fahrradtour oder ein Sonnenbad.

Wegweiser – Westl. von Paris Richtung Rouen auf der A 13 oder dem Pont de St-Cloud, die in Boulogne-Billancourt die Route de la Reine fortsetzt. Metro Nr. 10, Haltestelle Boulogne-Pont-de-St-Cloud, dann auf dem Pont de St-Cloud die Seine überqueren. Tram T 2 Richtung Issy-Val-de-Seine/La Défense, Haltestelle Parc-de-St-Cloud. Zuganbindung von Paris-Gare St-Lazare (Richtung Versailles-Rive-Droite).

Unbedingt sehenswert – Der **Panoramablick★★** über Paris und den Bois de Boulogne von der Schlossterrasse und der Balustrade aus; der Trocadéro-Garten; die Église Stella Matutina.

Pymouss44 / wikipedia

Die Kirche St-Clodoald in St-Cloud ist nach einem Eremiten aus dem 6. Jahrhundert benannt und liegt oberhalb der Stadt.

Gut geplant – An den Junisonntagen und während der europäischen Tage des Kulturerbes werden an der Grande Cascade Wasserspiele aufgeführt.

Mit Kindern – Der Lehrbauernhof von Piqueur.

Orte in der Nähe – MARNES-LA-COQUETTE, RUEIL-MALMAISON, SÈVRES

Geschichte und Geschichten

Die Ermordung Heinrichs III. – 1589 belagerte Heinrich III. Paris. Der Jakobinermönch Jacques Clément wollte sich an ihm rächen, weil dieser sich mit dem Protestanten Heinrich von Navarra verbündet hatte. So ließ sich Clément dem König in St-Cloud vorstellen und stach mit dem Messer auf ihn ein. Heinrich III. starb zwei Tage später.

„Monsieurs" Schloss – 1658 gelangt das Anwesen in die Hände des „Monsieur", wie der Bruder Ludwigs XIV. genannt wurde. Seine Frau Henriette von England starb hier 1670. Neu verheiratet mit Charlotte Elisabeth von Bayern erweiterte er das 12 ha große Schlossgelände auf 590 ha und ließ zudem prachtvolle Gebäude errichten. Zwischen 1690 und 1695 entwarf Le Nôtre den Park, in dem auch die Grande Cascade (Großer Wasserfall) angelegt wird. 1785 kaufte Marie-Antoinette das Schloss und ließ es reich möblieren. Nach der Revolution ging es in staatlichen Besitz über.

Der 18. Brumaire VIII – Nach Bonapartes Rückkehr aus Ägypten war die Bevölkerung der Ansicht, nur er könne dem Land Ordnung und Frieden zurückgeben. Am 9. November 1799 wurde der Sitz des Rates nach St-Cloud verlegt. Unter dem Vorsitz von Lucien Bonaparte kamen die 500 Räte am nächsten Tag in der Orangerie zusammen. Mit dem Staatsstreich des 18. Brumaire vertrieben die Bonapartes die Räte aus dem Saal und das Direktorium wurde abgeschafft.

Das kaiserliche St-Cloud – 1802 wurde Bonaparte zum Konsul auf Lebenszeit ernannt. St-Cloud war seine bevorzugte Residenz. 1814 zog der preußische Marschall Blücher im Schloss ein. Aus Rache zerschnitt er die Seidenstoffe, verwüstete Zimmer und Bibliothek. Karl X. unterzeichnete in St-Cloud die „Ordonnanzen", die als Auslöser der Revolution gelten und die letztlich zu seinem Fall führen sollten. So ging er von hier aus ins Exil. Am 1. Dezember 1852 wurde Louis-Napoleon hier zum Kaiser ausgerufen. 1870 wurde Preußen von St-Cloud aus der Krieg erklärt. Im gleichen Jahr brannte das Schloss ab, die Überreste wurden 1891 abgerissen.

Zu Fuß unterwegs

Domaine national de St-Cloud★★

✆ 01 41 12 02 90 – www.saint-cloud.monuments-nationaux.fr – ♿ – ganztägig geöffnet – Fahrzeuge 4 €, Motorräder 3 €, Fußgänger frei. Das Schloss steht zwar nicht mehr, doch der Park zeugt von der großen Gartenbaukunst Le Nôtres. Seine perfekte Symmetrie beeindruckt besonders wenn man sich vorstellt, welchen Blick die Bewohner von den Salons aus hatten.

Musée historique (Historisches Museum)

✆ 01 41 12 02 90 – www.monuments-nationaux.fr – ganztägig geöffnet – Führung auf vorherige Anfage – Eintritt frei. Im ehemaligen unteren Marstall wird heute die Geschichte des Anwesens erzählt: Eine Zeichnung des Palasts von 1855, Porträts der Bewohner, ein Teeservice aus Porzellan der Königin Maria Amalia und Gravuren, die St-Cloud zu Zeiten des Zweiten Kaiserreichs zeigen, sind zu sehen.

Jardin du Trocadéro★

Der Garten wurde zur Zeit der Restauration auf dem Hügel Montretout angelegt und dominiert das Schlossgelände. Er war als Lern- und Spielort für die Kinder von Karl X. gedacht. Es handelt sich um einen Englischen Garten mit Wasseranlage und Voliere. Von der Terrasse aus genießt man einen schönen Blick auf Paris.

Herrliche Aussichtspunkte★★

Schlossterrasse – Zapfenförmig geschnittene Eiben und ein Marmorboden markieren den einstigen Standort des Schlosses. Bis zu dessen Zerstörung begann hier die so genannte Grande Perspective: Von Osten nach Westen folgt entlang einer gedachten Linie von 2 km Länge eine Reihe von Blickfängen, die das Auge in

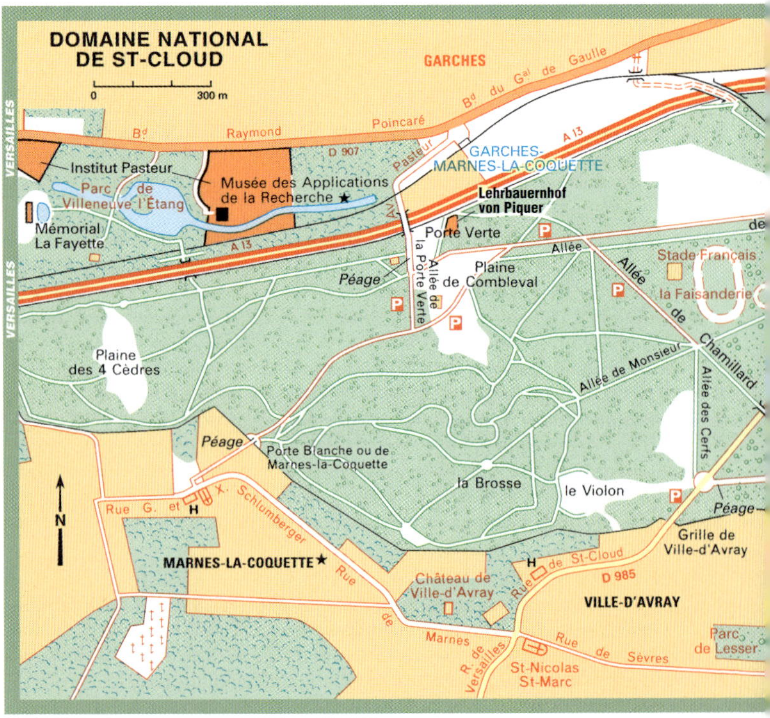

bestimmte Bahnen lenken und eine großartige Perspektive hervorrufen. Man blickt auf die Orangerie, die Allee der Statuen, die Fontäne mit 24 Strahlen, die Grünfläche Tapis Vert, den Rond de la Grande Gerbe (Großes Blumenrondell) und die Allée de Marnes. Alle Sehenswürdigkeiten sind Teil des Privatgarten des Schlosses.

Terrasse der Orangerie – Von Mai bis Oktober stehen hier 50 Orangen- und Lorbeerbäume, die in der Orangerie von Meudon überwintern.

Tapis Vert (Grüner Teppich) – Zwischen dem Rond de la Grande Gerbe und der 24-strahligen Fontäne liegt diese Grünfläche, von der man eine sehr gute Aussicht auf Paris genießen kann.

Rond-Point de la Balustrade

Napoleon I. hatte hier ein Denkmal aufstellen lassen, das immer beleuchtet war, wenn er im Schloss weilte. Eine antike Statue aus Athen war das Modell dafür gewesen. Die Pariser bezeichneten es als die „Laterne des Demosthenes". 1870 rissen es die Preußen nieder.

Le Bas Parc (Der untere Park)

Er erstreckt sich entlang der Seine unterhalb der ehemaligen Schlossterrasse und reicht vom Pont de St-Cloud bis zum Pont de Sèvres.

Grande Cascade★ – Lepautre legte sie im 17. Jh. an, später wurde sie von Jules Hardouin-Mansart auf 90 m Länge erweitert. Allegorische Statuen, die Seine und Marne symbolisieren, dominieren das Bild. Das Wasser fließt allein durch die Erdanziehungskraft von der Brunnenschale in ein Becken, wird von der unteren Kaskade gesammelt und von dort zurück durch den Park geleitet.
Zur Hochsaison findet hier die Vorstellung **Grandes Eaux★★** statt. *✆ 01 41 12 02 90 – Juni: So-nachmittags*

Grand Jet – Mit 42 m Höhe trägt diese sehenswerte Fontäne ihren Namen völlig zurecht. Sie befindet sich neben den Grandes Eaux.

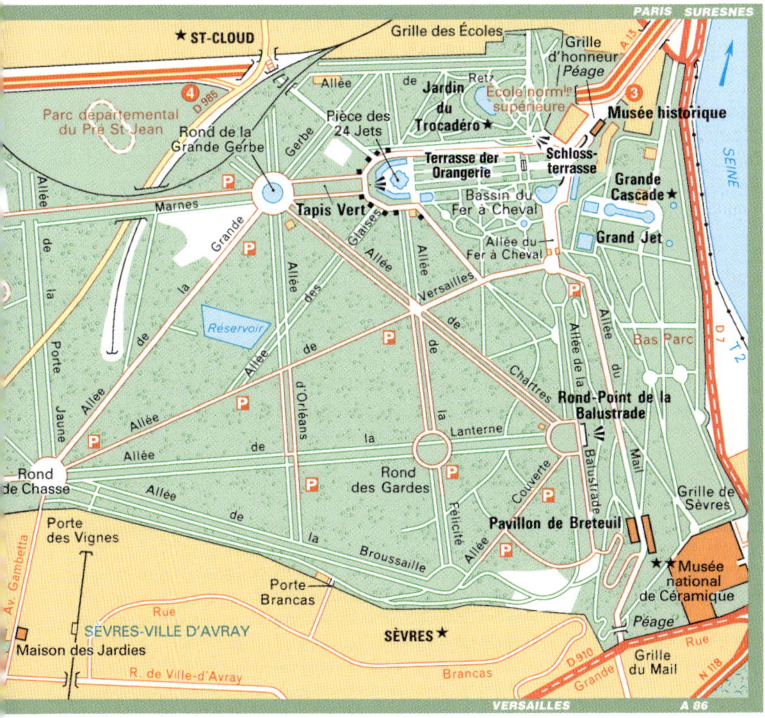

Ein Eremit als Namensgeber

Clodoald, der Enkel von Clovis und Clotilde, entging dem Massaker, dem seine Brüder zum Opfer fielen, und wurde Schüler des Eremiten Severin. Er gründete ein Kloster und starb dort 560. Sein Grab wurde zu einer Pilgerstätte, und das umliegende Dorf Nogent von nun an St-Cloud genannt.
Die **Porzellanmanufaktur von St-Cloud** wurde 1677 von Pierre Chicaneau gegründet und war fast 100 Jahre in Betrieb. Hier entstanden sehr feine, teilweise mit orientalischen Motiven dekorierte Porzellanarbeiten. Ihr Kennzeichen war eine blaue Sonne.

Pavillon de Breteuil – Dieser Pavillon aus dem 18. Jh. beherbergt heute das Internationale Büro für Maße und Gewichte.

Lehrbauernhof Piqueur

Bei Porte Verte in der Nähe des Bahnhofs von Garches. – ✆ 01 46 02 24 53 – www.lafermedupiqueur.fr – Sa/So/Fei vor- und nachmittags – Workshops Mi und Schulferien – Aug. nur Erlebnisbereich – 1. Jan, 25. Dez. geschl. – Workshop 6 € (unter 3 J. frei); 16 € Nachmittag mit Führung und Workshop. Der Lehrbauernhof verfügt über einen Hühnerstall, Merinoschafe, einen Esel, Ziegen, ein Schwein und weitere Tiere. Workshops gibt es zu verschiedenen Themen: Gärtnern, Tierpflege, Kochen etc.

Stadt

Die vom Kirchturm der Église St-Clodoald (1865) dominierte Altstadt mit ihren engen Gassen liegt an einem Hang der Seine.

Pont de St-Cloud

Bereits seit 1200 Jahren überspannt an dieser Stelle eine Brücke die Seine. Die Tradition wollte es, dass kein französischer König sie je überschritt, andernfalls wäre er – so die Legende –, unverzüglich zu Tode gekommen. Bis zur Zeit Franz I. überquerten die Könige den Fluss in Booten. Weil Franz jedoch in Rambouillet gestorben war, konnte man zumindest seinen Sarg über die Brücke transportieren. Sein Sohn ersetzte die Holzbrücke durch eine herrliche Steinbrücke mit 14 Bögen. Das Gelingen dieses Meisterwerks schrieb die Bevölkerung dem Teufel zu, daraufhin musste an der Brücke ein Exorzismus vorgenommen werden.

Église Stella Matutin★

68 av. du Mar.-Foch – ✆ 01 47 71 84 22 – Mi-vormittag, Sa-vor- und nachmittag außer Schulferien. Die 1965 geweihte Kirche wurde in Form eines riesigen Zelts aus Holz, Metall und Glas erbaut. Das Vordach erinnert an einen Schiffsbug. Die kupferne Dachhaut und der Dachstuhl aus Tannenholz vermitteln den Eindruck von Weite, der von den eng um den Altar konzentrierten Bänken konterkariert wird.

Tipps und Adressen

Essen und Trinken

Le Bourbon – *43 bd de la République – ✆ 01 46 02 59 30 – www.villahenri4.com – 26. Juli-25. Aug. und So-abend geschl. –21/35 €.* Im Restaurant ist die Atmosphäre bürgerlich: klassischer Speisesaal mit Holzmöbeln, gepflegt. Traditionelle Küche.

Le Garde-Manger – *21 rue d'Orléans – ✆ 01 46 02 03 66 – restaurant@legardemanger.com – Mo in den Ferien und So geschl. –27/34 €.* Das kleine Restaurant liegt auf dem Hügel von St-Cloud und ist stets gut besucht. Gepflegte Küche.

Sport und Freizeit

Hippodrom St-Cloud – *1 rue du Camp-Canadien – ✆ 01 47 71 69 26 – 8-12 und 13-16 Uhr (außer an Renntagen).* Das Hippodrom St-Cloud ist unter Pferdesportbegeisterten recht bekannt. Es liegt am Fuße des Mont Valérien und umfasst auch einen Golfplatz.

Théâtre du Guignol (Puppentheater) – *Domaine national de St-Cloud – Allée de la Glacière, bei der Grille d'Orléans – ✆ 01 48 21 75 37 – ♿ – Mi, Sa/So, Fei und Schulferien 15, 16 und 17 Uhr (je nach Saison); Aug. geschl. – 3,50 €.*

St-Denis★★

SEINE-ST-DENIS (93) – 95 800 EINWOHNER – UMSCHLAGKARTE D5 – MICHELIN LOCALKARTE 305 F7, ZOOMKARTEN 101 FALTE 16, 106 FALTE 19-20

In dieser bekannten Stadt ist die Geschichte lebendig. In der Kathedrale wurden seit den Kapetingern die französischen Könige begraben. Sie birgt deshalb eine in Europa einmalige Sammlung von Grabplatten und Gräbern aus dem 12. bis 16. Jh. Andere Gebäude, etwa das der Fremdenlegion, sind ähnlich futuristisch wie das Stade de France, in dem 1998 die Fußballweltmeisterschaft stattfand.

Y. Duhamel / MICHELIN

Das Innere der Basilika von St-Denis beeindruckt durch seine Dimensionen.

- **Wegweiser** – 10 km von Paris über die A 1. Metro Nr. 13, Haltestellen Basilique-de-St-Denis und Porte-de-Paris-Stade-de-France. Zugverbindung: RER B, Haltestelle La Plaine-Stade-de-France oder D, Haltestelle St-Denis und Stade-de-France.
- **Unbedingt sehenswert** – Die Werke von Suger und Pierre de Montreuil; die Basilika St-Denis; die Grabplatten und Grabmale der dort beigesetzten Königinnen und Könige.
- **Gut geplant** – Jeden Dienstag, Freitag und Sonntagvormittag findet ein internationaler Markt statt. Achtung: Das Zentrum von St-Denis ist eine Fußgängerzone. Nutzen Sie deshalb die Parkplätze (Centre commercial Basilique, République, 8-Mai-1945 oder am Bahnhof).
- **Mit Kindern** – Parc de la Courneuve, Parc de l'Île de St-Denis. Das Stade de France ist für Besichtigungen geöffnet.
- **Orte in der Nähe** – Musée de l'Air et de l'Espace du BOURGET, Château d'ÉCOUEN, ST-OUEN

Geschichte und Geschichten

Die Zeit der Pilger – Im 1. Jh. entstand im Norden Lutetias (lat. Name von Paris) die römische Stadt *Catulliacus*. Hier wurde um 250 der hl. Dyonisius begraben. Um 475 soll die **hl. Genoveva** den Bau einer Kirche in Auftrag gegeben haben, welche zu einer sehr beliebten Pilgerstätte wurde. 630 wurde **Dagobert** zum Wohltäter des dortigen Klosters. Er verlieh ihm den Status einer königlichen Abtei und siedelte eine Gruppe Benediktinermönche an, die sich um die Pilger kümmerten.

Der Friedhof der Könige – Dagobert war der erste Herrscher, der in St-Denis beigesetzt wurde. 754 ließ sich hier **Pippin der Jüngere** vom Papst segnen. Ein von

Pippin neu eingerichteter Altarraum erlaubte es Besuchern, an den Reliquien bzw. Gräbern vorbeizugehen, zum Beispiel denen des hl. Dionysius, Eleutherius und Rusticus. Die Verbindung der Abtei zum Königshaus wurde immer enger: Die merowingischen Könige wurden meist in Paris beerdigt, doch ab dem Tod von **Hugo Capet** ließen sich fast alle in St-Denis beisetzen, nur fünf blieben Paris treu.

Wertvolle Reliquien – Dass sich so viele Könige hier begraben ließen, lag vor allem an den hiesigen Reliquien. Im Mittelalter glaubte man, sie beschützten Körper und Seele der Verstorbenen, und sie schützten auch die heiligen Insignien, die zum Kirchenschatz gehörten (z.B. Zepter). Schließlich hüteten sie auch die Oriflamme, die Reichs- und Kriegsfahne der französischen Könige und Kirchenbanner von Saint Denis. Im Chorumgang ist eine Nachbildung dieses Banners zu sehen.

Suger: Mönch und Staatsmann – Dieser außergewöhnlich begabte Mann (ca. 1081-1151) löste einen Eklat in St-Denis aus. Er stammte aus einer armen Familie und war im Alter von zehn Jahren in die Obhut des Klosters gegeben worden. Seine Leistungen übertrafen bei weitem die seines Mitschülers, des künftigen **Ludwig VI.** Dieser holte ihn später an den Hof und machte ihn zu seinem Botschafter beim Papst. 1122 wurde Suger zum Abt von St-Denis gewählt und arbeitete selbst an den Plänen zum Umbau der Kirche in eine gotische Kathedrale mit. Unter Ludwig VII. wurde er Minister und war stellvertretender Regent, während der König am zweiten Jerusalemkreuzzug teilnahm. Er verhielt sich dabei so weise und wohltätig, dass ihn der König nach seiner Rückkehr als „Landesvater" bezeichnete.

Der Markt von Lendit – Dieser 1109 von der Abtei ins Leben gerufene Markt zählte 600 Jahre lang zu den renommiertesten Europas. Es gab 1200 hölzerne Stände für die Händler. Jedes Jahr erstanden die Gelehrten der Pariser Universität hier ihr Pergamentpapier. Doch die Nähe zu Paris brachte auch viele Kriege und Seuchen mit sich. Dies erklärt zum Teil, weshalb das Kloster St-Denis aktiv an der Französischen Revolution teilgenommen hat.

Die Revolutionszeit – 1793 wurden die Statuen als Symbole der Monarchie aus der Kirche entfernt. Manche Grabmale, etwa das von Capet, wurden zerstört und die Leichen auf öffentlichem Grund neu bestattet. Die bedeutendsten Grabmale brachte man in das spätere Musée des Monuments Français nach Paris. 1817 wurden die Grabmale und Grabsteine unter Ludwig XVIII. wieder in die Basilika überführt. Bereits zwei Jahre zuvor hatte man die sterblichen Überreste von Ludwig XVI. und Marie-Antoinette vom Cimetière de la Madeleine nach St-Denis bringen lassen.

Zum digitalen Zeitalter – St-Denis wurde während der Revolution in Franciade umbenannt, im Jahr 1800 erhielt die Stadt wieder den ursprünglichen Namen. Sie wandelte sich im Zuge der Industrialisierung; große Fabriken der Schwerindustrie siedelten sich hier an. Heute findet sie wieder zu ihren Wurzeln zurück. Seit den Grabungen in den 1970er-Jahren ist die Geschichte der Stadt vielerorts auf Tafeln an den Bauwerken abzulesen *(s. auch www.saint-denis.culture.fr)*.

Sehenswürdigkeiten

Die Basilika★★★

Die Basilika ist hauptsächlich das Werk Sugers (12. Jh.) und Pierre de Montreuils (13. Jh.) Die Apsis war die erste ihrer Art in gotischer Architektur und wurde Ende des 12. Jh. zum Vorbild für Kathedralen wie Chartres, Senlis und Meaux.

Der Bau – Von 1136 bis 1140 ließ **Suger** die Fassade und die ersten beiden Joche des Schiffs errichten. Die Apsis und die Krypta wurden zwischen 1140 und 1144 erbaut. Das karolingische Schiff, das zunächst beibehalten wurde, ließ er zwischen 1145 und 1147 umbauen. Zu Beginn des 13. Jh. kam am linken Turm eine beeindruckende Turmspitze hinzu. Im Lauf des 13. Jh. wurden die Apsis und der Chor nochmals verändert sowie das Quer- und das Hauptschiff gänzlich neu gebaut. Der hl. Ludwig übertrug die Arbeiten **Pierre de Montreuil**, der sie von 1247 bis 1267 leitete.

Der Verfall – Über die Jahrhunderte ließ die Instandhaltung der Basilika zu wünschen übrig. Während der Revolution verschlimmerte sich die Lage noch. Chateaubriand beschrieb einmal den heruntergekommenen Zustand der Kathedrale: „St-Denis ist wie ausgestorben, Vögel nisten dort, die Altäre sind zugewachsen und haben Risse." Napoleon I. ließ dringende Reparaturen durchführen, und ab 1806 fanden in der Kathedrale wieder Gottesdienste statt.

Die Restaurierung – Sie wurde 1813 unter **François Debret** begonnen, jedoch mit erschreckend geringem Wissen über mittelalterliche Architektur. 1837 schlug der Blitz in den Turm ein und führte zu einem Brand, der den Turm zerstörte. Er wurde mit zu schweren Steinen wiedererrichtet und drohte in sich zusammenzusinken, sodass er 1847 wieder abgerissen werden musste. Im selben Jahr wurde Debret von **Viollet-le-Duc** abgelöst. Er bemühte sich um ausreichende Informationen, auf deren Basis eine historisch korrekte Restaurierung erfolgen sollte. Von 1858 bis zu seinem Tod 1879 arbeitete er mit großer Intensität und baute die Kirche so wieder auf, wie wir sie heute sehen.

Fassade

Im Mittelalter war die gesamte Klosteranlage von einer Mauer umgeben. Links stand bis zum Brand 1847 noch ein Turm. Dessen Abwesenheit mindert nun den ausgeglichenen Charakter der Fassade etwas. Der Tympanon des Hauptportals zeigt das Jüngste Gericht, das rechte (restauriert) die letzte Kommunion des hl. Dionysius und das linke (ebenfalls restauriert) die Qualen des Heiligen und seiner Begleiter. Auf den Portalpfeilern sind törichte und weise Jungfrauen *(in der Mitte)*, die Landarbeit im Jahreskreis *(rechts)* sowie die Tierkreiszeichen *(links)* dargestellt. Auf der linken Seite der Basilika stützen doppelte Strebebögen das Schiff. Die Fassade des Querschiffs, die mit einer schönen Rose verziert ist, sollte zwei Türme umfassen (zur Kirche sollten insgesamt sechs Türme gehören), doch auf Höhe des ersten Stocks wurde der Turmbau abgebrochen.

Innenraum

✆ 01 48 09 83 54 – ganztägig außer So (nur nachmittags); Öffnungszeiten können sich ändern – Führung auf Anfrage – 1. Jan, 1. Mai, 1. und 11. Nov., 25. Dez. geschl. – 7 € (unter 18 J. Eintritt frei). Die Basilika ist 108 m lang, im Querschiff 39 m breit und bis zur

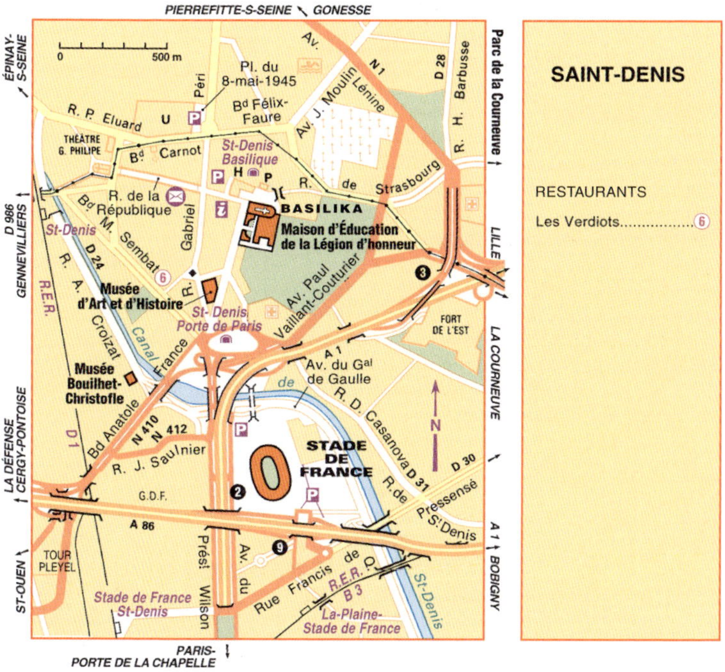

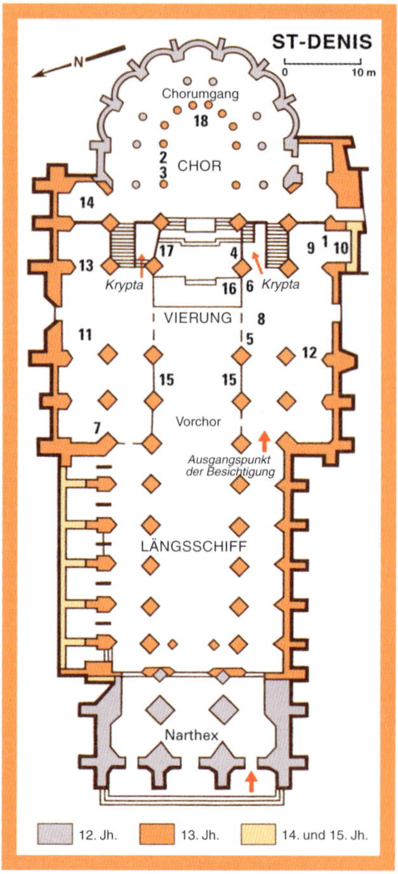

Kuppel 29 m hoch. Damit liegen ihre Dimensionen leicht unter denen von Notre-Dame. Den Narthex (eingeschossige Vorhalle) formen die beiden unterhalb der Türme liegenden Joche. Deren Spitzbögen werden von massiven Pfeilern gestützt, sie stammen zum Teil aus den Entwürfen Sugers. Das Hauptschiff wurde von Pierre de Montreuil erbaut und verkörpert eine bemerkenswerte Eleganz. Die Dreifachbögen des Triforiums sind nach außen hin offen und gehören zu den ersten ihrer Art. Die Fenster des Hauptschiffs stammen hingegen aus der heutigen Zeit.

Grabsteine und Grabmale★★★ – In St-Denis haben 46 Könige, 32 Königinnen, 63 Prinzen und Prinzessinen sowie zehn große Diener der Krone – zum Beispiel **Du Guesclin (1)** – ihre letzte Ruhestätte. Seit der Revolution sind ihre Gräber leer. Im Mittelalter bestand ein Grabmal nur aus einem Grabstein. Entsprechend stellen sich die **Grabplatten von Clovis (2)** und **Frédégonde (3)** dar: Sie wurden im 12. Jh. als mit Kupferstücken unterteilte Mosaike gefertigt.
Gegen 1260 ließ der hl. Ludwig Grabplatten aus Kalk für alle seine Vorgänger bis ins 7. Jh. hinein fertigen. Darauf sind alle Verstorbenen mit offenen Augen dargestellt, sie sind gekrönt und halten ein Zepter. Die Repräsentation von Königen auf diese Weise war charakteristisch für die damalige Zeit. Beeindruckend ist das Grabmal von **Dagobert (4)** mit in den Stein gemeißelten, lebendig wirkenden Szenen, sowie die Grabplatten von **Karl Martell (5)** und **Pippin dem Jüngeren (6)** sowie eine Grabplatte aus Tournai **(7)**. An den Grabmälern von Isabelle von Aragon und Philipp III. – der Kühne, verstorben 1285 –, lässt sich das gewachsene Interesse an der Darstellung des Individuums **(8)** ablesen. Hier wurde auch ein neues Material verwendet: weißer Marmor für die Grabsteine sowie schwarzer Marmor für die Bodenfliese. Vom 14. Jh. an entnahm man den Leichen der Könige bei der Einbalsamierung Herz und Eingeweide. Herz, Eingeweide und Körper hatten ihr je eigenes Grabmal, und jedes war an einem anderen Ort untergebracht. In St-Denis wurden die Körper beigesetzt.
Ab Mitte des 14. Jh. ließen einige große Persönlichkeiten ihre Grabmäler bereits zu Lebzeiten anfertigen. So entstanden authentische Porträts etwa von **Karl V. (9)** (ausgeführt von Beauneveu), **Karl VI.** und **Elisabeth von Bayern (10)**.
In der Renaissance gewannen reich verzierte **Mausoleen** an Bedeutung. Dabei werden stets zwei Ebenen thematisiert. Oben sind König und Königin in formeller Kleidung und Gebetspose zu sehen. So wird ihre Wiederauferstehung symbolisiert. Darunter werden sie als Tote, unbekleidet und starr dargestellt. So beim Doppelmausoleum von **Ludwig XII.** und **Anne von Bretagne (11)** sowie bei **Franz I.** und **Claudia von Frankreich (12)**, einer Arbeit von Philibert Delorme und Pierre Bontemps. Dieses Werk zeugt von der Grabmalkunst der Renaissance, es ist als Triumphbogen gestaltet.

Katharina von Medici, die 30 Jahre nach Heinrich II. starb, hatte genug Zeit, ein angemessenes Grabmal für sich und ihren Mann in Auftrag zu geben. Als sie sich selbst als Tote in Stein gemeißelt sah, wie es die Tradition wollte, fiel sie vor Schreck in Ohnmacht. Daraufhin gab sie ein neues Grabmal in Auftrag, auf dem sie statt tot nur noch schlafend zu sehen war. Beide Versionen sind in St-Denis zu bewundern; das erste ist von Le Primatrice **(13)**, das zweite von Germain Pilon **(14)**.

Chor – Das schöne Chorgestühl **(15)** stammt aus der Zeit vor der Renaissance, genau wie eine Pforte aus geschnitztem Holz, durch die man in den unteren südlichen Teil der Basilika gelangt. Rechts befindet sich eine romanische **Jungfrau★** aus mehrfarbigem Holz **(16)**, die aus St-Martin-des-Champs stammt (12. Jh.). Der Bischofsstuhl **(17)** ist eine Kopie des Throns von Dagobert (dessen Original im Medaillenkabinett der Pariser Nationalbibliothek zu sehen ist).
Angrenzend an den von Suger entworfenen **Chorumgang★** mit dicken Bögen und schmalen Säulen befindet sich der moderne Schrein **(18)** der Schutzheiligen von St-Denis, Rusticus und Eleutherius. Fensterfragmente (Übergang von der Romanik zur Gothik, 12. Jh.) und Altaraufsätze schmücken die Kapellen unter der Apsis.

Krypta★★ – Hier wurden bis ins 12. Jh. die Reliquien des hl. Dionysius und seiner Begleiter aufbewahrt. Der kleine Chorumgang wurde von Suger im romanischen Stil entworfen und von Viollet-le-Duc restauriert (Kapitelle mit Pflanzenmotiven). In der Mitte der **Kapelle von Hilduin** (benannt nach dem Abt, der sie im 9. Jh. bauen ließ) befindet sich das Familiengrab der Bourbonen, darin unter anderem die sterblichen Überreste von Ludwig XVI., Marie-Antoinette und Ludwig XVIII. Im Juni 2004 wurden die Gebeine Ludwigs XVII. hier beigesetzt, der im Alter von nur zehn Jahren starb und dessen Identität per DNA-Test bestätigt wurde.
1817 nahm das **Beinhaus** die Überreste von Königen, Königinnen und Prinzen der Merowinger und Kapetinger sowie der Familien von Orléans und Valois auf.

Maison d'Éducation de la Légion d'Honneur

1 rue de la République – ✆ 01 55 87 08 70 – Öffnungszeiten beim Fremdenverkehrsamt – 6 € (Kinder 4 €). In dieser ehemals königlichen Abtei lebten bis 1790 hundert Benediktinermönche nach den strengen Regeln des hl. Maurus. Sie wurde im 7. Jh. erbaut und mehrfach umgestaltet, bis der Bau im 18. Jh. abgeschlossen war. Große Architekten wie Jules Hardouin-Mansart, Robert de Cotte und Jacques Gabriel verantworteten die Bauabschnitte. Teppiche und Inneneinrichtung verbrannten während der Revolution, aber die breite Treppe und die schmiedeeisernen Geländer, das Kloster mit seinen riesigen Fenstern und die **Gitter★** von Bruder Denis (der unter Ludwig XIV. ein gefragter Schmiedekünstler war), zeugen weiterhin von der vergangenen Größe dieser Abtei. Wenn Beisetzungen in der Basilika stattfanden, logierte der Königshof hier. 1809 wandelte Napoleon das Gebäude in eine Mädchenschule für Kriegswaisen um, heute werden 400 Schülerinnen, deren Familien einen Angehörigen der Ehrenlegion aufweisen, bis zum Abitur unterrichtet.

Musée d'Art et d'Histoire

22 bis rue Gabriel-Péri – ✆ 01 42 43 05 10 – www.musee-saint-denis.fr – wochentags ganztägig, Sa/So nachmittags, Di und Fei geschl. – 5 € (unter 16 J. 3 €), 1. So im Monat frei. Das Museum liegt im ehemaligen Karmeliterkloster aus dem Jahr 1625. Zu den interessantesten Stücken gehört die **Nachbildung einer Apotheke** (17.-18. Jh.). Refektorium und Küche führen auf den Kreuzgang und bieten heute **archäologische Fundstücke** aus St-Denis: Skulpturen, Keramiken und mittelalterliche Gegenstände.

Eine sagenumwobene Figur

Der hl. Dionysius wurde in der Basilika begraben, die seither seinen Namen trägt. Schon im 5. Jh. rankten sich Legenden um sein Leben. So soll er in Montmartre geköpft worden, dann aber mit seinem Kopf in Händen fortgegangen sein, bis er auf dem Land zusammenbrach und von einer frommen Bäuerin begraben wurde.

Die Zellen im 1. Stock sind mit liturgischen Darstellungen und Bildern versehen, anhand derer sich das Alltagsleben der Karmeliter nachvollziehen lässt. Ein Raum ist dem postimpressionistischen Maler **Albert André** gewidmet.
Der 2. Stock war ursprünglich Ludwig XV. vorbehalten, der hier seine Tochter besuchte. Viele Zeichnungen, Bilder und Dokumente erinnern an die **Pariser Kommune** von 1871.
Im ehemaligen Pavillon Ludwigs XV. hat die Stiftung **Paul Éluard** ihren Sitz.
Die **ehemalige Karmeliterkapelle** verfügt über eine schöne Kuppel aus der Zeit Ludwigs XVI. 1787 starb hier Luise von Frankreich.

Musée Bouilhet-Christofle

112 rue Ambroise-Croizat – ✆ 01 49 22 40 40 – www.christofle.com – ♿ – vor- und nachmittags außer Sa/So/Fei – Führung auf Anfrage – 5 € (unter 16 J. frei). Das 1830 von Charles Christofle erbaute Goldschmiedehaus liegt direkt bei der Fabrik, in der seit 1874 die hier entworfenen Stücke hergestellt werden. Der ehemalige Hoflieferant von Napoleon III. beliefert noch heute Staatschefs in der ganzen Welt. Im zugehörigen Museum sind 2000 Stücke ausgestellt, anhand derer sich die Entwicklung der Goldschmiedekunst verfolgen lässt.

Stade de France★

Metro Stade-de-France (Linie 13) – RER B La Plaine-Stade-de-France oder RER D Stade-de-France – ✆ 0 892 700 900 (0,34 P/Min.) – www.stadefrance.com – tgl. geführte Besichtigungen (außer an Spieltagen und Mo) – 29 € (unter 6 J. frei). Das Stadion wurde von den Architekten Zublena, Macary, Regembal und Costantini entworfen. Die dort ausgetragene Fußballweltmeisterschaft 1998 war die größte jemals in Frankreich organisierte Veranstaltung.
Das Stade de France wurde in der Rekordzeit von 31 Monaten gebaut und 1998 eingeweiht. Es ist 17 ha groß, 270 m lang, 230 m breit, 35 m hoch und fasst bei Rugby- und Fußballspielen 80 000, bei anderen Veranstaltungen 105 000 Zuschauer.

Ziele in der Umgebung

Parc de l'Île-St-Denis

Auf der Île-St-Denis. Von der RER D-Haltestelle St-Denis aus die Seine auf der Pont de l'Île-St-Denis überqueren, dann mit dem Bus 237 Richtung Place-de-la-Libération, an der Endstation (Île-St-Denis-Parc départemental) aussteigen. Hier kann die ganze Familie Sport treiben (Mini-Tennis, Fußball, Boule, Tischtennis) oder verschiedene Spielplätze

Keyvan Hamidzadeh / MICHELIN

Der Park von Courneuve ist die grüne Lunge der Stadt.

erkunden. Das ganze Jahr über wird ein Freizeitprogramm veranstaltet (geführte Wanderungen, Ausstellungen, Gärtnerkurse, Workshops etc.).

Parc de la Courneuve

2,5 km östl. auf der Rue de Strasbourg und rechts auf die N 301. Von der Haltestelle Basilique St-Denis Bus 153 bis zur Cité-Floréal. Eingang Avenue Jean-Jaurès oder Rue Édouard-Vaillant. Dieser 350 ha große Park umfasst ein Netz von je 10 km Rad- und Wanderwegen, vier Joggingstrecken, Spiel- und Sportplätze (Fußball, Leichtathletik). Auf dem 12 ha großen See *(Baden verboten)* kann man mit Ruder- oder Tretbooten fahren. Die Pflanzenwelt des Parks ist sehr vielfältig und interessant und wird zum Teil auf Stelen rund um den See erläutert. *Übersichtsplan im Besucherzentrum – ✆ 01 43 11 13 07.*

Gonesse

10 km nordöstl. auf der D 29. RER D 1 von Paris und St-Denis, Bahnhof Villiers-le-Bel-Gonesse-Arnouville. Im 16. und 17. Jh. wurde hier ein Brot hergestellt, das bei den Pariser Bürgern sehr beliebt war und das täglich in die Stadt geliefert wurde. Die **Kirche★** (12./13. Jh.) liegt im ehemaligen Ortskern. Vor allem die Apsis und die Statue des h. Peter (Schutzheiliger der Kirche) am Hauptportal sind sehenswert. Das Schiff aus dem 13. Jh. ist überdacht; der Chor aus dem 12. Jh. weist ein Rippengewölbe auf. Die Orgel ist mit schönen Renaissancemalereien verziert. Über und links neben der Tür zur Sakristei sind zwei interessante Gemälde zu sehen, eines wurde von Fouquet gemalt (Christus wird vom Kreuz genommen).

Tipps und Adressen

Allgemeine Hinweise

Fremdenverkehrsamt von St-Denis-Plaine-Commune – *1 rue de la République – 93200 St-Denis – ✆ 01 55 87 08 70 – www.saint-denis-tourisme.com*

Führungen – St-Denis bietet qualifizierte Führungen an – *6 € (Kinder 4 €) – Informationen beim Fremdenverkehrsamt oder auf www.saint-denis-tourisme.com – ✆ 01 55 87 08 70.*

Allô Visit – Hierbei handelt es sich um einen neuartigen (französischsprachigen) Audioguide per Mobiltelefon, der auch gratis im Internet heruntergeladen werden kann unter *www.saint-denis-tourisme.com*

Parcours historique (Historischer Rundgang) – Von der Basilika aus führt dieser 1,7 km lange Lehrpfad bis zum Stade de France. 20 Stationen illustrieren den Aufstieg von St-Denis ab dem 6. Jh.

Essen und Trinken

Les Verdiots – *26 bd Marcel-Sembat – 93200 St-Denis – ✆ 01 42 43 24 33 – verdiotsperney@wanadoo.fr – So und Mo geschl. – Mittagessen 11 € Mittagessen – 12/18 €.* Das sympathische Äußere dieses Restaurants wird Sie sicherlich hereinlocken. Im eleganten Speisesaal werden kleine, frische Gerichte serviert. Ein besonderer Akzent liegt auf der südländischen Küche.

Am Abend

Théâtre Gérard-Philipe – *59 bd Jules-Guesde – 93200 St-Denis – ✆ 01 48 13 70 10 – www.theatregerardphilipe.com – Öffnungszeiten je nach Veranstaltung Mi-Sa 20.30, Di 19.30, So 16 Uhr – 20. Juli-20. Aug. und Fei geschl. – 10-20 €.* Das angesehene Theater bringt vor allem Stücke der literarischen Moderne in zeitgenössischem Gewand zur Aufführung.

Einkaufen

Tipp – Um die Basilika herum wurde der Verkehr stark beruhigt, sodass man hier gemütlich zwischen den 150 Geschäften der Rue Gabriel-Péri und der Rue de la République flanieren kann. Kinos, Sportgeschäfte u. Ä. sind eher nahe des Stade de France zu finden. Markt – St-Denis bleibt seiner Tradition als berühmter Marktort treu: In der Halle und den Rues Jules-Joffrin und Auguste-Blanqui finden dienstags, freitags und Sonntagvormittags internationale Märkte statt. An historischer Stätte, nämlich der Place du Foire du Lendit, wird samstags Markt gehalten.

Feste und Events

St-Denis im Sommer – Festival von St-Denis: Klassische Konzerte *(Anf. Juni-Anf. Juli) – ✆ 01 48 13 06 07 – www.festival-saint-denis.com*

St-Germain-en-Laye★★

YVELINES (78) – 41 100 EINWOHNER – UMSCHLAGKARTE B2 UND D5
MICHELIN LOCALKARTE 311 I2, ZOOMKARTEN 101 FALTE 12, 106 FALTE 17-18

In St-Germain-en-Laye wurden Heinrich II., Karl IX. und Ludwig XIV. geboren. Ludwig XIII. starb hier; die meisten französischen Könige residierten im Château de St-Germain, bis Ludwig XIV. 1682 den Königssitz nach Versailles verlegte. Alles hier wirkt groß: Das Schloss verfügt über eine bedeutende archäologische Sammlung, der von Le Nôtre entworfene Terrassengarten erstreckt sich über 2,4 km Länge, ein weitläufiger Wald gehört ebenso dazu. Die Altstadt bietet mit ihren hübschen Villen und Gassen jedoch ein interessantes Kontrastprogramm.

Stéphane Sauvignier / MICHELIN

Das Schloss von St-Germain-en-Laye erlebte im Lauf der Zeit viele Umbauten.

- **Wegweiser** – St-Germain-en-Laye liegt westlich von Paris, links von der Seine. RER A 1 (Endhaltestelle).
- **Unbedingt sehenswert** – Die prähistorischen Knochen- und Steingravuren und die Steinskulpturen im Musée des Antiquités Nationales; die Grande Terrasse; die Gemälde der Nabis-Gruppe im Musée Départemental Maurice-Denis.
- **Mit Kindern** – Die Fête des Loges, die auf den hl. Ludwig zurückgeht *(s. Tipps und Adressen).*
- **Orte in der Nähe** – MAISONS-LAFFITTE, MARLY-LE-ROI, POISSY

Geschichte und Geschichten

Das alte Schloss (Château vieux) – Ludwig VI. der Dicke wollte die günstige Hanglage von St-Germain nutzen und ließ das damalige Schloss durch eine Festung ersetzen. 1238 fügte der hl. Ludwig eine bezaubernde Kapelle hinzu, die noch heute erhalten ist. Die Festung wurde im Hundertjährigen Krieg zerstört und von Karl V. um 1368 restauriert. 1514 verheiratete Ludwig XII. in der Kapelle seine Tochter Claudia von Frankreich mit dem Herzog von Angoulême, der im folgenden Jahr als Franz I. Regent wurde. Schon bald genügte die Festung nicht mehr dessen Ansprüchen. 1539 ließ er deshalb außer dem Zwinger und der Kapelle alles abreißen und beauftragte Pierre Chambiges mit einem Neubau.

Das neue Schloss (Château neuf) – Der Umbau hatte allerdings immer noch Festungscharakter und konnte von 3000 Mann verteidigt werden. Heinrich II. hingegen wollte ein Lustschloss daraus machen und begann nach Plänen von Philibert

Delorme mit dem Bau des Château Neuf. Es wurde von Heinrich IV. fertiggestellt und zeichnet sich durch seine herrliche Lage sowie die Terrassen am Hang aus. Im Unterbau befinden sich Grotten, in denen mithilfe hydraulisch angetriebener Anlagen mythologische Szenen nachgestellt werden. Diese technischen Wunderwerke waren von den Francinis, einer italienischen Ingenieursfamilie, konstruiert worden. Später übertrug Ludwig XIV. der Familie auch die hydraulischen Anlagen von Versailles.

Das Leben bei Hofe – Der Hof logierte mal im Château Vieux, mal im Château Neuf. Man kam um auszuspannen, oder wenn es in Paris Schwierigkeiten gab. Viele Schriftsteller und Dichter nahmen an den hier stattfindenden Festen teil, Molière schrieb eigens einige Ballette.

Die schottische Königin Maria Stuart lebte in St-Germain und heiratete 1558 den 15-jährigen Thronfolger Franz I. Im folgenden Jahr wurde sie Königin Frankreichs, und ein weiteres Jahr später war sie bereits Witwe. Sie musste nach Schottland zurückkehren, wo sie auf dem Schafott endete.

Die Vergrößerung des Schlosses durch Mansart – Ludwig XIV. war in St-Germain geboren, getauft und großgezogen worden. Er liebte das Schloss und verbrachte als König viel Zeit hier. Die Räumlichkeiten des Château Vieux erwiesen sich als zu klein und so ließ der Sonnenkönig von Jules Hardouin-Mansart fünf große Pavillons anstelle der fünf Ecktürmchen der Fassade bauen. 1662 zog der Hof nach Versailles.

1689 kam der entthronte König von England, James II. Stuart, ins Château Vieux, wo er 1701 verarmt starb. Sein Grabmal befindet sich in der Kirche St-Germain gegenüber dem Schloss.

Letzte bauliche Veränderungen – 1776 war das Château Neuf in sehr schlechtem Zustand und Ludwig XVI. überließ es seinem Bruder, dem Grafen von Artois und zukünftigen Karl X. Dieser ließ es weitgehend niederreißen und plante einen Neubau. Doch als er das Château de Maisons erworben hatte, brach er die Arbeiten an St-Germain ab. Die Überreste verkaufte er während der Revolution.

Das Château Vieux wurde nach seiner Räumung 1855 komplett restauriert. Die fünf Mansart-Pavillons wurden abgerissen und das Gebäude erhielt wieder die Gestalt wie zu Zeiten Franz' I.

1862 rettete Napoleon III. das Schloss vor dem völligen Verfall und schuf dort ein Museum für gallorömische und keltische Antiquitäten.

Sehenswürdigkeiten

Das Schloss und die Umgebung s. Plan S. 267

Am beeindruckendsten sieht die Silhouette des Schlosses aus Richtung der Route des Loges (Norden) aus. Ausgangspunkt der Besichtigung ist die Place du Château (place Charles-de-Gaulle), wo der RER endet.

Schloss★ B2

Die unregelmäßig fünfeckigen Gräben um das Schloss waren einst mit Wasser gefüllt. Man erkennt noch den Sockel, den Rundweg und die Pechnasen des ursprünglichen Schlosses. Die Dachgärten mit Vasen und Geländersäulen, dominiert von hohen Kaminen, waren damals ganz neuartige architektonische Elemente. Am Nordende der Fassade *(zur Place Ch.-de-Gaulle hin)* erhebt sich der viereckige Zwinger von Karl V., der von einem großen Kampanile aus der Zeit Franz' I. überragt wird. Im Erdgeschoss wohnten hohe Offiziere, im Zwischengeschoss Prinzen, Hofdamen und Minister. Die königlichen Räume befanden sich im 1. Stock.

Ste-Chapelle★ – Der hl. Ludwig ließ sie zwischen 1230 und 1238 bauen. Sie ist einige Jahrzehnte älter als die Pariser Ste-Chapelle und stammt zweifelsohne vom selben Architekten, Pierre de Montreuil. Allerdings fehlen hier die atemberaubenden Fenstergläser, die das Pariser Gebäude schmücken. Die Rosette an der Fassade ist heute nicht mehr zu sehen. Die dicken Schlusssteine der Kuppel weisen Figuren auf; möglicherweise handelt es sich um den hl. Ludwig, seine Mutter, seine Frau und andere ihm nahe stehende Personen.

Musée d'Archéologie nationale★★

Place Charles-de-Gaulle – ✆ 01 39 10 13 00 – www.musee-archeologienationale.fr – ♿ – Mi-Mo 10-17.15 Uhr – Führung möglich – Di, 1. Jan., 1. Mai, 25. Dez. geschl. – 6 € (ermäßigt 4,50 €), 1. So im Monat frei.

Die seit ihrer Gründung durch Napoleon III. stark erweiterte Sammlung umfasst 2900 Gegenstände aus frühgeschichtlicher Zeit bis hin zur Epoche Karls des Großen. Besonders sehenswert sind die prähistorischen Knochen- und Steingravuren sowie die Skulpturen.

Jean-Gilles Berizzi / © Photo RMN

Nur 4 cm hoch: die Venus von Brassempouy.

Von der Altsteinzeit bis zur Eisenzeit (Zwischengeschoss) – *Der Rundgang beginnt ganz am Ende der Galerie. Folgen Sie dann den Nummern der Räume.*

In der **Altsteinzeit** benutzten die Menschen Steinwerkzeuge (später aus Knochen und Holz), sie ernährten sich von dem, was ihnen die Natur schenkte. Die ersten Menschen waren Nomaden, die von der Jagd und dem Sammeln von Früchten etc. lebten. Die Altsteinzeit unterteilt sich im Hinblick auf Europa in eine frühe, mittlere und späte Periode.

Der erste Mensch wurde Homo habilis genannt (bis 2,6 Mio. v. Chr.); er konnte Steinwerkzeuge herstellen. Der Homo erectus (1,6 Mio.–200 000 v. Chr.) schuf die ersten Behausungen.

Vom Homo erectus stammen sowohl der Neandertaler (200 000–40 000 v. Chr.) als auch der Homo sapiens ab. Aus diesem Zweig entwickelte sich wiederum unser direkter Vorfahre, der Cro-Magnon-Mensch (bis 35 000 v. Chr.). Er verwendete bereits komplexere Werkzeuge und schuf kleine Statuen: Darstellungen weiblicher Körper (Venus).

Die Meisterwerke der Altsteinzeit sind überraschend klein: Die **Venus von Brassempuy** ist nur 3,6 cm hoch (ca. 20 000 v. Chr.); klein sind auch der sich leckende Bison (16 000 v. Chr.), der Stab von Bruniquel (13 000 v. Chr.) sowie der wiehernde Pferdekopf aus Mas-d'Azil (10 000 v. Chr.).

In der **Jungsteinzeit** begann der Mensch, Landwirtschaft und Viehzucht zu betreiben und sesshaft zu werden. Er arbeitete von nun an auch mit Keramik. Aus harten Steinen wie Jade wurden Waffen und Werkzeuge zur Holzbearbeitung hergestellt. Zu dieser Zeit tauchen die Menhire (Hinkelsteine) auf, deren Zweck bis heute nicht vollends geklärt ist.

Durch das Bevölkerungswachstum kam es zu einer zuvor unerreichten kulturellen Vielfalt. In dieser Zeit liegt der Ursprung unserer heutigen Gesellschaft.

Als man entdeckte, Kupfer und Zinn herzustellen, begann die Bronzezeit, in der auch Gold verarbeitet wurde (einige Beispiele sind ausgestellt). Man benutzte verschiedene Waffen wie Dolche oder Äxte. Auch zeitgenössischer Schmuck ist zu sehen.

Ein virtuelles Museum

Das Musée municipal de St-Germain-en-Laye wurde 1872 eröffnet. Es ist zwar seit 1979 geschlossen, zeigt seine Ausstellungsstücke aber auf seiner Internetseite **http://saint-germain-en-laye.fr/mu/index.htm**

Werke von Hieronymus Bosch, François Bonvin oder Paul Vera sind zu sehen. Daneben finden sich zahlreiche flämische Gemälde des 17. Jh. (Joos de Momper, Van Balen, Franken II, Met de Blès), sowie Töpferarbeiten von Jean-Baptiste Lemoyne.

HOTELS	Hôtel Pavillon Henri IV .... (7)
Havre Hôtel .... (2)	RESTAURANTS
Hôtel de l'Ermitage des Loges .... (5)	Auberge des Trois Marches .... (4)

Die frühe **Eisenzeit** ist durch die Eisenverhüttung geprägt. Damalige Machtzentren sind an der Zahl von Grabstätten hochrangiger Persönlichkeiten erkennbar, Prinzengräber wurden mit Eisenschwertern ausgestattet. Auch Keramik und Möbel sowie Zaumzeug und Bestattungswagen wurden den Toten mitgegeben.
Die kulturellen Beziehungen zu den Etruskern und Griechen brachten einige Veränderungen mit sich. Die Einnahme von Alesia im Jahr 52 v. Chr. markiert das Ende der gallischen Stammeskultur.

Späte Eisenzeit (1. Stock) – Der lang andauernde „römische Frieden" und die Toleranz der Siegermacht gegenüber dem gallischen Glauben spiegeln sich zur Zeit des **römischen Gallien** in der Entwicklung der mythologischen Skulpturen und der Grabkunst wider. Hier ist eine umfangreiche Sammlung von Grabstelen zu sehen. Die Vitrinen enthalten verschiedenste Alltagsgegenstände der Zeit unter anderem aus den Bereichen Landwirtschaft, Jagd, Finanzwesen, Schrift und Musik. Ein besonderer Akzent liegt auf den Keramiken; eine Vitrine führt umfassend in die Kunst des gehobenen Tafelgeschirrs (Terra sigillata) ein. Besonders ein Becher aus graviertem

Die Nabis – pure Emotion

1888 traf **Paul Sérusier** in Pont-Aven auf Paul Gauguin und malte unter dessen Leitung den *Talisman*. Gauguin ermutigte ihn, die Farben, die er wahrnahm, auf der Leinwand so intensiv wie möglich wiederzugeben. Schon bald sammelte sich um de Sérusier eine Gruppe von Malern, die er auf den Namen Nabis (Propheten, von hebräisch *Nebiim*) taufte.

Bonnard, **Vuillard** und **Ranson** gehörten zu diesen Künstlern, die den Realismus ablehnten und das pure Gefühl, die Authentizität ausdrücken wollten. Sie entwickelten einen neuen Stil, für den **Maurice Denis** die theoretische Grundlage schuf. Die Nabis, zu denen später auch der Niederländer **Verkade** und der Schweizer **Vallotton** stoßen, wollen die Grenzen zwischen Malerei und Kunsthandwerk einreißen. Sie entwerfen Anzeigen, Tapeten, Fenster und Möbel. Das nach einem der wichtigsten Mitglieder der Nabis benannte Musée Maurice-Denis zeugt von dieser in alle Richtungen überbordenden Produktivität zu Beginn des 20. Jh.

Glas ist bemerkenswert. Er zeigt die Opferszene, in der Abraham von Gott aufgefordert wird, seinen Sohn Isaak zu töten, um seinen Glauben zu beweisen.

Aus der Zeit der Merowinger (3.-8. Jh.) sind viele Gräber mit Waffen sowie Schmuck zu sehen, etwa schwere Gürtelschnallen oder Spangen in Form von Vögeln.

Vergleichende Archäologie (Raum 19) – Diese äußerst interessante Abteilung ist im einstigen Festsaal des Schlosses untergebracht. Die Ausstellungsgegenstände stammen von verschiedenen Kontinenten und ermöglichen den Vergleich der kulturellen und technologischen Entwicklung weit voneinander entfernt lebender Völker. Besonders die ägyptischen Stücke und die kaukasischen Bronzearbeiten prägen sich ein. Auch der **bronzene Wagen von Merida** (6. Jh. v. Chr.) lohnt die genauere Betrachtung: Dieses wichtige iberische Dokument der Jagdgeschichte ist 28 cm lang, 12 cm hoch und stellt einen Reiter und dessen Hund auf der Jagd nach einem Wildschwein dar.

Rundgang um das Schloss

Erdgeschoss B1 – Durch das Gitter gelangt man auf der Place Charles-de-Gaulle in den Garten. Kurz darauf ist bereits die Loggia zu sehen, die sich zur inneren Ehrentreppe hin öffnet. Im Graben stehen Megalithe (Hünengräber), die nach römischen Originalen gefertigt wurden.

Pavillon Henri-IV B1 – Der Ziegelpavillon am Rand des Plateaus ist zusammen mit dem weiter unten liegenden **Pavillon Sully** das letzte Überbleibsel des Château Neuf. Innen befindet sich das Oratorium, in dem Ludwig XIV. am Tag seiner Geburt (5. Sept. 1638) notgetauft wurde. In dem 1836 an dieser Stelle erbauten Gästehaus logierten viele Künstler und Politiker, darunter Dumas, Offenbach und Delibes.

Terrassen★★ B1 – Am Gästehaus beginnt die Petite Terrasse (Kleine Terrasse), der man bis zum Rondell des Rosariums folgt. Jenseits davon erstreckt sich die Grand Terrasse (Große Terrasse), eines der Meisterwerke von Le Nôtre. Sie ist 2,4 km lang, wird von 200 Jahre alten Linden gesäumt und zählt zu den schönsten Promenaden um Paris. Von hier hat man einen wunderbaren **Blick★** über Westparis und La Défense. Wer es eilig hat, kann durch den schönen **Jardin anglais (Englischer Garten)★** B1 zum Auto zurückkehren.

Musée Claude Débussy A2

38 rue au Pain – ✆ 01 34 51 05 12 – http://saintgermainenlaye.fr – Di-Fr 14.30-17.45, Sa 10-12.30 und 14.30-17.45 Uhr; So, Mo und Fei geschl. – Eintritt frei. Im Erdgeschoss dieses schmalen Häuschens aus dem 17. Jh. ist heute das Fremdenverkehrsamt untergebracht. Am 22. August 1862 wurde hier Claude Debussy geboren, dessen Vater ein Geschäft für Fayencen führte. Im ersten Stock befindet sich das Museum.

Musée Départemental Maurice-Denis★ A2

2 bis rue Maurice-Denis – ✆ 01 39 73 77 87 – www.musee-mauricedenis.fr – ganztägig geöffnet; Mo, 1. Jan, 1. Mai, 25. Dez. geschl. – 4,50 € (unter 26 J. und 1. So im Monat frei).

1678 wurde hier ein Krankenhaus eröffnet. 1915 fiel das Haus an den Maler **Maurice Denis** (1870-1943). Hier traf er sich auch mit seinen Kollegen aus der Künstlergruppe Nabis, deren Sprecher er war.

Ausstellungsräume – Die ehemaligen Schlafsäle und Speicher sind über eine Treppe mit Kreuzgratgewölbe verbunden. Die Gemäldesammlung konzentriert sich auf die Gruppe der **Nabis** mit Werken von Sérusier, Ranson, Bonnard, Vuillard, Denis, Cazalis, Lacombe, Roussel, Vallotton und Verkade. Die **Schulen von Pont-Aven** und Pould sind mit Gauguin, Bernard, Filiger, Moret, Slewinsky und Seguin vertreten, und es finden sich auch Bilder von Toulouse-Lautrec, Anquetin, Mondrian und Lalique. Ziel der Nabis war es, die **Schönheit in den Alltag** zu integrieren. Dies zeigt sich auch an vielen kunstgewerblichen Gegenständen: So sind etwa auf dem Kamin des Keramikkünstlers André Metthey Nymphen, Tiere und Pflanzen zu sehen und kündigen bereits den Art déco an.

Die Kirche Ste-Chapelle aus dem 13. Jahrhundert.

Im 1. Stock erlebt man den *Ewigen Frühling* als ein Ensemble aus zehn Szenen: Frauen im Bade, am Brunnen und im Garten lauschen Musik oder unterhalten sich. Denis malte es 1908 für das Esszimmer von Gabriel Thomas, dem Gründer des Musée Grévin.

Kapelle – Sie wurde zwischen 1915 und 1928 gänzlich von Denis gestaltet und zeugt von dessen Engagement für die Rückkehr der Sakralkunst. Der Kreuzweg, die Fenster, Fresken und liturgischen Möbel stammen alle von ihm.

Atelier – Um besser an der Dekoration für das Théâtre des Champs-Élysées arbeiten zu können, ließ sich Maurice Denis 1912 dieses Atelier von seinem Freund Auguste Perret bauen.

Park – Der Park ist als Abfolge blühender Terrassen angelegt, in ihm finden sich Statuen von Bourdelle. Schöner Blick auf die schlichte, harmonische Fassade der Kirche des Ortes.

Église de St-Germain A2

Die 1827 geweihte Kirche verfügt über einen imposanten klassischen Portikus. Zur Innenausstattung gehören Fresken von Amaury-Duval aus dem Jahr 1857. Die Kanzel war eigentlich für Versailles bestimmt. Außerdem sind das Grabmal von James II. Stuart (der hier im Exil starb) und die Orgeln von besonderem Interesse.

Wald von St-Germain

Der 3500 ha große Wald ist von einer Schleife der Seine umgeben und ein Überrest des ehemaligen Waldes von Laye. Jagdhäuschen, Wegkreuzungen mit alten Schil-

Das letzte Duell

Auf der östlichen Esplanade (an der Stelle des heutigen Blockhauses) fand einst in Anwesenheit Heinrichs II. und des Hofes das letzte (Fecht)Duell statt, bei dem man Gott Recht sprechen ließ. Die Begegnung zwischen **Jarnac** und **La Châtaigneraie** ging für letzteren tödlich aus, obgleich er in ganz Europa für seine Fechtkünste berühmt war.

dern, alte Gatter etc. erinnern an die vergangenen Zeiten. Es dominieren Hochwaldeichen, aber auch Buchen und – im kargeren Boden des nördlichen Teils – Pinien. Schöne Spazier- und Wanderwege.

Im Wald gibt es 120 km Fuß- und 60 km Reitwege. Am Étang du Corra und in den Parks Charmeraie, Charmille (bei Poissy) und Champ-Millet (bei Achères) gibt es gute Gelegenheiten sich zu entspannen.

Tipps und Adressen

Allgemeine Hinweise

Fremdenverkehrsamt – *38 rue au Pain – 78100 St-Germain-en-Laye – ✆ 01 34 51 05 12 – www.ot-saintgermainenlaye.fr*

Stadtführung – St-Germain-en-Laye bietet geprüfte Stadtführungen an: *8 € (Kinder. 6,50 €) – Auskünfte beim Fremdenverkehrsamt oder unter www.saintgermainenlaye.fr – ✆ 01 34 51 05 12*

Übernachten

Havre Hôtel – *92 rue Léon-Desoyer – 78100 St-Gemain-en-Laye – ✆ 01 34 51 41 05 – 1.-27. Aug. geschl. – 10 Zi: 50 € – 6,50 €.* Hinter dem historischen Zentrum der Stadt liegt dieses kleine Hotel mit einfachen, sauberen Zimmern. Ruhige Lage.

Hôtel de l'Ermitage des Loges – *11 av. des Loges – 78100 St-Gemain-en-Laye – ✆ 01 39 21 50 90 – www.ermitage-des-loges.com – P – 56 Zi: 112/145 € – 13 € – Rest. 22/32 €.* Wenige Schritte vom Schloss entfernt empfängt Sie dieses Hotel mit hübsch möblierten, ruhigen Zimmern. Angenehme Speiseräume und Bar.

Hôtel Pavillon Henri IV – *21 rue Thiers – 78100 St-Gemain-en-Laye – ✆ 01 39 10 15 15 – www.pavillonhenri4.fr – P – 42 Zi: 140/550 € – 14 € – Rest. 45/95 €.* In diesem schönen Gebäude aus dem Jahr 1604 wurde der zukünftige König Ludwig XIV. geboren. Gehobenes Ambiente, in den Zimmern finden sich Stilmöbel. Vom Speisesaal aus genießen sie einen wunderbaren Panoramablick auf das Seinetal und den Großraum Paris. Traditionelle, gehobene Küche.

Essen und Trinken

Auberge des Trois Marches – *15 rue Jean-Laurent – 78110 Le Vésinet – ✆ 01 39 76 10 30 – www.auberge-des-3-marches.com – 10.-23. Aug. geschl. – 30/44 € – 15 Zi: 95/110 € – 9,50 €.* Das familiäre Lokal wirkt erstaunlich ländlich, obwohl nur 20 km von Paris entfernt. Der Speisesaal ist mit Fresken dekoriert, die Motive aus den Dreißiger Jahren zeigen. Gute, traditionelle Küche, schlichte Zimmer.

Kleine Pause

Olivier B. – *3 rue de Poissy – 78100 St-Germain-en-Laye – ✆ 01 34 51 03 06 – tgl. außer Mo 7.30-20 Uhr.* Der kleine Laden hat Eingänge zu zwei Straßen hin. Auf der einen Seite wird Brot nach traditioneller Art gebacken. Auf der anderen Seite gibt es exzellente Patisserien. Kleines Café.

Einkaufen

Boutique gourmande de la Ferme expérimentale – *78850 Thiverval-Grignon – ✆ 01 30 54 93 61 – anne-marie-barbezant@educagri.fr – Hofladen Mi-So 14-19, Sa 10-12, 14-19 Uhr; kostenlose Besichtigung des Hofs; 1. Jan. und 25. Dez. geschl.* Der Hofladen des Versuchsbauernhofs (gegründet 1919) bietet hervorragende Milchprodukte aus eigener Herstellung (Milch, Joghurt, Ziegenkäse, Sahne) sowie Hühner, Bioeier, Früchte, Gemüse und verschiedene Spezialitäten des Hauses an.

Sport und Freizeit

Cyc'Lou 78 – *Parkplatz beim Schwimmbad – ✆ 01 30 95 30 00 und 01 30 95 33 32 – März-Nov: Sa/So/Fei 9-18.30 Uhr.* Der Fahrradverleih auf dem Parkplatz des Schwimmbads verleiht Fahrräder und Mountainbikes pro Stunde, pro Tag oder pro Woche (auf Anfrage).

Feste und Events

Fête des Loges – *www.fetedesloges.net* – Die Ursprünge dieses Fests gehen auf den hl. Ludwig zurück. Es findet jedes Jahr im Wald von St-Germain (bei Les Loges) statt und dauert insgesamt ganze sieben Wochen (von Ende Juni bis zum ersten Sonntag nach dem 15. August). Millionen Besucher werden von den zahllosen Attraktionen, darunter moderne Kirmesfahrgeschäften, historische Schausteller bis hin zu Losbuden angezogen. Es werden außerdem verschiedenste Speisen angeboten.

St-Leu-d'Esserent★

OISE (60) – 4769 EINWOHNER UMSCHLAGKARTE B1–
MICHELIN LOCALKARTE305 F5, ZOOMKARTE 106 FALTE 7-8

St-Leu-d'Esserent ist eine ruhige mittelalterliche Stadt an den Ufern der Oise und wird von der majestätischen Kirche des Klosters St-Leu dominiert. Der Schriftsteller und Historiker Ernest Renan pries deren Schönheit und siedelte sie noch höher an als die eines griechischen Tempels.

Didier Pazery / MICHELIN

Die Kirche von St-Leu liegt oberhalb der Stadt und der Oise.

- **Wegweiser** – ca. 50 km nördl. von Paris. Anfahrt über die D 1016 und hinter Chantilly über die D 44. Zugverbindung von Paris-Gare du Nord Richtung Creil, Haltestelle St-Leu.
- **Unbedingt sehenswert** – Die Église de St-Leu mit ihrem lichtdurchfluteten Kirchenschiff.
- **Mit Kindern** – Der Freizeitpark Base de loisirs (50 ha) inkl. der dortigen Wassersportmöglichkeiten *(s. Tipps und Adressen)*.
- **Orte in der Nähe** – Château de CHANTILLY, Fôret d'HALATTE, SENLIS, Abbaye de ROYAUMONT

Sehenswürdigkeit

Église★

Der für den Bau verwendete Stein stammt aus den benachbarten Steinbrüchen. Der sogenannte *Stein von St-Leu* wurde für viele Kirchen und Kathedralen, das Schloss von Versailles und andere Bauwerke benutzt.

Wussten Sie schon?

Leu ist altpicardisch für „loup" (Wolf). Der hl. Lupus wurde gegen die Wölfe angerufen und ist Schutzpatron der Schäfer und Schafe. Man betete zu ihm, um sich vor dem Wolf zu schützen, aber auch um von Anfällen und Fieber geheilt zu werden. Lupus war Erzbischof von Sens und starb 623, er fungierte für viele Orte als Namensgeber. Die Steinbrüche von Leu wurden von den deutschen Besatzern zur Herstellung der „V 1" (Vergeltungswaffe 1) benutzt. 1944 wurde die Stadt deshalb gezielt bombardiert.

Das Äußere – Der Stil der seit dem 19. Jh. umfassend restaurierten Front ist noch romanisch (1. Hälfte des 12. Jh.) und bildet somit keine Einheit mit dem Kirchenschiff. Zu dem romanischen Komplex gehören ein Portalvorbau und eine Tribüne (mit je drei Jochen).
Gehen Sie an der rechten Seite der Kirchenmauer entlang und durch die ehemalige Klosterpforte hindurch.
Der Chor wird von zwei viereckigen Türmen mit Satteldach dominiert und ist von einem Chorumgang mit fünf Kapellen umgeben. Dieser Teil des Gebäudes stammt aus der 2. Hälfte des 12. Jh. und ruht auf einem imposanten Grundstein.

Das Chorhaupt der Abbatiale St-Nicolas.

Innenraum★ – Durch die zeitgenössischen Fenster (1960) strömt viel Licht in das Kirchenschiff. Der Chor und die ersten beiden Joche des Hauptschiffs wurden noch im 12. Jh. errichtet, während der Rest des Hauptschiffs aus dem 13. Jh. stammt. Der Chor muss – nach romanischer Tradition – einst mit Tribünen versehen gewesen sein. Im 13. Jh. kamen Strebebögen hinzu, sodass der Pfeiler zur Unterstützung der Tribünen nicht mehr nötig war und durch ein Triforium ersetzt wurde. Schließlich wurde diese Struktur für das gesamte Schiff übernommen.
Bevor Sie die Stadt verlassen, empfiehlt sich ein Besuch des nahegelegenen Friedhofs, der etwas höher liegt.
Blick auf den oberen Teil der Kirche.

Tipps und Adressen

Allgemeiner Hinweis

Fremdenverkehrsamt – *7 av. de la Gare – 60340 St-Leu-d'Esserent – ✆ 03 44 56 38 10 – www.saintleudesserent.fr*

Übernachten

Hôtel de l'Oise – *25 quai d'Amont – 60430 St-Leu-d'Esserent – ✆ 03 44 56 60 24 – www.hoteldeloise.com – letzte Juliwoche und 3. Augustwoche geschl. – P – 20 Zi: 57 € – 7,50 € – Rest. 13 €.* Das Ziegelgebäude aus den 1930er-Jahren liegt am Ufer der Oise. Über eine Treppe gelangt man zu den perfekt gepflegten und individuell gestalteten Zimmern. Angenehmer, moderner Speisesaal, traditionelle Küche.

Essen und Trinken

Le Condor – *14 rue Gaston Wateau – 60460 Précy-sur-Oise – ✆ 03 44 27 60 77 – 15. Febr.-2. März, 25. Juli-11. Aug., Di und Mi geschl. – 19/35 €.* Im eleganten Speiesaal des Restaurants kann man sehr gute traditionelle Gerichte zu vernünftigen Preisen genießen.

Einkaufen

Ercuis – *142 rue des Tilleuls – 12 km nordwestl. auf der D 92, D 44 und D 929 – 60530 Ercuis – ✆ 03 44 26 54 92 – Mo und Mi 13-15.45 Uhr.* Diese ehemalige Goldschmiede aus dem Jahr 1867 ist mittlerweile eine echte Institution im Bereich Gedecke und Geschirr geworden. Designer und Kunsthandwerker fertigen hier Tee- und Kaffeeservices, Champagnerkübel und vieles mehr.

Sport und Freizeit

Base de loisirs (Freizeitpark) – *rue de la Garenne – 60430 St-Leu-d'Esserent – ✆ 03 44 56 77 88 – www.basestleu.com – Feb.-Nov. 10-19 Uhr – 6,50 €.* In diesem 50 ha großen Freizeitpark werden große und kleine Besucher ihren Spaß haben. Segeln, Katamaran- und Kajakfahren etc. gehören zu den angebotenen Wassersportarten. Die ganz Kleinen wird der Tierpark interessieren, entspannen kann man sich bei einem Picknick, es gibt aber auch ein Schnellrestaurant vor Ort.

St-Ouen

SEINE-ST-DENIS (93) – 43 700 EINWOHNER
UMSCHLAGKARTE D5 – MICHELIN-PLAN 57 S. 74 (18. ARR.)

Der Name St-Ouen ist untrennbar mit dem berühmten, großen, in viele spezialisierte Märkte untergliederten Flohmarkt in den hiesigen Sträßchen und Galerien verbunden, in denen Antiquitätensammler ebenso auf Beutezug gehen wie Modebegeisterte. Flanieren Sie über den Markt, Sie werden bestimmt etwas Außergewöhnliches als schönes Andenken finden!

J.-Y. Grégoire / MICHELIN

Hier findet man keine Massenware: Floh- und Antikmärkte von St-Ouen.

- **Wegweiser** – Äußere Stadtautobahn (Périphérique), Ausfahrt Porte-de-Clignancourt oder Porte de St-Ouen; A 1 Ausfahrt St-Ouen, RER C Haltestelle St-Ouen, Metros 13 und 4.
- **Unbedingt sehenswert** – Der Flohmarkt mit Antiquitäten, Kitsch und Klassik; das Musée Pierre Cardin.
- **Gut geplant** – Wer den Flohmarkt besuchen will, sollte früh aufstehen! Eine Übersichtskarte gibt es im Internet *(s. Tipps und Adressen)*.
- **Mit Kindern** – Auch Kinder lieben den bunten Flohmarkt und alles, was man dort entdecken kann.
- **Ort in der Nähe** – ST-DENIS

Geschichte und Geschichten

Schlösser und Herrscher – St-Ouen trägt seinen Namen seit dem Mittelalter zu Ehren des **hl. Audoenus** (609-683), der 640 Bischof wurde und auch hier verstarb. Im 13. und 14. Jh. wurde der Ort königliche Residenz, und der erste Ritterorden wurde hier gegründet. Im 17. Jh. wurde das Schloss erbaut, zu dessen Besitzern Madame de Pompadour gehörte.
Am 2. Mai 1814 unterzeichnete Ludwig XVIII. nach Napoleons Abdankung hier die **Deklaration von St-Ouen**, mit der er eine konstitutionelle Monarchie einrichtete. Dies war der Beginn der Restauration, die von der Rückkehr des Kaisers 1815 unterbrochen wurde.
1823 schenkte Ludwig XVIII. das frisch von Hittorf und Huvé restaurierte Schloss der Gräfen von Cayla. Der viereckige Pavillon im pompejischen Stil wird seit 1965 als Kulturzentrum genutzt *(12 rue Albert-Dhalenne – ✆ 01 49 48 95 20)*.

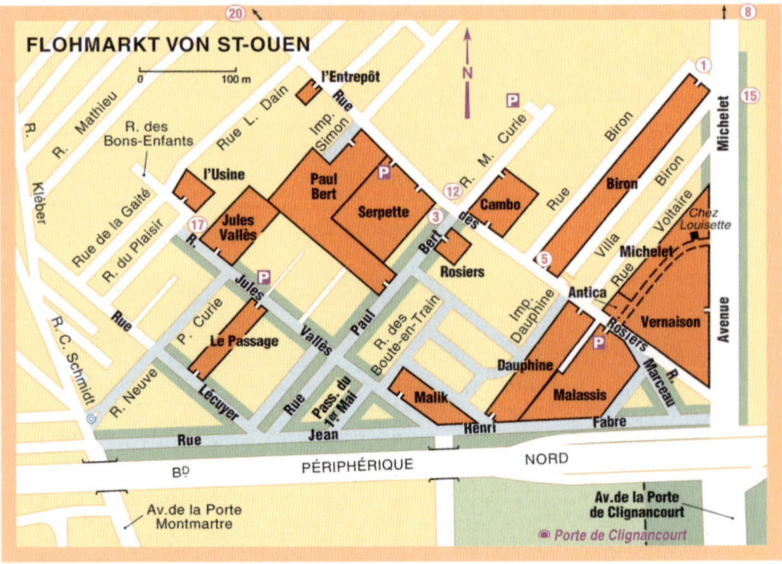

RESTAURANTS

Brasserie Biron	1	Le P'tit Landais	12	Marktstände
Café Le Paul Bert	3	Le Soleil	15	Fußgängergassen an Markttagen
Le Biron	5	L'Opus Café	17	
Le Jardin des Puces	8	Mi Tierra Linda	20	

Der Flohmarkt – 1830 begann in St-Ouen mit der Eröffnung eines Kanalhafens die Industrialisierung. Bald entstand ein Flohmarkt an der Porte de Clignancourt, außerhalb der Befestigungsanlangen. Wie damals in allen Vororten von Paris mussten die Händler auch hier keine Steuern zahlen. St-Ouen wurde mit seinen Weinschenken, Gärten und Marktständen zu einem beliebten Ausflugsziel der Pariser.
1885 wurde der Flohmarkt zu einer Institution und die ersten Standrechte wurden vergeben. Nach 1918 errichteten Geschäftsleute Mietstände rund um die Rue des Rosiers. Heute ist St-Ouen mit fast 7 ha der größte Antiquitätenmarkt der Welt.

St-Ouen im Überblick

Flohmarkt von St-Ouen★ s. Plan S. 274

Der Flohmarkt liegt an der Grenze zum 18. Arrondissement. Metro Porte-de-Clignancourt (Linie 4) oder Garibaldi (Linie 13). Bus 85 (Haltestelle Paul-Bert) oder PC. Nach dem Aufgang der Metrostation Porte-de-Clignancourt nördl. über die Petite Ceinture gehen, dann unter dem Boulevard Périphérique hindurch.

Stilmöbel, alte Knöpfe und Vintage-Kleidung: Hier findet man Altes, aber auch Neues und Sonderangebote. Mit Geduld und Verhandlungsgeschick kann man echte Schnäppchen machen. Die verschiedenen Bereiche des Flohmarkts werden im Folgenden vorgestellt.
Achtung: Hüten Sie sich vor Taschendieben und vor gefälschter Markenware (der Kauf von Fälschungen ist strafbar!).

Der traditionelle Flohmarkt

Marché Vernaison – Er ist einer der ältesten Märkte hier und mit seinen ungefähr 300 Ständen ein Paradies für Krimskrams und Möbel.

Marché Jules Vallès – Dieser Markt ist für seine günstige St-Germain-en-Laye n Preise bekannt. 120 Stände bieten Militaria, Bücher, Plakate und natürlich alte Möbel an.

Marché Malik – In diesem „Königreich der Kleidung" gibt es außerdem auch Schuhe, Taschen, Brillen und sogar Schallplatten.

Die Preismacher

Die Vorgaben der Flohmärkte von St-Ouen für sämtliche Möbel- und Objektkategorien dienen anderen Märkten als Richtlinie. So folgen die Preise der Antiquitätenhändler im restlichen Frankreich den Vorgaben aus St-Ouen bis auf wenige Euros.

Der „gehobene" Flohmarkt

Marché Biron★ – Er wird auch der „Faubourg-St-Honoré" der Flohmärkte genannt, nach dem noblen Pariser Vorort. 70 Antiquare stellen hier ihre Waren aus – der Markt ist mit 220 renommierten Geschäften das **Internationale Zentrum für Antiquitäten und Trödelwaren (brocante)**. Das Angebot (teilweise wertvollste Möbel) an der Hauptstraße ist beeindruckend, für Schnäppchen bietet sich aber eher die ruhigere Nebenstraße an.

Marché Cambo – Möbel des 18. und 19. Jh., Regionalia, Wäsche, Fayencen und Art déco- sowie Jugendstilkeramik warten hier auf Käufer.

Marché Dauphine★ – Mit seiner Glas- und Metallarchitektur (1991) ist er der modernste Markt in St-Ouen. 180 Händler offerieren Antiquitäten und Trödel: Bilder, Möbel, Nippes, seltene Bücher.

Jeder Käufer eines Kunstgegenstandes erhält hier auf Wunsch ein Echtheitszertifikat eines unabhängigen Experten *(Rue des Rosiers)*.

Der „In"-Flohmarkt

Marché des Rosiers – Wer Gallé, Daum oder Lalique liebt, wird diesen auf Art déco und Jugendstil spezialisierten Markt besonders schätzen. Außerdem finden Sie hier Bronzeskulpturen aus dem 19. und 20. Jh. Im Vorbeigehen kann man Lithographien von Mucha oder Majorelle-Möbel bewundern.

Marché Serpette – Dekorateure und andere Profis besuchen diesen schicken Markt mit hochwertigem Angebot (Jugendstil bis 1940er-Jahre etc.).

Marché Paul-Bert – Auf diesem Trödelmarkt unter freiem Himmel findet wohl jeder Schönes oder Skurriles für seine Wohnung. Möbel, Gartenschmuck und Dekoration der 1930er- bis 1970er-Jahre.

Marché Malassis – Unter der großen Kuppel werden Möbel der Jahre 1930-1950 und 1970 sowie textile Besatzartikel (Borten, Fransen etc.) und Schmuck angeboten. In den benachbarten Straßen stehen alle denkbaren Kleidungsstücke zum Verkauf.

Und außerdem …

Le Passage – Zwischen der Rue Lécuyer und der Rue Jules-Vallès gibt es auf 1000 qm Altes und Neues aller Art.

Marché Antica – Auf dem winzigen Markt wird China-Porzellan verkauft.

L'Entrepôt – Eine eher professionelle Kundschaft interessiert sich hier für Schlosstore, Täfelungen, Treppen und andere ungewöhnliche und große Stücke.

L'Usine – Ein Muss für Antiquitätenliebhaber, leider haben Privatleute keinen Zutritt. Die alte Druckerei beherbergt 40 Anbieter, man trifft ausschließlich Fachkundschaft.

Sehenswürdigkeit

Musée Passe-Present-Futur Pierre Cardin

33-35 bd. Victor Hugo – ✆ 01 49 21 08 20 – Mi, Sa und So-nachmittag – 15 €. Zwischen dem Rathaus und dem Hafenbecken liegt eine alte, zum Loft umgebaute Fabrik. Hier sind die berühmten und außergewöhnlichen Kreationen des Modepioniers Pierre Cardin zu sehen. 1961 brach Cardin mit der bislang strengen Haute Couture und begann, eine bequeme und elegante Prêt-à-porter-Linie zu entwerfen – tragbare Mode mit strukturierten Formen. In seinen Kollektionen ließ Cardin sich vom technischen Fortschritt inspirieren, von der Raumfahrt ebenso wie von Autostoßstangen oder Zuggleisen. Aber auch die Falttechnik Origami oder Vorbilder aus der Natur wie das Bananenblatt brachten ihn auf Ideen für neue Entwürfe. Für die Athleten der Olympischen Spiele 1972 in München entwarf er die Hosen, die im Museum neben Miniröcken aus Vinyl ausgestellt sind. Als Modedesigner arbeitete Cardin wie ein Bildhauer. Daneben entwarf er auch Möbel, die ebenfalls in diesem Museum ausgestellt sind.

Tipps und Adressen

Allgemeiner Hinweis

Fremdenverkehrsamt – *30 av. Gabriel-Péri – 93400 St-Ouen – ✆01 40 11 77 36 – www.st-ouen-tourisme.com*

St-Quentin-en-Yvelines

YVELINES (78) – UMSCHLAGKARTE A2 – MICHELIN LOCALKARTE 311 H3, ZOOMKARTEN 101 FALTE 21, 106 FALTE 28-29 – KARTE S. 106

St-Quentin-en-Yvelines ist eine sehr junge Stadt: Sie wurde erst in den 1970er-Jahren gegründet. Dennoch hat sie das vom französischen Staat verliehene Label Ville d'art et d'histoire (Kunst- und Geschichtsstadt) erhalten. Die zur Stadt gehörenden Gemeinden dokumentieren die Entwicklung einer Arbeiterstadt und die auf Lebensqualität und sozialen Wohnungsbau hin orientierte Städteplanung der 1980er-Jahre.

Wegweiser – St-Quentin-en-Yvelines erstreckt sich vom Südwesten Versailles bis in den Norden des Chevreuse-Tals. Man erreicht es mit dem RER Paris-Chartres (RER C 7, Endstation St-Quentin-en-Yvelines) und über die N 10. Bahnverbindung von der Pariser Gare Montparnasse.

Unbedingt sehenswert – Wer sich für Urbanisierung und Architektur interessiert, findet hier, in dieser modernen Stadt, Werke von Meistern ihres Fachs, etwa von Ricardo Bofill.

Mit Kindern – France Miniature in Élancourt; Naturpark am Weiher von St-Quentin.

Stefan Meyer / © FRANCE MINIATURE

In France Miniature ist das Versailler Schloss nur einen Steinwurf von Paris entfernt.

Orte in der Nähe – Château de BRETEUIL, Vallée de CHEVREUSE, Château de DAMPIERRE, MONTFORT-L'AMAURY, Abbaye de PORT-ROYAL-DES-CHAMPS, VERSAILLES

St-Quentin-en-Yvelines im Überblick

Die junge Stadt: Architektur und Urbanisierung

Die sehr junge Stadt St-Quentin-en-Yvelines umfasst sieben Gemeinden (Élancourt, Guyancourt, Magny-les-Hameaux, Montigny-le-Bretonneux, Trappes, La Verrière und Voisins-le-Bretonneux) mit je zwischen 25 000 und 30 000 Einwohnern. Wohnbereiche und wichtige Infrastruktur für die späteren Nutzer wurden parallel geplant. Das für 100 000 Einwohner entworfene Stadtzentrum wurde zentral um den Bahnhof herum angelegt.

Élancourt

Mit der Einkaufsstraße (Fußgängerzone), dem bürgernahen Stadtverwaltungsgebäude, der Bibliothek und dem ökumenischen Zentrum ist Élancourt charakteristisch für den Städtebau von St-Quentin-en-Yvelines.

Montigny-le-Bretonneux

Le Temple und Les Arcades du Lac, die von **Ricardo Bofill** entworfen wurden, umgeben den Lac de la Sourderie. Auf der Place Georges-Pompidou befindet sich ein Theater von **Stanislas Fiszer**.

Réserve naturelle de l'étang de St-Quentin (Naturpark am Weiher von St-Quentin)

Dieses Gebiet im Westen von St-Quentin bietet rund 230 Vogelarten ganzjährig oder zeitweise eine Heimat. Unter anderem lassen sich hier Schnepfen, Enten und Haubentaucher beobachten. *Maison de la réserve – ✆ 01 30 16 44 40.*

Sehenswürdigkeiten

Musée de la Ville

✆ 01 34 52 28 80 – www.museedelaville.agglo-sqy.fr – 2. Jan.-5. Juli und 19. Aug-31. Dez. Mi-Sa und 1. So im Monat 14-18 Uhr; 22. Sept.-14. Okt. geschl. – Führung möglich – Eintritt frei. Dieses untypische Museum liegt im Herzen der Stadt. Die Ausstellungen behandeln Themen wie Skateboarden, die Frauenbewegung, urbanes Design etc.

Das Museum bietet Stadtführungen und eine Übersichtskarte der über die Stadt verteilten 147 historischen und zeitgenössischen Sehenswürdigkeiten an. In der Boutique sind Souvenirs aus der Gründungszeit erhältlich, wechselnde Ausstellungen fokussieren auf Alltagsthemen: die Küche, das Kind etc.

France Miniature★, in Élancourt

Unter der N 10 nach Trappes auf die D 23. Mit dem Zug von Paris-Montparnasse bis zur Haltestelle La Verrière, dann mit dem Bus 411 bis France-Miniature. ✆ 01 30 16 16 30 – www.franceminiature.com – ♿ – 5. Nov.-13. Feb. geschl.; Apr.-Aug. und Osterferien ganztägig; restl. Jahr: Mi, Do, Sa/So/Fei ganztägig –18,50 € (4-12 J. 12,50 €). Hier fühlt sich der Besucher wie Gulliver in Lilliput. Der Rundgang beginnt mit einer Besteigung der Alpen (Höhe 9 m). Von hier aus blickt man über ein 5 ha großes Frankreich. 158 berühmte Bauwerke oder Sehenswürdigkeiten sind im Maßstab 1:30 nachgebildet. Man kann von Region zu Region schlendern oder sich mit der Minibahn durchs Land fahren lassen. Die Modellbauer benötigten allein 2 800 Stunden für die Nachbildung des Château de Chambord. Bei Regen lockt der Palais de la Miniature (Nachbildungen im Maßstab 1:12).

Tipps und Adressen

Allgemeiner Hinweis

Stadtführungen – Das Stadtmuseum organisiert (französischsprachige) Stadtführungen, die mit der Architektur, der Kunst und der Landschaftsgestaltung in St-Quentin vertraut machen. Auch Kinder ab 8 J. können teilnehmen. *Reservierung nötig – ✆ 01 34 52 28 80 – www.museedelaville.agglo-sqy.fr – Mi 9-11, Do/Fr 9-17 Uhr, Termine beim Museum erfragen – 3 € (Kinder 2 €).*

Essen und Trinken

Auberge du Manet – *61 av. Manet – 78180 Montigny-le-Bretonneux – ✆ 01 30 64 89 00 – www.aubergedumanet.com – 18. Juli-15. Aug. geschl. – 37/42 €.* Speiselokal auf einem alten Getreidebauernhof, der im 17. Jh. zum Kloster von Port-Royal-des-Champs gehörte. Heller Speisesaal im modernen Stil, schöne Terrasse über einem kleinen Teich. Jedes Menü ist nach einem impressionistischen Maler benannt.

Feste und Events

Anfang des Jahres in St-Quentin – Polar dans la ville (Krimi in der Stadt), *Ende Jan-Anf. Feb.:* Krimifestival mit Aufführungen, Ausstellungen, Film- und Literaturveranstaltungen – *✆ 01 30 16 08 60 – www.polardanslaville.fr*

Sceaux★

HAUTS-DE-SEINE (92) – 19 494 EINWOHNER – UMSCHLAGKARTE D6 – MICHELIN LOCALKARTEN 312 C3, ZOOMKARTEN 101 FALTE 25 UND 106 FALTE 31

Ein großer Teil der Sehenswürdigkeiten der Île-de-France sind Parks und Gärten. Einer der schönsten liegt in Sceaux, ganz in der Nähe von Paris. Die vielen Spazierwege führen auch am Schloss entlang, in dem im Sommer ein Musikfestival stattfindet.

Michel-Olivier Bernard / MICHELIN

Das heutige Schloss, welches das von Colbert ersetzte, ist ein schöner Bau aus roten Ziegeln und Sandstein.

- **Wegweiser** – RER B 4, Haltestelle Parc-de-Sceaux, RER B 2, Haltestelle Sceaux. Mit dem Auto aus Paris kommend auf die D 920 (über Porte d'Orléans).
- **Unbedingt sehenswert** – Die Sammlungen des Musée de l'Île-de-France im Schloss des Herzogs von Treviso; der Park von Sceaux.
- **Gut geplant** – Der Rosengarten in Val-de-Marne ist im Juni besonders schön. Planen Sie einen kurzen Besuch in L'Haÿ-les-Roses ein.
- **Orte in der Nähe** – MEUDON, Les PORTES DE PARIS

Geschichte und Geschichten

1670 ließ sich **Colbert**, Oberverwalter der Schlösser und Gärten, hier einen traumhaften Wohnsitz errichten. Er arbeitete dafür mit dem Architekten Claude Perrault, dem Maler und Dekorateur Le Brun und den Bildhauern Girardon und Coysevox zusammen. Die Gärten entwarf Le Nôtre, der hier ein recht unebenes Gelände gestalten musste. Ludwig XIV. war persönlich bei der Einweihung des Schlosses im Jahr 1677 anwesend, bei dieser Gelegenheit wurde auch Racines *Phèdre* aufgeführt. Colberts Sohn Seignelay empfing hier acht Jahre später den Sonnenkönig und Madame de Maintenon. Racine und Lully schrieben die *Idylle von Sceaux*.

Im Jahr 1700 wurde das Anwesen an den **Herzog von Maine**, einen Sohn Ludwigs XIV. und Madame de Montespan, verkauft. Die Herzogin von Maine umgab sich hier mit Schöngeistern und ließ Theaterstücke, Opern etc. aufführen. Ganz Paris sprach von den so genannten Nächten von Sceaux.

Kurz vor der Revolution gehörte Sceaux dem Neffen des Herzogs, dem Herzog von Penthièvre. Das Anwesen wurde konfisziert und verkauft. 1856-1862 ließ der Erbe, der **Herzog von Treviso**, das alte Schloss abreißen und durch eines im Stile Lud-

wigs XIII. ersetzen. Der Park wurde den Plänen von Le Nôtre wieder angepasst, und erneut fanden auf Schloss Sceaux rauschende Feste statt. Bald jedoch geriet das Schloss in Vergessenheit.
1923 kam es in staatlichen Besitz und wurde restauriert. Heute erwarten die Besucher ein wunderbarer 181 ha großer Park und ein hervorragendes Museum.

Sehenswürdigkeiten

Schloss und Park★★ s. Karte S. 280

✆ 01 41 87 28 60 – www.chateau-sceaux.fr – ♿ – ganztägig geöffnet – Eintritt frei.

Entrée d'honneur (Ehreneingang)

Der für Colbert entworfene Eingang verfügt über zwei Giebel- und zwei Wachthäuschen. Über letzteren sind die von Coysevox gestalteten Wappentiere Colberts zu sehen: Dogge und Einhorn. Sie stehen für Treue bzw. Ehrlichkeit.

Orangerie

Sie wurde 1685 von Jules Hardouin-Mansart angelegt, ist 88 m lang und 12 m breit und mit Giebelskulpturen verziert. Einst diente sie als prächtiger Festsaal; im Winter beherbergte sie die 300 Orangenbäume des Parks. Heute finden hier Ausstellungen und Konzerte statt.

Musée de l'Île-de-France★

✆ 01 41 87 29 50 – ♿ – April-Sept. tgl. außer Di ganztägig; Okt.-März ganztägig; 1. Jan. 1. Mai, 15. Aug., 1. Nov., 25. Dez. geschl. – Eintritt frei. Das Museum ist nach vier Themenbereichen gegliedert: Die Geschichte des Anwesens von Sceaux und dessen Besitzern, die Keramikarbeiten aus der Pariser Umgebung, die Residenzen der Könige und Prinzen; das Landschaftsbild der Île-de-France vom 18. bis 20. Jh.

Erdgeschoss – Im Kleinen Salon mit intarsienverzierter Decke illustrieren Modelle die Geschichte des Anwesens von Sceaux. Der Große Salon mit seinen weißen und vergoldeten Wandvertäfelungen birgt unter anderem ein Porträt von Ludwig XV. und seiner Frau Marie Leszczyńska, die als Amazone in Fontainebleau auf die Jagd geht. Der ovale Salon ist den Fayencen von Sceaux gewidment. Die „japanischen Fayencen" von J. Chapelle greifen den Rokokostil auf. Im Speisesaal steht eine lackierte Kommode aus Kauri-Holz (17. Jh.); außerdem sind Porträts der Besitzer (Colbert, Herzog von Penthièvre) zu sehen. In der Bibliothek wird Porzellan aus dem 18. Jh. gezeigt (Vincennes, Sèvres, St-Cloud).
Die Ehrentreppe wurde im Stil des Zweiten Kaiserreichs restauriert (mehrfarbiger Marmor, Trompe-l'œil). Auf dem Treppenabsatz stehen zwei bronzene Reiterstaturen von Coysevox.

Erster Stock – Mit der Salle Millet, in der Fayencen des 19. Jh. ausgestellt sind, beginnt die Reihe der zum Park weisenden Räume. In den königlichen Gemächern sind Bilder von riesigen Anwesen zu sehen, von denen einige nicht mehr erhalten sind (insbesondere das *Château de St-Cloud* von C. Troyon) oder gerade restauriert werden (*Vue de château et du parc de Méréville, Blick auf das Schloss und den Park von Méréville* von Hubert Robert). Hier sind auch einige sehenswerte Möbelstücke zu finden, darunter ein eleganter Schreibtisch von Riesenburg, ein Spieltisch von Hoffenrichter aus Rosenholz. Ebenholz und Elfenbein oder das Bett von Caroline Murat von den Gebrüdern Jacob. Die Bilder in den folgenden Zimmern zeigen Landschaften der Region (18.-20. Jh.), postimpressionistische Werke sowie Darstellungen der zeitgenössischen Freizeitvergüngen (Ballonfahren, Baden etc.). Im nächsten Raum sieht man Werke von André Dunoyer de Segonzac. Die Tour setzt sich in den weiteren Zimmern fort, in denen man Werke zeitgenössischer Künstler wie Foujita, Aspe, Hurtet und Jean Fautrier bewundern kann. Zwei Vitrinen sind der ersten Giraffe, die 1827 in Paris eintraf, gewidmet.
Weiter geht es mit Keramikarbeiten von **Pierre-Adrien Dalpayrat** (1844-1910). Er war einer der Hauptvertrer des Jugendstil. Eine spezielle Behandlung mit Kupferoxid verlieh seinen Werken die rote, grüne, türkisblaue und gelbe leuchtende Farbe, für die sie bekannt sind.

Grandes Cascades★ (Große Kaskaden)

✆ 01 41 87 28 60 – Mi, Sa/So/Fei ganztags – Eintritt frei. Die Allée de la Duchesses bringt Sie zu den Grandes Cascades. Das Wasser fließt hier aus bronzenen Fratzenköpfen von **Rodin** über zehn Stufen in das achteckige Becken hinab. Bei den **Grandes Eaux★** bietet sich ein einmaliges Schauspiel.

L'Octogone (Oktagon)

Das Oktagon genannte achteckige Bassin sieht noch heute genau so aus wie von Le Nôtre entworfen. Von Platanen eingerahmt, mutet es majestätisch an. Der Wasserstrahl erreicht eine Höhe von 10 m.

Pavillon de Hanovre

Er wurde 1760 von Chevotet entworfen und 1930 vom Boulevard des Italiens hierher versetzt. Einzig die Fassade wurde 1931 in Sceaux erneuert.

Grand Canal (Großer Kanal)

Er ist genauso lang wie der Petit Canal von Versaille (1030 m) und von einer Doppelreihe italienischer Pappeln gesäumt.

Terrasse des Pintades (Perlhuhnterrasse)

Vom Kanal führen Rampen zu einer Terrasse, von der die beiden schönsten Ausblicke des Parks genossen werden können: Richtung Schloss und entlang der Achse des Grand Canal.

Petit Château (Kleines Schloss)

Das elegante kleine Gebäude stammt vom Anfang des 17. Jh. Colbert hatte es dem Anwesen angegliedert. Hier wurden die Kinder der Herzogin von Maine unterrichtet.

Pavillon de l'Aurore

✆ 01 41 87 29 50 – www.chateau-sceaux.fr – Sa/So/Fei nachmittags; 1. Jan., 1. Mai, 1. Nov., 25. Dez. geschl. – Eintritt frei. Das mit einer Kuppel ausgestattete Gebäude ist über eine Treppe mit Balustern zu erreichen. Im Inneren sind schöne Holzarbeiten, Kacheln, Decken und die Kuppel von Le Brun mit der Aurora zu bewundern. 1677 empfing Colbert hier die Académie française. Zu diesem Anlass schrieb der Dichter Quinault eine 900 Verse lange Ode über das Aurora-Fresko in der Kuppel. Vor dem Pavillon zeigt sich ab Mai die Farbenpracht eines Irisgartens.

Intendance (Verwaltung)

Das Haus aus der Zeit Ludwigs XVI. war der Wohnsitz des Verwalters von Sceaux.

Anciennes écuries (ehemalige Stallungen)

Sie wurden unter Colbert nach Entwürfen von Le Pautre gebaut. Heute sind hier ein Ausstellungsraum, ein Restaurant, ein Geschäft und ein Dokumentationszentrum (mit mehreren Tausend Dokumenten über die Île-de-France) untergebracht. *✆ 01 46 61 19 03 – www.sceaux-tourisme.fr – ♿ – Di, Do und Fei Nachmittag, Mi und Sa/So Vor- und Nachmittag. Gegenüber den Stallungen befindet sich das Pferdebad (sichtbar vom Vorplatz aus).*

Zu Fuß unterwegs

Stadt

Église St-Jean-Baptiste

Die Kirche wurde im 16. Jh. rekonstruiert; die Fassade und den Turm bekam sie unter Ludwig-Philipp. Hinter dem Hauptaltar hängt die *Taufe Christi* von Tuby (17. Jh.), die aus der Schlosskapelle stammt. Vor dem linken Altar ist ein Coysevox zugeschriebenes Medaillon der Jungfrau Maria zu sehen (18. Jh.).

Jardin des Félibres (Félibres-Garten)

Nahe der Kirche liegt das Grab des Fabelautors **Jean-Pierre Claris de Florian** (1755-1794), der ein Großneffe Voltaires war und in Sceaux starb. Im Garten sind Büsten provenzalischer Dichter (darunter Mistral) aufgestellt. Seit dem 19. Jh. trifft sich hier einmal jährlich (an einem Sonntag im Juni) die Literatengruppe der **Félibres** im Gedenken an Florian. Ziel der Gruppe südfranzösischer Schriftsteller ist die Aufrechterhaltung der okzitanischen Sprache.

Jardin de la Ménagerie (Garten der Ménagerie)

In der ehemaligen Menagerie der Herzogin von Maine sind deren Kanarienvögel und ihre Lieblingskatze begraben. Nach der Revolution fanden hier öffentliche Bälle statt.

Ehemalige Keramikmanufaktur

Sie liegt an der Rue des Imbergères und wurde von der Herzogin von Maine gegründet. Die hier hergestellten Keramikwerke kann man im Musée de l'Île-de-France bewundern.

Ziele in der Umgebung

Rosengarten in Val-de-Marne★★, bei L'Haÿ-les-Roses

4 km östl. auf der D 60. Bus 192 von Sceaux (Haltestelle Lycée Lakanal) nach L'Haÿ-les-Roses (Haltestelle Roseraie) – Rue Albert-Watel – ✆ 01 43 99 82 80 – ♿ – www.roseraiedu valdemarne.fr – Mitte Mai-Mitte Sept. ganztägig – Führung mögl. (Anmeldung 2 Wochen

Eine der Alleen des Rosengartens von Le Val-de-Marne.

im Voraus) – 3 € (unter 15 J. 2 €), 1. Wochenende im Juni Eintritt frei. Der **Rosengarten** von L'Haÿ-les-Roses wurde 1892 von Jules Gravereaux angelegt und wird jährlich erweitert. Tausende Rosen aus der ganzen Welt blühen hier (Hochsaison im Juni). Die umfassenden Sammlungen des Rosengartens ermöglichen es, die Geschichte der Rosen von den wilden Formen bis zu den neuesten Züchtungen nachzuvollziehen. Zudem kann man lernen, wie man verschiedene Rosenarten unterscheidet.

Wissous

7 km südl. auf der D 920 und später der D 66, die in die D 32 übergeht. Der kleine, von Feldern umgebene Ort zwischen nördlichem und östlichem Seinetal hat eine dörfliche Atmosphäre.

Das örtliche Badehaus wurde mit Steinen aus der alten Kirche restauriert, auf denen noch religiöse Inschriften erkennbar sind. Die im 12. Jh. erbaute Église St-Denis, von deren ursprünglicher Gestalt nur der gotische Chor und der romanische Glockenturm erhalten sind, verfügt interessanterweise über zwei Hauptschiffe. Im Seitenschiff befindet sich ein schönes, sechsteiliges Fresko der hl. Barbara.

Tipps und Adressen

Allgemeiner Hinweis

Fremdenverkehrsamt – *70 rue Houdan – im Garten der Menagerie – 92330 Sceaux – ✆ 01 46 61 19 03 – www.sceaux-tourisme.fr*

Übernachten

Hôtel Colbert – *20 av. Camberwell – 92330 Sceaux – ✆ 01 46 60 02 21 – www.hotelcolbert.fr – 47 Zi. 91 € – ☕ 6 €.* Das imposante Hotel liegt günstig in der Nähe der Einkaufsstraßen. Die Zimmer sind sehr gut ausgestattet.

Essen und Trinken

Restaurant du Théâtre – *49 av. Georges-Clemenceau – 92330 Sceaux – ✆ 01 46 60 07 07 – Aug. und So geschl. – 14/22 €.* Das Restaurant liegt beim Théâtre des Gémeaux. Es bietet eine große Bar, gemütliche Tische und eine im Sommer voll besetzte Terrasse. Französisch-italienische Küche.

Einkaufen

Marché – *92330 Sceaux.* Die kürzlich renovierte Markthalle bietet ein äußerst umfangreiches Angebot frischer regionaler Produkte.

Feste und Events

In der Orangerie des Château de Sceaux – *Festival de l'Orangerie – ✆ 01 46 60 07 79 – www.festival.orangerie.free.fr* – Klassik-Konzertreihe in schöner Kulisse.

Senlis★★

OISE (60) – 16 327 EINWOHNER – UMSCHLAGKARTE B1 –
MICHELIN LOCALKARTE 305 G5, ZOOMKARTE 106 FALTE 8-9 – KARTE S. 285

Mit seinen historischen Straßen und Bauwerken hat sich Senlis das Erbe der Franken und der bedeutenden Bischöfe bis heute bewahrt. Das bezaubernde mittelalterliche Flair des gesamten Ortes zieht viele begeisterte Besucher immer wieder hierher.

Philippe Gajic / MICHELIN

Das Hauptportal der Kathedrale Notre-Dame zeigt Motive von Mariä Himmelfahrt.

- **Wegweiser** – Zuganbindung von Paris-Gare du Nord bis Gare de Chantilly, dann Busverbindung nach Senlis. Im Auto von Paris auf der A 1 Porte-de-la-Chapelle bis Senlis.
- **Unbedingt sehenswert** – Die Kathedrale Notre-Dame mit ihrem wunderbaren Turm; der Blick auf die gallo-römische Stadtmauer und die Überreste des Schlosses vom Jardin du Roy; das d'Art et d'Archéologie von Senlis; die Chapelle Royale St-Frambourg.
- **Orte in der Nähe** – CHANTILLY, Forêt d'HALATTE, ST-LEU-D'ESSERENT

Geschichte und Geschichten

Die Wahl Hugo Capets – An der ersten gallo-römischen Stadtmauer hatten die Eroberer eine Festung errichtet. Hier residierten die Könige der ersten beiden Frankendynastien und jagten in den benachbarten Wäldern. 987 erlag Ludwig V. den Folgen eines Jagdunfalls – er war der letzte aus der Dynastie der Karolinger. Im gleichen Jahr schlug der Erzbischof von Reims im Schloss den versammelten Baronen vor, Hugo Capet zum König zu machen.
Der letzte Herrscher im hiesigen Schloss war Heinrich IV. Später war das mittlerweile zur Ruine gewordene Schloss nicht mehr geeignet, Könige zu beherbergen. Dieses zogen bald ohnehin Compiègne und Fontainebleau vor.

Zu Fuß unterwegs

Altstadt

Jardin du Roy

Der Garten liegt im ehemaligen Stadtgraben. Die äußere Stadtmauer hatte einen Durchmesser von 312 m, die innere 242 m. 28 Türme (7 m hoch, 4 m breit) säumten die Mauer, 16 davon sind erhalten, wenn auch nicht immer in gutem Zustand. Sehr schöne Aussicht auf Mauer und Türme, auf die Kathedrale und das Schlossgelände.

Place du Parvis★

Kleiner charmanter Platz zu Füßen der Kathedrale.

Gehen Sie von der Place Notre-Dame in die Rue Bellon.

Der alte Bischofspalast bildet ein zwischen dem 13. bis zum 18. Jh. entstandenes architektonisches Ensemble. Heute ist hier das Musée d'Art et d'Archéologie untergebracht *(s. Sehenswürdigkeiten).*

Église St-Pierre

Sie wurde Anfang des 12. Jh. erbaut und im 17. Jh. stark verändert. Der kleine Turm links ist romanisch; der andere stammt aus der Renaissance (1598). Die Fassade weist Elemente der Spätgotik auf. Seit der Revolution wird das Gebäude nicht mehr als Kirche genutzt; heute finden hier kulturelle Veranstaltungen statt.

Nun geht es zurück zur Place de Paris.

Bevor Sie hinter die Stadtmauern gelangen, gehen Sie ein paar Schritte in die Rue du Châtel. Hier ist der ehemalige Schlosseingang, zu sehen. Daneben liegt das Hôtel des Trois-Pots (16. Jh.) mit einer Skulptur, die früher als Geschäftsschild diente.

Château royal

Der Standort der Festung wurde mindestens seit der Regentschaft von Kaiser Claudius (41-54) genutzt. Weiter westlich, aber noch innerhalb der Festungsmauern, liegt das Priorat St-Maurice mit dem Musée de la Vénérie *(s. Sehenswürdigkeiten).*

Die Straßen der Altstadt★

Die Rue du Châtel war bis zum Bau der Rue Neuve-de-Paris (Rue de la République) die Hauptverkehrsstraße von Senlis. Über die charmante Rue de la Treille gelangen Sie zur „falschen Tür" (Ausfallspforte der gallo-römischen Stadtmauer). Zur Linken steht ein von zwei Türmen flankierte Patrizierhaus (Hôtel de la Chancellerie). Das Rathaus auf der Place Henri IV. wurde 1495 neu erbaut. In der Mitte der Fassade befinden sich eine Büste Heinrichs IV. und eine Inschrift, die an die Durchreise von Karl X. während seiner Rückkehr aus Reims erinnern (1825).

Die Fortführung der Rue du Châtel heißt Rue Vieille-de-Paris und nimmt auf die ehemalige Route von Paris nach Flandern Bezug.

Sehenswürdigkeiten

Cathédrale Notre-Dame★★

Mit dem Bau der Kathedrale wurde 1153 begonnen. Wegen Geldmangels dauerte der Bau recht lange; erst 1191 fand die Einweihung statt. Um 1240 kamen ein Querschiff und der Turm hinzu. 1504 brannte die Kathedrale nach einem Blitzeinschlag ab. Nach der Rekonstruktion der oberen Gebäudeteile und der Fassaden des Querschiffs sowie dem Hinzufügen des zweiten Seitenschiffs hatte die Kirche ihr heutiges Gesicht. Im 13. Jh. erhielt der linke Turm eine wunderbare **Turmspitze★★**, die Vorbild für viele Glockentürme der Gegend war. Sie ist 78 m hoch. Die Motive am **Hauptportal★★** thematisieren Mariä Himmelfahrt: Die beiden Flachreliefs, die Himmelfahrt und Aufnahme in den Himmel der Gottesmutter darstellen, sind für ihre lebendige Umsetzung berühmt. So sieht man etwa den Engeln ihren Eifer an, mit dem sie Maria aufheben und forttragen. Seitlich von der Tür befinden sich acht Figuren aus dem alten Testament, die gleichermaßen lebendig ausgearbeitet sind. Ihre während der Revolution zerstörten Köpfe wurden im 19. Jh. restauriert. Links neben der Tür bereitet sich Abraham auf die Opferung seines Sohnes Isaak vor; ein Engel reicht ihm das Schwert. Auf den Sockeln der Statuen sind ewige Kalender (Jahreskreise) zu sehen, beginnend rechts neben der Tür mit dem Januar.

Südseite – Die Fassade des **Querschiffes★★** von Pierre Chambiges (16. Jh.) kontrastiert mit der Hauptfassade und bietet Gelegenheit, die Entwicklung von der Gotik bis ins 16. Jh. nachzuvollziehen, in dem die letzten Ausläufer der Spätgotik ihre Spuren hinterließen und doch bereits Einflüsse der Renaissancekunst wirkten. Die oberen Teile des Hauptschiffs haben große spätgotische Fenster und stammen ebenso aus dem 16. Jh.

Der untere Teil der Apsis aus dem 12. Jh. konnte mit den Kapellen mit einer Ausnahme bewahren. Wie in Notre-Dame de Paris stützen die (romanischen) Emporen zusammen mit Strebebögen das Schiff und den Chor.

Innenraum – *Eingang über die südliche Tür.* Das Hauptschiff ist 70 m lang, 19,20 m breit und 24 m hoch. Die Kuppel aus dem 12. Jh. überstand die Feuersbrunst des 14. Jh. und vermittelt einen Eindruck der ursprünglichen Höhe von 17 m. Hauptschiff und Chor sind im Verhältnis zu ihrer Höhe recht schmal. Die Emporen über den Seitenschiffen zählen zu den schönsten in ganz Frankreich. Die erste Kapelle rechts vom Südeingang ist von einer schönen Kuppel überwölbt, die Fenster sind aus dem 16. Jh. (die einzigen alten Fenster im gesamten Gebäude). Im Chorumgang rechts befindet sich eine Statue des hl. Ludwig aus dem 14. Jh. In der Kapelle des nördlichen Querschiffes ist ein hölzerner Christus aus dem 15. Jh. zu sehen; im Seitenschiff links eine hl. Barbara (um 1700).

Gehen Sie durch das nördliche Seitentor hinaus.

Nordportal – Die nördliche Seitenfassade ähnelt der südlichen, ist aber weniger reich verziert. Auf dem Wimperg (Ziergiebel) über dem Portal sind der Salamander und das F von Franz I. dargestellt, der die Kirche im 16. Jh. restaurieren ließ.

Nordseite – Hier erscheint die Kathedrale weniger monumental und wirkt mit dem vielen Grün eher idyllisch. Entlang der Ostfassade verläuft der Garten des ehemaligen Bischofssitzes. Das Gebäude liegt an der gallo-römischen Stadtmauer, von der nur noch der untere Teil eines Turms geblieben ist. Schöner Blick auf die Apsis.

Musée d'Art et d'Archéologie (Museum für Kunst und Archäologie)★

Place Notre-Dame – ✆ 03 44 32 00 83. Das Museum im ehemaligen Bischofspalast zeigt die Überreste eines gallo-römischen Hauses (**Bronzesockel★**, der Kaiser Claudius gewidmet ist; Statuen) sowie den Grundstein der im 3. Jh. erbauten Stadtmauer. Außerdem sind Schmuck und Glas aus der Merowingerzeit, mittelalterliche Statuen (darunter der **Kopf eines bärtigen Mannes★** vom Anfang des 13. Jh.) und eine majestätische **Pietà** aus Marmor (Ende 14. Jh.) zu sehen sowie Fenster, die die Erschaffung Evas und die Versuchung Adams und Evas im Paradies illustrieren. Darüber hinaus sind Bilder aus dem 17. bis zum 20. Jh. ausgestellt. Unter den Malern sind Philippe de Champaigne, Luca Giordano, Francesco Solimena, Boilly, Corot, Boudin, Sérusier und Thomas Couture (1815-1879), der aus Senlis stammt.

Musée des Spahis (Spahi-Museum)

Am Eingang des Schlosses – Rue du Châtel – ✆ 03 44 32 00 81 – vor- und nachmittags, Mi-nachmittag; Di, 1. Jan., 25. Dez. geschl. – 2,15 €. Das Museum wurde 1977 eröffnet

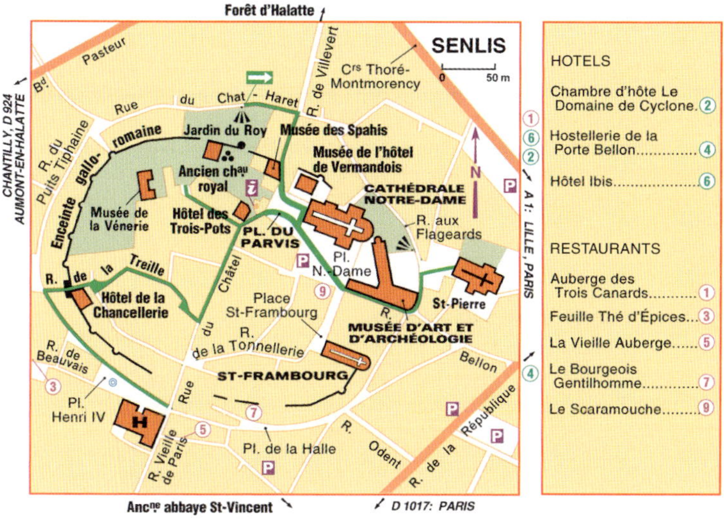

und befasst sich mit der 150-jährigen Geschichte der nordafrikanischen Kavallerie, die innerhalb der französischen Armee stets eine besondere Rolle innehatte. Insbesondere geht es um die Geschichte der Spahis (Reiter), der Goumiers (Berbersoldaten) und der Sahara-Soldaten, die in Senlis 30 Jahre lang eine Garnison hatten.

Musée de la Vénerie (Jagdmuseum)

Rue du Châtel – ✆ 03 44 32 00 81 – Führungen vor- und nachmittags, Mi nachmittags; Di, 1. Jan., 25. Dez. geschl. –2,15 €. Im 13. Jh. gründete der hl. Ludwig das Kloster St-Maurice neben dem königlichen Palast. Bis zur Revolution bewahrten die Mönche hier die Reliquien des hl. Mauritius auf. Erst im 18. Jh. ließ sich der Prior ein neues Wohnhaus bauen, in dem heute das Musée de la Vénerie beheimatet ist.

Die Bilderausstellung konzentriert sich auf die Hetzjagd, die von Desportes (1661-1743) und Oudry (1688-1755), später von anderen Meistern der Tiermalerei wie Carle Vernet, Rosa Bonheur und Charles Hallo, dem Museumsgründer, vertreten wurde. Trophäen schmücken die Wände. Bestimmte Räume sind thematisch der Jagdgöttin Diana, dem hl. Hubertus, Hunden und Wölfen, dem Wald sowie der **Jagdausrüstung** gewidmet. Auch eine Sammlung von „Hetzjagdknöpfen" ist interessant, denn diese Knöpfe waren eine Auszeichnung und die begehrtesten Teile einer Jagdausrüstung.

Musée de l'hôtel de Vermandois

Place du Parvis-Notre-Dame – wegen Restaurierung bis Mai 2011 geschl. Dieses kleine Museum in einem Gebäude aus dem 12. Jh. widmet sich der Geschichte der Stadt und ihrer Kathedrale. Skulpturen, Kapitelle und Träger aus der Kirche sind zu sehen. Auch die ursprüngliche Kirchturmspitze ist ausgestellt.

Chapelle Royale St-Frambourg★

✆ 03 44 53 39 99 – www.fondation-cziffra.org – Mai-Okt. nachmittags; restl. Jahr So vormittag – 4,50 €. Hugo Capets Frau, die fromme Adelheid, gründete um 990 diese Kapelle, um die Reliquien des Einsiedlers, des hl. Fraimbault, aufzubewahren. Ab 1177 wurde sie von Ludwig VII. rekonstruiert. Seit der Revolution wurde sie nicht mehr als Gotteshaus genutzt und 1977 als Franz-Liszt-Auditorium restauriert.

Die **Kirche** mit gotischem Schiff hat ihre schlichte Schönheit wiedererlangt. Wunderschöne **Fenster★**, gestaltet von **Joan Miró**.

Gehen Sie zur Krypta hinab.

Ausgrabungen förderten ein Heiligtum aus dem Jahr 1000 sowie Säulenfragmente zutage. Zwei Pilaster gehörten zur Apsis der Kirche und zeigen Wandmalereien mit Bischofsfiguren. Die Krypta endet bei einem abgeschliffenen Rundturm und der ehemaligen inneren Stadtmauer.

Abbaye St-Vincent (Abtei St-Vincent)

30 rue de Meaux – ✆ 03 44 53 96 40 – Führungen möglich – Das Kloster ist heute eine Schule und kann nur außerhalb der Unterrichtszeiten besichtigt werden – Preise auf Anfrage. Das Kloster wurde 1060 von Anna von Kiew gegründet, der Frau König Heinrichs I. von Frankreich. Wahrscheinlich geht die Gründung auf ein Versprechen zurück, dass sie nach der Geburt des Thronfolgers Philipp gemacht hatte.

Der **Glockenturm** (12. Jh.) ist einer der schönsten der Île-de-France und dominiert die ansonsten massive Kirche. Die ehemaligen Klostergebäude und der klassische Kreuzgang mit dorischen Säulen und verzierten Kuppeln wurden im 17. Jh. wieder aufgebaut.

Ausflug

Die Glockentürme des Valois

Rundfahrt von 48 km, ca. 2 ½ Std. Senlis liegt auf einem bewaldeten Hügel inmitten der Getreidefelder des Valois. Hier fließen Nonette und Aunette zusammen. Der Ausflug führt durch die kulturell und landschaftlich reizvolle Region. Spitze Glockentürme, wie sie für die Gegend typisch sind, tauchen immer wieder auf.

Verlassen Sie Senlis südöstl. über die Abtei St-Vincent (erster Glockenturm) und die Porte de Meaux. Nun geht es gleich links und dann rechts auf die D 330 von Nanteuil-le-Haudouin Richtung Mont-l'Évêque. Nach der Autobahnabfahrt rechts abbiegen.

Villemétrie

Von der Brücke über der Nonette haben Sie einen schönen **Ausblick** auf eine Mühle, ein altes Steinkreuz und einen schattigen Park.
Kehren Sie um und folgen Sie der D 330A.

Baron

Der Glockenturm der **Kirche** ist 45 m hoch. Das im 16. Jh. rekonstruierte Kirchenschiff weist viele architektonische Feinheiten auf: Das Dach ist mehrfach unterteilt; die Strebebögen der Apsis sind abgerundet. Im Inneren sind eine Jungfrau Maria aus Stein (14. Jh.) sowie **Holzvertäfelungen**★ aus dem 18. Jh. zu bewundern. *✆ 03 44 54 20 55 – Schlüssel im Rathaus auf Anfrage erhältlich (1 Woche im Voraus).*

Versigny

Auch der Glockenturm dieses Ortes ist typisch für die Region Senlis. Das in U-Form erbaute **Schloss** gegenüber basiert auf einem Gebäude aus dem 17. Jh., das unter Ludwig-Philipp umstrukturiert wurde. Aus dieser Zeit stammen die Balustraden, abgerundeten Giebel, Stufen und Säulen. *✆ 03 44 88 62 23 – www.versigny.com – Juli und Sept. nachmittags – Eintritt frei.*

Setzen Sie Ihren Weg Richtung Nanteuil-le-Haudouin fort. Biegen Sie am Ende des Schlossparks an der Kreuzung rechts ab (Route de Montagny-Ste-Félicité). Fahren Sie zu der einzeln stehenden Kirche.

Montagny-Ste-Félicité

Der großartige, durchbrochene **Glockenturm**★ hat eine Höhe von 65 m.
Kehren Sie um. An der nördlichen Gabelung von Montagny geht es links Richtung Baron weiter und dort wieder auf die Route de Senlis. Fahren Sie jedoch nicht ganz zurück, sondern biegen Sie an der Kreuzung Fontaine-Chaalis rechts nach Montépilloy ab.

Fourcheret

Von einem Anbau des Klosters von Chaalis ist die **Scheune** (65 m hoch, 18 m breit) aus dem 13. Jh. erhalten, die auf 18 Pfeilern ruht. Beeindruckender Dachstuhl.

Montépilloy

Die Festungsruinen liegen heute auf dem Gelände eines Bauernhofs zwischen den Flusstälern der Nonette und der Aunette. 1429 übernachtete Jeanne d'Arc hier vom 15. auf den 16. August, nachdem sie der englischen Armee entgegengetreten war (Erinnerungstafel an der kleinen Kirche). Den **Bauernhof** kann man nicht besichtigen, aber vom Eingang aus ist die Ruine des Burgfrieds (14. Jh.) erkennbar.

Die Reste gallo-römischer Bauwerke

Der Ort Augustomagus (Augustus' Markt) wurde im 1. Jh. v. Chr. von den Römern gegründet und vefügte über Arenen, die Platz für ca. 6000 Zuschauer boten. Sie verfielen ab dem 3. Jh. und gerieten in Vergessenheit, bis sie 1865 von Félix Vernois aus Senlis wiederentdeckt wurden. Die Ausgrabungen ermöglichten die Rekonstruktion eines Bronzesockels einer Statue von Kaiser Claudius. Auf dessen Befehl hin wurden gallische Adligen im Senat zugelassen.
Im 3. Jh. schützte sich die Stadt mit einer Mauer von 840 m Umfang und 4 m Dicke vor Angreifern und wurde von 30 Türmen flankiert, von denen 15 heute noch teilweise erhalten sind (bei der Kathedrale, beim ehemaligen Palast oder auf Privatgrundstücken). Wärend des gesamten Hochmittelalters konnte die Stadt kein einziges Mal eingenommen werden.
An diese Zeit vor der Christianisierung erinnern auch einige Votivbilder aus dem Heiligtum bei Halatte. Die Statuen in Form von Tieren oder Körperteilen, deren Heilung die Pilger wünschten, sind im Musée d'Art et d'Archéologie ausgestellt.

Ziele in der Umgebung

Château de Raray (Schloss Raray)

13 km nordöstl. auf der D 932A, dann auf der D 26E rechts Richtung Brasseuse, zuletzt geht es auf die D 26. Dieses Anfang des 17. Jh. für den Kammerherren des Herzogs von Orléans erbaute Schloss wurde im 18. Jh. für die Marquise des Barres erweitert. Heute ist es ein Hotel; der Park wurde zu einem Golfplatz umfunktioniert.

Die Säulenhalle von Raray zeigt Szenen einer Hetzjagd.

Die Ehrentreppe führt durch eine schöne **Säulenhalle★**. In den Nischen stehen der Antike nachempfundene Büsten: römische Kaiser, Götter oder auch herausragende Persönlichkeiten des 17. Jh.
Außerdem drehte in Raray Jean Cocteau 1945 *Die Schöne und das Biest* mit Jean Marais und Josette Days.

St-Vaast-de-Longmont

16 km nordöstl. auf der D 932A. Der vom Friedhof aus sichtbare romanische Glockenturm mit Steinspitze ist besonders reich verziert: Blendarkaden ruhen hier beispielsweise auf gedrehten Säulen, die von Linien durchbrochen sind.

Tipps und Adressen

Allgemeine Hinweise

Fremdenverkehrsamt – *Place du Parvis-Notre-Dame – ✆ 03 44 53 06 40 – www.senlis-tourisme.fr*

Führungen – *✆ 03 44 53 06 40 – www.senlis-tourisme.fr.* Das Fremdenverkehrsamt bietet (französischsprachige) Führungen an. *Apr.-Okt. So und Fei-nachmittags – 5,40 € (unter 16 J. 2,70 €).*

Übernachten

Chambre d'hôte Le Domaine de Cyclone – *2 rue de la Gonesse – 60305 Baron – 9 km nordöstl. von Ermenonville auf der D 922 und D 100 – ✆ 03 44 54 26 10 – http://perso.orange.fr/domaine.cyclone – – 5 Zi 70/80 €.* Das hübsche Haus ist mit Wein überwachsen. Der kleine Turm, in dem einst Jeanne d'Arc übernachtete, stammt aus dem 15. Jh., die meisten anderen Gebäudeteile wurden im 17. Jh. hinzugefügt. Den Empfangssaal schmückt ein holländischer Kronleuchter. Die passend eingerichteten Zimmer zeigen meist zum Park hin. Wer gern reiten möchte, kann die Pferde der Besitzer mieten.

Hostellerie de la Porte Bellon – *51 rue Bellon – 60300 Senlis – ✆ 03 44 53 03 05 – www.portebellon.fr – 18. Dez.-8. Jan. geschl. –16 Zi, 1 Appartement – 64/79 € – 8 € – Rest. 23/29,50 €.* Wenige Schritte vom Ortskern entfernt liegt diese schöne, ehemalige Poststation mit angenehmen, komfortablen Zimmern. Schöner, schattiger Hof mit Garten, Gewölbekeller.

Hôtel Ibis – *2 km östl. von Senlis auf der N 324 – 60300 Senlis – ✆ 03 44 53 70 50 – www.ibishotel.com – P – 92 Zi 85 € – 7 € – Restaurant 10,95/16,95 €.* Praktisches Hotel, an der Autobahnausfahrt gelegen. Moderne Zimmer, Restaurant im Landhausstil.

Essen und Trinken

Feuille Thé d'Épices – *18 rue de Beauvais – 60300 Senlis – ✆ 03 44 60 04 00 – tgl. außer So und Mo – 11,70/15,30 €.*

Hier gibt es Tee, Kaffee und Mittagessen. Das einfache Café im Herzen von Senlis lockt mit freundlichem Empfang und einer kleinen Terrasse, die im Sommer gut besucht ist.

⊜⊜ **Auberge des Trois Canards** – *3 pl. de l'Église – 60810 Ognon – 6 km nord-östl. von Senlis auf der D 932A – ✆ 03 44 54 41 21 – www.troiscanards.fr – 2 Wochen im Feb., 3 Wochen im Aug., Mi mittag, Mo und Di geschl. – Reserv. Sa/So empf. – 18/39 €.* Das renovierte Lokal hat seinen rustikalen Charakter vom Anfang des 20. Jh. bewahrt. Schöne Terrasse mit Garten. Spezialitäten des Hauses.

⊜⊜ **La Vieille Auberge** – *8 rue Long-Filet – 60300 Senlis – ✆ 03 44 60 95 50 – www.lavieilleauberge-senlis.com – 1. Jan., 7.-25. Juli, 23. Dez.-7. Jan., So-Abend und Di geschl. –15,50/31,50 €.* Das Schild am Eingang täuscht nicht: Die Mauern dieses sympathischen kleinen Restaurants sind tatsächlich von 1588. Warme Atmosphäre, moderne Küche und Grillspezialitäten. An schönen Tagen kann man auf der Terrasse sitzen.

⊜⊜⊜ **Le Bourgeois Gentilhomme** – *3 pl. de la Halle – 60300 Senlis – ✆ 03 44 53 13 22 – 31. Juli-22. Aug., Sa-mittag, So und Mo geschl. – 29/72 €.* Die Einrichtung ist hier ganz Molière gewidmet. Hier wird dem Gast jeder Wunsch von den Augen abgelesen, auch individuelle Gerichte werden zubereitet. Schöner Weinkeller aus dem 12. Jh.; der Besitzer bietet hier auch Verkostungen an.

⊜⊜⊜ **Le Scaramouche** – *4 pl. Notre-Dame – 60300 Senlis – ✆ 03 44 53 01 26 – www.le-scaramouche.fr – 13.-22. Aug., Di und Mi geschl. – 29/62 €.* In diesem hübschen Haus kann man nicht nur im angenehmen Speiseraum, sondern auch bei schönem Wetter auf der Terrasse mit Blick auf die Kathedrale essen.

Kleine Pause

Sorbenoy – *7 rue de la Tannerie – 60810 Rully – 8 km nord-östl. von Senlis auf der D 582 und D 134 – ✆ 03 44 54 71 80 – Feb.-Mai tgl. außer So und Mo 10-12, 15-19 Uhr; Mai-Juli tgl. außer Mo 10-12, 15-19 Uhr; Jan. und Fei (außer Mai-Juli) geschl.* Der Bauernhof hat sich auf den Obstanbau spezialisiert (v. a. Erdbeeren). Aus dem Obst werden hier Sorbets zubereitet. Dem Geheimnis ihrer Herstellung kann man bei einer kurzen Hofbesichtigung auf die Spur kommen. Wer Eis kauft, bekommt es in einer Kühltasche mit auf den Weg.

Sport und Freizeit

Parc naturel régional Oise-Pays de France – *Château de la Borne Blanche – 48 rue d'Herivaux – 60560 Orry-La-Ville – ✆ 03 44 63 65 65.* Der 2004 angelegte Naturpark ist die nördliche grüne Lunge von Paris, denn ein Drittel seiner Oberfläche besteht aus großen Wäldern. Wandern und Ausreiten sind die beiden Aktivitäten, die sich hier anbieten.

Feste und Events

In Senlis – Rendez-vous de septembre: Die Stadt ist an diesem Tag vollständig autofrei; es gibt Musikveranstaltungen *(2. Wochenende im Sept. in ungeraden Jahren) – www.rendezvousseptembre.com*

Im Château de Versigny – An jedem 1. Wochenende im Oktober findet hier das Festival des Plantes (Pflanzenfestival) statt, bei dem der Garten und Gartenpflanzen im Mittelpunkt stehen.

Sèvres★

HAUTS-DE-SEINE (92) – 24 500 EINWOHNER – UMSCHLAGKARTE D6 – MICHELIN LOCALKARTE 305 E8, ZOOMKARTEN 101 FALTE 24, 106 FALTE 18

Der Name Sèvres ist weithin bekannt, weil hier seit dem 18. Jh. die berühmte Nationale Porzellanmanufaktur ansässig ist. Sèvres liegt zwischen dem Parc de St-Cloud und dem Wald von Meudon. Die Stadt pflegt auch die Erinnerung an Balzac und Gambetta.

Wegweiser – Metro 9, Haltestelle Pont-de-Sèvres, dann zu Fuß über die Seine auf dem Pont de Sèvres. Zugverbindung von Paris-Gare St-Lazare (Richtung Versailles-Rive-Droite) und von Paris-Montparnasse (Richtung Dreux, Chartres oder Mantes-la-Jolie). Tram T 2. Mit dem Auto auf der D 910, dann über den Pont de Sèvres.

Unbedingt sehenswert – Die umfangreichen Sammlungen des Musée national de la Céramique.

Gut geplant – Nach dem Besuch des Keramikmuseums bietet sich ein Spaziergang im nahen Parc de St-Cloud an.

Orte in der Nähe – MARNES-LA-COQUETTE, MEUDON, ST-CLOUD, Les PORTES DE PARIS

Sehenswürdigkeiten

Musée national de Céramique★★ (Staatliches Keramikmuseum)

Tram T 2, Haltestelle Musée-de-Sèvres – ✆ 01 41 14 04 20 – ♿ – tgl. außer Di ganztägig; 1. Jan., Ostermo, 1. Mai, Pfingstmo, 14. Juli, 1. Nov., 25. Dez. geschl. – 4,50 € (unter 18 J. frei), 1. So im Monat Eintritt frei. Dieses außergewöhnliche Museum wurde 1824 von **Alexandre Brongniart** gegründet. Er war von 1800 bis 1847 Direktor der Porzellanmanufaktur von Sèvres und ist Autor des Buches *Abhandlung über die Keramikkunst in Geschichte, Praxis und Theorie*. Das Museum präsentiert eine wahrhaft enzyklopädische Auswahl aller Arten von Keramik, vom schlichten normannischen Krug bis zu meisterlichen historischen Stücken wie dem Teeservice der russischen Zarin Katharina der Großen. Alle Verarbeitungstechniken werden behandelt, zahllose Formen und Motive vorgestellt.

Das **Erdgeschoss** zeigt antike Tonarbeiten aus Griechenland und Zypern, aber auch alte Töpferarbeiten aus dem 12. bis 18. Jh. sowie chinesische und islamische Keramik von der Antike bis zum 14. Jh. Auch meisterhafte ottomanische und vielfarbige spanisch-maurische Stücke sind zu sehen; sowie japanisches und koreanisches Steingut (16.-20. Jh.) und südamerikanische Tonarbeiten (Flaschen, Vasen vom Golf von Mexiko). Auch die Renaissance ist mit beeindruckenden Schöpfungen von **Bernard Palissy** (1510-1590) mit Tiermotiven vertreten.

Im **ersten Stock** kann der Besucher sich über die Entwicklung von Material und Motivik (in Sèvres und weltweit) informieren. Im Ehrensaal thront die Vase Neptuns (1887, Höhe 3,15 m); zudem sind chinesische Arbeiten und Meissener Porzellan zu bewundern. In den Räumen auf der rechten Seite warten filigranes Porzellan und bunte Fayencen. Die französischen Porzellanmanufakturen sind mit Chantilly, St-Cloud, Vincennes und Sèvres breit vertreten. Aus dem 19. Jh. wird Industriedesign gezeigt. Von der Künstlerin Loïe Fuller sind unter anderem in Sèvres gefertigte Tänzerinnen und Musikerinnen zu sehen. Die Räume zur Linken beschäftigen sich mit der Geschichte des französischen und europäischen Porzellans im 18. Jh., als das individuelle Tafelservice in Mode kam. Viele davon sind in diversen Blaunuancen gehalten, manche auch in mehreren Farben. Die letzten Räume präsentieren Stücke der Manufakturen in Nevers und Delft.

Maison des Jardies

Zugang über die Gare de Sèvres-Ville-d'Avray. 14 av. Gambetta – ✆ 01 45 34 61 22 – www.monuments-nationaux.fr – Führungen Do-So nachmittags; 1. Jan., 1. Mai, 25. Dez. geschl. 5 € (unter 18 J. frei); Nov-Mai 1. So im Monat frei. Balzac kaufte das einfache, charmante Haus aus dem 17. Jh. im Jahr 1838 als Wohnhaus für seinen Gärtner. Er ließ dort ein kleines Landhaus bauen, das nicht erhalten ist. Weil er das Haus an Bürger der Stadt vermietete, besserte sich seine finanzielle Situation kurzfristig, doch schon 1841 musste er das Haus wieder verkaufen, um Schulden zu begleichen. Später wohnte hier Gambetta, der sich ab 1878 von seinem anstrengenden Politikerleben erholte und 1882 starb.

Vor dem Haus erinnert ein **Denkmal von Bartholdi** an Gambetta, der im Deutsch-Französischen Krieg (1870-1871) mit Favre die Dritte Repblik ausrief und lebenslang Republikaner blieb.

Tipps und Adressen

Einkaufen

Porzellan aus Sèvres – *Place de la Manufacture – ✆ 01 46 29 22 10 – www.manufacturefrsevres.fr – tgl. außer Sa/So 10-13, 14-17 Uhr; Fei geschl.* Zur Porzellanmanufaktur gehört ein Geschäft, in dem Sie sich unter anderem ein Service des weltberühmten Porzellans zusammenstellen lassen können.

Château et parc de Thoiry★★

YVELINES (78) – UMSCHLAGKARTE A2 –
MICHELIN LOCALKARTE 311 G2, ZOOMKARTE 106 FALTE 15-16

Als der Park 1968 eröffnet wurde, war das Konzept eines Wildparks, in dem die Tiere frei herumlaufen und die Besucher mit dem Auto ganz nahe heranfahren können, eine Neuheit. Der Park wurde ein großer Erfolg. Auf dem 150 ha großen Gelände mit Prärien, Hügeln und Wäldern leben über 1000 Tiere wild. Daneben gibt es einen klassischen Tierpark, einen botanischen Garten und ein Renaissanceschloss zu entdecken.

fotolia

Insgesamt zählt das Schloss 52 Kamine.

- **Wegweiser** – Mit dem Auto über die A 13 und A 12 Richtung St-Quentin-en-Yvelines; verlassen sie die Autobahn an der Abfahrt Bois-d'Arcy Richtung Dreux auf N 12; fahren Sie dann bis zur Ausfahrt Thoiry.
- **Unbedingt sehenswert** – Die Fütterunszeit am Tigertunnel und die Komodowarane im Tierpark; die „sprechenden Bäume" im Botanischen Garten.
- **Mit Kindern** – Der Zoo und der Wildpark von Thoiry bieten der ganzen Familie Gelegenheit, wilden Tieren auf sichere Weise ganz nahe zu kommen; Botanischer Garten.
- **Orte in der Nähe** – MANTES-LA-JOLIE, MONFORT-L'AMAURY

Thoiry im Überblick

Château de Thoiry (Schloss Thoiry)

Mitte des 16. Jh. beauftragte der Schatzmeister Heinrichs II., **Raoul Moreau**, ein begeisterter Alchimist und Esoteriker, den Architekten **Philibert de l'Orme** mit dem Bau dieses „Sonnenhauses". Es wurde nach den Regeln des Goldenen Schnitts errichtet. Mit seiner Lage auf dem Gipfel eines Hügels dient das Schloss als Sonnenmessinstrument; Sonnenunter- und -aufgang verlaufen zur Sonnenwende genau entlang der Achse der Fassade. Ein französischer Park wurde 1708 von **Claude Desgot**, einem Neffen Le Nôtres, angelegt. Von der Terrasse aus blickt man auf eine Allee von Eiben und Linden.
Es werden (französischsprachige) Führungen mit historisch gekleideten Fremdenführern angeboten, die allerlei Anekdoten über das Schloss und seine Bewohner zum Besten geben.

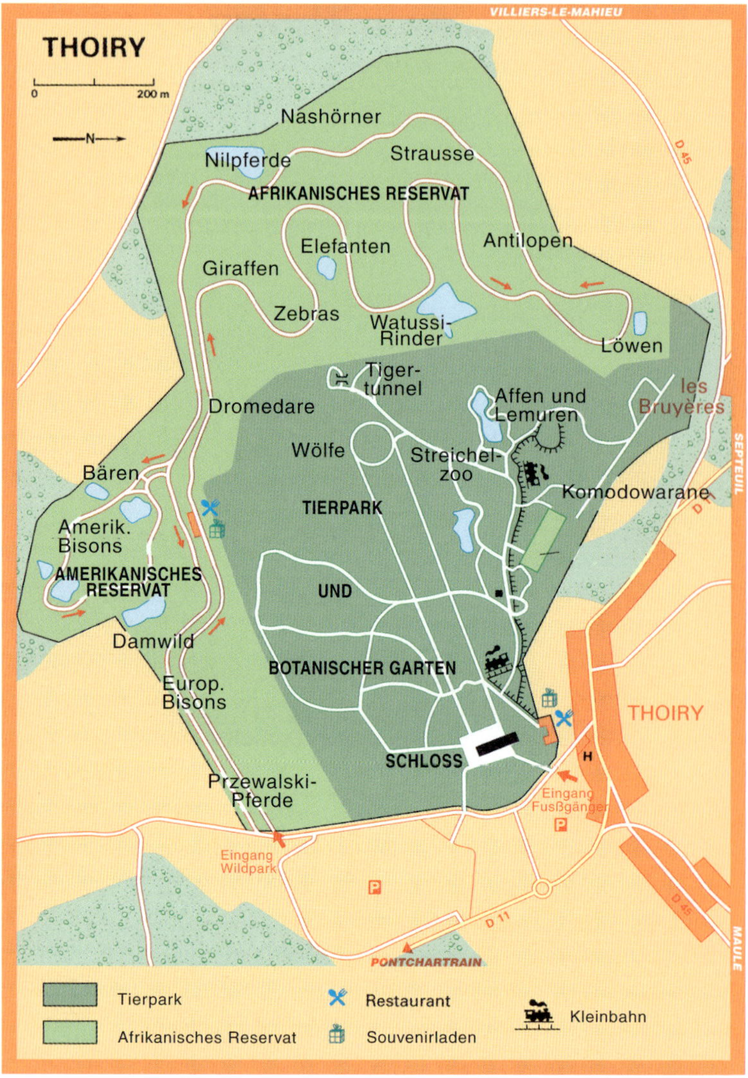

Zoo und Botanischer Garten s. Karte S. 292

01 34 87 40 67 – www.thoiry.tm.fr – ganztägig geöffnet – Tageskarte mit Schloss, Labyrinth, Botanischer Garten und Autosafari im Wildpark 25 € (unter 14 J. 18 €).

Der Botanische Garten ist im Frühjahr und Sommer am schönsten, wenn alles in ein farbenprächtiges Blütenmeer getaucht ist. „Sprechende Bäume" informieren über die Geschichte des Ortes und die verschiedenen Tiere.

Der Tierpark begeistert mit seltenen oder vom Aussterben bedrohten Raubkatzen wie Leoparden, Schneeleoparden oder Panthern. Außerdem gibt es zahllose bunte Vogelarten zu sehen sowie das größte in Gefangenschaft lebende Wolfsrudel Europas. Gibbons und Lemuren zeigen ihre beindruckenden Kletterkünste und ziehen besonders Kinder in ihren Bann.

Absoluter Höhepunkt des Besuchs ist sicher der gläserne **Tigertunnel**, in dem die Besucher nur durch Glasscheiben von den Raubtieren getrennt sind. (Empfehlung: Sehen Sie unbedingt bei der Fütterung zu) Auch die Löwen kann man in einem solchen Tunnel beobachten. Verpassen Sie auch nicht die Komodowarane (die erwachsenen Tiere sind 5 m lang), die man in Frankreich nur hier zu sehen bekommt. Durch diese lebenden Fossilien fühlen sich die Besucher in die Zeit der Dinosaurier zurückversetzt.
Kinder zwischen 5 und 12 Jahren werden den Spielplatz mit seiner geheimnisvollen Insel lieben. Ganz in der Nähe ist ein Streichelzoo mit Zwergziegen. Für die größeren Kinder ist das interaktive Labyrinth interessant. Mit einer Streckenlänge von 2,3 km ist es das größte seiner Art in Europa.

Wildpark

01 34 87 40 67 – www.thoiry.tm.fr – – ganztägig – 18 € (Kinder 14,50 €), Eintritt zum Tierpark inkl. Der Wildpark darf nur mit dem Auto befahren werden; die Fenster müssen geschlossen sein. Befolgen Sie die Sicherheitsanweisungen und füttern Sie die Tiere keinesfalls.
Im riesigen Wildpark leben viele verschiedene Tierarten. Auf der Rundfahrt (Länge 8 km) lernen Sie zunächst die **afrikanische Fauna** kennen (Giraffen, Zebras, viele Antilopenarten), Elefanten, Nashörner, Nilpferde und sogar Löwen. Weiter geht es mit der **amerikanischen Fauna**: Bisons und Bären können beobachtet werden, bevor man die **europäische Fauna** erreicht. Hier leben europäische Bisons, Wild und Przewalskipferde.

Tipps und Adressen

Übernachten

Chambre d'hôte La Fauconnerie du Roy – *1 rue de l'Ormoir– 78124 Montainville – 6 km östl. von Thoiry auf der D 45, dann auf die Route de Maule und schließlich nach rechts – 01 34 75 17 24 oder 06 09 40 69 60 – www.lafauconnerie.com – 25. Dez.-5. Jan. geschl. – – 2 Zi + 1 Hütte 85 € –* . Die Falknerei, die Ludwig XIV. im Jahr 1680 in Montainville erbauen ließ, garantiert komfortable Unterbringung mit historischem Flair. Park, Schwimmbecken, Spielplatz, Fahrradverleih und Zugang zum städtischen Tennisplatz inkl. Auch der 1000 Jahre alte Ort lohnt einen kleinen Besuch.

Essen und Trinken

Tipp – Am Eingang zum Park stehen ein Selbstbedienungsrestaurant und ein Imbissstand mit Sandwiches zur Wahl. Ein zweiter Imbissstand befindet sich im afrikanischen Teil des Wildparks.

La Licorne – *31 rue Republique – 78650 Beynes – 6 km östl. von Thoiry auf der D 119 – 01 34 89 96 17 – 1. Woche im Nov. und Aug. geschl. – Reservierung Sa/So notwendig –12/28 €.* Das kleine Lokal befindet sich nicht weit vom Wildpark. Das Restaurant mit Landhausatmosphäre bietet eine frische Küche mit regionalen Produkten. Freundlicher Empfang.

Einkaufen

Chocolats Colas – *21bis bd Paul-Barre – 78580 Maule – 01 30 90 90 44 – chocolats.colas@wanadoo.fr – tgl. außer So 9-19 Uhr; 14. Juli-Ende Aug., Mo außerhalb der Saison, Fei außer 25. Dez. und Ostern geschl.* Das familiengeführte Schokoladengeschäft gehört zu den besten der Region. Nougat, Ingwer und Cassis sind die bevorzugten Zutaten. Spezialität des Hauses sind die „Noisettes" (drei von Karamel und Schokolade umgebene Nüsse). Die Schokoladen bestehen hier alle aus mindestens 42 % Kakao.

La Ferme du Logis – *500 m südwestl. des Dorfs auf der Route de Goupillières – 78580 Jumeauville – 01 30 42 61 27 – www.lafermedulogis.com – Anf. Mai-Ende Nov. 9-19 Uhr.* Je nach Saison können Besucher hier an der Apfelernte teilnehmen, Gemüse ernten und Blumen pflücken. Der Hofladen bietet hervorragende Sorbets und hausgemachte Fruchtaufstriche.

La Ferme des Vignettes – *11 bis rue de l'Église – 78770 Thoiry – 01 34 87 54 33 – denis.lepillouer@worldonline.fr – auf Anfrage.* Denis Le Pillouer arbeitet hier an stets neuen, schmackhaften Rezepten für seine 35 Konfitüren, 11 Gelees und 11 zuckerreduzierten Speziaitäten. Alle verarbeiteten Früchte stammen aus eigenem Anbau oder der Region.

Château de Vaux-le-Vicomte★★★

SEINE-ET-MARNE (77) – UMSCHLAGKARTE C3 –
MICHELIN LOCALKARTE 312 F4, ZOOMKARTE 106 FALTE 45-46

Große Künstler bauten das Château de Vaux-le-Vicomte für Nicolas Fouquet. Ludwig XIV. beneidete seinen Finanzminister darum. Das Schloss nimmt den Glanz Versailles vorweg und ist eines der architektonischen Meisterwerke des 17. Jh. Besuchen Sie unbedingt den von Le Nôtre entworfenen Schlosspark.

Jacass / MICHELIN

Das Schloss von Vaux-le-Vicomte umgeben herrliche französische Gärten.

Wegweiser – Vaux-le-Vicomte liegt 6 km nordöstl. von Melun. Im Auto aus Richtung Paris auf der A 4 (Porte-de-Bercy) und der A 86 und D 606 Richtung Melun. Von dort weiter auf der N 36 und der D 215 bis zum Schloss im Tal von Almont.

Unbedingt sehenswert – Das reich geschmückte Königszimmer (von Le Brun); das Baldachinbett des Marschalls de Villars; der großartige Blick auf die Gärten von der Laterne auf der Kuppel aus.

Gut geplant – Bei schönem Wetter ist ein Besuch bei Kerzenlicht ein Muss *(s. Tipps und Adressen)*: Millionen von Kerzen werden um das Schloss herum und im Park aufgestellt und lassen das berühmte Fest Fouquets zu Ehren Ludwigs XIV. im Jahr 1661 wieder aufleben.

Orte in der Nähe – BLANDY-LES-TOURS, FONTAINEBLEAU, Fôret de FONTAINE-BLEAU

Geschichte und Geschichten

Fouquets Aufstieg – **Fouquet** (1615-1680) stammte aus einer wohlhabenden Familie und trat mit 20 Jahren ins Pariser Parlament ein. Er wurde Oberstaatsanwalt und dann Oberintendant der Finanzen unter **Mazarin**. Er wirtschaftete in die eigene Tasche und nutzte seine vielfältigen Verbindungen zum eigenen Vorteil. Sein Motto war: Quo non ascendam („Wohin sollte ich nicht aufsteigen?"); sein Wappentier war das (kletterfreudige) Eichhörnchen. 1656 beschloss Fouquet, sich ein Schloss bauen zu lassen, das seinem Erfolg entsprechen sollte. Er zog drei große Künstler hinzu: den Architekten **Louis Le Vau**, **Charles Le Brun** als Innenausstatter und den Gartenbaukünstler **André Le Nôtre**, denen er freie Hand ließ. 18 000 Bauarbeiter waren insgesamt tätig; drei Dörfer wurden abgerissen. Nach fünf Jahren war das Werk vollendet, das erst von Versailles übertrumpft werden sollte.

Ein gefährliches Fest – Am 17. August 1661 veranstaltete Fouquet ein Fest für den jungen Ludwig XIV., der sich in Fontainebleau aufhielt. Die Feier war von nie dagewesener Pracht; der Tisch des Königs mit einem Service aus massivem Gold gedeckt. Nach einem opulenten Mahl gab es Unterhaltung im Schlossgarten (Ballett, Theater, Konzerte, Lotterien, ...). Die Pracht überstrahlte die des königlichen Hofes, was den König in seinem Stolz verletzte. Er war kurz davor, Fouquet verhaften zu lassen, doch seine Mutter, Anna von Österreich, brachte ihn davon ab.

Fouquets Fall – 19 Tage später wurde Fouquet in Nantes von d'Artagnan, dem berühmten Musketier, festgenommen. Seine Güter wurden beschlagnahmt. Ludwig XIV. beauftragte die gleichen Künstler wie Fouquet mit dem Bau von Versailles. Nach einem dreijährigen Prozess wurde Fouquet zu lebenslanger Haft verurteilt. Nach dem Tod seines Sohnes wurde das Anwesen mehrmals verkauft und überstand die Revolution ohne größere Schäden. 1875 kaufte der Großindustrielle Sommier das Schloss und restaurierte es umfassend.

Sehenswürdigkeiten

Schloss★★

✆ 01 64 14 41 90 – www.vaux-le-vicomte.com – Ende März-Anf. Nov. ganztägig – 12,50 € (unter 16 J. 9,90 €). Schlossbesichtigung und Parkbesuch bei Kerzenschein – ✆ 01 64 14 41 90 – Anf. Mai-Anf. Okt. Sa 20 Uhr; Mitte Juli-Ende Aug. Fr und Sa – 15,50 € (Kinder 13,40 €). Das Schloss liegt auf einer von Wassergräben umgebenen Terrasse oberhalb der Gärten. Die Nordfassade ist imposant und äußerst lebendig: Beachten Sie die Aufstockung des Erdgeschosses und die Höhe der dortigen Fenster. Dieses Geschoss wird auch „étage noble" („vornehme Etage") genannt. Das Schloss ist typisch für die erste Architekturphase unter Ludwig XIV.

Vom Vorraum (der einst in den Großen Salon führte) geht es in den 1. Stock zu den kleinen **Appartements von M. und Mme Fouquet**. Auf das Vorzimmer des Oberintendanten (mit großem Ebenholzschreibtisch) folgen das Büro und das Schlafzimmer, das seine ursprüngliche Innenausstattung bewahrt hat. Von hier gelangt man in das Zimmer Mme Fouquets, das Büro und das Schlafzimmer Ludwigs XV. mit Mobiliar aus dieser Zeit und das Zimmer Praslins. 80 Stufen führen zum Dachstuhl und zur Laterne der Kuppel, von der man einen traumhaften **Panoramablick★★** auf den Schlosspark hat.

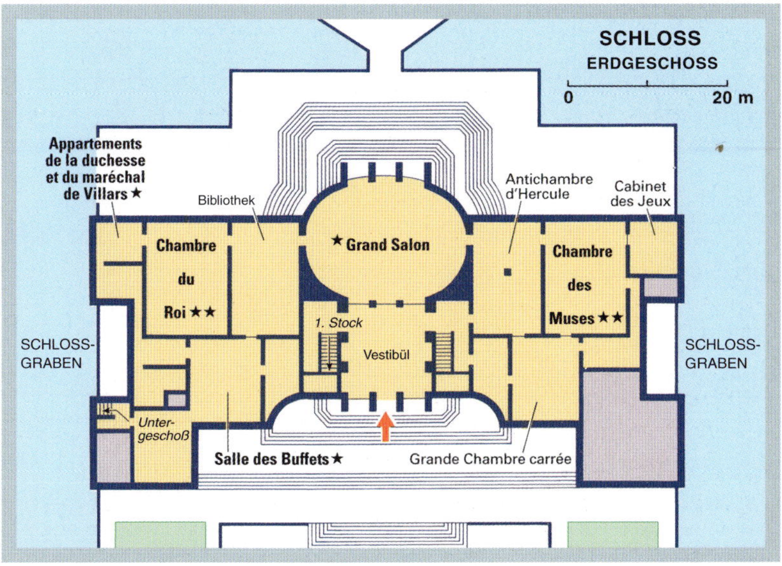

Wieder im Erdgeschoss betritt man die **Grande Chambre carrée (Großes viereckiges Zimmer)**, die als einziges Zimmer im Stil Ludwigs XIII. gehalten ist. Es folgen sechs Räume, deren Deckenmalereien alle von Le Brun stammen: die Neun Musen **(Chambre des Muses★★/Zimmer der Musen)**, der Schlaf **(Cabinet des Jeux, Spielzimmer)**, die Ankunft Herkules' im Olymp **(antichambre d'Hercule, Herkules-Vorzimmer)**; hier steht das Bronzemodell einer Reiterstatue Ludwigs XIV. von Girardon.

Grand Salon★ (Großer Salon) – Er ergänzt den zentralen Rundbau des Schlosses und blieb durch die Verhaftung Fouquets unvollendet. Von Le Brun sind Studien zum Bau erhalten. 16 Karyatiden stützen die Kuppel und symbolisieren die zwölf Monate und vier Jahreszeiten. Zwei Marmortische sind die einzigen Überreste von Fouquets Mobiliar.

Chambre du Roi★★ (Königszimmer) – Es folgt auf das ehemalige Vorzimmer, das nun eine Bibliothek ist. In der Mitte der Decke hat Le Brun Die Zeit raubt dem Himmel die Wahrheit gemalt; der Stuck stammt von Girardon und Legendre. Unter dem

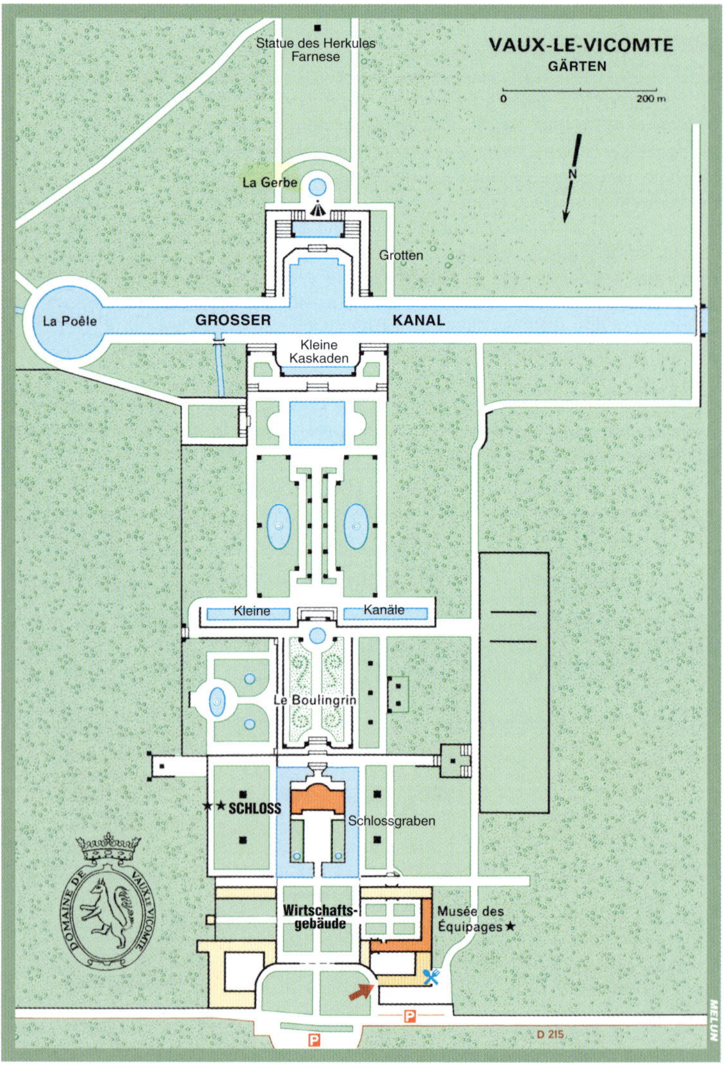

Eine traumhafte Kulisse

In Vaux-le-Vicomte wurden zahllose Filme gedreht: *Die Allee des Königs* (1955), aber auch *Molière, Jean de la Fontaine, Marie-Antoinette, Vidocq, Vatel, Der Mann mit der eisernen Maske, Der Pakt der Wölfe, Moonraker* (James Bond) und viele mehr. Manchmal treffen die Besucher hier auch auf Schauspieler in historischen Kostümen.

Deckensims verläuft ein Fries mit Palmetten und winzigen Eichhörnchen. Die Gestaltung des Raumes nimmt die Großen Zimmer in Versailles vorweg.

Appartements de la duchesse et du maréchal de Villars★ (Räume der Herzogin und des Marschalles de Villars) – Das Arbeitszimmer der Herzogin von Villars war Teil der königlichen Räume. Ein allegorisches Porträt der Herzogin sowie der Besuch der Königin Maria Leszczyńska in Vaux 1827 sind zu sehen. Nach dem Arbeitszimmer des Marschalls gelangt man in dessen Schlafzimmer mit dem wunderbar bestickten **Baldachinbett★★**.

Salle des buffets★ (Speisesaal) – Dies war der ehemalige Speisesaal Fouqets. Im Keller befindet sich die große Küche (in Gebrauch bis 1956), darunter der Speiseraum des Personals mit gedecktem Esstisch. Schöne Sammlung alter Kuchenformen. Eine Dauerausstellung zeigt Aspekte des früheren Anwesens und lädt ein, einer Diskussion zwischen Le Nôtre und Nicolas Fouquet zu lauschen.

Dépendences – In den westlichen Nebengebäuden nahe dem Besuchereingang ist das **Musée des Équipages (Kutschenmuseum)★** untergebracht (Kutschen, Zaum- und Sattelzeug, Schmiedearbeiten etc.).

Die Gärten★★★ s. Plan S. 296

Wasserspiele in den Gärten Ende März-Ende Okt. 2. und letzter Sa Nachmittag im Monat. Le Nôtres Gärten, von Sommier rekonstruiert, bieten einige Überraschungen. Von der oberen Terrasse sieht man die Südfassade des Schlosses.

Dieser Spaziergang führt zunächst an der Stickwerkstatt **Le Boulingrin** vorbei. Die **Gräben** am Schloss, die **Kanalbecken** und der **Grand Canal (Großer Kanal)** erscheinen im Blickfeld. Nach dem Geschmack der damaligen Zeit wurden die Grotten auf dem Rand des letzten, viereckigen Beckens errichtet. Auf der Höhe der **Petites Cascades (Kleine Kaskaden)** kommen Sie ans Ufer des Grand Canal. Gegenüber, in den äußeren **Grotten** stehen Flussgottheiten (Statuenkunst aus dem Vaux des 17. Jh.). Umrunden Sie das Becken des Grand Canal, **La Poêle (Die Pfanne)**, und gehen Sie zur **Statue des Herkules Farnèse**. Vom letzten Becken aus **(La Gerbe, die Garbe)** bietet sich eine schöne **Aussicht★** auf die Gesamtheit von Schloss und Park.

Tipps und Adressen

Übernachten

⊖ **Chambre d'hôte Labordière** – *16 rue Grande, im Weiler la Borde – 77820 Châtillon-la-Borde – 12 km südöstl. von Vaux-le-Vicomte auf der D 215 und der D 47 (über Blandy), dann weiter auf der D 47E – ✆ 01 60 66 60 54 oder 06 82 06 80 70 – Nov. geschl. – ⊠ – 2 Zi 43/49 € ☕ – Menü 24 €.* Das kleine Bauernhaus aus dem Jahr 1850 grenzt direkt an das Rathaus von la Borde. Zimmer im Retrostil, das größte mit Mansarde. Ruhiger, großer Garten, regionale Küche (nur für Hotelgäste). Familiäre Atmosphäre.

⊖⊖ **Chambre d'hôte La Ferme du Couvent** – *Rue de Couvent – 77720 Bréau – 14,5 km östl. von Vaux-le-Vicomte auf der D 408 Route de Provins und später auf der D 227 nach links – ✆ 01 64 38 75 15 – www.lafermeducouvent.com – ⊠ – 13 Zi 60 € – ☕ – Rest. 25 €.* In dem schönen Bauernhaus aus dem 18. Jh. inmitten eines grünen Parks ist Ihnen Ruhe garantiert. Aber auch Tennis, Golf, Quad-Touren oder Helikopter- und Ballonflüge werden in der Nähe angeboten. Die Mansardenzimmer sind alle modern und komfortabel eingerichtet.

Château de Versailles★★★

YVELINES (78) – UMSCHLAGKARTE B2 UND D6 – MICHELIN LOCALKARTE 311 I3, ZOOMKARTEN 101 FALTE 22-23, 106 FALTE 17-18 – KARTE S. 329

Das wohl größte Schloss der Welt gilt bis heute als Inbegriff klassischer Perfektion. Vom Ende des 17. Jh. bis zur Revolution war Versailles durchgehend eine Baustelle, doch bereits auch Symbol der großen Umwälzungen der damaligen Zeit sowie absoluter Machtfülle. Versailles überstand erstaunlicherweise alle Kriege und Aufstände und findet dank Restaurierung zu altem Glanz zurück.

C. Milet / Château de Versailles

Ansicht der monumentalen Schlossfassade.

Wegweiser – Am Ende der Avenue de Paris (Fortsetzung der D 10) liegt das Schloss. Mit dem Auto: 18 km von Paris auf der A 13 nach Rouen, Ausfahrt Nr. 1 Versailles-Château. RER C, Gare de Versailles-Rive-Gauche; Zugverbindung von Paris-Gare St-Lazare bis Gare de Versailles-Rive-Droite oder von Gare Montparnasse bis Gare de Versailles-Chantiers. Mit dem Bus: Vom Pont-de-Sèvres mit der Linie 171 Richtung Versailles-Place-d'Armes. Der Bus Cityrama Versailles Tour *(✆ 01 39 24 88 88)* macht die Runde zwischen den Gares de Versailles, den Stadtvierteln, dem Schloss und dem Trianon.

Unbedingt sehenswert – Die königlichen Grands Appartements; die Galerie des Glaces (Spiegelsaal); die Kapelle mit hervorragend gearbeiteten Pfeilern und Arkaden; die Opéra Royal; die Galeries de l'histoire de France (Galerien der französischen Geschichte); die Privaträume.

Gut geplant – Wer seine Eintrittskarten vorher kauft *(z. B. unter www.chateauversailles.fr/online)*, spart Zeit und muss am Besuchstag nicht anstehen. Mittwochs, donnerstags und samstags außerhalb der Schulferien herrscht hier der geringste Andrang. Für einen kurzen Besuch eignen sich von April bis Oktober folgende Zeiten: 9-10 oder 16.30-17.30 Uhr, von November bis März 15.30-16.30 Uhr. Bleibt man nur einen Tag, sollte man die königlichen Gemächer am Morgen besichtigen und nachmittags das Anwesen Marie-Antoinettes erkunden. Wer länger bleibt, kann auch die Kapelle und die Galerien aus dem 17. Jh. sowie die Galeries de l'histoire de France besuchen und eine Bootsfahrt auf dem Grand Canal unternehmen. Der Park bietet sich für Spaziergänge, eine Fahrt mit dem Bummelzug oder mit den vor Ort angebotenen Elektrowagen an.

Orte in der Nähe – JOUY-EN-JOSAS, MARNES-LA-COQUETTE, MARLY-LE-ROI, Parc du château de VERSAILLES, Ville de VERSAILLES

Geschichte und Geschichten

Die Epoche Ludwigs XIV. – Mit nur fünf Jahren übernahm Ludwig XIV. den Thron Frankreichs. Erst 1660, im Jahr seiner Heirat mit Maria-Theresia von Spanien, beschloss er, den alten Jagdpavillon Ludwigs XIII. umzubauen. Damit begann ein immenses Bauvorhaben. 1682 verlegte Ludwig XIV. den französischen Regierungssitz nach Versailles. Versailles wurde zur politischen Hauptstadt, aber auch zu einer Kunsthochburg. Die Bauarbeiten hielten fast bis zum Tod des Königs (1715) an.

Die Baumeister – Die Bauphasen korrelierten mit den Friedenszeiten. Herrschte kein Krieg, konnte eine neue Baustelle eröffnet werden – so ging es fast 50 Jahre lang.
Der erste Bauabschnitt begann mit dem Pyrenäischen Frieden (1659). Die schon am Bau von Vaux-le-Vicomte *(s. dort)* beteiligten Künstler – **André Le Nôtre**, **Charles Le Brun** und **Louis Le Vau** – wurden auch mit dem Bau von Versailles beauftragt. Zu dieser Zeit enstanden der Park und die Gärten sowie die Thetis-Grotte.
Die zweite Phase fiel auf die Zeit nach dem Ersten Frieden von Aachen (1668). Der alte Jagdpavillon Ludwigs XIII. wurde massiv vergrößert. **François d'Orebay** übernahm nach Le Vaus Tod (1670) dessen Aufgaben. Bildhauer gestalteten unter Le Brun die Innen- und Außenfassaden.
Die dritte Phase begann nach dem Frieden von Nimwegen (1678); der König war mittlerweile 40 Jahre alt und führte den Titel Ludwig der Große. **Jules Hardouin-Mansart** vergrößerte das Schloss weiter, sodass der Regierungssitz nach Versailles verlegt werden konnte. Von ihm stammen die Pferdeställe, die Flügel auf der Hofseite für die Unterbringung der Minister sowie die nördlichen und südlichen Flügel. Die Grands Appartements wurden umgebaut; nun umschlossen der Salon de la Guerre (Kriegssalon) und der Salon de la Paix (Friedenssalon) den neuen Spiegelsaal. Die alte Ausstattung wurde erneuert: Anstelle antiker Götter präsentierte die Kuppel des Spiegelsaals von nun an die Großtaten Ludwigs XIV.
Nach dem Pfälzischen Erbfolgekrieg ermöglichte der Frieden von Rijswijk (1697) die Fortsetzung der Bauarbeiten. Ludwig XIV. war inzwischen 60 Jahre alt. Diese letzte Bauphase nutzte Mansart, der zum Oberverwalter der Gebäude ernannt worden war, für den Bau der Kapelle nach dem Vorbild der königlichen Sainte-Chapelle in Paris. Nach dem Tod der Königin heiratete der König heimlich Mme de Maintenon.

Unter Ludwig XV. – Zunächst hielten sich vor allem die Kurtisanen, aber auch der Hof nicht mehr in Versailles auf, doch ab 1722 änderte sich dies wieder. Der Palast wurde modernisiert, auch die Privaträume wurden umgebaut. Der Herkulessaal, die Oper und der Petit Trianon kamen hinzu.

Unter Ludwig XVI. – 1783 wurde der Hameau de la reine (Weiler der Königin) unter Ludwig XVI. fertiggestellt. Dafür musste der von Ludwig XV. angelegte botanische Garten zerstört werden, was die Gelehrten Europas sehr bedauerten *(s. Anwesen von Marie-Antoinette)*. Ab 1789 residierte die königliche Familie wieder in Paris; ab diesem Zeitpunkt lebte kein König mehr auf Schloss Versailles.

„À toutes les gloires de France" – Nach dem Sturz der Monarchie am 10. August 1792 wurde das Mobiliar aus Versailles – mit wenigen Ausnahmen – öffentlich versteigert. Bilder, Teppiche und Wandbehänge wurden für ein Museum reserviert, das später im Louvre eingerichtet wurde. Das Schloss selbst ging in den Besitz der Republik über. Als das Kaiserreich ausgerufen wurde, residierte die Krone wieder in Versailles. **Napoleon** ließ das Anwesen restaurieren, doch er bekam nicht mehr die Gelegenheit, sich dort niederzulassen. Seine Nachfolger wiederum fanden keinen Gefallen daran, dort zu leben. So war Versailles 1830 vom Verfall bedroht, doch **Ludwig-Philipp** rettete es und wandelte es 1837 in ein Museum zum Ruhme Frankreichs, „à toutes les gloires de France" um.
Während des Deutsch-Französischen Kriegs 1870/71 wurde das Schloss in ein Militärkrankenhaus umfunktioniert. 1871 ließ sich Wilhelm I. von Preußen im Spiegelsaal zum Deutschen Kaiser ausrufen – ein Akt mit großer Symbolik. Denn 1875 wurde im Opernsaal die Republik ausgerufen.

Die Restaurationsarbeiten – Zwischen 1925 und 1936 profitierte das Schloss vom außergewöhnlichen Mäzenatentum **John D. Rockefellers**, dem vor allem die Erhaltung des Dachs und des zentralen Gebäudekomplexes zu verdanken sind. Danach bemühten sich verschiedene Stiftungen und Mäzene um die Rettung Versailles. 2003 wurde das ambitionierte Restaurierungsprojekt **Grand Versailles** ins Leben gerufen. Auf diese Weise soll das gesamte Anwesen seinen alten Glanz zurückbekommen. Die Gärten und die Schlossfassade wurden bereits restauriert; bis 2020 sollen die Arbeiten abgeschlossen sein. Auch ein Forschungszentrum zum Thema „Bild und Gesellschaft des Königshofs" soll entstehen.

Sehenswürdigkeiten

Schloss und Umgebung

Schlosshof★★

Der Ehreneingang zum Schlosshof stammt aus der Zeit Ludwigs XIII. Durch ihn gelangt man nacheinander auf drei Innenhöfe: den Ehrenhof, den Königshof und den Marmorhof, der zum Schloss führt. Der Vorhof wird von den Gebäudeflügeln der Ministerpavillons gesäumt.

Der **Cour Royale** (Königshof) war einst durch ein Gitter vom Ehrenhof getrennt. Nur Prinzen, Herzöge und Ihresgleichen durften ihn betreten. Hinter den nördlichen *(öffentlicher Durchgang zum Park)* und südlichen Bogengängen markierten drei vergoldete Gitter die Ehreneingänge zu den Grands Appartements: zur Rechten der einfache Eingang, links die Königinnentreppe.

Die **Cour de Marbre★★ (Marmorhof)** hat mit ihren schwarz-weißen Fliesen wieder ihre ursprüngliche Gestalt. Hier war das Herzstück des Schlosses Ludwigs XIII., dessen Fassaden von Le Vau und Hardouin-Mansart umgebaut und mit Balustraden, Büsten, Statuen und Vasen reich verziert wurden. Die drei Fenster des Königszimmers sind im ersten Stock des zentralen Vorbaus hinter einem vergoldeten, von acht Marmorsäulen gestützten Balkon zu sehen.
Die berühmte **Reiterstatue Ludwigs XIV.** wurde im Zuge der Restaurierungsarbeiten entfernt.

Parkfassade★★★

Gehen Sie durch den nördlichen Bogengang, umrunden Sie das Hauptgebäude des Schlosses und gehen Sie Richtung Garten. Dort können Sie diese vollständig restaurierte Fassade bewundern. Das Schloss ist 680 m lang. Monotonie kommt nicht auf, da die Fassade durch säulengeschmückte Vorbauten aufgelockert wird.
Das im italienischen Stil gehaltete Flachdach wird von einer Balustrade mit Trophäen und Vasen verborgen. Statuen Apollos und Dianas, umgeben von Darstellungen der Monate, befinden sich über den Vorbauten des Hauptgebäudes, in dem die Königsfamilie lebte. Im Südflügel wohnten ebenfalls Angehörige der königlichen Familie.
Die Terrasse vor dem Schloss bietet zahlreiche Perspektiven auf den Park. Zu beiden Seiten stehen **gigantische Vasen★**, die Krieg (*im Norden*, Künstler: Coysevox) und Frieden *(im Süden*; Künstler: Tuby) symbolisieren, sowie zahlreiche Vasen, die im Falle eines Feuers den Brand aufhalten sollten. Zu Füßen des Hauptgebäudes befinden sich vier Statuen der Gebrüder Keller (Bacchus, Apollon, Antinoos und Silen).
Von dieser Terrasse bietet sich ein **Blick★** auf die Gesamtheit des Parks: Im Vordergrund die flachen Wasserbecken und die „Sonnenachse" mit dem Grand Canal; links und rechts die Parterre-Anlagen und im Norden die Wasserallee bis hin zum Neptunbecken.

Von jeher gut besucht

Schloss Versailles gehört zum UNESCO-Weltkulturerbe und ist mit 10 Mio. Touristen jährlich das meistbesuchte Bauwerk Frankreichs. An manchen Tagen kommen 18 000 Besucher. Man kann sich damit trösten, dass es dieses Problem schon zu Zeiten des Sonnenkönigs gab. Es wimmelte nur so von Kurtisanen, Händlern, Lakaien, Musikanten und Arbeitern. Wer sich einen Weg durch das Getümmel bahnen wollte, brauchte manchmal die Schweizergarde!

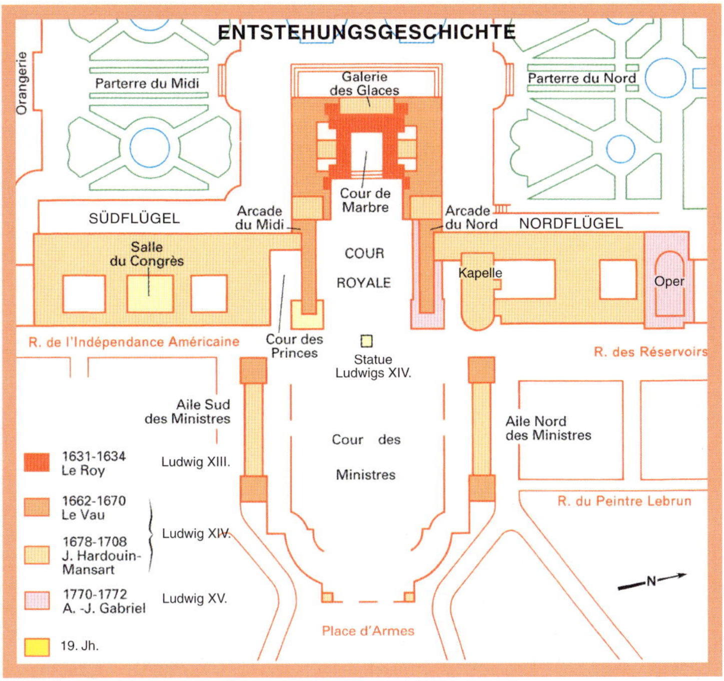

Gehen Sie über den südlichen Zugang zum Marmorhof zurück.

Für die folgenden Rundgänge erhalten Sie Karten unter: ✆ 0 825 056 847 – www.chateauversailles.fr – ♿ – April-Okt. 9-18.30 Uhr; Nov.-März 9-17.30 Uhr – Führung auf Anfrage möglich – Mo, 1. Jan., 1. Mai, Pfingsten; 25. Dez. geschl. – 13,50 € (unter 18 J. frei) – Nov.-März 1. So im Monat Eintritt frei – die Eintrittskarte umfasst die Grands Appartements (Königsgemächer), Chapelle Royale, die Galerie des 17. Jh. und die Galerie der Geschichte Frankreichs, die Appartements des Thronfolgers und der Damen (nur am Wochenende in der Hochsaison).

Rundgang Grands Appartements du Roi et de la Reine★★★ (Prunkgemächer des Königs und der Königin)

Grand Appartement du Roi★★★

Die Prunkgemächer des Königs illustrieren den Sonnenmythos, den Ludwig XIV. für sich in Anspruch nahm. Sie beginnen mit dem Herkulessaal und umfassen insgesamt sechs von Le Vau gebaute und von Le Brun ausgestaltete Räume. Jeder Raum ist einem Planeten gewidmet. Normalerweise bestand das Mobiliar aus Hocker und Klappstühlen, Leuchtertische und Konsolen. Dreimal wöchentlich hielt der König hier von 18-22 Uhr Audienzen ab, zur Auflockerung gab es auch Tanz und Spiele.
Früher gelangte man über die 1752 zerstörte Botschaftertreppe vom Königshof zum Grand Appartement. In den Räumen wurden nur die feinsten Materialien verarbeitet: mehrfarbiger Marmor, Bronze, Kupfer (ziseliert oder vergoldet im Barockstil). Bemerkenswert sind die Lüster aus Bergkristall auf den Leuchtertischen.

Salon d'Hercule★★★ (Herkulessaal) – Durch diesen ab 1712 erbauten Raum ging der König in die Kapelle. Hier wurden auch die großen Feste gefeiert. Die Innenausstattung wurde von Robert de Cotte ausgeführt und 1736 abgeschlossen. Das riesige Gemälde ***Das Gastmahl im Hause des Pharisäers Simon★***, das die Republik Venedig Ludwig XIV. geschenkt hatte, ist im Originalrahmen zu sehen. Das zweite Bild über dem vergoldeten Kamin zeigt Eliezer und Rebekka.

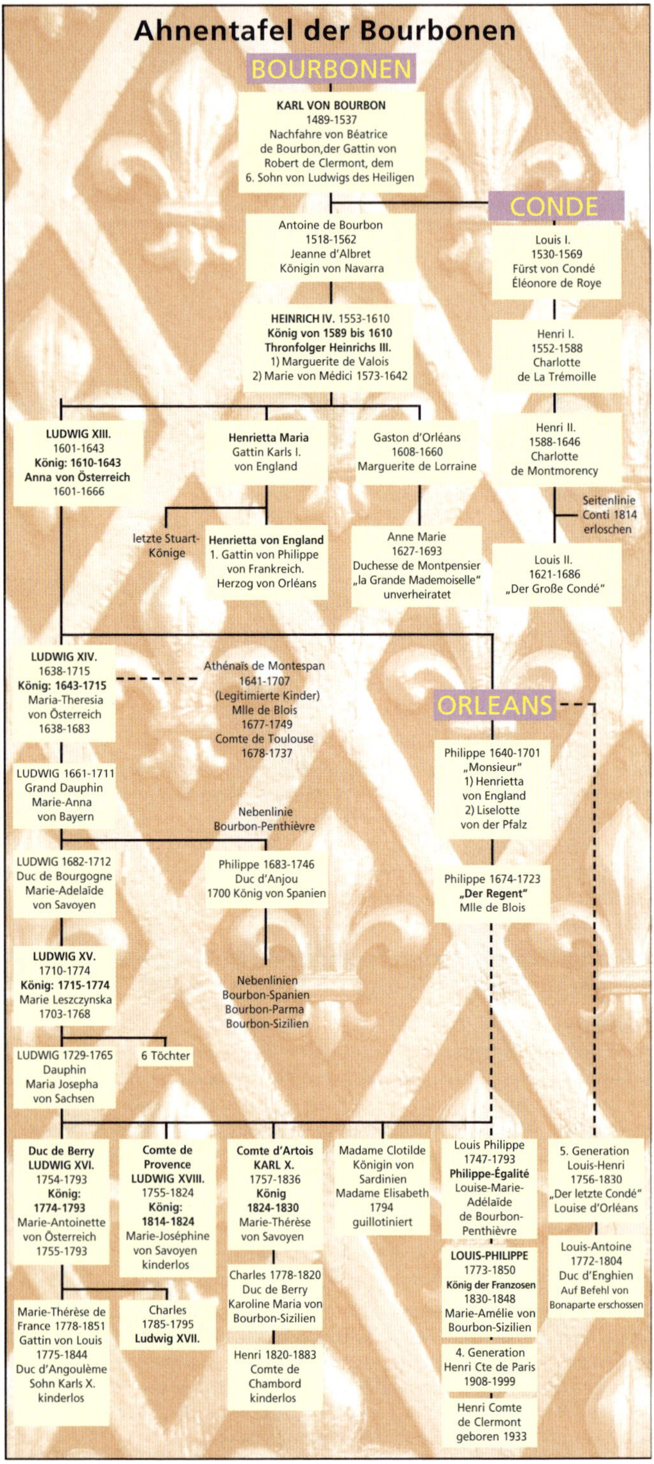

A. de Valroger / MICHELIN

Die von Antoine Lemoyne bemalte Decke präsentiert **Die Apotheose des Herkules★**, der von den Göttern des Olymp aufgenommen wird. Lemoyne brauchte drei Jahre für das Deckenbildnis, das mit 480 qm das größte in Frankreich ist und 142 Figuren zeigt: Götter, Musen, geflügelte Wesen und Faune. Von Ludwig XV. erhielt Lemoyne den Titel Erster Königlicher Maler. Das Deckengemälde wurde 2001 restauriert. Seine monumentalen Dimensionen werden durch die zarte Farbgebung und die filigranen Details ergänzt.

Salon de l'Abondance (Salon des Überflusses) (a) – Bei Audienzen wurden hier Getränke serviert. Vier Porträts der königlichen Familie von Rigaud und Van Loo hängen hier: Der Kronprinz, Philipp V., der Herzog von Burgund und Ludwig XV.
Die folgenden beiden Räume waren Durchgangszimmer und verlängerten in gewisser Weise die Ehrentreppe.

Salon de Vénus (Salon der Venus) (b) – Die von Houasse bemalte Decke ist wie in den folgenden Zimmern durch Stuckaturen unterteilt.

Salon de Diane (Salon der Diana) (c) – *Zur Zeit Ludwigs XIV. war hier das Billardzimmer. Gemälde von Charles de La Fosse und G. Blanchard. Die Büste Ludwigs XIV. (1665) von Bernini, genannt le Bernin, ist ein Meisterwerk des Barock.*

Salon de Mars (Salon des Mars) (d) – Hier sind die Wände im Gegensatz zu den anderen Räumen mit Stoff ausgekleidet, da hier die ursprünglichen Königsgemächer beginnen. Es wurde für Bälle, Spiele, Musikaufführungen und Audienzen genutzt. Zwei Bilder aus dem 18. Jh. schmücken den Raum: *Die Familie des Darius zu Füßen Alexanders* von Le Brun und *Die Pilger in Emmaus*. An den Seitenwänden hängen noch an ihren Originalplätzen van Loos Porträts von Ludwig XV. und Maria Leszczyńska. Die Decke ist mit Kampfszenen von Audran, Jouvenet und Hounasse verziert. Eines der Lieblingsbilder Ludwigs XIV. war Domenichinos *David spielt die Harfe*.

Salon de Mercure (Salon des Merkur) (e) – Das ehemalige Vorzimmer diente später als sogenannter *Paraderaum*. Die Decke ist das Werk Jean-Baptiste de Champaignes. 1715 war dort der Sarg Ludwigs XIV. eine ganze Woche lang aufgebahrt. 72 Geistliche wechselten sich ab, damit zwischen fünf Uhr und Mittag vier Messen ohne Unterbrechung abgehalten werden konnten.

Salon d'Apollon ou salle du Trône (Apollosaal oder Thronsaal) (f) – Der Thron stand unter einem Baldachin an der großen Wand. Man erkennt noch die drei Haken, an denen der Baldachin befestigt war. Hier wurden die Botschafter empfangen. An der Decke ist der Sonnenwagen von Charles de la Fosse zu sehen. Mit dem Apollosaal endet das Grand Appartement des Königs.

Salon de la Guerre★ (Kriegssalon)

Dieses eckige Zimmer verbindet das Grand Appartement mit dem Spiegelsaal. Den Raum schmückt ein großes, ovales Flachrelief von Coysevox, das den König als triumphalen Sieger über seine Feinde zeigt.

Galerie des Glaces★★★ (Spiegelsaal)

Der Spiegelsaal wurde 1686 von Mansart fertiggestellt und erstreckt sich über die gesamte Breite der Terrasse, die Le Vau zu den Gärten hin angelegt hatte. Mit den beiden anliegenden Räumen ist er Le Bruns Meisterwerk mit einer Länge von 73 m, einer Breite von 10,5 m und einer Höhe von 12,3 m. 17 große Fenster entsprechen in Größe und Gestaltung den 17 Spiegeln an der gegenüberliegenden Wand. Die Spiegel bestehen aus 578 Einzelteilen und sind die größten, die man damals herstellen konnte. Von den mittleren Fenstern aus kann man einen herrlichen **Blick★★★** auf die sogenannte *Sonnenachse* genießen.
Die Kuppel ist ein Beispiel für die Kunst der quadratura. Bei dieser Technik werden die Trompe-l'œil-Effekte durch das Zusammenwirken von Malerei, Architektur und Bildhauerei erzielt. Die Malereien glorifizieren die Regentschaft Ludwigs XIV. Allegorien und Trompe l'œils stellen die wichtigen Ereignisse seiner 17 ersten Regierungsjahre dar. Im Mittelpunkt der Komposition steht das Hauptgemälde. Man beachte das Sims aus vergoldetem Stuck unterhalb der Kuppel, auf dem Putten 24 Trophäen präsentieren, und sechs Kartuschen mit Greifen.

Die Grands Appartements

Dieser Teil umfasst zum einen die Audienzräume (Grand Appartement du Roi) und den berühmten Spiegelsaal, zum anderen die öffentlichen Wohnräume des Königs und der Königin.
Das Leben der Herrscher spielte sich in den Grands Appartements ab. In den öffentlichen Wohnräumen und den Appartements Privés fanden sie ein gewisses Maß an Privatsphäre. Im 18. Jh. boten sich in den Petits Appartements mehr Rückzugsmöglichkeiten.
In den Wohnräumen wurden die Wandbezüge zweimal jährlich ausgetauscht. Es gab Sommermöbel (mit Seidenstoffen) und Wintermöbel (mit Samt). An den Wänden hingen Gemälde mit religiösen Motiven von Poussin, Veronese oder Tizian.
Die Gemächer von König und Königin waren symmetrisch zueinander angelegt. Die Zimmerabfolge war die gleiche: ein Wachenzimmer, Vorzimmer, das Grand Cabinet und die Cabinets Privés (hier gelangte man in die Gemächer des Ehepartners).

Im Spiegelsaal fanden große Feste statt und Ludwig XIV. empfing Botschafter aus aller Herren Länder. 1855 gab es hier den letzten großen Empfang, veranstaltet von Napoleon III. und der Kaiserin Eugenie. Hier wurde 1871 das Deutsche Kaiserreich ausgerufen; 50 Jahre später wurde im gleichen Saal mit dem Versailler Vertrag der Erste Weltkrieg beendet. Heute gibt es hier manchmal noch Empfänge für Staatsgäste.
2007 wurde der Saal nach neuesten wissenschaftlichen Erkenntnissen restauriert. Dabei kamen seltsame Inschriften auf den achteckigen Medaillons am Gewölbe ans Licht. Eine von ihnen, „Hilfe für das Volk während der Hungersnot, 1662", könnte darauf hindeuten, dass Ludwig XIV. nicht nur ein erfolgreicher Kriegsherr war, sondern sich auch in Zeiten der Not um sein Volk kümmerte.

Salon de la Paix★ (Friedenssalon)

Es ist genauso aufgebaut wie der Kriegssalon. Nach dem Tod des Sonnenkönigs wurde es den Gemächern der Königin angegliedert. Über dem Kamin hängt das Gemälde *Ludwig XV. bringt Europa den Frieden* von Lemoyne.

Appartement du Roi★★★ (Privaträume des Königs)

Die inneren Gemächer sind um den Marmorhof herum angeordnet und wurden zwischen 1682 und 1701 von Hardouin-Mansart erbaut. Die Decken sind hier nicht mehr unterteilt und weiß gestrichen. Weiße und goldene Vertäfelungen ersetzen die Marmorverkleidungen.

Salon de l'Œil-de-Bœuf (Ochsenaugenzimmer) (3) – Die **salle des Gardes (Wachenzimmer) (1)** und das erste **Vorzimmer (2)** führen in diesen berühmten, von Hardouin-Mansart und Robert de Cotte gestalteten Salon, in dem der Adel dem König beim Aufstehen und Zubettgehen zusah. In diesem Zimmer wohnte der König von 1684 bis 1701. Man beachte den Fries mit spielenden Kindern auf Höhe des berühmten Ochsenaugen-Fensters sowie eine Büste Ludwigs XIV. von Coysevox. Hier hingen einst Werke von Veronese und du Bassan, die durch Porträts der Königsfamilie und ein Gruppenbild von Nocret ersetzt wurden.

Chambre du Roi (Schlafgemach des Königs) (4) – Hierher zog Ludwig XIV. im Jahr 1701. Das Bett steht auf der Achse von Schloss und Park, denn die Ausrichtung Ost-West orientiert sich am Sonnenlauf. Vom Zimmer mit Blick auf den Marmorhof kann man so den Sonnenaufgang sehen. Hier starb der König am 1. September 1715 an Wundbrand.
Bis 1789 fanden hier die Morgen- und Abendzeremonien statt. Gegen 7 Uhr morgens wurde der König geweckt und zunächst vom Arzt untersucht. Dann betraten die Familienmitglieder, später die Adeligen den Raum. Nach dem Frühstück wurde der König angekleidet und besuchte um 10 Uhr die Messe in der Kapelle.
Hinter der Balustrade befindet sich ein Himmelbett mit Brokatvorhängen. Beachtenswert sind die *Vier Evangelisten* von Valentin von Boulogne auf Höhe der Attika; oberhalb der Tür *Die Heilige Magdalena* von Dominichio, *Der Heilige Johannes* der Täufer von Carraciolo sowie zwei Bilder von Van Dyck, darunter ein Selbstporträt.

Das Königszimmer war das private Gemach vom Sonnenkönig Ludwig XIV.

Salle du Conseil (Ratssaal) (5) – Für diesen Saal wurden zwei Räume zusammengeführt; die Gestaltung übernahm Gabriel. Holzvertäfelungen von Rousseau ersetzen heute die Spiegel aus der Zeit Ludwigs XIV. Sie zählen wegen ihrer Leichtigkeit und Harmonie zu den Meisterwerken des Rocaille-Stils.
Bewundern Sie im Vorbeigehen die Ausgestaltung des Zimmers Ludwigs XV. *(durch die offene Tür auf der rechten Seite gehen)*, bevor Sie durch den Spiegelsaal zurück zum Ochsenaugenzimmer gelangen.

Appartement de la Reine★★ (Privaträume der Königin)

Sie wurden für Maria-Theresia von Spanien, die Frau Ludwigs XIV., erbaut.

Chambre de la Reine (Schlafgemach der Königin) (g) – Nach Maria Theresia wurde das Zimmer von der Frau des Kronprinzen, der Herzogin von Burgund bewohnt, die hier Ludwig XV. gebar; Danach zogen Marie Leszczyńska, die Frau Ludwigs XV., und schließlich Marie-Antoinette, die Frau Ludwigs XVI. dort ein. 19 Kinder der Königsfamilie wurden dort geboren. Nach alter Tradition waren die Geburten öffentlich.
Die Vertäfelungen und die Decke stammen von Gabriel. Der Kamin, der Schmuckschrank, die Feuerböcke mit Sphinxdekor, der Kaminschirm sowie das Überbett wurden für Marie-Antoinette angefertigt. Bemerkenswert sind die edlen Seidenstoffe, mit denen die Möbel bezogen sind und die Verzierung mit Bändern und Federn.

Salon des Nobles de la Reine (Salon des Hofstaats der Königin) (h) – In diesem Vorzimmer hielt die Königin Hof. Außerdem wurden die verstorbenen Königinnen und Prinzessinnen in diesem Raum aufgebahrt. Nur die Decke von Michel Corneille ist noch original erhalten, denn Marie-Antoinette wünschte einen anderen Stil und ließ zahlreiche Änderungen vornehmen. Der jetzige Zustand des Salons entspricht dem aus dem Jahr 1789.

Versailles: Der König als Mäzen

Eine Neuerung in der Geschichte königlicher Residenzen war, dass die Zimmereinrichtung auf Dauer angelegt wurde. Dank Colberts Bemühungen um das Kunsthandwerk und eine entsprechende Industrie wurden die Räume zu einer Art Dauerausstellung. Unter Ludwig XVI. vergrößerten sich die Sammlungen bedeutend. Steinvasen, Bronze, Malerei und Skulpturen kamen hinzu. Ludwig XV. und XVI. ließen die Zimmer dem Zeitgeschmack entsprechend ausstatten. Insgesamt zeigt sich das Schloss heute nahezu durchgängig im Rocaille-Stil Ludwigs XV.

Antichambre du Grand Couvert (Speisesaal) (i) – Ludwig XV. und seine Frau dinierten hier im großen Stil, genau wie Ludwig XVI. und Marie-Antoinette. Das Bild von Vigée-Lebrun zeigt Marie-Antoinette und ihre Kinder (1787).

Salle des gardes de la Reine (Wachenzimmer der Königin) (j) – Der Raum hat die Ausstattung von Le Brun und N. Coypel bewahrt. Die Marmorvertäfelung aus der Zeit Ludwigs XIV. ist also intakt. 1789 kämpften hier Marie-Antoinettes Wachen gegen Aufständische, die zur Königin vordringen wollten.

Escalier de la Reine (Königinnentreppe) ⑥ – Gegen Ende des Ancien Régime war dies der reguläre Schlosseingang. Er ist reich verziert. Die Farben des Marmors harmonieren perfekt miteinander. Das große Trompe l'œil-Gemälde stammt von Meusnier, Pœrson und Belin de Fontenay.

Rundgang Kapelle, Galerien des 17. Jh. und Opéra Royal★★

Kapelle★★★

Die dem hl. Ludwig gewidmete Kapelle mit ihren weiß-goldenen Verzierungen wurde 1710 fertiggestellt. Ludwig XIV. betrat sie erst im Alter von 72 Jahren. Sie war das letzte zu seiner Regierungszeit fertiggestellte Bauwerk in Versailles. Die Flachreliefs der Pfeiler und Arkaden stammen von Van Cleve, Le Lorrain, Coustou etc. Weil der üblicherweise für die Orgel vorgesehene Platz von der Königstribüne eingenommen wurde, platzierte man das Instrument von Cliquot in der Apsis. Der Altar von Van Cleve ist aus Marmor und auf der Vorderseite mit einem vergoldeten Flachrelief von Vassé verziert; es zeigt eine Pietà. Die Malereien in der Apsis illustrieren die Auferstehung Christi.

Galeries du 17e s.★ (Galerien des 17. Jh.)

Sie nehmen den größten Teil des Nordflügels ein und sind mit Konsolen und Büsten versehen. Die Galerien haben Portäts und Historienmalerei zum Thema.

Galerie im Erdgeschoss – Vom Vestibül der Kapelle gelangt man zu den aus elf Sälen bestehenden Galerien. Die ersten sechs waren die Gemächer des Herzogs von Maine, die letzten vier jene des Prinzen von Bourbon-Conti.

Galerie im 1. Stock – Hier werden die Königsfamilie, die großen Männner der damaligen Zeit und des Hofes sowie Madame de Maintenon und die legitimen Kinder des Königs auf Werken von Le Brun, Mignard, Van der Meulen, Coypel, Rigaud und Largillière dargestellt.
Im Verlauf des Rundgangs gibt es Porträts berühmter Künstler (Colbert, Racine, Molière, La Fontaine, Le Nôtre, Couperin) und große Schlachten von Van der Meulen zu bewundern. Traumhafter **Blick★** auf die Gärten.

Opéra Royal★★ (Königliche Oper)

Da die Oper vollständig aus Holz besteht, wurden aufgrund der Brandgefahr Sicherheitsvorkehrungen getroffen. Mit dem Bau der Oper begann Gabriel 1768. Sie wurde 1770 anlässlich der Hochzeitsfeierlichkeiten des Kronprinzen (des zukünftigen Ludwig XVI.) eingeweiht. Sie war der erste ovale Saal Frankreichs. Die Verzierungen sind erstaunlich modern und stammen von Pajou. Die von dem Maschinenbauer Arnoult erdachte Technik war ausgeklügelt: Für Feste konnten die Logen und das Parterre auf die Höhe der Bühne gebracht werden. Der Saal ist innen gänzlich aus Holz und bietet eine seltene Akustik, 700 Personen finden hier Platz. In der Mitte des Balkons befindet sich die Privatloge des Königs, die mit einem beweglichen Gitter versehen ist. Oben in den Rundbögen sind weitere Logen untergebracht. Pajous Flachreliefs auf den Balkonen zeigen die griechischen Götter und die Tierkreiszeichen.

Prunk und Feierlichkeiten

Die Oper war zunächst dem Hof vorbehalten, doch bald wurden hier pompöse Feste gefeiert, beispielsweise anlässlich von Staatsbesuchen ausländischer Herrscher. So wurde 1857 Königin Elisabeths von England empfangen.

Kammerdiener – ein begehrter Posten

Der Sonnenkönig hatte 28 Kammerdiener, die ihm nach einem genauen Plan zur Verfügung standen. Sie genossen bestimmte Privilegien: Sie konnten ihn regelmäßig ansprechen und ihm bei Bedarf eine Bitte vortragen. Auch mussten sie keine Steuern zahlen und bekamen hohe Lohnzuschüsse. Der bekannteste unter ihnen war **Marie Du Bois** (der einen weiblichen Vornamen trug). Von ihm ist sein Tagebuch überliefert. Berühmt auch **Alexandre Bontemps**, 60 Jahre lang eine wichtige Persönlichkeit am Hof. Er genoss das volle Vertrauen Ludwigs XIV.

Rundgang Galeries de l'Histoire de France (Galerien zur Geschichte Frankreichs)

Zugang über den dem Jahr 1792 gewidmeten Raum, in dem der Rundgang auch endet.

Galerie des Batailles★ (Schlachtengalerie)

Die Galerie von 1837 beeindruckt durch ihre Dimensionen: Sie hat eine Länge von 120 m und erstreckt sich über eine Breite von 13 m. Ihren Namen verdankt sie den Gemälden bekannter Schlachten, mit denen Ludwig-Philipp die Wände schmücken ließ. Das Ancien Régime ist genauso vertreten wie die Republik und das Kaiserreich, von Tolbiac *(gleich links vom Eingang)* bis Wagram *(rechts vom Eingang)*; auch ein Delacroix (Taillebourg) und ein Gérard (Austerlitz) sind hier zu sehen.

Salle de 1830

Der Raum ist Ludwig-Philipp gewidmet und befasst sich mit dessen Aufstieg zum „Bürgerkönig".

Zurück geht es über die Galerie de Pierre haute (Statuen berühmter Persönlichkeiten) und den Prinzenhof (über die Prinzentreppe) ⑤.

Salle de 1792

Zurück in diesem großen Saal können Sie die Gemälde von Schlachten und Soldaten betrachten. Von besonderem Interesse sind Coignets Gemälde *Die Pariser Nationalgarde auf dem Weg zur Armee* und die Darstellung Ludwig-Philipps in der Uniform des Generalleutnants.

Salle du Sacre

Von 1676 bis 1684 war dieser Raum eine Kapelle und zu bestimmten Anlässen kam hier das Parlament zusammen. Ludwig-Philipp ließ große Gemälde aufhängen, darunter das berühmte *Le Sacre* von David (1822). Gegenüber vom selben Künstler *Die Verteilung der Adler auf dem Marsfeld*. Beachten Sie auch *Murat in der Schlacht von Abukir* von Gros (1806).

Salles de la Révolution, du Consulat et de l'Empire (Saal der Revolution, des Konsulats und des Kaiserreichs)

Im Erdgeschoss des Südflügels und in der Attika des Südflügels, 2. Stock – Gruppenbesichtigungen nach Reservierung – ✆ 01 30 83 77 88. Zusammen mit Wandbehängen aus diesen Epochen lassen zahlreiche Dokumente, Zeichnungen, Drucke, Stiche, Aquarelle und Gemälde die bewegte Geschichte und ihre wichtigsten Persönlichkeiten wieder aufleben.

Salles de la Restauration, de la monarchie de Juillet, du Second Empire et de la IIIe République (Saal der Restauration, der Julimonarchie, des Zweiten Kaiserreichs und der Dritten Republik)

Nördl. Attika auf zwei Etagen – Gruppenbesichtigungen nach Reservierung – ✆ 01 30 83 77 88. Zahlreiche Gemälde zeigen hier die wichtigen Ereignisse aus den genannten Epochen: Die *Entente Cordiale* zwischen Ludwig-Philipp und der englischen Königin Viktoria, die Eroberung Algeriens, die Revolutionen von 1830 und 1848, den Deutsch-Französischen Krieg und die Pariser Kommune und die Unterzeichnung des Versailler Vertrags. Auch Porträts von Ludwig XVIII., Karl X., Ludwig-Philipp und seiner Familie, Napoelon III. und Eugénie sind ausgestellt.

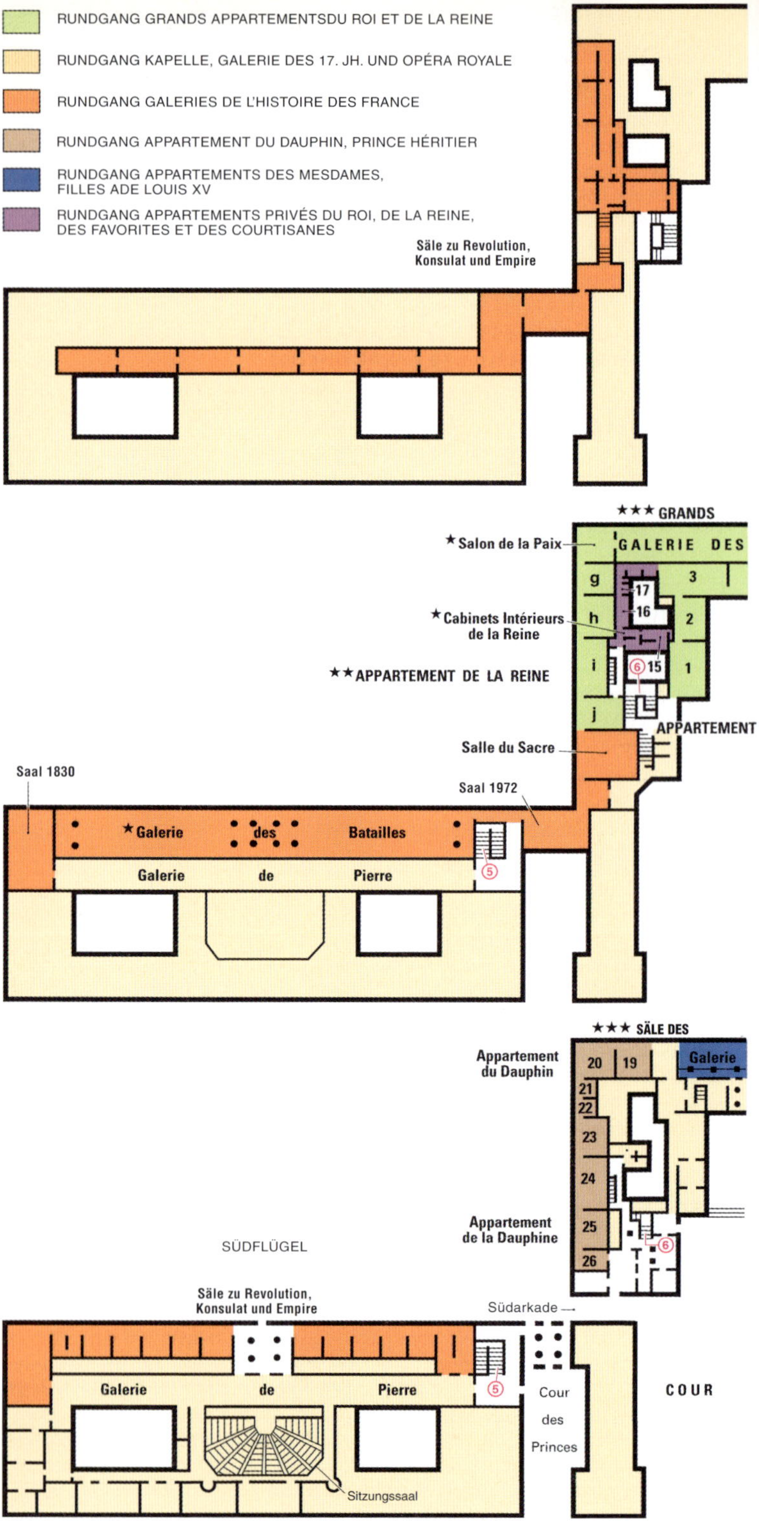
RUNDGANG GRANDS APPARTEMENTSDU ROI ET DE LA REINE
RUNDGANG KAPELLE, GALERIE DES 17. JH. UND OPÉRA ROYALE
RUNDGANG GALERIES DE L'HISTOIRE DES FRANCE
RUNDGANG APPARTEMENT DU DAUPHIN, PRINCE HÉRITIER
RUNDGANG APPARTEMENTS DES MESDAMES, FILLES ADE LOUIS XV
RUNDGANG APPARTEMENTS PRIVÉS DU ROI, DE LA REINE, DES FAVORITES ET DES COURTISANES
Säle zu Revolution, Konsulat und Empire
★★★ GRANDS
★ Salon de la Paix
GALERIE DES
g
h
i
j
1
2
3
15
16
17
6
★ Cabinets Intérieurs de la Reine
★★ APPARTEMENT DE LA REINE
APPARTEMENT
Salle du Sacre
Saal 1830
Saal 1972
★ Galerie des Batailles
Galerie de Pierre
5
★★★ SÄLE DES
Appartement du Dauphin
Galerie
20
19
21
22
23
24
25
26
Appartement de la Dauphine
SÜDFLÜGEL
Säle zu Revolution, Konsulat und Empire
Südarkade
Galerie de Pierre
Cour des Princes
COUR
Sitzungssaal

CHÂTEAU DE VERSAILLES

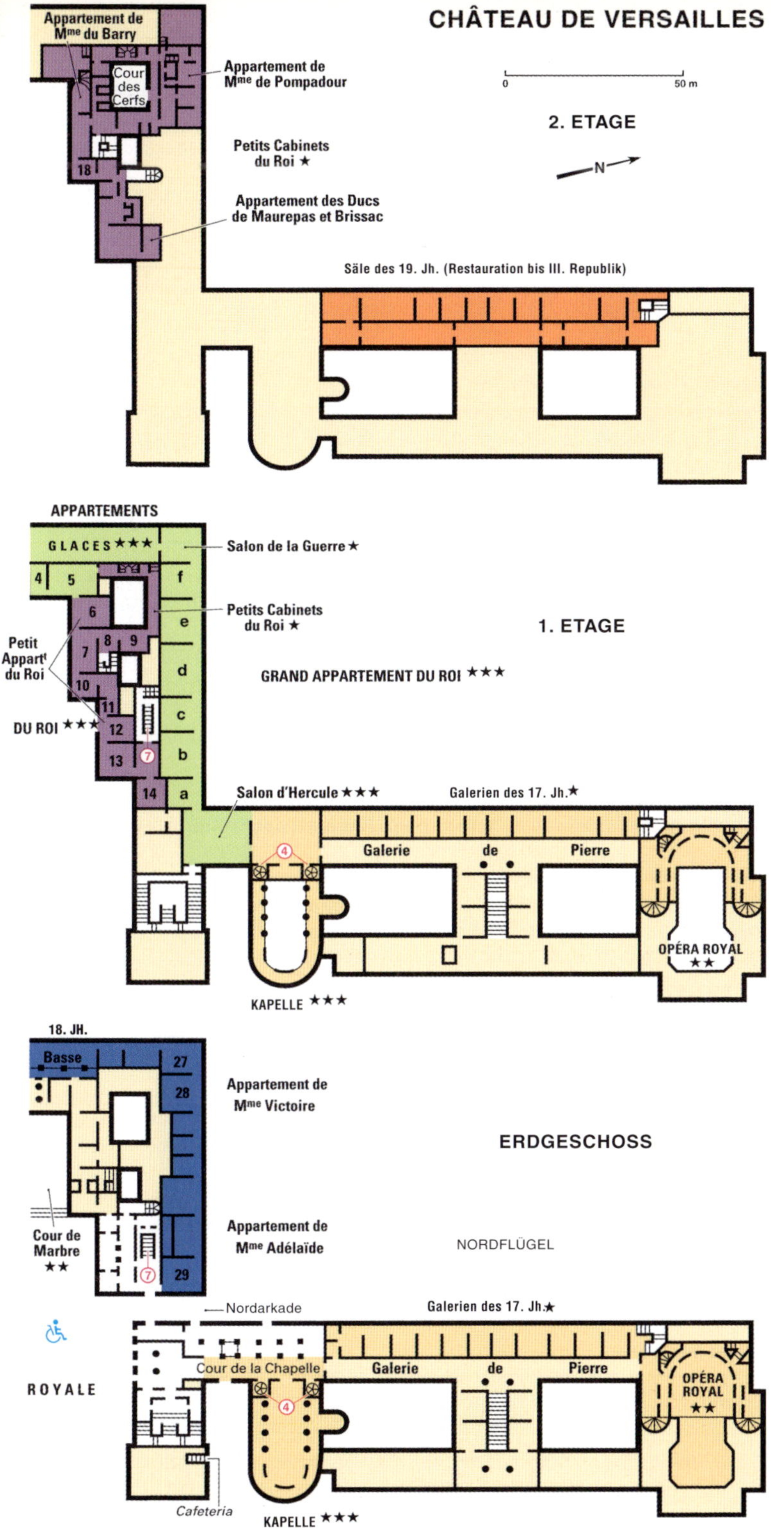

Etikette und Ästhetik zu Zeiten des Sonnenkönigs

Unter Ludwig XIV. lebten 3000 Personen im Schloss und den umgebenden Gebäuden. Ein Tag am Hof war eine minuziös geregelte Abfolge von Audienzen, Beratungen und Feierlichkeiten. Die Königin hatte immer links zu gehen, der König rechts. Der Sonnenkönig machte Versailles zum Inbegriff der Ästhetik, von hier aus wurde der Modegeschmack des gebildeten Europa geprägt. Bis 1671 spielte er selbst in Theaterstücken mit (als Götterfigur, Held oder römischer Kaiser). Er hatte einen Sinn für Musik und liebte die Kompositionen von Delalande oder Lully, legte Quinault Motive für dessen Opern nahe und wohnte den Proben bei. Er spielte Gitarre und lernte Cembalo. Besonders liebte er die Konzerte von Couperin.

Rundgang Appartement du Dauphin, Prince Héritier (Kronprinzgemächer)

Zu den Kronprinzengemächern gelangt man über den Wachensaal, der heute mit Gobelin-Wandteppichen, bestickt mit der *Geschichte des Königs*, geschmückt ist. Im zweiten Vorzimmer sind Porträts von Töchtern Ludwigs XV. von Nattier zu sehen.

Chambre du Dauphin (Schlafgemach des Kronprinzen) (19) – Ab 1684 wohnte hier Monseigneur (Sohn Ludwigs XIV.); der letzte Bewohner war der Sohn Ludwigs XVI. Die Innenausstattung von 1747 ist erhalten, man beachte den schönen Bücherschrank mit Lackplatten (Bernard Van Risenburgh – BVRB) und das Bett aus dem 18. Jh. Der Kamin gehört zu den schönsten im gesamten Schloss.

Grand Cabinet du Dauphin (Großes Kabinett des Kronprinzen) (20) – Das eckige Zimmer ist äußerst harmonisch. Hier sieht man Porträts von Nattier sowie Mobiliar von David. Den Globus gab Ludwig XVI. zur Bildung seines Sohnes in Auftrag.

Bibliothek (21) – Die Täfelungen aus Safranholz sind Originale; oberhalb der Tür sind Gemälde mit Seemotiven von Vernet zu bewundern.

Weiter geht es durch die Gemächer der Kronprinzessin.

Cabinet intérieur de la Dauphine (Inneres Kabinett der Kronprinzessin) (22) – Hier finden sich die gleichen Holzvertäfelungen wie in der Bibliothek des Kronprinzen. Beachten Sie die Kommode von Gaudreaux und den Sekretär von BVRB.

Chambre de la Dauphine (Schlafgemach der Kronprinzessin) (23) – Ein polnisches Bett und Stühle von Hertaut sind die Glanzstücke dieses Raumes. Porträts von Henriette und Adelheid als Flora und Diana von Nattier runden die Ausstattung ab.

Grand Cabinet de la Dauphine (Großes Kabinett der Kronprinzessin) (24) – Dieses ehemalige Wachenzimmer erinnert an die Hochzeit von Ludwig XV. mit Maria Leszczyńska. Anlässlich der Hochzeit des Kronprinzen mit Marie-Antoinette fertigte Lemaire ein Barometer an, das ebenfalls hier zu sehen ist. Auf dem Teppich: königliche Lilien (im nächsten Raum ersetzt durch Sterne der Revolutionszeit).

Deuxième antichambre (Zweites Vorzimmer) (25) – Der Kamin mit einer Büste des Regenten von Lemoyne stammt aus den Gemächern der Königin. Schöner Schrank von Boulle und Teppiche aus der Savonnerie.

Première antichambre (Erstes Vorzimmer) (26) – Mehrere Bilder befassen sich mit der Thronfolge Ludwigs XIV: Ein Porträt Ludwigs XV. im Alter von fünf Jahren von Alexis Belle (1723) sowie den Reiterzug nach der Krönung Ludwigs XV. von Martin.

Rundgang Appartements des Mesdames, Filles de Louis XV (Gemächer der Töchter von Ludwig XV.)

Untere Galerie

Sie wurde unter Ludwig-Philipp rekonstruiert und sieht noch heute aus wie zur Zeit Ludwigs XIV.; bis 1789 benutzte Marie-Antoinette diese Räume für ihre Kinder.

Appartement de Mme Victoire (Gemächer Viktorias)

Das ehemalige Badezimmer Ludwigs XIV. enthielt zwei marmorne Badegefäße und wurde mehrfach umgebaut, bis es zum Vorzimmer von Viktoria wurde.

Im **Grand Cabinet (27)** sind Holzvertäfelungen und ein Sims von Verberckt erhalten. Das ehemalige **Schlafzimmer von Viktoria (28)** hat exquisite Möbel.

Appartement de Mme Adélaïde (Gemächer Adelheids)

Diese Räume benutzte Adélaïde ab 1769 (zuvor die Marquise de Pompadour).
Die **Salle des Hoquetons (Uniformenzimmer) (29)** Botschaftertreppe. Die Proportionen des Raumes vermitteln einen Eindruck der 1752 zerstörten Treppe. Man beachte die monumentale **Pendeluhr★** (1754) von Passemant, Roque (Uhrmacher) und Germain (Bronzeschmied), die die Entstehung der Welt zeigt.

Besichtigung der Appartements privés du Roi, de la Reine, des Favorites et des Courtisanes (Privatgemächer des Königs, der Königin, der Favoriten und Kurtisanen)★

Diese Besichtigung ist besonders für Besucher zu empfehlen, die bereits mit Versailles vertraut sind und speziell die Verzierungen aus dem 18. Jh. zu schätzen wissen. *Führungen für Gruppen nach Reservierung (s. Tipps und Adressen) oder Einzelführungen vor Ort am selben Tag. Eintrittskarten im Ministerflügel.*

Petit appartement du Roi (Kleine Königsgemächer)

Diese königlichen Gemächer sind intimer als das Grand Appartement.

Chambre à Coucher (Schlafzimmer) (6) – Ludwig XV. und Ludwig XVI. gingen jeden Morgen zur Aufstehzeremonie in das Schlafzimmer Ludwigs XIV. und führten dort auch die Zeremonie des Zubettgehens durch, bevor sie in ihr eigentliches Schlafzimmer gingen. Ludwig XV. starb hier am 10. Mai 1774. Die Bilder oberhalb der Tür wurden durch Prinzessinnenporträts der Familie Ludwigs XV. ersetzt.

Cabinet de la Pendule (Uhrenkabinett) (7) – Unter Ludwig XV. war dies ein Spielzimmer. Die **pendule astronomique (astronomische Uhr)★★★** von Passemant und Dauthiau wurde 1754 hierher gebracht. Ein Kupferstreifen auf dem Parkett zeigt den Längengrad von Versailles an. Die Reiterstatue Ludwigs XV. in der Mitte des Raumes ist eine Replik von Vassé (Original von Bouchardon).

Antichambre des Chiens (Vorzimmer der Hunde) (8) – Durchgangszimmer zur Privattreppe. Die Holzvertäfelung stammt aus der Zeit Ludwigs XIV.

Speisesaal, „des Retours de Chasse" („Rückkehr von der Jagd") (9) – Ludwig XV. nutzte den Raum an Jagdtagen für Abendessen mit hochrangigen Jagdfreunden.

Cabinet intérieur du Roi (Inneres Kabinett des Königs) (10) – Das Zimmer ist ein Meisterwerk der Innenarchitektur und Dekorationskunst von Gabriel und Verberckt (Rocaille und Elfenbein). Man beachte den runden Schreibtisch★★★ (1769, von Œben und Riesener). Der Münzschrank (1738) des Elfenbeinkünstlers Gaudreaux ist mit vergoldeter Bronze verziert. Darauf steht ein Kandelaber (1783) zwischen zwei Sèvres-Vasen. Die Stühle stammen aus einem Ensemble von Foliot (1774).
Als nächstes gelangt man in den hinteren Büroraum, in dem Ludwig XV. und XVI. Dokumente unterzeichneten und besondere Abgesandte empfingen.

Der Alltag im Schloss

Zum Hofstaat gehörten zwischen 4000 und 5000 Personen, zu Spitzenzeiten waren es 10 000. Der **Großmeister des Königshauses** – ein Posten, der seit 1641 dem Prinzen von Condé zufiel – überwachte die jährlichen Kosten für Nahrungsmittel. Was übrig blieb, wurde verkauft, und zwar von allen, die an der Zubereitung und am Servieren der Speisen beteiligt waren. Dieses lukrative System hieß **desserte** (Verbindung). Fleisch und Fisch wurden den Versailler Händlern zurückverkauft; Getränke, Kaffee und Schokolade verkaufte man direkt an den Zufahrten oder Gittern.
Die Kurtisanen hatten keine eigene Küche. Sie mussten sich ihr Essen selbst kaufen (im Rahmen des **desserte**-Systems) und auf Kohlenöfen erwärmen. In vielen Zimmern gab es improvisierte Küchen; neben den Kurtisanen speisten hier auch Besucher und Bittsteller.

Versailles in Daten

1631 – Bau des Schlosses unter Ludwig XIII.
1643 – Tod Ludwigs XIII. Regierung Ludwigs XIV. Regierung Anna von Österreichs mit Premierminster Mazarin
1661 – Alleinige Regentschaft Ludwigs XIV. (nach dem Tod Mazarins entscheidet der Königs sich für eine Regierung ohne Premierminister)
1664 – Zeit der ersten großen Feste
1666 – Einweihung der Fontänen
1668 – Erweiterung des Hauptgebäudes unter Le Vau
1671 – Der König beschließt die Gründung der Stadt Versailles
1674 – Erster längerer Aufenthalt des Königs in Versailles
1682 – Hof und Regierung ziehen nach Versailles
1683 – Tod der Königin Maria Theresia. Heimliche Hochzeit Ludwigs XIV. mit Mme de Maintenon
1684 – Fertigstellung des Spiegelsaals. Bau der Orangerie unter Mansart
1687 – Der Porzellantrianon wird durch einen aus Marmor ersetzt
1710 – Geburt Ludwigs XV, Urenkel Ludwigs XIV.
1715 – Tod Ludwigs XIV. **Regierung Ludwigs XV.** Regierung Philipps von Orléans. Der Hof verlässt Versailles und kehrt 1722 zurück.
1729 – Geburt des Kronprinzen, Vater Ludwigs XVI., Ludwigs XVIII. und Karls X.
1741 – Vollendung des Neptunbeckens.
1745 – Beginn der zwölfjährigen „Regentschaft" von Mme de Pompadour, Favoritin Ludwigs XV.
1754 – Geburt Ludwigs XVI.
1768 – Vollendung des Kleinen Trianons (Kleines Lustschloss).
1770 – Hochzeit Ludwigs XVI. mit Marie-Antoinette
1774 – Tod Ludwigs XV. **Regierung Ludwigs XVI.**
1783 – Unterzeichnung der amerikanischen Unabhängigkeitserklärung
1789 – Französische Revolution. Die königliche Familie verlässt Versailles.

Cabinet de Mme Adélaïde (Kabinett der Mme Adélaïde) (11) – Das erste der 1753 von Ludwig XV. erneuerten Zimmer nahe des Königshofes, das „goldene Kabinett" verfügt über Rocaille-Holzvertäfelungen und goldene Wandverkleidungen mit Motiven aus den Bereichen Musik, Angeln und Garten. Mme Adélaïde nutzte es als Musikzimmer. Mozart soll hier als Kind im Winter 1763-1764 vorgespielt haben. Der Münzschrank★★ ist von Bennemann. Die Schubladen sind mit geschmolzenem Wachs verziert. Darauf wurden Glasplatten mit Vogelfedern und Schmetterlingsflügeln angebracht. Diese Technik ersetzte die Intarsien, da exotische Hölzer selten waren.

Bibliothek Ludwigs XVI. (12) – Gabriel und der Bildhauer Rousseau machten diesen Raum zu einem ersten Glanzstück des Stils Ludwigs XVI. (1774). Die Türen sind mit falschen Buchrücken verkleidet. Den runden Mahagonitisch von Riesener verwendete Ludwig XVI. zur Korrektur von Landkarten.

Salon des Porcelaines (Porzellanzimmer) (13) – Hier speisten Ludwig XV. und XVI. nach der Jagd von 1769 bis 1789. Bemalte Sèvres-Porzellanplatten sind zu sehen.

Salon des Jeux de Louis XVI (Spielsalon Ludwigs XVI.) (14) – Das Zimmer ist fast gänzlich im Originalzustand: Eckenverzierungen von Riesener (1774), Stühle von Boulard, karmesinrote und goldene Seide sowie Vorhänge und Sitze.
Nun geht es die Treppe Ludwig-Philipp (7) hinunter und über den nördlichen Bogengang hinaus (öffentlicher Durchgang zum Park). Das Zimmer im Erdgeschoss zeigt unter der Treppe die Anlage der (zerstörten) Botschaftertreppe.

Cabinets intérieurs de la Reine★ (Innere Gemächer der Königin)

Die Rückzugsräume der Königin liegen an zwei Innenhöfen und erlaubten den Königinnen nicht, wie der König außerhalb der Grands Appartements zu wohnen. Die Ausstattung geht hauptsächlich auf Marie-Antoinette zurück.

Cabinet doré (Goldenes Kabinett) (15) – Die Holzvertäfelungen der Gebrüder Rousseau markieren die Rückkehr zu von der Antike inspirierten Verzierungen: Rosenbänder, Sphinxe, Dreifüße etc. Schöne Bronzearbeiten, darunter der wunderbare

Lüster. Die Kommode stammt von Riesener; die Harfe von Nadermann (sie zeugt von der Liebe der Königin zur Musik).

Bibliothek (16) – Die Griffe an den Schubladen haben die Form zweiköpfiger Adler – das Wappentier der Habsburger.

Méridienne (Meridianzimmer) (17) – In diesem achteckigen Raum pflegte Marie-Antoinette sich auszuruhen. Es wurde 1781 von Mique anlässlich der Geburt des Kronprinzen gestaltet. Die Verzierungen thematisieren die eheliche Liebe und das Warten auf den gemeinsamen Sohn: Delfine, Lilien und von Pfeilen durchbohrte Herzen. Zwei Armstühle und eine Ottomane sind von Georges Jacob.
Die Pendeluhr ist ein Geschenk der Stadt Paris; der Tisch mit versteinertem Holz stammt von einer Schwester Marie-Antoinettes.

Besuch des **Appartement de Marie-Antoinette (Gemächer Marie-Antoinettes)** *(2. Stock, Gruppenbesichtigungen auf Anfrage – ☏ 01 30 83 77 88).*

Petits cabinets du Roi★ (Private Königsgemächer)

Diese Räume wechselten öfters ihren Zweck oder ihre Bewohner. Mme de Pompadour bewohte einige; Ludwig XVI. nutzte sie für Studien. Ludwig XV. zog sich hier mit seiner Familie oder seinen Mätressen zurück, um der Öffentlichkeit zu entkommen.

Appartement de Mme de Pompadour (Gemächer von Mme de Pompadour) – *2. Stock.* Dies waren die ersten der königlichen Favoritin zugedachten Gemächer; sie lebte hier von 1745 bis 1750. Im Grand Cabinet: Schöne Holzvertäfelungen von Verberckt.

Appartement de Mme du Barry (Gemächer von Mme du Barry) – *2. Stock.* Die Gemächer sind um den Hirschhof und den Marmorhof herum angeordnet. Zu besichtigen sind das Badezimmer, das Schlafzimmer, die Bibliothek, und der **Salon d'angle (Ecksalon) (18)**, dessen Aussicht Ludwig XV. gern genoss.

Appartements des ducs de Maurepas et Brissac (Gemächer der Herzöge von Maurepas und Brissac) – **2. Stock**. Die Räume waren den Ministern Ludwigs XVI. vorbehalten. Im Vergleich zu den königlichen Gemächern sind sie eher schlicht gehalten. Die Möbel stammen hauptsächlich aus dem Hause Windsor.

Tipps und Adressen

Allgemeine Hinweise

Informationsschalter – Im Ministerflügel befindet sich ein Informationsschalter, der hilft, die Besichtigung gut zu organisieren.

Bummelzug – Wer das Anwesen Marie-Antoinettes *(s. Karte S. 316/317)*, besichtigen möchte, kann mit einem Bummelzug dorthin gelangen.

Passeport un jour (Tageskarte) – Sie wird bis 15 Uhr verkauft und umfasst die Grands Appartements du Roi et de la Reine, die Chapelle, die Oper, die Galerien des 17. Jh. und der Geschichte Frankreichs, das Anwesen Marie-Antoinettes und den Großen Trianon sowie (in der Saison) die Grandes Eaux musicales (Große musikalische Wasserspiele). *Weitere Informationen und Tarife unter www.chateauversailles.fr*

Forfait Loisirs Château de Versailles – Das Bahnticket umfasst die Tageskarte sowie eine Hin- und Rückfahrt mit der Bahn (inkl. Metro) ab Paris. *Verkauf an den Ticketschaltern in den Bahnhöfen (Zonen 1 bis 6) und im Touristeninformationszentrum Île-de-France im Carrousel du Louvre. Weitere Informationen unter www.transilien.com*

Führungen und Vorträge – *☏ 0 825 056 847 – www.chateauversailles.fr – Führungen und Vorträge tgl. außer Mo und Fei – Reservierung vor Ort ab 9 Uhr am selben Tag nötig – Eingang über den Pavillon Dufour – zusätzlich zum Eintrittspreis 7,50 € (unter 18 J. 5,50 €).*

Audioguides für Kinder – *9-17.30 Uhr (16.30 Uhr in der Nebensaison) – Eintritt frei – die Audioguides sind für Kinder ab 8 J. geeignet (Besichtigung der Grands Appartements).*

Vor Ort erhältliche Videos – Ludwig XIV. und Versailles (CD-ROM); Komplott am Hofe von Versailles: Spiel und Dokumentation (CD-ROM); Besuch in Versailles (DVD in 9 Sprachen erhältlich).

Feste und Events

Konzerte – Automne musical du château de Versailles (Musikalischer Herbst) – *Ende Sept.-Mitte Dez.) Barockkonzerte – ☏ 01 39 20 78 00 – www.cmbv.fr*

Parc du château de Versailles★★★

YVELINES (78) – UMSCHLAGKARTE B2 UND D6 – MICHELIN LOCALKARTE 311 I3, ZOOMKARTEN 101 FALTE 22-23, 106 FALTE 17-18 – KARTE S. 316/317

Ludwig XIV. träumte einst davon, die Moorlandschaft von Versailles zu verändern. Tatsächlich gelang das Wunder, und heute findet man hier herrliche Gärten, Brunnen, Wasserbecken, Statuen, Grotten und Felsarrangements. Ein absoluter Höhepunkt ist das Spektakel der Grandes Eaux, die großen Wasserspiele, die den Sommer über stattfinden. Der Petit Trianon (Kleiner Trianon) und der Park Marie-Antoinettes zeigen eine persönlichere Seite. Ganz in der Nähe erinnert der Grand Trianon (Großer Trianon) an das Zeitalter Napoleons und Ludwig-Philipps.

Stéphane Sauvignier / MICHELIN

Blick auf die Orangerie mit ihrem geometrischen Grundriss.

Wegweiser – Das Schloss von Versailles erhebt sich am Ende der Avenue de Paris auf einem Hügel, der künstlich vergrößert wurde. Er liegt 10,5 m über dem Latone- und 30 m über dem Apollo-Becken, 32 m über dem Grand Canal und 17 m über der Orangerie. Das Schloss ist 18 km von Paris entfernt. Von der Porte-d'Auteuil geht es auf der A 13 Richtung Rouen, Ausfahrt Nr. 1 Versailles-Château. Mit dem RER C zur Gare de Versailles-Rive-Gauche. Zuganbindung von Paris-Gare St-Lazare (bis Gare de Versailles-Rive-Droite) oder von der Gare Montparnasse (bis Gare de Versailles-Chantiers). Mit dem Bus: Vom Pont-de-Sèvres mit der Linie 171 Richtung Versailles-Place-d'Armes. Der Bus Cityrama Versailles Tour *(✆ 01 39 24 88 88)* macht die Runde zwischen den Bahnhöfen von Versailles, den Stadtvierteln, dem Schloss und dem Trianon.

Parken – Neben dem Parkplatz auf der Place-d'Armes (vor dem Schloss) kann man in der Allée de Bailly, beim Grand Trianon, Petit Trianon und beim Hameau de la Reine (Weiler der Königin) parken.

Unbedingt sehenswert – Die Parterres, die Boskette der Kolonnade, der Enkelados- und Apollobrunnen; das berühmte Neptunbecken; das untere Parterre, die Orangerie, der Große Kanal, der Große Trianon und der Weiler Marie-Antoinettes.

Gut geplant – Für den Vormittag bietet sich ein Spaziergang durch den Park an; anschließend gehen Sie zu Fuß (oder fahren Sie mit dem Bummelzug) zum Anwesen Marie-Antoinettes und zum Großen Trianon.

Mit Kindern – Der Hameau de la Reine (Der Weiler der Königin) mit Bauernhof; eine Bootsfahrt auf dem Grand Canal; eine Fahrradtour oder Kutschfahrt durch den Park und die Wasserspiele werden den Kindern sicher gefallen.

Orte in der Nähe – JOUY-EN-JOSAS, MARNES-LA-COQUETTE, MARLY-LE-ROI, Château de VERSAILLES, Parc du château de VERSAILLES

Geschichte und Geschichten

Die königlichen Gärten – Der Schöpfer des französischen Barockgartens, **André Le Nôtre** (1613-1700), gestaltete auch den schönen Park von Vaux-le-Vicomte. Ludwig XIV. war beeindruckt und übertrug ihm 1661 die Aufgabe, den Park von Versailles anzulegen. Le Nôtre benötigte dafür insgesamt 36 Jahre.
Er arbeitete unter der Leitung Jean-Baptiste Colberts und zusammen mit **Charles Le Brun**, der viele Statuen und Brunnen gestaltete; später mit **Jules Hardouin-Mansart**, der vor allem die von **Louis Le Vau** erbaute Orangerie vergrößerte. An manchen Tagen befanden sich bis zu 36 000 Arbeiter auf der Baustelle. Ganze Wälder wurden abgeholzt, und 150 000 Pflanzen jährlich hervorgebracht. Der König interessierte sich für jedes Detail und verfasste 1697 einen Führer, in dem er genau festlegte, wie der Park idealerweise zu begehen sei: *Rundgang durch die Gärten von Versailles*.
Zur Bewässerung wurden Pumpen verwendet, die von Pferden angetrieben wurden. (Versailles liegt auf einem Hügel 130 m über dem Niveau der Seine) Das Wasser kam aus einem Weiher bei Clagny. Zusätzlich benötigte man Wasser aus der Bièvre und den Weihern von Trappes, Bois-d'Arcy und Rambouillet. Schließlich wurde das Aquädukt von Buc (580 m Länge) gebaut, um Regenwasser aus Saclay zu sammeln. Die berühmte „Maschine" von Marly-le-Roi *(s. dort)* konnte bis zu 2000 Kubikmeter Wasser aus der Seine ableiten.

Geometrie und Fantasie – Die Gärten von Versailles sind genau nach Plan angelegt und gelten als Archetypus des strengen französischen Barockgartens. Zwei große Achsen strukturieren die Anlage: Die Nord-Süd-Achse vom Neptunbecken bis zum Schweizer See, und die Ost-West-Achse von der Fassade des Spiegelsaals bis zum Ende des Großen Kanals. Hinter den verschiedenen bepflanzten Parterren und Wasserbecken liegt ein Netz gerader Alleen mit Laubengängen und Hecken, in deren Nischen große Statuen stehen. Boskette, Brunnen und viele weitere Elemente überraschen den Spaziergänger. Über 300 **Skulpturen** schmücken die Gärten und bilden das größte Freiluftmuseum klassischer Skulpturkunst. Marmor-, Bronze- und Bleistatuen wechseln sich ab mit Ziervasen.

Der Park im Lauf der Zeit – Vor der Revolution war der Park 8000 ha groß und umfasste die Schlossgärten, den Großen Kanal, die Menagerie und den Trianon sowie den Großen Park – mit Jagdgebieten und einigen umliegenden Dörfern. 43 km Mauer mit 22 Toren umgaben den Park. Nach dem Ende des Zweiten Kaiserreichs wurde der Park auf ca. 815 ha verkleinert. Die größte Entfernung zum Schloss beträgt nun ca. 950 m.
Der Orkan von 1999 hat den Park schwer beschädigt. Tausende Bäume wurden ausgerissen; die höchsten waren am stärksten betroffen, darunter sehr seltene Arten. Der Park wird nun Stück für Stück nach Aufzeichnungen aus dem Archiv restauriert und in den vorrevolutionären Zustand gebracht.

Zu Fuß unterwegs s. Karte S. 316/317

Die Gärten★★★

08 25 05 68 47 – Eintritt zu den Schlosshöfen, den Trianonhöfen und zum Park frei – tgl. von Sonnenaufgang bis Sonnenuntergang – Die Schlossgärten kosten während der Wasserspiele (Grandes Eaux musicales) Eintritt: Hochsaison (Sa/So/Fei) – 7 € (Kinder 5,50 €). Von der Schlossterrasse aus erstreckt sich die 3,2 km lange **Perspektive (Mittelachse)**★★★ über drei Parterres, den Grünen Teppich und den Großen Kanal hinweg. Eine zweite Achse (vom Neptunbecken bis zum Schweizer See) durchschneidet die erste auf Höhe der Terrasse über den Parterres. Auf jeder Seite befinden sich gerade Alleen und Boskette nach Le Nôtres Entwürfen.

★★ PARK
GRAND CANAL ★★
Petit Canal
la Ménagerie
Allée de la Av. de Choisy
Allée des Closeaux
Allée des Sabotiers
Allée des Paons
Allée de la Reine
Allée des Filles d'Honneur
Allée des Matelots
Allée de la Reine
Allée de Manège
Allée St-Antoine
Allée du Plat
Allée d'Apollon
Allée de Trianon
Grille des Matelots
Anlegestelle
Bassin d'Apollon ★
Petite Venise
Jardin du Roi ★
Colonnade ★★
Tapis vert ★
★★★ GÄRTEN
Bosquets du Midi
Bosquet de la Girandole
Bosquet du Dauphin
Bosquets du Nord
l'Étoile
Bassin de Latone ★
Pièce d'eau des Suisses
Escaliers des Cent-Marches
★★ Orangerie
Parterres du Midi ★
Parterre d'eau ★★
Parterre du Nord
Bosquet des Trois-Fontaines
Allée d'eau ★
Parterre Bas ★★
Bassin de Neptune ★★
Grille de Neptune
Grille de la Reine
Grille du Dragon
SCHLOSS ★★★
Rue des Réservoirs
R. de l'Indépendance Américaine
R. de l'Orangerie
Route de St-Cyr
Allée du Mail
Allée du Petit Pont
Avenue de Trianon
Boulevard de la Reine
Rue de la Div.on Leclerc
D 10
RAMBOUILLET
PARIS

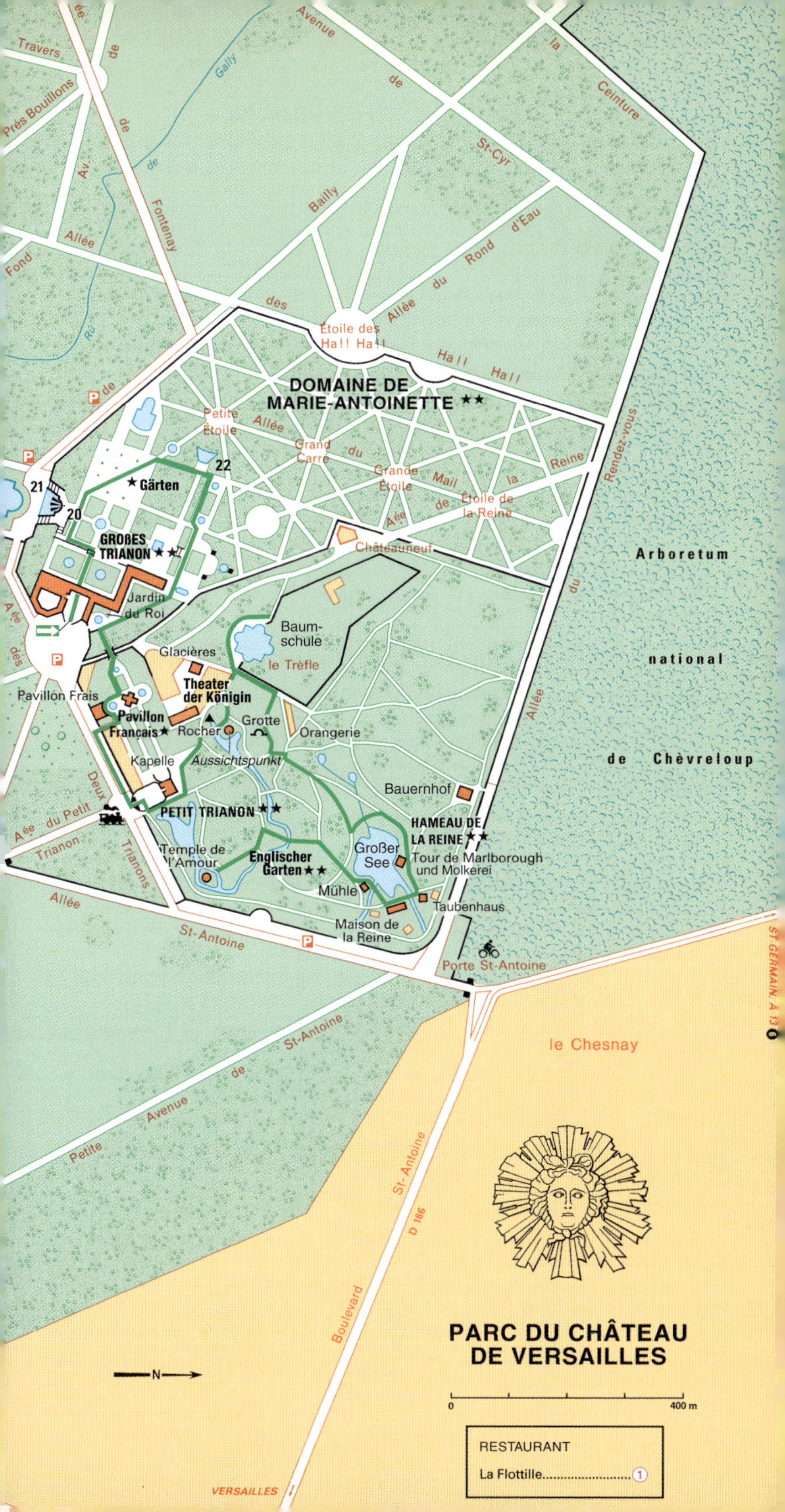
PARC DU CHÂTEAU DE VERSAILLES
0
400 m
N
RESTAURANT
La Flottille 1
DOMAINE DE MARIE-ANTOINETTE ★★
Étoile des Ha!! Ha!!
Allée des Ha!! Ha!!
Petite Étoile
Grand Carré
Grande Étoile
Allée du Mail la Reine
Étoile de la Reine
Allée du Rond d'Eau
Avenue de St-Cyr
Bailly
la Ceinture
Rendez-vous
Allée du Rendez-vous
Arboretum national de Chèvreloup
★ Gärten
22
21
20
GROßES TRIANON ★★
Jardin du Roi
Châteauneuf
Baum-schule
le Trèfle
Glacières
Theater der Königin
Pavillon Frais
Pavillon Français ★
Rocher
Grotte
Orangerie
Kapelle
Aussichtspunkt
PETIT TRIANON ★★
Bauernhof
HAMEAU DE LA REINE ★★
Temple de l'Amour
Englischer Garten ★★
Großer See
Tour de Marlborough und Molkerei
Mühle
Taubenhaus
Maison de la Reine
Porte St-Antoine
Allée St-Antoine
Allée du Petit Trianon
Deux Trianons
Petite Avenue de St-Antoine
le Chesnay
Boulevard St-Antoine
D 186
ST-GERMAIN, A 13
VERSAILLES
Travers
Prés Bouillons
Allée de Fontenay
Av. de Fontenay
Fond
Ru de Gally
Allée des Deux Trianons

Ein Königreich der Pflanzen

Versailles' 850 ha bestehen aus 43 km Alleen, 250 000 Alleebäumen, 16 000 qm Wald, über 17 km Laubengänge, 385 Topiari –die nach 58 von Le Nôtre entworfenen Modellen zugeschnittenen Eiben – und 9750 qm Parterres, in denen jedes Jahr 210 000 Pflanzen, 55 Brunnen und 600 Wasserspiele platziert werden. Zur Zeit des Sonnenkönigs wurden die Pflanzen bis zu 15 Mal im Jahr erneuert.

Während der **Wasserspiele** *(Grandes Eaux, s. Tipps und Adressen)* versprühen 620 Fontänen 36 000 Kubikmeter Wasser pro Stunde. Das Wasser stammt aus dem Großen Kanal; Marlys Vorrichtung, die das Wasser aus der Seine abpumpte, wurde 1968 abgebaut.

Axe du Soleil (Sonnenachse)

Parterre d'eau★★ (Wasserparterre) – Die beiden Becken bilden einen Vorplatz, auf dem die Achsen der Gärten und der Nord- und Südparterres zusammenlaufen. Die Brunnenränder sind mit Statuen bestückt, die die großen Flüsse Frankreichs (Männerfiguren) sowie deren Zuflüsse (Frauenfiguren) symbolisieren. Seitlich davon wechseln sich Gruppen von Kindern mit schlafenden Nymphen ab. Diese Meisterwerke stammen von den Gebrüdern Keller.

Latona-Brunnen und Parterre★ – Über große Stufen und eine Doppelrampe geht es hinab zum Wasserparterre und dem Latona-Brunnen. Zu beiden Seiten befinden sich Brunnen. Die dortigen Bronzefiguren zeigen gegen wilde Raubtiere kämpfende Hunde.

Point du Jour (1) – Die Skulptur stammt von Marsy. Die beiden anderen sind *Das Wasser* von Legros und *Der Frühling* von Magnier.

Diane chasseresse★ (Diana als Jägerin) (2) – *Die Luft*, ein Werk von Le Hongre, blickt Richtung *Le Point du Jour*. Daneben steht *Diana als Jägerin* oder *Abendstunde* von Desjardins. Die andere Statue zeigt *Venus* oder *Mittagsstunde* von Marsy. Diese Werke gehören zu den schönsten des Parks.

Latona-Brunnen★ – Die Figurengruppe aus Marmor zeigt Apollos Mutter Latona und Diana. Sie verlangt von Jupiter, dem Vater ihrer Kinder, die Bestrafung der Bauern, die ihr Badewasser beschmutzt und sie beschimpft hatten. Einige der Schuldigen wurden bereits in Schildkröten oder Frösche verwandelt. An den seitlichen Brunnen ist die Verwandlung in Eidechsen und Kröten noch im Gange. Die Latonastatue war ursprünglich auf das Schloss ausgerichtet, sodass die Allegorie auf den König, der, wie Jupiter, über öffentliche oder private Beleidigungen richtet, noch offensichtlicher zu verstehen war.
Rechts unterhalb der Rampe befindet sich die Statue der **Muschelnymphe (3)**. Es ist eine Kopie des (im Louvre befindlichen) Originals von Coysevox.

Allée royale (Königsallee) – Sie ist der Mittelpunkt des Parks und wurde nach Le Nôtres Plänen rekonstruiert. 1680 kam ein Hauptparterre hinzu – der Grüne Teppich. Die Allee wird von Vasen und Statuen gesäumt wie *Kyparissos und sein Hirsch* von Flamen oder *Dido auf dem Scheiterhaufen* von Poulletier.

Gehen Sie zu den südlichen Bosketten.

In der Allée du Midi steht die *Vénus von Richelieu* **(4)** von Le Gros (nach dem Modell eines antiken Torsos).

Bosquets du Midi (Südliche Boskette)

Bosquet de la Girandole (Feuerrad-Boskett) – Entstanden unter Ludwig XIV., ist es eines der ältesten Boskette des Parks.

Bosquet de la Salle de Bal★ (Ballsaal-Boskett) (5) – Dies war Le Nôtres letztes Werk (1678-1682). Hier tanzte früher der Hofstaat. Das Amphitheater besteht aus Rampen, Rasenbänken und im Rocaille-Stil gefertigten Stufen; Wasserfontänen verliehen den Bosketten Leben. Das Ensemble ist mit Muscheln aus Madagaskar und Lapislazuli-Steinen sowie mit Vasen und vergoldeten Bleileuchtern sehr ausladend geschmückt.

Bassins des Saisons (Jahreszeitenbrunnen) – Die Brunnen befinden sich links und rechts auf Parallelachsen zum Grünen Teppich. Die vergoldeten Bleifiguren sind auf der Südseite *Bacchus oder der Herbst* **(6)** von Marsy, *Saturn oder der Winter* **(9)** von Girardon; auf der Nordseite hinter der Kronprinzen-Boskette *Flora oder der Frühling* **(13)** von Tuby sowie *Ceres oder der Sommer* **(14)** von Regnaudin.

Bosquet de la Reine (Boskett der Königin) (7) – Es entstand 1777 anstelle des einstigen Labyrinths. Wegen der umstehenden Ahornbäume ist es dort im Herbst besonders schön. In der Mitte befinden sich Büsten und Bronzestatuen, darunter die *Kapitolinische Aphrodite* und der *Kämpfende Gladiator*, die nach antiken Vorbildern gefertigt wurden.

Bassin du Miroir (Spiegelbrunnen) (8) – In den Südlichen Bosketten bildeten zwei Brunnen die „Königliche Insel". Ludwig XVIII. ließ den größeren durch einen Englischen Garten, den Königsgarten, ersetzen. Übrig blieb der von Statuen umgebene Spiegelbrunnen.

Jardin du Roi★ (Königsgarten) – Dieser Garten neben dem Spiegelbrunnen blüht im Frühling sehr schön. Man beachte die Anordnung der Bäume und die schöne Rasenfläche in der Mitte.

Bosquet de la Colonnade★★ (Kolonnaden-Boskett) – *Normalerweise nicht zugänglich; durch das Gitter jedoch gut sichtbar.* Der Säulengang wurde 1684 von Mansart erbaut. Der Ring aus 32 Marmorsäulen weist ein subtiles Farbspiel auf: blau, rot, flieder und weiß. Flachreliefs schmücken die Schlusssteine. In der Mitte: *Raub der Proserpina* von Girardon.

Bassin d'Apollon★ (Apollo-Brunnen) – Die Gruppe ist ein Werk Tubys und zeigt den Wagen des Sonnengottes Apollon, der inmitten der Meeresungeheuer auftaucht, um die Welt zu erleuchten.
Der folgende Vorplatz ist von Statuen eingerahmt. Einige von ihnen bestehen zum Teil aus antiken Stücken (man beachte den Linienverlauf der einzelnen Fragmente).

Bosquets du nord (Nördliche Boskette)

Bosquet des Dômes (Kuppel-Boskett) (10) – Die beiden namensgebenden Pavillons von Mansart wurden 1820 abgerissen. Um den Brunnen herum sind auf Flachreliefs typische Waffen aus verschiedenen Ländern zu sehen. Schöne Statuen, darunter *Acis* und *Galatea* von Tuby.

Bosquet de l'Encelade★★ (Enkelados-Boskett) (11) – Dieses barocke grüne Boskett wurde 1998 restauriert. Die hölzerne Rotunde wird von Pavillons mit Triumphbögen geschmückt. In den vergoldeten Kupfervasen wurden Buchsbäume gepflanzt,

C. Milet / Château de Versailles

Vom Apollo-Brunnen blickt man auf die Westfassade des Schlosses.

die in die Form von Krügen geschnitten werden. Die drastische Thematik der Skulpturen kontrastiert mit den anderen im Garten. Aus dem Felsen treten nur Enkelados' Kopf und Schultern hervor; er hatte die Brocken aufgetürmt, um zum Himmel zu klettern, jetzt begraben sie ihn – Warnung des Sonnenkönigs an Fouquet.

Bassin de l'Obélisque (Obeliskenbrunnen) (12) – Zum hohen Becken von Mansart führen Stufen. Während der Wasserspiele, den Grandes Eaux, bilden die zahlreichen Fontänen einen Obelisken aus Wasser.

Bosquet du Dauphin (Boskett des Kronprinzen) – Es stammt aus der Zeit Ludwigs XIV. und wurde im Jahr 2000 restauriert.

Bosquet des Bains d'Apollon★★ (Apollon-Boskett) (15) – Nur während der Grandes Eaux geöffnet. Der Garten wurde 1776 nach den Entwürfen von Hubert Robert angelegt und wird von einem Englischen Garten begleitet (die dortigen Laubbäume wären im Versailles des 17. Jh. undenkbar gewesen). Am Ufer eines kleinen Sees befindet sich in einer Grotte die **Apollon-Gruppe★**. Apollon ruht sich aus und wird von Nymphen bedient (Skulpturen von Renaudin). Zu beiden Seiten werden seine Sonnenpferde gestriegelt (Skulpturen von Marsy und Guérin).

Carrefour des Philosophes (Philosophenkreuzung) (16) – Von hier aus bietet sich ein schöner **Blick★★** „im Profil" auf das Schloss *(Nordwestansicht)*. Auch die ansteigende Allee, rechts von Statuen und links von einer Doppelreihe Eiben begrenzt, ist von hier aus einen Blick wert.

Bassins de Neptune, du Dragon, allée d'Eau (Neptun-Brunnen, Drachenbrunnen, Wasserallee)

Bassin de Neptune★★ (Neptun-Brunnen) – *Stellen Sie sich auf die Brunnenachse neben die Statue von Renommée.* Der Brunnen weicht von dem strengen Aufbau der Anlage in Versailles stark ab, weil er über das Gartenviereck nördlich hinausragt. Dieser größte Brunnen Versailles' stammt von Le Nôtre. Die Bleifiguren *Neptun und Amphitrite* sind von Göttern und Meerestieren umgeben (Skulpturen von Adam, Lemoyne und Bouchardon).

Bassin du Dragon (Drachenbrunnen) (17) – Der allegorische Sieg über die Meeresungeheuer erinnert an den Sieg des Absolutismus in den *Fronde*-Kriegen im 17. Jh.

Allée d'Eau ou des Marmousets★ (Wasser- oder Marmosettenallee)– 22 kleine Marmorbecken, dazu Gruppen von je drei Kinderstatuen aus Bronze, die Vasen aus rosa Marmor tragen.

Die Parterres und die Orangerie

Nordparterre – Es stammt aus dem Jahr 1668 und lag unterhalb des ersten königlichen Appartements.

Bassin des Nymphes de Diane (Brunnen der Nymphen Dianas) (18) – Rund um den Brunnen sind **Flachreliefs★** von Girardon angebracht. Sie inspirierten unter anderem Renoir.

Unteres Parterre★★ – Im Norden und Osten wird es von an die Bosketten grenzenden Statuen gesäumt (mit den Themen: die Teile der Welt, Jahreszeiten, Gedichte, die Temperamente des Menschen). Der **Pyramidenbrunnen★ (19)** aus Blei von Girardon begeistert durch seine detaillierte Ausarbeitung und seine Verzierung mit Molchen, Delfinen und Krebsen. Am Ende der Treppe befinden sich der **Scherenschleifer**, eine Bronze nach antikem Vorbild, sowie die **Venus mit der Schildkröte**. Sie lehnt sich an eine der schönsten Arbeiten Coysevox' an.

Südparterres★ – Diese Parterres mit Buchsbaumarabesken lagen unterhalb der Fenster der Königin. Vom Rand der Terrasse der Orangerie erstreckt sich der **Blick★** auf den **Schweizer See** (700 m) und die Anhöhen von Satory.

Orangerie★★ – Sie wurde von Louis Le Vau entworfen und 1684 von Jules Hardouin-Mansart umgestaltet; die Doppelfenster aus der damaligen Epoche sind erhalten geblieben. Unter Ludwig XIV. beherbergte das schlichte Gebäude (Länge 155 m) 3000 seltene Bäume, davon 2000 Orangenbäume. Heute befinden sich hier 1080 Bäume; einige davon stammen aus der Zeit des Ancien Régime. Im Sommer stehen im Parterre die Kübel mit Orangenbäumen, Oleander, Myrte, Granatapfel- und Zitronenbäumen sowie Palmen. Das Parterre wurde 2001 restauriert und hat nun seine ursprüngliche Gestalt wie unter Ludwig XIV. Die Orangerie ist um zwei Flügel erweitert, in denen die **Treppe der Hundert Stufen** untergebracht ist.

Der Park★★

Tgl. 7 Uhr (im Sommer) und 8 Uhr (im Winter) bis Sonnenuntergang. Gebührenpflichtiger Parkplatz. Parkplätze beim Weiler der Königin, beim Kleinen Trianon, beim Großen Trianon und beim Großen Kanal – Zweiräder 2,50 €, Autos 4,50 € (Mo-Fr), 5,50 € (Sa/So). Eingang beim Tor der Königin (grille de la Reine) nach dem Boulevard de la Reine oder der Porte-St-Antoine. Parkplätze außerhalb des Parks: Place-d'Armes und beim Tor der Königin. Manchmal kann man bei der grille des Matelots (Matrosentor) parken.

Grand Canal (Großer Kanal)★ – Er wurde 1670 in Betrieb genommen und misst 1670 m, der ihn kreuzende Kleine Kanal ist 1070 m lang. Die Wiederaufforstung um den Kanal herum orientiert sich an der Vielfalt der damaligen Zeit: Weißbuchen, Eiben, Kastanienbäume und Linden bis maximal 18 m Höhe.

Der Hauptarm des Großen Kanals ist eine exakt ausgetüftelte, optische Illusion: Er ist nicht an allen Stellen gleich breit (ca. 62 m), um die harmonische Perspektive von der Schlossterrasse aus zu bewahren. Die benachbarten Gebäude gehören zu Klein-Venedig, wo die venezianischen Matrosen, Piloten der königlichen Flotte, untergebracht waren (Gondeln, Modelle kleinerer Kriegs- und Handelsschiffe usw.).

Sehenswürdigkeiten

Le Domaine de Marie-Antoinette et le Grand Trianon★★ (Anwesen Marie-Antoinettes und Grosser Trianon)

Die Avenue de Trianon (1 km) führt direkt zum Neptuntor beim Anwesen Marie-Antoinettes und dem Großen Trianon. Vom Beginn des Großen Kanals aus gelangt man direkt dorthin. ✆ 08 25 05 68 47 – www.chateauversailles.fr – April-Okt. 12-18.30 Uhr; Nov.-März 12-17.30 Uhr; 1. Jan., 1. Mai, Pfingsten, 25. Dez. geschl. – die Eintrittskarte zum Anwesen Marie-Antoinettes umfasst das Kleine und Große Trianon, den Weiler der Königin, das Theater der Königin, den Liebestempel und den Aussichtspavillon – 10 € (unter 18 J. frei).

Das Anwesen wurde bis 2008 restauriert und erstrahlt heute im früheren Glanz.

Château du Petit Trianon★★ (Kleines Trianon)

Der Kleine Trianon entstand aus Ludwigs XV. Leidenschaft für Botanik und Agrarwirtschaft. Er ließ hier eine „Menagerie" (einen experimentellen Bauernhof), einen botanischen Garten und Gewächshäuser anlegen. Eine Botanikschule unter der

Stéphane Sauvignier / MICHELIN

Der Weiler der Königin mit seinen normannisch anmutenden Häusern.

Steinsilhouetten

Die Statuen (*Die Luft, Die Abendstunde, Der Frühling* etc.) waren Teil der so genannten „großen Bestellung", die von Colbert 1674 an die Künstler weitergeleitet wurde: 30 Marmorskulpturen, darunter 24 Statuen, unterteilt in 6 thematische Gruppen: Die vier Elemente, die vier Tageszeiten, die vier Gedichte, die vier Jahreszeiten, die vier Teile der Welt und die vier Temperamente des Menschen. Doch mit ihnen wäre die Harmonie des strengen französischen Parterres zerstört worden. Die Statuen wurden stattdessen entlang der einzelnen Parterres aufgestellt.

Leitung des Botanikers Bernard de Jussieu kam hinzu. 1768 vollendete Gabriel das Schloss, in das Mme de Pompadour nicht mehr einziehen konnte, obschon sie das Projekt angestoßen hatte. Ludwig XVI. schenkte es 1774 seiner damals 19-jährigen Frau Marie-Antoinette. Sie lebte hier mit ihren Kindern und ihrer Schwägerin.
Die Landschaft wurde im englischen Stil gestaltet und mit kleinen Bauwerken geschmückt. Die Königin arbeitete dabei mit dem Architekten **Richard Mique** und dem Gartenbaumeister **Claude Richard** zusammen.
Das Schloss wurde mehrfach restauriert und neu möbliert. 1867 wurde es in ein Museum für Marie-Antoinette umgewandelt.
Die schlichte Fassade zeugt von Gabriels Talent: vier Säulen, darüber eine luftige Galerie und zwei Treppen, die von den Terrassen zum Garten führen – ein Meisterwerk des Stils Ludwigs XVI. Die restaurierten Zimmer spiegeln die Kunst Guiberts wieder, der mit den **Holzvertäfelungen★★** beauftragt wurde.

Appartements

Der erste Stock besteht aus einem Empfangszimmer und privaten, raffiniert ausgestatteten Räumen. Das **Vorzimmer** ist ein Durchgangszimmer, in dem ein Porträt Marie-Antoinettes von Vigée zu sehen ist, sowie eine Konsole von J. H. Riesener. Das **Esszimmer** ist mit großen Tischen ausgestattet, die mit kulinarischer Motivik verziert sind: *Die Ernte* von Lagrenée, *Die Jagd* von Vien, *Die Weinernte* von Hallée und *Das Angeln* von Doyen. Die Stühle sind im etruskischen Stil gehalten und stammen von dem Bauernhof der Königin (G. Jacob). Das **kleine Esszimmer Ludwig XV.** enhält *Die Marquise von Pompadour als schöne Gärtnerin* von Carl Van Loo (1760), Gemälde von Jean-Baptiste Patter und zwei in Buchsbaum und Ebenholz gefasste Straußeneier.
Der **Salon de Compagnie (Gesellschaftszimmer)** war dem Spiel und der Musik gewidmet; die Holzvertäfelungen sind mit dem von Lilien durchflochtenen Buchstaben L geschmückt. Das Boudoir ist mit ganz besonderen Fenstern ausgestattet, die sich auf Wunsch durch spezielle Scheiben verdunkeln ließen. Marie-Antoinettes Schlafzimmer enthält exquisites Mobiliar von G. Jacob. Von hier gelangt man in das Badezimmer, das von der Herzogin von Orléans in Auftrag gegeben wurde.

Französischer Garten

Die von Gabriel erbaute **Kapelle** verfügt über eine Königstribüne mit Balustrade gegenüber des Altars und ist sehr schlicht gehalten. Den Altar schmückt ein Gemälde von Vien aus dem Jahr 1774, das den hl. Ludwig und Margarethe von Provence beim Besuch des hl. Theobald, des Abts von Vaux-de-Cernay, zeigt. Er übergibt dem Königspaar einen Lilienzweig, dessen elf Blüten die Nachfahren ankündigen.
Der **Pavillon français★** von Gabriel (1749) war ein Rückzugsort für Ludwig XV. Um den runden Salon gruppieren sich vier Zimmer (ein Boudoir, ein Raum, in dem Speisen warmgehalten wurden, die Küche und ein Ankleidezimmer). Er ist reich verziert, acht korinthische Säulen stützen ein Gesims, das mit einem Fries mit Vogelmotivik geschmückt ist. Der **Pavillon frais (neuer Pavillon)** (1751-1753), auch von Gabriel, diente im Sommer als Speiseraum. Hier ließ der König Produkte aus dem Milchhof und dem benachbarten Gemüsegarten *(wird im Moment restauriert)* verkosten.

Englischer Garten★★

Das **Theater der Königin** wurde zwischen 1925 und 1936 restauriert und grenzt an den Französischen Garten. Marie-Antoinette betraute Mique 1777 mit der Anlage. Im Saal finden 200 Zuschauer Platz; die Stoffbespannungen sind aus Samt und blauem

Satin; es gibt zwei technische Vorrichtungen. Die Dekoration der Bühne mit Pappmaché unterstreicht den inoffziellen Charakter des Theaters, in dem nur der engste Kreis um die Königin zusammenkam. Die zwei Leuchter werden von Frauenskulpturen mit Füllhörnern gestützt. Auf der von Lagrenée bemalten Decke erkennt man *Apollon umgeben von Grazien und Musen*.

Gebäude im Englischen Garten und Gebäude um das Trianon

Mit dem Maler Hubert Robert schuf Mique 1777 bis 1787 einen pittoresken Garten mit einem Bach, geschwungenen Alleen und Seen. Im Garten waren kleine Gebäude verteilt; wie der **Temple de l'Amour (Liebestempel)**, in dem eine Nachbildung der Bouchardon-Statue *Eros schnitzt seinen Bogen aus der Herkuleskeule* zu sehen ist. Auch der **Aussichtspavillon** ist von der Antike inspiriert. Andere Konstruktionen ahmen die Natur nach, über einem kleinen See etwa der **Felsen** mit Wasserfällen oder die **Grotte** – von hier aus bietet sich ein schöner Blick auf den Englischen Garten.

Hameau de la Reine★★ (Weiler der Königin) – Ein Dutzend um einen See gelegene, normannisch inspirierte Häuser bilden diesen kleinen, rustikalen Weiler etwas abseits vom **Bauernhof**. Dazu gehören ein Garten, ein Obstgarten und ein Wäldchen. Erhalten ist auch die **Mühle** mit Schaufelrad und der tour de la Pêcherie (Fischerturm), die **Maison de la Reine** mit ihrer Wendeltreppe, der **Taubenschlag** und das **Réchauffoir** (Bereich der Küche zum Warmhalten vo Speisen), sowie die Überreste der **Scheune**, die als Ballsaal genutzt wurde, und der **Milchhof**, wo die Milchprodukte verkostet wurden (für die Produktion gab es hier früher einen eigenen Milchhof). Jedes Gebäude hier war einst mit einer besonderen Bepflanzung verbunden: Pappeln beim Aussichtspavillon, Trauerweiden um den Liebestempel herum ... Seit dem Jahr 2000 findet sich ganz in der Nähe das **Bosquet des États-Unis (Wäldchen der Vereinigten Staaten)** – hier wurde der erste Baum nach dem großen Sturm gepflanzt. Die nach dem 11. September 2001 gepflanzten 50 amerikanischen Bäume im Wäldchen symbolisieren die Bundesstaaten Amerikas. Nahe beim Weiler der Königin liegt der Bauernhof, dessen zahlreiche Tiere die Kinder begeistern werden.

Großer Trianon★★

Von 1670 bis 1687 gab es hier nur das Trianon aus Porzellan, der mit Delfter Fayence-Platten verkleidet war. Dort nahmen Ludwig XIV. und Mme de Montespan regelmäßig kleinere Mahlzeiten zu sich. Doch das Trianon war nicht robust genug und verfiel schnell. Binnen sechs Monaten baute Mansart an dieser Stelle das Trianon aus Marmor, das Ludwig XIV. und seiner Familie vorbehalten war. Die Möbel wurden während der Revolution geplündert. Napoleon I. ließ das Trianon neu möblieren, unter Ludwig-Philipp wurde es restauriert.

Stéphane Sauvignier / MICHELIN

Die Säulenhalle des Großen Trianon besteht aus rosafarbenem Marmor.

Schloss★★ – Durchquert man den halbrunden Hof, blickt man auf zwei durch eine Säulenhalle verbundene Gebäude aus rosa Marmor. Nicht vom Hof aus sichtbar ist der senkrecht zur Galerie verlaufende Flügel, der „Trianon-sous-Bois" (Trianon im Wald; *Besichtigung wie beim Grand Trianon*). Die Loggia öffnet sich zum Hof und den Gärten hin (von Robert de Cottes). Hier fanden Abendessen und Empfänge statt.
Die schlichte Innenarchitektur der **Appartements** hat sich seit Ludwig XIV. kaum verändert. Das Mobiliar stammt aus der Zeit des Kaiserreichs, der Restauration und Ludwig-Philipps. Die Bilder sind von französischen Malern des 17. Jh.
Im linken Flügel befindet sich der **Salon de Glace (Spiegelzimmer)**, der als Ratszimmer diente. Man beachte die Empire-Möbel und die Seidenvorhänge, die *Die vier Teile der Welt* zeigen und auf Geheiß Marie-Antoinettes angefertigt wurden.
Das **Schlafzimmer** enthält ein von Napoleon geordertes Bett und wurde für Ludwig-Philipp umgestaltet. Napoleon ließ den Raum auf Höhe der Säulen teilen, doch auch heute noch ist die klare Linienführung des alten Empire-Salons gut erkennbar.
Die **Salons** im rechten Flügel wurden für Audienzen genutzt. Sie wurden unter Ludwig-Philipp persönlicher gestaltet und sind mit Gemälden französischer Meister des 17. Jh. dekoriert. Im ehemaligen **Musiksalon** Ludwigs XIV. traten Musiker auf.
Im **Salon des Malachites (Malachitsalon)** sind Vasen, Leuchter und Schränke mit Malachit verziert. Malachit wird in Sibirien gewonnen. Die Möbel sind ein Geschenk von Zar Alexander I. an Napoleon nach dem Frieden von Tilsit.
Der nördlich gelegene **Salon Frais (Neuer Salon)** präsentiert vier Gemälde nach den Entwürfen von Mansart für das Große Trianon. Sie zeigen das alte Schloss Versailles und die Gärten. Die beiden Schränkchen (1810) und die Konsole (1806) sind von Jacob-Desmalter nach einer Zeichnung von Percier.
Der **Salon des Sources** (**Quellensalon**, topographisches Zimmer Napoleons) gewährt Zugang zum Appartement des Kaisers *(Besichtigung auf Anfrage)*.
Die nun folgende **Galerie★** zeigt 21 Bilder von Cotelle, darauf u. a. die Bosketten von Versailles und den Trianon zur Zeit Ludwigs XIV. Man beachte die Empire-Lüster von Montcenis (Le Creusot). Am Ende der Galerie liegt der **Salon des Jardins (Gartensalon)**, in den das Licht und die dekorativen Stühlen eine äußerst stimmungsvolle Atmosphäre schafft.

Gärten★

Die Gärten des Großen Trianons sind schlichte Blumengärten. Die Terrasse des **unteren Gartens (20)** liegt über der hufeisenförmig zum **Brunnen (21)** hinabführenden Treppe. Hinter den Parterres erstreckt sich ein Wäldchen mit schönen Alleen und einsamen Brunnen. Einige der Blumensorten, die im 17. und 18. Jh. beliebt waren, wurden hier wieder angepflanzt. Man beachte vor allem das so genannte Wasserbuffet **(22)**. Der Brunnen von Jules Hardouin-Mansart zeigt Neptun und Amphitrite gemeinsam. Gehen Sie um den Flügel Trianon-sous-Bois herum und in den ehemaligen Privatgarten des Königs. In den umgebenden Flügeln waren einige Zeit lang die Appartements von Mme Maintenon und Ludwig XIV. eingerichtet.
Wenn Sie zum Kleinen Trianon zurück wollen, überqueren Sie den Pont de Réunion (entstanden unter Napoleon I.).

Marie-Antoinette und die Feste bei Hofe

1777 veranstaltete Marie-Antoinette für den König einen Jahrmarkt im Englischen Garten. Die Königin war als Limonadenherstellerin verkleidet, die Gäste kostümierten sich als fahrende Händler. Ein andermal organisierte sie ein chinesisches Fest. Auf dem Programm standen üblicherweise eine Theateraufführung, ein Abendessen und die Feier in den beleuchteten Gärten. An den Sonntagen im Sommer wurden Zelte aufgestellt, die als rustikale Ballsäle dienten. Die Königin spielte gern Theater: 1780 verkörpte sie Colette in Rousseaus *Der Dorfwahrsager* und 1784 Rosine im *Barbier von Sevilla* (von Beaumarchais). Ihre adeligen Schauspielerkollegen – der Graf von Artois, der Graf von Vaudreuil, die Herzogin von la Guiche und die Komtesse von Polignac – bildeten die „Herrentruppe". Aber sie sah auch gerne zu und lud bekannte Schauspieler ein. Nach der Halsbandaffäre im Jahr 1785 trat Marie-Antoinette nicht mehr auf.

Tipps und Adressen

Essen und Trinken

Tipp – In den Gärten ist das Picknicken verboten, im Park jedoch erlaubt (vom Bereich des Großen Kanals an). 5 Min. zu Fuß vom Schloss entfernt liegt der **Schweizer See**, von dem der Blick bis zu den bewaldeten Hängen von Satory reicht. Das schattige Plätzchen mit prachtvoller Sicht auf das Schloss bietet sich für ein Picknick an.

La Flottille – *Schlosspark – Grand Canal – 78000 Versailles – ✆ 01 39 51 41 58 – www.laflottille.fr – abends geschl. außer während abendlicher Feste – Reserv. So nötig – 26/35 €.* Am Ufer des Großen Kanals steht dieser kleine Pavillon vom Ende des 19. Jh. Es gibt ein Restaurant, eine Brasserie und ein Café.

Sport und Freizeit

Fahrrad – *Astel – 44 ter bd St-Antoine – 78000 Versailles – ✆ 01 39 66 97 66 – tgl. außer Regentage 10-18.30 Uhr – 5 €/Std., beim Königinnentor und bei der Porte St-Antoine: Sa/So/Fei 10.30-18.30 Uhr (Juli-Aug. tgl. außer Mo 13-18.30 Uhr, Sa/So/ Fei 10-18.30 Uhr) – 6 €/Std.; Dez.-Jan. geschl.* Von Feb. bis Ende Nov. gibt es drei Zweigstellen des Fahrradverleihs im Schlosspark (die dritte am Großen Kanal).

Boot – *Nautic Plaisance – 44 ter bd St-Antoine – 78000 Versailles – ✆ 01 39 66 97 66 – Ende März – Ende Okt. 10-18 Uhr; Dez.-Feb. geschl. – 14 €/Std.* Startpunkt beim Restaurant La Flottille.

Bummelzug – *✆ 01 39 54 22 00 – www.train-versailles.com* – Rundfahrt (50 Min.) mit Halt beim Trianon und beim Großen Kanal. Abfahrt am Nordparterre – *ganztägig – 6 € (unter 11 J. frei).*

Kutsche – *✆ 01 30 97 04 41* – Am Nordparterre kann man zwischen einer Kutschenfahrt oder einer Fahrt im Pferdewagen mit Sitzbänken wählen. *Tgl. außer Mo, im Sommer 10-18 Uhr; im Winter 10-17 Uhr (Jan. auf Anfrage).*

Rundfahrt in der Kutsche und Verleih von Kutschen – *6-7 Plätze – Kleine Rundfahrt: Hin- und zurück im Kleinen Park, 15 Min.: 45 €; große Rundfahrt (gesamter Kleiner Park), 35 Min.: 80 €; Trianon-Rundfahrt (Kleiner Park, Klein Venedig, Kleines Trianon, Großes Trianon, 1 ½ Std.: 140 €; Königliche Rundfahrt, 2 Std.: 200 €.*

Rundfahrt im Pferdewagen – *Juli-Aug.,* Abfahrt beim *Großen Kanal; Verleih vor Ort (23/24 Plätze): Kleines Trianon, Großes Trianon, Hin- und Rückfahrt zum Neptunbecken, 30 Min.: 6 € (Kinder 5 €).*

Stéphane Sauvignier / MICHELIN

Kutschfahrt durch den Park.

Rundfahrt mit dem Elektroauto – *4 Plätze – 5 verschiedene Rundfahrten von der Südterrasse aus –28 €/Std.*

Feste und Events

Les Fêtes de nuit★★★ – *✆ 01 30 83 78 88 – im Sommer an manchen Sa-abenden – Preis je nach Sitzplatz.* Im Sommer finden nächtliche Veranstaltungen im Schlosspark statt. *Weitere Informationen unter www.chateauversaillesspectacles.fr*

Les Grandes Eaux musicales★★★ – *✆ 01 30 83 78 88 – www.chateauversailles spectacles.fr – Apr.-Sept.: Sa/So/Fei ganztägig –7 € (unter 10 J. frei) – Eingang über den Ehrenhof und die Passage des Princes, das Matrosentor und Klein Venedig, den Großen Kanal und das Drachentor; ab Mittag auch über das Tor der Hundert Stufen und das Neptuntor.* Die Grandes Eaux musicales lassen die Wasserspiele aus der Zeit des Sonnenkönigs anhand eines Rundgangs wieder aufleben *(Broschüre am Eingang erhältlich).* Barockmusik und Wasser gehen eine zauberhafte Verbindung ein. Folgen Sie zügig dem in der Broschüre vorgeschlagenen Weg. Denn die Bosketten sind nur an diesen Tagen geöffnet. Besonders schön sind jene beim Ballsaal und beim Neptun- und Drachenbrunnen.

Les Grandes Eaux nocturnes★★★ – *✆ 01 30 83 78 88 – www.chateauversailles spectacles.fr – Juli-Mitte Aug: Sa und So 21-23 Uhr – 17 € (3-18 J. 15 €) – Eingang über den Ehrenhof.* Dieser nächtliche Rundgang zeigt ihnen die Pracht kunstvoll ausgeleuchteter Brunnen. Schauspieler verkörpern die großen Persönlichkeiten, die das Schicksal Versailles' über die Jahrhunderte bestimmt haben. Barockmusik und ein Feuerwerk beenden den Abend.

Ville de Versailles★★

YVELINES (78) – 86 400 EINWOHNER – UMSCHLAGKARTE B2, D6 – MICHELIN LOCALKARTE 311 I3, ZOOMKARTEN 101 FALTE 23, 106 FALTE 17-18

Viele Besucher von Versailles besichtigen nur das Schloss und nehmen sich für die Stadt keine Zeit. Doch es lohnt sich, durch die Straßen und Gässchen dieser besonderen Stadt zu schlendern. Sie wurde für die Kurtisanen gebaut, die stets in der Nähe des Königs leben wollten. Durch drei breite, auf das Schloss zulaufende Straßen flutet das Licht und bringt die Fassaden zum Leuchten.

Amaury de Valroger / MICHELIN

Die Place Hoche im Quartier Notre-Dame umgeben exotische Pflanzen.

Wegweiser – Versailles ist 18 km von Paris entfernt. Von der Porte-d'Auteuil geht es auf die A 13 Richtung Rouen, Ausfahrt Nr. 1 Versailles-Château. RER C, Gare de Versailles-Rive-Gauche. Zugverbindungen von Paris-Gare St-Lazare (bis Gare de Versailles-Rive-Droite) oder Gare Montparnasse (bis Gare de Versailles-Chantiers). Mit dem Bus vom Pont-de-Sèvres, Linie 171 Richtung Versailles-Place-d'Armes. Der Bus Cityrama Versailles Tour *(☏ 01 39 24 88 88)* macht die Runde zwischen den Gares de Versailles, den Stadtvierteln, dem Schloss und dem Trianon.

Unbedingt sehenswert – Die Place d'Armes als Ausgangspunkt eines Stadtrundgangs; eine Vorstellung in der Reiterakademie.

Gut geplant – Sonntags ist das Fußgängerviertel Notre-Dame besonders belebt und sehenswert.

Mit Kindern – Der Gemüsegarten Potager du Roi.

Orte in der Nähe – JOUY-EN-JOSAS, MARNES-LA-COQUETTE, MARLY-LE-ROI, Château de VERSAILLES, Parc du château de VERSAILLES

Geschichte und Geschichten

Die königliche Stadt – 1671 begann sich das Dorf Versailles stark zu verändern. Gegen eine bestimmte Abgabe gestand hier Ludwig XIV. jedem Land zu, der danach verlangte. Die Käufer mussten die Vorgaben der königlichen Gebäudeplaner einhalten, um ein architektonisch einheitliches Stadtbild zu bewahren: Die Silhouette des Schlosses sollte weithin gut sichtbar sein, weshalb die Dächer die Höhe des Marmorhofs nicht überschreiten durften.

Stadt des Parlaments – Die Niederlage Frankreichs gegen Preußen 1871 machte Versailles zum Regierungssitz. Binnen weniger Tage stieg die Bevölkerung von 40 000 auf 150 000 Einwohner. Die Senatoren und Abgeordneten fanden keinen Platz in der Stadt und zogen mit den Ministern ins Schloss. Dort wurden auch die Französische Staatsbank, die Depositenkasse und der Staatsrat untergebracht. Die Botschaften mussten eine eigene Lösung finden. 1875 baute man im Südflügel ein Halbrund für das Parlament, Senatssitzungen fanden weiterhin in der Oper statt. Am 2. August 1879 kehrte das Parlament nach Paris zurück.

Politik in Versailles – Während der Dritten und Vierten Republik fanden die Präsidentschaftswahlen in Versailles statt, wo die zwei Kammern der Nationalversammlung zusammenkamen. In der Fünften Republik wurde hier die Verfassung überarbeitet. Im Schloss fanden zudem häufig internationale Veranstaltungen statt, so 1982 das Treffen der G7.

Plätze und Straßen – Aus der Zeit des Sonnenkönigs sind nur wenige Häuser erhalten. Dennoch konnte Versailles das Flair des 18. Jh. bewahren. Viele Fassaden wurden oder werden restauriert, etwa im Quartier St-Louis. Die Rue de Satory, das Herz des alten Versailles, ist eine belebte Fußgängerzone, in der auch Antiquitätenmärkte stattfinden.

Zu Fuß unterwegs s. Plan S. 329

Rund um das Schloss

Place d'Armes★★ (2)

Die ehemaligen **Écuries royales (Königlicher Marstall)★** wurden 1683 von Jules Hardouin-Mansart fertiggestellt. Sie umschließen den grandiosen Vorplatz gegenüber dem Schloss und markieren den Beginn des von der Avenue de St-Cloud, Avenue de Paris und Avenue de Sceaux gebildeten Dreiecks. Alle Gebäude sind gleich groß, nur ihre Funktion begründete die Unterscheidung zwischen Großem und Kleinem Marstall. Die riesigen Tore, Hochreliefs und Rotunden zeugen von der großen Bedeutung, die Ludwig XIV. den ca. 600 hier untergebrachten Pferden zumaß.

Grande Écurie★ (Großer Marstall) (2)

Keine Besichtigung. Er war für die Reitpferde, die für die Jagd und im Kampf benutzt wurden, vorgesehen. In der zugehörigen Manege fanden Feste statt.

Musée des Carrosses (Kutschenmuseum) – *Informationen über Öffnungszeiten und Preise im Schloss Versailles* – Das große Kutschenmuseum beschäftigt sich mit Geschichte und Alltag des Königlichen Marstalls. Gezeigt werden Schlitten, Kutschen des 18. und 19. Jh. (zum Teil zu hohen Feierlichkeiten angefertigt) sowie Sänften.

Académie du spectacle équestre★ (Reiterakademie) – *Avenue Rockefeller – ✆ 08 92 68 18 91 – www.acadequestre.fr – ♿ – Vormittagstraining: Informationen über Zeiten und Preise vor Ort.* Im Großen Marstall befindet sich die Reitakademie mit ihrer prachtvollen Manege. Vormittags kann man beim **Training mit Lusitanern** (die bereits im 18. Jh. sehr geschätzt wurden) zusehen. Wer sich jedoch für das berühmte **„Pferdeballett"** interessiert, sollte eine Vorstellung mit Musik *(1 Std.)* am Wochenende besuchen.

Petite Écurie (Kleiner Marstall) (2)

Keine Besichtigung. Hier befanden sich einst die Kutschen und Kutschpferde sowie gewöhnliche Reitpferde.

Rue de l'Indépendance-Américaine (2)

Unter dem Ancien Régime lagen hier die Ministerien und Ämter. In der Nr. 1, dem **ehemaligen Grand Commun**, erbaut von Mansart (1684), lebten 1500 Beamte, Angestellte und Köche. Nr. 3, das ehemalige **hôtel de la Guerre** wurde 1759 von Berthier errichtet. Die Nr. 5 von 1761, die heutige Stadtbibliothek, war einst das **Außen- und Schifffahrtsministerium**. In der Bibliothek befinden sich Teile der ehemaligen königlichen Bibliothek, die während der Revolution aufgelöst wurde. *Besichtigungen mit Vortrag, Informationen beim Fremdenverkehrsamt (s. Tipps und Adressen).*

Zeremonien

Die Kathedrale Notre-Dame hat bedeutende Zeremonien erlebt, darunter die Eröffnungsmesse der Generalstände am 4. Mai 1789 in Anwesenheit der Abgeordneten, oder die Sitzung des 22. Juni, die die Einheit von Klerus und Adel herstellen sollte. Die Heilige-Geist-Messe eröffnete die Sitzung der Nationalversammlung 1875: Aus ihr ging die Dritte Republik hervor.

Quartier St-Louis★

Durch die Rue du Vieux-Versailles gelangt man wieder zur **Rue de Satory (3)**: Nr. 18 ist das Geburtshaus von General Hoche. Die Fassade wartet mit schönen Kunstschmiedearbeiten aus dem 18. Jh. auf *(keine Besichtigung)*. Das Viertel mit seinen alten Stadthäusern wurde unter Ludwig XV. erbaut. Die **Salle du jeu de paume (3)**, ursprünglich eine Sporthalle, ist noch im Originalzustand *(s. Sehenswürdigkeiten)*. Von der Rue Hardy erstreckt sich der **königliche Gemüsegarten (3)** bis zum Fuß des Schlosses *(s. Sehenswürdigkeiten)*.

Cathédrale St-Louis★ (Kathedrale St-Louis) (3)

1754 von Mansart de Sagonne erbaut, verfügt sie über zwei Zwiebeltürme. In den Kapellen hängen viele Gemälde aus dem 18. Jh., im linken Seitenschiff Bouchers *Der heilige Petrus versucht über das Wasser zu gehen* (1764). Die Orgel von Cliquot hat stolze 3636 Pfeifen.

Carrés St-Louis (3)

Zu beiden Seiten der Rues Royale und d'Anjou ließ Ludwig XV. einen Markt anlegen (1737), der schön restauriert wurde. Über den um vier kleine Plätze herum angeordneten Geschäften befindet sich ein schlichtes Mansardendach.

Quartier Notre-Dame★

Église Notre-Dame★ (2)

35 rue de la Paroisse. Die älteste Kirche von Versailles wurde 1686 von Hardouin-Mansart erbaut und war die Gemeindekirche des Königshofs. Das Innere ist dorisch und wird von einer Kuppel mit Laterne überwölbt. Entlang des Schiffs befinden sich zwölf Skulpturen, die die Aposteln und Figuren aus dem Neuen Testament darstellen. In der Kapelle der Apsis (19. Jh.) hängt Michel Corneilles Gemälde *Die Auferstehung* (16. Jh.)

Gehen Sie die Rue de la Paroisse wieder hinauf und links in die Rue Rameau, dann in die Rue du Baillage.

Die Gassen und Höfe von Le Baillage sind heute eine Fußgängerzone mit Antiquitätenläden und In-Lokalen. Selbst sonntags ist hier immer etwas los.

Hôtel du Baillage (Vogtei) (2)

An der Ecke zur Rue de la Pourvoierie. Das Stadthaus wurde 1724 von Gabriel erbaut. Über ein Jahrhundert lang waren hier die Vogtei und das städtische Gefängnis. 1844 wurde das Gebäude zum Wohnhaus gemacht. Auf dem Weg hinab zum Kerker sieht man links den Gefängniseingang; die alten Zellen sind erhalten. Im Erdgeschoss ist ein Antiquariat.

Wer die Rue de la Paroisse wieder hinaufgeht, gelangt zum **Marché Notre-Dame (2)**. Um die vier Hallen herum verlaufen malerische Sträßchen wie die **Rue des Deux-Portes (2)** mit vielen Restaurants und Geschäften.

Über die Rue Rameau und den Boulevard de la Reine (rechts) kann man den Spaziergang mit einem Besuch im dortigen **Musée Lambinet (2)** beenden *(s. Sehenswürdigkeiten)*.

Sehenswürdigkeiten

Salle du Jeu de paume (3)

Rue du Jeu-de-Paume – ✆ 01 39 24 88 88 – Nur mit Führung zu besichtigen. Führung Sa 15 Uhr und auf Anfrage, Anmeldung im Fremdenverkehrsamt. Um 1686 wurde diese Sporthalle speziell für das „Jeu de paume", einen Vorläufer des heutigen Tennis,

HOTELS
- Camping Huttopia 2
- Chambre d'hôte La Halte de la Fontaine .. 4
- Hôtel Ibis 6
- Hôtel Mercure 8
- Hôtel Versailles 10
- Résidence du Berry 12

RESTAURANTS
- Au Chapeau Gris 1
- La Brasserie du Théâtre ... 3
- La Marée de Versailles 5
- Le Bœuf à la Mode 6
- Valmont 10

STRASSENINDEX
- Deux-Portes (R. des) 3
- Gaulle (Av. du Gén.-de-) 4
- Indép. Américaine (R. de l') 5
- Satory (R. de) 8

Die Kathedrale St-Louis in Versailles.

gebaut. Am 20. Juni 1789 schlossen sich hier die Abgeordneten des Dritten Standes und des einfachen Klerus zusammen und schworen, sich erst zu trennen, wenn Frankreich eine Verfassung haben sollte.

Potager du Roi★ (Königlicher Gemüsegarten) (3)

10 rue du Mar.-Joffre – ✆ 01 39 24 62 62 – www.potager-du-roi.fr – ♿ – 5. Jan.-26. März Die/Do 10-13 Uhr, ab 27. März täglich 10-18 Uhr, Mo geschl. – Führungen mit Vorträgen Sa/So/Fei – 4,50 €, 6,50 € (Sa/So/Fei). Zur Zeit des Sonnenkönigs Ludwigs XIII. konnte der Gemüsegarten den Bedarf des Hofs nicht mehr decken. Ludwig XIV. beauftragte deshalb La Quintie, ein 9 ha großes Landstück neben dem Schweizer See zu gestalten. Der 1683 fertiggestellte Gemüsegarten verfügte über die neueste Technik (unterirdischer Aquädukt, Reifung unter Wärmehauben) und versorgte den Hof auch außerhalb der Saison mit seltenem Obst und Gemüse.

Man kann hier frisches Obst und Gemüse kaufen *(s. Tipps und Adressen).*

Hinter dem Gemüsegarten liegt der **Parc Balbi** *(geschlossen)* im englisch-chinesischen Stil. Er wurde 1785 für die Gräfin von Balbi angelegt.

Musée Lambinet★ (2)

54 bd de la Reine – ✆ 01 39 50 30 32 – www.musee-lambinet.fr – ♿ – nachmittags; Fei (außer 8. Mai) und Mo geschl. – 5,30 € (Kinder 2,50 €), letzter So im Monat frei. Das Stadthaus wurde 1750 von Joseph Barnabé Porchon, dem königlichen Bauaufseher, erbaut. Die 35 Räume des Museums entführen den Besucher in das Zeitalter der Aufklärung. Viele Werke stammen von Versailler Künstlern (etwa Houdons Büsten von Roussau und Voltaire). Auch schöne Möbel und kunstgewerbliche Gegenstände sind zu sehen, sowie Kupferplatten zum Bedrucken der Stoffe aus Jouy.

Im ersten Stock geht es um die Anfänge der Revolution in Versailles; ein weiterer Bereich ist den während des Kaiserreichs üblichen Waffen gewidmet.

Im zweiten Stock präsentiert die **Ausstellung religiöser Kunst★** zwei mittelalterliche Bischofsstäbe, die mit Bergkristallen verziert sind. Sie stammen aus den Klöstern Maubuisson und Le Lys.

Versailles – Herkunft des Städtenamens

Der Ausdruck **Versaillais** bezeichnet neben den Bewohnern Versailles auch die Regierungstruppen von **Adolphe Thiers**, der während des Deutsch-Französischen Kriegs nach Versailles umzog. Nach der Kapitulation von Paris schlugen diese Truppen den Aufstand der Pariser Kommune nieder.

Auch Landschaftsmalerei aus dem 19. Jh. ist zu sehen (Corot, Eugène Isabey, Charles Émile Lambinet), sowie Genrebilder von Louis Léopold Boilly. Versailles war ein beliebter Ort für Künstler und Intellektuelle.

Quartier de Montreuil

Orangerie de Mme Élisabeth

Mit dem Auto: Vom Schloss auf die Avenue de Paris, dann die Rue du Champ-Lagarde nach links. ✆ 01 39 07 71 39 – während der Ausstellungen geöffnet. Die Orangerie gehörte zum Anwesen von Ludwigs XVI. Schwester Madame Elisabeth. Sie schuf hier einen Bauernhof und eine Ambulanz. Weil sie während der Revolution das Land nicht verlassen wollte, starb sie 1794 durch die Guillotine.

Das Haus aus dem 18. Jh. stammt von La Brière, dem Architekten Ludwigs XVI., und wird von einem großen, rechteckigen Raum dominiert, der nur nach Süden hin offen ist. Beim späteren Umbau in ein Wohnhaus kamen viele Fenster hinzu. Heute wird hier moderne Kunst ausgestellt. Auch der Garten ist restauriert.

Ziele in der Umgebung

Arboretum national de Chèvreloup (Staatlicher Forstgarten Chèvreloup)

30 rte de Versailles. Über den Boulevard St-Antoine (nordwestl. auf der Karte). Gegenüber vom Einkaufszentrum Parly II. Von Versailles-Rive-Gauche nach Parly II mit dem Bus Phébus Linie B. ✆ 01 39 55 53 80 – www2.mnhn.fr/adc – Ende März-Mitte Nov. Mo, Mi und Sa/So ganztägig – 2,50 € (unter 18 J. 1,50 €). Seit 1924 bewirtschaftet das Naturhistorische Museum von Paris dieses Arboretum. Hier wachsen 2500 Arten aus gemäßigten und kalten Klimazonen von China bis zum Kaukasus und den Vereinigten Staaten. Blauzedern trennen die jüngeren Plantagen (Mehlbeerbaum, Linde, Trauerweide, Esche, Ahorn) von den älteren (Gingko, Sequoia, Sibirische Lärche). Einige Bäume sind sehr alt, wurden jedoch durch den Orkan von 1999 beschädigt. Die **Maison de l'arbre** *(Infotheke)* bietet weitere Informationen über das Arboretum sowie Ausstellungen und Filme. Die Treibhäuser (mit tropischen Pflanzen) und Baumschulen können nur in Kombination mit einer Führung besichtigt werden.

Haras de Jardy (Gestüt von Jardy)

2 km nordöstl. von Versailles auf der N 182. Verlassen Sie Versailles auf der Avenue de St-Cloud Richtung Paris. Mit dem Bus: Von Versailles-Rive-Gauche mit dem Phébus Linie F. Das riesige Gestüt liegt inmitten eines Freizeitzentrums (Reiten, Tennis, Golf). Der schöne Park bietet sich für Spaziergänge an.

Tipps und Adressen

Allgemeine Hinweise

Fremdenverkehrsamt– *2 bis av. de Paris – ✆ 01 39 24 88 88 – www.versailles-tourisme.com*

Stadtführungen – Sie werden vom Fremdenverkehrsamt angeboten *(markierte Rundgänge, Informationstafeln).*

Verkehrsmittel

Am praktischsten ist der Bus (wichtigste Haltestellen: Rive-Droite, Avenue de l'Europe und gegenüber der Gare Rive-Gauche).

Übernachten

Camping Huttopia – *78000 Versailles – ✆ 01 39 51 23 61 – www.huttopia.com – Reservierung empfohlen – 180 Plätze, 33 € – Rest.* Mitten zwischen Eichen und Kastanien liegt dieser 4 ha große Campingplatz 5 Min. vom Schloss entfernt. Großzügige Plätze, Hütten- und Wohnwagenverleih, beheiztes Schwimmbecken.

Chambre d'hôte La Halte de la Fontaine – *62 rue Jean-de-la-Fontaine – 78000 Versailles – ✆ 01 39 20 08 23 – http://monsite.wanadoo.fr/haltedelafontaine/ – – 3 Zi: 86 € – .* Das Gästehaus ist in einem Nebengebäude untergebracht und nur 200 m von der Gare de Porchefontaine entfernt. Schlichte, komfortable Zimmer mit Frühstück; Fernsehraum und Garten.

Hôtel Ibis – *4 av. du Gén.-de-Gaulle – 78000 Versailles – 01 39 53 03 30 – www.ibishotel.com – 85 Zi: 65/99 €.* Das zentral gelegene Hotel teilt sich das Gebäude mit dem Sofitel. Zimmer mit Klimaanlage.

Hôtel Mercure – *19 rue Philippe-de-Dangeau – 78000 Versailles – 01 39 50 44 10 – www.mercure.com – 60 Zi: 72/113 € – 9 €.* In einem ruhigen Viertel liegt dieses schlichte Hotel mit freundlichem Frühstücksraum.

Hôtel Versailles – *7 rue Ste-Anne, kleiner Platz – 78000 Versailles – 01 39 50 64 65 – www.hotel-le-versailles.fr – P – 45 Zi: 118/140 € – 12 €.* Renoviertes Hotel in einem ruhigen Sträßchen nicht weit vom Schloss. Große, funktionale Zimmer, angenehme Frühstücksterrasse.

Résidence du Berry – *14 rue d'Anjou – 78000 Versailles – 01 39 49 07 07 – www.hotel-berry.com – 39 Zi: 135/190 € – 12 €.* Das Gebäude aus dem 18. Jh. wurde vollständig restauriert. Komfortable, niveauvolle Zimmer. Im Sommer Frühstück auf der Veranda.

Essen und Trinken

Tipp – In den vier Straßen um die **Place du marché** gibt es viele Bars (À la Gaieté, Le Franco-Belge, le Ducis etc.), Crêperien, Pizzerias und Restaurants.

Au Chapeau Gris – *7 rue Hoche - 78000 Versailles – 01 39 50 10 81 – www.auchapeaugris.com – 29. Juli-18. Aug., Di abend und Mi geschl. – Reserv. empf. – 21/28 €.* Das Restaurant existiert seit dem 16. Jh. und ist eine wahre Institution. Innen im Versailler Stil gehalten; traditionelle Küche, stets gut besucht. Becken mit Meeresfischen; sehr gute Weinkarte.

La Brasserie du Théâtre – *15 rue des Réservoirs – 78000 Versailles – 01 39 50 03 21 – www.flobrasseries.com – Aug. geschl. – Reserv. empf. – 21/40 €.* Unzählige Fotos von Künstlern, die hier gespeist haben, schmücken die Wände der Brasserie aus dem Jahr 1895. Sie liegt, daher ihr Name, neben dem Theater. Im Ambiente der 1930er-Jahre genießt man traditionelle Küche.

Le Bœuf à la Mode – *4 rue au Pain (pl. du Marché-Notre-Dame) – 78000 Versailles – 01 39 50 31 99 – www.leboeufalamode-versailles.com – geschl. 24. Dez. abends und 25 Dez. – 16/30 €.* In entspannter Atmosphäre genießt man in dem an die 1930er- Jahre erinnernden Bistro schmackhafte regionale Spezialitäten. (An Markttagen überaus gut besucht.)

Valmont – *20 rue au Pain – 78000 Versailles – 01 39 51 39 00 – www.levalmont.com – So abends und Mo geschl. – 31 €.* Das hübsche kleine Haus überzeugt mit charmantem Empfang, zeitgemäßen Farben, gepflegtem Ambiente und guten Gerichten.

La Marée de Versailles – *22 rue au Pain – 78000 Versailles – 01 30 21 73 73 – www.restaurantlamaree.com – 39 €.* Dicht gedrängt genießen die Gäste hier Meeresfrüchte in entsprechend dekoriertem Ambiente. Begehrte Sommerterrasse.

Am Abend

Tipp – *01 39 24 88 88 – www.versailles-tourisme.com* – Im Guide de l'été und im Magazine mensuel Versailles (erhältlich in den Fremdenverkehrsämtern und im Rathaus) sind viele Kulturveranstaltungen aufgeführt.

Einkaufen

Tipp – Die großen Einkaufsstraßen sind die Rue de la Paroisse und die Place du Marché, die Rue Royale und die Rue du Général-Leclerc. Weitere Geschäfte gegenüber der Gare Rive-Gauche. In der Passage de la Geôle neben der Place du Marché konzentrieren sich Antiquitätengeschäfte.

Le Potager du Roi (Königlicher Gemüsegarten) – *10 rue du Mar.-Joffre – 78000 Versailles – 01 39 24 62 09/62 62 – www.potager-du-roi.fr – Apr.-Okt. tgl. außer Mo 10-18 Uhr.* Hier kann man Obst und Gemüse direkt aus dem königlichen Gemüsegarten kaufen; außerdem feinen Rhabarbernektar, Apfelbonbons, Gelees und Konfitüren.

Marché Notre-Dame – *Pl. du Marché-Notre-Dame – 78000 Versailles – Di, Fr und So 7.30-14 Uhr (Lebensmittel); sonst Mi, Do und Sa nachmittag; Hallen: tgl. außer Mo 1-19.30 Uhr, So 7-14 Uhr.* Dieser Markt war schon immer Treffpunkt der ganzen Region. Unter den Händlern sind renommierte Anbieter wie die Fleischerei Bougard, die Metzgerei Pinault oder Ferreire mit portugiesischen Spezialitäten.

Sport und Freizeit

Cueillette de Gally – *Rte de St-Cyr-l'école – 78870 Bailly – 01 39 63 30 90 – Apr.-Nov. 9-19 Uhr.* Angrenzend an den Schlosspark können Sie hier auf 50 ha mit der ganzen Familie selbst Obst und Gemüse ernten (Erbsen, Salat, Spinat, Möhren, Erdbeeren, Kirschen, Himbeeren u. v. m.) und sogar Blumen pflücken. Speziell für die Kinder: Lernbauernhof und Labyrinth.

Le Vexin français★

OISE (60) UND VAL-D'OISE (95) – UMSCHLAGKARTE AB 1-2 –
MICHELIN LOCALKARTE 305 A-B-C 5-6, ZOOMKARTE 106 FALTE 2-6

In dieser fruchtbaren Gegend liegen zwischen Hügeln und Tälern, Mooren und Wäldern kleine Dörfer, alte Bauernhöfe, Kirchen und schöne Schlösser. Der Parc naturel régional du Vexin français bietet eine reiche Flora und Fauna und lädt zu Spaziergängen und Ausflügen ein.

Didier Pazery / MICHELIN

Im Vexin wechseln sich Weiden und Getreideanbauflächen ab.

- **Wegweiser** – 30 km nordwestl. von Paris auf der A 86 (Richtung Cergy-Pontoise) in Richtung der A 15, weiter auf der D 14. Die Region liegt zwischen Seine, Oise und Epte.
- **Unbedingt sehenswert** – Kultur: Le Villarceaux; die italienischen Gärten des Château d'Ambleville; Natur: der Parc naturel régional du Vexin français und die ruhigen Landstraßen inmitten der Weizenfelder.
- **Gut geplant** – Am besten besucht man die Gegend am Wochenende, denn das Écomusee (Naturmuseum) des Parks hat nur samstags und sonntags geöffnet.
- **Mit Kindern** – Maison de la meunerie (Müllerei) in Valmondois, Maison du pain (Bäckerei) in Commeny.
- **Orte in der Nähe** – AUVERS-SUR-OISE, MANTES-LA-JOLIE, La ROCHE-GUYON

Geschichte und Geschichte

Im Land der Tatzenkreuze – In den Dörfern sind noch viele Häuser aus nicht verfugten Steinen erhalten. Dörfer ohne Geld für neue Kirchen mussten altes Baumaterial verwenden und sich mit Anbauten oder Ersatzkonstruktionen begnügen. Vor allem die beiden Architektenfamilien **Lemercier** und **Grappin** waren in der Renaissance dafür bekannt, bei den Kirchen des Vexin neu und alt zu verbinden.
In den Dörfern und an Feldwegen stehen hier häufig Tatzenkreuze, die aus einem einzigen Sandsteinblock gefertigt wurden. Die Balken der Kreuze werden nach außen hin breiter und ähneln Tatzen. Die meisten Kreuze sind 1,20 bis 1,50 m hoch. Eines der größeren ist die **Croix Fromage (Käsekreuz)** in Omerville, dessen Arme einen „Käselaib" formen. Kleinere Kreuze sind in Guiry-en-Vexin oder Théméricourt. Sie wurden im 12. und 13. Jh. als Symbole für Bitten oder Danksagungen aufgestellt. Informationen zu den Standorten im Musée du Vexin français in Théméricourt.

Ausflüge s. Karte S. 334/335

La Route du Blé (Weizenstraße) 1

59 km von Auvers-sur-Oise (s. dort) nach Sagy. Dauer ca. ½ Tag. Verlassen Sie Auvers-sur-Oise nordöstl. auf der D 4 Richtung Valmondois. Durchqueren Sie das Dorf und biegen Sie dann rechts ab.

Maison de la meunerie (Müllerei) in Valmondois

Am nördlichen Ortsausgang von Valmondois geht es rechts eine kleine Straße hinein. ✆ 01 34 73 29 12 – Apr.-Okt. Sa/So/Fei-nachmittag; Nov.-März Sa und Fei nachmittags – 3 € (unter 15 J. 1,50 €) – 2 € mit dem Kombiticket Musée du Parc naturel régional du Vexin français. Die Mühle, eine Außenstelle des Parc naturel régional du Vexin français, liegt am Fluss Sausseron und wird über ein Schaufelrad angetrieben. Heute wird hier kein Mehl mehr gemahlen, doch die Mühle in schöner Lage ist geschichtlich interessant. Früher gab es im Vexin 140 Mühlen, 30 davon am Sausseron.

Nesles-la-Vallée

In diesem Dorf am Ufer des Sausseron sind noch einige Großbauernhöfe erhalten. Die **Kirche** beeindruckt mit ihrem schönen Glockenturm und dem im 13. Jh. hinzugefügten gotischen Kirchenschiff. Unter den Statuen im Innenraum ist besonders eine hl. Genoveva (14. Jh.) in der Kapelle unter dem Glockenturm hervorzuheben.

Épiais-Rhus

Eine für die Region typische Renaissancekirche in dominanter Lage und mit charakteristischem Glockenturm mit Laterne. Sie ist das Werk der Gebrüder Lemercier.

Grisy-les-Plâtres

Die Dorfkirche mit schmaler Silhouette stammt aus dem 13. Jh. Zwischen Grisy und Bréançon reicht der **Blick** nach Norden über eine Senke mit Weizenfeldern hin zu den bewaldeten Hügeln von Rosne.

Marines

Die **Église St-Rémi** (16. Jh.) hat einen achteckigen Renaissanceanbau (Kapelle), der von Nicolas Lemercier mit einer **Kassettenkuppel★** (verziert mit Engelsköpfen) gekrönt wurde. Sie überwölbt die Begräbniskapelle von Nicolas Brulart de Sillery, der im 16. Jh. Feudalherr von Marines war.

Verlassen Sie Marines Richtung Westen auf der D 159.

Maison du pain (Bäckerei) in Commeny

31 Grande-Rue – ✆ 01 34 67 41 82 – Mai-Juli und Sept. So nachmittags; restl. Jahr nach Reservierung; Aug. geschl. – 4 € (unter 15 J. 2 €). Hier kann man lernen, wie Brot hergestellt wird und welche Rolle es als Nahrungsmittel spielt.

Guiry-en-Vexin

Die großen Umrisse des Schlosses und der Kirche machen schon von weitem auf das Dorf aufmerksam. Das **Schloss** *(keine Besichtigung)* der Marquis' von Guiry liegt inmitten von Wiesen und wurde im 17. Jh. von François Mansart erbaut. Die **Kirche** aus dem 16. Jh. verfügt über einen majestätischen Glockenturm mit einer steinernen Kuppel.

Musée archéologique départemental – *4 pl. du Château – ✆ 01 34 67 45 07 – ♿ – vor- und nachmittags außer Di, 1. Jan., 25. Dez. – 3 € (unter 16 J. 1,50 €).*

Das moderne Museumsgebäude fügt sich perfekt in die Landschaft. Der Besucher erfährt alles über die geologische Entwicklung der Region und ihre Flora und Fauna. Auch bei Ausgrabungen gefundene Skulpturen und Gegenstände sind zu sehen. Bedeutend war die Ausgrabung der **Chaussée Jules-César**, die den Vexin gerade durchquerte (von Boissy-L'Ailerie nach Magny und Vexin) und einst zur Achse Ärmelkanal-Lyon gehörte.
In **Genainville** wurden die Überreste eines gallo-römischen Heiligtums aus den Vaux-de-la-Celle ausgegraben (ein Tempel mit Brunnen, ein Theater und Wohnanlagen) – darüber kann man mehr erfahren. Zudem gibt es Wechselausstellungen.

Wy-Dit-Joli-Village

Der Legende nach ging Heinrich IV. zu Fuß durch die zerfurchten Straßen von Wy (sprich: „wi"), weil seine Kutsche hier stecken geblieben war. Er soll ironisch ausgerufen haben: „Ach, welch schönes Dorf!" Mit diesem Ausspruch schmückt sich das Dorf heute noch offiziell.

Weiter geht es östlich Richtung Théméricourt.

Auf dem Weg liegt **Gadancourt**; die schöne Kirchturmspitze ist einen Blick wert.

Théméricourt

Hier istman mitten im **Parc naturel régional du Vexin français**. Er hat eine Fläche von 60 000 ha und umfasst Teile von Val-d'Oise, Les Yvelines und angrenzend Gebieten. Man kann den Park zu Fuß, mit dem Fahrrad oder zu Pferd erkunden (50 Wanderwege und Rundgänge zwischen 6 und 30 km Länge; viele Reitwege, begleitete Ausritte von 1 bis 5 Tagen.)

Musée du Vexin français – *Maison du Parc – ✆ 01 34 48 66 00 – www.pnr-vexin-francais.fr – ♿ – vor- und nachmittags, Sa/So/Fei nachmittags; Mo, 1. Jan., 25. Dez. geschl. – 4 € (unter 15 J. 2 €).* Das Museum thematisiert Geschichte, Kunst und Wirtschaft der Gegend. Hier erfährt man beispielsweise, dass der Vexin 911 zwischen den Franzosen (Vexin français) und den Wikingern (Vexin normand) aufgeteilt wurde. Die Grenze verlief entlang des Flusses Epte und erklärt die Lage von Festungen wie Boury-en-Vexin oder La Roche-Guyon. 70 % der Fläche des Vexin français wird landwirtschaftlich genutzt (Weizen, Raps, Mais, Zuckerrüben). Früher wurde an den Ufern und Hängen der Seine Wein angebaut. Am Eingang des Museums erhalten Sie Informationen über Freizeit- und Übernachtungsmöglichkeiten im Park.

Vigny

Das Schloss wurde einst für den Kardinal von Amboise (1460-1510) erbaut. Er war Minister unter Ludwig XII. und liebte die italienische Renaissance. Im 19. Jh. wurde das **Schloss** auf beeindruckende Weise im Stile der Loire-Schlösser umgebaut.

Verlassen Sie Vigny südlich Richtung Longuesse. Dort biegen Sie links Richtung Sagy ab und folgen dann den Schildern „Musée de la Moisson" beim Weiler Le Petit-Mesnil.

Musée de la Moisson (Erntemuseum) in Sagy

✆ 01 34 66 39 62 – Feb.-Nov. So und Fei nachmittags – 4 € (unter 15 J. 2 €). Hier geht es um einen weiteren Aspekt der Weizenverarbeitung: die Ernte. Landwirtschaftliche Maschinen und Werkzeuge werden gezeigt; zudem finden Veranstaltungen zu diesem Thema, wie z.B. das Erntefest, statt.

Von der Epte zur Hochebene 2

95 km von La Roche-Guyon (s. dort). Dauer: 1 Tag. Verlassen Sie La Roche-Guyon nördl. in Richtung der Route des Ctêtes und fahren Sie weite auf der D 37 Richtung Bray-et-Lû. Die Rundfahrt beginnt entlang der Epte, der natürlichen Grenze zwischen französischem und normannischem Vexin.

Château d'Ambleville★

✆ 01 34 67 98 45 – www.ambleville.com – Gärten Juli-Aug. vor- und nachmittags, Mo nachmittags; Juni-Anf. Sept./Mitte Okt. Sa/So vor- und nachmittags – Schlossbesichtigung auf Anfrage – 7 € Schloss und Gärten (unter 12 J. frei), 5 € nur Gärten (unter 12 J. frei). Angrenzend an die Kirche befindet sich das **Schloss**, das einem Mitglied der Familie Grappin zugeschrieben wird (Renaissance). Es wurde von Nicolas de Mornay, dem

Hélène Payelle / MICHELIN

Das Château d'Ambleville liegt inmitten von Gärten im italienischen Stil.

Besitzer von Schloss Villarceaux, in Auftrag gegeben. Besichtigen kann man den Salon mit Renaissancekamin und bemalter Decke sowie das Wachenzimmer mit schönen Möbeln (Ebenholzschränke). Die italienische Galerie (18. Jh.) ist zu den wunderbaren Gärten hin ausgerichtet.

Vor der Renaissancefassade liegt ein mittelalterlicher Garten mit 12 Beeten. Danach folgen einige italienisch inspirierte **Gärten★**, die sich über drei Terrassen erstrecken und mit Bäumen, Ziersträuchern, einem Wasserfall, einer Fontäne und mehreren Brunnen gestaltet sind. Die Gärten wurden im 20. Jh. von den Fürsten von Salviati-Borghèse nach dem Modell der Gamberaia-Gärten in Florenz angelegt. Auf Höhe der Terrasse befindet sich ein Schachbrett aus Narzissen mit aus Buchsbaum geschnittenen Figuren.

Wenden Sie und fahren Sie rechts auf die D 37.

Bei der Ausfahrt nach Montreuil-sur-Epte erkennt man in der Ferne die Ruine des Château-sur-Epte jenseits des Flusses im normannischen Vexin.

Château de Boury-en-Vexin

✆ 02 32 55 15 10 - www.chateaudeboury.com – August tgl. außer Di nachmittags; Mitte April-Ende Juli und Anf. Sept.-Mitte Okt. So und Fei nachmittags – 6 €. Das Schloss liegt am Fluss Oise und wurde 1685 nach Plänen von Jules Hardouin-Mansart erbaut. Es ist ein schönes Beispiel klassischer Architektur des 17. Jh. Das Haupthaus schmücken – über einem wappenverzierten Giebel und hohen, überwölbten und mit Fratzenköpfen verzierten Fenstern – Figuren von Poissant, der auch an der Ausgestaltung von Versailles mitgewirkt hatte. Je zwei Pilaster mit ionischen Kapitellen strukturieren den ersten Stock der Hauptfassade. Im Eingangsbereich (Galerie) entdeckt man Fayencen aus dem 18. Jh. Die Fenster der halbrunden Privatkapelle (1718) sind mit dem Wappen des Marquis de Boury geschmückt. Ein großes Gemälde des hl. Karl Borromäus aus der Werkstatt Le Bruns schmückt den Hauptaltar. Weiter geht es durch die Zimmer (Möbel aus dem 17. und 18. Jh., Familienporträts). Über jeder Tür des blauen Salons ist ein Flachrelief angebracht, das die Freuden des Landlebens zeigt: Jagd, Angeln, Ernte, Weinlese, Musik und Spiele. Im Esszimmer sind Delfter Vasen des 18. Jh. und zwei große Pastelle (der dritte Marquis de Boury und seine Frau) zu sehen. Die Besichtigung endet mit der Küche, die in der Ausstattung des 18. Jh. erhalten ist (großer Rauchfang mit drei Kaminen, Kupfergeschirr, Gläser aus Caen).

Chaumont-en-Vexin

Das Dorf ist rund um den Festungshügel gebaut. Mit der Festung schützte sich der französische König vor dem Herzog der Normandie und bis zum Ende des Hundertjährigen Krieges vor den Anglonormannen.

Chaumont wird heute von der spätgotischen **Église St-Jean-Baptiste★** (16. Jh.) dominiert. Eine Steintreppe aus dem 14. Jh. führt vom Stadtzentrum hinauf zur Kirche (einziger Zugang). Der Turm ist im Renaissancestil gehalten. Das Nordportal vereint spätgotische Bogenrundungen mit einem im Stil der Renaissance geordneten Tympanon. Im Inneren begeistert das Kirchenschiff durch die schmalen Säulen und das Licht. *✆ 03 44 49 00 56 – 12-18 Uhr, Besichtigung auf Anfrage.*

Fahren Sie südöstl. Richtung Liancourt-St-Pierre, jedoch links am Ort vorbei. Links geht es auf die D 121 (Sie verlassen die Hochebene des Vexin). Hinter Tourly führt die Straße an der Hochebene von Thelle entlang.

Marquemont

Von dem alten Dorf ist der Friedhof und eine Kirche am Rand des Plateaus erhalten. Von der Ruine des Kirchenschiffs ist nur noch das romanische Portal erkennbar. Der Chor und das nördliche Querschiff aus dem 13. Jh. sowie der Glockenturm mit für die Île-de-France typischem Satteldach sind jedoch erhalten.

Verlassen Sie Marquemont in südl. Richtung und biegen Sie in Monneville rechts ab.

Lavilletertre

Schöne Anfahrt nach Bouconvillers über eine schattige Straße und das Tal der Viosne, die dort entspringt. Die Hochebene mit ihren Dörfchen erscheint wieder im Blickfeld; alle Dörfer sind von weitem an ihren gotischen Kirchtürmen erkennbar.

Wenden Sie und biegen Sie am Ende von Lavilletertre rechts ab.

Man beachte das **Château de St-Cyr** (17. Jh.). Das gesamte Anwesen und die Gebäude sind noch vollständig erhalten.

Chars

Die **Kirche** aus dem 12. Jh. wurde im 13. und 16. Jh. umgebaut. Der Renaissanceturm stammt von 1562. Im Inneren beachte man das Querschiff mit seinen Fenstern in goldbraunen Farbnuancen sowie den **Chor★** (12./13. Jh.) mit seinen verzierten Arkaden und den Emporen mit Rundbögen. Darüber befindet sich eine Ebene mit Rosettenverzierungen (selten für die Île-de-France).

Auf der D 188 Richtung Westen geht es weiter nach Nucourt.

Nucourt

Die Häuser in Nucourt sind charakteristisch für die Nachkriegszeit. Die nahen Steinbrüche waren von den Deutschen für den Bau der V1-Rakete genutzt worden, weshalb der Ort 1944 durch Bombenangriffe zerstört wurde.

Durchqueren Sie Nucourt und halten Sie sich stets rechts; Sie erreichen eine einzeln stehende Kirche inmitten der Felder.

Die Kirche hat eine eigentümliche Form: Das von einem großen Dach verdeckte Schiff grenzt an einen dicken Fassadenturm aus dem 16. Jh., der jedoch nur bis zum zweiten Stock gebaut wurde.

Verlassen Sie Magny auf der alten Straße nach Rouen. An der Straße nach Gisors fahren Sie rechts vorbei und nehmen die erste Straße links Richtung St-Gervais.

St-Gervais

Die **Kirche** über der steil ansteigenden Straße wartet mit einer Renaissancefassade von Jean Grappin auf. Das Portal umgibt ein Triumphbogen. Viele Statuen sind zu bewundern, darunter eine hl. Katharina aus dem 16. Jh.; am Mittelpfeiler ist die Jungfrau mit dem Kinde und dem knienden hl. Georg zu sehen.
Überqueren Sie die Straße nach Rouen und biegen sie 1500 m weiter nach links ab. Blick nach links auf das schöne Anwesen von Magnitot (Schloss: Ende 18. Jh.). Die kleine Straße führt rasch die Nordflanke des Aubette-Tals hinab. Am gegenüberliegenden Hang zeigt sich Omerville.

Von Omerville geht es geradeaus weiter Richtung Villarceaux.

Domaine de Villarceaux★

✆ 01 34 67 74 33 – Führungen Juni-Aug tgl. außer Mo; Sept.-Okt. und Mitte April-Ende Mai Mi, Sa/So/Fei nachmittags – Eintritt frei. Zu dem wunderbaren Anwesen gehören

Ninons de Lenclos' Pavillon (15./16. Jh.) und das dazugehörige Schloss (18. Jh.). Das dritte Gebäude, das Château du Couvent, liegt inmitten eines Golfplatzes und ist der einzige Überrest eines alten Klostergeländes.

Ninons Pavillon wurde im 16. Jh. an der Stelle einer kleinen Festung gebaut, von der nur der Turm St-Nicolas übrig geblieben ist. Zu dem Renaissancebauwerk gehören große Nebengebäude und Türme, die einen Hof bilden. Der **Park★** zeigt die Entwicklung der Gartenkunst über die Jahrhunderte. Der Rundgang führt vom großen Weiher zu einem Wasserparterre (Symbol für die Insel Kythira). Die umliegenden Hecken erinnern an Gravuren von Androuet du Cerceau und an italienische Terrassen. Vom italienischen Wasserfall aus bietet sich ein schöner **Blick★** auf die Südfassade des **Schlosses**. Die andere Fassade ist der Landschaft des Vexin zugewandt. Die Zimmer sind mit Mobiliar aus dem 18. Jh. ausgestattet und stammen zum Teil von den damals größten Elfenbeinkünstlern von Paris.

Zurück nach La Roche-Guyon auf der D 142 (über Vétheuil).

Tipps und Adressen

Allgemeiner Hinweis

Maison du parc naturel régional du Vexin français – *95450 Théméricourt – ♿ – ✆ 01 34 48 66 00 – www.pnr-vexin-francais.fr*

Verkehrsmittel

Baladobus du Vexin – *✆ 08 10 16 40 45 – Anf. Mai-Ende Sep. So – Abfahrt vom RER A-Banhof (Cergy-Préfecture) oder RER C (Pontoise) – Tageskarte 4 € (Kinder 2 €).* Von Cergy aus kann man mit Booten das Oise-Tal erkunden.

Übernachten

Chambre d'hôte du Château d'Hazeville – *D 81, Hazeville – 95420 Wy-Dit-Joli-Village – 4 km südwestl. von Wy-Dit-Joli-Village auf der C 2 bis Enfer, dann auf der D 81 Richtung Avernes – ✆ 01 34 67 06 17 – geöffnet Schulferien und Sa/So – 2 Zi: 95/130 € –* . Man wohnt mitten auf einem Bauernhof mit Schlossatmosphäre. Große Zimmer, charmant dekoriert.

Essen und Trinken

Auberge du Prieuré Normand – *1 pl. de la République – 27620 Gasny – ✆ 02 32 52 10 01 – www.aubergeduprieure normand.com – tgl. außer 2.-30. Aug., Di abends und Mi – 17/43 €.* Das familiäre Lokal bietet auf der Sommerterrasse oder im rustikalen Speiseraum traditionelle, preiswerte Gerichte.

Le Moulin de Fourges – *38 rue du Moulin – 27630 Fourges – ✆ 02 32 52 12 12 – www.moulindefourges.com – geschl. Nov-März, So abends und Mo außer Juli-Aug. – 31/38 €.* Das ländlich gehaltene Speisezimmer oder die hübsche Gartenterrasse laden zum Genuss der zeitgemäßen Gerichte in die ehemaligen Mühle ein.

Les Jardins d'épicure – *16 Grande-Rue – 95710 Bray-et-Lû – ✆ 01 34 67 75 87 – www.lesjardinsdepicure.com – Jan. und Mi außer Juni-Sept. geschl. – 39/105 € – 13 Zi: 100/225 € – 15 €.* Das schöne Haus (1852) liegt in einem Park. Bürgerlicher Speiseraum, moderne Küche.

Einkaufen

Ferme Brasserie du Vexin – *3 rue de la Croix-des-Ruelles – westl. auf der D 81, Richtung d'Avernes – 95450 Théméricourt – ✆ 01 30 39 24 43 – Sa/So/Fei 10.30-12.30 Uhr, 14.30-18 Uhr, sonst nach Absprache.* Denis Sargeret stellt hier seit dem Jahr 2000 schmackhaftes Bier her und wurde bereits mit Preisen ausgezeichnet.

Les Vergers d'Ableiges – *95450 Ableiges – ✆ 01 34 66 10 56 – www.lesvergers dableiges.fr – Fr 9-19 Uhr, Sa 10-18 Uhr, 25. Dez.-1. Jan. geschl.* Hier gibt es wunderbares Obst und dazu Säfte, Cidre, Honig, Konfitüren und schöne Blumen.

Sport und Freizeit

Parc Aventure Land – *N 14 – Ausfahrt Nr. 19 – 95420 Magny-en-Vexin – ✆ 08 20 09 96 29 – www.aventureland.fr – April-Pfingsten: Mi und Schulferien 10-18 Uhr, Sa/So/Fei 10-19 Uhr – 10 €.* Waldparcours, Pflanzenlabyrinth, Quad- und Kanufahrten auf dem Fluss Epte.

Société hippique de la Tanière (Reiterhof) – *29 Grande-Rue – 95450 Le Perchay – ✆ 01 34 66 04 25 – www.la-taniere.eu* – Vom Hindernisparcours über Dressurreiten bis zum Ausritt wird hier alles geboten. Hütte mit Übernachtung.

Les Montgolfières du Vexin – *13 rue de la Coursoupe – 95510 Chérence – ✆ 01 34 78 18 72 und 06 80 88 27 55.* Ballonfahrten für eine oder zwei Personen.

Kahn auf der Seine.
Stéphane Sauvignier / MICHELIN

PRAKTISCHE HINWEISE

Reisevorbereitung

Nützliche Internetseiten

ALLGEMEIN

www.botschaft-frankreich.de – Die Website der französischen Botschaft in Berlin.

www.frankreich-info.de – Umfassende Informationen zu Frankreich und seinen einzelnen Regionen.

Auf der Seite **www.tourisme.fr** erhält man über die Suchfunktion oder alphabetische Suche Adressen und Zuständigkeiten aller französischen Tourismusbüros und Fremdenverkehrsverbände.

Über die hier genannten Adressen hinaus stehen die Adressen der jeweiligen Fremdenverkehrsämter in den Tipps und Adressen der einzelnen Sehenswürdigkeiten und Orte unter „Allgemeiner Hinweis".

Seine-et-Marne – www.tourisme77.net

Yvelines – www.tourisme.yvelines.fr

Essonne – www.tourisme-essonne.com

Hauts-de-Seine – www.tourisme-hautsdeseine.com

Seine-St-Denis – 140 av. Jean-Lolive – 93695 Pantin Cedex – ✆ 01 49 15 98 98

Val-de-Marne – www.tourisme-valdemarne.com

Val-d'Oise – www.val-doise-tourisme.com

Oise – www.oisetourisme.com

Eure-et-Loir – www.tourisme28.com

ATOUT FRANCE

de.franceguide.com – Die Website der französischen Zentrale für Tourismus, Atout France, enthält Informationen über Reisemöglichkeiten in ganz Frankreich in deutscher Sprache. Es gibt zahlreiche interessante Links zu Reiseveranstaltern, Hotels und Restaurants.

In Deutschland

Atout France

de.franceguide.com, info.de@franceguide.com

In Österreich

Atout France

at.franceguide.com, info.at@franceguide.com

In der Schweiz

Atout France

ch.franceguide.com, info.ch@franceguide.com

FREMDENVERKEHRSVERBÄNDE

Comité régional du tourisme d'Île-de-France – 11 rue du Fg-Poissonnière – 75009 Paris – ✆ 01 73 00 77 00

Espace du tourisme d'Île-de-France – www.pidf.com

Espace du tourisme d'Île-de-France et de Seine-et-Marne – www.tourisme77.com

Espace accueil tourisme CDT Seine-St-Denis – www.saint-denis-tourisme.com

Auf der Internetseite www.tourisme.fr/recherche/index.htm können Sie die Kontaktdaten der Fremdenverkehrsämter ganz einfach finden, indem Sie nach dem Namen des Orts oder alphabetisch suchen.

Reiseformalitäten

Papiere – Für Besucher aus der Bundesrepublik Deutschland, aus Österreich und der Schweiz genügt zur Einreise nach Frankreich der Personalausweis. Kinder unter 16 Jahren benötigen einen Kinderausweis oder müssen im Reisepass der Eltern eingetragen sein.

Für Kraftfahrzeuge, einschließlich Wohn- oder Gepäckanhänger, braucht man nur die Papiere des Heimatlandes. Die grüne Versicherungskarte wird nicht mehr verlangt, bei Schadensfällen vereinfacht sie jedoch die Abwicklung.

Zollbestimmungen – Die Warenmengen, die zollfrei ein- und ausgeführt werden können, sind Änderungen unterworfen. Auskünfte erteilen die Zollämter. Für Mitgliedsstaaten des Schengener Abkommens (u. a. Deutschland, Frankreich und Österreich sowie neuerdings die Schweiz) bestehen bei Waren für den Privatbedarf keine Mengenbeschränkungen mehr. Beim Verdacht, dass Sie mit den Waren Handel treiben, werden Sie zur Versteuerung herangezogen.

Kranken- und Unfallversicherung – **EU-Angehörige** sollten sich vor der Abreise bei der heimischen Krankenkasse die europäische Krankenversicherungskarte (EHIC) ausstellen lassen. Das bisherige Formular E 111 ist nicht mehr gültig. Übrigens bezahlt man in Frankreich die Konsultation bei einem Arzt sofort in bar oder per Scheck *(s. auch Alles, was für Sie wichtig ist, Ärzte und Apotheken).*

Da es in der **Schweiz** keine gesetzliche Krankenkasse gibt, ist der Reisende verpflichtet, in Frankreich seine Kranken- und Unfallkosten aus eigener Tasche zu bezahlen. Privat Versicherte können bei ihrer Krankenversicherung einen französischen Krankenschein vorlegen, die Kosten werden dann den Bestimmungen entsprechend erstattet.

Notrufnummern s. S. 353.

Klima und Reisezeit

Frühling und Herbst sind wohl die schönsten Jahreszeiten für eine Reise in die Île-de-France.

Frühling – Die Tage werden länger, und die ersten Sonnenstrahlen laden bereits ein zu Spaziergängen in die blühenden Parks und Gärten oder entlang schöner Wege.
Im April und im Mai sind die Temperaturen angenehm für körperliche Aktivitäten, da es noch nicht zu heiß ist. Sehen Sie bei Fahrradausflügen jedoch Zwischenstopps vor, da es regnen könnte, zum Beispiel an einem Museum oder Schloss, die zu der Jahreszeit noch nicht so überlaufen sind.

Sommer – Die Sommer in der Region sind eher heiß und trocken. Die Wälder funktionieren sehr gut als grüne Lunge, und durch die vielen Flüsse, Seen und Schwimmteiche ist überall Abkühlung geboten. Abends kann man in einem der zahlreichen Ausflugslokale rund um Paris in schöner Abendstimmung den Tag ausklingen lassen.

Tipp

Welches Wetter haben wir morgen?
Die Telefonauskunft von **Météo France**. Wählen Sie 3250, und dann folgen:

1. Alle Wettervorhersagen der Départements für die nächsten 7 Tage (einschl. DOM-TOM).
2. Wetterbericht Ihrer Gemeinde.
3. Wetterbericht für Meer, Strände und Wassersport.
4. Wetterbericht für Ihre Ausflüge in die Berge.
5. Wetterbericht für die Straßen.
6. Reisewetterbericht. Direkter Zugang zu den Wettervorhersagen des Departements: ✆ 08 92 68 02 (danach die Nummer des Départements, 0,34 €/Min.), www.meteo.fr

Herbst – Die Laubwälder von Rambouillet, Sénart oder St-Germain färben sich wunderschön um diese Jahreszeit. Die Hügel oberhalb der Seine-Schleifen bieten sich für ein letztes Picknick im Jahr in sanfter Herbstsonne an.

Winter – Nun ist die Zeit für die Kunst- und Kulturfreunde, für die die Region wie geschaffen ist. Die Sportbegeisterten können sich in Sporthallen, Schwimmbädern und Indoor-Kletterwänden die Zeit vertreiben.
Wer ohne Besucherströme unterwegs sein will, kann im Dezember oder Januar die Authentizität, den Charme und die Ruhe der kleinen Provinzstädte wie Senlis, Provins oder Chartres genießen.

GESETZLICHE FEIERTAGE UND FERIEN

Feiertage – 1. Januar (Neujahr), Ostern (Sonntag und Montag), 1. Mai (Tag der Arbeit), 8. Mai (Waffenstillstand 1945, Jour anniversaire de la victoire de 1945), Christi Himmelfahrt, Pfingsten (Sonntag, Pfingstmontag wurde zwar als gesetzlicher Feiertag abgeschafft, wird jedoch vielerorts noch oder wieder als solcher gehandhabt), 14. Juli (Nationalfeiertag), 15. August (Mariä Himmelfahrt), 1. November (Allerheiligen), 11. November (Waffenstillstand 1918), 25. Dezember. An diesen Tagen können Museen und sonstige Sehenswürdigkeiten geschlossen sein oder geänderte Öffnungszeiten haben.

Abgesehen von den üblichen Schulferien an Weihnachten, Ostern und im Sommer sind die Schulen im Februar und Anfang November für zehn bis 14 Tage geschlossen. Im August schließen viele Geschäfte und Betriebe.

Hinweise für Reisende mit Behinderungen

Einige der beschriebenen Sehenswürdigkeiten bieten eine besondere Ausstattung für Behinderte. Sie sind durch das Symbol ♿ kenntlich gemacht.
Infos über Museumsbesichtigungen für Behinderte sowie Hör- und Sehgeschädigte erhält man auch unter: http://museofile.culture.fr
Die jährlich aktualisierten Michelin-Publikationen ***Der Rote Michelin-Führer France*** und ***Camping Caravaning France*** verweisen auf Hotels bzw. Campingplätze, die über behindertengerechte Zimmer und Sanitäreinrichtungen verfügen.
Das Label **Tourisme et Handicap** wird an touristische Einrichtungen verliehen, die besonders gut auf die Bedürfnisse von Menschen mit körperlichen oder geistigen Behinderungen eingehen. Nähere Informationen erhält man unter www.franceguide.com oder bei der Association Tourisme et Handicaps (www.tourisme-handicaps.org).
Das Magazin *Faire Face* veröffentlicht jedes Jahr die Sonderausgabe *Guide vacances*. Sie richtet sich an Menschen mit Körperbehinderungen und stellt geeignete Reiseziele und Freizeitangebote vor. Bestellen kann man den Guide bei der **Association des Paralysés de France (APF)**, Direction de la Communication, 17 boulevard Auguste Blanqui, 75013 Paris, www.apf.asso.fr *(5,30 € zzgl. Versandkosten)*.

Association Handiplage – Dieser Verband sensibilisiert die Gemeinden dahingehend, den Zugang zu Stränden für Behinderte zu erleichtern (Parkplätze, Anlage von Bretterwegen an den Stränden, behindertengerechte Toiletten und Duschen, Badeausrüstungen). Immer mehr Strände sind entsprechend ausgestattet, vor allem in Hendaya, St-Jean-de-Luz, Bidart, Anglet, Ciboure, Biarritz (www.handiplage.fr).
Handiplage gibt auch den touristischen Führer *Handi Long* heraus mit mehr als 300 Adressen, beliebten Orten, guten Plänen und zahlreichen notwendigen Hinweisen für Besucher mit Behinderung. Man findet hier detaillierte Informationen zu Freizeitaktivitäten, touristischen Stätten sowie Stränden, die für Personen mit eingeschränkter Mobilität ausgestattet sind.

Zugänglichkeit der Verkehrsmittel

Telefonnummer der französischen Eisenbahn zum Nulltarif **SNCF Erreichbarkeit Service** – ✆ 08 00 15 4 753, täglich rund um die Uhr. **Service Accès Plus (Dienstleistungszentrum für barrierefreies Reisen)** – ✆ 08 90 64 06 50 (0,11 €/Min.).
Flugzeug – Air France bietet für Reisende mit Behinderungen den Service **Assistance Saphir** unter der Sonder-Telefonnummer: ✆ 08 20 01 24 24. Einzelheiten im Internet unter: www.airfrance.fr

Unterwegs in Frankreich

Da der Pariser Großraum sehr gute Nahverkehrsnetze aufweist (Bus, Metro, RER, Straßenbahn), wäre es schade, sie nicht zu nennen, zumal sie Ihnen einige Staus und Parkprobleme ersparen können. Für Fahrziele außerhalb der Zone 4 des RER (etwa 20 km von Paris), ist es empfehlenswert, mit dem Auto zu fahren, da die öffentlichen Verkehrsmittel schwieriger erreichbar sind und unregelmäßig fahren.
Im Kapitel „Die Region entdecken“ finden Sie unter der Rubrik „Wegweiser“ genauere Informationen über die Anfahrtsdauer von Paris per Auto oder öffentlich.

Mit öffentlichen Verkehrsmitteln

RATP

Benutzung

Paris entspricht der Zone 1, die Region Île-de-France den **Zonen 2 bis 6**, je nach Entfernung. Regelmäßiger Transport tagsüber, für den Nachtverkehr sollte man sich genauer erkundigen unter ✆ 08 92 68 77 14 (0,34 €/Min.) – www.ratp.fr

Die Tarife

Fahrkarten – Das neue **Ticket T+** (weiß mit dem Logo STIF) ermöglicht eine Fahrt mit **Bus, Metro, Trambahn** und **RER in Paris**, mit unbegrenztem Umsteigen für 90 Minuten. Einer der Vorteile dieses Tickets ist, dass der Fahrgast z. B. nur ein Ticket für zwei verschiedene Buslinien braucht. Es wird an allen Fahrkartenschaltern und -automaten der Haltestellen und Bahnhöfe sowie in einigen Geschäften verkauft. Der Preis für Fahrkarten des **RER außerhalb von Paris** variiert je nach der Länge der Strecke, es ist also eine andere Fahrkarte nötig als für die Metro. Behalten Sie das Ticket, bis Sie ausgestiegen sind: Sie benötigen es beim Verlassen der Station.

Pauschalpreise – Der **Coupon Mobilis** gilt für unbegrenzte Fahrten an einem Tag innerhalb vorher gewählter Zonen. Er gilt in allen Bussen der Île-de-France (RATP und Optile), der Metro, dem RER und den SNCF-Zügen, außer in Verbindungen zu den Flughäfen. Der Coupon **Paris-Visite** gilt für bis zu fünf Tage sowie für Verbindungen zu den Flughäfen (Coupon Zonen 1-5).

Didier Pazery / MICHELIN

Ein Nahverkehrszug (RER) in Chelles.

Das RATP-Netz

Metro – 14 Linien führen kreuz und quer durch die Hauptstadt. Die Linien 2 und 6 verlaufen zumeist oberirdisch.

RER (Réseau express régional, Regionales Express-Netz) – Zum Netz gehören fünf Linien, von denen drei über die Hauptstation Châtelet-Les Halles (Linien A, B und D) fahren. Linie A (von West nach Ost) von St-Germain-en-Laye, Poissy oder Cergy nach Marne-la-Vallée-Chessy (Parc Disneyland) oder Boissy-St-Léger. Linie B (von Nord nach Süd) von Robinson oder St-Rémy-lès-Chevreuse bis zur Gare du Nord, dann (über das SNCF-Netz) zum Flughafen Roissy-Charles-de-Gaulle oder Mitry-Claye. Linie C (von West nach Ost) von Versailles-Rive Gauche (Schloss), St-Quentin-en-Yvelines, Argenteuil oder Pontoise bis Dourdan, Étampes, Massy-Palaiseau oder Versailles-Chantiers. Linie D (von Nord nach Südost) von Orry-la-Ville bis Malesherbes oder Melun. Linie E (von West nach Ost) von der Gare Haussmann-St-Lazare bis Villiers-sur-Marne oder Chelles-Gournay.

Busse in den Vororten – 26 Pariser Buslinien fahren nicht zu entfernte Vororte (Zone 3) an.

Nachtbusse – Einige Busse (42 Linien) verkehren nachts in der Île-de-France (0.30-5.30 Uhr): die Lignes Noctilien, deren Nummer ein N vorangestellt ist. In Paris ist die Abfahrt ab fünf Stationen möglich: Gare-de-Lyon, Gare-de-l'Est, Gare-St-Lazare, Gare-Montparnasse und Châtelet. Über die Ringlinien N01 (innerer Ring) und N02 (äußerer Ring), die diverse Pariser Haltestellen mit hoher nächtlicher Betriebsamkeit passieren, erreicht man die Nachtbusse der l'Île-de-France (nahe Vororte: Bus N11-N16, etwas weiter außerhalb liegende Vororte: Bus N21-N63, äußere Vororte: N120-N151). Linien N01-N02: ein Bus alle 17 Min. (10 Min. Sa/So), Linien N11-N16: ein Bus alle 30 Min. (10 oder 15 Min. Sa/So), Linien N21-N63, N120-N151: ein Bus/Std.

Tramway – Die **Trambahnlinie T1** verbindet St-Denis mit Noisy-le-Sec, die **Linie T2** La Défense mit Issy-Val de Seine. Die **Linie T3** (Pont de Garigliano

Carte orange und Navigo

Die traditionelle **Carte orange** besteht aus einem Wochen (Mo-So)- oder Monatspäckchen und ermöglicht die Benutzung aller öffentlichen Transportmittel der Region: RER, Bus, Zug und Metro, ohne Streckenbegrenzung, je nach Anzahl der gewählten Zonen (1-6 Zonen).
Immer häufiger ist jedoch der **Passe Navigo** in Gebrauch, den man in den üblichen Verkaufsstellen wiederaufladen kann. Mehr Informationen unter: www.transilien.com oder www.ratp.fr

bis Porte d'Ivry, Ausbau bis Porte de la Chapelle geplant), die am kleinen Pariser Südgürtel entlang der Boulevards des Maréchaux vorbeiführt, ermöglicht zahlreiche Verbindungen mit Buslinien, den Metrolinien 4, 7, 8, 12, 13, den RER-Linien B und C und in einige nahe Vorortstädte. Die zwei anderen Tramlinien sind die **Linie T4** (von Bondy RER bis Aulanay-sous-Bois) und die **Linie Tvm** (von Rungis-St-Maur bis Créteil RER).

SNCF: das Transilien
Das Transilien-Netz der SNCF deckt die gesamte Île-de-France (388 Bahnhöfe) ab. Die Züge und RER-Bahnen verkehren in der Île-de-France und Richtung Paris von 5 Uhr bis nach Mitternacht. Die Schalter sind von 6 bis 21 Uhr geöffnet. Der Preis hängt von der Zonenanzahl ab. Informationen: ✆ 08 91 36 20 20 (7-22 Uhr, 0,23 €/Min.) – www.transilien.com

Örtliche Busnetze
Viele Vororte, die nicht von RATP befahren werden, haben ein eigenes Netz, das meist mit dem SNCF-Bahnhof der Stadt verbunden ist. Beachten Sie die Fahrzeiten: Im Berufsverkehr fahren die Busse sehr häufig, dafür tagsüber und spätabends sehr selten. Informationen bei den Fremdenverkehrsämtern.

Mit dem Auto oder Motorrad

DIE GROSSEN VERKEHRSACHSEN

Vom Boulevard périphérique gehen die Nationalstraßen und Autobahnen weg: A 10 und A 11 im Südwesten nach Chartres, A 6 im Südosten nach Nemours, A 15 im Nordwesten nach Cergy-Pontoise, A 13 nach Mantes-la-Jolie, im Norden die A 1 Richtung Senlis.
Informationen zu Autobahnen – www.autoroutes.fr

Michelinkarten
Als Autofahrer sollten Sie sich vor Reiseantritt geeignete Karten besorgen. Die Michelin-Produkte ergänzen einander: Jeder Ort, der in diesem Reiseführer vorgestellt wird, ist auch auf der Localkarte wiederzufinden.
Nutzen Sie die verschiedenen Kartentypen von Michelin:
Die Regionalkarten bieten einen guten Überblick der jeweiligen Region, verzeichnen auch die Nebenstraßen und eignen sich für die Routenplanung über längere Distanzen. Sie verfügen außerdem über ein Verzeichnis aller von der Karte abgedeckten Orte.
Komplementär zum vorliegenden Reiseführer eignet sich die Michelin-Regionalkarte **514** (Île-de-France) im Maßstab 1:300 000, mit Ortsverzeichnis und Stadtplan.
Die **Localkarten im Maßstab 1:150 000 oder 1:175 000** wurden für all jene konzipiert, die sich für eine bestimmte Region (ein oder zwei Départements) ausgiebig Zeit nehmen möchten. Sie zeigen schmale Wege, Steigungen und Gefälle an, aber auch gefährliche Stellen, Tunnel oder Höhenlinien. Zudem enthalten Sie zahlreiche touristische Informationen sowie ein Verzeichnis aller auf der Karte erfassten Orte. Für diesen Reiseführer empfehlen wir die folgenden Michelin-**Localkarten: 305** (Oise, Paris, Val-d'Oise), **311** (Eure-et-Loir, Paris, Yvelines) et **312** (Essonne, Paris, Seine-et-Marne).
Die **Zoomkarten Nr. 101** (Umgebung von Paris) und **Nr. 106** mit komplettem Ortsverzeichnis sind ideal für Fahrten durch die Île-de-France geeignet.

Die **Frankreich-Karte Nr. 721** bietet einen guten Gesamtüberblick über die Region Île-de-France im Maßstab 1:1 000 000, mit den großen Zufahrtsstraßen aus allen Richtungen.

Internet
Nutzen Sie auch die Michelin-Reiseplanung im Internet. Auf **www.ViaMichelin.de** stehen Ihnen ein

Die wichtigsten Begriffe im Straßenverkehr

accident	Unfall
accotement dangereux	unbefestigter Seitenstreifen
aire de service	Autobahnraststätte mit Tankstelle
attention	Vorsicht
autoroute	Autobahn
bouchon	Stau
chantier	Baustelle
dangereux	gefährlich
début	Anfang
déviation	Umleitung
échangeur	Autobahnkreuz
entrée	Einfahrt
fin	Ende
gravillons	Rollsplitt
interdiction de doubler	Überholverbot
poids lourd	LKW
priorité	Vorfahrt
rappel	Wiederholung eines Verkehrshinweises
rétrécissement	Fahrbahnverengung
rond-point	Kreisverkehr
rue à sens unique	Einbahnstraße
sortie	Ausfahrt
tourner à droite	rechts abbiegen
tourner à gauche	links abbiegen
voiture de tourisme	PKW

Routenplaner, Karten, Stadtpläne, eine Auswahl von Hotels und Restaurants sowie viele weitere Informationen für Ihre Reisen durch Frankreich und Europa zur Verfügung.

Reiseplanung

Allgemeine Verkehrsinformationen erhalten Sie rund um die Uhr unter ✆ 08 92 68 10 77 oder im Internet (www.autoroutes.fr). Während der Ferienzeit herrscht in der Regel starker Verkehr (vor allem an den Juli- und Augustwochenenden). Staus kann man umgehen, indem man den beschilderten Ausweichstrecken folgt *(Bison futé – itinéraires bis)*.

Gut zu wissen – Informationen zu Verkehr und Stau rund um Paris: **www.sytadin.tm.fr**

Mietwagen – Autoverleihfirmen finden Sie in Flughäfen, Bahnhöfen und allen größeren Städten Frankreichs.

Tipp

Änderung der Straßennummerierung – In Frankreich findet momentan eine Neunummerierung der Nationalstraßen statt. Dieser Prozess hat 2006 begonnen und wird voraussichtlich mehrere Jahre andauern. Bei Redaktionsschluss lagen noch nicht alle Informationen über die jüngsten Neunummerierungen vor. Die Änderungen konnten daher nicht systematisch in alle unsere Karten und Wegbeschreibungen übernommen werden. Im Allgemeinen findet man die alte Nummer der Nationalstraße in den letzten beiden Ziffern der neuen Départementsstraße. Beispiel: Die alte N 16 heißt nun D 1016, die N 51 wird zur D 951.

Reservierungszentralen in Frankreich:
Avis: www.avis.fr
Budget France: www.budget.fr
Europcar: www.europcar.fr
Hertz France: www.hertz.fr
National-CITER: www.citer.fr
SIXT-Eurorent: www.sixt.fr

Mit dem Zug

Die französische Staatsbahn SNCF bietet eine Reihe von Ermäßigungen an. In Verbindung mit diesen Karten gibt es auch verschiedene Vergünstigungen, z. B. bei Avis, Accor oder Mercure.

ERMÄSSIGUNGEN

Vergünstigungen sind in den Bahnhöfen und in den SNCF-Verkaufsstellen erhältlich, haben ein Jahr Gültigkeit und garantieren Ihnen, im Rahmen der verfügbaren Plätze, Ermäßigungen von 25 % bis 60 % des Normalpreises. Außerdem nehmen Sie damit auch an einem Bonusprogramm mit Treuepunkten teil, bei dem Sie Fahrkarten gewinnen können.

Carte Enfant + – Ein Kind unter 12 Jahren sowie vier Begleiter (Kinder oder Erwachsene, die nicht unbedingt die Eltern des Kindes sein müssen) können mit dieser Karte (ca. 70 €) ein Jahr lang Ermäßigungen zwischen 25 und 50 % erhalten.

Carte 12-25 – Für Personen zwischen 12 und 25 Jahren gibt es diese ein Jahr gültige Karte (ca. 50 €), die Ermäßigungen zwischen 25 und 60 % ermöglicht.

Carte Senior – Für Reisende ab 60 Jahren ist diese Karte erhältlich (ca. 55 €), mit der Ermäßigungen zwischen 25 und 50 % eingeräumt werden.

Carte Escapades – Reisende zwischen 26 und 59 Jahren erhalten mit dieser Karte (ca. 85 €) Ermäßigungen für jede Hin- und Rückfahrkarte über mindestens 200 km an einem Samstag oder Sonntag, wobei die Rückfahrt entweder am selben Tag erfolgen kann oder die Nacht von Samstag auf Sonntag am Zielort verbracht wird und die Rückfahrt am Sonntag erfolgt.

Ermäßigungen ohne Karte – Auch ohne über eine dieser Karten zu verfügen, können Sie von bestimmten Ermäßigungen profitieren. Im Internet gibt es die sogenannten *Billets Prem's*, mit denen man bei frühzeitiger Buchung große Vergünstigungen ergattern kann.

Offre Loisir – Ein Angebot für jeden, ohne Altersbeschränkung. Diese neue Art der Reiseplanung belohnt den frühzeitigen Fahrkartenkauf: Je frühzeitiger der Reisende bucht, desto günstiger ist der Preis. Je nach Reservierungszeit und Auslastung der Verbindung kann es so bis zu 70 % Ermäßigung auf den vollen Preis geben.

Billet Découverte – Diese Tickets ermöglichen Vergünstigungen in Regionalzügen von 25 % für Jugendliche zwischen 12-25 Jahren.

Alle genannten Karten und Tickets sind im Internet, an den Schaltern der SNCF und in einigen Reisebüros erhältlich (Personalausweis oder Pass und Passfoto mitbringen!). Die SNCF gibt Taschenkalender (calendrier voyageur) heraus, in denen die blauen Zonen (zones bleues, Ermäßigung möglich) und die weißen Zonen (zones blanches, keine Ermäßigung) verzeichnet sind. Genauere Informationen erhalten Sie auf den Internetseiten der SNCF www.voyages-sncf.com oder unter www.tgv.com.

Sondertarife

Familien mit mindestens 3 minderjährigen Kindern können von einer **Karte für kinderreiche Familien (Carte famille nombreuse)** *(18 € Bearbeitungsgebühr)* profitieren, mit der sie einen Nachlass von 30 bis 75 % erhalten (Die Ermäßigung wird immer auf Basis des Normalpreises 2. Klasse errechnet, auch wenn man mit der Karte in der 1. Klasse reisen kann). Sie berechtigt auch zu anderen Ermäßigungen außerhalb der SNCF.
Karte „Familles nombreuses" ist im Internet über www.voyages-sncf.com oder in den Verkausstellen der SNCF erhältlich.

Übernachten/Essen und Trinken

Tipps und Adressen

Kleines Budget – Unter der Preiskategorie ⊖ finden Sie einfache Hotels, Gästezimmer und Campingplätze sowie Adressen von Restaurants mit ansprechenden Mahlzeiten zu korrekten Preisen.

Mittleres Budget – Wenn Sie mehr Komfort anstreben und größeren Wert auf eine schöne Lage legen, werden Sie garantiert unter der Kategorie ⊖⊖ das Richtige finden. Hier sind weitgehend stilvoll eingerichtete Hotels oder Ferienwohnungen sowie Privatzimmer mit mehr Komfort in charmantem Ambiente verzeichnet. Zudem finden Sie hier Restaurants, darunter solche mit gehobener Küche.

Großes Budget – Für diejenigen, die sich etwas Besonderes gönnen möchten, halten die Spitzenkategorien ⊖⊖⊖ und ⊖⊖⊖⊖ eine Auswahl an Adressen bereit. Dabei handelt es sich oft um exklusive Häuser, die ein hohes Maß an Komfort und Luxus bieten. Wem die Übernachtung zu teuer ist, der kann das traumhafte Ambiente auch beim Tee oder Brunch genießen, und auch Sterne-Restaurants bieten

UNSERE PREISKATEGORIEN (HAUPTSAISON)				
	Essen und Trinken (Mittagessen)		**Übernachten** (Doppelzimmer)	
	Provinz	Großstädte, Badeorte	Provinz	Großstädte, Badeorte
●	bis 14 €	bis 16 €	bis 45 €	bis 65 €
●●	14 € bis 25 €	16 € bis 30 €	45 € bis 80 €	65 € bis 100 €
●●●	25 € bis 40 €	30 € bis 50 €	80 € bis 100 €	100 € bis 160 €
●●●●	über 40 €	über 50 €	über 100 €	über 160 €

mittags Mahlzeiten zu erschwinglichen Preisen an. In einigen dieser Hotels und Restaurants wird korrekte Kleidung erwartet.

Übernachten

Im Folgenden einige spezifische Informationen zu den verschiedenen Unterkunftsmöglichkeiten:

Campingplätze – Die Preise verstehen sich pro Übernachtung für zwei Personen und einen Zeltstellplatz. Auf manchen Campingplätzen kann man Bungalows oder Campingwagen mieten. Die **Michelin-Führer *Camping Caravaning France*** und ***Espagne-Portugal*** enthalten eine Auswahl der besten Campingplätze mit Angabe der vorhandenen Infrastruktur, der aktuellen Preise und der verschiedenen Annehmlichkeiten, die sich aus ihrer Lage ergeben. Der Campingführer wird jedes Jahr überarbeitet. Das Mitführen des Camping Carnet International (Internationaler Camping-Ausweis) für Wohnwagen ist sinnvoll, aber nicht obligatorisch. Man bekommt das Carnet bei den Automobil- oder Campingklubs.
Bei der Auswahl der Campingplätze helfen beispielsweise folgende Internetportale, die auch in deutscher Sprache zur Verfügung stehen: **www.campingfrance.com, www.campingdefrance.com**

Ferienhäuser – Vermietet werden sie wochenweise oder manchmal auch für ein Wochenende. Vor allem in der Hochsaison ist eine rechtzeitige Reservierung unerlässlich.

Ferienwohnungen – Die Wohnungen werden im Allgemeinen wochenweise vermietet, manche sind auch für einige Tage oder ein Wochenende zu haben. Jede Wohnung verfügt über eine Küche oder Küchenzeile.

Gästezimmer (Chambres d'hôte) – Es handelt sich um Privatunterkünfte, die im Gegensatz zum Hotel ein familiäres Ambiente bieten. Die Preise verstehen sich pro Übernachtung inklusive Frühstück. Bei einigen ist auch Halbpension möglich. Wegen der großen Beliebtheit dieser Zimmer sollten Sie möglichst früh buchen.
In einigen Hotels und Privatunterkünften sind Ihre vierbeinigen Begleiter nicht zugelassen oder es wird ein Aufpreis verlangt. Denken Sie bei der Reservierung daran, nachzufragen.

Hotels – Die Bandbreite der von uns ausgesuchten Hotels ist beachtlich. Die Preise gelten pro Übernachtung und schließen das Frühstück in der Regel nicht mit ein. Der Frühstückspreis steht jeweils neben dem Tassensymbol. Manche Hotels besitzen ein für jedermann zugängliches Restaurant.

Loisirs Accueil – Dieser in den meisten französischen Départements vertretene Reservierungsservice bietet vielfältige Urlaubsideen und Unterkunftsmöglichkeiten an: Hotelzimmer, Privatunterkünfte, Ferienwohnungen, Berghütten usw. Informationen erhalten Sie bei der Pariser Zentralstelle (Service Réservation Loisirs Accueil, 74/76 rue de Bercy, 75012 Paris, ✆ 01 44 11 10 44). Dort sind auch die Adressen der Geschäftsstellen in den verschiedenen Regionen sowie

Broschüren über einzelne Départements erhältlich. Loisirs Accueil bietet eine mehrsprachige, auch deutsche Website www.resinfrance.com oder www.loisirs-accueil.fr), über die man auch online reservieren kann.

Fédération nationale Clévacances – Von diesem Verband werden etwa 28 000 Ferienwohnungen und 3500 Zimmer in 89 verschiedenen Départements angeboten. Von der Luxusvilla über Appartements und Chalets bis hin zum Einzelzimmer ist für jeden Geschmack etwas dabei. Kataloge können bei den einzelnen Verwaltungen angefordert werden: www.clevacances.com.

Hotels – Der Rote Michelin-Führer France – Im jährlich aktualisierten Hotel- und Restaurantführer von Michelin finden Sie eine reiche Auswahl an vor Ort geprüften Hotels.
Für jedes Hotel werden mehrere wichtige Informationen geboten: Komfort, aktuelle Preise, akzeptierte Kreditkarten, Telefon- bzw. Faxnummer für die Reservierung sowie eine kurze Beschreibung. Hotels in besonders ruhiger Lage sind mit dem Symbol gekennzeichnet. Der (Bib Gourmand) weist auf Häuser hin, die eine gepflegte Küche für weniger als 28 € bieten (in Großstädten und Ferienzentren 36 €), der (Bib Hôtel) auf praktische und einladende Hotels mit guten Leistungen zu moderaten Preisen. unter 72 € in der Provinz (88 € in Großstädten und Ferienzentren).

Preiswerte Hotelketten – Wenn Sie nur eine Verschnauf- und Schlafpause auf Ihrer Fahrt zum Urlaubsziel suchen, sind diese sehr preiswerten Hotels vielleicht eine gute Lösung. Sie liegen meist entlang der großen Verkehrsachsen und bieten einen recht bescheidenen Komfort. Hier die Internetadressen der jeweiligen Reservierungszentralen:

Akena – www.hotels-akena.com
B & B – www.hotel-bb.com
Etap Hôtel – www.etaphotel.com
Villages Hôtel – www.villages-hotel.com

Die folgenden Hotelketten sind etwas teurer, bieten dafür aber mehr Komfort und einen besseren Service:

Campanile – www.campanile.fr
Ibis – www.ibishotel.com
Kyriad – www.kyriad.fr

Einfache Unterkünfte – Die **Maison des Gîtes de France et du Tourisme Vert** (59 rue St-Lazare, 75439 Paris Cedex 09, ✆ 01 49 70 75 75, www.gites-de-france.com) vermittelt die Adressen der örtlichen Verbände und veröffentlicht regionale Broschüren über verschiedene Unterkunftsmöglichkeiten: *chambres d'hôte* (Fremdenzimmer mit Frühstück), *gîtes d'étape* (besonders für Wanderer geeignete Übernachtungsmöglichkeiten), *gîtes ruraux* (Unterkünfte in ländlicher Umgebung). Gîtes de France verfügt auch über Adressen für Angler *(gîtes de pêche)* und Wintersportler *(gîtes de neige)*; zudem gibt es eine Broschüre über behindertengerechte Unterkünfte *(Guide des gîtes accessibles à tous)*.
Adressen von Berghütten und einfachen Unterkünften finden Sportbegeisterte, die gerne wandern, klettern, Ski fahren oder Radtouren und Kanu-/Kajakfahrten unternehmen, auch im Führer *Gîtes d'étape, Refuges* von A. und S. Mouraret (Rando-Éditions, 4 rue Maye Lane, 65420 Ibos, ✆ 05 62 90 09 90) und unter www.gites-refuges.com.
Die **Fédération française des Stations vertes de Vacances et Villages de Neige** veröffentlicht jedes Jahr eine Liste mit Gemeinden, die wegen ihrer ruhigen Lage und ihres interessanten Freizeitangebots ausgezeichnet wurden (Auskunft: www.stationsvertes.com).

Relais et Châteaux – Übernachtungsmöglichkeiten in besonders stilvollen Häusern, Schlössern oder Landsitzen. Reservierungszentrale ✆ 0 08 00 20 00 00 02 (in Deutschland), www.relaischateaux.com

Jugendherbergen

Ligue française pour les auberges de la jeunesse – www.auberges-de-jeunesse.com. Die Karte LFAJ gibt es für 10,70 € im Jahr für unter 26-Jährige und für 15,25 € ab 26.

Fédération unie des Auberges de la Jeunesse – www.fuaj.org. Die Karte FUAJ kostet für unter 26-Jährige 10,70 €, 15,30 € ab 26 und 22,90 € für Familien.

Essen und Trinken

Um allen Geschmäckern gerecht zu werden, haben wir nicht nur regionale, sondern auch klassische, exotische und themenbezogene **Restaurants** aufgeführt, sowie einfache Lokalitäten, in denen man schnell einen Salat, eine Quiche oder Kuchen essen oder regionale Produkte probieren kann.
In einigen **Ferme-auberges** können Sie die Genüsse der französischen Provinz kennenlernen, authentische Erzeugnisse von den Höfen werden meist als ein großes Menü serviert. Unbedingt reservieren!

RESTAURANTFÜHRER

Roter Michelin-Führer Frankreich

Für jedes Restaurant wird das Qualitäts- und Preisniveau angegeben, dazu gibt es praktische Informationen. Das **Symbol Bib Gourmand** ☺ zeigt die Restaurants unter 28 € auf dem Land, unter 36 € in den großen Städten und Ski- oder Badeorten an.

Sites remarquables du goût

Einige Restaurants der Île-de-France, deren gastronomische Vielfalt und Qualität auf Zutaten aus der Region basiert, die in einer kulturell und touristisch interessanten Umwelt wachsen und gezüchtet werden, wurden mit dem Label „Site remarquable du goût" ausgezeichnet. Mehr Details gibt es im Internet unter www.sitesremarquablesdugout.com.

TYPISCHE LOKALE

Die Ausflugslokale

Nach dem Goldenen Zeitalter der Impressionisten im ausgehenden 19. Jh. sind die Ausflugslokale allmählich aus der Landschaft der Île-de-France verschwunden. Die Lokalpolitik und die Leidenschaft der Vereinigung **Association Culture Guinguette** – ✆ 01 45 16 37 51 – www.culture-guinguette.com – haben dazu geführt, dass sie an den Ufern von Marne und Seine wieder aufblühen und die malerischen Stimmungen der Belle Époque wieder aufleben lassen.

BERÜHMTE KÖCHE DER REGION

Für die Île-de-France empfehlen wir die fünf folgenden Köche:

Bougival (78)

Thierry Conte hat mit den großen Sterneköchen Frankreichs zusammengearbeitet, bevor er sich in Bougival niedergelassen hat, wo er eine klassische Küche mit intelligenten neuen Ideen aus hochwertigen Zutaten anbietet.
Camélia – 7 quai Georges Clémenceau, Bougival, ✆ 01 39 18 36 06, www.lecamelia.com

Dampierre-en-Yvelines (78)

Christophe Blot serviert eine von den alten Kochbüchern seiner Großmutter inspirierte Küche, deren Rezepte er geschickt individualisiert. Die Gerichte bestehen aus den besten Zutaten.
Auberge du Château „Table des Blot" – 1 Grande Rue, Dampierre, ✆ 01 30 47 56 56

Maisons-Laffitte (78)

Michel Blanchet ist seit über 30 Jahren in diesem schönen Haus ansässig. Die Speisekarte bietet köstliche traditionelle Gerichte, die nur mit qualitativ hochwertigen Produkten zubereitet werden.
Tastevin – 9 av. Eglé, ✆ 01 39 62 11 67

Le Perreux-sur-Marne (94)

Jean Chauvel hat sich mit seinen Kreationen eine treue Klientel geschaffen. Sie haben ebenso poetische wie extravagante Namen und versprechen köstliche Gaumengenüsse und Überraschungen. Immer auf der Suche nach neuen Rezepten, gelingt ihm stets ein originelles Ergebnis.
Les Magnolias – 48 av. de Bry, Le Perreux, ✆ 01 48 72 47 43, www.lesmagnolias.com

Tipp

Ethic-étapes – Diese Organisation bietet Unterkünfte zu moderaten Preisen für Gruppen, aber auch für Familien und Alleinreisende für kurze Aufenthalte an. Ziel ist es, jungen Menschen aus der ganzen Welt ein Zusammentreffen zu ermöglichen; Frühstück inbegriffen (Einzel- oder Gruppenzimmer) – *✆ 01 53 00 90 90 – www.ethic-etapes.fr*

DIE WEINE DER ÎLE-DE-FRANCE

Im 17. und 18. Jh. galten die Weine von Argenteuil, Suresnes und St-Cloud als die besten Sorten des Landes. Sie waren bis zum Beginn des 20. Jh. fester Bestandteil der Landschaft der Umgebung von Paris – die Reblaus und die Konkurrenz der Weine aus dem Süden bedeuteten fast ihren Untergang. Die Île-de-France ist seitdem nie mehr die große Weinregion geworden, die sie einmal war, aber es gibt eine neue Weinkultur: Einige Gemeinden wie Suresnes bauen seit etwa 30 Jahren wieder Weinreben an, deren Qualität sich stets verbessert, sodass nun die Aussicht auf eine Kennzeichnung „Vin de Pays de Paris et d'Île-de-France" besteht.
Heute gibt es in der Region etwa 100 Weine – hauptsächlich in Seine-St-Denis, den Hauts-de-Seine und dem Val-d'Oise – und 30 verschiedene Rebarten, rot, weiß, rosé und Schaumwein. Der „P'tit bleu" aus Suresnes und der „Picolo" aus Argenteuil werden nur noch in kleinen Mengen produziert. Um Argenteuil beleget der Weinberg der Gemeinde rund 1000 qm der Häng. Die Weine aus dieser Produktion nicht mehr verkauft, jedoch anlässlich der Erntefeste oder der Fête de la St-Vincent Ende Januar als besonderes Ereignis ausgeschenkt.

Tipp

Die Vereinigung **Les Vignerons franciliens réunis** gibt eine touristische Weinberge- und Weinkarte heraus, auf der 152 regionale Sorten verzeichnet sind, dazu Spaziergänge, Önologie-Kurse und Verkostungsstätten. Sie ist in den Fremdenverkehrsämtern und Rathäusern der Region erhältlich – www.vigneronsfranciliens.com.

FRANZÖSISCHE ESSKULTUR

Tischgewohnheiten – Das Frühstück ist in Frankreich oft recht einfach – im Gegensatz zum Mittag- und Abendessen, bei dem man traditionell großen Wert auf eine abwechslungsreiche, gut aufeinander abgestimmte Speisenfolge, begleitet von den passenden Weinen, legt. Hast ist verpönt, beim Servieren ebenso wie beim Essen, für das man zwischen eineinhalb und zwei Stunden einplanen sollte. Wer es eilig hat, sollte statt in ein gepflegtes Restaurant lieber in eine Brasserie oder eines der vielen Cafés gehen. Das französische *Café* ist im Übrigen kein Café im deutschen Sinne (das heißt in Frankreich *Salon de Thé*), sondern eher eine Gaststätte oder Kneipe. Auf dem Land ist es ratsam, in kleinen Lokalen zu essen, wo einen oft besondere kulinarische Genüsse, wenn auch in einfacher Aufmachung, erwarten. Das Mittagessen wird ab 12 Uhr eingenommen, das Abendessen ab 19.30 Uhr.

Angebot im Restaurant – In den Brasserien und kleinen Restaurants empfiehlt sich das Tagesmenü *(plat du jour)*. Zahlreiche Restaurants bieten neben den einzelnen Gerichten auch Menüs an; sie sind zumeist preiswerter als ein Essen à la carte. Die Menüs enthalten eine Vorspeise, ein Hauptgericht (in gehobenen Restaurants auch zwei Hauptgerichte), Käse oder Nachtisch (manchmal wird auch beides angeboten). Es kommt vor, dass Getränke und Kaffee im Preis inbegriffen sind, doch ist dies jeweils angegeben.

Getränke – Frankreich ist für seine ausgezeichneten **Weine** bekannt. Flaschenweine sind jedoch nicht billig. Wer sparen will, kann einen Krug offenen Wein bestellen *(pichet de vin* oder *vin en carafe)*, der in Portionen von 33 cl oder 50 cl ausgeschenkt wird. Man erhält fast überall die bekannten französischen oder ausländischen Flaschenbiere. Gezapftes **Bier** *(bière à la pression)* zu bestellen ist aber meistens billiger. Apropos: Unter einem *demi* versteht man in Frankreich nicht einen halben Liter Bier, sondern nur 25 cl.

Trinkgeld – In den Preisen für Speisen und Unterkunft ist das Bedienungsgeld inbegriffen. Wenn Sie jedoch mit dem Service zufrieden waren, ist es üblich aufzurunden, in einem netten Restaurant können es auch mal 5 % für den Kellner sein. In sehr luxuriösen Restaurants ist das Trinkgeld *(pourboire)* natürlich entsprechend höher (7 € oder mehr). Man lässt es auf dem Teller mit der Rechnung zurück.

Alles, was für Sie wichtig ist

Gut zu wissen

ÄRZTE UND APOTHEKEN

Die französischen Apotheken *(pharmacies)* sind an einem grünen Kreuz erkennbar. Sonn- und feiertags sowie nachts sind an den Türen der Apotheken zumeist die Adressen der diensthabenden Ärzte und Apotheken angeschlagen. Ansonsten erteilt die Polizei Auskunft.
In Frankreich müssen Arztbesuche in bar oder per Scheck bezahlt werden. Für eine Sprechstunde bei einem Allgemeinarzt müssen Sie mit mindestens 20 € rechnen (Kassensatz). Nach der Heimkehr können die vom französischen Arzt bzw. Krankenhaus ausgestellten Papiere (Krankenschein, Rezept) der eigenen Krankenkasse vorgelegt werden, die dann die Kosten gemäß den geltenden Bestimmungen zurückerstattet.

EINKAUFEN

Geschäfte – In Frankreich gibt es keine einheitlichen Ladenschlusszeiten. Die meisten Kaufhäuser und größeren Geschäfte sind werktags von 9-19.30 Uhr geöffnet, einige an einem Tag in der Woche auch länger. Kleinere Geschäfte schließen oft in der Mittagszeit (manchmal sogar bis 16 Uhr, dafür sind sie abends länger geöffnet). Bäckereien und einige Lebensmittelgeschäfte sind morgens schon ab 7 Uhr auf, zum Teil auch So-vormittag. Viele Buchhandlungen, in kleineren Ortschaften auch andere Läden, öffnen montags nicht oder erst am Nachmittag.

Erstattung der Mehrwertsteuer – Für Einkäufe, die bei ein und derselben Adresse und an demselben Tag 200 € übersteigen, ist eine Erstattung der Mehrwertsteuer möglich, jedoch nur für Reisende, die nicht aus den Mitgliedstaaten der Europäischen Union stammen. Die Mehrwertsteuer variiert zwischen 5,5 % und 19,6 %. In großen Läden oder in Luxusgeschäften, die sich in besonderem Maße an Touristen wenden, müssen Sie für die Erstattung der Mehrwertsteuer Ihren Pass und Ihre internationale Kreditkarte vorzeigen.

Notrufnummern:

Polizei *(Police)* ***17***
Notarzt *(SAMU)* ***15***
Feuerwehr *(Pompiers)* ***18***
Außerdem gilt in Frankreich die europäische Notrufnummer ***112***.

GELD

Banknoten und Münzen – Währungseinheit ist der Euro. Der Umtausch für französische Francs erfolgt seit Juni 2002 nur noch bei der Banque de France (10 Jahre lang für Banknoten).

Banken – Außer an Feiertagen sind die Banken Mo-Fr im Allgemeinen von 9-16.30 Uhr geöffnet (manche Filialen haben auch samstags auf, sind dafür aber oft montags geschlossen). Die meisten Bankinstitute sind mit Geldautomaten *(distributeurs)* ausgestattet, die die Maestro- bzw. EC-Card und internationale Kreditkarten akzeptieren (achten Sie auf die Logos der entsprechenden Kreditinstitute). Wenn Sie Schecks (Reiseschecks o. Ä.) einlösen wollen, müssen Sie Ihren Pass oder Personalausweis vorlegen. Banken verlangen üblicherweise eine geringere Gebühr als Hotels, am günstigsten ist es aber, sein Geld direkt mit der Kreditkarte am Geldautomaten abzuheben.

Kreditkarten – American Express, Visa, Mastercard/Eurocard und Diners Club werden in den meisten Geschäften, Hotels, Restaurants und an Tankstellen akzeptiert. Auch die Autobahngebühren können damit bezahlt werden. Bei Verlust oder Diebstahl wählen Sie umgehend eine der folgenden Nummern:

American Express
www.americanexpress.com
Diners Club www.dinersclub.de
Mastercard/Eurocard
www.mastercard.com
Visa www.visa.de

Unter der einheitlichen Telefonnummer ✆ 11 61 16 (aus dem Ausland mit der Vorwahl 00 49) können fast alle Bank-und Kreditkarten, Handy- und Krankenversicherungskarten gesperrt werden. Melden Sie den Verlust von Kreditkarte oder Reiseschecks ebenfalls unbedingt der Polizei *(commissariat de police)*, die Ihnen eine Verlustbescheinigung ausstellt.

POST

Post – Die Postämter *(bureaux de poste)* sind in größeren Städten Mo-Fr von 8-19 Uhr, ansonsten von 9-12 und 15-18 Uhr sowie am Samstagvormittag bis 12 Uhr geöffnet. Ein Brief oder eine Postkarte kostet 0,53 € (0,60 € nach Deutschland). Briefmarken kann man auch bei Zeitungshändlern und in Tabakläden kaufen.

STROM

In Frankreich ist 220 Volt-Spannung üblich. Meistens werden runde, zweipolige Stecker benutzt. Die Anschlüsse neuerer Elektrogeräte passen im Allgemeinen in französische Steckdosen, solche mit Eurostecker ohnehin. Wenn Sie alte Elektrogeräte mitführen, kaufen Sie gegebenenfalls vor der Abreise einen Zwischenstecker *(adaptateur)*.

TELEFON

Öffentliche Telefonzellen – Kaum noch Telefonzellen sind mit Münzfernsprechern ausgestattet. Für die meisten Telefonzellen benötigt man eine Telefonkarte (*télécarte* mit 50 oder 120 Einheiten); einige Telefonzellen funktionieren auch mit Kreditkarten (Visa, Mastercard/Eurocard). Telefonkarten sind in Postämtern, France-Télécom-Agenturen, Tabakläden und manchmal bei Zeitungshändlern erhältlich. In den französischen Telefonzellen können Inlands- und Auslandsgespräche geführt werden; in Telefonzellen, die mit einer blauen Glocke gekennzeichnet sind, kann man sich auch anrufen lassen.

Telefonieren in Frankreich – Französische Telefonnummern sind zehnstellig. Die Nummern der Hauptstadt Paris und Umgebung beginnen mit 01; in Nordwestfrankreich beginnen sie mit 02; in Nordostfrankreich mit 03; mit 04 beginnen sie in Südostfrankreich und auf Korsika; mit 05 in Südwestfrankreich. Handynummern beginnen mit 06, Telefondienste wiederum mit 08 36 (je nach Service zwischen 0,16 und 0,75 €/Min.), Gratisnummern mit 08 00. Die mit 08 beginnenden Nummern können Sie nur anwählen, wenn Sie sich schon in Frankreich befinden.

Internationale Vorwahl

(00 + Nummer des Landes):

Deutschland ✆ 49
Liechtenstein ✆ 423
Österreich ✆ 43
Schweiz ✆ 41

Internationale Telefongespräche – Wenn Sie vom Ausland nach Frankreich telefonieren möchten, wählen Sie zunächst 00, dann die Vorwahl von Frankreich (33) und die neunstellige Telefonnummer (wobei man die erste 0 weglässt). Möchten Sie von Frankreich ins Ausland telefonieren, wählen Sie 00, dann die Vorwahl des Landes, anschließend die regionale Vorwahl ohne die 0 und schließlich die Nummer Ihres Gesprächspartners.

Auskunft – Wie in Deutschland gibt es in Frankreich mittlerweile verschiedene Anbieter. Die Nummern sind immer sechsstellig, mit 118 beginnend, z. B. France Télécom 118 710, 118 711 und 118 712 oder Telegate France 118 000

Vergünstigungen vor Ort

ALLGEMEIN

Auf regionaler Ebene

Die Internetseite des regionalen Tourismuskomitees Comité régional du tourisme d'Île-de-France **(www.pidf.com)** bietet in der Rubrik „Offres" (Angebote) verschiedene Vergünstigungen für Sehenswürdigkeiten an. Man kann sich Familiencoupons für einige Stätten wie die Abtei von Royaumont, das Arboretum in Chèvreloup, die Bergerie Nationale, den Hof von Gally, das Musée de la Boxe, den Gemüsegarten des Königs und andere downloaden.

Auf Département-Ebene

Guide Promesses – ✆ 08 10 01 95 95. Dieser kostenlose Pass für das Val-d'Oise bietet Vergünstigungen für 40 kulturelle Sehenswürdigkeiten und Freizeitbeschäftigungen an, darunter das Château de La Roche-Guyon, das Château d'Auvers-sur-Oise, das Château d'Écouen, die Abtei von Royaumont, die Abtei von Maubuisson und das Musée archéologique von Guiry-en-Vexin.

Guide Pass'Essonne – ✆ 01 64 97 35 13 – www.tourisme-essonne.com. Von Mai bis September kann man hiermit etwa 30 touristische Highlights der Essonne vergünstigt besuchen. Erhältlich in den Fremdenverkehrsämtern der teilnehmenden Städte, auch der Ausdruck der Gutscheine von der Internetseite ist möglich.

Pass Val-de-Marne – ✆ 01 55 09 16 20 – www.tourisme-valdemarne.com. Der Pass ist kostenlos als Scheckheft beim Comité départemental du tourisme und Fremdenverkehrsämtern des Val-de-Marne erhältlich und bietet Vergünstigungen und Preisvorteile in ungefähr 40 Institutionen. Gültig von Mai bis September.

Pass'malin Route Nature – Informationen bei der Vereinigung Route Nature en Yvelines – ✆ 01 39 07 71 22. Familien erhalten hier das ganze Jahr über reduzierte Eintrittspreise für die zwölf großen Freiluft-Sehenswürdigkeiten des Départements Yvelines: France Miniature, Park von Thoiry, Park und Schloss von Breteuil, Espace Rambouillet, Schmetterlingshaus.

Cartes multisites – Einige Städte bieten ermäßigte Tarife für Sehenswürdigkeiten nach der Bezahlung eines vollen Eintrittspreises an, teilweise sind diese ganzjährig gültig. Der Besuch des Château de Rambouillet ist mit dem der Laiterie de la Reine, der Chaumière aux coquillages, der Bergerie nationale, den Museen von Rambouillet und dem Espace Rambouillet verbunden.

Tipp

Paris Museum Pass – *Erhältlich in den Museen und Sehenswürdigkeiten, FNAC-Geschäften, Fremdenverkehrsämtern von Paris und im Internet – 30 € (Pass 2 Tage), 45 € (Pass 4 Tage), 60 € (Pass 6 Tage) – www.parismuseumpass.fr.* Dieser Pass gewährt freien, direkten und unbegrenzten Zugang zu mehr als 60 Museen (Dauerausstellungen) und Sehenswürdigkeiten von Paris und Umgebung.

Forfaits Loisirs transiliens – Die SNCF verkauft Fahrkarten, die eine Hin- und Rückfahrt mit dem Zug mit dem Eintritt zu verschiedenen Sehenswürdigkeiten verbinden: Château de Versailles, Château de Fontainebleau, Château d'Auvers-sur-Oise und France Miniature.

BESONDERE SPARMÖGLICHKEITEN

Wochenenden und Kurzreisen

Zur Reisevorbereitung klicken Sie sich am besten durch die Homepages der Fremdenverkehrsämter in der Île-de-France *(s. S. 342)*. Hier werden regelmäßig Angebote für Übernachtungen angezeigt.

Ville Pass'ion – Aktion für Wochenend- und Kurzreisen der französischen Fremdenverkehrsämter insbesondere von St-Germain-en-Laye.
Die Seite www.tourisme.fr/villepassion/index.htm zeigt drei verschiedene Aktionsangebote an: Week-end Pass'ion (2 Übernachtungen mit Städtepass für Vergünstigungen), Passion Autrement (Themen: Gastronomie, Natur, Sport, Fitness) und Promo Passion (2 Hotelübernachtungen zum Preis von einer).

Auf Entdeckungstour

Für die ganze Familie

Die Region bietet ein vielseitiges Freizeitangebot auch für die Kleinen. Das Piktogramm 👪 im Kapitel „Die Region entdecken" signalisiert Sehenswürdigkeiten, die für Ihre Kinder interessant sind. Die großen **Parks** rund um Paris (St-Cloud, Évry, Parc floral de Paris …) sind größtenteils mit Spielplätzen ausgestattet. Die **Schlösser** führen zum Teil kindgerechte Schauspiele auf (die Märchen von Perrault in Breteuil, Lapinodrome im Potager des Princes in Chantilly) und bieten Kutschfahrten an (Versailles, Senlis, Rambouillet …). Die Städte organisieren auch Besichtigungsfahrten in **kleinen Bummelbah-**

nen (Chartres, Versailles). **Themenparks** widmen sich dem Vergnügen (Disneyland, Parc Astérix, Mer de Sable) oder behandeln bestimmte Themen (Le Bourget, France Miniature). Unter den zahlreichen **Zoos** in der Île-de-France sind Émancé, Thoiry, Vincennes, Rambouillet, Nesles besonders sehenswert. Auch zahlreiche **Sportarten** können in der Region ausgeübt werden: Es gibt Wege für Radfahrer oder Rollerblader, Pferdegestüte, schöne Schwimmbäder (Nogent-sur-Marne, St-Germain-en-Laye …), Trimm-dich-Pfade, Hochseilgärten, außerdem Seen, Teiche und Flüsse zum Angeln oder (Moret-sur-Loing, Marly-le-Roi, Forêt de Rambouillet …).

LABEL

Villes et Pays d'Art et d'Histoire

Das Netz der „Städte und Regionen der Kunst und Geschichte" bietet für Kinder Führungen und Kulturworkshops (mittwochs, samstags und während der Schulferien). Ausgestattet mit einem Heft und pädagogischen Hilfsmitteln können die Kleinen die Geschichte und Architektur kennenlernen und aktiv an der Erkundung der Städte teilnehmen. Innerhalb der Workshops treffen die Kinder auch hin und wieder auf Architekten, Steinmetze, Schauspieler usw. Diese Aktivitäten werden auch während der Führung der Erwachsenen im Juli und August im Rahmen des Programms *L'Été des 6-12 ans* („Der Sommer der 6- bis 12-Jährigen") angeboten.

Ministère de la Culture et de la Communication

Tagesausflüge

Auf den folgenden Strecken sind die wesentlichen Sehenswürdigkeiten der Region vereint. Sie sollen Ihnen als Anhaltspunkt für die Zusammenstellung Ihrer Route dienen. Beachten Sie auch die Karte auf der Umschlagklappe **„Die schönsten Sehenswürdigkeiten"**, die Ihnen noch den einen oder anderen Abstecher ganz nach Ihrem Geschmack anbietet.

RUND UM CHANTILLY

Rundfahrt von 39 km ab Chantilly

Wer einen Tag in **Chantilly** verbringt, kommt an der Geschichte Frankreichs und der Welt der Pferde nicht vorbei. Im Schloss lernen Sie eine außergewöhnliche Kunstsammlung kennen. Die Großen Stallungen am Rand der Rennbahn dienten als edle Unterkunft für die ebenso edlen Tiere. Sehr erholsam ist ein Spaziergang im Park oder an den **Teichen von Commelles** im nahen Wald. Bei Verlassen des Waldes von Coye-la-Forêt befinden Sie sich in 2 km von der D 1016; sie führt links nach **Luzarches**, einem der ältesten Dörfer des alten Frankreichs mit einer vollständig restaurierten Kirche aus dem 12. Jh. Von dort aus ist es nur ein Katzensprung an Ysieux vorbei, um zur **Abtei von Royaumont** zu gelangen, einem wahren Wunderwerk des Mittelalters, in dem oft klassische Konzerte gegeben werden *(sich erkundigen)*. Zurück in Chantilly auf der D 909 geht es auf die D 17 bis Précy-sur-Oise und dann auf die D 92 entlang der Oise, bis man ins mittelalterliche Städtchen **St-Leu-d'Esserent** mit seiner romanischen Kirche gelangt.

DIE FRANZÖSISCHE BRIE

Rundfahrt von 72 km ab Blandy-les-Tours

Der kleine Rundweg durch die Brie beginnt in **Blandy-les-Tours**, das ein Schloss aus dem 12. Jh. besitzt. Man verlässt das Dorf auf der D 47 Richtung Süden und erreicht nach 2 km auf der D 408 Richtung La Chapelle-Gauthier bald den Wald von Villefermoy. Durch ihn fährt man, bis man am Ende einer kleinen Straße einen Teich und eine Segelschule erreicht. Nun geht es wieder auf die D 408, dann auf die kleine D 62 bis zum Dorf **Rampillon**, das hier die Brie-Ebene beherrscht. Es besitzt eine Kirche, die einer Templer-

Stéphane Sauvignier / MICHELIN

Weizenfeld in der Brie.

kommende angeschlossen war. Zum Abschluss machen Sie noch Halt an der Stiftskirche von **Champeaux**, der robusten und schönen Kirche dieses ehemals befestigten Orts.

PARKS UND GÄRTEN

▶ Rundfahrt von 73 km ab Fontainebleau

Auf diesem Ausflug werden Sie viele Schlösser mit Grünflächen sehen, beginnend mit **Fontainebleau**. Dieser Palast war bei den vielen Königen Frankreichs, die ihn zu einem Schmuckstück machten, sehr begehrt. Seine Gärten gehören heute zum Weltkulturerbe der UNESCO. Der nahe Wald eignet sich ideal für Wanderungen und bietet auch Kletterern geeignetes Terrain. Wenn Sie Fontainebleau Richtung Valvins verlassen, stoßen Sie auf die Seine, an der Sie bis zum charmanten **Samois-sur-Seine** entlangfahren, wo Sie einen hübschen Spaziergang zur Île du Berceau unternehmen können. Wenn Sie den Fluss überqueren, können Sie an seinem rechten Ufer bis Melun fahren, das Sie für den Augenblick nur durchfahren, um nach **Vaux-le-Vicomte**, 6 km nordwestlich, zu gelangen. Dieses Meisterwerk stammt aus dem 17. Jh. Spazieren Sie unbedingt in den prächtigen Gärten bevor Sie nach **Melun** zurückkehren, den Sitz der weißen Königinnen (so nannte man die königlichen Witwen): Halten Sie an der Stiftskirche Notre-Dame, an der Kirche St-Aspais und werfen Sie einen Blick in die Umgebung und die ehemalige Abtei von **Dammarie-les-Lys**, von deren Abteikirche heute nur die Ruine übrig ist. Sie befinden sich auf der D 64, die entlang am Waldrand nach **Barbizon** führt. Das Dorf war für die Landschaftsmaler Inspiration und „Schule" (zu entdecken im Musée de l'auberge du Père Ganne). Westlich liegen zwei weitere Schlösser, **Fleury-en-Bière**, wo Richelieu sich von Zeit zu Zeit aufhielt und auf der anderen Seite **Courances**, das sich raffiniert im Wasser spiegelt. Nun sind es nur noch 4 km nach Norden bis **Milly-la-Forêt**, über das Sie über den Wald und die **Gorges de Franchard** zurück nach Fontainebleau gelangen, von wo sich schöne Ausblicke auf die Landschaft bieten.

Jacass / MICHELIN

Der Felsen Rocher du Bilboquet mit seinem bizarren Aussehen im Wald von Fontainebleau.

SEHENSWÜRDIGKEITEN UND AKTIVITÄTEN FÜR DIE GANZE FAMILIEN

Ortskapitel	Natur	Museum	Freizeit
Parc Astérix	Lehrpfad ab dem Hôtel des Trois-Hiboux		der gesamte Park
Auvers-sur-Oise	Park von Méry-sur-Oise	Multimedia-Parcours im Château d'Auvers	
Le Bourget		Heißluftballon-Ausstellung; Raumfahrtsausstellung	
Château de Breteuil		Perraults Märchen – die Schlossküchen	Spaziergang im Schlosspark
Chantilly	Potager des Princes – Känguru-Gehege	Les contes de Perrault - Cuisines du château	Spielplatz im Park – Bootsfahrt auf dem Großen Kanal
Chartres		Musée de la Batellerie	Bootsfahrt auf der Eure
Conflans-Ste-Honorine		Musée de la Batellerie - Visite de remorqueurs fluviaux	Bootsfahrt auf Seine und Oise
Disneyland Resort Paris			alle Attraktionen, je nach Altersstufe
Étampes	Vogelinsel in Cheptainville	Museum der Alten Berufe, Aerodrome de Cerny	Base régionale de loisirs (Freizeitpark)
Fontainebleau		Schloss Fontainebleau, die Gärten, das Buchsbaumlabyrinth	Bootsfahrt auf dem Karpfenteich oder Kutschfahrt im Schlosspark
Marne-la-Vallée	Aquarium Sea Life		Freizeitparks von Torcy und Vaires-sur-Marne
Marnes-la-Coquette		Musée des Applications de la Recherche	
Milly-la-Forêt	Conservatoire national des plantes à parfum, médicinales, aromatiques et industrielles	Der Zyklop	Hochseilgarten Atout Branches
Moret-sur-Loing	Naturschutzgebiet Plaine de Sorques	Conservatoire du vélo – Zuckerstangenmuseum	Hochseilgarten in Graville – Bootsfahrt auf dem Loing
Nemours	Rochers Gréau und Rochers de Nemours	Prähistorisches Museum der Île-de-France	Fami-Parc – Tacot des Lacs
Poissy	Sternwarte „Parc aux étoiles"		
Provins		historische unterirdische Graffitis – Tour César – Zehntscheuer – Haus der Templer	Mittelalter-Spektakel
Rambouillet	Lehrbauernhof der Staatlichen Schäferei – Zoo in Émancé	Musée Rambolitrain	
Forêt de Rambouillet	Espace Rambouillet		Reiterhof der Staatlichen Schäferei; Abenteuerpark; Baden in den Hollande-Weihern
La Roche-Guyon		Mittelalterlicher Rundgang; Zwinger; Schloss Mittelalterlicher Rundgang; Zwinger; Schloss	
St-Cloud	Lehrbauernhof von Piqueur	Les Grandes Eaux	Théâtre du Guignol (Puppentheater)

SEHENSWÜRDIGKEITEN UND AKTIVITÄTEN FÜR DIE GANZE FAMILIEN

St-Quentin-en-Yvelines	Naturpark am Weiher von St-Quenting	France Miniature	
Parc de Thoiry	Wildpark – Tierpark – Botanischer Garten		
Versailles (Schloss)		Königliche Grands appartements	
Versailles (Park)	Weiler der Königin mit Bauernhof	Domaine de Marie-Antoinette –nächtliche Spektakel	Bootsfahrt; Radtour; Kutschfahrt im Schlosspark – Wasserspiele – Nachtrundgang
Versailles (Stadt)	Königlicher Gemüsegarten –Arboretum de Chèvreloup		Haras de Jardy – Cueillette de Gally
Le Vexin français		Müllerei in Valmondois; Bäckerei in Commeny	Abenteuerpark – Reiterhof

WALD VON RAMBOUILLET

Ausflug von 1 Tag ab Montfort-l'Amaury

Diese Tour in den Nordteil des Waldes von Rambouillet beginnt mit dem Städtchen **Montfort-l'Amaury**, das eine schöne Kirche besitzt, außerdem das Wohnhaus von Maurice Ravel und Schlossruinen auf einem Hügel, von wo man den Waldrand sehen kann. Das Château de la Mormaire liegt dann schon mitten im Wald, der **Neue Teich** ist einer der abgelegensten Abschnitte des Waldes (und der wohl ruhigsten, was die Angler sehr zu schätzen wissen). Dann kommt man zum ehemaligen Holzfällerdorf von Gambaiseuil mit einigen schönen Anwesen und nach der Durchquerung des Bois de l'Épars wartet das Dorf St-Léger-en-Yvelines, auf einer Lichtung mitten im Wald, durch das man (über die D 60, dann D 61) zu den **Étangs de Pourras** und **St-Hubert** gelangt. Hier sind schöne Radtouren oder Ausritte möglich, bevor man sich nach **Houjarray** zur Besichtigung der Maison Jean-Monnet begibt, wo einer der Gründer Europas lebte. Einen angenehmen Abschluss des Tages können Sie in Élancourt (D 13) erleben, wenn Sie dort **France Miniature** besuchen, einen Park, indem die wichtigsten Sehenswürdigkeiten des Landes in Miniaturgröße zu sehen sind. Das wird nicht nur Ihren Kindern, sondern auch Ihnen Spaß machen!

KUNST UND SCHLÖSSER

Ausflug von 35 km ab Versailles

Versailles erklärt sich von selbst – der berühmte Name steht für ein prächtiges Schloss und wunderschöne Gärten. Das ist jedoch kein Grund, diese Rundfahrt nicht fortzusetzen, denn die nächste Etappe ist die charmante kleine Stadt **Marnes-la-Coquette** (von Versailles durch die Forêt de Fausses-Reposes). Sie weiß den Wissensdurst ihrer Besucher mit dem Musée des Applications de la Recherche zu stillen, das sich in dem Haus befindet, wo Pasteuer seine größten Entdeckungen machte. Nach diesem Aufenthalt in den Hauts-de-Seine kehrt man in die Yvelines zurück, nach **Bougival** (über die Wohnorte Vaucresson und La

Stéphane Sauvignier / MICHELIN

Blick auf die Kirche von Montfort-l'Amaury.

Celle-St-Cloud), auf den Spuren des Autors Ivan Turgenjew besucht man die Datscha, die er im Exil bewohnte (heute als Museum hergerichtet). Sie sind nur wenige Schritte vom Musée de la **Malmaison**, in Rueil, entfernt, das an die glücklichen Tage erinnert, die Joséphine und Bonaparte hier verbrachten. Auf der anderen Seite von Bougival geht es nach **Louveciennes**, wo eine Hommage an die weiteren illustren Künstler und Personen wartet, die sich hier aufhielten: Diese ist jedoch sportlich recht anspruchsvoll, denn den „Weg der Impressionisten" (4 km) und die „Liaison verte" (6 km) kann man nur zu Fuß oder mit dem Fahrrad zurücklegen.
Sie haben noch nicht genug Parks gesehen? Dann wird Sie der in **Marly-le-Roi** ganz in der Nähe verzücken. Noch mehr Schlösser und Wohnhäuser von Schriftstellern? **Monte-Cristo**, am Ortsende von Port-Marly Richtung St-Germain, diese „deliziöse Dummheit" – nach Balzac –, die für Alexandre Dumas den Älteren erbaut wurde, ist genau das Richtige für Sie. Und für einen königlichen Abschluss eignet sich **St-Germain-en-Laye**, wo Ludwig XIV. geboren wurde.

Themenrouten

HISTORISCHE STRASSEN

Die **Fédération nationale des routes historiques** (www.routes-historiques.com) hat etwa 20 Themenstrecken zur Erkundung des architekturhistorischen Kulturerbes zusammengestellt. Faltblätter und Broschüren sind bei den Fremdenverkehrsämtern oder bei **Demeure historique** (www.demeure-historique.org) erhältlich.
Durch die in diesem Reiseführer beschriebene Region führen die folgenden beiden historischen Straßen:

Route historique des Maisons d'écrivains – 13 av. d'Eylau – 75116 Paris – ✆ 01 47 27 45 51. Mallarmé in Vulaines-sur-Seine, J.-J. Rousseau in Montmorency, Elsa Triolet und Louis Aragon in der Mühle von Villeneuve in St-Arnoult-en-Yvelines, Turgenjew in Bougival, Dumas im Schloss von Monte-Cristo in Port-Marly, Zola und Maeterlinck in Médan, Michelet in Vascœuil, Corneille in Petit-Couronne, Flaubert in Canteleu, Victor Hugo in Villequier: Sie können erkunden, wie die Schriftsteller an diesen Orten gelebt haben, und vielleicht bekommen Sie dabei ja auch Lust das eine oder andere ihrer Bücher zu lesen.

Route historique du Lys de France et de la Rose de Picardie – Château de Troissereux – 60112 Troissereux – ✆ 03 44 79 00 00. Von St-Denis bis Boulogne-sur-Mer schlängelt sich die Königsstraße durch die Départements von Seine-St-Denis, Val-d'Oise und Oise, die in diesem Führer vorkommen, und weiterhin durch die Départements Somme und Pas-de-Calais *(s. MICHELIN Der Grüne Reiseführer Nordfrankreich)*. Auf dieser Straße können Sie in hübschen Landschaften mit kurvenreichen Tälern, Wäldern und sanften Ebenen etwa 20 geschichtliche Sehenswürdigkeiten kennenlernen, darunter die Abtei von St-Denis, das Château d'Ecouen, Royaumont, L'Isle-Adam und einige mehr.

TOURISTISCHE STRASSEN

Routes en Île-de-France – ✆ 01 41 87 29 50. Diese Straße vereint 23 historische Stätten (öffentlich oder privat), deren wunderschöne Gärten dem architektonischen Anspruch der Anwesen entsprechen: Auvers, Breteuil, Sceaux, Châtenay-Malabry, St-Jean-de-Beauregard, Courson, Courances, Fontainebleau, Royaumont, St-Cloud, Stors, etc. Sie bietet einen guten Einblick in die Gartenkunst der Île-de-France.

Balades au pays des impressionnistes – Broschüre im Fremdenverkehrsamt von Marly-le-Roi – ✆ 01 30 61 61 35; Bougival – ✆ 01 39 69 21 23 und auf www.pays-des-impressionnistes.com erhältlich.
Entlang der Seine-Ufer haben sich neun Gemeinden zum „Land der Impressionisten" zusammengeschlossen: Carrières-sur-Seine, Bougival, Louveciennes, Marly-le-Roi, Le Port-Marly, Le Pecq-sur-Seine, Noisy-le-Roi, Chatou, Croissy-sur-Seine. Die Orte sind stolz auf ihre Verbundenheit durch das Wirken der impressionistischen Maler in der Region in der Vergangenheit, und das zeigen sie mit Originalität.

Route des Impressionnistes en Val-d'Oise – ✆ 01 30 29 51 00. Auvers-sur-Oise, Pontoise, L'Isle-Adam, Vétheuil, La Roche-Guyon und Argenteuil laden Sie ebenfalls auf die Spuren der Maler ein, die hier gelebt oder gearbeitet haben, wie zum Beispiel Monet, Daubigny, Pissarro, Renoir oder Van Gogh.

Route François-Ier – 250 bd Raspail – 75014 Paris – ✆ 01 43 29 48 44 – www.routesfrancois1.com. Die meiste Zeit hielt sich Franz I. in der Île-de-France auf, nachdem er 1528 aus der Gefangenschaft in Spanien kehrt war. Die Strecke umfasst die vier großen Schlösser, die während seiner Regierungszeit erbaut wurden, von ihm (Fontainebleau im Pariser Südosten, seine bevorzugte Residenz; St-Germain-en-Laye im Westen, das er vollständig neu bauen ließ) oder von den großen Persönlichkeiten seines Hofs (Rambouillet im Südwesten, wo er starb; Écouen im Norden, heute Nationalmuseum der Renaissance).

Aus der Luft

Von oben sieht die Welt ganz anders aus, auch die schönen Sehenswürdigkeiten und Landschaften der Île-de-France. Hier sind die Adressen für mögliche Flugmanöver:

Flug mit dem Heißluftballon – ab Maintenon oder dem Schlosspark von Esclimont, April-Okt. (bei gutem Wetter) auf vorherige Anfrage – Loisirs-Accueil Eure-et-Loir – www.tourisme28.com.

Ballonflug über das Val-d'Oise – ab La Roche-Guyon und Magny-en-Vexin (März-Okt., bei gutem Wetter) – Airshow – www.airshow.fr.

France Montgolfières (Ballonflüge) – www.franceballoons.com. Flüge 2x tgl., bei gutem Wetter. Zertifikat und „Prost auf die Fluggäste" bei der Landung. Ab Moret-sur-Loing können Sie die schönen Kulissen der Impressionisten oder die Jagdgebiete der Könige Frankreichs aus der Vogelperspektive bewundern.

Flug mit dem Ultraleichtflugzeug – ab Dreux oder Viabon, April-Okt. (bei gutem Wetter) auf vorherige Anfrage. Loisirs-Accueil Eure-et-Loir – www.tourisme28.com.

Zu Fuß

Etwa 4000 km Wanderwege führen durch die Region, insbesondere der GR 1, der eine Schleife zeiht und die Wälder der Umgebung von Paris miteinander verbindet.
Zu Fuß kann man die Landschaften in aller Ruhe erkunden. Die Wandervereinigung Fédération française de randonnée pédestre hat drei Arten markierter Wege eingeführt: die **GR** (große Wanderwege), die **GRP** (große Landwanderwege) und die **PR** (Spazier- und Wanderwege). Die GR und die GRP sind für erfahrene Wanderer gedacht, mit hunderten Kilometern Länge im Fall der GR, auf eine Region begrenzt im Fall der GRP. Die PR sind besser zu begehen, da sie einfacher und kürzer sind und keine besondere Vorbereitung nötig ist.

Fédération française de la randonnée pédestre – www.ffrandonnee.fr. Die Vereinigung hat **Wanderkarten** erstellt, auf denen die genauen Wegstrecken der GR, GRP und PR eingezeichnet sind, dazu gibt es nützliche Ratschläge zur Zusammenstellung Ihrer persönlichen Wanderroute.

Randonneurs d'Île-de-France (RIF) – www.rifrando.asso.fr. Jeden Tag wird eine Auswahl an Wanderungen in der Region angeboten (Jahresbeitrag).

Zu Pferd

Reitwandern

Die Region ist ideal für Erkundungen zu Pferd geeignet, mit ihren riesigen Wäldern und nah beieinander liegen-

Philippe Gajic / MICHELIN

Hindernisrennen in Maisons-Laffitte.

den Sehenswürdigkeiten, die man mit nur 1 PS auch gut erreichen kann. Viele Clubs organisieren Ausritte.

Gut zu wissen – Die offizielle Seite Tourisme Paris Île-de-France (www.pidf.com) gibt unter den Rubriken „Sports & Loisirs" und „Visites" alle Adressen von Reiterhöfen an, wo Sie Pferde für Ausritte leihen können oder Ponyreiten für Kinder angeboten wird.

Nützliche Adressen

Comité national de tourisme équestre – www.ffe.com. Das Comité gibt jährlich eine informative Broschüre heraus, *Cheval nature, l'officiel du tourisme équestre*, die die Möglichkeiten für Freizeitausritte enthält und spezielle Unterkünfte nennt, in denen Reiter und ihre Pferde übernachten können.

Association régionale de tourisme équestre d'Île-de-France (Arteif) – 12ter rue Edmond-Turcq – 95260 Beaumont-sur-Oise – ✆ 01 34 70 05 34. Die Broschüre *Cheval Nature Édition Île-de-France* präsentiert die wichtigsten Reitwander-Zentren der Region.

Pferderennen

Die Region besitzt zahlreiche Hippodrome, in denen alle möglichen Rennen abgehalten werden.

France Galop – Fördergemeinschaft zur Verbesserung der Galopp-Pferderassen in Frankreich, die die Trainingszentren in Chantilly, Maisons-Laffitte und Deauville unterhält (www.france-galop.com).

Zu Wasser

Das Schifffahrtsnetz der Île-de-France besitzt mehr als 700 km Wasserstraßen und bietet Bootsfahrten auf der **Seine** flussabwärts (von Chatou nach La Roche-Guyon), der Seine flussaufwärts (von Ablon bis Montereau-Fault-Yonne), der **Yonne** (ab Montereau), dem **Canal du Loing** (ab Moret-sur-Loing), dem **Canal de l'Ourcq**, der **Oise** und der **Marne** (von Meaux nach Paris oder von Meaux nach La Ferté-sous-Jouarre): Flusskreuzfahrten, Fahrten auf Ausflugsbooten oder Vermietung eines Hausboots.

Nützliche Adressen

Seine und Marne – Paris Canal – ✆ 01 42 40 96 97 – Reserv. erforderl. – Juli-Aug. Sa/So – 35 € (zzgl. Mittagessen). Tageskreuzfahrt auf Seine und Marne, vom Musée d'Orsay (Quai Anatole-France) nach Chennevières, mit Schleusendurchfahrt auf der Île Brise-Pain.

Auf der Marne – Canauxrama – www.canauxrama.com – Juli-Aug. Do und Sa/So; restl. Jahr erfragen. Abfahrt um 9 Uhr ab dem Port de plaisance in Paris-Arsenal, gegenüber 50 bd de la Bastille (Metro Bastille). Tagestour ins Land der Ausflugslokale von Paris nach Bry-sur-Marne (17.15 Uhr Ankunft in Paris) – 34 € (ohne Essen).

Seine flussabwärts – *s. Tipps und Adressen Conflans-Ste-Honorine.*

Canal de l'Ourcq – *S. Tipps und Adressen Vallée de l'Ourcq.*

Auf dem Loing – *S. Tipps und Adressen von Moret-sur-Loing.*

Sport und Freizeit

ANGELN

Angler finden in den viele Teichen und Flüssen ideale Bedingungen vor. Man sollte jedoch die staatlichen und regionalen Reglementierungen respektieren, sich für das laufende Jahr in einem anerkannten Angelclub anmelden, und die anfallenden Steuern entrichten.

Gut zu wissen – Die Internetseite **www.unpf.fr** der Staatlichen Angelvereinigung führt Sie zu den einzelnen Département-Niederlassungen.

BASES DE LOISIRS (FREIZEITPARKS)

Die vielen Freizeitparks der Region bieten zahlreiche sportliche Aktivitiäten **unter freiem Himmel** (Reiten, Kanu-Kajak, Segeln, Golf und Tennis) oder in der **Halle** (Klettern, Squash etc.) an. So ist das ganze Jahr über für jeden Geschmack und jede Altersgruppe etwas geboten: Hochseilgärten, Sportfischen, Gärtner-Kurse und vieles, vieles mehr.

Freizeiparks	Départe-ment	Größe in ha	Homepage	Bootfahren/ Segeln	Reiten	weitere Aktivitäten
Bois-le-Roi	77	75	http://boisleroi.ucpa.com	⛵	Pony	Mountainbiken, Bogenschießen, Tennis, Kajak
Buthiers	77	126	www.base-de-buthiers.com	⛵	-	Mountainbiken, Bogenschießen, Tennis, Klettern
Cergy-Neuville	95	250	www.basedeloisirs95.com	-	-	Tennis, Wassersport, Klettern
Créteil	94	64	www.base-loisirs-creteil.fr	⛵	-	Mountainbiken, Tretbootfahren, Angeln
Étampes	91	75	www.base-loisirs-etampes.net	⛵	-	Mountainbiken, Klettern, Tretbootfahren, Kajak
Jablines/Annet	77	500	www.baseloisirs-jablines-annet.fr	⛵	ja	Mountainbiken, Bogenschießen, Wasserski
Moisson-Mousseaux	78	400	http://base-bouclesdeseine.com	⛵	ja	Mountainbiken, Tennis, Bogenschießen, Golf
Le Port-aux-Cerises	91	150	www.portauxcerises.fr	⛵	Pony	Tennis, Tretbootfahren, Angeln, Schlittschuhlaufen
St-Quentin-en-Yvelines	78	600	www.bases-loisirs-iledefrance.fr	⛵	ja	Mountainbiken, Minigolf
Torcy	77	90	http://vaires-torcy.ucpa.com/	⛵	Pony	Tretbootfahren, Kanu-Kajak
Vaires-sur-Marne	77	90	http://vaires-torcy.ucpa.com/	⛵	-	Rudern, Kanu-Kajak, Fitness, Squash, Tennis
Val-de-Seine	78	270	www.valde-seine78.com	⛵	ja	Mountainbiken, Tretbootfahren, Angeln

KLETTERN

Diese Trendsportart bedarf Geschmeidigkeite, Geschick und Konzentration. Anfänger und gewievte Kletterer finden in der Region viele Natur- und Kunstkletterwände, auch in Hallen. Die berühmtesten und am besten fürs Boulderklettern geeigneten Felsen befinden sich im **Wald von Fontainebleau** *(s. dort)* und rundherum. Die höchsten Felsen sind die von Larchant und Dame Jouanne (8-15 m); das Trois-Pignons-Massiv weist eine ungewöhnliche Kulisse und alle Schwierigkeitsvarianten auf. Für Kinder gibt es weiß gekennzeichnete Rundwege.

Philippe Gajic / MICHELIN

Kletterer finden im Wald von Fontainebleau ideales Terrain.

Für das Boulderklettern benötigt man eine gute Technik und muss die Sicherheitsregeln beachten. Es ist also ratsam, diesen Sport in einem Club oder unter professioneller Aufsicht auszuüben.

Fédération française de la montagne et de l'escalade – www.ffme.fr.

Club alpin Île-de-France – 12 rue Boissonade – 75014 Paris – ✆ 01 42 18 20 00.

Folgende Zentren haben sehr gute Indoor-Kletterwände:

Centre européen d'escalade – 3 rue des Alouettes – Senia 219 – 94320 Thiais – ✆ 01 46 75 04 21.

Mur Mur – www.murmur.fr. Mehrere Zentren zum Indoor-Klettern.

KULINARISCHE AUSFLÜGE

Der Gemüsegarten des Königs in Versailles – Als König Ludwig XIV. die neuen Gärten von Versailles anlegen ließ, verlangte er, dass es einen seinem Schloss würdigen Gemüsegarten geben soll. Der seit dem 17. Jh. bis heute nahezu unveränderte Gemüsegarten beheimatet heute die École nationale supérieure du paysage (Höhere Landschaftsschule). Informationen: www.versailles.ecole-paysage.fr

Die Kressebeete von Méréville – Bei der Besichtigung der Kressebeete erfährt man viel über den Anbau und die Ernte der Kresse und das Leben eines Kressezüchters. Informationen: www.terre-net.fr

Milly-la-Forêt – Der Kräuteranbau wird in diesem Ort schon seit Jahrhunderten betrieben. Hier befindet sich auch das Conservatoire national des plantes à parfum, médicinales, aromatiques et industrielles. Informationen: cnpmai.net

NATUR UND LANDSCHAFT

Einfache Spaziergänge und Coulée verte

Im Pariser Süden erstreckt sich über 12 km entlang der Porte de Vanves bis Massy-Palaiseau (RER-Bahnhof) die **Coulée verte**, von Bäumen, Büschen und Blumen gesäumt und abseits jeglichen Verkehrs (außer beim Überqueren von Straßen). Sie passiert neun Gemeinden: Malakoff, Châtillon, Bagneux, Fontenay-aux-Roses (Achtung, starke Steigung auf dem Rückweg Richtung Massy-Paris), Sceaux, Châtenay-Malabry, Antony, Verrières-le-Buisson und Massy) sowie zwei Départements: Hauts-de-Seine und Essonne. Man kann hinter der Place de Catalogne im 14. Pariser Arrondissement aufbrechen, oder sich direkt zur Coulée in Châtillon begeben (Metro-Ausgang Châtillon-Montrouge – Ende der Linie 13 – Seite von Châtillon), oder eine 10 km lange Schleife zur Gare Robinson, RER B, laufen, die zu verschiedenen Parks führt, darunter der Parc Henri-Sellier und der Étang Colbert.
Die Coulée verte ist ganztags für Fußgänger und Radfahrer, Rollerblader und Rollerfahrer geöffnet und mit Rosensträuchern bepflanzt. Es gibt Spielplätze und Picknickwiesen. Entlang des Wegs findet man auch Tischtennisplatten, Bogenschießanlagen, Schwimmbecken und Fußballfelder.

Gut zu wissen – Auf **www.tourisme-hautsdeseine.com** finden Sie 17 weitere Spazierwege, dazu gibt es eine Broschüre: Spaziergang auf der Ebene von Gennevilliers, Promenade der Impressionisten (Rueil-Malmaison-Chatou) oder der zwei Teiche (Sèvres-Ville d'Avray).

Gärten

Der Juni ist der Monat der Gärten der Île-de-France. Mehrere Départements organisieren ihre „Gartenwoche" und ergänzen so die staatliche Veranstaltung Rendez-vous aux jardins (meist am 1. Juni-Wochenende – www.rendezvousauxjardins.culture.fr), zum Beispiel **Gärten, Geheimnisse, Gartengeheimnisse** (Essonne), **Seine-et-Marne, die Farben des Gartens** (Seine-et-Marne) oder **Die Woche der Gärten in der Oise** (Oise).

Mühlen

Einige wenige Mühlblätter drehen sich in den Ebenen der Beauce, wo früher hunderte Mühlen in Betrieb waren, noch heute. Die folgenden beiden können besichtigt werden:

Levesville-la-Chenard (Eure-et-Loir) – ✆ 02 37 22 11 40 – Führung auf Anfrage 12 Tage Voraus Juni-Sept. So nachmittags; restl. Jahr erkundigen; Nov.-März geschl. – 2 € (unter 12 J. 1,50 €).

Ouarville (Eure-et-Loir) – 25 rue d'Orléans – ✆ 02 37 22 13 87 – 23. März-26. Ok. So und Fei nachmittags; Mi vormittags Führung mgl.; 1. Jan., 1. und 8. Mai, 1. und 11. Nov., 25. Dez. geschl. – 2 € (unter 12 J. Eintritt frei).

Natur entdecken

Viele Naturkundezentren rund um Paris wollen den Bewohnern der Pariser Region die Schönheiten der Natur näher bringen, darunter zum Beispiel:

Centre ornithologique Île-de-France (CORIF) – www.corif.net

Ferme écologique de Vaulezard – http://assoc.wanadoo.fr/appaf.vaulezard/. Ehemaliger Hof (30 ha) im Parc naturel régional du Vexin français, der mit Solarenergie betrieben wird. Führung und Preise auf Anfrage.

Maison du Parc naturel régional du Gâtinais – Pl. de la République – 91490 Milly-la-Forêt – ✆ 01 64 98 73 93. Es werden Ausflüge in die Natur organisiert, ein Führer über den Park ist erhältlich. Lehrpfad über 9 km, zu Fuß oder mit dem Fahrrad, zur Erkundung der Landschaften, des Gemüse- und Küchenkräuteranbaus und der Architektur.

Rendez-vous nature en Val-d'Oise – Conseil général du Val-d'Oise – ✆ 01 34 25 76 22. Kostenlose Gruppenausflüge in 18 „sensiblen Naturräumen" im Vexin, dem Großraum Cergy-Pontoise, der Vallée de Montmorency, den Seine-Ufern sowie in einigen Waldgebieten.

Villes et pays d'art et d'histoire

Unter diesem vom Kultus- und Kommunikationsministerium verliehenen Label sind 124 Städte und Regionen zusammengefasst, die aktiv an der Hervorhebung und Animation ihrer Architektur und ihres lokalen Erbes mitwirken. Es werden allgemeine oder thematisch spezialisierte Führungen angeboten, die von vom Ministerium anerkannten Führern geleitet werden. Informationen bei den Fremdenverkehrsämtern oder auf www.vpah.culture.fr.
Dieser Reiseführer enthält folgende Villes et Pays d'art et d'histoire: Étampes, Chantilly, Meaux, Rambouillet, St-Quentin-en-Yvelines.

Villes royales (Königsstädte)

Die hochrangigsten historischen Orte der Region haben sich zu den Königsstädten der Île-de-France, **Villes royales en Île-de-France**, zusammengeschlossen.
Vincennes, vor den Toren der Hauptstadt gelegen, besitzt eine der ältesten königlichen Festungen der Region.
Von **Fontainebleau** aus haben mehrere Könige regiert, von den letzten Kapetingern bis Napoleon III.; Napoleon I. hat hier seinen Thronsaal eingerichtet.
Étampes war die Erholungsstadt für die kriegerischen Prinzen des Mittelalters, bevor es zur Sommerresidenz der königlichen Mätressen wurde.
Dourdan hat sich ein königliches Flair bewahren können, dank seiner Festung, die Philippe Auguste erbauen ließ. **Rambouillet** trägt die Erinnerung an Franz I. **Versailles**, **Marly-le-Roi** und **St-Germain-en-Laye** erzählen vom Leben des Sonnenkönigs. Und dann wäre da noch **St-Denis**, die letzte Ruhestätte der französischen Könige.

RADFAHREN

Die vielfältigen Landschaften haben für jedes Niveau dieser Sportart etwas zu bieten. Die Vallée de Chevreuse ist wahrscheinlich die berühmteste Strecke, mit der regelmäßigen Wiederkehr der Tour de France auf die „Straße der 17 Kurven".

Gut zu wissen – Die Radwanderkarte der Île-de-France zeigt unter anderem die Sehenswürdigkeiten entlang der Strecken an. Erhältlich in den Fremdenverkehrsämtern, Freizeitparks, Bahnhöfen, Flughäfen, bei Fahrradreparaturwerkstätten oder -verleihern, in großen Sportgeschäften und auf **www.iaurif.org**.

Radwandern

Ligue Île-de-France de cyclotourisme – http://ile-de-france.ffct.org

Mountainbike

Fédération française de cyclisme – www.ffc.fr. Die Vereinigung veröffentlicht jährlich einen kostenlosen Führer über 50 000 km markierter Wege speziell für Mountainbiker.
Die Fahrradverleih-Stationen in der Nähe der großen Wälder vereinfachen die Organisation von Radtouren: *T S. Tipps und Adressen Vallée de Chevreuse, Forêt de Fontainebleau, Forêt de Rambouillet und St-Germain-en-Laye.*

Radfahren ohne Autoverkehr

Zunächst scheint es aufgrund des hohen Verkehrsaufkommens in der Île-de-France schier unmöglich, abseits des Straßenverkehrs Fahrrad fahren zu können. Dennoch existieren einige vollständig oder zumindest teilweise geschützte Strecken:

Coulée verte von der Porte de Vanves bis Massy

Coulée verte verlängert durch kleine Straße bis Chartres – Abfahrt an der Metro-Station Châtillon-Montrouge (Ende der Linie 13). Die Strecke (100 km in etwa 8 Std., wenn man sich Zeit lässt) ist lang, aber leicht. Zunächst fährt man durch das Bièvre-Tal. Nach Gif-sur-Yvette werden die Autos rarer, die Straße schlängelt sich ins Chevreuse-Tal; in St-Rémy-lès-Chevreuse ist man bereits auf dem Land. Für Zwischenstopps auf der Tour sollte man sich zwei Tage Zeit nehmen. Achtung, der Weg ist am Wochenende bis zum Parc de Sceaux stark befahren.

Canal de l'Ourcq – Man kann den Kanal ab Paris entlang des Canal St-Martin befahren, bis Jablines im Département Seine-et-Marne.

Canal St-Denis – Diese Strecke verläuft entlang des Canal St-Denis bis zum Stade de France in St-Denis.

Le long de la Seine – Für Autos nicht befahrbar zwischen Ivry-sur-Seine und Choisy-le-Roi.

Innere Marne-Schleife – Zwischen Créteil und Joinville-le-Pont, an den Ufern der Marne bis Champs-sur-Marne (20 km hin, am besten vormittags). Die Strecke durchquert die Gemeinden Joinville, Champigny, Bry-sur-Marne, Noisy-le-Grand, Gournay-sur Marne und Chelles und endet an der Base nautique de Vaires.

Schleife am Schloss von Versailles – Sie besteht aus der D 186, D 307, D 10 und D 7 und ist etwa 13 km lang. Es geht auch an der Ferme de Gally vorbei.

Base de loisirs de St-Quentin-en-Yvelines – Strecke zwischen Montigny-le-Bretonneux, Trappes und Élancourt.

Parc interdépartemental de Créteil – 5 km Rundfahrt um einen See.

Forêts d'Île-de-France – Die Wälder weisen einige asphaltierte Abschnitte (Strecken durch die Wälder von Marly und Rambouillet, insbesondere entlang der Teiche von Hollande, durch die Wälder von St-Germain, Sénart, Fontainebleau ...) und auch einige Waldwege ohne Belag auf, die jedoch durchaus gut befahrbar sind. Achtung: Im Wald von Fontainebleau sind einige sehr sandige Wege nicht mit dem Fahrrad zu befahren (Informationen im Centre d'initiation à la forêt de la Faisanderie).

ROLLERBLADEN

Auf Radwegen und asphaltierten Wegen in einigen Wäldern (Bois de Verrières oder der Wald von Sénart, zum Beispiel) kann man gut rollerbladen. In vielen Freizeitparks gibt es extra Strecken und sogar Anlagen für Rollerblader und Skateboarder.

Gut zu wissen – Informationen zu Rollerblader-Treffen in den einzelnen Départements der Île-de-France gibt es bei der Vereinigung **Rollers Squad Institut (RSI)** – www.rsi.asso.fr.

Ratschläge – Tragen Sie immer Helm, Hand-, Ellbogen- und Knieschützer und helle Kleidung.

Einkaufen & Souvenirs

SPEZIALITÄTEN AUS DER REGION

Einige Comités départementaux und Fremdenverkehrsverbände *(Adressen s. S. 342)* geben eine Broschüre mit den Adressen von Hofläden und Läden mit regionalen Erzeugnissen heraus.

Käse

Sie sind zwar nicht sehr praktisch zum Transportieren, doch unabdingbar, um einen Eindruck der kulinarischen Köstlichkeiten der Île-de-France zu erhalten *(s. Die Region für Genießer in „Land & Leuten begegnen")*. Am besten kauft man diesen Käse unmittelbar vor seinem Reifedatum und konsumiert ihn in den Tagen darauf, da seine Veredelungsphase kurz ist und er dann am besten schmeckt. Die besten Jahreszeiten für den Brie de Meaux sind Herbst, Winter und der Frühlingsanfang. Der Brie wird auf Märkten oder in guten Käsereien verkauft *(s. Tipps und Adressen in „Die Region entdecken")*. Der Käse sollte kühl gelagert werden, am besten in einem Vorratskeller, nicht im Kühlschrank.

Hochprozentiges

Der **Noyau de Poissy**, der bis heute nach dem Originalrezept von 1698 ge-

Stéphane Sauvignier / MICHELIN

Am besten schmeckt der Brie de Meaux in der kalten Jahreszeit.

brannt wird, ist ein köstlicher Verdauungsschnaps nach einem guten Essen. Dieser Likör wird auf Basis von Cognac und Aprikosenkernen hergestellt.
S. Tipps und Adressen von Poissy.

Der **Grand Marnier** wird in Neauphle-le-Château (Yvelines) produziert: Cognac und Bitterorangen sind die Zutaten dieses Likörs, der als Cocktail wie als Digestif geschätzt ist und auch für Gebäckherstellung Verwendung findet. Die Destillerie gegenüber der Kirche kann besichtigt werden – Anfrage unter ✆ 01 30 07 80 85.

Außerdem
Rosenblätterkonfitüre aus Provins, Brioche de Nanterre, Zuckerstangen aus Moret-sur-Loing, Minzbonbons aus Milly-la-Forêt, um nur einige der möglichen kulinarischen Souvenirs zu nennen. Probieren Sie den **Senf nach früherer Art von Meaux** aus zerstoßenen Körnern. Beachten Sie, dass Milly-la-Forêt einer der größten französischen Produzenten von **Nutzpflanzen** ist (Medizin, Gewürze …). Sie können auch Honig, Teeblätter oder Parfümessenzen mit nach Hause nehmen.

JEDE MENGE VITAMINE

Zahlreiche Lokalitäten der Île-de-France haben sich auf den Anbau bestimmter Gemüse- und Obstsorten spezialisiert. So findet man: Spargel aus Argenteuil,

Stéphane Sauvignier / MICHELIN

Die Zuckerstangen aus Moret-sur-Loing.

Erbsen aus Clamart, Kirschen aus Montmorency, Löwenzahn aus Montmagny, weiße Trauben aus Thomery, Birnen aus Groslay, Kresse aus Méréville, Porree aus Mézières, Erdbeeren aus Marcoussis, Äpfel aus Pontoise, Bohnen aus Arpajon, Kartoffeln aus Belle de Fontenay, grüne Bohnen aus Massy, Riesenkürbisse aus Montlhéry, Minze aus Milly-la-Forêt, Renekloden (eine Pflaumenart) aus Chambourcy, Zwiebeln aus Mantes-la-Jolie, Tomaten aus Croissy, Pfirsiche aus Montreuil oder Montlhéry, etc.
Hinweis: Einige Produktionszentren sind mittlerweile aufgelöst oder verlagert worden, und so findet der Verkauf der Obst- und Gemüsesorten nicht immer in den Gemeinden statt, deren Namen sie tragen.

Buch- und Filmtipps

Bücher

Yann Arthus-Bertrand: **Les Yvelines vues du ciel: Au fil de l'histoire** (Éditions de la Martinière, 2003).

Sirilya D. v. Gagern, Cambra Maria Skadé: **Botschaften der Grossen Göttin: Die Symbolsprache aus den Kulthöhlen der Ile-de-France** (Arun Verlag, 2006)

Filme

ALLGEMEIN

RDA Productions: Île-de-France (2009)

VERSAILLES

Gérard Corbiau: **Der König tanzt** (2001) mit Benoît Magimel, Tchéky Karyo

Sofia Coppola: **Marie Antoinette** (2006) mit Kirsten Dunst, Jason Schwartzman

FONTAINEBLEAU UND VAUX-LE-VICOMTE

Randall Wallace: Der Mann mit der eisernen Maske (1998) mit Leonardo di Caprio, Jeremy Irons, John Malkovich

CHANTILLY

Roland Joffé: Vatel (2000) mit Gérard Dépardieu, Uma Thurman, Tim Roth

Veranstaltungskalender

Genuss

März

Châtou (78) – Große nationale Schinkenmesse auf der Insel der Impressionisten (März und Sept.) – ✆ 01 47 70 88 78 – www.sncao-syndicat.com

März-April

Méréville (91) – Kressemesse (Osterwochenende)

Palmsonntag

Coulommiers (77) – Käse- und Weinmesse – ✆ 01 64 03 22 92 – www.foire-fromages-et-vins.com

Mai

Carré Sénart (77) – Journées du terroir (Spezialitäten aus der Île-de-France) – ✆ 01 60 39 60 39

August

Montlhéry (91) – Tomatenmesse (Ende-Aug.-Anf. Sept.) – ✆ 01 69 01 70 11

Provins (77) – Erntefest (letzter So im Aug.) – ✆ 01 64 00 59 00 – www.provins.org

September

Antony (92) – Käse- und Weinmesse (Mitte Sept.) – ✆ 01 40 96 71 33 – www.ville-antony.fr

Arpajon (91) – Bohnenmesse (3. Wochenende im Sept.) – ✆ 01 69 26 15 05

Chatou (78) – Große nationale Schinkenmesse auf der Insel der Impressionisten (März und Sept.) – ✆ 01 47 70 88 78 – www.sncao-syndicat.com

September – Oktober

Rambouillet (78) – Landwirtschaftliche Versammlung von St-Lubin (Ende Sept-Anf. Okt. in geraden Jahren) – ✆ 01 34 83 21 21

Oktober

Melun (77) – Melun feiert seinen Brie – ✆ 01 64 52 64 52

Seine-et-Marne (77) – Gourmet-Spaziergänge zu etwa 50 Höfen des Départements – ✆ 01 60 39 60 39

Suresnes (92) – Weinlese-Festival (1. Wochenende im Okt.): Zirkus, Musik, Theater – www.ville-suresnes.fr

November

Montereau-Fault-Yvonne (77) – Wein- und Gastronomiemesse – ✆ 01 64 32 07 76

Rueil-Malmaison (92) – Salon du Terroir: Spezialitäten aus der Region und aus Übersee – ✆ 01 47 32 35 75 – www.rueil-tourisme.com

St-Jean-de-Beauregard (91) – Feste der Obst- und Gemüsesorten von früher und heute (Anf. Nov.) – ✆ 01 60 12 00 01 – www.domsaintjeanbeauregard.com

Kultur

Januar

Massy (91) – Internationales Zirkusfestival – ✆ 01 69 20 08 27

Februar

Montereau-Fault-Yonne (77) – Journées Napoléon: Kostümzüge, Ausstellungen (3. Wochenende im Feb. in geraden Jahren) – ✆ 01 64 32 07 76

St-Quentin-en-Yvelines (78) – Polar dans la ville: Festival du polar, Spektakel, Ausstellungen, Kino und Literatur – www.polardanslaville.fr

Februar – März

Chambly (60) – Folklore-Fest von Le Bois-Hourdy (Faschingswoche) – www.ville-chambly.fr

Chartres (28) – Semaine Henri IV: Events und Feiern zu Ehren Heinrichs IV., dem einzigen französischen König, der in Chartres gekrönt wurde – ✆ 02 37 18 26 26

März – April

Hauts-de-Seine – Festival Chorus (französischer Chanson) – ✆ 01 47 29 30 48

Seine-St-Denis (93) – Banlieues Bleues, Jazzfestival – ✆ 01 49 22 10 10 – www.banlieuesbleues.org

April – Mai

Val-d'Oise (95) – Konzerte in mehr als 20 Städten des Départements – ✆ 01 30 75 00 24

Mai

Chartres (28) – Fête de l'eau: Fackelzug zur Eure, Animation und Musik rund ums Thema Wasser – ✆ 02 37 18 26 26

Meaux (77) – Festival Eclats d'Arts (Kunstfestival) – ✆ 01 64 33 02 26

Montereau (77) – Confluences: Blues- & Rockfestival – ✆ 01 64 70 44 14

Mai – Juni

Auvers-sur-Oise (95) – Internationales Musikfestival (Mitte Mai-Ende Juni) – www.festival-auvers.com

La Défense (92) – Seine de Danse (Tanzfestival) – www.hauts-de-seine.net

Seine-St-Denis – Internationale Choreographietreffen in mehreren Städten des Départements – www.rencontres-choregraphiques.com

Mai – September

Marly-le-Roi (78) – Grand Jet de Marly (Fontäne; 3. Sonntag von Mai-Sept. 16.30-17 Uhr) – www.marlyleroi-tourisme.fr

Juni

Bièvres (91) – Fotomesse (1. Wochenende im Juni) – www.foirephoto-bievre.com

Melun (77) – Le Bruit de Melun: Festival des französischen Chansons (letztes Wochenende im Juni) – ✆ 01 64 79 25 31

Nanterre (92) – Festival der Straßen- und Zirkuskünste (Anf. Juni) – www.nanterre.fr

Pantin (93) – Kurzfilmfestival – www.cotecourt.org

Provins (77) – Provins im Mittelalter: Veranstaltungen, Bild- und Tonvorführungen – www.provins-medieval.com

Samois-sur-Seine (77) – Jazzfestival Django Reinhardt (Ende Juni) – ✆ 08 91 70 05 53

Juni – Juli

St-Denis (93) – Festival de St-Denis: Konzerte klassischer Musik (Anf. Juni-Anf. Juli) – www.festival-saint-denis.com

Juni – September

Moret-sur-Loing (77) – Bild- und Tonspektakel (Mitte Juni-Anf. Sept. am Sa-Abend) – ✆ 01 60 70 41 66

Juli

Coulommiers (77) – Jazzfestival Aux Capucins (jeden So im Juli) – ✆ 01 64 75 80 20

Juli – August

Chartres (28) – Sommerabende (Di, Do und Sa von Juli-Aug.): Theater, Straßenspektakel, Musik – ✆ 02 37 18 26 26

Mitte Juli – Mitte September

Sceaux (92) – Festival de l'Orangerie: Musikkonzerte (Mitte Juli-Mitte Sept.) – ✆ 01 46 60 07 79 – www.festival-orangerie.fr

August

Fontainebleau (77) – Fête de la St-Louis (Ende Aug.): Animationen, Feuerwerk – ✆ 01 60 74 99 99

St-Cloud (92) – Rockfestival Rock en Seine, im Parc de St-Cloud (Ende Aug.) – www.rockenseine.com

Stéphane Sauvignier / MICHELIN

Mittelalterliches Ritterspektakel in Provins.

August – Oktober

Royaumont (95) – Konzerte in der Abtei (Ende Aug.-Ende Okt. Sa oder So) – www.royaumont.com

September

Nemours (77) – Kunst in der Stadt: „Von der Renaissance bis Ludwig XIV." – ✆ 01 64 28 00 96

September – Dezember

Versailles (78) – Musikalischer Herbst im Schloss von Versailles (Ende Sept.-Mitte Dez.): Barockkonzerte – www.cmbv.fr

Oktober

Barbizon (77) – Großer Preis der Malerakademie Boitiat – ✆ 01 60 66 41 20

L'Isle-Adam (95) – Festival Val d'Oise du Court (Kurzfilmfestival) – ✆ 01 34 08 03 99

November

Mantes-la-Jolie (78) – Festival Blues-sur-seine (Nov. in ungeraden Jahren) – www.blues-sur-seine.com

Montreuil (93) – Messe für Jugendbuch und -presse – www.salon-livre-presse-jeunesse.net

Religion & Tradition

Pfingsten

Chartres (28) – Wallfahrt von der Notre-Dame-de-Paris zur Notre-Dame-de-Chartres – www.nd-chretiente.com

Jouarre (77) – Wallfahrt zu den „Saints de Jouarre" und Prozession zur Abtei.

Juni

Conflans-Ste-Honorine (78) – Fête nationale du Pardon de la batellerie (3. Wochenende im Juni): Prozession beflaggter Kähne von Paris nach Conflans, Segnung der Boote, Messe unter freiem Himmel – ✆ 01 34 90 89 89

Juli

Houdan (78) – Fest zu Ehren des hl. Christophorus (1. Juliwoche) – ✆ 01 30 46 81 30

August

Chartres (28) – Prozession zur Feier des Gelübdes Ludwigs XIII. durch die Altstadt (15. Aug.) – ✆ 02 37 21 59 08

September

Coulommiers (77) – Fest von St-Fiacre (Anf. Sept.) – ✆ 01 64 03 88 09

November

Pontoise (95) – Martinsfest (um den 11. Nov.) – ✆ 01 34 43 34 43

Sport

April – Mai

Vallée de la Bièvre (91) – Marche de la Bièvre: Wandertreffen: 20, 30 oder 50 km (April oder Mai) – http://marche.bievre.org

Mai

Brie-Comte-Robert (77) – 24 Stunden Drachensteigen – ✆ 01 64 05 30 09

La Courneuve (93) – Internationaler Wettbewerb im Hindernislauf – http://lacourneuve.ucpa.com

Mai – Juni

Chantilly (60) – Open de France de Polo (Polomeisterschaften) – www.poloclubchantilly.com

Juni

Seine-et-Marne (77) – Fête de la Marne (Ende Juni): Schifferstechen, Kreuzfahrten u. a. – www.tourisme77.fr

Val-de-Marne – Festival de l'Oh (letztes Wochenende im Juni): Wasserspektakel und -aktivitäten, Spiele an den Ufern von Marne und Seine, von Alfortville bis Vitry-sur-Seine – Bootsfahrten und Fahrradverleih – www.festival-oh.org

September

Étampes (91) – Mountainbikerallye der Île-de-France im Département Essonne (3. So im Sept.) – ✆ 01 64 57 11 81

Sonstige

April – Oktober

Vaux-le-Vicomte (77) – Wasserspiele in den Gärten – Ende März-Ende Okt.: 2. und letzter Sa im Monat nachmittags

Mai

Courson (91) – Pflanzentage (3. Fr/Sa/So im Monat von Mai-Okt.) – www.coursondom.com

Fontainebleau (77) – Nature et Vénerie en fête: Jagd- und Falkenvorführungen, Jagdhornwettbewerb, Messe von St-Hubert

Rambouillet (78) – Maiglöckchenfest – ✆ 01 34 83 21 21

Mai – Juni

Yvelines – Fest der Parks und Gärten (Öffnung privater Gärten) – www.tourisme.yvelines.fr

Pfingsten

Aérodrome de Cerny (91) – Flugvorführung historischer Maschinen – www.meetingferte.com

Juni

Marly-le-Roi (78) – Stadtfest (1. Wochenende im Juni) – ✆ 01 30 61 61 35

Seine-et-Marne – Couleur jardin (Öffnung von Parks und Gärten, die normalerweise nicht zugänglich sind) – ✆ 01 64 87 37 70

Aérodrome du Bourget (93) – Internationale Luft- und Raumfahrtsmesse (Mitte Juni in ungeraden Jahren) – www.salon-du-bourget.fr

Brie-Comte-Robert (77) – Kantonsfestival (1. So im Juni oder 2. So, falls Pfingsten auf den 1. fällt) – ✆ 01 64 05 30 09

Chantilly (60) – Les Nuits de feu dans l'Oise (3. Wochenende im Juni in geraden Jahren): Internationaler Feuerwerkswettbewerb – www.nuitsdefeu.com

Ende Juni – Mitte August

St-Germain-en-Laye (78) – Fête des Loges: Jahrmarkt (Ende Juni bis zum So nach dem 15. Aug.)

September

Fontainebleau (77) – Große Zuchtwoche (Ende Aug.-Anf. Sept.): im Hippodrome du Grand Parquet – ✆ 01 53 59 31 31

Meaux (77) – Meaux verfolgt die Zeit zurück (Straßenspektakel, Animationen) – ✆ 01 64 33 02 26

Moret-sur-Loing (77) – Fête 1900 (letztes Wochenende im Sept.) – ✆ 01 60 70 41 66

Senlis (60) – Rendez-vous de septembre: autofreier Tag mit musikalische Vorführungen (2. Wochenende im Sept. in ungeraden Jahren)

Rambouillet (78) – Messe und Tierfestival in der Staatlichen Schäferei (letztes Wochenende im Sept. in geraden Jahren)

Rueil-Malmaison (92) – Natur- und Gartenmesse (Ende Sept.), im Parc de Bois Préau – ✆ 01 47 10 08 20

Vallée de l'Automne (60) – Die 35 Glockentürme des Automne-Tals (Mitte Sept. in geraden Jahren): Führung in 35 Glockentürme rund um Crépy-en-Valois – ✆ 03 44 59 03 97

Houdan (78) – Foire St-Matthieu (Ende Sept.), nationale Vogelzucht-Ausstellung – ✆ 01 30 46 81 30

Oktober

Brie-Comte-Robert (77) – Mittelalter-Fest – ✆ 01 60 62 64 00

Brie-Comte-Robert (77) – Marionettenfestival (Ende des Monats) – ✆ 01 60 62 64 00

Enghien-les-Bains (95) – Eau'zen: Wohlfühlfestival – www.eauzen-festival.com

Moret-sur-Loing (77) – Humorfestival (3. Oktoberwoche) – ✆ 01 60 70 50 23

St-Ouen (93) – Antiquitäten auf dem Flohmarkt – www.parispuces.com

November-Dezember

Seine-St-Denis (93) – Festival Africolor (Konzerte in 15 Städten des Départements) – www.africolor.com

Kleiner Sprachführer

Architektonische Begriffe

S. Illustrationen zur Baukunst im Kapitel Land & Leuten begegnen

Geografische Begriffe, Sehenswürdigkeiten

(Berg-)Spitze; Landzunge – Pointe (P^{te})
Abtei – Abbaye (Abb.)
Anhöhe, Hügel – Butte
Ausgrabungsstätte – Fouille
Aussichtspunkt – Belvédère (Belv^{re})
Bach – Ruisseau
Berg – Mont (M^{t})
Bergfried, Belfried – Beffroi
Bergspitze – Pic
Brücke – Pont (P^{t})
Brunnen – Fontaine (F^{ne})
Bucht – Calanque, Crique
Burgmauer – Remparts
Deich – Digue
Denkmal – Monument (Mon^{t})
Düne – Dune
Erosionstal – Combe
Felsen – Roche, rocher
Felsen, Klippe – Falaise
Festung – Fort
Fluss – Rivière
Friedhof – Cimetière
Garten – Jardin
Gebirge – Montagne (M^{gne})
Gebirgsmassiv – Massif
Gipfel – Cime
Hafen – Port
Haus – Maison
Herrenhaus – Manoir
Hof – Cour (C^{r})
Höhenstraße, Küstenstraße – Corniche
Höhle – Grotte, aven
Insel – Île
Kaimauer, Uferstraße – Quai
Kap – Cap
Kapelle – Chapelle (Ch^{elle})
Kirche – Église
Klamm – Défilé
Kloster – Couvent, Monastère
Kluft – Gouffre
Kreuzgang – Cloître
Kreuzung – Carrefour (Carref^{r})
Küste, Berghang – Côte
Landstraße – Route (R^{te})
Leuchtturm – Phare
Markt – Marché
Markthalle – Halle
Mühle – Moulin
Museum – Musée (M^{ée})
Naturschutzgebiet – Réserve naturelle
Notre-Dame – N.-D.
Park – Parc
Pass – Col
Plateau, Hochebene – Plateau (Pl^{au})
Platz – Place (Pl.)
Priorat – Prieuré
Quelle – Source
Rathaus – Mairie
Schleuse – Écluse
Schloss, Burg – Château (Ch^{au})
Schlucht – Gorges (G^{ges})
Schlund, Abgrund – Abîme
See – Lac
Stadtmauer – Remparts
Stadtpalais; Hotel – Hôtel
Statue – Statue
Staudamm, Talsperre – Barrage (B^{ge})
Strand – Plage
Straße – Rue (R.)
Tal – Val, Vallée (V^{ée}),Vallon
Talkessel – Cirque
Teich, See – Étang (É^{tg})
Tor, Tür, Pforte – Porte (P^{te})
Turm – Tour
Versickerungsstelle, „Schwinde“ – Perte
Wald – Forêt (F^{t})
Wasserfall – Cascade, Saut
Weg – Sentier
Zeugen-, Ausliegerberg – Signal (S^{al})

Auf der Straße, in der Stadt

Ampel – feu (tricolore)
Autobahn – autoroute
Benzin – essence
Führerschein – permis de conduire
links – gauche
Mautstelle – péage
Norden – nord
Osten – est
Parkplatz – parking
Parkscheinautomat – horodateur
rechts – droite
Reifen – pneu
Reparaturwerkstätte – garage
Süden – sud
Tankstelle – station-service

Zeitangaben

Frühjahr – printemps
Sommer – été
Herbst – automne
Winter – hiver
gestern – hier
heute – aujourd'hui
morgen – demain
Woche – semaine
Montag – lundi
Dienstag – mardi
Mittwoch – mercredi
Donnerstag – jeudi
Freitag – vendredi
Samstag – samedi
Sonntag – dimanche

Zahlen

0 – zéro
1 – un
2 – deux
3 – trois
4 – quatre
5 – cinq

6 – six
7 – sept
8 – huit
9 – neuf
10 – dix
11 – onze
12 – douze
13 – treize
14 – quatorze
15 – quinze
16 – seize
17 – dix-sept
18 – dix-huit
19 – dix-neuf
20 – vingt
30 – trente
40 – quarante
50 – cinquante
60 – soixante
70 – soixante-dix
80 – quatre-vingt
90 – quatre-vingt-dix
100 – cent
200 – deux cents
1000 – mille

Einkaufen

Apotheke – pharmacie
Ausgang – sortie
Bäckerei – boulangerie
Bank – banque
Briefmarken – timbres
Buchhandlung – librairie
drücken – pousser
Eingang – entrée
Fischhändler – poissonnerie
geschlossen – fermé
groß – grand
Halsschmerztabletten – cachets pour la gorge
Hustensaft – sirop contre la toux
klein – petit
Laden – magasin
Lebensmittelgeschäft – épicerie
Metzgerei – boucherie
offen – ouvert
Postamt – bureau de poste
ziehen – tirer
Löffel – cuillère
Messer – couteau
Mineralwasser – eau minérale
Mittagessen – déjeuner
Nachtisch – dessert
Obst – fruits
Orangensaft – jus d'orange
Rindfleisch – bœuf
Rotwein – vin rouge
Salat – salade
Salz – sel
Schinken – jambon
Schweinefleisch – porc
Teller – assiette
Wasser – eau
Weißwein – vin blanc
Zucker – sucre

Ausweispapiere, Reise

Bahngleis – voie
Bahnhof – gare
Flughafen – aéroport
Geldbeutel – portemonnaie
Koffer – valise
Kreditkarte – carte de crédit
Pass – passeport
Pendelbus – navette
Zoll – douane
Zugfahrkarte, Flugticket – billet de train, billet d'avion

Kleidung

Anzug – costume
Hemd – chemise
Hose – pantalon
Mantel – manteau
Pullover – pull
Regenmantel – imperméable
Schuhe – chaussures
Socken – chaussettes
Strümpfe – bas
Strumpfhose – collant

Nützliche Ausdrücke

Auf Wiedersehen – au revoir
Guten Tag, guten Morgen – bonjour
Wie? – comment?
Entschuldigen Sie – excusez-moi
Danke – merci
Ja/nein – oui/non
Warum? – pourquoi?
Wann? – quand?
Bitte – s'il vous plaît
Sprechen Sie Deutsch? – Parlez-vous allemand?
Ich verstehe Sie nicht – Je ne vous comprends pas
Sprechen Sie bitte langsam – Parlez lentement, s'il vous plaît
Wo ist …? – Où est…?
Um welche Zeit fährt der Zug/Bus/das Schiff ab? – A quelle heure part le train/le bus/le bâteau?
Um welche Zeit kommt der Zug/Bus an? – A quelle heure arrive le train/le bus?
Wann öffnet das Museum? – A quelle heure ouvre le musée?
Wann beginnt die Vorstellung? – A quelle heure commence la représentation?
Wann wird das Frühstück serviert? – A quelle heure sert-on le petit déjeuner?
Wieviel kostet das? – Combien cela coûte?
Wo kann ich eine deutsche Zeitung kaufen? – Où puis-je acheter un journal allemand?
Wo ist die nächste Tankstelle? – Où se trouve la station-service la plus proche?
Wo kann ich Travellerschecks umtauschen? – Où est-ce que je peux échanger des traveller's chèques?
Wo sind die Toiletten? – Où sont les toilettes?
Kann ich mit Kreditkarte/Euroscheck zahlen? – Prenez-vous des cartes de crédit/eurochèques?

REGISTER

Hier finden Sie alphabetisch aufgeführt alle in diesem Band beschriebenen Orte und Sehenswürdigkeiten (unter ihrem französischen Namen) sowie Persönlichkeiten. Ortsnamen mit Artikel erscheinen wie folgt: z. B: La Défense unter D: Défense, La.
Die Zahlenangaben in Klammern stehen für das Département, in dem der jeweilige Ort bzw. die jeweilige Landschaft liegt: Eure-et-Loir = (28), Oise = (60), Seine-et-Marne = (77), Yvelines = (78), Esonne = (91), Hauts-de-Seine = (92), Seine-Saint-Denis = (93) Val-de-Marne = (94), Val d'Oise = (95).

REGISTER

REGISTER

N

O

P

R

S

REGISTER

NOTIZEN

Romy Schneider + 29.5.1982
beerdigt in Boissy-sans-Avoir
(Yvelines)

Jean Gabin Museum in Meriel
(30 km nördl. von Paris)

---

van Gogh + 27.7.1890
beerdigt in Auvers-sur-Oise

NOTIZEN

IMPRESSUM

Liebe Leserinnen und Leser,

vielen Dank, dass Sie sich für den Grünen Reiseführer von Michelin entschieden haben. Ihre Meinung ist uns wichtig. Bitte schreiben Sie uns, wenn Ihnen etwas besonders gut gefallen hat oder Sie Ergänzungs- und Verbesserungsvorschläge haben. Wir bitten um Verständnis, dass sich manchmal trotz intensiver Recherche der Autoren Fehler einschleichen können und der Verlag dafür keine Haftung übernehmen kann.

TRAVEL HOUSE MEDIA GmbH, Postfach 86 03 66, 81630 München
E-Mail: Michelin@travel-house-media.de

Titelfoto: Schloss Fontainebleau; Bildagentur Huber/G. Simeone

1. Auflage
ISBN 978-3-8342-8968-1

Programmgeschäftsleitung
Dr. Stefan Rieß

Redaktionsleitung
Mareike Windel

Übersetzung
Stephanie Singh

Lektorat und Satz
bookwise GmbH, München

Produktion
bookwise GmbH, München

Druck und Bindung
Korotan – Ljubljana d.o.o., Slowenien

Gedruckt auf
Eurobulk, Papierunion

TRAVEL HOUSE MEDIA

Ein Unternehmen der
GANSKE VERLAGSGRUPPE